Licht der Erde

Die Heiligen

Michael Langer (Hg.)

Licht der Erde

Die Heiligen

100 große Geschichten des Glaubens

Pattloch

Bildnachweis:
S. 273 (Gerhard / Gellert): © Sandro Vannini, Corbis
S. 340 (Gertrud von Helfta): © Assumpta Schenkl
S. 616 (Frère Roger Schutz): © Sabine Leutenegger
S. 638 (Johannes Paul II.) © dpa
Alle anderen Bilder stammen aus dem Archiv Schindler / Schauber.

Textnachweis:
Der Artikel Thomas Morus. Der Humanist und der Ernstfall, S. 389–398 wurde folgendem Band entnommen: Hans Maier, Staat–Kirche-Bildung, Schriften zu Kirche und Gesellschaft, Bd.2, © Verlag Herder, Freiburg im Breisgau 1984

Bibliografische Information Der Deutschen Bibliothek
Die Deutsche Bibliothek verzeichnet diese Publikation in der Deutschen Nationalbibliografie; detaillierte bibliografische Daten sind im Internet über http: / / dnb.ddb.de abrufbar.

Umschlaggestaltung: Atelier Lehmacher, Friedberg (Bay.)
www.lehmacher.de
Lektorat: Hans-Peter Lembeck
Satz und Gestaltung: Hartmut Czauderna
Druck und Bindung: Kösel, Altusried-Krugzell
Printed in Germany
ISBN-13: 978-3-629-02130-4
ISBN-10: 3-629-02130-1

www.pattloch.de

Inhalt

Vorwort

Wer sich mit Heiligen beschäftigt, entdeckt, wie oft ihr Leben von Höhen, Tiefen, Kriesen, Scheitern, Schuld, Versagen und immer wieder gelingenden Neuanfang bestimmt war, und wie sehr es dabei auch ein Abbild von uns selbst ist. Solche Entdeckungsreisen tragen den Zuckerguss, das rosige Gesicht und das süße Lächeln verstaubter Gipsfiguren ab und lassen diese plötzlich zu lebendigen Gestalten aus Fleisch und Blut werden. Dann merken wir, dass wir keine Riege von perfekten Übermenschen, keine Vollkommenheitsakrobaten und asketischen Hochleistungssportler vor uns haben, sondern Menschen, die sich auf je unterschiedliche Weise dem immer lebendigen Wirken des Geistes Gottes aufgeschlossen haben.

Heiligenbücher bedürfen schon deshalb keiner besonderen Legitimation, weil sie seit Generationen eine feste Konstante auf dem religiösen Buchmarkt sind. Entsprechend breit ist das Angebot: Es finden sich wissenschaftliche Monographien zur Hagiographie, sachkundige und informative Lexika, Kalenderliteratur, Legendenbücher, Kleinschriften u. v. a. Das vorliegende Buch sucht einen neuen Zugang: Mehr als einhundert Persönlichkeiten aus ganz verschiedenen Lebensbereichen wurde die Aufgabe gestellt, narrative Zugänge zum angefragten Heiligen zu suchen. Als persönlich gestaltete Erzählung sollte möglichst unterhaltsam und fesselnd an Leben, Werk und Wirkungsgeschichte der jeweiligen Heiligenfigur herangeführt werden, wobei auch die geistliche Dimension zu berücksichtigen war. Dabei war erbeten, dass all dies nicht über Gebühr zu Lasten der historischen Information und Korrektheit geht. Ausdrücklich waren Textpassagen aus Originalschriften erwünscht, wobei jedoch strikt darauf geachtet wurde, dass keine akademische Erörterung im eigentlichen Sinn entstand. Ein kurzer Steckbrief am Anfang informiert über biographische Daten, lässt dabei jedoch historisch Unentschiedenes meist offen. Drei Verweise am Ende der Texte machen auf weiterführende und leicht zugängliche Literatur aufmerksam. Der größere Teil der Beiträger zu diesem Projekt wurde vom Herausgeber, ein Teil vom Verlag selber, zur Mitarbeit eingeladen.

Das Buch geht nicht von einem formal kanonischen Begriff von »Heiligen« aus, sondern setzt zunächst bei den großen Leitfiguren des

Alten Testaments an. Unter Ausblendung der gemeinsamen Wurzel von Juden und Christen wird die heilsgeschichtliche Bedeutung jener Frauen und Männer in Liturgie und Frömmigkeit häufig ein wenig stiefmütterlich behandelt. Aufnahme fanden des Weiteren auch Personen, deren offizielles Selig- oder Heiligsprechungsverfahren noch nicht abgeschlossen ist oder nie in Gang gebracht wurde. Stellvertretend für viele weitere sind mit Dietrich Bonhoeffer und Martin Luther King auch zwei große Glaubensgestalten aus dem evangelisch-reformatorischen Bereich berücksichtigt. Sie stehen hier für das Heer der ungezählten unbekannten oder vergessenen Heiligen, die als beispielhafte Menschen ihr Christsein durch alle Krisen und Konflikte verwirklicht und bezeugt haben.

Rein formal wurden die Heiligen nicht alphabetisch, sondern chronologisch nach dem Geburtsjahr angeordnet. Dies macht nicht nur die theologie- und profangeschichtliche Verortung der jeweiligen Person leichter sichtbar, sondern zeigt auch etwas von dem Selbstverständnis von »Licht der Erde«. Das Buch soll zwar auch als Nachschlagewerk benutzt werden, noch mehr aber als Lesebuch zur Kirchen- und Frömmigkeitsgeschichte. Dabei will es die gängige Fixierung auf die dunklen Seiten der Kirchengeschichte unterbrechen und sensibel machen für jene großen Lichtgestalten des Christentums, die uns bis heute Vorbild und Ermutigung sind. Dies nicht zuletzt, wenn sie mit ihren Überzeugungen im Widerspruch zum Zeitgeist standen und dafür nicht selten mit dem Leben bezahlten. Unser Buch korrigiert aber auch das landläufige Verständnis von Geschichte, denn die Heiligen zeigen uns, dass das Entscheidende des Weltenlaufs sich nur scheinbar in den Schaltzentralen der Macht oder den Chefetagen der Wirtschaftskonzerne abspielt, in Wahrheit jedoch im Verborgenen, Unbeachteten, Kleinen stattfindet: an der Seite der Bedürftigen, Entrechteten, Sterbenden, in Krankenzimmern und Kleinstwohnungen. Bei der Lektüre der Biographien sind wir deshalb auch eingeladen, uns zu besinnen, wo Spuren des Wirkens Gottes in den ganz banal erscheinenden Dingen unseres Alltags zu finden sind.

Unterschiedlichste Autoren haben sich der Mühe des Nachdenkens und Schreibens unterzogen: Hausfrauen und Kardinäle, Journalisten und Theologieprofessoren, Ordensleute und Künstler, Schriftsteller, Seelsorger u. a.

Die Unterschiedlichkeit der Texte in Zugangsweise, Problembearbeitung, Sprache, Stil, Temperament macht den besonderen Reiz des vorliegenden Werkes aus. Was auf den ersten Blick als uneinheitliches Wagnis erscheint, erweist sich von der Sache her als angemessen: Denn die Heiligenviten selber sind ja in der Unterschiedlichkeit und Buntheit der Lebensentwürfe und der Milieus das Beispiel schlechthin, wie heterogen christlicher Glaube durch die Geschichte immer war. Die Beschäftigung mit ihnen ist also keineswegs ein Monopol für Theologen, sondern eine Herausforderung für alle, die an Gestaltweisen des Christlichen interessiert sind.

Der vorliegende Band weiß um seine Begrenzungen und seinen exemplarischen Charakter. Unterschiedliche Akzente ließen sich in der Auswahl der Heiligen, der Autoren und der Zuweisung der jeweiligen Textlänge setzen. Über alles Unvollkommene hinweg wünsche ich allen Leserinnen und Lesern Freude, Unterhaltung, Spannung und jenen Gewinn für die eigene Lebens- und Glaubensgeschichte, wie er auch mir bei der Lektüre beschieden war.

Ich danke aufrichtig allen, die zum Gelingen des vorliegenden Buches beigetragen haben: Den Autorinnen und Autoren für ihr Engagement und ihre Toleranz gegenüber vielen redaktionellen Eingriffen und Anpassungen. Dem Leiter des Pattloch Verlags, Herrn Dipl.-Theol. Bernhard Meuser, für seine Initiative und seine engagierte Begleitung sowie dem Verlagslektor, Herrn Dipl.-Theol. Hans-Peter Lembeck, für vielfältige Mühe. Dank gebührt aber auch meiner treuen Mitarbeiterin, Frau Maria Simon, für die sachkundige Sorgfalt, mit der sie in ungezählten Stunden privater Zeit meine Manu-skripte immer wieder in Abgabeform bringt, und Frau Privatdozentin Dr. Carin Tschöpl für das sorgfältige Lesen der Korrekturen.

Oberaudorf am Inn / Regensburg, im Mai 2006

Michael Langer

Thomas Hieke

Abraham, Isaak und Jakob

Stammväter des Glaubens

Stammväter, Patriarchen
Abb. links: Abraham

Menschliches, Allzumenschliches erzählt die Bibel von den drei Patriarchen mit ihren nicht minder wichtigen Frauen – und sie webt in die Namen und in die Geschichten die Botschaft von der Nähe Gottes ein. Hinter allem und in allem wirkt Gott – mit einem bisweilen unbegreiflichen Plan, der aber immer auf das Leben, die nächste Generation und auf das Gute zielt. Die Erzelternerzählungen stehen für Gottes Liebe zu den Menschen, die alle Segen finden sollen.

Abraham – Vater des Glaubens:
»Mein Vater ist erhaben«

Abrahams Name ist Programm: »Abram« und »Abraham« tragen den »Vater« als Schutzgott im Namen. Eine andere Deutung lautet: »Er ist erhaben in Bezug auf seinen Vater« – er ist von edler Abkunft. Keiner sonst heißt in der Bibel so. Und die Umbenennung (Gen 17,5) wird symbolträchtig aufgeladen: Abraham als »Vater der Menge« hat eine neue Rolle in Gottes Geschichtsplan – und wird so zur Identifikationsfigur der großen Religionen der Menschheit.

Abrahams Geschichte steht unter dem Namen seines Vaters Terach (Gen 11,27). Aus der Linie des anderen Sohnes, Nahor, stammen die Frauen für Isaak und Jakob: Sie gehören zur gleichen Sippe, denn man heiratet keine Fremden. In der Zeit der persischen Oberherrschaft nach dem Exil, als Israel Gefahr lief, sich unter den anderen Völkern aufzulösen, wahrte man mit dem Beispiel der Erzeltern die eigene Identität und ließ sich nicht auf Mischehen ein. Auch das war ein Grund, warum diese Geschichten immer wieder erzählt wurden.

Abraham als Träger der Verheißung

»Auf, zieh weg« – so beginnen die Abraham-Erzählungen in Gen 12–25. Mit Gottes Auftrag, in ein unbekanntes Land zu ziehen, erhält Abraham die Verheißungen, zu einem großen Volk zu werden, das in einem geschenkten (»gelobten«!) Land wohnen wird. Der Schöpfungssegen Gottes (Gen 1,28), der bisher allein durch Zeugung und Geburt von Generation zu Generation weitergegeben wurde, wird Abraham persönlich zugesprochen: Er wird zum Mittler dieses Segens für die Menschheit (Gen 12,2–3).

Die Verheißungen werden in Bilder gekleidet: »Wie die Sterne am Himmel, so zahlreich werden deine Nachkommen sein« (Gen 15,5) und »Abram glaubte dem Herrn, und er rechnete es ihm als Gerechtigkeit an« (Gen 15,6). Dieser Vers wird bei Paulus zum Schlüsselsatz für die Rechtfertigung Abrahams aus Glauben (noch vor der Beschneidung). Erst in Gen 17 werden die Verheißungen erneut genannt und durch die Beschneidung als Bundeszeichen bestätigt: Der Glaube geht dem Ritual voraus (im Judentum wie im Christentum). Und: Gott bleibt Gott. Mit voller Souveränität gibt Gott Abram einen neuen Namen (»Abraham«, gedeutet als »Vater der Menge«) und damit ein neues Programm: Gottes Segen für alle Menschen und Gottes Verantwortung für jeden einzelnen, erwählten und namentlich gekennzeichneten Menschen.

Abraham tritt auf vielerlei Weisen mit Gott in Kontakt: direkt, »face-to-face« (Gen 18,22–33), wie später Mose (Dtn 34,10), im Traum (Gen 15,12–21), in Menschengestalt mit Begleitung. Gerade die Begegnung mit den »drei Männern« bei den Eichen vom Mamre (Gen 18,1–22) ist eine Szene, die zu zahlreichen Kunstwerken (z. B. die Ikone von Andrej Rubljow) sowie zu Vorausdeutungen auf die Trinität inspiriert hat.

Geburt und Bedeutung Ismaels

Was nützt die schönste Verheißung von Nachkommenschaft, wenn die vorgesehene »Erzmutter« unfruchtbar ist (Gen 11,30)? Abraham und Sara engagieren eine Leihmutter. Ergebnis ist Ismael, der Sohn Hagars, der ägyptischen Magd Sarais. Ismael ist ein echter Abrahamssohn, der Segen und Verheißungen sowie zahlreiche Nachkommen erhält (vgl. Gen 16,10; Gen 21,13.18; Gen 25,12–18). Auf ihn beziehen sich die Muslime – diese biblische Identifikationsfigur zeigt die familiäre Verwandtschaft von Juden, Christen und Muslimen an, so dass Abraham zu einem »ökumenischen« Grundnenner aller drei monotheistischen Religionen werden kann.

Doch die Bibel führt die »gerade« Linie nicht über Ismael, sondern über den Sohn Saras – Sara stammt nach Gen 20,12 auch von Terach ab und ist somit die eigentliche Ehefrau Abrahams (aus seiner Sippe; keine Mischehen!). Ismael und die weiteren Abraham-Söhne (Gen 25,1–6) werden abgefunden und aus der Erbfolge und der biblischen Perspektive ausgeschieden.

Die Bindung Isaaks

Gott fügt sich nicht in menschliche Pläne – so bringt die Bibel die auf den ersten Blick haarsträubende Erzählung von der Beinahe-Opferung Isaaks, die in der jüdischen Tradition als »Bindung Isaaks« bezeichnet wird (Gen 22). Es ist ein Gedankenexperiment: »Gott stellte Abraham auf die Probe« ist der Leseschlüssel für den ganzen Text. Schon auf den zweiten Blick merkt man, dass mit Isaak die gesamten Verheißungen an Abraham und die zukünftige Geschichte des Volkes Israel auf dem Spiel stehen. Hier wird die Ideallösung vorgeführt: Einerseits gibt sich Abraham vorbehaltlos in die Hand Gottes – was ihm als große Glaubenstat angerechnet wird. Andererseits rettet Gott durch das Eingreifen eines göttlichen Boten Isaak vor dem Tode – was zum Urbild der Gefährdung und Rettung des Volkes Israel wird.

Was später das Volk Israel in Form des Auszugs aus Ägypten (Exodus) als Befreiung aus dem Land der Sklaverei erfährt, ferner auch in den Bewahrungen während der Wüstenwanderung, ist in Gen 22,1–19 als rätselhafte, anstößige und tiefgründige Urbild-Erzählung vorgezeichnet. Diese Geschichte verschlüsselt die später erzählten Ereignisse und verbirgt sie allegorisch in den Identifikationsfiguren

Abraham und Isaak. Sie hat zahlreiche Deutungen in Judentum, Christentum und Islam auf sich gezogen.

Abraham ist der »ideale Israelit« (Gen 22,15–18), der »auf meine (Gottes) Stimme gehört hat«, eine Wendung, die für die Aufforderung zum Gehorsam gegenüber Gottes Weisung (Tora) im Buch Deuteronomium typisch ist (z. B. Dtn 26,17). Abraham hat dabei die Tora als Weisung Gottes eingehalten, noch bevor sie über Mose von Gott offenbart wurde. Jedes Mal wird bei diesen Erwähnungen Abrahams der Segen betont, den alle Menschen (Völker) durch Abraham erlangen sollen.

Ein Angeld auf das Land – und Abrahams Tod

Die auf die Bindung Isaaks folgende Genealogie nennt unwichtige Männer und eine wichtige Frau: Rebekka, Großnichte Abrahams und Urenkelin Terachs (!) – sie wird die starke Frau an der Seite des Abrahamssohnes Isaak (Gen 24). Vorher kauft Abraham ein Stück Land mit einer Höhle als Grablege für Sara – endlich hat der Fremde ein Fleckchen Heimat im Gelobten Land. Doch es wird lange dauern, bis aus Abraham, Isaak und Jakob ein Volk wird und die Verheißung des Landes Wirklichkeit. Bis heute wird die Grablege der Erzeltern bei Hebron als heilige Stätte von Juden, Christen und Muslimen verehrt und umkämpft.

Doch der Reihe nach: Nach der Eheschließung Isaaks mit der »richtigen«, aus der eigenen Verwandtschaft stammenden Frau, mit Rebekka, gehen die Verheißungen und der Segen ungeteilt (!) auf Isaak über – Ismael und die anderen Söhne Abrahams (Gen 25,1–6) siedeln ausdrücklich außerhalb des Territoriums des »Gelobten Landes«. Einvernehmlich begraben die Halbbrüder Ismael und Isaak ihren Vater Abraham.

Hat es Abraham gegeben?

Natürlich. Abraham gibt es bis heute. Das Entscheidende an Abraham ist nicht, ob im 19. oder 18. Jh. vor Christus (!) ein in wallende Gewänder und einen Bart gehüllter Viehzüchter (wie in den Bibelfilmen) durch die Weiden Palästinas zog – so etwas ist nicht zu beweisen. Entscheidend an Abraham sind die Geschichten über ihn und seine Beziehung zu Gott, die die Menschen bis heute faszinieren. Diese Geschichten sind viel später aufgeschrieben worden, auch die Kamele Abrahams hat man erst um 1000 v. Chr. gezähmt und als Lasttiere eingesetzt. Es war wohl die Identitätskrise des Babylonischen Exils (6. Jh. v. Chr.) ausschlaggebend dafür, dass man den Erzählkomplex einer Abstammung Israels von Abraham konzipierte. Der Bestand des eigenen Volkes war gefährdet, das Land verloren – so erst bekommen die Verheißungen von Nachkommenschaft und Land ihren Stellenwert. In der Zeit nach dem Exil geht es um die eigene (jüdische) Identität. Daher wird viel Wert auf eine Eheschließung innerhalb des eigenen Volkes, besser noch der eigenen Verwandtschaft gelegt: Abrahams Frau Sara stammt wie er von Terach ab und ist seine Halbschwester; Isaaks und Jakobs Frauen stammen von Abrahams Bruder Nahor ab. Sie sind die Vorbilder. Um die eigene Identität zu wahren, sollten Juden nur Jüdinnen heiraten. Zugleich muss der Glaube von Kult und Tempel unabhängig werden. Der als Fremder wandernde, aber stets vom Segen Gottes begleitete Abraham wird zum Vorbild des im Glauben Gehorsamen: Jude sein heißt, den Willen Gottes zu tun. Gen 22,1–19 wird zum Schlüsseltext, Abraham gehorcht der Tora Gottes, noch bevor sie am Sinai geoffenbart wurde, und ist damit auch Vorbild im Gehorsam gegenüber der Tora. Historisch greifbar ist damit nicht die geschichtliche Gestalt Abrahams, sondern sind die um diese Identifikationsfigur entwickelten Konzepte von Glauben, Gehorsam, Verheißung und Hoffnung, die von Generation zu Generation neu akzentuiert werden. *Das* ist Abraham – und den gibt es bis heute.

Isaak – Symbol für Gottes Gnade: »Gott lächelt dem Kind zu«

Auch Isaak trägt das Göttliche in seinem Namen. Die Eltern wünschen sich, Gott möge das Kind mit freundlicher, liebevoller Miene betrachten. In Gen 17,17; 18,12–15 und 21,6 spielen das Lachen Abrahams sowie Saras und der Nachbarn auf den Namen an.

Sowohl Abraham (Gen 17,15–22) als auch Sara (Gen 18,9–15) erhalten die Verheißung eines Sohnes »aus reiner Gnade«, denn sie sind jenseits des Alters, in dem Menschen Kinder bekommen. Beide reagieren – verständlicherweise – mit Lachen auf dieses Versprechen, und so heißt das Kind auch (Gen 21,6). Kam Ismael noch auf menschliche Initiative zustande, so ist Isaak der eigentliche, von Gott geschenkte Sohn – nur mit ihm schließt Gott seinen Bund (Gen 17,21), es ist der einzige Sohn, den Abraham liebt (Gen 22,2), nachdem er sich von Hagar und Ismael getrennt hat (Gen 21,8–21). Gerade weil Isaak der einzige Sohn ist, steht mit der von Gott angeordneten Opferung (Gen 22,1–19; s. o.) *alles* auf dem Spiel: die Verheißungen an Abraham, der Bund mit Gott, die gesamte Geschichte Israels. Die Hauptperson in Gen 22 ist Abraham, der jegliches menschliches Kalkül fahren lassen und sich unbedingt auf Gottes Plan einlassen muss. Abraham besteht die Probe und wird zum Vater im Glauben. Heutige Leserinnen und Leser, vor allem Kinder, identifizieren sich aber mit dem Kind Isaak. Das macht den Abschnitt problematisch, gerade wenn man ihn aus dem Gesamtkonzept des Buches Genesis herauslöst. Insofern ist große Behutsamkeit im Umgang mit diesem abgründigen Text angeraten – liest man ihn im Zusammenhang der Abraham-Isaak-Jakob-Überlieferung, entfaltet er große theologische Tiefe. Er nimmt die wunderbare Rettung Israels vorweg und wird daher mit Recht neben der Schöpfung und der Erzählung vom Auszug aus Ägypten (das Wunder am Schilfmeer Ex 14–15) in der christlichen Osternacht gelesen. Gott will das Leben und die Freiheit der Menschen, braucht dazu aber das unbedingte Vertrauen seiner Geschöpfe und deren freie Entscheidung, der lebensförderlichen Weisung Gottes zu folgen.

Isaak und Rebekka

Rebekka ist die starke Frau aus der Verwandtschaft Abrahams, die für Isaak bestimmt ist. Erst mühsam müssen die Menschen erkennen, wie wunderbar Gott die Fäden bereits geknüpft hat: In Gen 24 wird für Isaak eine tapfere Frau gefunden, die am Ende der Geschichte in die Fußstapfen Abrahams tritt. Wie Abraham ist Rebekka bereit, ihre Heimat und ihr Elternhaus zu verlassen und in das von Gott gelobte Land zu ziehen, wie Abraham erhält sie den Segen und die Verheißung zahlreicher Nachkommenschaft. Sie wird für Isaak zum Ersatz der verstorbenen Mutter (Gen 24,67).

Isaak und Abraham

Isaak wirkt fast wie eine Kopie seines Vaters. Wie schon Abraham seine Frau Sara zweimal im fremden Land als seine Schwester ausgegeben hat, um sein eigenes Leben zu retten (und nicht als Ehemann einer schönen Frau aus dem Weg geräumt zu werden; Gen 12,10–20;

20,1–18), so macht es auch Isaak mit Rebekka (Gen 26,1–12). Wie Abraham Ärger wegen Brunnen hatte und ein Abkommen treffen musste (Gen 21,22–34), so ergeht es auch Isaak (Gen 26,13–33). Isaaks Leben verläuft wie das seines Vaters – und dies bewahrt ihn vor jedem Abenteuer. Isaak ist in der Bibel das Bindeglied zwischen Abraham und Jakob: Durch ihn gehen Segen und Verheißung von Abraham, dem Stammvater des Glaubens, auf Jakob, den Vater der zwölf Stämme Israels, über.

Die Geschichte des alten Isaak ist eigentlich die des jungen Jakob, der zur Hauptperson wird. Erst als Jakob viel hinter sich gebracht hat, erst als der Streit mit Esau beendet und die Nachkommenschaft gesichert war – da können Jakob und Esau ihren alten Vater Isaak gemeinsam begraben (Gen 35,27–29).

Jakob – Stammvater Israels: »Gott beschütz(t)e«

Jakobs Name passt zu seiner wechselvollen Vita, brauchte er doch in seinem Leben mehrfach den Schutz Gottes. Die drei Personen mit ihren sprechenden Namen sind literarische Figuren: Ihre Wirkungsgeschichte ist entscheidend. Abraham, Isaak und Jakob laden – je unterschiedlich – zur Identifikation ein: Man kann sein eigenes Leben und seinen Erfahrungsweg mit Gott im Lichte dieser Patriarchen und ihrer nicht minder bedeutsamen Ehefrauen Sara, Rebekka, Lea und Rahel wiederfinden – und genau deshalb wurden sie überliefert. In den Erzählungen von Jakob wird der Name auch noch anders aufgelöst – und außerdem erfährt er wie Abram (Abraham) eine Umbenennung: Jakob ist Israel.

Von Jakob wird im Buch Genesis in zwei Zyklen erzählt: Die »eigentliche« Jakobsgeschichte von der Kindheit bis zum Familienvater steht unter der Überschrift seines Vaters Isaak (Gen 25,19–35,29). Unter der Überschrift Jakobs (Gen 37–50) folgen die Abenteuer seiner Söhne, vor allem die des Josef. Jakob ist dann schon ein alter Mann.

Jakob und Esau

Wie einst Sara bleibt Rebekka lange Zeit kinderlos (Gen 25,19–26). Als sie dann doch schwanger wird, sind es Zwillinge, die sich von Anfang an nicht vertragen. Die beiden stehen für zwei Völker, die in enger Nachbarschaft einander spinnefeind sind: Israel und Edom, das Land südlich des Toten Meeres. Um diesen Konflikt an den »Uranfang« zurückzuverlegen, erzählt die Bibel eine Geschichte: Bei der Geburt packt Jakob die Ferse (*'aqeb*) des erstgeborenen Esau und kommt so zu seinem Namen *Ja'aqob*. Warum nicht der erstgeborene Esau das Gelobte Land erhalten wird, sondern der zweitgeborene Jakob, wird in mehreren Anläufen begründet: Zuerst verkauft Esau sein Erstgeburtsrecht für das sprichwörtliche Linsengericht (Gen 25,27–34), dann heiratet Esau die falschen Frauen, nämlich fremde, nicht aus der eigenen Sippe stammende Hetiterinnen (Gen 26,34–35). So hat er sich schon selbst disqualifiziert. Isaak bevorzugt aber Esau, Rebekka favorisiert Jakob (Gen 25,28). Im dritten Anlauf wird der von Rebekka eingefädelte Komplott erzählt, wie Isaak dem zweitgeborenen Jakob den entscheidenden Erstgeburtssegen erteilt (Gen 27): Mit einem leckeren Wildgericht, mit Tierfell und den Kleidern des Bruders erschleicht sich Jakob vom blinden Vater Isaak den Segen. Nichts lässt sich rückgängig machen, und Jakob, der später Israel heißen wird, hat das Anrecht auf das Land, denn er bekommt in Gen 27,29 die Segensverheißung, die einst an Abraham (Gen 12,3) erging.

Esau sinnt auf Rache, und so muss der gesegnete Jakob fliehen – er wird zu dem Teil der Sippe geschickt, von dem schon Isaak seine Frau holte (Gen 27,41–28,5). Jakob, der Verheißungsträger, soll keine »fremde« Frau heiraten – wieder geht es um den Schutz der eigenen (jüdischen) Identität.

Jakob und Söhne

Jakob hat nun besonders den Schutz Gottes nötig – unterwegs macht er in Bet-El eine ermutigende Gotteserfahrung: Er träumt von der Himmelsleiter, ein Symbol dafür, dass der große Gott des Himmels dem kleinen Menschen auf der Erde doch sehr nahe sein kann (Gen 28,10–22). Jakob zieht weiter nach Osten, und dort scheint sich die Geschichte zu wiederholen: In einer Brunnenszene (wie einst bei Rebekka in Gen 24) trifft Jakob seine zukünftige Frau Rahel, die er innig liebt. Sie ist die Nichte der Rebekka, Tochter ihres Bruders Laban. Doch bei der Hochzeit wird der Betrüger Jakob selbst betrogen: Laban schiebt ihm seine ältere Tochter Lea unter. Die Braut ist völlig verschleiert – und in gutem Glauben vollzieht Jakob die Ehe, wie ihn einst sein Vater Isaak in gutem Glauben gesegnet hat. Jakob hat nun keine Wahl, und um auch noch Rahel zu bekommen, muss er den doppelten Brautpreis bezahlen: zweimal sieben Jahre Dienst bei seinem Onkel Laban (Gen 29,1–30). Trugen bisher die Männer ihre Intrigen auf dem Rücken der Frauen aus, so dominieren jetzt die Frauen. Jakob ist in der passiven Rolle. Gen 29,31–30,24 erzählt den Gebärwettstreit der Frauen um die Liebe Jakobs, der letztlich zur Gründung des Volkes Israel führt. Immer haben die Frauen Lea und Rahel zusammen mit ihren Mägden Silpa und Bilha die Initiative, und so bauen sie das Haus Israel auf (Rut 4,11). Elf Söhne und eine Tochter sind das Ergebnis, und erst später, auf dem Weg nach Hause, wird Benjamin, der zwölfte Sohn, geboren – Rahel stirbt dabei (Gen 35,16–20). Jakobs Leben schwankt weiterhin zwischen Mühsal und Erfolg: Unter großen Anstrengungen kann er sich im Laufe der Jahre ein eigenes Vermögen aufbauen, doch um mit seiner Familie aus der Einflusssphäre Labans zu entkommen, bedarf es neuerlicher Listen (Gen 30,35–32,1).

Die Dramatik der Erzählung reißt nicht ab: Nun steht die Versöhnung mit Esau an. Die Vorbereitungen (Gen 32,2–22) werden durch eine eindrucksvolle Geschichte unterbrochen, die am Grenzfluss Jabbok spielt (32,23–33): In der Nacht muss Jakob allein mit einem unbekannten Mann ringen. Erst im Nachhinein wird vorsichtig angedeutet, dass Jakob mit Gott gerungen hat: Der Unbekannte gibt Jakob den neuen Namen »Israel« (»Gottesstreiter«). Wieder liegt eine tiefgründige Symbolerzählung vor, die das Ringen des Menschen mit Gott im geistigen Sinne auslotet. Jakob ist aus dem Gotteskampf angeschlagen, aber unbesiegt hervorgegangen, und auch die Versöhnung mit Esau gelingt (Gen 33,1–16). Dennoch sind Territorien und »Völker« strikt getrennt: Esau/Edom (Gen 36!) bleibt ein Fremder. Jakob wandert dann auf den Spuren Abrahams (Gen 33,17–20). Gen 34 erzählt einen Konflikt mit der im Land lebenden Bevölkerung, bei dem bereits Jakobs Söhne die Initiative ergreifen und die Vergewaltigung ihrer Schwester Dina auf grausame Weise rächen. Jakob missbilligt ihr Verhalten, und die Anführer Simeon und Levi werden – trotz grundsätzlicher Gleichberechtigung aller zwölf Söhne – in der Bedeutung zurückgestellt. Später disqualifiziert sich auch noch der Erstgeborene Ruben (Gen 35,21), so dass der Vierte in der Geburtsreihenfolge, nämlich Juda, zur führenden Gestalt wird – die Geschichten, die selbst keine historischen Berichte sind, spiegeln somit dennoch die historische Entwicklung wider, die auf die Vormachtstellung des Stammes Juda (mit dem Königtum Davids in Jerusalem) hinläuft.

Schließlich kehrt Jakob zum Ausgangspunkt seiner Wanderschaft (er ist der »heimatlose Aramäer« von Dtn 26,5!) zurück und errichtet einen Altar in Bet-El (Gen 35,1–15). Dort erscheint ihm erneut Gott, bestätigt den neuen Namen »Israel«, den ihm der Unbekannte von Gen 33,29 gegeben hatte, und erneuert die Verheißungen von reicher Nachkommenschaft und dem Besitz des Landes. Die Notizen über Benjamins Geburt, Rahels Tod, den Überblick über die Söhne und schließlich Isaaks Tod und Begräbnis (Jakob und Esau begraben Isaak zusammen!) runden diesen Erzählkreis ab (Gen 35,16–29).

Jakob und Josef

In Gen 37–50 ist der alte Jakob die Hintergrundfigur. Hauptgestalten sind seine Söhne, vor allem Josef und, in Gen 38, Juda. In Gen 37 lässt Jakob dem jungen Josef ein schönes Prachtgewand, das zum Arbeiten völlig ungeeignet ist, machen. Das ist der Ausgangspunkt für den Konflikt unter den Brüdern. Am Ende der Josefsgeschichte, nachdem Gott aus viel Bösem viel Gutes gemacht hat (Gen 50,20), zieht Jakob mit seiner ganzen Familie zu Josef nach Ägypten.

Auf dem Sterbebett adoptiert Jakob/Israel die Josefsöhne Efraim und Manasse, die an Josefs Stelle zu den zwölf Stämmen Israels gezählt werden. Dabei bevorzugt Jakob – wie man das nun schon kennt – den Zweitgeborenen Efraim vor dem älteren Manasse (Gen 47,29 bis 48,21). Wieder spiegelt die Erzählung historische Sachverhalte, da Efraim zum vorherrschenden Stamm im Norden des Landes wurde. Obwohl es nun 13 »Söhne« sind, wird später das Land nur in zwölf Stammesgebiete geteilt, da der Stamm Levi das Priesteramt, aber kein Land erhalten wird. In Gen 49 segnet Jakob in poetischer Sprache mit vielen Bildern – die spätere Geschichte wird hier schon verschlüsselt in einem Rätsel vorweggenommen. Als Jakob stirbt, trägt er seinen Söhnen auf, ihn auf dem Grundstück zu begraben, das einst Abraham für Sara gekauft hatte – und Josef führt diesen Auftrag gewissenhaft aus (Gen 49,29–50,14). So schließt sich der Jakobskreis und überlappt mit der Abrahamstory.

Jakob als Volk

Jakob heißt nicht umsonst auch Israel (Num 24,17; Ps 14,7) – von den drei Patriarchen ist Jakob die Chiffre für das Volk Israel, und zwar in seiner menschlichen Schwäche und Bedürftigkeit (z. B. Ps 44,5; Jes

41,14; Jer 31,11: Der Herr wird Jakob erlösen und befreien aus der Hand des Stärkeren). Jakob steht aber auch für die Liebesbeziehung Gottes zu seinem Volk (Ps 47,5; Mal 1,2: Spruch des Herrn: Ich habe Jakob lieb; Jes 41,8; 46,3). Und diese Liebe gilt trotz der Widerspenstigkeit des Volkes: Von Jakob, dem Betrüger, hat Israel, das Volk, den Betrug »geerbt«, so müssen sich die Propheten Hosea (Hos 12,3–5) und Maleachi (Mal 3,6–7) beklagen – und obwohl das Volk von der Zeit seiner Väter an die Weisung Gottes missachtet, wird sich Gott immer wieder erbarmen, so ist sich die Michaschrift sicher: »Du [Gott] wirst an Jakob Treue erweisen, an Abraham Gnade, die du unsern Vätern geschworen hast von den Tagen der Vorzeit her« (Mi 7,20).

Abraham, Isaak und Jakob

Die Texte von Abraham, Isaak und Jakob greifen wie ein Zahnrad ins andere. Sicher hat nicht ein Einzelner alles in einem Zug verfasst – manche Geschichten wurden für sich und mit wechselnden Akteuren immer wieder neu verarbeitet. Vor uns liegen zum Teil kantige, zum Teil mit bewundernswerter Präzision in den Verknüpfungen und Details erzählte Geschichten, die zu *einer* Story verschmelzen. Aufblühen werden sie, lebendig werden Abraham und Sara, Isaak und Rebekka, Jakob und Lea, Rahel, Silpa und Bilha und die »Kinder« für alle, die sich mit ihrer eigenen Lebensgeschichte auf diese Figuren einlassen: Es gilt, sich in dieses Wechselspiel aus Aufstieg und Abstieg, Nähe und Distanz zwischen Geschwistern, zwischen Völkern, zwischen Mensch und Gott einzuklinken. Schau auf Abraham und sein unerschütterliches Vertrauen, schau auf Isaak und lerne die Gnade und Rettung Gottes kennen, schau auf Jakob und sieh in ihm deine eigene Mühsal in Beruf und Familie – und spüre hinter und unter allem Gottes sanfte, führende und stützende Hand!

Literatur

T. Hieke, Art. Abraham, in: Biographisch-Bibliographisches Kirchenlexikon 24 (2005) 1–49;

K.-J. Kuschel, Streit um Abraham, 3. Aufl., Düsseldorf 2003;

E. Zenger (Hg.), Stuttgarter Altes Testament, Stuttgart 2004

Thomas Hieke

Sara, Rebekka, Lea und Rahel

Starke Frauen in wichtigen Rollen

»Erzmütter«, Patriarchenfrauen
Abb. links: Sara

Patriarchengeschichten – so lautet der irreführende Name, den man dem größten Teil des Buches Genesis gerne gibt. Irreführend ist er, weil damit verkannt wird, welche herausragenden Rollen die Frauen an den Schaltstellen dieser Geschichten spielen. An den Frauen entscheidet sich die Rangfolge in der Nachkommenschaft. Die Frauen ergreifen die Initiative, wenn die Fortsetzung der genealogischen Linie in Gefahr ist. Und die Herkunft der Frauen gibt den Ausschlag dafür, ob ein männlicher Nachkomme in der Linie von Segen und Verheißung steht oder nicht. Frauen und Männer haben ihren je eigenen Anteil an der Genese (Entstehung) Israels. Daher spricht man heute von den »Erzelternerzählungen«.

Sarai/Sara

Was macht man(n) aber, wenn die erste als »Erzmutter« vorgesehene Frau unfruchtbar ist? So wird Sara, die zuerst noch Sarai heißt, vorgestellt (Gen 11,29–30). Es ist vielleicht nicht sehr schmeichelhaft, dass sie mit einem derart intimen Detail ihrer Lebensgeschichte präsentiert wird – doch ist Sarais Kinderlosigkeit die entscheidende Triebfeder für die weitere Geschichte. Da mag der Patriarch Abraham noch so vollmundige Verheißungen über zahlreiche Nachkommen erhalten – sie laufen über den Mutterschoß von Sara, und der ist verschlossen. In einem Zeitalter ohne Gynäkologie, Ultraschalldiagnostik und dergleichen macht man Gott dafür verantwortlich, dass er den Mutterschoß öffnet und schließt – Kinder sind ein Geschenk Gottes, nach dem man sich sehnt. Und in einem Zeitalter der Atomunfälle, Umweltgifte, Stresskrankheiten und dergleichen merkt man am Rückgang der Zeugungsfähigkeit und Fruchtbarkeit wieder, dass Zeugung, Empfängnis, Schwangerschaft und Geburt doch komplizierter sind, als man in seiner Aufgeklärtheit denkt. Wie viele Frauen sehnen sich heute nach einem eigenen, leiblichen Kind! Sie haben große Vorbilder: Sara, Rebekka und Rahel, die Erzmütter Israels, kämpfen jahrzehntelang mit dem Problem der Unfruchtbarkeit. Wenn sie dann schließlich doch Kinder bekommen, ist es das reine Wunder – ein Geschenk Gottes.

Zunächst ist bei Sarai das Problem nicht allzu akut, denn sie ist eine bildschöne Frau. So schön, dass Abram in Ägypten Angst bekommt, der Pharao könnte ihn aus dem Weg räumen, um an Sarai heranzukommen (Gen 12). Abram gibt Sarai als seine Schwester aus, und sie muss das üble Spiel mitspielen. Doch Gott hat andere Pläne und interveniert: Sarai muss nicht in den Harem des Pharao. Nach dieser Aufregung vergehen die Jahre, ohne dass sich am Zustand Sarais etwas ändert. Da ergreift sie die Initiative: Ein Nachkomme muss her, und wenn er nicht aus ihrem Schoß kommt, dann adoptiert sie eben ein Kind, das ihr Mann mit ihrer ägyptischen Magd Hagar zeugen soll (Gen 16). Diese ethisch zumindest bedenkliche Leihmutterschaft führt zu entsprechenden Schwierigkeiten zwischen den beiden Frauen Sarai und Hagar. Die Konflikte schaukeln sich so auf, dass eine Trennung unvermeidbar ist – der Mann Abram steht daneben und ist hilflos. Aus männlicher Sicht bleibt nur der Schluss übrig, derartige Verwicklungen tunlichst zu vermeiden. Ismael ist als Sohn der Ägypterin Hagar *nicht* der von Gott verheißene Nachkomme – er stammt von der »fremden Frau« ab, die nicht zur eigenen Verwandtschaft gehört.

Sara dagegen ist die »richtige« Frau, sie ist die Halbschwester Abrahams. Noch mehr als die Abstammung hat Sara mit Abraham gemeinsam: An der entscheidenden Stelle, als klar wird, dass Ismael nicht die Hauptrolle im Plan Gottes spielt, werden beide Erzeltern umbenannt: Sarai in Sara, Abram in Abraham – und das zeigt bereits, wer eigentlich die Fäden in der Hand hat. Der Mensch denkt – und Gott lenkt ganz anders. Beide Erzeltern erhalten die Verheißung eines leiblichen Nachkommens, beide reagieren mit Lachen auf diese unmögliche Botschaft (Gen 17–18). Als Frau jenseits der Menstruation kann Sara wirklich nicht anders als lachen. Aber Gott ist kein Gynäkologe, wie es in diesen Geschichten überhaupt nicht um Biologie geht – sondern immer wieder um Vertrauen auf das Unmögliche, das doch möglich wird. So wird das Wunder erzählt, dass Sara einen Sohn bekommt. Ihre Freude überträgt sie auf das Kind, das das Lachen im Namen trägt: Isaak. Nun hat Abraham zwei Söhne von zwei Frauen, und damit wäre er mehr als zufrieden. Doch Gott und Sara haben andere Pläne: Einer nur ist der Verheißungsträger, Isaak, der Sohn der »richtigen« Frau. Im Konflikt zwischen Sara und Hagar, den beiden Müttern, spricht Gott einen entscheidenden Satz zu Abraham: Hör auf alles, was dir Sara sagt! (Gen 21,12) Und Sara veranlasst, dass Hagar und Ismael ausbezahlt und weggeschickt werden.

Nachdem sie alles in die Wege geleitet hat, kann Sara abtreten. Die Bibel gönnt ihr ein ähnlich hohes Alter wie den Männern dieser Zeit: 127 Jahre. Wieder geht es nicht um Biologie, sondern um eine Botschaft: Sara, die »Fürstin«, wie man ihren Namen wiedergeben könnte, war eine große Frau. Und sie ist die Erste, die auf dem ersten Stück Land, das Abraham vom verheißenen Land sein Eigen nennt, begraben wird: in der Höhle von Machpela (Gen 23).

Isaak hat seine Mutter sehr geliebt – das steht deutlich im Text: Erst, als Isaak seine starke Frau Rebekka trifft, kommt er allmählich über den Verlust der Mutter hinweg (Gen 24,67).

Rebekka

Die Erzählung zeigt ihren Leserinnen und Lesern sehr deutlich, dass Rebekka eine starke Persönlichkeit ist: In Abrahams Verwandtschaft (Gen 22,20–24) werden zahlreiche Söhne geboren, die allesamt völlig unwichtig sind – nur eine Tochter verdient Erwähnung: Rebekka. So war das eben in einer Zeit, in der von Männern für Männer erzählt wurde: Söhne wurden aufgelistet, weil sie Söhne waren. Töchter waren nicht der Rede wert – nur dann, wenn sie eine tragende Rolle in der Geschichte spielen, muss man sie wohl erwähnen.

Rebekka ist mehr als das: Wie schon Sara wird sie zur Weichenstellerin, so dass der Plan Gottes so ablaufen kann, wie das Gott (und die Frauen) für richtig halten. Doch der Reihe nach: Zunächst erweist sich Rebekka sowohl von ihrer Abstammung her (Verwandtschaft mit Abraham) als auch in ihrem Wesen, ihrer Schönheit, ihrem Sinn für das Praktische als die ideale und die richtige Frau für Isaak. Gen 24 ist eine der schönsten Geschichten der Bibel – man muss sie einfach im Original lesen. Was Gott will und was Rebekka will, geht bei ihr in geradezu vorbildlicher Weise zusammen. Und wie ihr Onkel Abraham sagt sie bereitwillig »Ja«, als sie vor der Frage steht, ihre Familie zu verlassen und in ein fernes Land zu ziehen.

Wie ihre große Vorfahrin Sara kämpft Rebekka mit dem Problem der Kinderlosigkeit – zwanzig Jahre lang. Es ist ein stiller Kampf, über den die Bibel kaum Worte verliert (Gen 25,21), und auch die Dauer muss man erst aus Gen 25,20 und 25,26 errechnen. Nach dem langen Zweifel, ob denn doch alles »richtig« war, kommt Rebekkas Verzweiflung über die Kinder: Schon im Mutterleib kommen die Zwillinge nicht miteinander aus, und das Orakel, das sie sich holt, dient nicht gerade zu ihrem Trost (Gen 25,22–23). Wieder sind es zwei Söhne, doch nur einer trägt die Verheißung. Wieder steht Gott auf der Seite des Jüngeren und der Frau: Isaak, der alte Vater, bevorzugt den wilden Esau, den Jäger; Rebekka (und Gott) den jüngeren Jakob, den untadeligen, der lieber daheim bleibt. Als Isaak auf dem Sterbebett den entscheidenden Segen geben will, ergreift Rebekka die Initiative (Gen 27). Geht es ihr darum, das Orakel (»der Ältere wird dem Jüngeren dienen«) zu verwirklichen, oder nur um ihre mütterliche Vorliebe? Dem Text ist das egal. Wichtig ist, dass Jakob, der Jüngere, gegen die »normale« Reihenfolge den Segen bekommt. Rebekka stiftet Jakob zum Betrug an. Das Ergebnis ist bekannt: Jakob hat den Segen, Esau eine Stinkwut. Ein letztes Mal schiebt Rebekka die Geschichte (wieder im Sinne und Plane Gottes) an: Sie schickt Jakob, den Träger der Verheißung, in ihre einstige Heimat, damit er dort die »richtige« Frau findet. Er soll nicht den gleichen Fehler wie Esau begehen, der die »falschen« Frauen geheiratet hat. Mutter Rebekka und Sohn Jakob trennen sich – und werden einander nie mehr wiedersehen.

Lea und Rahel, Silpa und Bilha

Jakob, der Betrüger, wird zum Betrogenen: Voll guten Mutes trifft er bei der Verwandtschaft seiner Mutter ein, verliebt sich prompt in eine »richtige« Frau, Rahel. Alles läuft bestens, doch Jakob rechnet nicht mit der List seines Onkels Laban, der zuerst seine ältere Tochter, Lea, an den Mann bringen will. Die Braut tief verschleiert, ein Hochzeitsgelage, kein Licht im Ehegemach – und am Morgen ist es Lea, mit der Jakob die Ehe vollzogen hat, nicht die geliebte Rahel. Da man nicht monogam ist, ist die Sache halb so schlimm: Nur muss

Jakob den doppelten Brautpreis (vierzehn statt sieben Jahre Arbeit für Laban) bezahlen, dann gehört ihm auch Rahel. Ja, die Frauen »gehören« dem Mann, doch kann sich Jakob mitnichten als Pascha aufführen: Lea, die Ungeliebte, und Rahel, die Geliebte, buhlen um die Zuneigung Jakobs und handeln untereinander aus, wann er zu welcher gehen darf (Gen 29–30)! Gott steht wieder auf der Seite der Frauen: Die ungeliebte Lea bekommt ein Kind nach dem anderen (und erhofft sich so die Liebe Jakobs). In ihrer Verzweiflung ruft die kinderlose Rahel: »Verschaff mir Söhne! Wenn nicht, sterbe ich« (Gen 30,1). Es kommt zum ersten Ehekrach der Bibel, denn Jakob wird zornig und verweist auf Gott, der Fruchtbarkeit und Unfruchtbarkeit zuweist. Rahel greift zu dem, was einst Sara tat: zur Leihmutterschaft. Nun kommen die Mägde der zwei Frauen ins Spiel: Bilha, die Zofe Rahels, wird von Rahel zu Jakob geschickt. Der Mann wird nicht gefragt, er muss tun, was Rahel sagt, und das Ergebnis, das Kind Bilhas, wird als Kind Rahels gewertet. Lea handelt mit ihrer Magd Silpa genauso. Schlussendlich sind es elf Söhne und eine Tochter. Dina, die Tochter, ist Auslöser für eine konfliktreiche Geschichte in Gen 34, bei der viel Blut fließt (wofür aber Dina nichts kann – es ist eine Männergeschichte). Rahel selbst bekommt nach Josef noch ein zweites Kind, Benjamin (Glückskind), das sie lieber Ben-Oni (Unheilskind) genannt hätte – die Geburt kostet ihr das Leben (Gen 35,16–20). Liebe und Leid, Sexualität, Freude, Tränen, Streit, List, Freundschaft und Hass – alles kennt die Bibel und erzählt es mit großem Freimut. Die Frauen sind mittendrin, spielen entscheidende Rollen – und mehr als einmal wird der Plan Gottes nur durch sie verwirklicht.

Tamar (Gen 38), Rut (Buch Rut) und Batseba (2 Sam 11; 1 Kön 1–2), weitere große Frauengestalten, stehen den Erzmüttern in nichts nach. Auch sie nehmen entscheidende Schaltstellen in der Geschichte ein, durchkreuzen die Pläne der Männer – und wo sie alles durcheinander zu bringen scheinen, kommt Gott erst richtig zum Zuge.

Literatur

I. Fischer, Gottesstreiterinnen, Stuttgart 1995/2000;

T. Hieke, Die Genealogien der Genesis (HBS 39), Freiburg i.Br. 2003;

B. Hintersberger/S. Spendel (Hg.), Stark bin ich und voller Leben. Frauen der Bibel kommen ins Wort, München 1997

Thomas Hieke

Die Propheten

»Berufene Rufer«

Jeremias

Sie sind Propheten, keine Hellseher, die Männer, die ihre Namen für ein gutes Stück biblischer Literatur hergegeben haben. »Berufene Rufer« sind sie – nicht aus eigenem Interesse, Gutdünken oder aus Selbstüberschätzung rufen sie, sondern getrieben von Gott künden sie einer unwilligen Öffentlichkeit und selbstgefälligen Potentaten meist recht unbequeme Botschaften. Ihre schonungslose Analyse von Vergangenheit und Gegenwart steht heutigem Enthüllungsjournalismus und messerscharfer Kritik der Medien an der Politik der Mächtigen in nichts nach – und sie überbieten das sogar, denn im Unterschied zur Wertekrise und Orientierungslosigkeit unserer Tage präsentieren die Propheten eine Zukunftsperspektive. Die Ausbeuter und Unterdrücker werden nicht ungeschoren davonkommen, denn Gott wird sie in einem drastischen Gericht vernichten. Doch auch Hoffnung bieten die Propheten: Allen, die sich vertrauensvoll auf Gott einlassen (sie nennen es »Gott fürchten«), wird – endlich, endlich – die Sonne der Gerechtigkeit (Mal 3,20) aufgehen.

Jesaja: »Gott rettet«

Namen sind Programm – bei Jesaja für ein dickes Buch mit 66 Kapiteln. Dahinter verschwindet fast die historische Gestalt, von der man nicht viel weiß – aber das ist nicht das Entscheidende. Auf die *Botschaft* kommt es heute und in der Bibel an, und die lautet: Gott rettet. Doch das geht nicht ohne Konflikte ab, von denen der Prophet Jesaja einige durchstehen muss. Jesaja lebt im Jerusalem des 8. Jh. v. Chr. und stammt aus gebildeten Kreisen. Als Mitglied der High Society hat er Zugang zum König – aber als von Gott berufener Prophet muss er ihm und dem ganzen Volk unangenehme Dinge sagen, die politisch überhaupt nicht korrekt sind: »Der Ochse kennt seinen Besitzer und der Esel die Krippe seines Herrn; Israel aber hat keine Erkenntnis, mein Volk hat keine Einsicht. Weh dem sündigen Volk, der schuldbeladenen Nation, der Brut von Verbrechern, den verkommenen Söhnen! Sie haben den Herrn verlassen, den Heiligen Israels haben sie verschmäht und ihm den Rücken gekehrt« (Jes 1,3–4). Nicht immer fällt Jesaja mit der Tür ins Haus: Einmal etwa fängt er mit einem erotischen Liebeslied über einen »Weinberg« (den Ort der Liebe) an – das macht neugierig, da spitzen sich die Ohren. Aber am Ende kommt doch die zornige Gerichtsbotschaft, weil Israel versagt: Rechtsbruch anstelle von Gerechtigkeit (Jes 5,1–7). Wer so spricht, dem hört man nicht gerne zu, der stößt auf taube Ohren. Jesaja macht diese Erfahrung, und er kann sich die Verstocktheit seiner Zeitgenossen nicht anders erklären, als dass Gott selbst Jesaja beauftragt, Ohren, Augen und Herz zu verkleben und zu verhärten (Jes 6,1–13). Immer wieder kämpft Jesaja (Jes 6–8) mit der Borniertheit des Volkes und seiner Führung, die sich nicht auf Gott, sondern auf zweifelhafte Außenpolitik verlassen will. »Glaubt ihr nicht, so bleibt ihr nicht« – das ist Jesajas Credo (7,9). Ein Zeichen soll Jesajas Botschaft untermauern: Die junge Königin wird ein Kind empfangen, einen Sohn gebären, den Immanuel (Gott mit uns), und noch ehe der erwachsen ist, wird die Gefahr vorüber sein (7,14–16). Doch der König lässt sich auf derartige »Zeichen« nicht ein. Jesaja sollte Recht behalten – daher hat man seine Worte aufgeschrieben, und so sprechen sie nicht mehr nur den König Ahas an, sondern uns alle: Losgelöst aus der geschichtlichen Situation des 8. Jh. v. Chr., eingebettet in das biblische Buch des Propheten wird der Immanuel zur Hoffnung auf den kommenden Retter, den Messias. Der Autor des Matthäusevangeliums sieht diese Hoffnung mit dem Retter Jesus erfüllt, dem Sohn der Jungfrau Maria (Mt 1,23). Jesajas Wort, einst in einer politischen Krise geäußert, strahlt durch die Jahrhunderte bis in unsere Weihnachtszeit – und gilt und gilt und gilt.

Jesajas Wort hat sich bewahrheitet, aber auch sein Name: Immer wieder werden an die Gerichtsworte Jesajas auch tröstende Worte angehängt, die verkünden, dass Gott rettet. Die Völker werden zum Zion wallfahren und ihre Schwerter zu Pflugscharen schmieden

(Jes 2,1–5), ein Messias, ein gesalbter Herrscher wird geboren werden, der wirklich den Frieden bringt (Jes 9), aus der Wurzel Jesse, dem Vater Davids, wird ein Reis (im Lied: ein Ros') entspringen, auf dem der Geist Gottes, der Geist von Wahrheit und Gerechtigkeit ruhen wird, und er wird den Frieden bringen, so dass sogar Wolf und Lamm, Löwe und Kalb einträchtig nebeneinander grasen (Jes 11) – Bilder der Hoffnung, Utopien einer heilvollen Zukunft, die längst nicht mehr vom Jesaja des 8. Jh. stammen, aber unter seinem Namen unsterblich werden. Jahrhunderte nach Jesaja tritt ein Prophet auf, der keinen Namen hat und dessen Botschaft man unter »Gott rettet« (Jesaja) aufschreibt: »Tröstet, tröstet mein Volk, spricht euer Gott« (Jes 40,1) – so beginnt der große Abschnitt im Jesajabuch, der das Volk Israel im Exil trösten soll und verkündet, dass die Strafe abgebüßt ist (Jes 40–55). Und die letzten Kapitel (Jes 56–66) spielen in der Zeit nach dem Exil: Wieder dominiert die Botschaft »Gott rettet«. Jetzt betrifft sie die anderen Völker, die sehr wohl gerettet werden können (Jes 56,1–8), wenn sie barmherzig gegenüber den Armen handeln, wenn sie Gottes großes Geschenk der Ruhe am siebten Tag (den Sabbat) achten. Man sieht: Jesaja ist mehr als ein Prophet, mehr als ein wichtiger Mann im Jerusalem des 8. Jh. v. Chr. – »Jesaja« ist ein Konzept biblischer Theologie, eine wesentliche Grundbotschaft jüdischer und christlicher Verkündigung.

Jeremia: »Gott möge aufrichten«

Jeremia hat seinen Namen bitter nötig: Es ist der Prophet, der streckenweise geradezu depressiv wirkt. Die Zeit des Jeremia sind die letzten zwei Jahrzehnte des Staates Juda und der Stadt Jerusalem vor der Zerstörung 587/6 v. Chr. Nach den viel versprechenden Reformen des Königs Joschija (641–609), die jedoch im Jeremia-Buch keine Erwähnung finden, geht es nach dem vorzeitigen Tod Joschijas politisch, sozial und religiös in Juda bergab. Jeremia wird zum schärfsten Kritiker des neuen Königs. Er geißelt die Verehrung fremder Götter und die Treulosigkeit gegenüber Gott (z. B. Jer 2: »Mein Volk hat mich vergessen«, so beklagt sich Gott), kritisiert Lug und Trug (z. B. Jer 9) sowie unsolidarisches und nur auf den eigenen Gewinn gerichtetes Verhalten, gerade auch bei Priestern und Propheten (vgl. Jer 6,13; 8,10; 14,10–16). Immer wieder muss sich Jeremia gegen falsche Propheten wehren, die dem Volk und dem Königshaus nach dem Mund reden und trügerische Sicherheiten verkünden, insbesondere die Ideologie des unantastbaren Zion und des unverwundbaren Tempels. In Jer 7,1–15 stellt der Prophet heraus, dass das Gerede vom Tempel des Herrn nichts nützt, wenn Unterdrückung, Ausbeutung der Armen und Rechtsbeugung im Land herrschen. Mehrfach weist er auf den drohenden Untergang hin.

Ein solches Auftreten bleibt nicht ungestraft – das Buch, das aufgrund der Aktualität seiner Botschaft im Nachhinein mehrfach fortgeschrieben und erweitert wurde, zeichnet Jeremia als den typischen Propheten, der schwer unter seinem Auftrag zu leiden hat. Viel zu jung wird er in den Dienst genommen (Jer 1). Er muss unverheiratet bleiben, um für Israel ein Warnzeichen zu sein (Jer 16,1–9), er wird verfolgt (z. B. Jer 11,18–23), verhaftet, in einer Zisterne gefangen gehalten (Jer 38,1–6). Seine Worte, die er mühevoll seinem Schreiber Baruch diktiert, lässt sich der König vorlesen, um dann Stück für Stück die Schriftrolle zu zerschneiden und im Feuer zu verbrennen (Jer 36) – schon diese Bücherverbrennung geht nicht gut aus: Das von Jeremia angekündigte Gericht kommt doch, Jerusalem und der Tempel werden in Schutt und Asche gelegt. In seinen so genannten Konfessionen schreit Jeremia sein Leid seinem Auftraggeber entgegen (Jer 11,18–12,6; 15,10–21; 17,12–18; 18,18–23; 20,7–18). Es sind Klagegebete eines Einzelnen, die Psalmen ähneln. Jeremias großes Dilemma ist, dass er ständig Unheil gegen sein eigenes Volk ankündigen muss (was an sich schon unangenehm ist), dass dann aber – aufgrund der Langmut Gottes – die Katastrophe doch (noch) nicht eintrifft und Jeremia als Lügner oder falscher Prophet dasteht. Nach der endgültigen Eroberung und Zerstörung Jerusalems und des Tempels wird der bescheidene Neuanfang durch die Ermordung des Statthalters Gedalja im Keim erstickt (Jer 39–41). Der nicht nach Babylon deportierte Rest der führenden Leute flieht – gegen Jeremias Rat – nach Ägypten und nimmt ihn mit. Dort verliert sich seine Spur (Jer 42–45).

Ezechiel: »Gott stärke«

Auch Ezechiel braucht starke Nerven, kann er doch den Beruf, der ihm in die Wiege gelegt wird, nämlich das Priesteramt, nicht ausführen – der Untergang Judas als Staat und die Exilszeit verhindern es. Ezechiels Thema ist die theologische Aufarbeitung dieses Untergangs aus priesterlicher Sicht. Bei der ersten großen Deportation nach Babylon im Jahre 597 v. Chr. wird er mit großen Teilen der Oberschicht und König Jojachin mitgenommen. Als er 30 Jahre alt wird und damit regulär den Priesterdienst übernehmen sollte, wird er 593 zum Propheten im Zweistromland unter den Exilierten berufen. Er beendet 573 seinen prophetischen Dienst im Pensionsalter der Priester mit 50 Jahren. Das Buch Ezechiel legt Wert auf diese Datierungen, ihr Fixpunkt ist das Jahr 597.

Der Untergang Jerusalems führt zu zwei Phasen in der Prophetie Ezechiels. Er muss das Gericht Gottes ankündigen, bis es eintritt – dann jedoch kommt die Wende: Ein Flüchtling berichtet vom Fall der Stadt (Ez 33,21–22). Ab da verkündet Ezechiel Trost und Heil für Israel. Zwar spricht der Prophet in der Ich-Form – aber er redet keine eigenen Worte, sondern gibt überwiegend die Reden Gottes wieder. JHWH, der Gott Israels, ist der einzige Gott, alle Götter der Völker sind Götzen und Scheusale. Gott redet den Propheten mit »Menschensohn« an (93-mal im Buch Ezechiel, z.B. 2,1), ein Begriff, der hier die menschliche Begrenztheit ausdrücken soll. Angesichts der gewaltigen Visionen Ezechiels von der »Herrlichkeit« Gottes erscheint diese distanzierende Anrede angemessen.

Typisch für Ezechiel sind seine Visionen und die daran anschließenden Zeichenhandlungen. In Ez 1–3 beschreibt Ezechiel eine merkwürdige Erscheinung Gottes in einem Thronwagen (*Merkaba*) und seine Berufung. Die »Mobilität« Gottes ist für Israel in der Diaspora von erheblicher Bedeutung, daher spielt der Thronwagen in der Rezeption des Buches Ezechiel durch die jüdische Mystik eine große Rolle. In Ez 8–11 schaut Ezechiel den Jerusalemer Tempel und die dortigen Missstände, er sieht die Zerstörung voraus. Gott bleibt nicht in seinem Heiligtum: Die »Herrlichkeit des Herrn« zieht mittels des Thronwagens aus dem Tempel Richtung Osten davon. Im Osten aber, da sitzen die aus Jerusalem Deportierten, da sitzt auch Ezechiel. »Gott stärke«, so lautet der Name des Propheten, und das gilt: Gott kommt zu seinen Versprengten, Gott klebt nicht in von Menschen gebauten Tempeln, sondern ist allen nahe, die auf ihn hoffen. Gott ist überall da. Am Ende des Buches, in der großen Zukunftsvision der Erneuerung Israels, wird die Herrlichkeit des Herrn wieder in den neuen, großartigen Tempel einziehen (Ez 43,1–12).

Sehr dramatisch ist Ezechiels Vision vom Totengebein (Ez 37,1–14): In einer Szenerie, die eher Angst macht, auf einem Feld voller trockener Knochen und Totenschädel, soll Ezechiel sagen, ob diese Gerippe leben können. Ezechiel ist völlig verwirrt, doch dann beweist Gott, dass er der Gott des Lebens ist: Fleisch kommt auf die Knochen, Sehnen dazu, Gottes Geist macht die Toten lebendig. Was zunächst ein Symbol für die Erneuerung und Wiederherstellung Israels nach dem Exil ist, darf heute auch als Hoffnung auf eine Auferstehung der Toten gelesen werden: Gott hat die Macht und die Kraft dazu.

Neben den Visionen spielt Ezechiel im Auftrag Gottes »Straßentheater« und macht seine Botschaft in drastischen Zeichenhandlungen anschaulich: Er ritzt den Stadtplan von Jerusalem in einen Ziegel und baut Zinnsoldaten rundherum auf (so wird Jerusalem auch in Wirklichkeit belagert werden). Sein Brot misst er kärglich ab, trinkt Wasser aus kleinen Messbechern, bäckt sein Brot auf Rindermist (so wird Jerusalem im Krieg Mangel leiden; Ez 4). Seine Haare schneidet er ab, verbrennt sie, zerhackt sie mit dem Schwert, streut sie in den Wind (so wird es Jerusalem und seinen Einwohnern ergehen; Ez 5). Auf die Meinungen des Volkes geht Ezechiel in den Disputationsworten ein: Er zitiert Sprichwörter und Reden im Volk und übermittelt die göttliche Antwort darauf (z. B. Ez 18,1–4). In seinen Bildreden spricht Ezechiel in Gleichnissen und Allegorien, die fließend in ihre Deutung übergehen (z. B. Ez 15: das unnütze Holz vom Weinstock).

Innerbiblisch haben Ezechiels Überlegungen großen Einfluss auf die Theologie der Tora, wenn sie die Fragen von heilig und profan, rein und unrein, nach dem Wohnen des heiligen Gottes unter den sündigen Menschen, nach dem Tempel und seinen Einrichtungen diskutiert. Wirkungsgeschichtlich bedeutsam sind vor allem die Visionen, die zu vielerlei Spekulationen in der Mystik anregten.

Daniel: »Gott ist mein Richter«

Ist Daniel überhaupt ein Prophet? Er bekommt keine direkten Gottesbotschaften, sondern deutet Träume und Visionen – oft versteht Daniel gar nicht, was er schaut, und so muss ihm ein Engel helfen (z. B. 8,27; 9,21–22). Daniel ist ein Apokalyptiker. »Apokalypse« heißt Enthüllung, Offenbarung. Sie wird meist so erzählt, dass ein himmlisches Wesen einem Menschen eine geheime Botschaft mitteilt. Diese völlig neue Realität bricht als übernatürliche, jenseitige Welt in das Diesseits so ein, dass die jetzige Welt unter Katastrophen und furchtbaren Zerstörungen zugrunde geht. Dann tritt der neue Äon, das neue Zeitalter zutage, dann wirkt die Erlösung Gottes für alle, die durchgehalten haben. Das Ziel einer Apokalypse ist es, denen, die Gott treu sind, Mut und Zuversicht zu geben, dass nach den Wirrnissen und furchtbaren Verfolgungen in dieser Welt eine von Gott kommende bereitsteht, in der alles besser ist.

Die geschichtliche Situation, in der die Danielliteratur entsteht, ist die Verfolgung der jüdischen Religion unter dem König Antiochus IV. Epiphanes. Er herrschte von 175–164 v. Chr. im Königreich der Seleukiden, einem der Nachfolgereiche aus dem Weltreich Alexanders des Großen. Antiochus wollte eine einheitliche »Leitkultur«, nämlich die griechische, in seinem Reich durchsetzen, und unter den Juden gab es etliche, die den »Hellenismus« schick fanden und dabei mitmachten, die traditionelle Lebensweise und den Gehorsam gegenüber der Tora aufzugeben. Heftige Grabenkämpfe innerhalb des Judentums waren die Folge, dazu kriegerische Auseinandersetzungen zwischen denen, die der Tora treu geblieben sind, und den »Hellenisten« und den Seleukiden. Krieg und Bürgerkrieg beutelten das Land. In dieser Zeit entsteht »Daniel« als subversive politisch-religiöse Literatur. Und weil man in unsicheren politischen Zeiten nie Klartext reden kann, wird »Daniel« kurzerhand in die Exilszeit datiert und an den babylonischen Königshof versetzt. Über ein untergegangenes Königreich und dessen Herrscher kann man allerlei ungefährdet sagen – und die Eingeweihten wissen, dass es um die Gegenwart geht.

Daniel und seine Freunde befinden sich also am babylonischen Königshof – dort macht sich Daniel als Traumdeuter einen Namen. Doch eigentlich spricht »Daniel« über die Gegenwart und Zukunft der bedrängten Juden des 2. Jh., die Gottes Weisung (Tora) treu bleiben. Daniel sagt den Untergang der irdischen Gewaltherrscher voraus, und er kündigt das Kommen eines »Menschensohnes« auf den Wolken des Himmels an, der eine unvergängliche Herrschaft im Namen Gottes antritt (Dan 7,14). Am Ende wird der Engelsfürst Michael kommen, dann wird jeder gerettet, der in Gottes Buch verzeichnet ist, auch von den Toten werden die Gerechten auferstehen, die Bösen verfallen aber ewiger Schmach (Dan 12,1–3).

In den Anhängen zum Danielbuch, die in griechischer Sprache verfasst wurden und nicht Teil der jüdischen Bibel sind, finden sich drei Geschichten. Darunter die Erzählung von der wunderschönen und unschuldig verdächtigten Susanna. Sie erfährt durch die Vermittlung Daniels, dessen Name »Gott ist mein Richter« Programm ist, die Rechtshilfe Gottes in auswegloser Lage. Die Geschichte ist ein beliebtes Motiv in der Malerei (»Susanna im Bade«).

Amos: »Getragen von Gott«

Amos ist kein Prophet – er stellt sich als Viehzüchter und Plantagenbesitzer vor, der von Gott in den Dienst genommen wird (Am 7,14–

15). Mit beiden Füßen im Leben stehend hat er die breiten Schultern, um gegen das Nordreich Israel Gottes Strafe anzukündigen. Wofür? Für nichts Geringeres, als dass das Volk und die reiche Oberschicht Verbrechen gegen die Menschlichkeit begehen und unhaltbare soziale Missstände verursachen. Ausbeutung, Unterdrückung, schreiendes Unrecht! Amos nimmt kein Blatt vor den Mund. Listig beginnt er mit den üblen Taten der Nachbarvölker (1,2–2,3) – und stellt dann fest, dass es in Israel und Juda genauso schlimm zugeht (2,4–16). In die Unheilsworte gegen die Oberschicht (3,1–6,14) werden die Frauen ausdrücklich eingeschlossen und als »Baschankühe« tituliert. Die Sprache des Amos ist drastisch, revolutionär, aufrührerisch. Amos fliegt daher auch aus dem staatlichen Heiligtum des Nordreiches in Bet-El hochkant hinaus und wird in den Süden nach Juda ausgewiesen (7,10–17) – was nichts anderes heißt, als dass das Unrecht, das Amos anprangern muss, auch dort und überall auf der Welt stattfindet. Bis heute. Und deshalb ist es gut, den von Gott getragenen Viehzüchter auch heute zu lesen und sich beschämen zu lassen.

Jona: »Die Taube«

Jona ist der Mann, der vor der immer größeren Barmherzigkeit Gottes (4,2) auf der Flucht ist (flatterhaft wie die Taube). Die ersten beiden Kapitel erzählen von der Flucht, dem Sturm auf dem Meer, der Rettung durch den Fisch und wie Jona am Ende doch zum Beten kommt. Im zweiten Teil (Jona 3–4) geht Jona die in 1,1–2 erteilte und in 3,1–2 wiederholte Aufgabe an und kündigt Ninive das Gericht an. Als sich die Stadt bekehrt und das Gericht nicht eintritt, ist Jona verzweifelt: Er ist eigentlich ein falscher Prophet, und er hat ja schon immer gewusst, dass Gottes Barmherzigkeit größer ist. Die Schrift endet mit einer offenen Frage. Hier wird keine Historie erzählt, sondern eine Lehre erteilt. Mindestens vier Dinge kann man von der Jonaschrift lernen: Die Umkehr der Menschen wird immer auf einen unendlich barmherzigen und vergebungsbereiten Gott treffen. Das Heil ist nicht auf Israel beschränkt, sondern für alle Menschen da. Wenn das Gericht, das der Prophet angekündigt hat, wegen der Barmherzigkeit Gottes nicht stattfindet, ist der Prophet noch lange kein Lügner. Und überhaupt liegt die Gnade Gottes jenseits von allen Grenzen menschlicher Vernunft.

Micha: »Wer ist wie Gott?«

Micha ist – wie Amos – kein Berufsprophet, sondern Landwirt (1,1). Er muss der Oberschicht von Juda und Jerusalem den Untergang ansagen und ihren Machtmissbrauch, ihre Rechtsbeugungen, die Ausbeutung der Kleinbauern und das Versagen sämtlicher Amtsträger brandmarken (Micha 1,2–3,12). Die Wallfahrt aller Völker zum Zion in 4,1–5 (vgl. Jes 2,1–5) ist demgegenüber eine Wende zum Heil, das 4,1–5,14 dominiert. In 5,1 wird der Messias als Friedensherrscher aus Betlehem-Efrata angekündigt – es liegt also an der christlichen Lektüre der »Heiligen Schrift«, dass Jesus in Betlehem geboren werden musste (Mt 2,6). Doch der Rechtsstreit Gottes mit seinem treulosen Volk geht noch weiter (Micha 6–7). Die Erwartungen Gottes konzentriert Micha auf wenige Sätze: »Es ist dir gesagt worden, Mensch, was gut ist und was der Herr von dir erwartet: Nichts anderes als dies: Recht tun, Güte und Treue lieben, in Ehrfurcht den Weg gehen mit deinem Gott« (6,8). Am Ende (7,18–20) betont Micha die unendliche Verzeihung durch Gott und Gottes Festhalten an den Verheißungen gegenüber Abraham und Jakob.

Sacharja: »Gott hat sich erinnert«

Sacharja tritt nach dem Exil als Prophet auf – als sich Gott daran erinnert hat, was er seinem Volk verheißen hat und dass die Strafe abgebüßt ist. So spricht Sacharja in den Jahren 520–518 vom Tempel, der wieder aufgebaut werden soll und zum Zentrum eines erneuerten Israel werden soll. Doch der prophetische Blick reicht weiter und schildert die Vision einer paradiesischen Schöpfung in einer friedlichen Welt, in der alle Völker nebeneinander und miteinander ohne Konflikte leben. Im ersten Teil (1–8) werden die »Nachtgesichte« des Propheten beschrieben – nächtliche Visionen, in denen die konkrete politische, gesellschaftliche und religiöse Zukunft geschmiedet wird: Wiederaufbau in allen Bereichen. Aus späterer Zeit stammt Teil II (9–11), in dem Verheißungen und Gerichtsworte nebeneinander stehen. Eine Vision ist besonders interessant: Der kommende Friedenskönig reitet auf einem Esel und zieht in Jerusalem ein – Auftakt zu einer Utopie des Friedens (9,9–17). Nur von hier her können Christen verstehen, was Jesus am Palmsonntag getan hat: eine politische Demonstration und ein gewaltiger Anspruch. Teil III (12–14) entwirft ein apokalyptisch gefärbtes Geschehen der Endzeit mit Jerusalem als

Mittelpunkt. Es geht um die Vernichtung von Göttern und falschen Propheten, um schmerzvolle Reinigung von Sünde und Unrat, um Läuterung und um den Tag des Herrn. Am Ende wird Jerusalem zum Zentrum aller Menschen (!), die den einen Gott anbeten, während alle anderen in Dürre umkommen.

Maleachi: »Mein Bote«

Maleachi hat als Gottes Bote zwei Herzensanliegen: dass die Menschen gerecht handeln und den Gottesdienst in rechter Weise feiern. Beides verknüpft er untrennbar, denn beides gehört für eine solidarische und zukunftsfähige Gesellschaft zusammen. In seinen Diskussionsworten beginnt er immer mit einer provozierenden These, die er mit einem Einwand des Volkes konfrontiert: »›Ich liebe euch‹, spricht der Herr. Doch ihr sagt: ›Worin zeigt sich deine Liebe?‹« (1,2). Dann wird der Einwand, etwa dass sich Gottes Liebe gar nicht zeige, argumentativ widerlegt. Es geht um Gottes Liebe zu Israel, um den rechten Gottesdienst (man will offenbar Gott mit Billigware abspeisen!), um Treulosigkeit in Ehe und Religion (fremde Frauen verehren fremde Götter!), um Gottes Gericht (über die, die seine Weisung mit Füßen treten), noch einmal um den rechten Gottesdienst (man spart in Zeiten knapper Kassen am Unterhalt des Tempels) und schließlich um das Gerede, dass die Ehrlichen nur die Dummen seien. Da wird der Prophet sehr deutlich: Gott wird sich sehr wohl um die kümmern, die sich ihm anvertrauen. Man wird wieder den Unterschied merken zwischen denen, die gerecht handeln, und denen, die mit Betrug und Gewalt nur das Beste für sich herausholen. Für die, die sich im Glauben vertrauensvoll auf Gott und seine Weisung einlassen, wird am Ende die Sonne der Gerechtigkeit aufgehen (3,20). Ist das nicht ein Zuspruch, der direkt und unmittelbar eine heiße Sehnsucht unserer heutigen Welt aufgreift?

LITERATUR

A. Deissler, Dann wirst du Gott erkennen. Die Grundbotschaft der Propheten, Freiburg 1987;

C. Dohmen/T. Hieke, Das Buch der Bücher. Die Bibel – eine Einführung, Regensburg 2005;

T. Hieke, »Das Wort des Herrn bringt mir nur Spott und Hohn« (Jer 20,8);

R. G. Kratz, Die Propheten Israels, München 2003

Herbert Vorgrimler

Michael, Gabriel, Raphael

Die Erzengel

Gedenktag: 29. September

Das Wort »Engel« kommt aus dem Griechischen. »Angelos« heißt aber auch »Bote«.

Die Bibel weiß von zwei Arten der Boten Gottes. Gott sendet *Menschen*, die das kommende Heil Gottes ankündigen, aber auch Fehlverhalten tadeln und zur Umkehr aufrufen sollen. Vor allem sollen sie bezeugen, dass Gott lebt und dass Gott Liebe ist. Zu diesen Gottesboten gehören in erster Linie die Heiligen. Das Neue Testament nennt Johannes den Täufer »angelos«, »Bote« (Mk 1,2 f.). Die andere Art, wie Gott sich bemerkbar macht, besteht nach vielen Erfahrungszeugnissen aus *geistigen Wesen*, die er zu den Menschen sendet und die er dort sichtbar werden lässt, obwohl sie an sich unsichtbar sind. Die Bibel versteht sie als reine Geschöpfe, als Diener Gottes, die seine Weisungen auszuführen haben. Wir haben für diese Wesen im Glauben, in der Theologie und in der Religionsgeschichte das zusammenfassende Wort »Engel«. Wer aufmerksam in sein Leben hineinhorcht und nicht alle guten Begegnungen für bloße Zufälle hält, der wird sich sagen: Auf die eine oder andere Art sind mir schon Engel begegnet. An die Engel richten sich dankbare Erinnerung und Grüße, nicht aber Anbetung und Lobpreis. Diese gebühren ausschließlich dem unendlichen, dem allein mächtigen Gott.

Engelwesen, Schutzgeister, waren viele Jahrhunderte vor der biblischen Zeit im ganzen Alten Orient bekannt. Engelsvorstellungen kamen wahrscheinlich durch die Juden, die im babylonischen Exil

(586 vor Christus) waren, nach Israel und dadurch auch in die Bibel. So wundert es nicht, dass in jüdischen Schriften außerhalb der Bibel Engel eine ganz große Rolle spielen. Das Judentum vor mehr als 2000 Jahren kannte nicht nur Boten-Engel, sondern ein ganzes himmlisches Heer, Tausende und Abertausende von Engeln, und es kannte besonders herausgehobene Engel als Heerführer, als Wächter am Thron Gottes im Himmel. Man nannte sie zuerst im Judentum »Erzengel« und man kannte ihre Namen. Bestimmte jüdische Strömungen hielten es für wichtig, möglichst viele dieser Engelsnamen zu kennen, um die himmlischen Helfer beschwörend anrufen zu können. In dem 1951 zum ersten Mal auftauchenden katholischen »Engelwerk« leben diese Auffassungen wieder auf.

Die Theologen und Bischöfe der frühen Kirche übernahmen viele der jüdischen Engelsvorstellungen, und drei der »Engelsfürsten« wurden in der christlichen Frömmigkeit besonders verehrt: Michael, Gabriel und Raphael. Sie hatten in der katholischen Kirche jeweils eigene Feste. Die Liturgiereform von 1969 hat an deren Stelle ein gemeinsames Fest dieser drei Erzengel am 29. September eingeführt. Die Bedeutung der drei soll im Folgenden der Reihe nach besprochen werden.

Das alttestamentliche Buch Daniel, das etwa um das Jahr 165 vor Christus verfasst worden sein wird, berichtet von einer Vision, die der Prophet Daniel hatte. In ihr erwähnt der Erzengel Gabriel seinen Helfer mit Namen Michael, und zwar hofft er, Michael, »euer Fürst«, werde ihm auch in Zukunft stärkend und schützend beistehen (Dan 10,21). Gegen Ende des Danielbuches findet sich eine Ankündigung: »Zu jener Zeit wird sich Michael erheben, der große Fürst, der die Söhne deines Volkes beschützt« (Dan 12,21).

Michael – »Der im Auftrag Gottes siegt«

Vom christlichen Altertum an nahm man an, der Name Michael bedeute »Wer ist wie Gott?« Heute sagt die Bibelwissenschaft, dieser hebräische Name bedeute »der für Gott übermächtig ist« oder »der im Auftrag Gottes siegt«. Älter als die Erwähnung Michaels im Buch Daniel ist die Rolle, die er in Teilen des frühjüdischen Buches Henoch spielt, die vom 3. Jahrhundert vor Christus an entstanden und uns in einer äthiopischen Fassung überliefert sind. Dort gehört er zu den vier oder auch sieben Engels-»Fürsten«, und zwar als deren erster. Er ist der oberste Befehlshaber der himmlischen Heerscharen. Dabei ist er seinem Charakter nach barmherzig und geduldig. Militärisch hat er die Hauptaufgabe, sich mit dem Satan, dem Teufel, auseinander zu setzen.

Diese Überzeugung aus Kreisen jüdischer, auf Rettung hoffender Menschen übernimmt das letzte Buch des Neuen Testaments, die »Offenbarung des Johannes« (auch »Apokalypse« genannt). Dort heißt es: »Und es entstand Krieg im Himmel, so dass Michael und seine Engel Krieg führten mit dem Drachen. Und der Drache führte Krieg und seine Engel, und sie vermochten nicht standzuhalten, und eine Stätte für sie war im Himmel nicht mehr zu finden. Und geworfen wurde der große Drache, die alte Schlange, genannt der Teufel und der Satan, der den ganzen Erdkreis verführt, geworfen wurde er auf die Erde, und seine Engel wurden mit ihm geworfen« (Offb 12,7 ff.).

In der außerbiblischen Literatur gilt Michael, der höchste der Völkerengel, als der Schutzengel des Volkes Israel. Eindringlich wird der Glaube ausgesprochen: In den Bedrängnissen am Ende der Zeiten wird Gott den Erzengel zur Rettung Israels senden.

Eine weitere Aufgabe wird Michael von frühjüdischer und frühchristlicher Zeit an zugeschrieben. Er gilt als Geleiter der Seelen der Verstorbenen in die Welt Gottes, denn er ist der mächtige Streiter. Er hat die Dämonen abzuwehren, die bis zuletzt um jeden einzelnen Menschen kämpfen. An eine jüdische Legende erinnert ein Zitat im neutestamentlichen Judasbrief. Danach ging Michael beinahe respektvoll mit dem Teufel um: »Der Erzengel Michael aber wagte, als er mit dem Teufel über den Leichnam des Mose Streit und Wortwechsel hatte, es nicht, ein lästerndes Urteil wider ihn auszusprechen, sondern er sagte: Es schelte dich der Herr!« (Jud 9).

Das große Ansehen Michaels erklärt es, warum ihm seit dem Altertum in allen christlichen Kirchen so große Verehrung wie keinem anderen Engel entgegengebracht wurde. Im Abendland trugen dazu Berichte über Erscheinungen Michaels bei. Am 8. Mai 492 sei er auf dem später so genannten Monte Sant'Angelo im italienischen Apulien erschienen. Er habe dort eine Höhle geheiligt, so dass das Wasser, das von der Decke der Höhle herabtropft, Kranke heilt. Außerdem habe er dort einen Fußabdruck hinterlassen. Das Heiligtum auf jenem Berg wurde seither immer neu ausgestaltet. Bis heute ist es alljährlich das Ziel tausender von Wallfahrern, die Michael in ihren Sorgen bei Erdbeben, Viehseuchen und bei der Auswanderung anrufen. Die römisch-katholische Liturgie enthielt bis zur Reform der 60er Jahre des 20. Jahrhunderts ein »Fest der Erscheinung des heiligen Erzengels Michael«, festgesetzt auf den 8. Mai. Ein offizielles liturgisches Gebet lautete: »Heiliger Erzengel Michael, verteidige uns im Kampfe, auf dass wir nicht zu Grunde gehen im schrecklichen Gerichte. Das Meer kam in Wallung, es wankte die Erde, als der Erzengel Michael vom Himmel herabstieg.« Ein anderes Michaelsfest am 29. September war der Einweihung der römischen Kirche des Erzengels gewidmet. In Konstantinopel ließ schon Kaiser Konstantin († 337) ihm eine Kirche weihen; auch von dort wurden Heilungen berichtet. Papst Gregor I. († 604) erzählt, im Jahr 590 sei ihm bei einer Bittprozession um das Ende der Pest in Rom der Erzengel Michael auf der Spitze des antiken Grabmals des Kaisers Hadrian († 138) erschienen und habe ihm die Erhörung der Bitte mitgeteilt. Seither heißt das römische Grabmonument »Engelsburg«; bis heute trägt es eine Statue des Erzengels auf dem Dach.

Noch öfter als nur an den erwähnten Michaelsfesten kam der Erzengel in der römisch-katholischen Liturgie zur Geltung. Im Sündenbekenntnis zu Beginn der täglichen Eucharistiefeier (»Confiteor«) wurde er als einziger Engel mit Namen genannt. Im feierlichen Hochamt wurde der Weihrauch mit den Worten geweiht: »Auf die Fürsprache des heiligen Erzengels Michael, der zur Rechten des Rauchopferaltars steht, und all seiner Auserwählten möge der Herr diesen Weihrauch segnen und als lieblichen Wohlgeruch annehmen.«

Im Jahr 1870 eroberten italienische Freiheitskämpfer den letzten Rest des Kirchenstaates, die Stadt Rom. Seither fühlten sich die Päpste – bis zu Johannes XXIII. – als Gefangene böser, kirchenfeindlicher Mächte. Papst Leo XIII. ordnete in diesem Zusammenhang 1886 an, dass nach jeder »stillen« Messe (das heißt nach einer Eucharistiefeier, die kein Hochamt war) das folgende Gebet zu sprechen sei: »Heiliger Erzengel Michael, verteidige uns im Kampfe; gegen die Bosheit und die Nachstellungen des Teufels sei unser Schutz. Gott gebiete ihm, so bitten wir flehentlich; du aber, Fürst der himmlischen Heerscharen, stoße den Satan und die anderen bösen Geister, die in der Welt umhergehen, um die Seelen zu verderben, durch die Kraft Gottes in die Hölle.« Diese Weisung galt bis zur Liturgiereform der 60er Jahre des letzten Jahrhunderts.

Besondere Anrufungen Michaels waren in den Gebetssammlungen für die Sterbestunde vorgesehen. Ein Gebet in der regulären Totenmesse, in jedem vertonten Requiem enthalten, lautet: »Herr Jesus Christus, König der Herrlichkeit, bewahre die Seelen aller verstorbenen Gläubigen vor der Pein der Hölle und den Tiefen der Unterwelt. Bewahre sie vor dem Rachen des Löwen, dass die Hölle sie nicht verschlinge, dass sie nicht hinabstürzen in die Finsternis. Vielmehr leite sie Sankt Michael, der Bannerträger, in das heilige Licht, das du einst dem Abraham versprochen hast und seinen Nachkommen.«

Solche jahrhundertelang gesprochenen und vernommenen Gebete beeinflussten und bekundeten die Glaubensüberzeugungen der Menschen. Vom Erzengel Michael besagt dieser Glaube: Er ist der große Heerführer und Bannerträger. Er ist auch Liturge, der den Weihrauchdienst versieht und die Gebete der Gläubigen zu Gott hinträgt. Schließlich ist er der Seelengeleiter und Beschützer der verstorbenen Gläubigen. Im kirchlichen Osten wie im Westen sind unzählige Kirchen dem Erzengel Michael geweiht. In Europa ist besonders die 709 geweihte Kirche auf dem Mont Saint-Michel in der Normandie bekannt. Viele mittelalterliche Kirchen und Dome enthalten im Turmgeschoss eine Michaelskapelle. Nach Deutschland kam die Verehrung Michaels vor allem durch die irisch-schottischen Mönche, die an einer zweiten Bekehrung der Deutschen arbeiteten. So wurde Michael zum besonderen Schutzpatron des Heiligen Römischen Reiches Deutscher Nation. An der Michaelsverehrung wollte auch Martin Luther festhalten. Zwar lehnte er die Erzählungen von den Erscheinungen ab, aber an der besonderen Predigt zum Michaelsfesttag lag ihm viel. Der Erzengel Michael wurde auf der anderen Seite auch als Kämpfer gegen die Reformation angerufen. Ein Zeugnis dafür ist die den Jesuiten anvertraute St.-Michaels-Kirche in München. Ein anderes Zeugnis stellt das Michaelslied dar, dessen Text der Jesuit Friedrich von Spee 1621 dichtete. In der Zeit des Nationalsozialismus wurde es in dem nicht gleichgeschalteten Teil der katholischen Jugend als Kampflied gegen die Machthaber viel gesungen:

Unüberwindlich starker Held, Sankt Michael,
Komm uns zu Hilf, zieh mit zu Feld!
Hilf uns hie kämpfen,
die Feinde dämpfen,
Sankt Michael.

Die Kirch dir anbefohlen ist, Sankt Michael,
Du unser Schutz und Schirmherr bist.
Hilf uns hie kämpfen ...

Du bist der himmlisch Bannerherr, Sankt Michael,
Die Engel sind dein Königsheer.
Hilf uns hie kämpfen ...

Den Drachen du ergriffen hast, Sankt Michael,
Und unter deinen Fuß gefasst.
Hilf uns hie kämpfen ...

Beschütz mit deinem Schild und Schwert, Sankt Michael,
Die Kirch, den Hirten und die Herd.
Hilf uns hie kämpfen ...

Vom Weiterleben der Michaelsverehrung in evangelischen Kreisen zeugt die »Evangelische Michaelsbruderschaft«, die 1931 gegründet wurde und heute einige hundert Männer als Vollmitglieder zählt.

Die darstellende Kunst zeigt den Erzengel Michael häufig. Als junger Mann steht er am Thron Gottes, zugleich Wächter und Assistent. Er trägt das Königsbanner, den Stab des Heerführers, das Schwert. Er kämpft mit dem Teufel, dem alten Drachen, oder er steht auf besiegten Löwen und Drachen. Er geleitet und beschützt die Seelen der Verstorbenen und assistiert beim Jüngsten Gericht beim Wiegen der Seelen. Oft wird er zusammen mit dem Erzengel Gabriel abgebildet.

Gabriel – »Gott hat sich gezeigt«

Vom alttestamentlichen Buch des Propheten Daniel war oben schon die Rede. Seine Visionen wollen dem Gottesvolk Israel in seinen Bedrängnissen Trost und Ermutigung vermitteln. Sie schildern gleichsam im Voraus den Fortgang der Weltgeschichte, durch Leiden und Verfolgungen hindurch, bis zur großen Abrechnung im gerechten Gericht Gottes.

In diesem Zusammenhang tritt der Engel Gabriel auf. Sein hebräischer Name bedeutet »Mann Gottes« oder »Stärke Gottes« oder »Gott hat sich gezeigt«. Im Danielbuch hat er die Aufgabe, dem Propheten die Zukunft zu deuten: »Siehe, da stand einer vor mir, der anzusehen war wie ein Mann. Und ich hörte eine Menschenstimme über dem Ulai, die rief und sprach: ›Gabriel! Erkläre diesem das Gesicht!‹ Und er kam dahin, wo ich stand. Ich erschrak, als er kam, und fiel auf mein Angesicht« (Dan 8,15 ff.). Der Bericht fährt fort: »Während ich noch redete und betete und meine und meines Volkes Israel Sünde bekannte und mein Flehen für den heiligen Berg meines Gottes vor den Herrn, meinen Gott, brachte, während ich also noch das Gebet sprach, kam der Mann Gabriel, den ich früher im Gesichte gesehen hatte, in eiligem Fluge zu mir heran um die Zeit des Abendopfers. Er kam und redete mit mir. ›Daniel‹, sprach er, ›eben jetzt bin ich ausgegangen, dir klare Auskunft zu geben. Als du zu flehen anhobst, erging ein (Gottes-)Wort, und ich bin gekommen, es kundzutun; denn du bist lieb und wert‹« (Dan 9, 20-23).

In diesem Text, der Gabriels Aufgabe als Deute-Engel klar ausspricht, findet sich eine Formulierung, die für Abbildungen von Engeln in der darstellenden Kunst sehr folgenreich war. Gabriel hat zwar die Gestalt eines Mannes, aber er kam »in eiligem Fluge«. Die Künstler sahen keine andere Möglichkeit, das blitzschnelle Kommen und Gehen von Engeln darzustellen, als ihnen Flügel zu verleihen. Von Flügeln bedeckt waren die Seraphim in der Vision des Propheten Jesaja. Die Künstler konnten sich dabei auch an der antiken »heidnischen« Welt orientieren, an den Abbildungen der Siegesgöttin Nike oder des Götterboten Hermes oder des Liebesgottes Eros: auch sie trugen Flügel.

Bibelwissenschaftler nehmen an, dass Daniel später am Ufer des Flusses Tigris noch eine Begegnung mit Gabriel hatte. Nur der Prophet nahm eine Gestalt mit Schrecken wahr, während seine Gefährten sie nicht sehen konnten: »Siehe, da stand vor mir ein Mann, in Linnen gekleidet und die Lenden mit feinem Gold von Ophir umgürtet. Sein Leib war wie Chrysolith, und sein Antlitz leuchtete wie Blitzesschein; seine Augen brannten wie Feuerfackeln, seine Arme und Beine funkelten wie poliertes Erz, und der Schall seiner Worte tönte wie das Tosen einer Volksmenge« (Dan 10,5 f.). Die Gestalt sprach von einem Kampf, den sie mit dem Fürsten des Perserreiches drei Wochen lang zu bestehen gehabt habe und in dem »Michael, einer der obersten Fürsten«, ihr zu Hilfe gekommen sei (Dan 10,13). Auch dieses Mal deutete die Gestalt dem Propheten die Zukunft.

Im außerbiblischen Judentum ist Gabriel, möglicherweise noch vor der Abfassung des Danielbuches, als Erzengel und Thronassistent Gottes bekannt.

Im Neuen Testament stellt das Lukasevangelium den Engel Gabriel mit seinen Aufgaben der Ankündigung eines unerhört Neuen und als Deuter des Geschehens vor. Zunächst erscheint er dem Tempelpriester Zacharias, als dieser eines Tages Dienst am Weihrauchopfer hatte: »Es erschien ihm aber ein Engel des Herrn, der zur Rechten des Räucheraltars stand« (Lk 1,11). Er kündet ihm an: Obwohl dieser wie auch seine unfruchtbare Frau Elisabet schon sehr betagt waren, würde Elisabet schwanger werden und einen Sohn gebären, den späteren Johannes den Täufer. Auf die Frage des Zacharias, woran er dies erkennen könne, erhielt er die Antwort: »Ich bin Gabriel, der vor Gott steht, und bin gesandt, um mit dir zu reden und dir diese frohe Botschaft zu bringen« (Lk 1,19).

Ebenfalls in Gestalt einer Wechselrede berichtet das Lukasevangelium von einer Szene, die sich nicht lange nach dem Besuch des Engels bei Zacharias ereignet habe: »Im sechsten Monat (der Schwangerschaft der Elisabet) aber wurde der Engel Gabriel von Gott in eine Stadt Galiläas namens Nazaret gesandt zu einer Jungfrau, die verlobt war mit einem Mann aus dem Hause Davids; und der Name der Jungfrau war Maria. Und er kam zu ihr herein und sprach: ›Sei gegrüßt, du Begnadete! Der Herr ist mit dir‹ (Lk 1,26 ff.). Gabriel habe Maria ihre künftige Schwangerschaft kraft des Heiligen Geistes Gottes verheißen; ihr Kind solle Jesus (hebräisch Jeschua) heißen, es werde Sohn des Höchsten genannt werden und den Thron »seines Vaters David« erhalten; sein Königtum werde kein Ende haben. Der Engel habe ihr auch von Elisabets Schwangerschaft berichtet. Nach dem zustimmenden Jawort Marias habe der Engel sie verlassen. Diese Erzählung ist im Rahmen des christlichen Glaubens von höchster Bedeutung.

Im Islam gilt Gabriel als der große Mittler der Gottesoffenbarung, der im Auftrag Gottes zu den Propheten, in besonderer Weise zu Mohammed, gesprochen habe. Sein Name lautet in arabischer Sprache »djibril« oder »djabra'il«. Im Koran heißt es als Botschaft an Mohammed: »Wenn einer dem Gabriel ein Feind ist – denn er hat ihn (den Koran) auf dein Herz herabkommen lassen mit der Erlaubnis Gottes als Bestätigung dessen, was vor ihm vorhanden war, und als Rechtleitung und Frohbotschaft für die Gläubigen – , wenn einer ein Feind ist Gott und seinen Engeln und seinen Gesandten und Gabriel und Michael, dann ist Gott den Ungläubigen ein Feind« (Sure 2,97 f.). In Sure 66,4 verspricht Gott den Rechtschaffenen seinen Beistand und den Gabriels und der anderen Engel.

In der Geschichte der christlichen Frömmigkeit und Kunst kam Gabriel groß zur Geltung als der ausgezeichnete Bote Gottes. Er wird in der Kunst mit dem Botenstab oder einer Lilie an dessen Stelle abgebildet. 1951 ernannte Papst Pius XII. den Erzengel Gabriel zum Patron des Rundfunk- und Fernmeldewesens. Durch die in der katholischen Kirche zum Grundbestand des Betens gehörenden Gebete »Gegrüßet seist du, Maria« und »Angelus« (»Der Engel des Herrn brachte Maria die Botschaft«) wird er bis zur Gegenwart ständig in Erinnerung gerufen.

Raphael – »Gott heilt«

Der dritte Erzengel des christlichen Glaubens heißt Raphael. Dieser hebräische Name bedeutet »Gott heilt« oder »Gott erweist sich als Arzt«. Dieser Engels-»Fürst« war ebenfalls dem außerbiblischen Judentum vor Jesus Christus und nach ihm gut bekannt. Dort lautete sein Name manchmal »Rufael«. Er galt als heilender Helfer, als Beistand bei Einzelpersonen und bei der Gemeinschaft der Glaubenden im Hinblick auf das Ende der Welt. In der Bibel spricht nur das alttestamentliche Büchlein »Tobit« von ihm. Es ist in griechischer Sprache verfasst, daher gehört es für manche christliche Kirchen nicht zum biblischen Alten Testament. Zum Beispiel ist es in den evangelischen Bibeln nicht enthalten. Man nimmt an, dass es um das Jahr 200 vor Christus entstanden ist. Es erzählt die Geschichte zweier jüdischer Menschen, die weit von einander entfernt in der Diaspora leben. Der alte Mann Tobit ist völlig erblindet und verarmt, so dass er sich den Tod wünscht. Die junge Frau Sara war nacheinander mit sieben Männern verheiratet, die alle in der Hochzeitsnacht von dem Dämon Asmodäus getötet wurden. Nun ist Tobias, der Sohn Tobits, zur Vermählung mit Sara bestimmt. Im Auftrag seines Vaters geht er auf eine Reise und erfährt von einem Begleiter, dem Engel Raphael, den er nicht erkennt, wie er in der Hochzeitsnacht den Dämon magisch bannen kann, wenn er Herz und Leber eines Fisches verwendet. Diese Bannung gelingt, Tobias bleibt in der Hochzeitsnacht unversehrt. Raphael verfolgt den Dämon Asmodäus bis nach Ägypten, wo er ihn fesselt und erdrosselt. Tobias kehrt zu seinem Vater zurück. Raphael gab ihm die Empfehlung mit, die Erblindung des Vaters mit der Galle des Fisches zu behandeln. Das gelingt, Tobit kann wieder sehen. Danach fordert Raphael die beiden, Tobit und Tobias, auf, Gott zu preisen und zu danken.

In dieser Rede stellt Raphael sich selber eindrucksvoll vor: »›Ich will euch die ganze Wahrheit sagen und nichts mehr vor euch verbergen! Ich sagte ja, es gehöre sich, des Königs Geheimnis zu wahren, Gottes Werke aber zu offenbaren sei wohlgetan. Wisset also: Als ihr gebetet habt, du und Sara, brachte ich eure Bitten vor die Herrlichkeit des Herrn und las sie vor; ebenso als du (der Vater Tobit) die Toten begrubst. Als du nicht zaudertest, aufzustehen und deine Mahlzeit zu verlassen, um hinzugehen, den Toten zu bestatten, ward ich gesandt, um deinen Glauben zu erproben. Nun sandte mich Gott, dich und deine Schwiegertochter Sara zu heilen. Ich bin Raphael, einer von den sieben Engeln, die allezeit bereitstehen, vor die

Herrlichkeit des Herrn hinzutreten.‹ Da erschraken die beiden und fielen aufs Angesicht nieder, weil sie sich fürchteten. Er sprach zu ihnen: ›Fürchtet euch nicht! Gott aber preist in Ewigkeit! Denn nicht aus persönlicher Güte, sondern nach dem Willen unseres Gottes bin ich gekommen. Darum preist ihn alle Tage, denn ihm gebührt der Lobgesang. Ihr meintet, mich essen zu sehen; aber ihr schautet nur eine Erscheinung. Nun preiset den Herrn auf Erden. Denn ich steige zu dem auf, der mich gesandt hat. Schreibt alles auf, was geschehen ist.‹ Und er erhob sich. Als sie aufstanden, sahen sie ihn nicht mehr« (Tob 12,11-21).

Die märchenhafte Erzählung zeigt wesentliche Züge der Engelsauffassung, die in der jüdischen und christlichen Theologie bis heute Geltung haben: Engel wirken nicht aus eigener Initiative, sondern nur auf Geheiß Gottes. Ihr gehorsamer Dienst bezeugt das teilnahmsvolle Interesse Gottes am Ergehen seiner Geschöpfe. An sich sind sie unsichtbar, da sie ja »Geister« sind. Wenn sie aber helfend oder mit Botschaften zu Menschen geschickt werden, können sie Menschengestalt annehmen. Anderes an der Erzählung ist befremdlich, wenn man bedenkt, dass sie Bestandteil der katholischen Bibel ist: Die Empfehlung magischer Praktiken und die Vorstellung vom Erwürgen eines Dämons sind nicht mit religiösem Glauben vereinbar.

Der Erzengel Raphael wird seit alters als Patron der Reisenden angerufen. Als solchen hat ihn Papst Benedikt XV. im Jahr 1921 proklamiert. In der Kunst wurde er als Reisender zusammen mit dem jungen Tobias, der einen Fisch trägt, manchmal auch zusammen mit einem anderen Engel, also in einer Dreiergruppe, abgebildet.

Literatur

M. Theobald u. a., Michael; in: Lexikon für Theologie und Kirche, 3. Aufl., Band 7 (1998), Spalten 227–231;

E. Haag u. a., Gabriel; in: Lexikon für Theologie und Kirche, 3. Aufl., Band 4 (1995), Spalten 255 ff.;

P. Deselaers, Raphael; in: Lexikon für Theologie und Kirche, 3. Aufl., Band 8 (1999), Spalten 829 f.;

H. Vorgrimler zus. m. U. Bernauer und T. Sternberg, Engel – Erfahrungen göttlicher Nähe, Freiburg i. Br. 2001

Irmtraud Fischer

Rut – Ester – Judit

»Heilige« Frauen des Ersten Testaments

Abb. links: Ester

In einem Buch über Heilige Rut, Ester und Judit vorzustellen, ist ungewöhnlich. Nach dem letzten Konzil wurden die meisten alttestamentlichen Figuren vom katholischen Heiligenkalender mit der Begründung der historischen Unsicherheit gestrichen, während etwa das Fest der unschuldigen Kinder unbeschadet bestehen blieb. Biblische Personen sind aber nicht mit dem meist fundamentalistischen Maßstab eines zweifelhaften Geschichtsverständnisses zu messen, der nur gelten lässt, was tatsächlich so war, wie geschildert. Biblische Bücher wollten nie Biographien von Personen, die genau so gelebt haben, vorstellen, sondern haben das Ziel des Zeugnisses von Gotteswahrheit in Relation zu menschlichem Geschick sowie deren Verkündigung.

Rut, Ester und Judit sind wie alle biblischen Gestalten literarische Figuren. Die drei Frauen, die biblischen Büchern mit später Entstehungszeit ihren Namen geben, werden in unterschiedlichsten sozialen Kontexten situiert: Rut ist eine kinder- und mittellose verwitwete Ausländerin. Ester ist Jüdin am ausländischen Königshof, als Königin in der höchsten sozialen Position, jedoch eingesperrt im goldenen Käfig des Harems. Die gesetzestreue reiche Witwe Judit ist die Unabhängigste von den Dreien; ohne finanzielle Sorgen entscheidet sie selbstbewusst für sich und für ihr ganzes Volk. Allen drei Frauen ist gemeinsam, dass sie das Ethos Israels besser verwirklichen als die sie umgebenden Männer. Insofern haben alle drei Bücher in patriarchal geordneten Gemeinwesen einen gesellschaftskritischen Aspekt.

Rut

Als die Judäerin Noomi, die als Wirtschaftsflüchtling in der Fremde Mann und Söhne verloren hat, nach Betlehem zurückkehrt, hat sie dort noch Verwandtschaft, die die ethische Pflicht hätte, für ihr mittelloses Familienmitglied zu sorgen. Aber ein heldenhaft fähiger Mann wie Boas, der als Verwandter Noomis vorgestellt wird (vgl. Rut 2,1), tut nichts, um ihr Hungerschicksal zu wenden.

Rut, Noomis Schwiegertochter, hat sich nicht davon abbringen lassen, mit ihr zu ihrem Volk und ihrer Gottheit zu gehen, und ihr Treue bis über den Tod hinaus geschworen (1,16 f.). Rut wird durch die Verwirklichung dieses Schwures zur Ausländerin. Sie ist Moabiterin, Mitglied jenes Volkes, das nach Dtn 23,4–7 in Israel nicht aufgenommen werden darf, da es das Gottesvolk auf seinem Zug ins Verheißungsland nicht mit Wasser und Brot unterstützt hat (vgl. Num 22–24).

Das Buch Rut ist ein hervorragendes Beispiel einer innerbiblischen »Bibelauslegung«: Es erzählt eine Gegengeschichte zum Moabiterparagraphen, um diesen unwirksam zu machen. Die junge Moabiterin, mittellos und fremd in Juda, versorgt Noomi selbst noch in ihrer Heimat Betlehem mit dem täglichen Brot. Dort, wo die männlichen Verwandten versagen, tritt die Moabiterin für Noomi ein. Während zeitgleich zum Rutbuch einflussreiche Kreise im Nehemiabuch den Moabiterparagraphen dazu heranziehen, um gegen ausländische Menschen, insbesondere gegen Ehen mit fremdstämmigen Frauen vorzugehen (vgl. Neh 13), ist das Buch Rut der Meinung, dass Israels Gesetz lebensförderlich ausgelegt werden soll.

Die Geschichte der in ihrer Güte der Gottheit Israels gleichen Rut (vgl. das Deutewort »Güte« in Rut 1,8; 2,20; 3,10) macht am konkreten Beispiel einer Ausländerin deutlich, dass nicht nur die Herkunft eines Menschen für die Mitgliedschaft im Gottesvolk entscheidend sein kann, sondern vor allem die entsprechende Lebensführung nach der göttlichen Weisung. Rut kann daher nicht nur in Juda aufgenommen und wie die Frauen des eigenen Volkes geheiratet werden, sondern wird sogar mit den Gründerinnen des Volkes, mit Rahel und Lea, und mit Tamar gleichgestellt (4,11 f.) und zur Urgroßmutter König Davids (4,17–22).

Das Buch Rut ist eine Geschichte, die für Frauen Partei ergreift.

Während Israels in der Tora kodifiziertes Recht im Normalfall der patriarchalen Gesellschaftsordnung Rechnung trägt und als Begünstigte die männlichen Familienoberhäupter im Blick hat, legt das Rutbuch die Weisung zugunsten der Frauen aus: Die Vorschrift um die Schwagerehe, die dem kinderlos Verstorbenen Nachkommenschaft sichern soll (Dtn 25,5–10), wird im Rutbuch als Institution zur Witwenversorgung verstanden (vgl. Rut 1,11–13). Die Vorschrift der verwandtschaftlichen Solidaritätsverpflichtung für in Not geratene Israeliten (Lev 25,24 ff.) legt die Moabiterin in Rut 3,9 zusammen mit der Vorschrift der Schwagerehe zugunsten von Frauen aus. Um beide Witwen gemeinsam auf Dauer zu versorgen, soll Boas Levirat und Lösung in einem vollziehen, indem er Rut heiratet und Noomi löst (Rut 4,1–10). Rut gebiert ihr Kind jedoch nicht für Boas, sondern für die Schwiegermutter, die dadurch eine gesicherte Altersversorgung hat (4,15–17).

Das Buch Rut stilisiert seine Hauptfigur gleichsam zur »Heiligen«, die das Ethos des Gottes Israels wesentlich besser verwirklicht als alle übrigen Erzählfiguren, die aus dem Kontext des eigenen Volkes stammen.

Ester

Rechtlose und Unterdrückte haben gegen die Übermacht der Herrschenden ein probates Mittel, das alle Mächtigen scheuen wie die Pest: Das befreiende Lachen der Unterdrückten, das den Mächtigen die Gefolgschaft verweigert, ist der ärgste Feind der Machterhaltung. Das Esterbuch verfolgt die Strategie des Auslachens eines aufgeblasenen Machtapparates, der in seiner Gigantomanie so schwerfällig geworden ist, dass das Recht nicht mehr gewährleistet werden kann. Die Situation, von der es erzählt, ist jedoch alles andere als zum Lachen. Es ist die schreckliche Erfahrung der kollektiven Verfolgung, des Pogroms.

Das Esterbuch erzählt zuerst über ein rauschendes Fest, das offenkundig zur höfischen Macht- und Prunkentfaltung eines altorientalischen Herrschers dazugehört (Est 1). Nachdem der Herrscher all seinen sagenhaften Reichtum zur Schau gestellt hat und ein völlig freies Feiern für alle verkündet hatte (1,8), möchte er dieses Fest in der Präsentation der Königin gipfeln lassen. Aber Königin Waschti verweigert dies (1,10–12) und wird durch ein Edikt abgesetzt. Dieses (lächerliche) Dokument, das in alle Provinzen in der je eigenen Sprache und Schrift verschickt wird, um ja verstanden zu werden, legt fest, dass jeder Mann Herr im eigenen Hause sei (1,22) und will damit vermeiden, dass Waschti zur Galionsfigur einer Frauenemanzipation im gesamten Reich werden könnte (1,17f.).

Das Esterbuch zeigt, wie schnell der soziale Aufstieg, aber auch der Abstieg in einem labilen Machtgefüge gehen kann: Die Jüdin Ester, die nach dem Sturz der Königin Waschti von einem Waisenmädchen zur neuen Königin aufsteigt, ist jedoch im goldenen Käfig des Harems gefangen. Ohne gerufen worden zu sein, kann auch sie nicht vor dem König erscheinen (4,11) und ist sie nicht einmal im Königspalast vor den Nachstellungen des Wesirs sicher (7,8). Juden werden als angesehene Bürger dieses willkürlich regierten Großreiches gezeichnet, aber auch sie können von heute auf morgen für vogelfrei erklärt werden (3,7–15). So kommt es, dass der Wesir Haman, der durch eine Blitzkarriere zur Siegelgewalt gekommen ist, aufgrund der mangelnden Unterwürfigkeit von Esters Onkel Mordechai die Ausrottung der Juden beschließt (Est 3) und über das Volk der Königin Ester ein Genozid verhängt wird, ohne dass der König Kenntnis davon hat.

Mordechai, der bei Hof seinen Dienst versieht, passt sich nicht den höfischen Verhältnissen an. Ester hingegen bewegt sich innerhalb der dem Milieu entsprechenden Regeln und ermöglicht gerade damit die Rettung für das Volk. Auch wenn der Mann das Gesetz wortwörtlich erfüllt, da man sich nur vor der Gottheit Israels niederwerfen soll, gefährdet er unter den herrschenden Verhältnissen damit sein Volk. Das Überleben des ganzen Volkes hängt aber an der Courage einer Frau, die sich an entscheidender Stelle dem Hofzeremoniell widersetzt und dennoch weiter an ihm festhält, um nicht nur den Judenverfolger Haman zur Strecke zu bringen, sondern auch, um das rettende Edikt zu erlassen (Est 8,7–17).

Judit

Judit ist in der abendländischen Geschichte als überaus attraktive Frau, als Femme fatale, Vamp und Männerschreck gesehen worden. Diese Konzentration der immerhin 16 Kapitel umfassenden Erzählung auf eine einzige Szene, die insofern einen Tabubruch erzählt, als sie die herrschenden Gewaltverhältnisse umkehrt, »erotisiert« die entscheidende Befreiungstat und nimmt damit dem Buch die politische Dimension.

Holofernes hat mit seiner Kriegsmaschinerie bereits den gesamten Vorderen Orient erobert (Jdt 1–3), alle Völker – außer dem jüdischen – haben vor der Supermacht kapituliert (2,22–6,21). Als aber im Laufe der Belagerung Holofernes die Quellen besetzt und die Stadt am Verdursten ist, beschließt man, sich zu ergeben (Jdt 7). Judit sieht diesen Beschluss als Frevel an (Jdt 8). Sie ergreift die Initiative zur Rettung der Stadt. Nach ausführlichem Gebet macht sie sich glamourös zurecht und begibt sich ins feindliche Lager (9,1–10,10). Die Schönheit der Frau fasziniert die Soldaten, die sie umgehend ins Zelt des Generals bringen (10,11–23). Holofernes sieht sie – und wird im wahrsten Sinne des Wortes kopflos: Siegessicher, dass er sowohl die belagerte Stadt erobern werde als auch die Frau, die sich in seinen Schutz begeben hat, vergisst er alle Vorsichtsmaßnahmen der Fremden gegenüber. Er lässt sie allabendlich vor das Lager hinausgehen, damit sie ihre religiösen Riten vollziehen kann (12,1–9). Bei dem eigens für sie ausgerichteten Fest, bei dem Holofernes die Frau »erobern« will, tötet Judit den sinnlos betrunkenen General mit dessen eigenem Schwert und kann unbehelligt das Lager verlassen, da die Wachen ihren Fortgang als Gewohnheit verstehen (12,10–13,10). Judit erweist, dass ihr Gott kein hochgerüstetes Heer braucht, um den Kriegen ein Ende zu setzen, sondern auch mit der Hand einer Frau, die niemals eine Waffe trug, sein Volk vom Tyrannen befreien kann. Derjenige, der gegen das Gottesvolk kämpft, kommt durch das eigene Schwert um. Das Buch Judit präsentiert seine Hauptfigur als Heldin, die die Theologie des »Gotteskrieges« vermittelt: Solange Israel an seiner Gottheit und deren Weisung festhält, wird es gerettet werden. Judit wird im Rahmen dieser Theologie eines »heiligen Krieges« aber nicht nur als »neuer David« gezeichnet (1 Sam 17), sondern wirkt ebenfalls in den Fußstapfen Jaëls (Ri 4,17–22), die den Feind in ihrem eigenen Zelt tötet. Und Judit führt ihr Volk aus der militärischen Bedrängnis heraus wie Mose Israel aus Ägypten und singt schließlich ein Danklied wie er (vgl. Jdt 16 und Ex 15).

Diese die Geschlechtergrenzen überschreitenden Textzusammenhänge sind allen drei Frauenbüchern eigen. Ester wird als neuer Josef gezeichnet, die – bei Hof integriert – ihre Machtposition zur Rettung des Volkes nützen kann. Rut wird in die Nachfolge Abrahams gestellt, da sie wie dieser bereit war, Volk und Land zu verlassen (vgl. Gen 12,1–4 und Rut 2,11). In den für die Entstehungszeit der Texte anzunehmenden gesellschaftlichen Verhältnissen ist die typologische Deutung von weiblichen Figuren durch männliche keine Herabsetzung von Frauen, sondern eher eine Wertschätzung. Möglicherweise ist sie auch Hinweis auf eine kritische Reflexion der Sinnhaftigkeit von Kriterien wie jene des Geschlechts, des ökonomischen Status oder der Ethnizität, die den Sozialstatus eines Menschen bestimmen. Dem Gottesvolk wirklich entsprechend sind Menschen, die gottesfürchtig sind und das Ethos Israels verwirklichen.

Literatur

I. Fischer, Rut, HThK.AT, Freiburg ^{2}2005;

C. Rakel, Judit – über Schönheit, Macht und Widerstand im Krieg. Eine feministisch-intertextuelle Lektüre, BZAW 334, Berlin 2003;

L. Schottroff / M. Wacker (Hg.), Kompendium Feministische Bibelauslegung, Gütersloh ^{2}1999

Anna Findl-Ludescher

Anna

Selbstbewusste Frau und Großmutter

Mutter Mariens
Gedenktag: 26. Juli

*I*ch finde in der Bibel keine Mutter-Tochter-Erzählungen, keine Geschichten, in denen Erfahrungen von Müttern mit ihren Töchtern und von Frauen mit ihren Müttern eingefangen sind, Geschichten, in denen meine eigenen Erfahrungen mit meiner Mutter, aber auch die mit meinen heranwachsenden Töchtern Resonanz finden. Viele Vater-Sohn- und Mutter-Sohn-Geschichten gibt es, aber keine Mutter-Tochter-Erzählung.

Die heilige Anna ist die Mutter Marias, die Großmutter Jesu. Sowohl aus der biblischen Überlieferung wie auch aus anderen historischen Quellen wissen wir über sie gar nichts. Über ihr Leben erfahren wir nur etwas aus den apokryphen Schriften, vor allem aus dem Protoevangelium des Jakobus (zweites Jahrhundert). Hier wird die Kindheitsgeschichte Jesu ausführlich beschrieben und dabei wird von seinen Großeltern, Anna und Joachim, erzählt: Anna und Joachim sind ein frommes, wohlhabendes Paar von großem Ansehen, jedoch kinderlos. Sie leiden unter ihrem unerfüllten Kinderwunsch und ernten dazu auch noch den Spott ihrer Mitmenschen. Das verzweifelte Gebet Annas in ihrem Garten und das Versprechen, dieses Kind Gott zu überlassen, wenn sie nur eines bekommen würde – dieses Gebet erinnert an das Beten der alttestamentlichen Hanna, die erhört und zur Mutter des Propheten Samuel wurde. Auch Anna wird erhört, sie gebiert ein Mädchen, Maria, die später zur Mutter Jesu wird. Maria ist ein ganz besonderes Kind, Anna eine liebevolle Mutter, der es schwer fällt, das Versprechen, Maria als Zweijährige der Erziehung im Tempel zu überlassen, einzuhalten. Sie erwirkt einen Aufschub um ein Jahr. Die Erzählung über Anna und Joachim endet damit, dass sie die dreijährige Maria dem Priester im Tempel überantworten.

Die Verehrung der Heiligen Anna beginnt im 6. Jahrhundert, die Hochblüte im Abendland ist das späte Mittelalter, aber bis heute ist ihre Verehrung lebendig. Die häufigste Weise der Darstellung dieser Heiligen ist die der »Anna Selbdritt«, Anna gemeinsam dargestellt mit Maria und Jesus. Diese Dreiergruppe wurde und wird besonders gerne verehrt, sie bietet Resonanz für die verschiedensten menschlichen Hoffnungen und Nöte. Die Mutter-Kind-Beziehung ist abgebildet und näherhin sogar eine Mutter-Tochter-Beziehung. Drei Generationen sind zu sehen, generative Freude und Generationskonflikte finden im Anschauen dieses Bildes Annahme, Gehör und auch Wandlung. Neben der sehr häufig dargestellten Anna Selbdritt finden sich auch viele Abbildungen der zwei Frauen Anna und Maria. Meist ist ein Buch mit im Bild und Anna lehrt Maria auf diesen Darstellungen das Lesen und Schreiben.

Historisch wissen wir gar nichts über die heilige Anna und doch weiß der Glaube so viel über sie. Wen verehren wir, wenn wir Anna verehren?

Anna ist eine alte Frau voll Lebensweisheit. Sie wird fast immer als alte Frau dargestellt – andere weibliche Heiligengestalten treten uns meist im jungen oder mittleren Erwachsenenalter entgegen. Während eines Gottesdienstes anlässlich des Weltgebetstages der Frauen hat eine alte Frau aus der Schrift gelesen und danach diese Worte ausgelegt. Was sie gesagt hat, weiß ich nicht mehr, aber ich erinnere mich sehr genau an das Gefühl von Freude, eigentlich von erfüllter Sehnsucht, dass eine alte, kluge Frau mich lehrt, mir erzählt von ihren Erfahrungen, Lebens- und Glaubensdeutungen. Wie selten – eigentlich nie – erlebe ich das in den Räumen der katholischen Kirche. Hier klafft eine schmerzlich offene Lücke – die heilige Anna steht für diese Lehrerinnentradition, mahnt sie ein und ermöglicht sie.

Die Verehrung der heiligen Anna bietet Raum für die Verehrung einer Frau, die in Nähe zu Maria steht und doch in gewissem Sinne auch ein Gegenbild zu ihr ist (sein kann). Maria wurde im Laufe der Tradition überhäuft mit Attributen wie »gehorsam«, »lieblich«, »jungfräulich«, »demütig« und »fromm«. Dahingegen bietet das »Nichtswissen« über Anna Raum für ein Frauenbild mit anderen Akzenten. Ihr Leben scheint nicht so vorgezeichnet und eingeschränkt durch gesellschaftliche und religiöse Normen. Im Ausmalen ihrer Lebensgeschichte finden sich Akzente einer starken, unabhängigen und selbstbewussten Frau. Sie ist also sehr nahe dran am Geschehen der Gottesgeburt, und sie ist eine hoheitsvolle, unabhängige Frau. Die Kombination dieser beiden Bedingungen bietet einen idealen Raum für (verborgene) Sehnsüchte nach weiblichen Anteilen im Gottesbild. In der Anna-Verehrung finden sich immer auch Züge der Verehrung einer Urmutter oder einer weiblichen Gottheit.

Literatur

Protoevangelium des Jakobus, in: N. Brox u. a. (Hg.), Apokryphe Kindheitsevangelien. Fontes Christiani Bd. 18,1995, 95–145;

G. Nitz, »Anna«, in: LThK, Bd. 1, 3. Aufl., Freiburg 1993, 689 f.;

C. Janssen, Elisabet und Hanna – zwei widerständige alte Frauen in neutestamentlicher Zeit. Eine sozialgeschichtliche Untersuchung, Mainz 1998

Regina Radlbeck-Ossmann

Maria

Herausragende Schwester im Glauben

** ca. 20 v. Chr. vermutlich in Nazaret*
Gottesmutter
Gedenktage: 1. Januar, 2. Februar, 8. September u. a.

Die Mutter Jesu nimmt unter den Heiligen ohne Zweifel eine herausragende Position ein. Eindeutiger Ausdruck dafür sind die über Jahrhunderte hin gepflegte Marienverehrung und deren weltweite Verbreitung. Die enorme Vielfalt der Marienverehrung lässt erkennen, dass eine marianisch geprägte Frömmigkeit mit den Sehnsüchten der Menschen zu tun hat. Dabei ist theologisch gesehen jedoch stets die Frage nach der Angemessenheit dieser Frömmigkeit zu bedenken. Sie wird Maß nehmen müssen am Zeugnis der Schrift. In ihm erscheint Maria als eine herausragende Glaubende, die auch für Christinnen und Christen heute Vorbild sein kann.

Die vielfältigen Formen der Marienfrömmigkeit

Wo von Marienverehrung die Rede ist, kommen Orte in den Sinn, die klingende Namen tragen. Zu diesen Orten zählen das in Portugal gelegene Fatima, das südfranzösische Lourdes, das in Polen liegende Tschenstochau und das in Mexiko befindliche Guadaloupe. Die genannten Orte beziehen ihre Bekanntheit aus Marienerscheinungen, die kirchlich anerkannt worden sind, und haben über Wallfahrten internationale Bedeutung erlangt. Bis zum heutigen Tag ziehen diese Orte alljährlich eine nahezu unüberschaubare Zahl von Besuchern an. Nicht wenige dieser Besucher kommen als Touristen und gehen als Pilger.

Neben den genannten großen Marienwallfahrtsorten gibt es weltweit zahllose kleinere, die eine vorwiegend regionale Bedeutung besitzen. Zu ihnen zählen Kevelaer im Nordwesten und Altötting im Südosten Deutschlands, Mariazell in Österreich und Einsiedeln in der Schweiz. Im Mittelpunkt vieler Wallfahrten steht das Bild der schmerzensreichen Madonna. Dieser Umstand erklärt sich aus dem persönlichen Hintergrund der Pilger. Sie machen sich auf, um die Last ihres eigenen Lebens Maria anzuvertrauen. Von ihr, der leidgeprüften Frau, erhoffen sie sich Verständnis und damit auch schon Erleichterung und Hilfe für ihre eigene Situation. Viele dieser Menschen kommen immer wieder und nicht wenige von ihnen bringen andere Suchende mit, die sich von ihrem Zeugnis haben anstecken lassen.

Neben den zu Ehren Marias unternommenen Wallfahrten stehen andere öffentliche und nichtöffentliche Formen marianischer Frömmigkeit. Zu ihnen gehören bedeutende Gebete der Christen wie etwa der Rosenkranz mit seiner meditativen Wiederholung von Ereignissen, die das Leben der Gottesmutter geprägt haben. Weitere Zeichen der Marienverehrung finden sich im darstellenden Bereich: Zahlreiche Kirchen und Altäre sind der Gottesmutter geweiht. Marienbilder und geschnitzte Madonnen schmücken weltweit die Wohnungen von Christen. Die vielfältigen Formen marianischer Frömmigkeit belegen damit, dass die Mutter Jesu die Sehnsüchte der Menschen anspricht und ein Gegenüber darstellt, das als tröstend und hilfreich empfunden wird.

Die besondere Ausstrahlung, die Maria zukommt, hat Wurzeln, die weit zurückreichen. Erste Zeugnisse ihrer Verehrung finden sich bereits in der Urkirche. In dieser frühen Zeit empfängt die Frau aus Nazaret ihr Licht noch ganz von Jesus her. Er steht im Mittelpunkt der Verehrung. Sie kommt ausschließlich deshalb in den Blick, weil sie in seinem Umfeld eine wichtige Rolle spielt. Mit den dogmatischen Klärungen des fünften Jahrhunderts, die im Kontext trinitätstheologischer Fragen offiziell von der »Gottesgebärerin« sprechen, beginnt eine Entwicklung, in deren Verlauf Maria immer stärker als eine eigene Glaubensgestalt hervortritt. So ist vom siebten Jahrhundert an eine Verehrung dokumentiert, die sie als Fürsprecherin bei Christus vorstellt. Mit dieser Funktion tritt die Mutter Jesu aus dem Schatten ihres Sohnes hervor. Das Mittelalter erkennt in Maria alsbald das Idealbild menschlicher Liebe und würdigt sie wegen ihres

Glaubens als das Urbild der Kirche. In der frühen Neuzeit verehrt man Maria vor allem als Schutzpatronin. Der weite Mantel, den sie trägt, symbolisiert Zuflucht, Schutz und emotionale Geborgenheit. Unter ihm ist Platz für all jene, die sich von den großen Umbrüchen der Zeit überfordert oder gar bedroht fühlen.

Mit der Aufklärung kommt es zu einem ersten Einbruch in der bis dahin kontinuierlich gewachsenen Marienverehrung. Die für diese Epoche charakteristische Ausrichtung auf die Vernunft führt zu einer Versachlichung aller Lebensbereiche. Im Zuge dieser neuen Lebenshaltung werden barocke Auswüchse bestehender Marienverehrung gekappt. Doch schon in der unmittelbar folgenden Epoche der Romantik, die nach neuer Verinnerlichung strebt, kommt es zu einer neuen Blüte marianischer Frömmigkeit. Diese entfaltet sich bald so überreich, dass eine Verselbstständigung des Marienglaubens zu befürchten ist.

Das II. Vatikanische Konzil kann dieser Entwicklung erfolgreich gegensteuern. Die Konzilsväter lehnen es ab, ein eigenständiges Dokument über Maria zu beschließen. Sie ordnen ihre Aussagen über die Gottesmutter in einen größeren Zusammenhang ein, der von der Kirche als der Gemeinschaft der Glaubenden spricht. Damit steht Maria wieder neben anderen Menschen, die sich für Gott und seine Botschaft geöffnet haben.

Maria – heimliche Göttin und/oder Lückenbüßerin?

Die beschriebene überbordende Fülle der Marienverehrung wirkt zunächst einmal beeindruckend. Manche dieser Formen haben jedoch auch etwas Irritierendes an sich und wieder andere wirken gar befremdlich. Sie erinnern an heidnische Kultformen, wie man sie aus der Verehrung der großen Muttergottheit kennt, die in zahlreichen frühen Ackerbaukulturen verehrt wurde. Solche religionsgeschichtlichen Parallelen können einen unbefangenen Beobachter zu der Annahme verleiten, Maria sei so etwas wie »die geheime Göttin im Christentum«.

Die evangelische Theologin Christa Mulack ist dieser Interpretation in einem Buch gleichen Titels nachgegangen. Sie glaubte, die Deutung Marias als einer Göttin könne aus feministisch-theologischer Sicht unter Umständen weiterführend sein und dazu beitragen, ein im Christentum tradiertes, vorwiegend männlich bestimmtes Gottesbild zu korrigieren. Eine ähnliche Position wurde in der Mitte des

20. Jahrhunderts von Carl Gustav Jung vertreten, der sich unter einer psychotherapeutischen Perspektive in die Diskussion um Maria einbrachte. Er sah in der Mutter Jesu ein beachtliches religiöses Potenzial, das dem Christentum allerdings erst dann zugute komme, wenn es der Gottesmutter offiziell einen göttlichen Charakter zuerkenne. In der Folge empfahl der Psychologe, Maria in die Dreifaltigkeit aufzunehmen, die dadurch zu einer Vierfaltigkeit würde.

Der von C. G. Jung und anderen beschrittene Weg ist für Christen jedoch keinesfalls akzeptabel. Für sie gehört Maria ganz klar in die Sphäre der Menschen und nicht in die Sphäre Gottes. Eine Marienverehrung, welche diese kategorische Grenze überschritte, wäre entschieden abzulehnen. Im Blick auf eine angemessene Verehrung Marias erscheint freilich nicht erst eine Haltung bedenklich, welche die Mutter Jesu in aller Form zur Göttin erhebt. Der Bogen eines angemessenen Marienglaubens wird vielmehr bereits dort überspannt, wo Maria im Besonderen oder gar exklusiv Eigenschaften zuerkannt werden, welche die Bibel in erster Linie Gott und erst in zweiter Linie Menschen zuerkennt. Das Bild der barmherzigen Mutter, die ihrem gerechten, aber gnadenlos strengen Sohn in den Arm fällt, um kraft ihres inständigen Bittens sein Strafgericht über die Menschen zu verhindern, ist deshalb ganz klar zu korrigieren. Die Botschaft Jesu ist gerade in diesem Punkt mehr als deutlich. Sie betont, dass Gott selbst es ist, der sich den Menschen voller Barmherzigkeit zuwendet und sie mit all ihrer Fehlerhaftigkeit und Schwäche annimmt.

Dass Maria dennoch über die Jahrhunderte hin als die milde Mutter verehrt wurde, auf die man angesichts der eigenen Sündhaftigkeit seine Hoffnung setzte, dürfte mit geschlechtsspezifischen Rollenerwartungen zusammenhängen, die man über Jahrhunderte hin in der eigenen Umwelt vorgeprägt fand. Diese Rollenerwartungen wiesen Männern den Bereich der Vernunft, Frauen hingegen den Bereich des Gefühls zu. Hatten Männer ihre Entscheidungen nach den klaren, aber strengen Regeln des Verstandes zu treffen, so kam es den Frauen zu, bei der Beschlussfassung Empfindungen einfließen zu lassen. Ihre ergänzenden Hinweise zu den emotionalen Faktoren einer Angelegenheit waren dabei durchaus von Wert. Sie konnten etwa auf unbillige Härten aufmerksam machen, die mit der Ausübung einer rein formalen Gerechtigkeit einhergingen. Reflexe solcher Entscheidungssituationen finden sich in den Märchen- und Mythenstoffen früherer Epochen.

Übertrug man dieses Modell der Entscheidungsfindung auf die eigenen religiösen Vorstellungen, so wurde aus dem Gott Jesu Christi das ins Überirdische gesteigerte Abbild eines weltlichen Herrschers. Gott erschien dann nicht mehr als die Quelle aller Barmherzigkeit und als Garant gelingenden Lebens, sondern als ein gnadenlos korrekter Richter, vor dem keine Verfehlung verborgen blieb und der angesichts des eigenen Versagens Furcht und Schrecken einflößte. Vor diesem Hintergrund wird verständlich, weshalb die Gläubigen sich im Blick auf die Begegnung mit diesem Gott einer Fürsprecherin vergewissern wollten, wie sie aus weltlichen Zusammenhängen geläufig war. Stand dem irdischen Herrscher eine Königin zur Seite, die sich für den Delinquenten einsetzte und durch ihre Fürbitte eine mildere Strafe erwirkte, so hatte auch Maria, die Himmelskönigin, diese Funktion zu erfüllen.

Die Konsequenzen, die sich aus dieser tradierten Entscheidungskonstellation für das Gottesbild ergeben, können ganz offensichtlich dramatisch sein. Wer immer das Bild der im Endgericht Fürbitte leistenden Maria gebraucht, wird sich deshalb fragen müssen, ob er mit seinen Ausführungen der Botschaft Jesu vom liebenden Vatergott wirklich gerecht wird. Der Gott, den Jesus verkündet, ist selbst Inbegriff der Barmherzigkeit. Er geht dem Sünder nach wie der gute Hirte dem verlorenen Schaf. Er will Sorge dafür tragen, dass auch sein Leben gelingt. Wer seine Hoffnung auf diesen Vater setzt, hat die Vorstellung eines despotisch agierenden Vatergottes längst hinter sich gelassen. Er sieht sich dann auch nicht mehr genötigt, Maria, die milde Mutter und Fürsprecherin, einzuführen, um das Bild eines patriarchal überzeichneten Herrschergottes ins Erträgliche zu korrigieren.

Was aber bedeutet das für Maria? Ist sie nicht mehr die, von deren Fürbitte eine abschließende gnädige Beurteilung unserer Existenz abhängt, worin liegt dann noch ihre Bedeutung? Macht die Rückkehr der Gläubigen zu dem Gott, den Jesus »Abba« nennt, Maria nicht eigentlich überflüssig? – Eine Antwort auf diese Fragen hat von der Maria zu sprechen, die hinter all den Bildern steht, welche die Gläubigen späterer Epochen sich von ihr gemacht haben. Wo Maria weder Göttin noch Lückenbüßerin sein muss, kann sie endlich selbst in den Blick kommen. Die Gottesmutter ist dann nicht mehr die weiblich weiche und liebevoll nachsichtige Seite eines männlich harten, gnadenlos strengen Vatergottes. Sie kann dann als das Mädchen aus Nazaret, als die Mutter Jesu wieder entdeckt werden, von der die biblischen Schriften erzählen.

Das biblische Fundament des Marienglaubens

Der Marienglaube der Kirche findet sein biblisches Fundament in den Aussagen der vier Evangelien und der Apostelgeschichte. Diese sind keineswegs einheitlich, sondern durchaus differenziert und wirken aber gerade in dieser Vielfalt authentisch und glaubwürdig.

Der Evangelist Markus bleibt auch im Blick auf Maria bei der für ihn typischen lakonischen Kürze. Er äußert sich nicht näher zu den besonderen Umständen der Menschwerdung Jesu, sondern beschränkt seine Ausführungen zu Maria auf zwei Situationen, die vom öffentlichen Wirken Jesu in Nazaret berichten (Mk 3,20 f. 31–35 und 6,1–6). Beide Passagen sprechen von Maria als der Mutter Jesu, beide zeigen, dass es ihr keineswegs leicht fiel, den ungewöhnlichen Lebensweg ihres Sohnes zu begleiten. Das Zeugnis des Evangelisten belegt, dass insbesondere sein öffentliches Wirken sie anfangs irritiert hat. Der erste der beiden Berichte wird dabei sehr konkret. Er gibt das Urteil, das die Familie und damit wohl auch Maria über das Auftreten Jesu gefällt hat, ungeschönt wieder: »Er ist von Sinnen«, heißt es da. Aus diesen Worten spricht Unverständnis und Verärgerung, aber auch die Scham, welche die Verwandten angesichts der öffentlichen Handlungen Jesu empfanden.

Die weiteren Ausführungen des Evangelisten deuten an, dass die familiäre Situation sich keineswegs sofort wieder entspannte, sondern im Gegenteil zunächst ausgesprochen unversöhnt blieb. Jesus selbst zeigt sich seinen Verwandten gegenüber distanziert: Er geht nicht auf sie zu, sondern brüskiert sie, indem er bekannt gibt, nicht sie, sondern seine interessierten Zuhörer seien seine wahre Familie. Diese selbst für heutige Maßstäbe bemerkenswerte Stellungnahme muss auf die orientalischen Zeitgenossen Jesu doppelt befremdlich gewirkt haben. In der Darstellung der beiden anderen Synoptiker, Matthaus und Lukas, wird die Konfrontation Jesu mit seiner Familie wohl nicht von ungefähr deutlich abgemildert.

Matthäus stellt seinem Evangelium eine Kindheitsgeschichte voran und berichtet darin eindrücklich von der Jungfrauengeburt Jesu (Mt 1,19–25; 2,13–23). Sein erzählerisches Interesse gilt dabei jedoch nicht Maria, sondern Josef, ihrem Verlobten. Seine, Josefs, Begegnung mit dem Engel wird berichtet. Er, Josef, wird aufgefordert, sich des unerwarteten Kindes und seiner Mutter anzunehmen. Sein, Josefs, Gehorsam gegenüber den göttlichen Anordnungen wird abschließend festgestellt. Für Maria selbst bleibt im Rahmen der matthäischen Darstellung eine ausschließlich passive Rolle übrig. Nicht sie selbst spricht, sondern andere sprechen über sie. Nicht sie selbst handelt, sondern andere handeln für sie und an ihr. Wie die ungewöhnlichen Umstände ihrer Mutterschaft auf sie selbst gewirkt haben, bleibt unerwähnt.

Wiederum ganz anders gestaltet sich die Darstellung des Evangelisten Lukas. Er arbeitet die Bedeutung Marias an mehreren Stellen seines Evangeliums sehr pointiert heraus. Im Zentrum der lukanischen Darstellung stehen die Verkündigungsszene sowie die Begegnung zwischen Maria und Elisabet mit dem sich anschließenden Magnifikat (Lk 1,25–56). Die Schilderungen des Evangelisten beschreiben die Mutter Jesu als eine Frau, die sich dem Anspruch Gottes gegenüber auch dort öffnet, wo dieser ihr menschlich gesehen Unmögliches zumutet. Das »Mir geschehe, wie du es gesagt hast« (Lk 1,38), mit dem Maria auf die Botschaft des Engels antwortet, macht sie nicht nur zur Mutter des Messias. Ihr »Mir geschehe« macht sie gleichzeitig zu einer großen Glaubenden, die wie Abraham bereit ist, auf Gottes Wort hin ins Ungewisse aufzubrechen. Der Evangelist verschweigt nicht, dass die göttliche Erwählung für Maria selbst mit einer leidvollen Zukunft verbunden ist. Die Worte des greisen Simeon beschreiben die heilsgeschichtliche Bedeutung des Kindes, das sie erwartet, mit prophetischen Bildern. Im Blick auf Maria selbst aber ist die Rede von einem Schwert, das ihr durch die Seele dringen wird (Lk 2,35).

Johannes wird gern als der Philosoph unter den Evangelisten bezeichnet, dies geschieht deshalb, weil seine Ausführungen oft einen hinter dem Augenschein liegenden, tieferen Sinn besitzen. Johannes führt Maria mit der Hochzeit zu Kana in sein Evangelium ein. In dieser Situation erscheint Maria erneut als eine Frau, die mit konkreten Erwartungen an ihren Sohn herantritt. Und wieder wird deutlich, dass der Sohn diese Erwartungen nicht unbedingt zu erfüllen gedenkt. Sein »Frau, meine Stunde ist noch nicht gekommen« weist die mütterliche Einflussnahme entschieden zurück. Wie der Fortgang der Szene zeigt, bleibt die erfahrene Ablehnung auf Seiten Marias jedoch umgriffen von einem Grundvertrauen. Dieses gibt auf die Gegenrede des Sohnes die eigenen Wertvorstellungen zwar nicht auf, lässt den Sohn jedoch los und billigt ihm ein eigenes Leben zu. Diese abgewogene Haltung drückt sich in den Worten aus, welche Maria an die Knechte des Hauses richtet: »Was er euch sagt, das tut« (Joh 2,5).

Der Szene bei der Hochzeit zu Kana, die nach der Darstellung des Evangelisten das öffentliche Auftreten Jesu einleitet, steht die Szene unter dem Kreuz gegenüber, die das Ende der irdischen Wirksamkeit Jesu markiert (Joh 19,25–27). Johannes berichtet, dass Maria sich zusammen mit dem Lieblingsjünger an der Hinrichtungsstätte befindet, wo Jesus seine Mutter und den Jünger aufeinander verweist. Die heutige Exegese deutet das Geschehen typologisch. Sie versteht die Worte Jesu als Ausdruck der Fürsorge für seine Kirche, die in Maria als der Mutter der Glaubenden ihren geschichtlichen Ursprung hat und in dem Lieblingsjünger ihre Fortsetzung finden soll.

Die Apostelgeschichte erzählt von der Bedeutung, welche Maria für die urchristliche Glaubensgemeinschaft besitzt. Sie berichtet davon, dass die Mutter Jesu sich beim Pfingstereignis im Kreis der Jünger aufhält, also zum Kern der Jerusalemer Urgemeinde gehört (Apg 1,14). Diese Auskunft lässt vermuten, dass Maria zu diesem Zeitpunkt den Schmerz über den Verlust ihres Sohnes bereits überwunden hat und gemeinsam mit den Jüngern von seiner Auferstehung und damit von seinem Leben bei Gott überzeugt ist.

Führt man die Aussagen zusammen, so erkennt man, dass nicht das gefühlvoll Weiche, das vermeintlich Weibliche und Nachsichtige im Zentrum des biblischen Marienbildes steht, sondern im Gegenteil das Starke. Die Maria, die in den Evangelien begegnet, ist vor allem dies: mutig und stark. Wie anders wollte man es bezeichnen, wenn das Mädchen Mirjam oder Marjam, wie sie geheißen haben mag, von Jugend an bereit ist, einen Weg einzuschlagen, der so ganz anders war als alle Lebenswege, die sie aus ihrem Umfeld kannte: Ohne Zutun eines Mannes ein Kind empfangen und Mutter des Erlösers werden, wie sollte sie sich das vorstellen? Maria sieht sich herausgefordert, im Vertrauen auf Gott ein Leben zu wagen, wie es kein anderes Mädchen aus Nazaret je gelebt hat und leben würde. Sie will diesen Weg gehen, obwohl ihr von Anfang an klar sein muss, dass es kein leichter Weg sein wird.

Eine Frau wie tausend andere auch und doch ganz anders

Der Blick in den biblischen Befund zur Gestalt Marias verwundert. Welche Frau tritt uns da entgegen? Wo war diese Frau all die Jahrhunderte, in der ihre Eigenart so wenig erkannt wurde? Stand sie hinter all den zeitbedingten Bildern, die Menschen sich von ihr gemacht haben? Ist Maria als Person die ideale »Projektionsfläche«?

Fragen über Fragen. Aber vielleicht gibt es nur dies: Vorstellungen über Maria, Mutmaßungen über die Mutter Jesu, die mehr oder weniger angemessen sind, Konzepte von Gottesmutterschaft, die mehr oder weniger biblisch fundiert sind, Bilder, die das Geheimnis Marias wie das Geheimnis jeder Person selbst im besten Fall immer nur teilweise ausleuchten können. Jedes dieser Bilder ist fragmentarisch, jede Vorstellung ist letztlich vorläufig. All unsere Modelle bleiben hinter der Wirklichkeit zurück. Doch wir haben nur dies: zeitbedingte, fragmentarische und vorläufige Vorstellungen einer Ganzheit, die uns heute schon fasziniert, die wir jedoch nicht angemessen fassen können, da wir noch unterwegs zu ihr sind.

Der Focus, den wir heute auf Maria richten, ist zweifellos biblisch fundiert und darf von daher hoffen, eine angemessene Deutung der Gottesmutter zu geben, auch wenn diese Deutung nicht erschöpfend sein kann. Das Licht, das aus dem Horizont heutigen Fragens auf Maria fällt, lässt sie als eine Frau hervortreten, die Bewunderung abnötigt: Ein Mädchen wie tausend andere auch und doch ganz anders als diese. Ein Mädchen aus der Provinz, noch jung und womöglich unscheinbar, aber doch absolut beeindruckend. Wie sehr dieses Mädchen bei sich selbst ist! Eine Mutter wie tausend andere auch und doch ganz anders als alle anderen. Eine Mutter, die wie andere Mütter zu ihrem Kind stehen will und dabei erleben muss, dass ihr Kind nie nur *ihr Kind* ist, weil dieser Jesus mehr und anders als andere Menschen Gottes Sohn ist. Wie kann es einem Menschen gelingen, seine Besonderheit zu fassen? Eine Frau wie tausend andere auch und doch ganz anders. Eine Frau, die wie viele andere Frauen erlebt, dass das eigene Leben und das der anvertrauten Mitmenschen trotz aller Sorge um Glück und Sicherheit letztlich doch ganz in Gottes Hand liegt. Eine Frau, die bereit ist, an diesen Gott zu glauben, selbst dort, wo er ihr das Schwerste zumutet, was man einem Menschen zumuten kann: den Tod des eigenen Kindes. War diesem Kind nicht verheißen, dass es der Erlöser der ganzen Welt werden sollte? Wie konnte Gott es da zulassen, dass es ans Kreuz geschlagen wurde und einen Verbrechertod starb?

Es fällt auch Maria nicht leicht, die Belastungen ihres Lebens zu bewältigen. Das Leben an der Seite eines Sohnes, der so ganz anders war als alle anderen jungen Männer aus Nazaret, fordert seine Mutter bis an ihre Grenzen. Sie nimmt nicht einfach alles kommentarlos hin. Maria äußert ihre unerfüllten Wünsche, sie macht ihrem Ärger Luft und gibt ihr Unverständnis zu erkennen. Sie bekennt sich sogar zu der Scham, die sie angesichts des öffentlichen Wirkens Jesu empfindet. Und auch wenn das nicht überliefert ist, so dürfen wir doch annehmen, dass der Tod ihres Sohnes sie zunächst in tiefste Trauer gestürzt hat. Das »Mir geschehe, wie du es gesagt hast« muss die Frau aus Nazaret im Grunde immer wieder sprechen. Sie sieht sich herausgefordert, mit der Geburt ihres Kindes das schier Unglaubliche zu glauben, in der Begleitung seines Lebensweges im Ungewissen Gewissheit zu finden und im Anblick seines Todes das Unerträgliche zu ertragen. Im Vertrauen auf Gott findet sie den Mut, den Weg einzuschlagen, den Gott mit ihr vorhat, und ihn immer weiterzugehen. Das Vertrauen auf Gott, den Retter, den sie in ihrem Magnifikat preist, trägt sie durch alle hellen und dunklen Stunden ihres Lebens bis hin zu ihrer Vollendung. Und eben darin liegt das Besondere ihrer Gestalt, eben daraus speist sich die Verehrung, die ihr zukommt.

Das Vorbild Marias fordert jeden Menschen auf, das Besondere seines Lebens zu erkennen und es im Vertrauen auf Gott zu leben. Auch wenn der Weg des persönlichen Lebens weniger ungewöhnlich sein mag als der der Gottesmutter, so bleibt auch er trotz aller Vorsorge, die uns heute möglich ist, doch letztlich unkalkulierbar. Jedes Leben wird nur lebbar im Vertrauen darauf, dass es in all seiner Verletzlichkeit gehalten und vor dem Scheitern bewahrt wird. Das Wissen um die Brüchigkeit des persönlichen Glücks wie die erfahrene Not des persönlichen Unglücks verweisen auf das Ungesicherte menschlicher Existenz. Sie laden jedoch auch ein, dem Gott zu vertrauen, auf den Maria ihre Hoffnung setzte. Er ist es, der als der barmherzige Vater aller Menschen für das endgültige Gelingen eines jeden Lebens bürgen will.

Literatur

W. Beinert/H. Petri (Hg.), Handbuch der Marienkunde, 2 Bde. Regensburg 1996 f.;

J. Ratzinger, Die Tochter Zion. Betrachtungen über den Marienglauben der Kirche, Einsiedeln 1977;

A. Spendel/M. Wagner (Hg.), Maria zu lieben. Moderne Rede über eine biblische Frau, Regensburg 1999

ALEXANDER HOLZBACH

Josef

Der stille Nährvater

Mann Marias
Nährvater Jesu
Gedenktage: 19. März, 1. Mai

Damals hieß jeder Dritte in Palästina Josef. Der Beruf des Zimmermanns war auch nichts Besonderes. Dass wir uns für Josef interessieren, dass viele seinen Namen tragen, hängt damit zusammen, dass er der Mann Marias ist. Doch letztlich geht es auch noch nicht mal um sie, sondern um das Kind.

Das biblische Zeugnis

Die junge Christenheit interessiert sich für die Kindheit Jesu. Und zwei der vier Evangelien kommen dieser Neugierde entgegen. Nur aus dem Matthäus- und dem Lukasevangelium kennen wir Josef. Und immer spürt man, dass es mehr um die »Funktion« dieses Mannes geht als um ihn selbst.

Schlagen wir zunächst nach bei Matthäus. Der beginnt sein Evangelium mit dem Stammbaum Jesu. Darin vermittelt er seiner Leserschaft, dass Jesus unter seinen Vorfahren König David hat. Das ist eine wichtige Botschaft, denn das weist Jesus für die Damaligen als den erwarteten Messias aus. Der Stammbaum endet: »Jakob war der Vater von Josef, dem Mann Marias; von ihr wurde Jesus geboren, der der Christus genannt wird« (Mt 1,16).

Geschickterweise ist hier nicht gesagt, dass Josef Jesu Vater war. Aber die Herkunft des Kindes aus der Familie Davids ist damit nachgewiesen; besser gesagt: verkündet. Ein Evangelium will nichts nachweisen, sondern immer verkünden, wer Jesus ist.

Deshalb ist es wichtig zu wissen, unter welchen Umständen er geboren wurde. Matthäus erzählt knapp: Noch bevor die Verlobten Maria und Josef zusammengekommen waren, zeigt sich, dass Maria ein Kind bekommt. Das Evangelium erläutert: »durch das Wirken des Heiligen Geistes«. Die Verunsicherung des Josef, seine Enttäuschung, sein Schmerz, das alles ist kein Thema. Dennoch erfährt man hier einiges über Josef. Zum Beispiel, dass er »gerecht war und sie nicht bloßstellen wollte«. Er beabsichtigt, die Verbindung geräuschlos zu lösen. Alles andere hätte damals zur Steinigung Marias geführt. Das will Josef nicht; dafür liebt er sie zu sehr. In dieser schwierigen Lage aus Niedergeschlagenheit, vielleicht auch Eifersucht, Selbstmitleid und der Frage »Wie soll ich mich verhalten?« erscheint dem Josef ein Engel im Traum und fordert ihn auf, Maria zu sich zu nehmen. Er erklärt, das Kind ist von Gott; er soll es nach seiner Geburt Jesus nennen, denn er sei der Erlöser. Der Engel gibt also Josef den Auftrag der Namensgebung und macht ihn regelrecht zum ersten Mitwisser, wer Jesus ist.

Jetzt erfährt man wieder etwas über die Art des Josef. Als er erwacht, tut er das, was ihm aufgetragen ist. Er glaubt also dem Engel. Auf die Göttlichkeit des Kindes achtend und auf die deshalb so wichtige Jungfräulichkeit der Mutter, sagt Matthäus sofort: »Er erkannte sie aber nicht, bis sie ihren Sohn gebar« (Mt 1,25). In einem kleinen Nebensatz erfährt also die Leserschaft Christi Geburt. Nichts von Betlehem und Stall, Hirten und Engel und Gloria.

Dafür kommen hier aber die Sterndeuter aus dem Osten. Eigenartigerweise spielt Josef in dieser Geschichte keine Rolle. Die sternkundigen Männer sehen nur »das Kind und Maria, seine Mutter«. Dann aber hat Josef wieder einen Traum und er tut wieder, was der Engel ihm sagt: Er flieht mit dem Kind und seiner Mutter nach Ägypten und kehrt später in die Heimat zurück. Er lässt sich jetzt aber nicht in Betlehem nieder, sondern – wieder aufgrund einer Traumbotschaft – in Nazaret in Galiläa.

Aus Nazareth stammt Maria. Das schreibt Lukas in seinem Evangelium. Und im Bericht über die Berufung Marias durch den Engel Gabriel erwähnt er zum ersten Mal Josef. Wie Josef die Schwangerschaft Marias erfährt, wie er damit umgeht, das alles erzählt Lukas nicht. Für ihn ist Josef erst wieder wichtig, als auch er verkünden will, dass Jesus König David zum Vorfahren hat. Die »Weihnachtsgeschichte« des Lukas ist hinlänglich bekannt: Josef zieht anlässlich der

Volkszählung »in die Stadt Davids, die Betlehem heißt; denn er war aus dem Haus und dem Geschlecht Davids« (Lk 2,4). Hier bekommt nun Maria ihr Kind und muss es in eine Krippe legen, »weil in der Herberge kein Platz für sie war«. In dieser Krippe finden die Hirten, von den Engeln geschickt, »Maria und Josef und das Kind« (Lk 2,16).

An dieser Stelle erwähnt Lukas den Namen Josefs zum letzten Mal. Als er von der Darstellung Jesu im Tempel erzählt und von der Wallfahrt der Familie mit dem 12-jährigen Jesus nach Jerusalem, ist nur noch von »Vater« und »Eltern« die Rede. Sein Name spielt keine Rolle mehr. Wie bei Matthäus ist seine Funktion wichtig in Bezug auf die eigentliche Botschaft des Evangeliums, wer Jesus ist.

Indirekt ist in den Evangelien von Josef hier und da noch mal die Rede: »Man hielt Jesus für den Sohn Josefs« (Lk 3,23; vgl. 4,22 und Joh 1,45 und 6,42). Jesus wird »Sohn des Zimmermanns« (Mt 13,55) genannt. Damit haben wir eine Vorstellung, wovon Josef seine Familie ernährte. Insgesamt verliert sich aber seine Spur. Er hat seine Rolle in den Kindheitsgeschichten der beiden genannten Evangelien gespielt. Jetzt hat man an ihm in der Jesus-Verkündigung kein Interesse mehr.

Aber die Menschen interessierten sich eben doch für das Schicksal Josefs, und fromme Phantasie vermutete seinen frühen Tod. Anders könne doch das Schweigen der Evangelien nicht zu erklären sein. Natürlich malt diese Phantasie an sein Sterbebett die trauernde Maria und Jesus, der seine Hand hält. Kein Wunder, dass Josef im Laufe der Kirchengeschichte zum Patron der Sterbenden wird. Unzählige Menschen finden Mut in der Stunde ihres Todes im Gedanken an Josef. Unzählige Angehörige meistern den manchmal jähen Verlust lieber Menschen im Blick auf ihn und im Gebet um seine Fürbitte. Die Kunst, die die bunten Farbtöpfe der Phantasie viel lieber mag als die kargen Striche der Bibel, hat den Tod Josefs gerne gemalt und damit die Verehrung des Zimmermanns aus Nazaret stark gefördert.

Die Verehrungsgeschichte

Aber jetzt sind wir zu schnell vorgegangen. Lange Zeit ist es um Josef ziemlich still geblieben. In Ägypten entsteht um 400 eine »Geschichte von Josef, dem Zimmermann«, in der Jesus seinen Jüngern ganz Genaues über das Leben und Sterben seines Pflegevaters berichtet. Im Osten keimt denn auch eher als im Westen die Verehrung des hl. Josef. Hier nennt erst um 850 das Martyrologium von Reichenau den

Mann Marias am 19. März. Es gibt Spekulationen, das Datum hänge mit dem Fest der Minerva zusammen, der altitalischen Göttin der Handwerker, das am 19. März begangen und durch Josef sozusagen christianisiert wurde.

Wie auch immer, eigentlich kann man erst im 2. Jahrtausend der Kirche von einer wirklichen und wachsenden Verehrung des hl. Josef sprechen. Die Franziskaner, später die Jesuiten, tragen viel dazu bei, auch Bernhard von Clairvaux, Teresa von Ávila und Franz von Sales. Der Franziskaner-Papst Sixtus IV. führt 1479 das Josefsfest für die Gesamtkirche ein; Pius IX. erklärt ihn 1870 zum Patron der Kirche. Begründung: Wie Josef den Sohn Marias beschützt habe, so soll er auch dessen Kirche beschützen. Pius XII. rief den Zimmermann 1956 zum Patron der Arbeiterschaft aus und ordnete ihn durchaus politisch dem 1. Mai zu. Was die Verehrung Josefs im 19. und 20. Jahrhundert angeht, so muss man die Enzyklika von Leo XIII. 1889 erwähnen und das Gedenkschreiben von Johannes Paul II. 100 Jahre später. Hier haben zwei Päpste die Gedanken der gesamten katholischen Tradition zu Josef zusammengetragen und für ihre jeweilige Zeit interpretiert.

Parallel zu den genannten Daten ist die Entwicklung der christlichen Kunst interessant, die ja das Lebensgefühl der Menschen mehr prägt als Bibel und päpstliche Schreiben. Zunächst wird Josef immer nur als uralter Mann dargestellt. Das hat seinen Hintergrund in der beliebten Phantasiegeschichte, wie Josef denn überhaupt zum Mann Marias wurde. In Anlehnung an eine Episode im Alten Testament (Num 17,16) erzählte man: Maria lebte im Tempel und hatte Jungfräulichkeit gelobt. Der Priester zweifelte, ob das ihre Berufung sei. Er ließ alle unverheirateten Männer aus dem Stamm Davids kommen. Jeder sollte eine Rute zum Altar bringen. Dessen Rute erblühte, der sollte der Mann Marias werden. Ausgerechnet die Rute des alten Josef blüht auf; und dann setzt sich auch noch eine Taube darauf. Muss der Himmel noch mehr Zeichen senden?

Die Geschichte will die Jungfräulichkeit Marias schützen und letztlich betonen, dass Jesus göttlichen Ursprungs ist. Aber sie bringt es mit sich, dass Josef stets alt und müde dargestellt wird. Das ändert sich zum Beispiel bei Raphael. In seiner berühmten »Vermählung« (1504) sind Maria und Josef ein schönes, junges Paar. Ihr eheliches Miteinander ist glaubwürdig. Die Kunst entdeckt nun immer mehr die Heilige Familie, ihren Alltag, Josefs Arbeit als Zimmermann, und in Spanien entsteht sogar der Bildtypus, dass Josef allein mit Jesus dargestellt wird.

Vielfältige Aufgaben

Wie schon in den beiden Evangelien, die uns seinen Namen nennen, hat Josef in der Geschichte seiner Verehrung oftmals eine bestimmte »Funktion« zu erfüllen. Mal ist er gutes Beispiel stillen Gehorsams. Mal Vorbild als treusorgender Familienvater. Mal als fleißiger Handwerker. Mal Vorbild in Sachen Keuschheit. Mal Schützer von Ehe und Familie. Immer Vorbild im vertrauenden Glauben – gerade in schwierigen Situationen.

Seine »ungewöhnliche« Beziehung zu Maria – man denke an das Stichwort Josefsehe – hat ihm auch leisen Spott und mildes Mitleid eingebracht. Sogar auf dem Höhepunkt seiner Verehrung an der Wende vom 19. zum 20. Jahrhundert. So schreibt Paul Claudel am 24. März 1911 an einen Freund: »Was mich im Augenblick besonders beschäftigt, ist diese große und ein wenig geheimnisvolle Gestalt des hl. Josef, dessen Namensnennung allein schon Leute aus so genannten besseren Kreisen lächeln lässt ...«.

Josefs Botschaft heute

Das vieldeutige Kaum-etwas-über-ihn-Wissen und die wenigen Eigenschaften, die die Evangelien andeuten, sind aber bis in unsere Zeit ein Brunnen, aus dem Menschen, die Josef verehren, schöpfen. Und mehr noch als seine »Funktionen« interessiert heute seine Haltung und seine Spiritualität.

Dazu hat Wilhelm Bruners Wunderbares über Josef gesagt, wenn er vom Kind auf den Vater schließt. Jesus habe eben auch deshalb so gut von seinem himmlischen Vater, den er liebevoll »Abba« nennt, gesprochen und sprechen können, weil er in Josef einen so guten irdischen Vater erlebt habe. Matthäus bezeichnet Josef als »gerecht« (hebräisch »zadak«). Das meint einen jüdischen Mann, der seine Bibel kennt und treu danach lebt. Und wie man am Umgang Josefs mit der schwangeren Maria sieht, legt er das biblische Gesetz sehr barmherzig aus.

Dass Jesus einen barmherzigen Vater verkündet, hat vielleicht wirklich auch mit seiner Erfahrung eines barmherzigen Josef zu tun. Wer will ermessen, wie viel Einfluss der Pflegevater oder der Nährvater, wie man Josef gerne nennt, auf den Jungen Jesus hatte?

Zu seinen Haltungen gehört Barmherzigkeit den Menschen gegenüber und tiefe Sensibilität für den Willen Gottes. Josef hört auf den

Traum, auf die innere Stimme, und er traut ihr, weil er Gott vertraut. Und das in psychisch und physisch nicht leichten Situationen. Auch bei sehr ungenauen Daten über ihn lässt sich doch sagen: Der Mann hatte Persönlichkeit und Reife. Er war im besten Sinne des Wortes fromm. Über seine Handwerkertugenden kann man spekulieren, zu seinen Vatertugenden gibt es Anhaltspunkte. Und die lassen ihn auch im 21. Jahrhundert mit seinen Vätern in den traditionellen Familien und den Patchwork-Familien ein guter Familien-Patron sein. Da gibt es nichts zu belächeln, sondern zu bewundern, dass er im Handeln seinen Glauben bezeugt hat, wer das Kind ist: Jesus, der Christus, der Messias.

LITERATUR

J. Seeanner, W. Schmid (Hg.), St. Josef. Zeugnisse der Kirche über ihren Schutzpatron, Kleinhain 2004;

T. Stamare, Er gab ihm den Namen Jesus. Der hl. Josef in Leben und Lehre der Kirche, Kleinhain 2005;

W. Bruners, Wie Jesus glauben lernte, Freiburg 1988

Winfried Verburg

Johannes der Täufer

Der mutige Mahner

† um 30
Prophet
Gedenktag: 24. Juni

»Schlangenbrut! Wer hat euch in Aussicht gestellt, dass ihr dem bevorstehenden Zorngericht entkommt? Bringt darum Frucht, die der Umkehr entspricht, und bildet euch nicht ein, bei euch sagen zu können: Wir haben Abraham zum Vater. Denn ich sage euch: Gott kann aus diesen Steinen dem Abraham Kinder erwecken. Aber schon ist die Axt an die Wurzel der Bäume gelegt; jeder Baum, der nicht gute Frucht bringt, wird daher herausgehauen und ins Feuer geworfen. Ich taufe euch in Wasser; der nach mir kommt, ist jedoch stärker als ich. Ich bin nicht würdig, ihm seine Sandalen zu tragen. Er selbst wird euch in Heiligem Geist und Feuer taufen. Seine Schaufel ist in seiner Hand, und er wird seinen Dreschplatz säubern und den Weizen in seine Scheune einsammeln, die Spreu aber wird er in einem Feuer verbrennen, das nicht erlischt.«

Um mir das anzuhören, habe ich den langen Weg aus der Stadt in die Einöde auf mich genommen? So wird sich wohl mancher Zeitgenosse gefragt haben. Starke Sprüche, die dieser Mann im Kamelhaarmantel seinen Zuhörern zumutet. Seine Botschaft straft seinen Namen Lügen; Jochanan bedeutet nämlich: Gott ist barmherzig! Was war das für ein Mensch, der mit solchen Worten andere dazu brachte, ihre Dörfer und Städte zu verlassen und zu ihm in die lebensfeindliche Wüste zu kommen, um sich solches sagen zu lassen?

Biographisches

Das Lukasevangelium berichtet in einem bewertenden Vergleich (Synkrisis) über Abstammung und Geburt von Johannes und Jesus: Lange Zeit blieb die Ehe der Eltern des Johannes kinderlos; seine Mutter war Elisabet, eine Verwandte der Mutter Jesu aus hohepriesterlichem Geschlecht, sein Vater der Priester Zacharias. Im hohen Alter wurde Zacharias beim Tempeldienst vom Erzengel Gabriel die Geburt eines Sohnes angekündigt und der Auftrag gegeben, ihn Johannes zu nennen. Während ihrer eigenen Schwangerschaft mit Jesus besuchte Maria ihre Verwandte Elisabet, als diese selbst im sechsten Monat mit Johannes schwanger war. Auf dieser Erzählung beruht auch die liturgische Datierung des Festes der Geburt des Täufers am 24. Juni (Sommersonnenwende), sechs Monate vor der Geburt des Herrn am 25. Dezember (Wintersonnenwende). Die Sonne macht – zumindest in der nördlichen Hemisphäre – den in Joh 3,3 überlieferten Spruch des Täufers über Jesus astronomisch erfahrbar: »Jener muss wachsen, ich aber abnehmen.« Geboren und aufgewachsen ist Johannes im Bergland von Judäa, der Tradition nach in En Kerem in einem Tal westlich von Jerusalem, während der Regierungszeit Herodes' des Großen (37–4 v. Chr.).

Über die Erziehung des Täufers und sein Leben vor seinem öffentlichen Wirken ist nichts bekannt. Als die Öffentlichkeit – und damit unsere Quellen – auf Johannes aufmerksam werden, hat er seine Heimat verlassen und lebt in der Wüste am Ostufer des Jordans. Anders als Jesus suchte er die Menschen nicht in ihrem Lebensraum auf, sondern sie kommen zu ihm. Den Ort seiner Wirksamkeit wählte er mit Bedacht: die Stelle, an der einst Josua das Volk Israel durch den Jordan hindurch in das Heilige Land führte (Jos 4,13.19). Gott hatte der Wüstengeneration des Volkes Israel das Gelobte Land verheißen, aber erst ihre Kinder durften das Gelobte Land, das zugesagte Heil, erreichen. So rief der Täufer seiner Generation das nahe Kommen Gottes zum Gericht zu und mahnte zugleich: Wenn ihr euch nicht radikal ändert, trifft euch der Zorn Gottes. »Kehrt um und bringt Frucht!« Er taufte sie in den Jordan hinein (Mk 1,5.9; Mt 3,6.16). Der Jordan symbolisierte für ihn das nahe Endgericht Gottes. Die dahinter liegende Heilszeit ist so wie für die Wüstengeneration Israels das Gelobte Land noch nicht erreichbar. Was Johannes über die Zeit nach dem Gericht gesagt hat, ist nicht überliefert. Seine Botschaft ist die des nahen Eingreifens Gottes in die Geschichte: Gottes Gericht. Gottes Zorn ist berechtigt, und ohne radikale Umkehr gibt es keine Hoffnung auf Rettung für den Menschen. Aber das ist nicht der Endpunkt der Verkündigung des Täufers: In der Wassertaufe nahm Johannes das nahe bevorstehende Feuergericht Gottes vorweg. Gott selbst garantiert durch seinen Priester Johannes mit der Taufe, dass er auf die Anrechnung der Sünden im nahen Endgericht verzichtet. Also doch Jochanan: Gott ist gnädig! Obwohl Gott im Recht wäre, da kein Mensch seiner gottgefälligen Lebensweise wegen einen Anspruch auf Rettung im Gericht hat. Dieses anzuerkennen, bleibt dem Täufling nicht erspart. Er muss jede Heilssicherheit loslassen und sich ganz Gottes Entscheidung überlassen. Das verkündete auch der etwas jüngere Jesus von Nazaret: »Kehrt um und glaubt an das Evangelium!« (Mk 1,15)

In der Tradition der Propheten

Dass Johannes taufte und was er predigte, ist nicht alles, was uns die Evangelien über den Täufer berichten: »Johannes trug ein Gewand aus Kamelhaaren und einen ledernen Gürtel um seine Hüften und er lebte von Heuschrecken und wildem Honig« (Mk 1,6). Diese markante Bekleidung und seine Speisegewohnheiten haben die Darstellung des Täufers in der Kunstgeschichte geprägt. Wird hier ein Aussteiger, ein Asket beschrieben? Sicher nicht: Heuschrecken und Honig sind übliche Nahrungsmittel in der Wüste. Auch die Essener in Qumran am Toten Meer aßen Heuschrecken (Damaskusschrift XII, 14f.) und züchteten Bienen (Philo, Apologie 11,18). Durch seine Kleidung stellte sich Johannes in eine Reihe mit den Propheten Israels. Seit den Erzählungen vom Propheten Elija gelten härener Mantel und lederner Gürtel als die Berufskleidung des Propheten (Sach 13,4); daran erkennt man einen Propheten (2 Kön 1,8). Die Kleidung ist bei Johannes also nicht Zeichen von Zivilisationskritik, sondern markiert seinen Anspruch, Prophet zu sein. »Bevor aber der Tag des Herrn kommt, der große und furchtbare Tag, seht, da sende ich zu euch den Propheten Elija« (Mal 3,23). Dem Eingreifen Gottes in die Geschichte geht die Wiederkunft des in den Himmel aufgenommenen Elija voraus. Das glaubten damals viele Juden. Ob Johannes sich selbst als dieser wiedergekommene (redivivus) Elija verstanden hat, wissen wir nicht. Aber die christlichen Quellen sehen ihn so; denn sie stellen eine Beziehung her zwischen dem Täufer und dem Prophetenbuch Maleachi: »Seht, ich sende meinen Boten, er soll den Weg für mich bahnen« (Mal 3,1). Sicher ist eines: Die große Resonanz auf die unbequeme Botschaft des Täufers beruht nicht zuletzt auf der Glaubwürdigkeit seiner Person: Er lebt, was er verkündet. Das macht ihn überzeugend. Er sieht sich selbst als den Rufer in der Wüste aus dem Buch Jesaja: »Eine Stimme ruft: Bahnt für den Herrn einen Weg in der Wüste! Baut in der Steppe eine ebene Straße für unseren Gott« (Jes 40,3).

Der mutige Mahner

Der Erfolg der Verkündigung des Johannes in Wort und Tat bestand nicht nur darin, dass viele Menschen sich auf den Weg zu ihm an den Jordan machten und sich taufen ließen. Es bildete sich um den Täufer auch eine Gemeinschaft von Menschen, die ihr Leben konsequent an seiner Botschaft ausrichteten und ihn bei seiner Verkündigung unterstützten. Die Schar der Johannesjünger muss groß gewesen sein. Lukas berichtet in der Apostelgeschichte von Johannesjüngern sogar in Ephesus (Apg 19,1 ff.), die wie zahlreiche andere in die Jesusnachfolge wechselten. Weil nicht alle Jünger des Täufers Christen wurden, gab es auch nach dem Tod des Täufers in der Zeit der jungen Kirche immer noch Gemeinschaften, die sich an der Person und der Botschaft des Täufers orientierten.

Johannes war ein kantiger Typ, er eckte an; so jedenfalls zeichnen die Evangelien ihn. Ein anderes Bild des Täufers zeichnet der jüdische Historiker Flavius Josephus: Johannes sei ein edler Mann gewesen, der die Juden angehalten habe, nach Vollkommenheit zu streben, indem er sie ermahnt habe, Gerechtigkeit gegen ihre Nächsten und gegen Gott Frömmigkeit zu üben und so zur Taufe zu kommen. Die Taufe diene der Heiligung des Leibes, die Heiligung der Seele sei durch ein gerechtes Leben zu erlangen (Antiquitates 18,116–119). Deutlich erkennbar die Absicht des Josephus, Person und Tätigkeit des Johannes auch seinen griechisch-römischen Lesern verständlich zu machen. Nachteil dieses Versuches: Heraus kommt ein »weichgespülter« Täufer, der weder mit jüdischer Theologie aneckt noch politisch den Herrschenden gefährlich werden konnte. Gefahr witterte der Tetrarch von Galiläa, Herodes Antipas (4 v. – 39 n. Chr.), folgerichtig nach Josephus dann auch allein im großen Zulauf; ist doch jede Menschenansammlung für Herrschende suspekt. Darum ließ – so Josephus – der Landesherr den Täufer auch in der Festung Machareus umbringen. Und doch scheint mehr dahinterzustecken, waren doch viele Juden der Auffassung, dass Herodes den Krieg mit seinem früheren Schwiegervater Aretas IV., dem König der arabischen Nabatäer, nur wegen der ungerechtfertigten Tötung des Täufers verloren habe. Herodes hatte dessen Tochter verstoßen, um seine Nichte und Schwägerin Herodias heiraten zu können. Der Mord an Johannes hatte wohl doch mit seiner unbequemen Botschaft zu tun. Den neutestamentlichen Quellen nach inhaftierte Herodes Johannes, weil dieser ihm sagte, er habe nicht das Recht, die Frau seines Bruders zur Frau zu nehmen. (Mk 6,17f. par Mt 14,3–12). Auch wenn der Täufer die Tora auf seiner Seite hatte (vgl. Lev 18,16; 20,21), seine Ermahnung an den Herrscher, Gottes Gebot zu achten, verhallte ungehört. Da Herodes sich schon zuvor über religiöse Vorschriften hinweggesetzt hatte, z. B. bei der Gründung der neuen Residenzstadt Tiberias auf einem Friedhof, musste der Täufer damit rechnen. Zur Todfeindin machte er sich mit seiner Kritik am Herrscherpaar die Gattin des Herodes, Herodias. Um ihr Ziel, den Tod des Täufers, zu erreichen, bediente sie sich ihrer Tochter Salome. Als bei einer Geburtstagsfeier ihres Gemahls die Tochter vor der Festgesellschaft getanzt hatte, war Herodes so angetan, dass er Salome zusagte: »Wünsche dir, was du willst, ich werde es dir geben und wenn es die Hälfte meines Reiches wäre.« Salome wünschte sich auf Anraten ihrer Mutter eine Ungeheuerlichkeit: den Kopf des Täufers. Um vor der Festgesellschaft nun sein Wort nicht brechen zu müssen und so sein Gesicht zu verlieren, ließ Herodes Johannes enthaupten und den Kopf auf einer Schale herbeibringen.

Wer war nun dieser Johannes? Ein unbequemer Mahner gegen die Selbstsicherheit derer, die ihre religiösen Pflichten erfüllen und nach dem Grundsatz leben: Mir kann nichts geschehen, denn ich bin ja auf der richtigen Seite. Ein überzeugender Mahner, weil er nicht anderen Wasser predigt und selbst Wein trinkt. Ein mutiger Mahner, der die Weisung Gottes auch dann den Menschen entgegenhält, wenn es ihm den eigenen Kopf kostet. Heilige sind uns Vorbild, auch Johannes.

Literatur

J. Ernst, Johannes der Täufer. Interpretation – Geschichte – Wirkungsgeschichte, BZNW 53, Berlin 1989;

R. Heiligenthal / A. von Dobbeler, Menschen um Jesus. Lebensbilder aus neutestamentlicher Zeit, Darmstadt 2001, 57–78;

P. Hoffmann / Ch. Heil, Die Spruchquelle Q, Darmstadt 2002, 32–35

Stefan Heid

Stephanus

Der erste Märtyrer

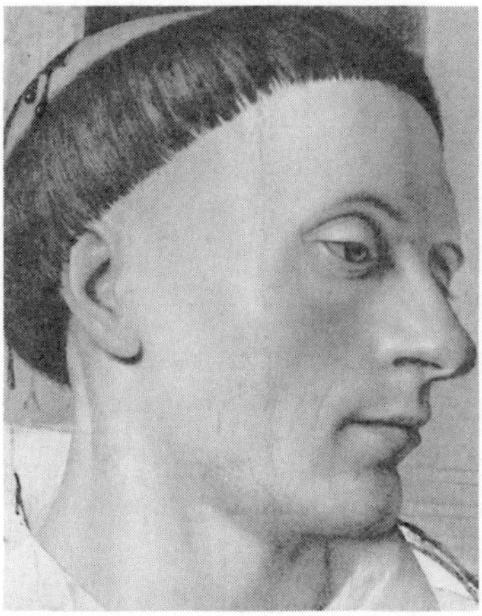

um 34 n. Chr. in Jerusalem
Diakon, Erzmärtyrer
Gedenktag: 26. Dezember

Es war nur eine Frage der Zeit, wann nach der Kreuzigung Jesu das nächste Opfer unter den Anhängern der Jesusbewegung zu beklagen sein würde. Jesus selbst hatte mehrfach Verfolgungen vorausgesagt. Stephanus galt bald als der Kirche erster namentlich bekannter Blutzeuge (später fand man das weibliche Pendant in der Erstmärtyrerin Thekla).

Mit dem Bericht über das Martyrium des Stephanus in der Apostelgeschichte bewegen wir uns auf ältester Jerusalemer Überlieferung aus der Mitte des 1. Jahrhunderts (Apg 6,1–8,3). Man bewahrte Stephanus in treuer Erinnerung. Die Apostelgeschichte zitiert den Juden Paulus und bekehrten Christenverfolger: »Als das Blut deines Märtyrers Stephanus vergossen wurde, stand ich dabei; ich stimmte zu und passte auf die Kleider derer auf, die ihn umbrachten« (Apg 22,20). Für Stephanus ist also bereits der Ehrentitel »Märtyrer« in Gebrauch, der allgemein den gewaltlosen Bekenner für Christus meint, im äußersten Fall den Blutzeugen.

Diakon Stephanus und die Jerusalemer Gemeinde

Welche Rolle spielte Stephanus in der Jerusalemer Gemeinde? Hier liegen gewisse Unklarheiten im Text. Immerhin gab es zwei amtliche Beauftragungen in der Gemeinde: zur Diakonie am Wort Gottes (Apg

6,4) und zur Diakonie an den Tischen (Apg 6,2). Die Christen haben es von Anfang an als ihre Aufgabe angesehen, den armen Gemeindemitgliedern den täglichen Lebensunterhalt zu garantieren. Das blieb nicht dem Zufall überlassen; vor allem die (kinderlosen) Witwen bekamen eine tägliche Lebensmittelzuweisung. Offenbar versorgten anfangs die hebräischen Judenchristen die Witwen auch der griechischsprachigen Judenchristen.

Da sich aber auf Dauer mehr Griechen zum Christentum bekehrten als Hebräer, sahen sich Letztere nicht mehr in der Lage, alle Bedürftigen zu versorgen. Es kam zum Streit, der die Volksgruppen zu spalten drohte. Also kam es zu einer Art allgemeiner Christenversammlung, auf der man (zusätzlich) sieben griechischsprachige »Tischdiener« (hier nicht ausdrücklich »Diakone« genannt) wählte, darunter als ersten Stephanus. In ihren Dienst eingesetzt wurden sie von den Aposteln durch Gebet und Handauflegung (Apg 6,6); das war eine vom Amt der Apostel abgeleitete Bestellung, verbunden mit dem liturgischen Akt der Handauflegung unter Gebet. Interessant ist, dass Stephanus bereits vor seiner Bestellung »voll Geist und Weisheit« (Apg 6,3) war, also Wunder und Zeichen wirkte und missionarische Predigten hielt (vgl. Apg 6,8).

Dass man sieben Diakone hinzuwählte, spricht für eine beachtliche Zahl von Christen. Die Verwaltung der »Caritaskasse« verlangte Männer »mit gutem Leumund« (Apg 6,3). Damit verbunden war die praktische Organisation der Essensausgabe. Stephanus war wohl wirklich eine Art Kellner, auch wenn nicht er, sondern erst der römische Diakon Laurentius zum Patron der Gastronomie avancierte. Leider wird nicht ersichtlich, ob diese Armenspeisung in irgendeinem Bezug zum Gottesdienst stand, ob man etwa Naturalspenden wohlhabender Christen im Gottesdienst auf Tischen sammelte, wie das später in Rom der Fall war. Dies würde verständlich machen, weshalb sich der »Tischdiener« recht bald zum Altardiener, mithin zum liturgischen Diakon entwickelte.

Wie kam es zum Eklat?

Stephanus war so voller »Gnade und Kraft«, dass er Wunder und Zeichen unter dem Volk wirkte (Apg 6,8). Stephanus war ein »göttlicher Mann«. In einer Gesellschaft mit vielen Analphabeten ist die überzeugende Rede eine gute Sache, aber wichtiger für die Religionswerbung ist das tätliche Überzeugen mittels Wunder. Jene Religion ist richtig, die »göttliche Menschen« hat. Es genügt nicht, auf einen heiligen Text zu weisen, man muss zeigen, dass der eigene Gott Kraft hat und diese Kraft den Menschen mitteilt. Ohne Wunder wäre daher eine Verkündigung der christlichen Botschaft von vornherein zum Scheitern verurteilt gewesen.

Nun ist die Idee vom »göttlichen Menschen« allgemein spätantik. Die Christen fokussieren dies aber in eigentümlicher Weise auf das nun spezifisch christliche Heiligkeitsideal des Bekenners und Blutzeugen, und dies zeigt sich erstmals bei Stephanus. Er ist der lebende Beweis der Wahrheit Christi.

Anklagen, Verteidigungen und Martertod

Offenbar breitete sich der christliche Glaube unter den griechischsprachigen Juden Jerusalems so stark aus, dass es zu Streitgesprächen des Stephanus mit verschiedenen »Synagogen« kam (Apg 6,9). Wir stehen hier am Anfang förmlicher Streitgespräche zwischen Christen und Juden, die es bis ins Mittelalter hinein gab. Streitgespräche spielten sich in der Öffentlichkeit, hier womöglich am Tempel, ab (Apg 6,12–13). Das entsprach dem philosophischen Ideal der »freimütigen Rede«. So überrascht es nicht, dass es zur Verhandlung vor dem Hohen Rat kam; Denunziation war dazu nicht nötig. Man beschuldigte Stephanus der Blasphemie, da er gegen die Gültigkeit der Tora und über die Zerstörung des Tempels gesprochen habe.

Vor dem Hohen Rat hob Stephanus zu einer langen Verteidigungsrede an. Dabei leuchtete sein Angesicht wie das Angesicht eines Engels. Er sprach seine ganze Rede als Inspirierter: Er war »erfüllt vom Heiligen Geist, blickte zum Himmel empor, sah die Herrlichkeit Gottes und Jesus zur Rechten Gottes stehen« (Apg 7,55). Es entsprach der üblichen Gebetshaltung, mit erhobenen Armen und nach oben gerichtetem Blick zu verharren, aber hier unterstrich sie das Gesagte: »Der Höchste wohnt nicht in von Menschenhand geschaffenen (Tempeln), wie der Prophet sagt: Der Himmel ist mein Thron« (Apg 7,48–49). Also musste man nicht im Jerusalemer Tempel beten. Man konnte überall beten, wenn man nur zum Himmel schaute und, erfüllt vom Heiligen Geist, Gott sah.

Stephanus verteidigte sich betend. Seine letzten Worte waren Fürbitte: »Herr, rechne ihnen diese Sünde nicht an. Nach diesen Worten starb er« (Apg 7,60). Das fürbittende Gebet des Märtyrers in der Stunde des Todes ist von ungeheurer Bedeutung. Das geduldige Sterbenkönnen ist ein letzter, höchster Beweis der Gottverbundenheit des »göttlichen Mannes«, noch dazu bei einer so grausamen Strafe wie der Steinigung, die heute nur noch nach islamischem Recht praktiziert wird. Wer aber voll Gottesgeist ist, der steht Gott so nahe, dass er sich »Freund Gottes« nennen darf: Er darf für andere Fürsprache einlegen, und diese ist am wirksamsten in der Stunde höchster Not, weil Gott hier dem Zeugen am nächsten ist.

Zur Verehrungsgeschichte

Gewiss hat die frühe Christengemeinde Jerusalems die Grabstätte des Stephanus vor den Toren der Stadt aufgesucht und geehrt (vgl. Apg 8,2), so wie man die Gräber der alttestamentlichen Märtyrerpropheten ehrte (vgl. Lk 11,47–51; Apg 7,52). Schon die bloße (vorlukanische) Existenz eines Martyriumsberichts zeugt vom fortdauernden Interesse der Jerusalemer Christen an Stephanus. Wenn nun gerade die Fürbitte für seine Mörder den Passionsbericht abschließt, so entspricht das wohl einem judenchristlichen Anliegen: Die Judenchristen wollten die über den Tod hinausgehende Fürbitte des Stephanus für sich selber und für ihre Väter, damit Gott ihnen nicht diesen weiteren »Prophetenmord« anrechne (vgl. Lk 11,47–51; Apg 7,52). Auch dies spricht entschieden für eine regelrechte Verehrung des Stephanus in der Jerusalemer Christengemeinde schon im 1. Jahrhundert.

Das ergibt sich noch aus einer weiteren Überlegung. Die Christen Jerusalems haben das Grab Christi aufgesucht. Es war ihnen ein wichtiger apologetischer Beweis für die Wahrheit des Auferstehungszeugnisses: Christus ist der wahre Gottessohn, der Wunder gewirkt hat und ebenso wunderbar auferstanden ist; davon zeugt das leere Grab (Mk 16,6). Genauso musste das Grab des Stephanus die Gläubigen anziehen, weil Stephanus ein bleibender Beweis für die Wahrheit der christlichen Verkündigung war. Und dass man beides, das Zeugnis Jesu Christi und das Zeugnis des Stephanus, ganz ähnlich gesehen hat, erhellt aus zahlreichen Parallelen zwischen der Passion Christi und dem Martyriumsbericht des Stephanus: Verhör vor dem Hohen Rat – Volksaufwiegelung – Falschzeugen – Ankündigung der Tempelzerstörung – laute Vergebungsbitte – unmittelbar auf das letzte Wort folgender Tod.

Mit dem Tod des Stephanus ist die Geschichte des Saulus-Paulus verbunden. Stephanus wurde gesteinigt. Die Steiniger entledigten sich ihrer Kleider, um besser werfen zu können, und legten sie Saulus zu Füßen, damit er darauf aufpasse. Saulus selber rührte keinen Finger, war aber mit dem Mord einverstanden (Apg 7,58; 8,1; 22,20). Das lächerliche Detail der Kleiderwache hat Lukas zweifellos von

Paulus selber, der sich dessen später genauso schämte wie Petrus des Hahnenschreis.

Die Erinnerung an das Grab des Stephanus und seinen Sterbetag ging unter ungeklärten Verhältnissen verloren. Neu eingeführt und bewusst auf den Tag nach Weihnachten gelegt hat man das Stephanusgedenken im 4. Jahrhundert (nur in Konstantinopel und somit in der Orthodoxie feiert man einen Tag später am 27. Dezember). Dahinter stand eine theologische Idee: So wie der Gottessohn, der wahre erste Märtyrer (Offb. 1,5), am 25. Dezember für die Welt geboren wurde, so wurde Stephanus, der erste Märtyrer der Kirche, am 26. Dezember geboren zum ewigen Leben. Der Martyriumsgedanke entpuppt sich so als das ursprüngliche theologische Leitmotiv des an Weihnachten beginnenden christlichen Jahreskreises.

Bereits aus der 2. Hälfte des 4. Jahrhunderts sind eindrucksvolle Predigten griechischer und lateinischer Kirchenväter zum Stephanustag erhalten. Es handelt sich um rhetorische Prunkreden, die Stephanus als Athleten Christi zeichnen. Der äußere Anlass für diese Metapher ist sein griechischer Name »Stephanos«, was »Kranz« heißt; das wiederum assoziierte sofort den Siegeskranz der Wettkämper im Stadion. Die Festprediger wollten ihre Zuhörer den Glaubenskampf des Stephanus geradezu sehen und miterleben lassen, um sie dafür zu entschädigen, dass sie zugunsten der Märtyrer auf den Besuch der Sport- und Schaupiele verzichteten. Ein herausragendes Beispiel ist das »Enkomion«, das Bischof Gregor von Nyssa am 26. Dezember 386 vortrug:

»Aber lasst, Brüder, in der Predigt auch uns gemeinsam zum Theater eilen, wie der Großathlet den Kampf gegen den bösen Widersacher des menschlichen Lebens aufnimmt, indem er sich im Stadion des Bekenntnisses entkleidet. Denn in der Tat ist, gemäß dem Wort des Paulus (1 Kor 4,9), zum Schauspiel geworden für die Welt, die Engel und die Menschen Stephanus, der sich als Erster den Kranz des Martyriums aufsetzte, der als Erster im Chor der Märtyrer den Einzug (ins Stadion) eröffnete, der als erster Widerstand leistete gegen die Sünde bis aufs Blut. Und mir scheint, das ganze Heer der Überweltlichen und alle Myriaden der dienenden und der in Bereitschaft stehenden Engel und, wenn wir in der oberen Sphäre etwas hören von Ehrenträgern in Fürstentümern, Ämtern, Thronen, Obrigkeiten und Herrschaften, die ganze himmlische Festversammlung genossen damals das Schauspiel, wie der Athlet mit seinem Gegner rang.«

Dahinter stand die Vorstellung, dass gleichsam zu Beginn der Predigt alle auf den Rängen des Stadions Platz nahmen und sahen, wie nicht nur Stephanus, sondern ihm folgend alle christlichen Märtyrer, deren man im Verlauf des Jahreskreises gedachte, wie Athleten feierlich ins Stadion des Bekenntnisses einzogen. Als Erster entkleidete sich Stephanus, so wie sich Athleten nackt dem Ringkampf oder Wettlauf stellten. Dann folgte der Kampf selbst:

»Ausgebreitet lag nämlich gleichsam wie ein Stadion unter den Wettkämpfern das menschliche Leben; sie beide aber stürmten gegeneinander zum Angriff los: der böse Widersacher des menschlichen Lebens [...] und der Großkämpfer für den Glauben [...] Wer hätte wohl nicht diese neue Form des Zweikampfs bewundert, als mit Hilfe von Leben und Tod das Urteil über die Wahrheit ermittelt wurde und zum Beweis der Wahrheit der Tod diente? Der Bote nämlich des bisher verborgenen und unerkannten Lebens überbrachte durch die Tat den Menschen seine Botschaft. Denn dass er bereitwillig dieses Leben verließ, bedeutete für die, die richtig urteilen, den Beweis, dass er das wertvollere Leben gegen das, welches er preisgab, eintauschte.«

Literatur

G. Schneider, Die Apostelgeschichte 1, Freiburg u. a. 1980;

G. D. Gordini / M. Liverani, Stefano, in: Bibliotheca Sanctorum 11, 1968, 1376–1392;

G. Nitz, Stephan, in: Lexikon der Christlichen Ikonographie 8, 1976, 395–403

Regina Radlbeck-Ossmann

Petrus

Der Stein des Anstoßes

** in Betsaida / Galiläa*
† um 64–67 in Rom
Apostel, Bischof von Rom, Märtyrer
Gedenktag: 29. Juni

Über die meisten Apostel wissen wir so wenig, dass es nicht möglich ist, sie als historisch konkrete Personen zu fassen. Eine Ausnahme stellen in dieser Hinsicht einzig die Apostel Petrus und Paulus dar. Paulus wird über die Briefe greifbar, die er an seine Gemeinden geschrieben hat. Petrus tritt in den Evangelien markant hervor. Des Weiteren wird sein Wirken in den Paulusbriefen eindrücklich geschildert. Darüber hinaus enthält das Neue Testament zwei Briefe, die den Apostel als ihren Verfasser benennen. Damit findet die Rückfrage nach Petrus eine relativ gute Quellenlage vor.

Biographisches

Von Petrus wissen wir, dass er ursprünglich Simon hieß und den Beinamen Barjona trug. Der erste Name, Simon, verweist auf einen der Stammväter Israels, die Bedeutung des Beinamens ist bis heute nicht völlig geklärt. Plausibel ist sowohl eine erste Erklärung, die Barjona als einen Vaternamen versteht (»Simon, Sohn des Jona«), wie auch eine zweite Deutung, die auf eine Zugehörigkeit zu den Zeloten verweist, die sich als »Barjone«, als »in der Wildnis Lebende«, verstanden. Die Heimat Simon Barjonas war zunächst Betsaida, eine Kleinstadt am Nordufer des Sees Gennesaret. Aus der geographischen Lage seines Herkunftsortes ergab sich wohl auch sein Beruf als Fischer. Diesem Beruf konnte Simon auch in Kafarnaum nachgehen, wohin er später, vermutlich im Zusammenhang mit seiner Heirat, gezogen war. In Kafarnaum begegnet er Jesus, der ihn und seinen Bruder Andreas zu seinen ersten Jüngern beruft (vgl. Mt 4,18–22 par; Joh 1,35–42).

Parallel zu der Neuausrichtung des Lebens Petri, die mit dem Ruf in die Nachfolge Jesu erfolgt war, dürfte sich auch dessen Namensänderung von Simon zu Kephas vollzogen haben. Erst die griechische Übersetzung dieses »Kephas« führt zu dem Namen »Petrus«. Das hebräische Wort »Kephas« bedeutet zunächst »Stein« und kann dabei sowohl »Edelstein« wie auch »Felsblock; Stein des Anstoßes« bedeuten. Es gilt als sicher, dass die Namensänderung auf Jesus selbst zurückgeht. Fragt man nach der Bedeutung, die dem hebräischen »Kephas« im Blick auf die Person des Apostels beigemessen wurde, so kommen beide sprachlich möglichen Übersetzungen in Frage. Eine Interpretation des Namens im Sinne von »Edelstein« würde zu der besonderen Stellung passen, die der ehemalige Fischer vom See Gennesaret im Jüngerkreis innehatte: Petrus ragte im Kreis der Jünger einmal schon dadurch hervor, dass er der Erstberufene war. Des Weiteren scheint er auch der Sprecher und damit eine führende Gestalt des Jüngerkreises gewesen zu sein. Dies erklärt, warum Petrus überall dort, wo er in den Evangelien zusammen mit anderen Aposteln genannt wird, stets namentlich bezeichnet wird und erstgenannt ist.

Doch auch für die konkurrierende Deutung des hebräischen »Kephas« als »Felsblock; Stein des Anstoßes« gibt es plausible Gründe. Bemerkenswerterweise wird der Träger dieses Namens nämlich weder in den Evangelien noch in den Paulusbriefen zu einem glanzvollen Idealtypus hochstilisiert. Im Gegenteil: In sämtlichen Traditionsschichten des Neuen Testaments finden sich neben klaren Anzeichen für die besondere Stellung des Apostels auch Hinweise auf vorhandene negative Merkmale seiner Persönlichkeit. Zu ihnen gehört das spannungsvolle Gegenüber von schneller Begeisterungsfähigkeit auf der einen und mangelnder Standfestigkeit auf der anderen Seite. Die wankelmütige Haltung Petri wird in der Erzählung vom Seewandel eindrucksvoll ins Bild gesetzt. Noch eindringlicher wird sie im Zusammenhang mit der Passion Jesu geschildert: Petrus kündigt beim Abschiedsmahl Jesu noch an, für den Meister sein Leben geben zu wollen (vgl. Joh 13,36 ff.) und greift bei dessen Verhaftung auch tatsächlich zum Schwert, um ihn zu verteidigen (vgl. Joh 18,10 f.). Doch kurze Zeit darauf wird er seinem Versprechen untreu und streitet ab, jemals in einer Beziehung zu Jesus gestanden zu haben (vgl. Joh 18,15–27).

Den Apostel aufgrund dieses Vorkommnisses als besonders feige zu brandmarken, scheint dennoch unangebracht zu sein. Um sein Verhalten angemessen bewerten zu können, wird man die besondere Situation bedenken müssen, in der er sich befand. Er allein war Jesus in den Hof des Hohepriesters nachgefolgt. Die übrigen Jünger waren längst geflohen und hatten sich aus Angst vor Übergriffen versteckt. Petrus hat die Gemeinschaft mit Jesus damit faktisch ein Stück weiter getragen, als die anderen dies gewagt hatten, und ihm muss klar gewesen sein, dass er sich mit dem Schritt in den Hof des Hohepriesters selbst in akute Gefahr begeben hatte. Damit hat Petrus zunächst einmal mehr Mut bewiesen als die übrigen Apostel. Traurig, aber doch auch menschlich verständlich ist, dass dieser anfangs gezeigte Mut ihn angesichts der eigenen Gefährdung wieder verlassen hat. Indem er die Gemeinschaft mit Jesus zu diesem späteren Zeitpunkt abstreitet und leugnet, den Verhafteten auch nur gekannt zu haben, hofft er, eine gegen ihn gerichtete ähnliche Gewaltmaßnahme abwenden zu können. Im Fortgang des Geschehens scheint er sich wie die anderen Jünger nach Galiläa in den Schutz der Familie geflüchtet zu haben.

Die zunächst enttäuschend anmutenden Reaktionen der Jünger werden verständlich, wenn man bedenkt, was der Kreuzestod Jesu für sie bedeutet haben muss. Sie hatten mit dem gewaltsamen Geschehen auf Golgota zum einen ihren Meister verloren. Hinzu kam, dass ihrer jüdischen Glaubenstradition zufolge mit dieser Hinrichtung ein Gottesurteil ergangen war: »Verflucht ist, wer am Holze hängt«, heißt es Dtn 21,23. Vor diesem Hintergrund muss für die Jünger alles fraglich geworden sein: Hatte nicht Gott selbst sich auf Golgota von Jesus distanziert? Waren sie allesamt einem Scharlatan aufgesessen? Hatten sie ihre Familien verlassen, um einem Hochstapler hinterherzulaufen?

Die Verzweiflung der Jünger bleibt nicht das letzte Wort. Kurze Zeit nach ihrer Flucht verlassen sie das sichere Galiläa, um nach Jerusalem zurückzukehren. Die Stadt ist für sie nach wie vor ein gefährlicher Ort, dennoch denken sie nun nicht mehr an ein Verstecken. Vielmehr treten sie jetzt öffentlich auf, um das Werk Jesu fortzusetzen. Sie verkünden die frohe Botschaft vom nahe gekommenen Reich Gottes, wie Jesus dies vor ihnen getan hat, und erzählen von seinem Tod am Kreuz wie von seiner Auferstehung. Zwischen dieser späteren, dynamisch vorwärts drängenden Entwicklung in Jerusalem und der früheren angstvoll zurückgezogenen Abgeschiedenheit in Galiläa liegt das im Letzten geheimnisvolle Ostergeschehen.

Verlässlichen Informationen zufolge hat Petrus in diesem Geschehen eine herausragende Rolle gespielt. Paulus überliefert 1 Kor 15,3b–5 eine urchristliche Credoformel, deren älteste Fassung wohl bereits kurze Zeit nach Jesu Tod entstanden ist. Das hohe Alter der Formel macht sie zu einer besonders wertvollen historischen Quelle. Ihre Aussagen bezeugen Jesu Tod und Auferstehung und benennen Petrus als den ersten Osterzeugen. Wenn Petrus der Erste war, dem eine Begegnung mit dem Auferstandenen zuteil wurde, dann ist damit einmal eine besondere Auszeichnung seiner Person verbunden. Ihn, Petrus, hatte Jesus ausgewählt, ihm war er zuerst erschienen.

Die Begegnung mit dem Auferstandenen

Wenngleich bei der Erscheinung des Auferstandenen die primäre Aktivität bei Jesus lag, der sich sehen ließ, so ist doch nicht zu übersehen, dass das Ereignis auch auf Seiten Petri eine besondere Haltung verlangte. Der ehemals erstberufene Apostel war durch die Geschehnisse auf Golgota in seinem Glauben an Jesus ebenso erschüttert worden wie die übrigen Jünger. Wenn Petrus sich nun für die unglaubliche Einsicht öffnete, dass Gott Jesus nicht im Tod belassen, sondern ihm neues, unzerstörbares Leben geschenkt hatte, so ist diese Öffnung eine bemerkenswerte Entwicklung. Sie setzt voraus, dass Petrus den Mut aufbrachte, aus der Verzweiflung, die auch ihn mit dem Tod Jesu befallen hatte, herauszutreten und ein zweites Mal alles auf Jesus zu setzen, auf Jesus, der sich ihm als der Auferstandene gezeigt hatte.

Diese zum zweiten Mal getroffene Entscheidung für Jesus, diese erneute Bereitschaft, sich ganz auf ihn einzulassen, erinnert an die erste Begegnung Petri mit dem Herrn, ist aber vielleicht noch unglaublicher als die erste: Damals hatte Petrus seine geordneten Verhältnisse als Fischer und die Sicherheit eines Lebens im Kreis der Familie aufgegeben, um Jesus nachzufolgen. Nun galt es, aus der abgrundtiefen Ernüchterung und Enttäuschung heraus zu neuer Begeisterung zu finden.

Damals war Jesus als eine reale, Autorität ausstrahlende Person aufgetreten. Nun aber war er ihm in einer völlig neuen Weise begegnet, einer Weise, die noch niemand vorher bezeugt hatte und die von daher absolut unerhört und kaum mitteilbar war. Petrus hatte einen gesehen, der durch den Tod hindurchgegangen war, den der Tod aber nicht hatte festhalten können. Dennoch: Petrus sieht und glaubt. Ein zweites Mal wird er damit zum Erstberufenen. Seiner Beauftragung durch den Auferstandenen sollen weitere folgen. Jesus will auch die übrigen Jünger erreichen, sie aus ihrer Verzweiflung reißen und sie wieder für sich gewinnen. Die 1 Kor 15,3b–5 wiedergegebene Glaubensformel bezeugt, dass es nach der Ostererfahrung des Petrus zu einer Ostererfahrung im Zwölferkreis gekommen ist. Mit diesem Zeugnis fällt nun erneut nicht nur Licht auf die übrigen Apostel, sondern auch Licht auf Petrus als den ersten Osterboten. An dieser Stelle soll nicht unerwähnt bleiben, dass einem zweiten Traditionsstrang des Neuen Testaments zufolge Maria Magdalena und die sie begleitenden Frauen die ersten Osterzeugen waren. Diese Doppelüberlieferung ist bemerkenswert und kann historisch nicht völlig aufgeklärt werden. Ein Kriterium, das für die Entscheidung der Frage von Bedeutung ist, ist die Zuverlässigkeit der Quellen. In dieser Hinsicht ist zu berücksichtigen, dass die ältere Überlieferung die ist, die von einem Erstzeugnis des Apostels Petrus spricht.

Wenn der Auferstandene sich in einer weiteren Erscheinung an die bereits wiederversammelte Jüngergemeinschaft wenden kann, dann setzt dies voraus, dass einer die Versprengten in ihren Verstecken aufgespürt und sie wieder zusammengeholt hatte, dass einer ihnen die am eigenen Leib erfahrene Osterbotschaft bereits mitgeteilt und sie für das Ungeheuerliche des Geschehens aufgeschlossen hatte. Dem Zeugnis der urchristlichen Credoformel zufolge kann dies nur Petrus gewesen sein. Sein Auferstehungszeugnis wird so zur Grundlage neuer Glaubensbereitschaft auf Seiten der Jünger. Damit aber ist sein Glaubenszeugnis das letztlich durch Jesus selbst gegründete Fundament der Kirche als der Gemeinschaft der Glaubenden. Die Mehrzahl der Exegeten sieht im Osterglauben Petri und der darauf folgenden Initiative einer erneuten Sammlung des Jüngerkreises deshalb auch den historischen Hintergrund für die ihm zugesprochene Auszeichnung als »Fels der Kirche«.

Da nach dem Zeugnis des Paulus alle urchristlichen Glaubensboten das genannte Urcredo in ihrer Missionspredigt verwendeten (vgl. 1 Kor 15,11), verbreitete sich der Name Petrus überall dort, wo die Botschaft von der Auferstehung Jesu verkündet wurde. Dies erklärt, warum der Apostel in der jungen Kirche besonderes Ansehen genoss: Paulus reiste eigenen Angaben zufolge wenige Jahre nach seiner Bekehrung nach Jerusalem und gibt als Motiv dieser Reise an, er habe damals Kephas kennen lernen wollen (vgl. Gal 1,18). Die Begegnung der beiden Apostel führte dazu, dass die Gemeinden in Judäa Paulus, der das Evangelium einst verfolgt hatte und den man deshalb zunächst mied, in der Folge als einen authentischen Glaubenszeugen anerkannten (vgl. Gal 1,18–24).

Petrus blieb eine führende Autorität nicht nur für die um Jerusalem zentrierten Judenchristen, sondern auch für die außerhalb Judäas entstehenden Gemeinden, die etwa Paulus und Barnabas in Antiochien und an anderen Orten aus Juden und Heiden zusammenriefen. Das Ringen um eine vollwertige Mitgliedschaft der Heidenchristen konnte nach schwierigen Verhandlungen in Jerusalem und nachfolgenden heftigen Auseinandersetzungen in Antiochia auch deshalb positiv entschieden werden, weil Petrus sich mehrfach für die Anerkennung der Heidenchristen einsetzte (vgl. Gal 2,1–10.11–14).

Im Anschluss an seinen Aufenthalt in Antiochia kehrte Petrus nicht mehr nach Jerusalem zurück, sondern zog fortan gemeinsam mit seiner Frau als Wandermissionar umher (vgl. 1 Kor 9,5). Alten Traditionen zufolge ist er dabei auch nach Rom gekommen, wo es bereits eine christliche Gemeinde gab, deren Gründer jedoch unbekannt ist. Die Ankunft des Apostels muss ein überragendes Ereignis für die römische Gemeinde gewesen sein. Immerhin war Kephas durch die in der Missionspredigt verwendete Credoformel unter den Christen des gesamten Mittelmeerraums bekannt. Womöglich sind Petrus und Paulus in Rom noch einmal persönlich zusammengetroffen. Beide fanden alten Überlieferungen zufolge unter den von Kaiser Nero ausgelösten Christenverfolgungen schließlich den Tod.

Fragt man nach den inhaltlichen Konstanten im Dienst des Apostels, so fällt auf, dass sein Wirken im Besonderen darauf gerichtet war, einen Dienst an der Einheit der Kirche zu erbringen. Als Sprecher des vor Ostern bestehenden Jüngerkreises wie als Erstzeuge der Auferstehung, der die nachösterliche Sammlung der verstreuten Jüngerschar in Angriff nahm, erweist Petrus sich als eine Vermittlergestalt, der es trotz ihrer menschlichen Schwäche gelingt, der Einheit im Glauben zu dienen. Dem Apostel ist die bleibende Verbundenheit derer, die an Jesus glauben, ebenso ein Anliegen wie der offene und dynamische Charakter dieser Einheit. Dabei ging Petrus nicht selten über die Erwartungen hinaus, die andere an ihn stellten.

Mit dieser Ausrichtung kann er der Urkirche an entscheidenden Wendepunkten in ihrer noch jungen Geschichte wesentliche Impulse geben. Petrus, den Jesus einst vom Ufer des Sees Gennesaret weg berufen hat, um ihn zum Menschenfischer zu machen, ist bereit, immer wieder neu aufzubrechen und hinauszufahren in das Ungewisse einer Zukunft, die er einzig getragen weiß von Gott. Mit dem Auftrag, den er von Jesus, dem gekreuzigten Auferstandenen erhalten hat, macht er sich auf den Weg und geht gemeinsam mit anderen ein zweites Mal von Galiläa nach Jerusalem. Er hat verstanden, was es heißt, im Auftrag Jesu Menschenfischer zu sein. In dieser Gesinnung widmet er sich den Konflikten, die eine Kirche aus Juden und Heiden in ihrer Frühzeit bewältigen muss. Mit dieser Zielsetzung wird er zum Wanderprediger, mit dieser Mission kommt er nach Rom.

Die Folgegeschichte: vom Petrusamt zum Petrusdienst

Die römische Gemeinde hat das ehrende Andenken an Petrus und Paulus als die beiden großen Apostel über die Jahrhunderte hin bewahrt. Die Rückbesinnung auf die apostolischen Ursprünge gewann zunehmend an Bedeutung, als vom zweiten Jahrhundert an immer mehr Irrlehrer in der Kirche auftraten. Die Bischöfe verteidigten den wahren Glauben, indem sie gegenüber den von den Häretikern verbreiteten neuen Lehren auf die bis zu den Aposteln zurückzuverfolgende Herkunft ihrer Botschaft verwiesen. Im Rahmen dieser Argumentation konnte Rom, das sich mit Petrus und Paulus nicht nur auf einen, sondern sogar auf zwei Apostel und noch dazu auf zwei besonders herausragende berufen konnte, besonderes Ansehen erlangen. Mitte des dritten Jahrhunderts macht mit Stephan I. zum ersten Mal ein römischer Bischof auf das Mt 16,18ff. wiedergegebene »Du bist Petrus, der Fels« aufmerksam, um seiner Entscheidung maßgebende Autorität zu verleihen.

Zum Ansehen der römischen Gemeinde und ihres Bischofs trug in diesen frühen Jahrhunderten selbstverständlich auch die Stellung Roms als Hauptstadt des Römischen Reiches bei. Dieser durchaus bedeutsame Faktor schwand auch dann nicht, als Kaiser Konstantin seine Residenz um 330 in den Osten des Reiches verlegte. Die politisch begründete Entscheidung des Kaisers hatte vielmehr zur Folge, dass das Ansehen des Bischofs von Rom weiter zunahm. Denn mit der Verlagerung des imperialen Machtzentrums wuchsen dem Bischof von Rom, der sich nun zunehmend ausdrücklich als Nachfolger Petri verstand, immer mehr die Aufgaben zu, die bislang dem Kaiser zugefallen waren.

Im Verlauf des vierten Jahrhunderts fand das bereits herausgehobene Amt des Bischofs von Rom zu einer institutionellen Gestalt, die seitdem mit dem Begriff »Papstamt« belegt wird und als eine singuläre Stellung in der Kirche gedeutet wird. Von den rund 300 Personen, die sich im Laufe der Kirchengeschichte als Nachfolger Petri verstanden haben, werden 267 als legitime Päpste betrachtet. Nicht alle von ihnen haben das Ansehen dieses Amtes vermehrt. Dabei ist es tragisch und geradezu paradox, dass das Papstamt, welches unter dem Auftrag steht, der Einheit der Kirche zu dienen, in unrühmlicher Weise in die großen Spaltungen der Kirche verwickelt war. Ebenso paradox ist, dass sich das Papstamt auch heute nicht im vollen Sinne als ein Dienst an der Einheit bewähren kann. Für verschiedene nichtrömische Konfessionen stellt gerade das Papstamt und die mit ihm verbundenen Ansprüche ein Hindernis auf dem Weg zur Einheit dar.

Papst Johannes Paul II. hat in seiner 1995 veröffentlichten Enzyklika »Ut unum sint« (übersetzt: Damit alle eins sind) auf diese Problematik Bezug genommen. In dem viel beachteten Schreiben hat er die Konfessionen dazu eingeladen, gemeinsam mit ihm über eine Umgestaltung seines Dienstes nachzudenken. Im ökumenischen Gespräch bemüht man sich seitdem verstärkt um ein Verständnis des Dienstes an der Einheit, das von allen christlichen Kirchen mitgetragen werden kann. Dieses neue Verständnis spricht man mit dem Begriff »Petrusdienst« an. Die neue Begrifflichkeit macht einmal deutlich, dass die Neufassung des dem Bischof von Rom übertragenen Dienstes weniger als ein Amt denn vielmehr als ein Dienst erfahren werden soll. Der Begriff Petrusdienst unterstreicht des Weiteren, dass der gesuchte neue Einheitsdienst Maß nehmen soll an dem mit Petrus gegebenen apostolischen Ursprung.

Da sich an das Amt des Papstes über die Jahrhunderte hin eine Vielzahl von Formen und Funktionen angelagert hat, die zwar alle eine gewisse geschichtliche Berechtigung haben, aber nicht alle zum originären Auftrag dieses Amtes gehören, erscheint es theologisch gerechtfertigt, dass der Auftrag, den der Bischof von Rom von alters her wahrnimmt, sich in Zukunft unter Umständen in veränderter Gestalt präsentieren wird.

LITERATUR

R. E. Brown / K. P. Donfried / J. Reumann, Der Petrus der Bibel. Eine ökumenische Untersuchung, Stuttgart 1976;

J. Gnilka, Petrus und Rom. Das Petrusbild in den ersten zwei Jahrhunderten, Freiburg i. B. 2002;

R. Radlbeck-Ossmann, Vom Papstamt zum Petrusdienst, Paderborn 2005

Paul Imhof

Paulus

Unterwegs mit dem Völkerapostel

** um 10 in Tarsus / Türkei*
† um 67 in Rom
Völkerapostel; Märtyrer
Gedenktag: 29. Juni

Modern, ja postmodern soll er wirken, ein 2000 Jahre alter Heiliger. Was hat er schon alles aushalten müssen, der Mann aus Tarsus, Paulus! Wie schaffte er es von der Ich-AG zum Globalplayer? Irgendwann hatte der junge Pharisäer so viel studiert, dass er einen festen religiösen Standpunkt hatte. Großartig, aber höchst gefährlich, zumindest für die anderen. Statt mit beiden Beinen auf der Erde zu bleiben, schwingt er sich aufs hohe Ross, um andere zu vernichten. Unter der Hand ist der eigene Standpunkt zum Ort mit dem Horizont Null geschrumpft. In diesem Horizont herrscht dann das kleine Ego – Ich ist Ich – statt Toleranz und Offenheit. Ein langer Weg steht Paulus bevor, bis in ihm Raum wird für ein anderes Du. Vorher kommt noch mancher Auftritt im Horizont der Welt. Als frommer Topmanager erledigt er seine Aufträge. Koste es, was es wolle. Sinnigerweise hat Manager etymologisch mit Manege zu tun. Welcher Zirkus! Welche Binnentranszendenz! Nach Damaskus ist es weit.

Kurz vor Damaskus erschien ihm der auferstandene Christus schließlich im Horizont der Ewigkeit. Durch eine Berufungsvision wurde Paulus zum Apostel Jesu Christi. Paulus zählt zu den wirkungsvollsten Globalplayern, die in Gottes Namen je aufgetreten sind. Jahrzehntelang durchreiste er den östlichen Mittelmeerraum, bis er in Rom als Märtyrer enthauptet wurde.

Im Lukasevangelium geht es um die Geschichte Jesu Christi, die in Nazaret beginnt und nach Jerusalem führt. Das zweite Buch des

Lukas, die Apostelgeschichte, ist als Evangelium des Heiligen Geistes so konzipiert, dass es den Weg von Jerusalem nach Rom zeigt. Welche Dynamik steckt im Geist des Ursprungs? Wir machen uns auf Spurensuche.

In der Apostelgeschichte des Lukas wird die letzte große Reise des Apostels Paulus – von Jerusalem nach Rom – beschrieben (Apg 23,23–35; 27,1–28,16). Dieser Text ist unser Kursbuch zu Wasser und zu Land, um Paulus zu verstehen. Nach seiner Verhaftung in Jerusalem »trat in der folgenden Nacht der Herr zu Paulus und sagte: Habe Mut! Denn so wie du in Jerusalem meine Sache bezeugt hast, sollst du auch in Rom Zeugnis ablegen« (Apg 23,11). Was ist die Botschaft des Paulus, sein ursprüngliches Evangelium, das die Zeiten überdauert hat?

Vorwärts zum Ursprung heißt unsere Recherche. Und zwar im doppelten Sinn der Worte. Wo hat alles begonnen? Welche Stationen müssen bis dorthin abgearbeitet werden? Und noch viel grundsätzlicher: Wer ist der Ursprung überhaupt? Gibt es eine Antwort auf die Gottesfrage? Was kann man von Paulus lernen? Wir lassen die großen Themen des Apostels nun Revue passieren.

Der Märtyrer

Nach der römischen Ortstradition lässt der Henker den Kopf des Paulus rollen. Dreimal schlägt das Haupt auf. Auf dem Gelände steht heute die Abtei Tre Fontane. Nicht weit davon entfernt wird Paulus in einem Armengrab außerhalb der Stadtmauern Roms bestattet. Prächtig erhebt sich über seinem Armengrab die Kirche San Paolo fuori le mura. Mit der Schärfe seines Geistes hat Paulus die Bibel ausgelegt. Mit dem Schwert erlitt er das Martyrium. Wer vor seiner Grablege innehält, dem kommt vielleicht in den Sinn, was der Apostel in seinem Brief an die Gemeinde in Thessaloniki schreibt: »Wir wollen euch über die Verstorbenen nicht in Unkenntnis lassen, damit ihr nicht trauert wie die anderen, die keine Hoffnung haben. Wenn Jesus – was wir glauben – gestorben und auferstanden ist, dann wird Gott auch um Jesu willen die Verstorbenen mit ihm vereinen. Tröstet einander also mit diesen Worten!« (1 Thess 13–14.18)

Paulus verkündet Jesus als den Christus, als den Messias. Durch die Erlösung erhält man Freiheit in seiner Beziehung zu Gott, dies gilt für Juden und Nichtjuden. Umso unverständlicher ist es, dass neben der großen jüdischen Synagoge in der Kirche San Gregorio am Tiber über dem Eingangsportal der Prophet Jesaja zitiert wird, um die Juden davon zu überzeugen, dass sie halsstarrig und vor Gott schuldig seien. Sie müssten alle Christen werden. Hier liegt die Wurzel für manche Verfolgung. Es lohnt sich, durch Rom zu pilgern, um nach dem Geist des Paulus zu forschen. Das alte jüdische Ghetto ist dafür genauso geeignet wie der Petersplatz mit der Statue des Apostels oder die Kirche San Paolo alla Regola, in der er zwei Jahre eine Bibelschule leitete.

In Pozzuoli, dem antiken Puteoli, lässt sich der rote Faden der Gefangenschaftsreise des Paulus wieder aufnehmen. Nach vielen Monaten hat man ihn hier an Land gebracht. Lukas schreibt dazu in der Apostelgeschichte: Von Syrakus »fuhren wir an der Küste entlang weiter und erreichen Rhegium. Nach einem Tag setzte Südwind ein und so kamen wir in zwei Tagen nach Puteoli. Hier trafen wir Brüder und wurden eingeladen, sieben Tage bei ihnen zu bleiben« (Apg 28,13–14). Vor allem in den Hafenstädten des Mittelmeerraumes waren im 1. Jahrhundert zumindest kleine Christengemeinden entstanden. In ihnen herrschte der Geist Jesu Christi.

Nach dem Logbuch der Gefangenschaftsreise segelte Paulus durch die Meerenge von Messina. Odysseus heißt der Held bei Homer, gebunden an den Mastbaum entkam er den Klängen der Sirenen. Weder Skylla noch Charybdis konnten ihm etwas anhaben. Für Paulus ist der »Mastbaum« das Kreuz. Das Zeichen des Todes wurde für ihn zum Zeichen des Heils. Er verkündigte Christus als Gekreuzigten (vgl. Kor 1,23; Gal 2,19). Der Gemeinde in Rom schreibt er: »Wisst ihr denn nicht, dass wir, die wir auf Christus Jesus getauft wurden, auf seinen Tod getauft sind? Wir werden mit ihm begraben durch die Taufe auf den Tod, damit so, wie Christus durch die Herrlichkeit des Vaters von den Toten auferweckt wurde, auch wir in dieser neuen Wirklichkeit leben. Wenn wir nämlich mit der Gestalt seines Todes vereinigt worden sind, dann werden wir es auch mit der Gestalt seiner Auferstehung sein« (Röm 6,3–5).

Das Schiff, mit dem Paulus nach Syrakus segelte, trug als Schiffszeichen die Dioskuren. Die göttlichen Zwillinge, Castor und Pollux, waren für die Römer die Schutzpatrone ihrer Stadt. Es ist ein kulturgeschichtlich langer Weg, bis Petrus und Paulus die Zwillinge ablösten und zu den neuen Schutzpatronen Roms wurden. Die Kathedrale in Syrakus ist etwas Besonderes. Den Tempel der Athena aus dem 6. Jahrhundert vor Christus hat man in eine Kirche umgewandelt. Ein großes antikes Alabastergefäß benutzt man als Taufbecken. Wie so oft im Lauf der Weltgeschichte übernahm eine neue Religion bereits existierende Kultstätten. Wo man einst den Göttern Tribut zollte, steht nun ein christliches Gotteshaus. An die Stelle von Göttern setzte man Helden und Heroen, Heilige und Propheten.

Weit im Süden von Sizilien liegt Malta. Bis heute sind die Malteser fest davon überzeugt, dass Paulus auf ihrer Insel gestrandet ist. Im Ganzen waren 276 Menschen an Bord. Nachdem sie sich satt gegessen hatten, warfen sie das Getreide ins Meer. Sie hofften, ihr Schiff würde dadurch näher an Land getrieben (vgl. Apg 27,37–34).

Kephallenia oder der Irrtum

Immer mehr Wissenschaftler kommen zu der Auffassung, dass es sich bei der Insel Melite, wie sie im griechischen Umfeld der Apostelgeschichte heißt, um Kephallenia handelt. Hier erlitt Paulus Schiffbruch. Melite kann semitisch Rettung oder Heil bedeuten. Die Küstenlandschaft am Felskap Vrachinari, bei dem ein sandiger Rücken im Meer verläuft, hieß noch bis in die Neuzeit Melite. Jahrhundertelang gab es Schiffsprozessionen zu Ehren des Paulus in der Nähe von Pessades. Seit kurzem steht hier wieder eine Pauluskirche.

Es ist sehr spannend, nicht nur im Geist die Gefangenschaftsreise des Paulus nachzuvollziehen, sondern mit einem Boot loszusegeln und Land und Leute vor Ort zu besuchen. Es ist faszinierend zu erleben, wie Paulus in der Orthodoxen Kirche verehrt wird. Auf einem Schiff findet man Zeit für die Frage nach Sinn und Glück, nach Religion und Kultur. Was kann man tun für die Völkerverständigung, was für den Frieden zwischen den Religionen?

In der Multikultiwelt der griechischen Hafenstadt Korinth plädiert Paulus für mehr Liebe: »Wenn ich in den Sprachen der Menschen und der Engel rede, aber keine Liebe habe, bin ich ein tönendes Erz oder eine klingende Schelle. Und wenn ich die Gabe der Prophetie habe und alle Mysterien kenne sowie die ganze Gnosis, und wenn ich allen Glauben habe, so dass ich Berge versetze, habe aber die Liebe nicht, bin ich nichts. Die Liebe ist großmütig, freundlich ist die Liebe; sie ist nicht eifersüchtig, sie prahlt nicht und bläht sich nicht auf, sie handelt nicht unschicklich, sucht nicht ihren Vorteil; sie wird nicht aufgebracht, rechnet das Böse dem anderen nicht vor, sie freut sich nicht über die Ungerechtigkeit, sie freut sich vielmehr mit an der Wahrheit. Sie deckt alles zu, sie glaubt alles, sie hofft alles, sie erduldet alles. Denn wir sehen jetzt wie in einem Spiegel, undeutlich, dann aber von Angesicht zu Angesicht. Jetzt erkenne ich stückweise, dann aber werde ich ganz erkennen, gleichwie auch ich erkannt bin. Nun aber bleiben Glaube, Hoffnung, Liebe, diese drei; am größten aber ist die Liebe« (1 Kor 13,1–2. 4–7, 12–13).

Natürlich war es in der Antike gefährlicher als heute, auf einem Schiff unterwegs zu sein. Nicht nur bei Kap Tenaro, dem Zentrum des Poseidonkultes, gab es einen Schiffsfriedhof. In der Nähe des Kaps ist dem Mythos nach der Eingang in die Unterwelt. Paulus überlebte zu Wasser und zu Land: »Dreimal erlitt ich Schiffbruch. Eine Nacht und einen Tag trieb ich auf hoher See. Ich durchwachte viele Nächte, ertrug Hunger und Durst« (2 Kor 11,25.27).

Auf Kreta, dem Drehkreuz zwischen Ost und West, hatte Paulus seinen Mitarbeiter Titus als Gemeindeleiter eingesetzt. Im Titusbrief heißt es: »Wer einer Gemeinde vorsteht, muss unbescholten sein, denn er verwaltet das Haus Gottes; er soll nicht überheblich und nicht jähzornig sein, kein Trinker, nicht streitsüchtig oder habgierig. Dagegen soll er gastfreundlich und ein Freund des Guten sein, besonnen, gerecht, fromm und beherrscht. Er muss ein Mann sein, der sich an das wahre Wort der Lehre hält, so kann er mit der gesunden Lehre auch die Gemeinde ermahnen und die Gegner widerlegen« (Tit 1,7–9). In der Kathedrale von Heraklion wird die Schädelreliquie des Titus aufbewahrt, in Gortyn stehen die Reste der Titusbasilika.

Jenseits des Christentums

Nach Kreta, der Insel des Zeus und der Europa, war Paulus gekommen, weil der Kapitän und seine römischen Bewacher den Entschluss gefasst hatten, vor der kleinasiatischen Hafenstadt Knidos in Richtung Südwest abzudrehen. Denn die Meerenge zwischen Bodrum und Kos schien ihnen im damaligen Spätherbst nicht mehr passierbar zu sein. Oft war Paulus an den Küsten Kleinasiens an Land gegangen, etwa in Troas, Ephesus, Myra, Attalia und Seleukia Peirea, um zu predigen. Er glaubte an eine neue Menschheit, einen organischen Leib aus Menschen aller Nationen mit Jesus Christus als Haupt des Ganzen.

In der lykischen Stadt Myra wechselte Paulus sein bisheriges Schiff, mit dem er von Caesarea Maritima, der Hauptstadt der römischen Provinz Judäa, gekommen war. Er bestieg einen Alexandriner, einen großen Getreidesegler, um die Fahrt nach Italien anzutreten. Als es zur Zeit von Kaiser Claudius in Rom nicht mehr genügend Getreide gab, hatte der römische Herrscher Juden und Christen kurzerhand ausweisen lassen. Auch das christliche Ehepaar Priska und Aquila hatte die Hauptstadt verlassen müssen und traf damals Paulus in Ephesus. Sie waren Zeltmacher wie er und zugleich christliche Missionare.

Ist die Hoffnung auf ein individuelles Weiterleben nach dem Tod eine menschliche Illusion? Ein Traum, der seinen Ursprung in der Angst vor dem Tod hat? Der Apostel Paulus hatte mit seiner Sicht der Dinge in Kleinasien viele Anhänger gefunden: Für ihn war durch die Auferstehung Jesu Christi das ewige Leben real geworden.

Durch seine Ausbildung zum Pharisäer war für Paulus die Existenz von Engeln genauso selbstverständlich wie die Himmelfahrten von Elija und Henoch oder die Auferstehung von den Toten. So gesetzeswütig die Pharisäer auch waren, so offen und frei waren sie für jenseitige geistige Welten.

Paulus erzählt mehrfach von sich, wie ihm der auferstandene Christus erschienen ist (vgl. Apg 26,13–17). Der Traum von der Angst vor dem Tod war für Paulus damit zu Ende. Jesus wird für Paulus zu dem, der ihm den Weg zeigt, auf dem Paulus selbst unsterblich werden wird. Dreh- und Angelpunkt seines Glaubens ist der auferstandene und gekreuzigte Christus. Wie kann es glücken, dass die eigene Seele im eigenen Körper zu neuem Leben erwachen wird? Wer ist dieser Gott, der eine neue Schöpfung schafft? Für Paulus ist es klar: ER ist der Gott des Bundes mit Israel. Seine Heils- und Offenbarungsgeschichte steht in der Bibel.

Jesus ist der Schlüssel zum ewigen Leben. Mit dieser Botschaft geht Paulus zu den Menschen, um ihnen die Angst vor dem Tod zu nehmen. Dadurch bricht er Tabus und zerstört religiöse Traditionen. Dafür wird er sowohl geliebt als auch gehasst. Wo lebt das Erbe des Paulus weiter?

Im Bannkreis des Baal

Vorbei am Lykischen Olymp führte die Reiseroute des Paulus über Zypern bis in den heutigen Libanon, das alte Purpurland Phönizien. Sidon und Tyros waren die wichtigsten Hafenstädte, die er besuchte. Das Land war tief geprägt vom Kult des Baals. Die Grenze verlief im Norden Galiläas bei Gush Halav, wo ein Teil der Sippe des Paulus zu Hause war, so berichtet der Kirchenvater Hieronymus. An der Küstenlinie Phöniziens reichte der Einfluss des Baalkultes bis zum Berg Karmel. Nach dem Massaker an den Baalspriestern hatte der Prophet Elija am Gottesberg Horeb eine andere Erfahrung gemacht:

Gott war nicht mehr im Feuer, in den Naturgewalten, nicht im Sturm und nicht im Erdbeben. Der Prophet hörte eine leise, fast unhörbare, dennoch durch Mark und Bein gehende Klage. Sprach sein Gott nun zu ihm durch die ermordeten Baalspriester im Gewissen? (vgl. 1 Kön 19,12)

Paulus wollte als Apostel, als Gesandter Jesu Christi, bei den Völkern predigen, um Gott als einen Gott des Friedens, der Versöhnung und des Heils zu verkünden. Jesus hatte einst selbst die Grenzen Israels überschritten. Er wirkte im Gebiet von Tyros und Sidon, aber auch in der Dekapolis, dem griechischsprachigen Zehnstädtebund (Mk 7,31). Zu Gunsten von Menschen ging Jesus über Grenzen: über soziale und religiöse Barrieren. Er legte die Bibel weder pharisäisch noch sadduzäisch noch zelotisch oder apokalyptisch aus, sondern messianisch bzw. christlich. Als Christus offenbarte er, wer Gott ist. Und er begründete eine universale Ethik der Freiheit. Menschenrechte und Menschenwürde erweisen sich als unteilbar, Willkür, Beliebigkeit oder Gesetzlichkeit sind menschenfeindlich.

Zwei Jahre lang war Paulus in der römischen Festung von Caesarea Maritima eingekerkert, bevor er von hier aus seine Gefangenschaftsreise nach Rom antreten musste. Die Fahrt begann wahrscheinlich im Herbst des Jahres 60 n. Chr. und dauerte bis zum Frühjahr des nächsten Jahres. In Caesarea Maritima residierte jeweils der römische Statthalter, so einst auch Pontius Pilatus, der den Hafenleuchtturm erneuern ließ. Ein Stein mit einer Inschrift blieb erhalten: »Für die Seeleute ließ Pontius Pilatus, Präfekt von Judäa, das Tiberium wiederherstellen.«

In Jerusalem hatte Paulus studiert. Eine Schwester von ihm war dort verheiratet. Nach seiner Verhaftung durch die Römer hatte sie ihren Sohn zu ihm ins Gefängnis geschickt, um ihn vor einem Mordanschlag bei der Überführung nach Caesarea Maritima zu warnen. Paulus hatte sich den Hass derer zugezogen, die davon überzeugt waren, dass er auf den heiligen Tempelplatz einen unbeschnittenen Heiden mitgebracht hatte. Und darauf stand die Todesstrafe. Paulus dementierte. Doch das Gerücht hielt sich in den Gassen Jerusalems (vgl. Apg 21,27–23,22).

Die keltischen Erben

Das jüdische Kind Saulus, der spätere Paulus, wurde um die Zeitenwende in Tarsus geboren und verbrachte dort seine Kindheit. Hier in der Hauptstadt von Kilikien feierten die letzte ägyptische Pharaonin Kleopatra und der römische General Marc Anton eine rauschende Hochzeit. Keltische Gesandte und Krieger aus der Nachbarprovinz Galatien nahmen an dem Fest teil. Kleopatra engagierte 400 dieser freiheitsliebenden Galater als Leibwache, die nach der Seeschlacht von Actium (31 v. Chr.) als Beute an Herodes den Großen fielen und bei seiner Beerdigungsprozession in Herodion mitmarschieren mussten.

17 Jahre lang zog Paulus als christlicher Missionar durch seine Heimatprovinz Kilikien und durch Syrien. Antiochia am Orontes, die Hauptstadt von Syrien, wurde später sein Missionszentrum, von dem aus er seine großen Missionsreisen durch Kleinasien und Griechenland unternahm.

Die keltischen Stämme Kleinasiens, die Galater, sind für Paulus gleich wesentlich wie Israel. Denn sie gehören durch ihren Glauben zu dem Bund mit Gott, den Jesus Christus für alle geöffnet hat. Als gefürchtete Krieger waren sie im 3. Jahrhundert v. Chr. über den Bosporus nach Kleinasien gekommen und in den unendlichen Weiten Anatoliens heimisch geworden. In relativer Unabhängigkeit von der römischen Oberhoheit prägten sie ihre eigenen Münzen, organisierten ihre Gesellschaft und hielten ihr Stammeswesen aufrecht.

Paulus erläutert in seinem Brief an die Römer ausführlich, wie man vor Gott aus Glauben gerechtfertigt ist. Der Prophet Habakuk, der aus dem Wadi Amut in Galiläa stammt, wird zitiert (Röm 1,17). Im Brief an die Galater, dem »kleinen Römerbrief«, schärft Paulus ihnen ein: »Von Abraham wird gesagt: Er glaubte Gott, und das wurde ihm als Gerechtigkeit angerechnet« (Gal 3,6). Die große Frage: Wie finde ich einen gnädigen Gott, ist für Paulus beantwortet. Für Martin Luther war es der geistliche Durchbruch: Nur durch den Glauben an die Gnade Gottes, nicht durch Verdienste oder gute Werke, wird der Mensch gerechtfertigt. So gewinnt man Anteil am himmlichen Jerusalem, wird man Erbe Abrahams: »In der Schrift wird gesagt, dass Abraham zwei Söhne hatte, einen von der Sklavin, den anderen von der Freien. Der Sohn der Sklavin wurde auf natürlichem Weg geboren, der Sohn der Freien auf Grund der Verheißung. Darin liegt ein tiefer Sinn: Diese Frauen bedeuten die beiden Testamente. Das eine Testament stammt vom Berg Sinai und bringt Sklaven zur Welt; das ist Hagar – Hagar ist die Bezeichnung für den Berg Sinai in Arabien –, und ihr entspricht das gegenwärtige Jerusalem, das mit seinen Kindern in der Knechtschaft lebt. Das himmlische Jerusalem aber ist frei, und dieses Jerusalem ist unsere Mutter« (Gal 4,22–26). Was die

Galater für Paulus sind, werden für Mohammed später die Araber. In seiner apokalyptischen Perspektive, den Suren des Koran und seiner religiös-politischen Praxis, legt er dar: Das himmlische Jerusalem hat sich in Mekka niedergesenkt. Die Kaaba ist dafür das Symbol. Ein ausführlicher Dialog zwischen Paulus und Mohammed steht noch aus.

Das irdische Jerusalem gab für Mohammed zunächst die Gebetsrichtung vor. Es war die Stadt Jesu. Hier hielt er als Davidide einen triumphalen Einzug. Den Seinen galt der Sohn Mariens als der Erwählte Gottes, als Sohn Gottes, wie der Spitzentitel des Messias lautet (vgl. Ps 2,7). Der Tempelplatz, auf dem heute die El-Aksa-Moschee steht, wurde durch ihn wieder zur Gebetsstätte für die Heidenvölker, die dort ungestört den einen Gott anbeten konnten (vgl. Joh 2,13–22). Jerusalem ist der Ort der Gegenwart Gottes. In der Heiligen Stadt erlitt Jesus den Tod, hier wurde er von Gott von den Toten erweckt, so der Glaube der Christen. Am Pfingstfest fügte der Geist Gottes ihrer Gemeinde in Jerusalem neue Gläubige aus der ganzen Welt hinzu.

Nach dem neutestamentlichen Befund ist Gott kein Wesen, das durch das Blutopfer Christi umgestimmt worden wäre, um dann Gnade vor Recht ergehen zu lassen. Es geht nicht um eine Besänftigung Gottes durch Wiedergutmachung, sei es durch stellvertretendes Strafleiden oder sonstige Ersatzleistungen. Ganz im Gegenteil. Im Blut Jesu wird das uralte Bundeszeichen zwischen dem Gott Israels und seinem Volk Israel real sichtbar. Dies wird im Hebräerbrief bezeugt, der nach dem Kirchenvater Tertullian von Barnabas stammt, der mit Paulus auf Missionsreisen in Kleinasien gewesen war. Gott ist in diesem Bund das stiftende Subjekt der Versöhnung und nicht der Empfänger von Sühne. Seine Bundesgerechtigkeit erweist sich darin, dass er gerecht macht. Um es in der Sprache des Apostels Paulus zu sagen: »Ja, Gott war es, der in Christus die Welt mit sich versöhnt hat, indem er den Menschen ihre Verfehlungen nicht anrechnete und uns das Wort von der Versöhnung (zur Verkündigung) anvertraute. Wir sind also Gesandte an Christi statt, und Gott ist es, der durch uns mahnt. Wir bitten an Christi statt: Lasst euch mit Gott versöhnen« (2 Kor 5,19–20). Von Gott geht die Heilsinitiative aus, die Unheilszusammenhänge durchbricht. Immer geht es um die wirksame Liebe zum leidenden, fixierten, ja kruzifixierten Menschen und nie um den Fetischcharakter des Kreuzes. Durch die Auferstehung wird der endlose Kreislauf des Todes exemplarisch auf das ewige Leben hin relativiert.

Wir leben heute im Zeitalter der phantastischen Vernunft. An der

Schwelle der Moderne zur Postmoderne kehren uralte Fragen zurück. Finden wir die Antworten auf uralte Rätsel der Menschheit, die wissenschaftlich belegen, was Mystiker und Visionäre immer schon geahnt haben? Erschließt sich der Ursprung des Lebens hinter tausend Mythen und Metaphern?

Für Paulus war sein Gott der Ursprung des Lebens, der Schöpfer des Himmels und der Erde. Im Horizont der Ewigkeit soll an Gott, die transzendente, ungeschaffene Wirklichkeit, geglaubt werden, die restlos verschieden von allen geschaffenen Welten ist. Dafür treten die Repräsentanten der monotheistischen Weltreligionen ein. Ein solches theistisches Konzept von Gott schließt keineswegs aus, dass mystische Einungserfahrungen zwischen Gott und Welt erlebbar sind.

Im Horizont des Kosmos stellt sich die Frage nach der extraterrestrischen oder irdischen Herkunft des Lebens naturwissenschaftlich praktisch. Ist es plötzlich oder evolutiv auf der Erde erschienen?

Das Dunkel um die Gene lichtet sich nach und nach. Seit Millionen von Jahren sind sie unveränderlich, so lautet das Ergebnis modernster Forschung. Wesentliche Bausteine des Lebens kommen aus dem All. Entsteht ein neues Bündnis von Wissenschaftlern und Theologen, die sich für Freiheit und Menschenwürde einsetzen? Was ist im Horizont des menschlichen Bewusstseins in naher Zukunft zu erforschen? Wer wären heute die bevorzugten Adressaten des Apostels Paulus? Welche aktuellen Themen ließen ihn nicht unberührt? Er würde die Schöpfung gewiss nicht den Predigern des Todes überlassen, vielmehr allen helfen, den Weg ins Paradies zu finden. Denn dahin führt der Geist des Lebens: Wie im Himmel, so auf Erden. Vorwärts zum Ursprung!

Literatur

P. Imhof u. a., Paulus auf Reisen, Augsburg 1995, 144 S. (Begleitbuch zur vierteiligen ARD-Fernsehserie);

P. Imhof und Reinhard Brock, Vorwärts zum Ursprung. Fünfteilige Filmserie im Auftrag der Akademie St. Paul, Friedrichshafen 2005 (Fünf DVDs über den Apostel Paulus und seine Gefangenschaftsreise);

Leben im Geist, hg. von P. Imhof und G.-A. Reschke, in: Strukturen der Wirklichkeit. Schriftenreihe der Deutschen Universität in Armenien und der Akademie St. Paul, Scheidegg 2005

Hermann-Josef Zoche

Jakobus

Begegnungen in Galiläa

† um 43/44 in Jerusalem
Apostel, Märtyrer
Gedenktag: 25. Juli

Da läuft eine Frau über die sandige Steppe. Ihr hagerer Körper ist mit farbenfrohen und arabeskenreichen Tüchern umhüllt. Auf der Stirn blinken ein paar Münzen und ausländischer Schmuck klirrt an den schmalen Füßen, die mit dünnen Riemensandalen geschützt sind. In ihrer Erregung macht sie größere Schritte, als es ihre gute Herkunft und ihr zarter Körper gestatten. Sie rudert mit den Armen, als könnte sie so ihre schnellen Schritte noch beschleunigen. Eine kleine Staubwolke kräuselt sich hinter den auffliegenden Fersen dieser energischen Frau, der ihre zwei kraushaarigen Söhne folgen. Beide einen Kopf größer als sie, einer von dem schlanken Körperbau eines Jünglings und der andere mit kurzem, gelocktem Bart und Beinen wie Tempelsäulen. Unleugbar sind sie an der gehakten Nase als Brüder zu erkennen und als Söhne jener Frau, deren erregten Schritten sie ausholend folgen. Jakobus und Johannes tragen einfache wollene Gewänder.

Die Mutter

Keiner der Brüder macht Anstalten, die energische Mutter zu bremsen. Sie folgen ihr mit resigniertem Gehorsam, hatten sie doch – Hand aufs Herz! – immer geahnt, dass es einmal so kommen würde, oder sagen wir besser: sie hatten es von dem Augenblick an, als sie ihren Vater mit seinen Tagelöhnern im Boot allein ließen, zugleich vorhergesehen und befürchtet. Die Brüder wissen um das Temperament ihrer Mutter und haben mehr als einmal Zeugen sein müssen, wie dieses sich, gleich göttlichen Zornesgewittern, über ihren Vater Zebedäus entlud, wenn der Fischfang nicht reichlich genug ausgefallen war, wenn er dieses oder jenes vergessen hatte, oder weshalb auch immer. So war sie eben, Maria – desselben Namens übrigens wie die Mutter des Meisters, den aufzusuchen sie nun so entschlossen war, dass keine Macht des Himmels und der Erde sie davon würde abbringen können.

Es geht um ihre Söhne, von denen sie nicht begreifen kann, wie in aller Welt sie nur so radikal für Jesus hatten gewonnen werden können, dass sie von jetzt an alles verließen und dem misslichen Gewerbe missionarischer Tätigkeit nachgingen.

Gut, das alles hat Konjunktur zurzeit. Überall reden heute Propheten, stehen dürren Kündern des Untergangs die Schaumblasen vor dem Mund, verunsichern hagere Seher mit grotesken Ankündigungen ihre Kultbrüder, schlagen und geißeln, fasten und darben die Erweckten, die Abgesonderten und die Erwählten. Sektierer hocken mit wippenden Oberkörpern in warmen Wüstenhöhlen, wo sie schmähliche Schriften verfassen, temperamentvolle Talmudisten künden mit tanzenden Schläfenzotteln den Untergang und diskutieren in Synagogen über das Ende der Zeit und jene Zeichen, die dann zu sehen sein werden. Einer taufte draußen im Jordan und predigte Umkehr und Buße und dass er nur mit Wasser taufe und nach ihm einer komme, der mit Feuer taufe und er, Johannes, nicht wert sei, diesem, der nach ihm komme, die Schuhriemen zu lösen.

Das sollte nun einer verstehen.

Ja, sie ist erweckt, diese Zeit, sicher – aber muss man denn jede Mode mitmachen, sich von jeder extremistischen Welle des Zeitgeistes rettungslos erfassen und davonschwemmen lassen?

Da hat sie als Mutter wohl ein Wörtchen mitzureden, den guten alten Zebedäus so einfach mit den Tagelöhnern im Boot zurückzulassen, als sei es ein sündhaftes und gotteslästerliches Gewerbe, Fische zu fangen. Es geht ihnen doch gut, besser als anderen, viel besser. Sie können sich etwas leisten, haben immerhin Tagelöhner als Angestellte. Und schau sich nur einer an, wie die beiden stumm hinter mir hertrotten, sie haben doch so schöne Gewänder daheim. Nein, da gehört jetzt einmal ein deutliches Wort geredet.

So Maria, die Mutter der Zebedäus-Söhne Jakobus und Johannes. Sie hat nicht Unrecht, denn dieser Jesus hatte ja nicht nur ihre Söhne, sondern auch eine ganze Reihe anderer junger Männer aus Galiläa zu Jüngern gemacht. Vor allem jenen Simon, mit dem ihre Buben sich immer gut verstanden und oft auch zusammengearbeitet haben. Zu Aposteln wollte er sie machen, noch schlimmer: zu Menschenfischern. Was immer das heißen mochte.

Am Ufer des Sees Genesareth

Die energische Mutter und ihre beiden Söhne erreichen eine kleine Menschenansammlung, die sich im Schatten einiger Johannesbrot- und Feigenbäume versammelt hat. Und dort, mit dem Rücken an einen der Bäume gelehnt, sitzt Jesus von Nazaret. Sie sieht ihn nicht zum ersten Mal, aber sie steht ihm zum ersten Mal gegenüber. Seinerzeit am See von Galiläa hatte ihn jeder gekannt und von ihm gesprochen, dem Sohn des Zimmermannes, der mal hier und mal dort im Freien des sandig-seichten Ufers predigte oder in der heimatlichen Synagoge in Kafarnaum die auseinander gehenden Ansichten der Gottesgelehrten in geistvoller Diskussion durcheinander würfelte. Und jeder dort hatte auch schon erlebt, wie seltsam dieser Jesus manchmal war, der als Zimmermann nichts vom Fischfang verstand, Petrus und ihre Söhne am helllichten Tage noch einmal zum Fischen hinausschickte und sie dann tatsächlich so viel gefangen hatten, wie das ganze Frühjahr noch nicht. Das war schon merkwürdig und damals hatten ihre Söhne begonnen, über diesen Jesus nichts kommen zu lassen.

Wirklich verändert aber kamen sie von der mysteriösen Heilung der Schwiegermutter ihres Freundes Petrus zurück. Sie stützten damals – es war wohl gut zwei Jahre her – die schweren Häupter sehr nachdenklich auf die Fäuste und aßen schweigend ihren Käse mit Trauben. Da hat sie Jakobus schon ordentlich an den mächtigen Schultern geschüttelt und beharrlich befragt, bis sie sich die einzelnen kleinen Steinchen seiner Erzählung zu einem Gesamtbild zusammenlegte. Am Ende aber war sie auch nicht schlauer, denn eigentlich fasste Jesus die kranke Schwiegermutter lediglich an der Hand und richtete sie wortlos auf. Die eben noch heiß Fiebernde stand daraufhin auf, als sei sie nie daniedergelegen, buk ihnen Fladenbrote und trug kühle Dickmilch auf.

Kaum aber hatten sie sich von dieser Erschütterung erholt, da wurden sie Zeugen, wie Jesus die Tochter des Synagogenvorstehers ins Leben zurückholte, indem er sie bei der Hand nahm und »Talita kum« sagte, was so viel heißt wie: Mädchen, ich sage dir, steh auf!

Sie geht ein wenig zögerlicher, wirft das perlmuttdurchwirkte Stirn- und Kopftuch über die Schulter und strafft ihren hageren Körper, indem sie das Obergewand an den Hüften nach unten zieht und dabei den Kopf in den Nacken wirft. Die Sonne fällt durch das zittrige Laub und wirft einen blendenden Strahl auf ihr Gesicht. Sie blinzelte Jesus an.

Die Donnersöhne

»Ah, die *Boanerges*«, sagt er mit beruhigender Stimme, die von einem feinen Lächeln begleitet wird, und schaut zu Jakobus und Johannes, »die Donnersöhne«. Ein raunendes Schmunzeln der umsitzenden Menge mischt sich in die frische Windböe, die den Bäumen durchs Blattwerk fährt. Einige von denen, die dort im Mittagsschatten sitzen, haben miterlebt, von welchem Zorn getrieben Jakobus Feuer vom Himmel auf ein samaritisches Dorf hatte herabrufen wollen, und hatten ebenso die darauffolgende Zurechtweisung Jesu mitbekommen.

Auch war Jakobus bei den vier Aposteln, die, fasziniert von den herzhaften Prophetien des Meisters, Jesus mit erwartungsfroher Vorfreude nach dem genauen Zeitpunkt der Zerstörung Jerusalems fragten. In der Tat, so schien die spürbare Erheiterung der kleinen Gruppe angesichts des Namens »Donnersöhne« zu sagen: Wenn es um Feuer, Zerstörung, um Blitz und Donner ging, dann waren sie mit leuchtenden Augen und dampfenden Adern zur Stelle, Jakobus und Johannes.

Und ihre Mutter nun offenbar auch.

Als die Mutter auf Jesus zutritt, räkeln sich die Umsitzenden, falten die Hände vor den Knien und stellten gespannt das gelangweilte Gekaue auf den Grashalmen ein. Maria bückt sich zu Jesus, was später als »sie fiel vor ihm nieder« interpretiert wurde.

Dann folgte jener Dialog, der die Jahrtausende überdauert hat und uns folgendermaßen überliefert ist:

Er fragte sie: »Was willst du?« Sie antwortete: »Versprich, dass meine beiden Söhne in deinem Reich rechts und links neben dir sitzen dürfen.«

Jesus erwiderte: »Ihr wisst nicht, um was ihr bittet. Könnt ihr den Kelch trinken, den ich trinken werde?«

Sie sagten zu ihm: »Wir können es.« Da antwortete er ihnen: »Ihr werdet meinen Kelch trinken; doch den Platz zu meiner Rechten und zu meiner Linken habe nicht ich zu vergeben; dort werden die sitzen, für die mein Vater diese Plätze bestimmt hat.«

Als die zehn anderen Jünger das hörten, wurden sie sehr ärgerlich über die beiden Brüder.

Uns wird nicht berichtet, wie sich dieser Ärger Bahn brach. Die Schrift schweigt dazu. Aber wie so oft schweigt sie beredt, denn wer eins und eins zusammenzählen kann, der bringt die Bezeichnung »sehr ärgerlich« und die sprechende Namensgebung »Donnersöhne« schon zusammen.

Die ausdrückliche Nennung der anderen zehn tut ein Übriges um dem Leser lebendig zu vergegenwärtigen, dass hier damals zwei, Jakobus und Johannes, gegen zehn standen: die Donnersöhne gegen die anderen, sehr ärgerlichen Jünger.

Und wenn es auch Fischer waren, die hier standen und sich sehr ärgerten über Jakobus und Johannes, so kannten sie doch ihre Heiligen Schriften inwendig und auswendig und brauchten nicht erst mit dem Zaunpfahl auf die Parallele dessen, was sie soeben erlebt hatten zu dem, was sich vor Urzeiten im Zelt des Isaak zutrug, hingewiesen zu werden.

Der »Ur-Jakobos«

Eine Spur vom Ur-Jakob(us) tritt in dieser Frage nach den ersten Plätzen zutage, denn dieser Jakob hatte es auch nicht ertragen können, nur ein kleines Stückchen unter seinem Bruder Esau zu stehen, seinem Zwillingsbruder, der nur einige Minuten älter war als er, aber dem das Erstgeburtsrecht nun einmal zustand. Jakob stahl es ihm – mit Hilfe seiner Mutter; genau so, wie Jakob und Johannes nun mit Hilfe ihrer Mutter die ersten Plätze anvisieren. Das also ist der wahre Jakob.

Jakob betrog Isaak, den vor Alter schon blinden Vater, und erschlich sich den mit einer Priesterweihe vergleichbaren Segen. Von ihm hat jeder Jakobus seinen Namen, der aus dem Südarabischen stammend »Gott möge beschützen« heißt, aber im Hebräischen »betrügen« bedeutet.

Auf jeden Fall kennen wir das Ergebnis des Streites, den es gegeben haben muss, denn am Ende treffen wir Jakobus zusammen mit Johannes und Petrus im Garten Getsemani an, wo er Zeuge jener bestürzenden Todesangst Jesu wurde, und zwar nicht den Kelch trank, aber schon nahe daran war.

Hier hören wir auch noch einmal von Maria, der Mutter dieser Donnersöhne, die zu jener Gruppe von Frauen gezählt wird, welche von weitem bei der Kreuzigung Jesu zusah, also zu jenen, die Jesus seit der Zeit in Galiläa nachfolgten und ihm dienten.

Jakobus treffen wir bei der Erscheinung des Auferstandenen am Ufer des Sees von Tiberias wieder.

Über sein Wirken nach der Himmelfahrt Christi ist nichts weiter bekannt, als dass er im Jüngerkreis in Jerusalem war. Legenden haben ihn als Missionar nach Spanien geführt, wo auch in Santiago de Compostela sein Grab verehrt wird.

Sicher ist, dass Herodes Agrippa I. ihn vor dem Paschafest, zwischen 41 und 44 nach Christus, enthaupten ließ. Jakobus ist der erste Märtyrer von den Zwölf, der zweite Blutzeuge der Kirche nach Stephanus. Er hat den Kelch getrunken.

Es gibt noch einige andere dieses Namens im Neuen Testament, die hier der Vollständigkeit halber erwähnt sein sollen.

Da ist Jakob, der Vater Josefs (vgl. Mt 1,15–16).

Da ist Jakobus, der »Bruder des Herrn« (vgl. Mt 13,55 und 27,55 bis 56), der Jesus eher ablehnend gegenüberstand (vgl. Mt 12,46–50) und der in der Urgemeinde eine wichtige, führende Rolle spielte, denn an ihn hat sich Saulus nach seiner Bekehrung gewandt (vgl. Gal 1,19; 2,9; 2,11–12). Er formulierte auf dem ersten Konzil das so genannte Aposteldekret (vgl. Apg 15,13–21) und ihm wird die Verfasserschaft an einem kanonischen Brief zugeschrieben, dem Jakobusbrief (vgl. Jak. 1,1).

Dann ist noch von einem Jakobus mit dem Beinamen »der Kleine« (vgl. Mk 15,40) die Rede, der in der späteren Tradition mit Jakobus, dem Herrenbruder gleichgesetzt wurde.

Und schließlich noch Jakobus, der Sohn des Alphäus, der auch zum Kreis der Apostel zählte und häufig mit Jakobus dem Kleinen und mit Jakobus dem Herrenbruder gleichgesetzt wurde.

LITERATUR

D. Parello/L. Oberlinner u. a., Art. Jakobus der Ältere, in LThK³, Bd. 5, 718–719

Andreas Renz

Philippus

Vertrauen im Glauben

† um 80 in Skythien (heutige Ukraine)
Apostel
Gedenktag: 3. Mai

Der Person und dem Wirken des Apostels Philippus nachzuspüren, gleicht der Suche nach einem verschollenen, legendären Schatz – irgendwo verlieren sich sehr schnell die Spuren im Dunkel der Geschichte. Von einem der engsten Vertrauten und Jünger Jesu wissen wir kaum etwas historisch Gesichertes – ist dies nicht sonderbar?

Der Bericht der Schrift

Durch die Synoptiker und die Apostelgeschichte erfahren wir nur sehr wenig über Philippus: Die einzige Information, die wir erhalten, ist, dass er zum so genannten »Zwölferkreis«, also zum engsten Jüngerkreis Jesu gehörte. In diesen Zwölferlisten wird Philippus stets an fünfter Stelle nach den erstberufenen Brüderpaaren, Simon und Andreas sowie den Zebedaiden Jakobus und Johannes, genannt (vgl. Mk 3,18; Mt 10,3; Lk 6,14; Apg 1,13). Aus dieser Tatsache können wir zumindest indirekt etwas über Philippus erfahren. So spiegelt sich beispielsweise in diesen Listen aus früher Zeit eine urkirchliche Rangfolge wider. Der Kreis der »Zwölf« stellt zeichenhaft die Sammlung und Wiederherstellung der zwölf Stämme Israels dar. In dieser Funktion ist der »Zwölferkreis« einmalig und doch ragen diese Apostel in die Gegenwart der Kirche hinein, die sich als apostolisch versteht. Philippus gehörte also zu den von Jesus berufenen Begleitern, Zeugen und Nachfolgern, die von ihm zu Predigt, Krankenheilung, Dämonenaustreibung, Totenerweckung bevollmächtigt wurden (vgl. Mk 3,14 f.; Mt 10,1.8). Verkündigung und Heilung als Zeichen der angebrochenen Herrschaft Gottes war ihr Auftrag – Verkündigung und Heilung ist auch der Auftrag der Kirche heute und durch alle Zeiten. Nach Apg 4,35.37; 5,2 leiteten die zwölf Apostel nach Ostern die Jerusalemer Gemeinde und autorisierten die beginnende Heidenmission (vgl. Apg 8,14.18; 15,22 f.; 16,4). Da Philippus wohl griechischsprachig war, worauf sein griechischer Name (»Pferdefreund«) hinweist, könnte er in der Mission unter den Griechen aktiv gewesen sein.

Etwas mehr erfahren wir über Philippus im Johannesevangelium, wo er immerhin zwölfmal erwähnt und an vier Stellen sogar etwas näher vorgestellt wird, so dass seine Person einige, wenn auch weiterhin unklare Konturen gewinnt. Philippus ist nach der Darstellung des Johannes der erste Jünger, der explizit von Jesus aufgefordert wird, ihm nachzufolgen (Joh 1,23). Zwar wird vorher bereits von zwei Jüngern Johannes' des Täufers berichtet – einer davon Andreas, der zweite bleibt unbenannt (war es in der ursprünglichen Quelle Philippus?) –, die Jesus nachfolgten, doch offenbar aus eigenem Antrieb, und zwar auf Grund des Zeugnisses des Täufers über Jesus als das Lamm Gottes (1,36). Philippus, der wie Andreas und Petrus (vgl. 1,44; dagegen Mk 1,29) aus dem Fischerdorf Betsaida am See Gennesaret stammte, folgt Jesu Ruf ohne Zögern und legt vor Natanael, wie zuvor Andreas vor Petrus (1,41), ein Messiasbekenntnis ab: »Wir haben den gefunden, über den Mose im Gesetz und auch die Propheten geschrieben haben: Jesus aus Nazaret, den Sohn Josefs« (1,45). Philippus lädt Nathanael ein: »Komm und sieh!« (1,46). Wie Andreas seinen Bruder Petrus, so führt also auch Philippus Natanael zu Jesus, und beide kommen durch die persönliche Begegnung mit Jesus zum Glauben an ihn als den Messias und Sohn Gottes. Andreas und Philippus begegnen uns also als die beiden ersten christlichen Missionare! Und ihr Beispiel lehrt uns: Nicht der Missionar kann die Menschen zum Glauben an Christus führen – den Glauben bewirkt Christus selbst –, aber der Missionar kann die Menschen zur Begegnung mit Christus führen: »Kommen und Sehen« ist der Anfang vom Glauben!

Die zweite Szene, in der Philippus – wiederum neben Andreas – eine Rolle spielt, steht im Zusammenhang mit der wunderbaren Speisung einer Volksmenge am See Gennesaret (vgl. Joh 6,1–15): Jesus stellt Philippus auf die Probe, indem er ihn angesichts der großen

Menschenansammlung fragt, wo man das Brot für die Menge kaufen solle. Philippus besteht die Probe nicht: Das Geld würde seiner Berechnung nach nicht für alle reichen. Doch auch Andreas' Glaube an Jesu Wundermacht ist nicht größer. Die hier geschilderte Ratlosigkeit, ja Kleingläubigkeit von Philippus und Andreas steht in seltsamem Kontrast zu deren Messiasbekenntnis in der Berufungsszene. Stehen sie nicht gerade deshalb exemplarisch für jeden Glaubenden? Wie schnell ist das Bekenntnis ausgesprochen und wie schnell verflüchtigt es sich, sobald das Leben konkret wird? Tröstlich zu wissen, dass selbst die engsten Vertrauten Jesu, auf die er setzte, manchmal versagten. Tröstlich aber auch, dass Jesus in dieser Situation nicht verurteilt, sondern seine göttliche Vollmacht um so deutlicher werden lässt.

Noch ein weiteres Mal während des öffentlichen Auftretens Jesu kommen Philippus und Andreas zusammen vor, und zwar bei der letzten öffentlichen Rede Jesu in Jerusalem. Griechische »Gottesfürchtige«, die noch nicht Juden geworden sind, aber zum Passahfest nach Jerusalem pilgerten, wollen, vermittelt durch den griechischsprachigen Philippus, zu Jesus kommen und ihn sehen – kommen und sehen ist nach Johannes ja der Anfang des Glaubens (vgl. 1,46)! Philippus berichtet Andreas vom Anliegen der Griechen, beide sagen es Jesus, der daraufhin jedoch mit seiner letzten öffentlichen Selbstoffenbarung vor unverständigen Juden antwortet, ohne dass die Griechen zu ihm kommen und ihn sehen können (vgl. Joh 12,20–36).

Philippus und Andreas sind also auch hier wieder – wie zu Beginn des Auftretens Jesu – vermittelnde Missionare, nun allerdings mit den Nicht-Juden als Adressaten, oder vielmehr als Interessenten. Diese jedoch kommen zu früh, denn Jesu Sendung gilt zu diesem Zeitpunkt nur dem Volk Israel. Erst nachdem dieses sich verweigert, ergeht die Botschaft an die Heiden, die an Christus glauben, ohne ihn gesehen zu haben. In dieser Darstellung des Johannes steht sicher die frühchristliche Missionssituation im Hintergrund: Die Botschaft von Jesus als dem auferstandenen Sohn Gottes wird nun den Heiden gepredigt.

Philippus wird schließlich ein viertes Mal im Johannesevangelium erwähnt, und zwar beim Abschiedsmahl Jesu mit seinen Jüngern: Philippus bittet Jesus, ihnen den Vater zu zeigen, das würde genügen (Joh 14,9). Es geht also wieder um das Sehen als Voraussetzung für den Glauben. Doch das Sehen genügt eben nicht, wenn man nicht wirklich sieht. Deshalb antwortet Jesus: »Schon so lange bin ich bei euch, und du hast mich nicht erkannt, Philippus? Wer mich gesehen hat, hat den Vater gesehen. Wie kannst du sagen: Zeig uns den Vater? Glaubst du nicht, dass ich im Vater bin und dass der Vater in mir ist?« (14,9). Wiederum paradox: Philippus, der andere Menschen zu Jesus und damit zum Glauben führte, der als einer der Ersten das Messiasbekenntnis ablegte, steht am Ende als einer da, der die Einheit von Vater und Sohn nicht erkannt oder verstanden hat. Wie in der Brotvermehrungsszene kommt hier dem Philippus also die Rolle des »unverständigen Statisten« zu. Ist der Philippus, wie ihn uns Johannes zumindest in diesen Szenen zeigt, also nur eine literarische Gestalt des Evangelisten? An Philippus jedenfalls soll deutlich werden, dass der Glaubende keine »visionäre Gotteserfahrung«, kein direktes Greifenkönnen Gottes erwarten, sondern sich allein im Glauben an Jesus Christus, sein Wort und Handeln halten soll: Jesus selbst ist die Theophanie! Erst im glaubenden Vertrauen auf und in Jesus Christus wird Gottes Handeln und Gegenwart sichtbar.

Die frühchristliche Tradition

Im frühen Christentum bildete sich dann eine Philippustradition aus, die über die Inhalte der neutestamentlichen Schriften hinausgeht, aber dem historisch Gesicherten kaum etwas hinzufügen kann. Die Figur des Apostels Philippus wird hier nämlich bald mit der des »Evangelisten« Philippus vermischt, der in der Apostelgeschichte mehrmals genannt wird und zu dem so genannten »Siebenerkreis« der hellenistischen Judenchristen (Diakonenliste) um Stephanus zählte (vgl. Apg 6,1–7; 21,8). In der Apostelgeschichte (21,9) wird berichtet, dass der Evangelist Philippus vier Töchter hatte, die prophetisch begabte Jungfrauen waren. Eusebius zitiert in einem seiner Werke ein Schreiben des Polykrates von Ephesus an Papst Viktor (Ende 2. Jh.), wonach der Apostel Philippus und zwei seiner jungfräulich gebliebenen Töchter in Hierapolis gestorben seien. Doch handelt es sich hierbei wohl um eine Verwechslung eben mit dem Evangelisten Philippus, wie Eusebius selbst bereits vermutete.

Offensichtlich wird die Vermischung beider Personen dann in den apokryphen Philippus-Akten aus dem 4. Jh., in denen die Figur des Philippus als Apostel und zugleich als »Evangelist« legendenhaft ausgestaltet und verfestigt wird. Außerdem gibt es in der apokryphen Literatur ein Philippusevangelium, eine Vita Philippi, eine Historia Philippi sowie einen Brief des Petrus an Philippus. Nach den legendären Überlieferungen hat der Apostel Philippus etwa zwanzig

Jahre in Skythien (heutige Ukraine) missioniert, Kranke geheilt und Tote auferweckt und soll etwa um das Jahr 81 (durch Steinigung) am Kreuz gestorben sein. Die Legende erzählt auch, dass der Apostel vor einem Standbild des Mars opfern sollte, als ein Drache kam, der den Sohn des heidnischen Priesters und zwei Tribunen tötete und alle anderen außer Philippus durch seinen Gifthauch krank machte. Philippus soll daraufhin den Drachen in die Wüste geschickt, die Toten erweckt und die Erkrankten geheilt haben, so dass sie sich zum christlichen Glauben bekehrten.

Motive der christlichen Ikonographie

Das knappe und unklare Bild der Person des Apostels Philippus, das wir aus den biblischen und nachbiblischen Quellen erhalten, schlug sich auch in der Kunstgeschichte nieder. In der Ikonographie der alten Kirche und auch noch in byzantinischer Zeit wird Philippus meist jugendlich und oft mit Schriftrolle dargestellt. Berühmt ist etwa die Ikone im Katharinenkloster am Sinai aus dem 10./11.Jh. In der mittelalterlichen und neuzeitlichen Kunst der lateinischen Kirche dagegen ist die Darstellung eines älteren, bärtigen Apostels häufiger wie zum Beispiel auf dem Gemälde Albrecht Dürers von 1516, das heute in den Uffizien von Florenz zu besichtigen ist. Meist wird Philippus mit dem Kreuzstab, seltener mit Lanze und Stein als Hinweise auf seinen Märtyrertod dargestellt. Szenen und Zyklen aus dem Leben des Apostels sind eher selten zu finden, am ehesten seine Kreuzigung und die legendäre Drachenbeschwörung wie auf den Fresken von Filippino Lippi in S. Maria Novella in Florenz.

Die Reliquien des Apostels kamen über Konstantinopel in den Westen und werden vor allem in der Basilika SS. Dodici Apostoli (Basilika der Heiligsten Zwölf Apostel) in Rom verehrt, aber auch im Kloster Andechs in Bayern sowie in Köln und Paris.

Literatur

M. Lechner, Art. Philippus, Ap. u. Mart., in: Lexikon der christlichen Ikonographie, Bd. 8, 1976, 198–205;

A. Weiser, Art. Philippus, biblische Personen. 1) Philippus, Apostel: 1. Neues Testament und spätere Bezeugung, in: LThK^3, Bd. 8, 225–226;

W. Weiß, Art. Philippus, Apostel, in: Biographisch-Bibliographisches Kirchenlexikon, Bd. 7, 1994, 503–507

Andrea Mayer-Haas

Andreas

Apostel und Glaubenszeuge

** in Galiläa*
† um 60 in Patras / Griechenland
Apostel, Märtyrer
Gedenktag: 30. November

Der Name »Andreas« stammt aus dem Griechischen und bedeutet »der Männliche« oder auch »der Mutige«. Die Theologen der Anfangszeit des Christentums haben viel über seine Bedeutung gerätselt und aus ihm Informationen über den Apostel zu gewinnen versucht.

Das Neue Testament bietet auffallend spärliche Informationen über Andreas, den ersten und engen Vertrauten Jesu von Nazaret. Nach Darstellung des ältesten unserer Evangelien, des Markusevangeliums, waren die Brüder Simon und Andreas die ersten Personen, die Jesus von Nazaret in seinen Jüngerkreis aufgenommen hat (Mk 1,16–18). Aus ihrem alltäglichen Geschäft heraus, dem Fischen auf dem See Gennesaret, soll Jesus die beiden erfolgreich weggerufen haben: »Kommt, folgt mir! Ich werde euch zu Menschenfischern machen.« Nach Mk 1,21 ff. waren die Brüder (zusammen mit den Zebedäussöhnen Jakobus und Johannes) von Anfang an Zeugen für Jesu Wirken und Heilen in Galiläa sowie seine Gastgeber während seines Aufenthalts in Kafarnaum (Mk 1,29–31), wo beide offenbar zu Hause waren. Wir erfahren aus dem Neuen Testament allerdings weder, ob Andreas der jüngere der beiden Brüder war, noch ob er wie Simon bereits geheiratet hatte und Frau und Kinder zu versorgen waren. In jedem Fall folgten die Brüder dem Ruf Jesu mit letzter Konsequenz: Sie blieben nicht bei ihrer Familie und ihrem Beruf, sondern begleiteten Jesus auf seinen Wanderungen bis zu seinen letzten Tagen in Jerusalem. Dies verrät uns vor allem die häufige Nennung des Simon

Petrus bei allen wichtigen Stationen des Weges Jesu – Andreas selbst wird im Markusevangelium nur noch Mk 13,3 namentlich genannt.

Im Schatten des eigenen Bruders

Wenn bei der Erwähnung des engsten Jüngerkreises um Jesus Simon Petrus stets vor seinem Bruder Andreas genannt wird, dann ist das Ausdruck einer Rangordnung: Simon Petrus wird zum wichtigsten Jünger Jesu, zum Führer des Jüngerkreises und letztlich zum »Fels«, zum Grundstein der Kirche (Mt 16,18; Joh 1,42). Sein Bruder Andreas, ebenfalls Jünger der ersten Stunde und Teil des engsten Freundeskreises um Jesus, tritt demgegenüber so weit zurück, dass ihn das Markusevangelium weder im Zusammenhang mit der Verklärung (Mk 8,1) noch in der dunklen Stunde vor der Festnahme im Garten Getsemani (Mk 14,33) im Kreis von Simon, Jakobus und Johannes an der Seite Jesu erwähnt.

Herausragendes Merkmal des Andreas nach Darstellung der drei ältesten Evangelien ist seine Bereitschaft, den Ruf in die Nachfolge Jesu ohne Zögern und mit aller Konsequenz anzunehmen. Darüber hinaus interessiert er vor allem als Mitglied des Kreises der zwölf Apostel, die Jesus in besonderer Weise zur Mitarbeit an seinem Werk beauftragt (vgl. Mk 3,13–19).

Der erstberufene Jünger

Das Johannesevangelium, das jüngste der neutestamentlichen Evangelien, weicht in der Darstellung des Andreas von den übrigen drei mehrfach ab und zeigt ihn zudem stärker als eigene Persönlichkeit. Der Apostel erscheint hier als ein aus Betsaida am See Gennesaret stammender Jünger Johannes' des Täufers, der von Johannes selbst an den noch unbekannten Jesus weiterverwiesen wird. Zusammen mit einem namentlich nicht genannten weiteren Täuferjünger lässt er sich auf Jesus ein, erkennt in ihm den ersehnten Messias und wird zu seinem ersten Jünger (Joh 1,35–40). Simon Petrus gelangt nach Joh 1,41 f. erst auf Vermittlung seines Bruders Andreas in den Kreis der Jesusjünger. Doch der »Erstberufene« ist auch im Johannesevangelium nicht »der Erste« im Kreis der Jesusjünger, diese Rolle hat hier ebenfalls Simon Petrus inne und nur der namenlose Lieblingsjünger des vierten Evangeliums macht ihm diese Rolle noch streitig (vgl. z. B.

Joh 13,23–25). Andreas wird wiederum zum »Bruder des Simon Petrus« (Joh 1,40). Ob Andreas seinem Bruder, den er selbst zu Jesus geführt hatte, diese Rolle gönnen konnte oder er auf den Vorrang des Bruders eifersüchtig war? Wir wissen es nicht, da die persönlichen Gedanken und Gefühle der beteiligten Personen im Neuen Testament nicht beschrieben sind. Der Bruder tritt hinter Simon Petrus zurück, wie Johannes der Täufer selbst hinter Jesus, den Sohn Gottes, zurücktritt.

Der Vermittler

Was dem Andreas im Johannesevangelium bleibt, ist seine Rolle als enger Vertrauter Jesu und als weiterer Vermittler zwischen Jesus und ihn aufsuchenden Menschen: Andreas ist es, der in der Stunde der Nahrungsnot Jesus auf das Kind mit den fünf Gerstenbroten und den zwei Fischen hinweist und so die wunderbare Speisung der Fünftausend ermöglicht (Joh 6,1–15). Andreas ist der Ansprechpartner für die »Hellenen«, das heißt für Griechisch sprechende »Nichtjuden«, die den berühmten Jesus sprechen wollen, und zusammen mit Philippus bringt er diese Bitte vor Jesus (Joh 12,20 ff.). Wahrscheinlich weist das vierte Evangelium mit dieser Szene bereits darauf hin, dass sich gerade die beiden Apostel Andreas und Philippus nach Jesu Tod um die Glaubensverbreitung bei den griechischsprachigen Heiden verdient gemacht hatten.

Glaubenszeuge der ersten Stunde

Die Person des Apostels Andreas bleibt im Neuen Testament blass, auf viele Informationen über ihn und sein Leben müssen wir verzichten. Doch besteht seine herausragende Bedeutung darin, dass er einer der engsten Vertrauten Jesu von Nazaret war, ein Zeuge des jesuanischen Wirkens von Anfang bis Ende, und so ein Garant dafür, dass die nach Ostern entstehende Jesusbewegung auch die wahre Botschaft Jesu weitererzählte. Andreas war einer der ersten Menschen, die ihr Leben in den Dienst der Nachfolge Jesu stellten. Sein Glaube erwies sich als tragfähig über den gewaltsamen Tod seines Lehrers und Freundes hinaus – nur so konnte er sich an Ostern auf die Fortsetzung der Jesusgeschichte einlassen und mit seiner Arbeit für das entstehende Christentum fruchtbar sein.

Die Andreaslegende: missionarische Reisen von Anatolien bis Griechenland

Während das Neue Testament über das weitere Schicksal des Apostels Andreas schweigt, zeigen christliche Schriften vom 2. Jahrhundert an ein wachsendes Interesse an Leben und Werk des Apostels. Seine Person wird dabei so mit Legenden verbunden, dass die tatsächlichen historischen Hintergründe nur noch schwer zu erahnen sind. Den Kern dieser wunderbaren Erzählungen bildet jedoch das Wirken des Apostels als Heidenmissionar in Kleinasien und Griechenland, bei dem er letztlich auch ums Leben kam.

Nach Darstellung der Andreasakten, einer im 2. Jahrhundert verfaßten Schrift, verkündete der Apostel die christliche Botschaft in der Türkei, an der Südküste des Schwarzen Meeres und in Griechenland. Nach einer späteren christlichen Schrift, den Akten des Andreas und Matthias, schreckte der Apostel sogar vor einem Ausflug zu Kannibalen nicht zurück, um den Apostel Matthias zu retten und die gefährlichen Heiden letztlich zu bekehren: Andreas erscheint hier als eine Art christlicher Odysseus, einer, der allen Gefahren der Welt trotzend auf seinen abenteuerlichen Reisen seiner ursprünglichen Bestimmung immer treu bleibt und letztlich an seinen (himmlischen) Bestimmungsort zurückkehrt. Im Lauf der Jahrhunderte wuchs das Missionsgebiet des Apostels mit der Andreaslegende immer weiter an, bis nach Kiew hat er nach späten mittelalterlichen Erzählungen seine Tätigkeit als Missionar ausgeübt und wurde so auch zum Patron der russisch-orthodoxen Kirche.

Der wunderbare Tod als Märtyrer im griechischen Patras

Ein Ende fand die abenteuerliche Reise des Apostels im griechischen Patras, wo Andreas als Märtyrer am Kreuz umgekommen sein soll. An seinem traditionellen Todestag, dem 30. November, feiert die Christenheit bis heute das Fest des Apostels.

Nach Darstellung der Apostelakten heilte und bekehrte Andreas Maximilla, die Frau des Prokonsuls Aegeates, und ebenfalls dessen Bruder Stratokles. Doch weil sich Maximilla fortan der ehelichen Enthaltsamkeit verschrieb, ließ ihr Ehemann den Apostel festnehmen, foltern und kreuzigen. Andreas selbst hinderte das Volk daran, ihn vor dem Tod zu retten, da er im Kreuzestod seine Bestimmung erkannt hatte. Drei Tage soll der heilige Mann vom Kreuz herab noch der Stadt gepredigt haben, bevor er starb und von Maximilla und Stratokles in Patras begraben wurde. Das X-förmige »Andreaskreuz«, an dem der Apostel zu Tode gekommen sein soll und nach dem auch heute noch die Warnschilder unserer Bahnübergänge benannt sind, wurde in der Kunst zum Symbol des Apostels Andreas.

Patron der Ostkirche, Begründer des Bischofssitzes in Konstantinopel

Seit dem 8. Jahrhundert beruft sich die Ostkirche mit Sitz in Konstantinopel auf den Apostel als ihren Gründer. Demnach hat Andreas auf einer seiner Reisen die Stadt Byzanz (Konstantinopel) selbst besucht und den ersten Bischof von Konstantinopel, Stachys, persönlich eingesetzt: Damit tritt Andreas als apostolischer Gründer der konstantinopolitanischen Kirche an die Seite des Apostels Petrus, dem Repräsentanten der römischen Kirche, der bereits seit dem 3. Jahrhundert als erster Bischof von Rom verehrt wurde.

Reliquien und Patronate

Konstantinus II., der Sohn Kaiser Konstantins, ließ nach der Teilung des römischen Reichs in eine West- und eine Osthälfte die sterblichen Überreste des Apostels 357 n. Chr. in seine neue Hauptstadt Konstantinopel bringen. 1208 entwendeten Kreuzfahrer die Reliquien des Apostels aus Konstantinopel und brachten sie nach Amalfi in Süditalien. Das Haupt des Heiligen, das nach alter Tradition bereits zuvor nach Patras zurückgebracht worden war, gelangte 1462 in der Folge der türkischen Eroberungszüge auf abenteuerliche Weise nach Rom. Dort wurde es bis zu seiner Rückgabe nach Patras (1964) im Petersdom aufbewahrt.

Die Liste der Länder, Regionen, Städte und Personengruppen, die sich auf Andreas als ihren Schutzpatron berufen, ist lang: Russland, Griechenland, Schottland, Spanien, Sizilien ... Zuständig ist der Apostel ebenfalls für Fischer, Bergleute, Seiler, Metzger, für Heirat und Kindersegen sowie für die Heilung diverser Krankheiten.

Der Fischer Andreas aus Galiläa, ein treuer Wegbegleiter Jesu von Nazaret, von diesem beauftragt zur Weiterverbreitung seiner Botschaft, Bruder des Apostelsprechers Simon Petrus, Glaubensbote unter den Heiden und Glaubenszeuge bis zu seinem Tod, wurde im Verlauf des Mittelalters immer deutlicher zum Repräsentanten der orthodoxen Kirche und zum Garanten ihrer apostolischen Herkunft.

Im Saal des Sekretariates für die Einheit der Christen im Vatikan befindet sich eine Ikone, die Petrus und Andreas Wange an Wange zeigt. Diese Ikone – ein Geschenk des Patriarchen Athenagoras I. von Konstantinopel an Papst Paul VI. – entsprach den in den Jahren um das II. Vatikanische Konzil verstärkten Bemühungen um eine Wiederannäherung von orthodoxer Ostkirche und katholischer Westkirche, die seit dem heftigen Konflikt im Jahre 1054 getrennte Wege gehen. In der Umarmung des Apostels Petrus, gekennzeichnet durch die Worte »Petrus, das Oberhaupt«, und des Apostels Andreas mit dem Titel »der Erstberufene« umarmen sich die ihnen anvertrauten Glaubenden, West- und Ostkirche. Es ist ein Aufruf, alles zu beseitigen, was einer vollen Gemeinschaft der beiden Kirchen noch entgegensteht. Petrus bleibt sein vom Neuen Testament bezeugter Vorrang – mit der Benennung »der Erstberufene« für seinen Bruder erinnert die Ostkirche an dessen Rolle als Glaubenszeuge der ersten Stunde und an die Vermittlerrolle, die Andreas nach Joh 1,41 f. auch beim ersten Aufeinandertreffen von Simon und Jesus innehatte. Die beiden armen Fischer aus Galiläa im Lande Israel sind so zum Programm für die heutige Ökumene geworden.

Literatur

F. Dvornik, The Idea of Apostolicity in Byzantium and the Legend of the Apostle Andrew, Harvard 1958;

P. M. Peterson, Andrew, Brother of Simon Peter (Supplements to Novum Testamentum I), Leiden 1958;

W. Sanders (Hg.), Andreas. Apostel der Ökumene zwischen Ost und West, Köln 1985

JOHANNES LÜTTICKEN

Matthias

Apostel der Treue

Apostel
Gedenktag: 24. Februar

Die Tradition nennt den Apostel Matthias den »Apostel der Treue«. Dies erinnert daran, dass Matthias nach der Himmelfahrt Jesu an die Stelle des Judas getreten ist (Apg 1,15–26). Es stellt ihn in einen positiven Gegensatz zu diesem »treulosen« Verräter Jesu. Das eigentlich Dramatische in der Figur des Judas liegt aber darin, dass solch eindeutige Abgrenzung der anderen Apostel ihm gegenüber gar nicht möglich ist. Sie alle fragten Jesus, als er ihnen beim letzten Abendmahl den Verrat voraussagte: »Doch nicht etwa ich?« (Mk 14,19) So sicher waren sie sich ihrer Treue gar nicht. Und Petrus, der freilich meinte, sich seiner Treue sicher sein zu können, gerade er machte mit sich selber die Erfahrung, Jesus dreimal zu verleugnen. Wie treu war eigentlich Matthias in dieser Stunde der Finsternis? Es heißt: »Da verließen ihn alle seine Jünger und flohen.« Matthias war doch auch dabei (vgl. Apg 1,21 f.)!

Und er war dabei, als die Apostel sich nach dem Karfreitag von neuem zusammenschlossen. Aber wie kam es dazu? Es geschah, weil der Auferstandene selbst sie durch seine Erscheinungen wieder einsammelte und aufrichtete. Treu waren sie dadurch, dass Jesus ihnen als der Auferstandene die Treue bewahrte. Apostel der Treue ist Matthias also nicht dadurch, dass er aus eigener Kraft auch am Karfreitag und darüber hinaus Jesus die Treue hielt, sondern in dem Sinn, dass er durch sein Dabeibleiben Zeugnis gibt für die Treue des Auferstandenen zu den Seinen.

So liegt in seiner Treue in erster Linie nicht ein Beispiel vorbildhafter Tugend, dem wir nacheifern sollten, sondern eine Verheißung, der wir trauen dürfen: Auch wir dürfen uns getragen wissen von dieser Treue des Auferstandenen in unseren Ängsten, in all den Brüchen unserer Lebensgeschichte. Wir dürfen uns darauf verlassen, dass er uns trotz all unserer Schwäche und Verwundbarkeit durch seine immer neue Zuwendung in der Treue zu ihm bewahrt.

Als treu erweist sich der Auferstandene den Seinen gegenüber aber auch in einem anderen Sinn: Indem er durch die Wahl des Apostels Matthias die Lücke schließt, die Judas hinterlassen hatte, macht er von sich aus wieder gut, was menschliche Schuld an Schaden angerichtet hat. Auch darin liegt eine Verheißung: Der Auferstandene lässt die Kirche mit den oft verheerenden Folgen der Untreue und Schuld ihrer Glieder nicht allein. Die ökumenische Hoffnung der Kirchen ruht auf dieser heilenden, gutmachenden Treue ihres Herrn.

Wie aber steht es nun um den »treulosen« Judas – was bleibt für ihn außer dem Wehruf Jesu, es wäre besser für ihn, wenn er nicht geboren wäre? Muss es nicht als Ausdruck seiner Verurteilung gewertet werden, wenn aufgrund der Treue des Auferstandenen ein anderer an seine Stelle tritt und sein Amt übernimmt? Aber man kann auch die Gegenfrage stellen: Wenn durch die Wahl des Matthias der Schaden, den Judas gestiftet hat, aufgefangen und gewendet wird – kann das nicht auch zu Gunsten des Judas geschehen? Für Paulus liegt genau darin die zentrale Botschaft des Evangeliums: dass Gott sich uns gegenüber als treu erweist gerade da, wo wir treulos geworden sind. Diese Treue Gottes führt nicht zur Verurteilung, er erweist sich uns gegenüber als treu, indem er uns unsere Untreue vergibt (Röm 3,3 f.; 11,29; 3,23 f.; 5,20 f.). Wie sollte dies für Judas nicht gelten? Wenn nicht für ihn, wieso dann für uns?

So gesehen setzt Matthias durch die Treue, die der Auferstandene ihm erweist, Judas nicht ins Unrecht – diese Treue Jesu Christi macht vielmehr auch die Untreue des Judas wieder gut. Und dies wäre überhaupt der Sinn all dessen, was Gott durch seinen Geist in der Gemeinschaft der Kirche an Gutem wirkt: Die Nachfolge des Lammes, das die Schuld der Welt hinwegnimmt, setzt niemanden auf dieser Welt ins Unrecht; es fängt den durch Menschenschuld gestifteten Schaden auf, macht ihn gut und spricht die Schuldigen gerecht.

Matthias, Apostel der Treue – er steht nicht für seine eigene beispielhafte Treue und für die Verurteilung des treulosen Judas. Er steht für die Treue Jesu Christi selbst – dafür, dass nichts uns trennen kann von der Liebe Christi: weil er uns auch durch Stunden der Finsternis, der Gebrochenheit und Schwäche hindurch in seiner Treue bewahrt, weil er alles gutmacht, was wir durch unsere Untreue an Schaden verursacht haben, und weil er gerade da, wo wir ihm untreu waren und ihn verraten haben, sich uns zuwendet in grenzenloser Vergebung.

Literatur

K. Mühleck, Matthias – ein Ersatzmann? – 24. Februar, in: Praedica Verbum 111; Ostfildern 2006, S.102–104;

N. Föhr, Patrone des Bistums: Die Gottesmutter Maria, der Apostel Matthias und andere, in: Reinhard Marx, hg. von Bruno Sonnen, Trier 2002, S.87–90;

A. W. Zwiep, Judas and the Choice of Matthias: a Study on Context and Concern of Acts 1:15–26; Tübingen 2004, in: Wissenschaftliche Untersuchungen zum Neuen Testament: Reihe 2, Bd. 187

Detlev Dormeyer

Markus

Der brüllende Löwe

Evangelist, Märtyrer
Gedenktag: 25. April

Zum Abschluss meines Theologiestudiums kam ich zum ersten Male intensiv mit dem Markusevangelium in Kontakt. Seitdem fühle ich mich im Markusevangelium zu Hause. Doch wer ist Markus?

Das »Markusevangelium« trägt ursprünglich keinen Verfassernamen. Es ist wie die anderen Evangelien anonym verfasst. Nach der Zweiquellentheorie ist es das älteste Evangelium. Von ihm hängen das Mt- und Lk-Ev ab. Außerdem hat das Joh-Ev das Mk-Ev entweder als schriftliche Vorlage oder als mündliche Tradition gekannt. Die Überschrift »Euangelion kata Markon = Evangelium nach Markus« wird zu Anfang des 2. Jh. den Evangelien-Abschriften zugefügt. Papias, Bischof von Hierapolis um 130 n. Chr., bestätigt diese frühe Zuschreibung des ältesten Evangeliums zu »Markus«. Er hält ihn für den Dolmetscher des Petrus (Eusebius, Kirchengeschichte 3,39,15). Doch diese Identifizierung bleibt umstritten.

Welche Sprache beherrscht Markus?

Markus schrieb eine griechische Fachsprache, die der Umgangssprache »Koine« nahe stand und Parallelen in griechischen Unterhaltungswerken wie dem »Alexanderroman« und in griechischen Sachbüchern hat (Dormeyer 2005, 145–147). Als Gattung nahm er die antike Herrscherbiographie auf und gestaltete sie zu einer Anti-Biographie mit atl. Anklängen um.

Rückschlüsse auf die Person

Markus beherrschte das Griechische und vermied zugleich bewusst eine hohe Rhetorik. Er muss das Griechische muttersprachlich erlernt haben. Im aramäisch sprechenden Jerusalem war griechische Bildung von Kindheit an möglich. Der in Jerusalem aufgewachsene Priester Josephus (37/38–ca. 100. n. Chr.) ist das beste Beispiel für die Zweisprachigkeit. Markus kann also aus dem palästinensischen Judentum oder aus dem hellenistischen Judentum der Diaspora oder aus dem heidnischen Hellenismus stammen. Ich halte ihn für einen gebildeten, gottesfürchtigen Heidenhellenisten, der in einer griechisch-römischen Stadt mit einer jüdischen Minderheit lebte. Über seine Adressaten gibt er uns ja keine Auskunft. Wieder reicht die Palette der Möglichkeiten von judenchristlicher Hörerschaft mit einer Minderheit heidnischer Griechen bis zu einer heidenchristlichen Gemeinde in Rom mit judenchristlicher Minderheit.

Markus wollte bewusst anonym bleiben, und er wollte seine realen Zuhörer bewusst anonym halten. Denn sein Evangelium sollte allen Völkern als Evangelium Jesu Christi und von Jesus Christus verkündet werden (Mk 13,10). Markus, sein Buch und die Gemeinde sind Diener des Evangeliums. Allerdings beruft er sich einmal während der Passion auf einen Augenzeugen, den nur er kennt. Doch auch dieser Zeuge bleibt anonym, obwohl er sich tapferer als die Jünger verhalten wollte. Ein junger Mann hat den Zwölferkreis nach Getsemani begleitet. Als alle Jünger nach der Verhaftung Jesu fliehen, versucht er, allein mit dem verhafteten Jesus mitzugehen. Doch diese Mutprobe geht schief: »Ein junger Mann folgte ihm (Jesus), umworfen mit einem Leinen auf nacktem (Leib), und sie ergriffen ihn; der aber, zurücklassend das Leinen, entfloh nackt« (Mk 14,51 f.). Löwenmut hat der junge Mann, aber zur falschen Zeit. Jesus muss sich allein verteidigen. Ihm kann nur von ferne wie von Petrus und den Frauen aus Galiläa gefolgt werden. Selbst aus der Entfernung halten nur die Frauen Jesus die Treue, Petrus verleugnet ihn. Und der tapfere junge Mann entflieht in komödiantischer Weise »nackt«. Noch reicht es bei den Augenzeugen wie bei den anderen Jüngern nicht zur Martyriumsbereitschaft. Diese ergibt sich erst nach Ostern.

Zwar erkannte die frühe Kirche die theologische und literarische

Leistung des Markusevangeliums an und bewahrte sein Buch im Kanon des Vierer-Evangeliums, rückte es aber dennoch vom ersten auf den zweiten Platz. Doch diese Umstellung wurde im 5. Jh. kompensiert mit den aufkommenden Evangelisten-Symbolen. Die vier Wesen nach Offb 4,6–7 und Ez 1 wurden in gewaltigen Mosaiken dargestellt, z. B. in Santa Pudenziana (5. Jh.), Rom. Die Wesen symbolisierten offenkundig die vier Evangelisten. Markus erhielt das stärkste Tier, den Löwen, zugeordnet, z. B. ausdrücklich in San Vitale, Ravenna, vor 547. Diese Symbolik trifft exakt den Evangelisten Markus.

Theologische Intentionen

Mit dem Brüllen eines Löwen setzt er ein:

»Anfang des Evangeliums Jesu Christi und von Jesus Christus, wie geschrieben ist in dem Isaias, dem Propheten: Siehe, ich sende meinen Boten vor deinem Angesicht (her), der herrichten wird deinen Weg. Stimme eines Rufenden in der Einöde: Bereitet den Weg (des) Herrn, gerade macht seine Straßen« (1,1–3).

Das »Evangelium« erfüllt die Verheißungen der Gottesrede der großen atl. Propheten.

Ein Brüllen ist anschließend die Stimme des rufenden Johannes. Johannes der Täufer verkündet eine Taufe der Umkehr zum Erlass von Sünden, und alle kommen und lassen sich taufen, auch Jesus vom fernen Nazaret aus Galiläa (1,9). Danach wird die Löwenstimme plötzlich leise und nur noch für Jesus hörbar. »Du bist mein geliebter Sohn, an dir fand ich Gefallen«, flüstert die Himmelsstimme und begleitet so den Geist, der von jetzt an Jesus erfüllt. Nach der Rückkehr nach Galiläa kann Jesus wieder mit Löwenstimme verkünden: »Erfüllt ist die Zeit, und nahe gekommen ist das Königtum Gottes; kehrt um und glaubt an das Evangelium« (1,15). Mit Löwenvollmacht beruft Jesus seine Jünger, erst vier (Simon, Andreas, Jakobus, Johannes) (1,16–20), dann einen (2,14), dann acht weitere zu den vieren zum Zwölferkreis (3,13–19). Levi, die geheilte Schwiegermutter des Simon Petrus (1,29–31) und viele andere folgen ihm in unterschiedlicher Weise als größerer Jüngerkreis neben dem Zwölferkreis nach. Auch das Volk sucht ihn immer wieder massenweise auf; denn er vertreibt mit Löwengebrüll die Dämonen und die von ihnen verursachten Krankheiten (1,21–45).

Doch dann erheben sich Gegner gegen ihn, den vollmächtigen

Lehrer der angebrochenen Königsherrschaft Gottes und den vollmächtigen Menschensohn, der in naher Zukunft das Weltgericht und die Weltvollendung bringen wird (2,1–12; 13,24–27). Der Vorwurf der Blasphemie zielt auf die Beseitigung des Löwen (2,7; 14,64). Der Löwe, das Symbol für den Stamm und das Königreich Juda (Gen 49,9), wird erst später als Symbol des eschatologischen »Herrn« Jesus Christus, der im Auftrag Gottes Juda öffnet für alle Völker und ihnen das endgültige Heil bringt, erkannt (vgl. Offb 5,5). Der Streit mit den Gegnern wegen dieser Öffnung und wegen der vollmächtigen Weiterentwicklung des Gesetzes führt schließlich zum Prozess und zur Kreuzigung Jesu. Doch im letzten Todesbrüllen bestätigt Jesus seine Vollmacht (15,37). Er wird von Gott auferweckt werden und wird durch das Evangelium des Markus allen Völkern weiterhin den vollmächtigen Anbruch der Königsherrschaft Gottes in der Nachfolge seines Handelns verkünden. Lässt sich von diesem theologischen Porträt Jesu auf den Charakter des Evangelisten schließen?

Das Charakterbild

»Seit dem 11./12. Jh. kann man in der byzantinischen Kunst einen von da an konstanten physiognomischen Typ feststellen: mittleres Alter, kraftvolles, bisweilen breites Gesicht, dunkles Haar und (ebenfalls breiter) Bart mit Schnurrbart« (LCJ 551). Die byzantinischen Maler haben das Christusbild des Markusevangeliums auf den Evangelisten Markus übertragen. Da die Mutter Jesu noch lebt, kann Jesus nach antiker Lebenserwartung (30–35 Jahre) nicht weit über 30 Jahre liegen (vgl. Lk 3,23: 30 Jahre). Mit 30 Jahren beginnt in der Antike der Höhepunkt des Mannesalters. Das kraftvolle, breite Gesicht des »Markus« zeigt einen robusten Körperbau an. Der markinische Jesus ist ein Bauhandwerker (Mk 6,3), der Fachwerkgerüste herzustellen und aufzurichten versteht, er ist kein handwerklich ungeübter Schreibtischgelehrter aus der Oberschicht. Diesem Jesus gleicht nun Markus. Der ernste Gesichtsausdruck des Markus zeigt Entschlossenheit an. Als Begleiter des Petrus, wie die Alte Kirche annahm, oder als selbstständiger Evangelist ist er bereit, wie Jesus von Nazaret das Evangelium mit Löwenstimme zu verkünden, sowohl unter Verfolgung als auch vor jüdischen und heidnischen Gerichten (13,9–13). Markus protestiert mit seinem Christusbild gegen den damaligen Kaiser und gegen alle Machtinhaber, die sich nicht Gottes Willen unterstellen (10,41–45).

Er schafft eine Anti-Biographie gegen die herrschende Elite. Denn diese erachtete nur politisch und philosophisch erfolgreiche Personen einer Biographie und damit einer dauernden Erinnerung für würdig. Nun aber wird eine Person aus dem verachteten Handwerkerstand zum Thema einer Biographie mit universalem Erlösungs- und Heilsanspruch. Markus verleiht ihr auch gleich selbstbewusst mit einem neuen christlichen Spitzensymbol einen neuen Namen: »Evangelium« = »Frohbotschaft«. Markus bietet nur den »Anfang«. Denn dieses Evangelium geht bei den Hörern wirkmächtig weiter.

Gemeinsam mit Markus verkünden die Christen nun mit Löwenstimme die in Jesus angebrochene Königsherrschaft für alle Menschen. Sie steht über dem Kaiser und allen anderen Mächten (12,13–17). Ob diese offene, weltweite Verkündigung des ersten Evangeliumbuches für den Verfasser zur Verfolgung oder gar zum Märtyrertod geführt hat, wissen wir nicht. Wir kennen von keinem Evangelisten das persönliche Schicksal. Die weltweite Verbreitung des Evangeliums war deren Lebenssinn, nicht das eigene Glück, nicht das Nachlaufen hinter der unberechenbaren Glücksgöttin »Fortuna« wie bei den großen römischen Führern Sulla, Pompejus und Cäsar.

Im 4. Jh. wird erzählt, dass Markus als 1. Bischof der Weltstadt Alexandrien um 67 das Martyrium erlitten habe. Die Venezianer raubten deshalb von dort 829 seine Gebeine. Doch der Raub der angeblichen Gebeine und die anschließende imperiale Politik Venedigs im Zeichen des Markuslöwen mit späteren Glücksspielen und monatelangem Karneval verkehren die Botschaften des ersten Evangelisten in ihr Gegenteil. Eher wird er sich verstanden wissen, wenn sein Evangelium wie heute wieder als ein einheitlicher literarischer und theologischer Entwurf gelesen wird, aus dem die Stimme Jesu Christi als das Brüllen des Löwen aus dem Stamme Juda gehört wird, der allen Völkern das Heil zuspricht, die Macht der Dämonen (Imperialismus, Kriege, Süchte u. ä.) bricht und die Vollendung der Welt machtvoll bringen wird. Dieser Löwenstimme Christi können sich alle anvertrauen, die nach den Anfängen der Herrschaft Gottes suchen oder schon aus ihr leben.

Daher schließe ich mich immer gern der langen Warteschlange vor dem Markusdom in Venedig an. Der Markusdom ist eine Räuberhöhle, voll von geplünderten Schätzen aus Alexandrien, Konstantinopel und dem ganzen Mittelmeerraum. Doch auch der Tempel zur Zeit Jesu war eine »Räuberhöhle« (Mk 11,17), voll von geplünderten Gütern der Witwen und Armen (Mk 12,38–40.41–44). Aber Jesus hat diesen Tempel nicht missachtet, sondern seinen riesigen Vorhof von

Opferhändlern und Geldwechslern gereinigt, um den heidnischen Völkern das Gebet auf ihm zu ermöglichen, denn: »mein Haus wird Haus (des) Gebetes gerufen werden für alle Völker« (Mk 11,17).

Und ich höre die Löwenstimme des ersten Evangelisten, der schonungslos an die Schandtaten Venedigs und des »christlichen« Europas bis heute mich und sicherlich auch andere Besucher erinnert und gleichzeitig laut und unüberhörbar allen verkündet, dass der Kreuzestod Jesu allen die Erlösung gebracht hat. Der Lichtglanz des Markusdomes gibt schon jetzt Anteil an der in Jesus angekommenen Königsherrschaft Gottes und fordert uns auf, in Zukunft ohne Raub und Ausbeutung mit der gemeinsamen Praxis der Füße, Hände und Augen Jesu diesen Glanz in der ganzen Welt für alle zum Leuchten zu bringen.

LITERATUR

D. Dormeyer, Das Markusevangelium, Darmstadt 2005;

U. Nilgen, Evangelisten und Evangelistensymbole, Lexikon der Christlichen Ikonographie, Bd. 1, 696–713;

G. M. Lechner, Markus Evangelist, Lexikon der Christlichen Ikonographie, Bd. 7, 549–562, 551

Thomas Söding

Matthäus

Der Evangelist mit dem menschlichen Gesicht

Apostel, Evangelist
Gedenktag: 21. September

Einem Kind, wenn es Zugang zur Kirche erhält, ist er schnell bestens vertraut. Unter den vier Evangelisten ist er der mit dem menschlichen Gesicht: kein Adler wie Johannes, kein Stier wie Lukas, kein Löwe wie Markus; Matthäus ist als Mensch dargestellt. Und wer in der Kirche aufpasst, welches Evangelium vorgelesen wird, hört häufig: »nach Matthäus«. Sein Evangelium gilt als das kirchliche; es ist auch das einzige Evangelium, in dem das Wort »Kirche« vorkommt (Mt 16,18; 18,17). Mit Matthäus beginnt der zweite Teil der Heiligen Schrift, das Neue Testament: »Buch der Geschichte Jesu Christi, des Sohnes Davids, des Sohnes Abrahams« (Mt 1,1). Es gibt schon aus der ältesten Zeit der Kirche, da vieles noch im Fluss war, keine einzige Handschrift der Evangelien, in der Matthäus nicht ganz vorne stände.

Begegnungen mit Matthäus

Wer als Kind das Glück gehabt hat, Heiligengeschichten lauschen zu können, ist bei Matthäus ganz hellhörig geworden. Ein Sünder war er, ein Betrüger; einer, der den Leuten das Geld abgeknöpft hat; einer, dem es egal war, wenn die anderen dachten, dass er sein Judentum verrate und nur um des Geldes willen mit den Römern zusammenarbeite. Zöllner war er; aber das war damals kein ehrbarer Beruf wie heute, sondern ein verachteter. Reich, aber unglücklich; skrupellos und ausgestoßen, hart und unbarmherzig – so lebte Matthäus in den Heiligenlegenden. Und dann kam Jesus. So steht es im Matthäusevangelium selbst. Jesus sah den Zöllner Matthäus und sagte ihm einfach: »Folge mir nach!« Und Matthäus stand auf und verließ seine Zollstation und lud Jesus zum Essen nach Hause ein und wurde sein Jünger (Mt 9,9–13). Aber Jesus wird angegriffen, weil er sich mit Sündern gemein macht. Und er antwortet mit einem Wort, das zu Herzen geht: »Nicht die Gesunden brauchen den Arzt, sondern die Kranken. Geht und lernt, was es heißt: ›Barmherzigkeit will ich, nicht Opfer‹. Denn ich bin gekommen, nicht Gerechte zu berufen, sondern Sünder« (Mt 9,12 f.). An einem solchen Wort kann man den ganzen Jesus verstehen. Ein solches Wort vergisst man nicht, auch wenn man noch gar nicht recht weiß, was Sünder und Gerechte sind.

Matthäus ist einer der zwölf Apostel (Mk 3,18; Mt 10,13; Lk 6,15; Apg 1,13). Mit der Einsetzung des Zwölferkreises wollte Jesus zeigen, dass er alle Menschen im Gottesvolk für das Gottesreich gewinnen will. Und dass einer wie Matthäus, der Zöllner, dazugehört, einer, der nach herrschender Meinung im innersten Kreis des Gottesvolkes nichts verloren hat – daran kann man deutlich sehen, wie sehr Jesus gerade die »Kranken«, die Sünder, die Verlorenen sucht, damit sie nicht abgeschrieben, sondern zu Gott geführt werden.

Wenn die Legende über die Bibel hinausgeht, erzählt sie, wie der Apostel Matthäus sich, schon älter geworden, hingesetzt hat, um die Geschichte Jesu aufzuschreiben. Manche sagen: zuerst auf Aramäisch, in seiner Muttersprache, die auch die Muttersprache Jesu ist. Wenn noch weiter erzählt wird, dann stellt man sich den Evangelisten als Missionar vor. Und der Blick richtet sich weit nach Süden und Osten: nach Äthiopien, nach Syrien, Persien und Arabien. Und gestorben sei er als Märtyrer: erstochen am Altar.

Wer als Jugendlicher sich für Politik und Religion, für Ehrlichkeit und Gerechtigkeit engagiert – wie sollte der dann die Bergpredigt übersehen? Sie steht bei Matthäus ganz vorne: als erste Rede, die Jesus hält. Sie ist vielleicht der einzige Text des Neuen Testaments, der regelmäßig zum Gegenstand öffentlicher Debatten wird. »Mit der Bergpredigt kann man die Welt nicht regieren!«, heißt es von den Realpolitikern. Aber kann das zufriedenstellen? Wie kommt man raus aus den hehren Parolen der Gewaltlosigkeit, die vielleicht wirklich keiner leben kann? Wie kommt man hinein in eine Gerechtigkeit, die mehr ist als Gehorsam gegenüber Geboten? Und was hat die Feindesliebe mit dem Vaterunser zu tun? »Richtet nicht, damit ihr nicht gerichtet werdet« (Mt 7,1) – soll man alles kritiklos akzeptieren? »Wer suchet, der findet!« (Mt 7,6) – aber was? Es sind die Sätze der Bergpredigt, an denen man sich reiben und im Glauben, im Denken, im Handeln wachsen kann.

Der Blick der Wissenschaft

Doch dann kommt das Studium, die Wissenschaft, die historisch-kritische Exegese. Und ganz neue, harte Fragen werden gestellt. Wer war der erste Evangelist wirklich? Seit wann heißt es »Matthäusevangelium«? Was wissen wir sicher über Matthäus, den Apostel, den Evangelisten?

Die Antworten sind nicht leicht. Über Jahrhunderte galt Matthäus als das älteste Evangelium. Heute gilt Markus, das viel kürzere Evangelium, als das erste; Matthäus habe das Markusevangelium als Quelle benutzt. Ursprünglich sind Evangelien, anders als Briefe, anonym. Der Verfasser tritt hinter sein Werk zurück. Wichtig ist das Evangelium Jesu Christi, in dessen Dienst der Autor sein Buch stellt. Gewiss: Die Überlieferung, dass der Apostel Matthäus dieses Evangelium geschrieben haben soll, ist sehr alt; schon eine Generation nach Abfassung ist man sich allenthalben sicher gewesen. Aber es klafft doch eine Lücke. Braucht einer, der selbst ein Apostel war, das Markusevangelium als Leitfaden?

Die Geschichte ist spannend: Bei Markus und Matthäus liest man lediglich ein einziges Mal den Namen Matthäus: in der Liste der Zwölf. (Mk 3,18; Lk 6,15; Apg 1,13). Sonst erfährt man von ihm nichts. Nur im nach ihm benannten Evangelium gibt es den Zusatz: »Matthäus, der Zöllner« (Mt 10,3). Bei Markus, im älteren Evangelium, heißt der Zöllner, den Jesus in die Nachfolge beruft, »Levi, Sohn des Alphäus« (Mk 2,13); in der Liste der Zwölf taucht Levi nicht auf, aber der Kreis der Jünger ist größer als der Kreis der Zwölf. Das Matthäusevangelium hingegen schreibt in der Parallele zur Berufungsgeschichte nicht »Levi«, sondern »Matthäus« (Mt 9,9).

Wie soll man diesen Befund erklären? Gibt es einen Doppelnamen? Oder einen Doppelgänger? Für die Bibelwissenschaft beginnt ein Detektivspiel. Wie passen die Indizien zusammen? Ist die Veränderung des Namens in der Berufungsgeschichte ein Hinweis auf den Verfasser des Evangeliums? Aber weshalb heißt der Zöllner dann bei Markus »Levi«? Wollte der Evangelist, den die Tradition Matthäus nennt, einen so prominent Berufenen zu einem der Zwölf machen und hat ihn deshalb umgetauft? Aber warum dann gerade »Matthäus«?

Vielleicht gibt es einen Ausweg. Nach der ältesten Notiz, die auf Papias, einen kleinasiatischen Bischof um 120 n. Chr., zurückgeht, ist der Apostel Matthäus nicht direkt, sondern indirekt der Autor des Evangeliums, das im Neuen Testament steht: Das Evangelium, das wir lesen, sei eine Übersetzung seiner hebräischen Notizen. Weist das in eine Richtung? Was heißt Übersetzung? Stures Übertragen? Oder freies Weitererzählen? Ist der Apostel eher ein Garant der Überlieferung als der unmittelbare Verfasser des Evangeliums? Heißt das Evangelium nach dem Apostel, weil er seine Entstehung ermöglicht hat? Ist Levi ein anderer Name für Matthäus?

Viele Fragen. Die moderne Bibelwissenschaft hat gezeigt, dass der Wert eines Evangeliums nicht davon abhängt, dass ein unmittelbarer Augenzeuge es geschrieben hat. Lukas z. B. sagt ja ganz ausdrücklich, dass er nur aus zweiter Hand informiert ist, aber gerade deshalb ganz sorgfältig gearbeitet hat (Lk 1,1–4). Es gibt keinen direkten Rückgang zu Jesus, keinen neutralen Bericht, Gott sei Dank. Die Evangelien schildern Jesus in der Perspektive des Glaubens; sie greifen die Überlieferungen seiner Jünger auf; sie sammeln und verbinden; sie wählen aus und aktualisieren. Sie wissen, dass Jesus nicht nur eine Figur der Vergangenheit ist, sondern als Auferstandener immer eine Gestalt der Gegenwart und als Menschensohn die alles bestimmende Gestalt der Zukunft, der am Jüngsten Tag auftreten wird, um Gottes Herrschaft zu vollenden. Weil bei ihm der Menschensohn Jesus so wichtig ist, wird der Evangelist Matthäus im Symbol eines Menschen dargestellt.

Ansichten Christi

Die moderne Bibelwissenschaft stellt nicht nur neue Fragen, sie gibt auch neue Antworten. Sie lenkt den Blick auf das Buch, das Matthäusevangelium. Sie liest es in alten und neuen Zusammenhängen: im Zusammenhang mit dem Alten Testament, der Bibel Israels; im Zusammenhang mit dem Judentum, dem Jesus angehört; und im Zusammenhang mit der Kirche, die von Menschen in der Nachfolge Jesu gebildet wird. Und die Exegese liest das Matthäusevangelium in diesen Zusammenhängen als indirektes Porträt seines Verfassers; sie untersucht seine Handschrift, seine Vorlieben, seine Blickweise, sein Interesse an Jesus.

Das Matthäusevangelium beginnt mit einem Stammbaum Jesu, der erzählt, dass Jesus in der Geschichte Israels verwurzelt ist und aus ihr herauswächst (Mt 1,1–17). Es endet auf dem Berg der Erscheinung in Galiläa, wo Jesus seine Jünger aussendet, die Völker zu Jüngern zu machen, indem sie die Menschen lehren, was Jesus sie gelehrt hat, und sie zu taufen »auf den Namen des Vaters und des Sohnes und des Heiligen Geistes« (Mt 28,16–20). Es enthält uraltes Sondergut. Nur bei Matthäus steht das Gleichnis von den Arbeitern im Weinberg (Mt 20,1–16), von den klugen und törichten Jungfrauen (Mt 25,1–13), vom Weltgericht (Mt 25,31–36). Der Evangelist hat, wie es scheint, ähnlich wie Lukas Zugang zu ganz alten Jesustraditionen aus Galiläa. Mit ihnen hat er die Bergpredigt gestaltet. Überhaupt ist Jesus bei Matthäus ein Lehrer der Kirche, ein Lehrer der Gerechtigkeit. Er setzt auf das klare Wort. Es ist vollmächtig, aber vollkommen gewaltlos. »Das geknickte Rohr bricht er nicht und den glimmenden Docht löscht er nicht aus«, so kommentiert der Evangelist (Mt 12,20) das Wirken Jesu mit Worten des Propheten Jesaja (Jes 42,1–4), »er verhilft dem Recht zum Sieg«. Es sind gerade die matthäischen »Erfüllungszitate«, die Jesus im Licht der Bibel Israels kenntlich machen: Er ist der »Immanuel«, der »Gott mit uns« (Mt 12,23 nach Jes 7,14); er ist der »Sohn«, den Gott gerufen hat (Mt 2,15 nach Hos 11,1); er ist der messianische Friedenskönig, »der sanftmütig ist, er reitet auf einer Eselin, einem Füllen, dem Jungen eines Lasttieres« (Mt 21,5 nach Sach 9,9). Diese schriftgelehrten Porträts Jesu sind Zeugnisse vitaler Christologie – und sie sind ein indirektes Selbstporträt des Evangelisten. »Deshalb gleicht jeder Schriftgelehrte, der ein Jünger des Himmelreiches geworden ist, einem Hausherrn, der aus seinem Schatz Neues und Altes hervorholt« (Mt 13,52) – mit diesem kleinen Gleichnis beendet Jesus sein großes Gleichniskapitel. Das Bild des christlichen Schriftgelehrten, der seinen Schatz nicht ängstlich hütet, sondern freigebig austeilt – passt es nicht bestens auf jenen Evangelisten, den die Tradition »Matthäus« nennt, weil sie einen Zusammenhang mit dem Apostel Matthäus sieht?

Die Augen der Künstler

Wer die Augen von den Büchern erhebt, sieht mit neuen Augen, was die Künstler gesehen haben. Caravaggio, der geniale und zerrissene Maler der Renaissance, hat viele Matthäusbilder gemalt. In San Luigi dei Francesi in Rom hängt, gegenüber einem Bild des Martyriums, die Berufung: Wie nebenbei spricht Jesus Matthäus an, der mit seinem Kumpanen zusammensitzt; Jesus steht im Schatten und zeigt mit dem Finger auf Matthäus, und Matthäus weiß nicht, wie ihm wird. Aber über sein Leben ist entschieden. In derselben Kirche hängt ein drittes Matthäus-Bild: Der Evangelist hockt am Schreibpult und ein Engel beugt sich aus dem Himmel weit zu ihm herab und zählt ihm die wichtigen Themen auf, dass er nur endlich die rechten Worte finde. Und Matthäus wendet sich angestrengt um, weil er schwer verstehen kann, was ihm gesagt wird. Schreiben ist harte Arbeit, Inspiration geschieht unter Schmerzen. Das Bild war ein Skandal. Aber Caravaggio war näher bei der Wahrheit als seine Kritiker. Ein Sünder wird Evangelist – das ist die Geschichte des Matthäus, es ist die Geschichte Jesu.

LITERATUR

A. Grün, Matthäus – Lehrer des Heiles, Stuttgart 2002;

U. Luz, Die Jesusgeschichte des Matthäus, Neukirchen/Vluyn 1993;

T. Söding, Das Matthäus-Evangelium. Exegese und Predigt. Anregungen zum Lesejahr A, Würzburg 2001

Jacob Kremer

Lukas

Der Erzähler des dritten Evangeliums

Evangelist
Gedenktag: 18. Oktober

»Wie lange konnte die Taube des Heiligen Geistes nach der Taufe Jesu über ihm schweben, ohne abzustürzen?« Dies diskutierten Studenten 1972 in Wien, veranlasst durch eine buchstäbliche Erklärung von Lk 3,21: »Es geschah, als das ganze Volk sich taufen ließ und Jesus getauft wurde, da kam der Heilige Geist in leibhaftiger Gestalt wie eine Taube auf ihn herab.« Übersehen wurde, dass es in der Vorlage von Lukas lediglich heißt: »... er sah den Geist wie eine Taube auf ihn herabkommen« (Mk 1,10). Ich erwähne diese törichte Diskussion, um aufzuzeigen, wie die freie Erzählweise des Evangelisten oft missverstanden wurde.

Anliegen des Verfassers des 3. Evangeliums war es, allem nachzugehen, was vor ihm schon viele berichtet hatten, damit »Theophilus« die »Zuverlässigkeit der Lehre« erkenne, in der er unterwiesen wurde (1,1–4).

Wie eine Durchsicht seines Buches lehrt, tat er das nicht wie Historiker unserer Tage, sondern als begnadeter Erzähler seiner Zeit. Sein Namen »Lukas« wird erstmals bei Irenäus (um 180) belegt. Er stammte wohl aus der Reihe von Gottesfürchtigen der hellenistischen Synagoge, schrieb sein Evangelium wohl um 90 und starb Ende des 1. Jahrhunderts in Böotien.

Beginn mit der »Vorgeschichte« (1,5–2,52)

Kunstvoll erzählt Lukas die Ankündigung der Geburt des Täufers an Zacharias im Tempel zu Jerusalem und parallel dazu die Ankündigung der Geburt Jesu an Maria in Nazaret (1,5–37). Gabriel gibt dabei der darüber erstaunten Maria eine Verstehenshilfe durch den Hinweis auf die Schwangerschaft der als unfruchtbar geltenden Elisabet: »denn für Gott ist nichts unmöglich«. Nach der Erwähnung des Ganges Mariens zu Elisabet begrüßt die durch den Besuch beglückte Elisabet sie als »die Mutter meines Herrn«. Maria stimmte daraufhin das Loblied des »Magnificat« an, angelehnt an das Danklied der Mutter Hanna (vgl. 1 Sam 2,1–10). Analog dazu gibt Lukas das aus Psalmtexten zusammengefügte Loblied des Zacharias, das »Benedictus«, nach der Geburt des Täufers wieder (1,68–79).

Jesu Geburt erzählt Lukas ausgehend vom Gang Mariens und Josefs nach Betlehem in den Tagen des Kaisers Augustus, um sich in die Steuerlisten eintragen zu lassen (2,1–20). Zur Geburt selbst schreibt der Evangelist lediglich: »Sie wickelte ihn in Windeln, weil in der Herberge kein Platz für sie war« (2,7). Wie das später verstanden wurde, lernte ich in Aachen, als ich bei der »Heiligtumsfahrt« 1965 »die Windeln Jesu« als Reliquie aus dem Marienschrein herausnehmen durfte: eine Gamasche, wie sie sich einer mittelalterlichen Legende gemäß Josef, neben Maria sitzend, nach der Geburt Jesu abgeschnitten hat (so gemalt von M. Broederlam um 1390). Der Evangelist erwähnt noch die den Hirten von Betlehem durch Engel zuteil gewordene Botschaft über die Geburt des in der Stadt Davids geborenen Retters: »Er ist Christus, der Herr.« Acht Tage später, so erzählt Lukas, wurde das Kind »beschnitten« und erhielt den Namen Jesus (Lk 2,21). Dass Jesus ein Jude war, hat den Heidenchristen Lukas offensichtlich nicht näher interessiert. Stattdessen erzählt er frei über Simeon und Anna sowie über eine Begebenheit beim Besuch des Zwölfjährigen im Tempel zu Jerusalem (2,22–52)

Jesu Wirken in Galiläa (3,1–9,50)

Zu Beginn macht Lukas Angaben über den Täufer als Wegbereiter und die Epiphanie bei der Taufe Jesu. Hinzu fügt er Jesu Stammbaum (3,23–28) und die auch von Markus und Matthäus überlieferte dreifache Versuchung Jesu (4,1–13). Ausführlich erzählt er Jesu Wirken in Galiläa, angefangen von Nazaret und Kafarnaum (4,14–44), samt der Berufung des Simon (5,1–11). Verkürzt gibt er Seligpreisungen, Weherufe und die Betonung der Feindesliebe (6,20–26) wieder. Dabei hebt er das Verhalten Jesu zum Hauptmann von Kafarnaum hervor: »nicht einmal in Israel habe ich solchen Glauben gefunden« (7,8). Anschaulich berichtet allein er die Auferweckung eines jungen Mannes von Naïn in der Nähe des Stadttores, das es damals wohl gar nicht gab (7,11–17).

Nach der Wiedergabe seines Urteils über den Täufer, den die Pharisäer und Schriftgelehrten ablehnten (7,24–35), erzählt Lukas – ohne Parallele in den Vorlagen –, dass bei einem Gastmahl im Haus eines Pharisäers eine stadtbekannte Sünderin in das Haus kam, mit einem Alabastergefäß von hinten an den zu Tische liegenden Jesus herantrat, mit ihren Tränen seine Füße benetzte und diese mit ihrem Haar trocknete, küsste und mit Öl salbte. Der Pharisäer war über die Berührung Jesu durch diese Sünderin sehr erstaunt. Doch Jesus entgegnete ihm in einem Gleichnis und stellte darin dem reservierten Verhalten des Gastgebers den Liebeserweis der Sünderin gegenüber: »Ihr sind viele Sünden vergeben, weil sie (mir) so viel Liebe gezeigt hat« (7,42). Diese Erzählung hat Leser immer wieder angesprochen. Angeregt durch Erwägungen von Gregor d. Gr. (Ende des 6. Jh.) über die Frau als »magna peccatrix poenitens« wurde sie jedoch seit dem Barock oft einseitig als die Büßerin »Maria Magdalena« gemalt. Das trug dazu bei, dass die Joh 20,18 namentlich genannte Maria von Magdala als Erstzeugin des Auferstandenen (»apostola apostolorum«) in ein schlechtes Licht geriet.

Jesu Gang nach Jerusalem (9,51–19,27)

Anschaulich leitet der Evangelist seine Erzählung über die letzten Tage Jesu ein (9,51). Er gibt Texte aus Mk über die Verweigerung der Aufnahme in einem samaritanischen Dorf wieder. Daran reiht er Worte Jesu über die Nachfolge und die Aussendung der 72 anderen Jünger, die Weherufe über Chorazin, Betsaida und Kafarnaum (9,57–10,16) und noch locker Jesu Worte bei der Rückkehr der 72 an: »Ich sah den Satan wie einen Blitz vom Himmel fallen« (10,17–25). Ohne einen Bezug zum Vorhergehenden antwortet Jesus auf die Fragen eines Gesetzeslehrers: »Meister, was muss ich tun, um das ewige Leben zu erlangen? ... Wer ist mein Nächster?«, mit dem Gleichnis vom barmherzigen Samariter. Der Evangelist erzählt darauf die Begegnung mit Maria und Marta sowie Jesu Antwort auf den Vorwurf der Marta: »Eines nur ist notwendig, Maria hat das Bessere gewählt« (10,38–42). Er fügt – ohne direkten Bezug zum Kontext – Jesu Belehrung über das Gebet des Herrn (in verkürzter Fassung) an, verbunden mit einer Ermutigung zu inständigem Beten (11,1–13). In Verbindung mit der Erzählung über das Austreiben eines unreinen Geistes und den Vorwurf, er tue das in der Kraft des Beelzebub, betont der lukanische Jesus im Blick auf die Leser: »Wer nicht mit mir ist, ist gegen mich, und wer nicht mit mir sammelt, der zerstreut« (11,14–26). Auf die als Reaktion darauf erzählte Seligpreisung durch eine Frau erwidert er lediglich: »Selig, die das Wort Gottes hören und es befolgen« (11,27–28).

Nach einem neuerlichen Hinweis auf Jesu Weg nach Jerusalem erzählt der Evangelist anschaulich, dass zehn Aussätzige Jesus um Erbarmen anrufen: »Jesus, Meister, hab Erbarmen mit uns!« (17,11–19) Abschließend wiederholt Lukas die ihm für seine Leser wichtige Leidensankündigung Jesu, berichtet kurz die Heilung eines Blinden und ausführlich über die für viele anstößige Aufnahme Jesu durch den Zollpächter Zachäus (18,31–19,27).

Jesu Lehrtätigkeit in Jerusalem (19,28–21,38)

Auf seinem Weg nach Jerusalem sandte Jesus zwei Jünger voraus, um einen Esel zu Jesus herbeizubringen, auf den sie ihre Kleider legten. Alle – so Lukas – begannen freudig Gott zu loben: »Gesegnet der König, der kommt im Namen des Herrn.« Auf die Forderung einiger Pharisäer, die Jünger zum Schweigen zu bringen, antwortet Jesus: »Wenn diese schweigen, werden die Steine schreien« (19,39 f.). Der Evangelist fügt dann Jesu Klage über Jerusalem an (19,41–44) und erzählt kurz Jesu Inbesitznahme des Tempels (19,45 f.): In Kontrast zum Jubel der Menge steht die nur von Lukas eingefügte ergreifende Notiz, dass Jesus über die erblickte Stadt in Vorausschau auf ihr Ende »weint« (19,41). Beim Hineingehen in den Tempel treibt er die Händler hinaus: »Mein Haus soll ein Haus des Gebetes sein, ihr aber habt daraus eine Räuberhöhle gemacht« (19,46). In seiner Wiedergabe der Lehrgespräche Jesu im Tempel (20,1–21,4) folgt Lukas fast vollständig Markus. Straffungen und redaktionelle Veränderungen der Vorlage verraten auch hier die Erzählkunst des Lukas unter Bezug auf die Situation der Leser seiner Zeit.

Jesu Leiden und die Auferstehung (22,1–24,53)

In die Mitte des Abschnitts über Jesu Weg zur Kreuzigung stellt Lukas das Wort zu den Frauen: »Ihr Frauen von Jerusalem weint nicht über mich; weint über euch und eure Kinder!« (23,26–32) Als Einziger erzählt Lukas noch, dass zwei Verbrecher mit zur Hinrichtung geführt wurden. Auf die Bitte des einen Mitgekreuzigten: »Jesus, gedenke meiner, wenn du in dein Reich kommst!«, antwortet Jesus mit der feierlich eingeleiteten Voraussage: »Wahrlich, ich sage dir, heute wirst du mit mir im Paradies sein« (23,33–43). Inwieweit der Evangelist das Gewicht dieser Ankündigung im Einzelnen bedachte, lässt er nicht erkennen. Aus der Sicht meiner langjährigen Beschäftigung mit den biblischen Texten über Jesu Auferstehung heißt das: Jesus deutet damit letztlich seine Auferstehung und die des Mitgekreuzigten am Abend des Karfreitags an, d. h. ihre Auferstehung im Tode, wie dies auch namhafte Theologen unserer Tage verstehen. (Dagegen spricht nicht das Lk 24,7 wiedergegebene Zitat, »dass der Menschensohn ... am dritten Tag auferstehen werde«. Dies ist – wie auch 1 Kor 15,7 »gemäß den Schriften« – keine chronologische, sondern eine symbolhafte Aussage.) Die Angaben über Jesu Kreuzigung ergänzt Lukas durch den Gebetsruf Jesu: »Vater, in deine Hände empfehle ich meinen Geist.« Auffallenderweise schreibt er nichts über eine Beteiligung der Frauen am Begräbnis, sondern nur, dass sie das Grab sahen und wie der Leichnam hineingelegt wurde.

Nach Hause zurückgekehrt, bereiteten sie wohlriechende Öle und Salben vor und ruhten am Sabbat (23,44–50). Parallel zu den anderen Evangelien erzählt Lukas unter Verwendung eines Wortspiels, dass die Frauen den Stein vom Grab weggewälzt »fanden«, »den Leichnam des Herrn Jesus« aber »nicht fanden«. Zu ihrem Erstaunen treten zwei Männer (anders bei Mk) in leuchtendem Gewand zu ihnen: »Was sucht ihr den Lebenden bei den Toten? Er ist nicht hier, sondern ist auferstanden.« Die beiden fordern sie auf, sich an Jesu Voraussagen in Galiläa zu erinnern. Die Frauen tun es und melden dies »den Elf und den Übrigen« (24,10 f.).

Ein eindrucksvolles Beispiel für die Erzählkunst des Evangelisten ist die Emmausgeschichte (Lk 24,13–35). Sie handelt von zwei Personen, die erst im Lauf der Erzählung als nicht zu den Elf zählende Jünger bestimmt werden. Es wird nur der Name Kleopas genannt. Ihr Ziel ist Emmaus. (Keine der beiden von Lukas angeführten Ortsangaben lässt sich heute verifizieren.) Inhalt ihrer Gespräche ist nach Lukas »all das, was sich ereignet hatte«. Anschaulich erzählt der Evangelist, dass Jesus sich ihnen nähert, sie ihn aber nicht erkennen. Am Ende eines alle Leser ergreifenden Gesprächs fragt Jesus sie: »Seid ihr so unverständig und trägen Herzens, um das zu glauben, was die Propheten gesagt haben?« Die beiden bitten Jesus schließlich: »Bleibe bei uns; denn es will Abend werden, und der Tag hat sich schon geneigt.« Jesus offenbart sich ihnen dann beim Brotbrechen. Sie erkennen ihn und er entschwindet ihren Blicken. Noch in derselben Stunde brechen sie nach Jerusalem auf und finden die Elf mit den anderen versammelt. Da tritt Jesus in ihre Mitte und erweist sich ihnen als lebend. Er bestimmt sie zu seinen Zeugen und verspricht ihnen die verheißene Gabe aus der Höhe. Unmittelbar darauf führt Jesus sie nach Betanien: »Während er sie segnete, verließ er sie und wurde zum Himmel emporgehoben.« Von den Jüngern schreibt dann Lukas: »Sie fielen vor ihm nieder und kehrten mit großer Freude nach Jerusalem zurück; sie waren allzeit im Tempel und priesen Gott.«

Damit bricht Lukas sein Evangelium ab, ohne darauf einzugehen, wie sich das zuletzt so anschaulich Erzählte mit dem vereinbaren lässt, was er zu Beginn seines zweiten Buches über Jesu Aufnahme in den Himmel – vom Ölberg aus und 40 Tage später – schildert (Apg 1,3–11). Die anschließenden Erzählungen vom Weg des Evangeliums bis nach Rom, dem Zentrum der damaligen Welt, lassen noch jeden Leser unserer Tage die Erzählweise des Evangelisten erkennen: Sein Anliegen war nicht eine exakte Berichterstattung, sondern die Versicherung der Zuverlässigkeit des verkündeten Evangeliums. Wer die aus Platzgründen begrenzte Wiedergabe alter (schon im Erzählstil abgefassten) Überlieferungen durch Lukas beachtet, kann nur staunen über dessen Kunst als Erzähler. Wie Theophilus und viele andere Leser kann er durch dieses 3. Evangelium heute noch dazu ermutigt werden, trotz vieler Einwände an Jesus Christus, den Sohn Gottes, zu glauben, der ein Herz hatte für Frauen, Männer und besonders für die Sünder.

Literatur

H. Klein, Das Lukasevangelium (KEK I/8), Göttingen 2006;

J. Kremer, Lukasevangelium (NEB.NT 3), 4. Auflage, Würzburg 2004;

E. Schweizer, Das Evangelium nach Lukas (NTD 3), 3. Auflage, Göttingen 1993

Tobias Nicklas

Johannes

Der geheimnisvolle Evangelist

† um 100 in Ephesus / Türkei
Evangelist
Gedenktag: 27. Dezember

Seit dem 2. Jahrhundert ist das vierte Evangelium des Neuen Testaments als »Evangelium nach Johannes« überliefert. Der früheste greifbare Hinweis darauf findet sich bei Irenäus von Lyon, der um das Jahr 180 n. Chr. schrieb, dass »Johannes, der Jünger des Herrn, der auch an seiner Brust gelegen hat«, »in Ephesus« diesen Text verfasst habe. Dies sei, so Irenäus, in der Regierungszeit Kaiser Trajans (98–117 n. Chr.) geschehen.

Mehrdeutige Überlieferungen

Während noch immer meist davon ausgegangen wird, dass das vierte Evangelium erst gegen Ende des 1. Jahrhunderts vielleicht tatsächlich in Ephesus entstanden ist, zweifeln Exegeten heute mit guten Gründen daran, dass das Evangelium tatsächlich auf Johannes, den Sohn des Zebedäus und Bruder des Jakobus, zurückgeht. Immerhin machen die Schlussverse des Evangeliums eine Angabe über seinen Verfasser: »Dieser Jünger ist es, der all das bezeugt und der es aufgeschrieben hat; und wir wissen, dass sein Zeugnis wahr ist« (21,24). Der Text führt sich also selbst auf eine geheimnisvolle Figur zurück, die das Johannesevangelium immer wieder als den »Jünger, den Jesus liebte« bezeichnet. Dieser Jünger steht auch als »Zeuge« unter dem Kreuz Jesu (19,35), seine Identität wird aber vom Evangelium nicht gelüftet. Gleichzeitig aber zeigt sich auch an diesem Satz, dass das vierte Evangelium in seiner jetzigen Gestalt nicht auf den geliebten Jünger *allein* zurückgehen kann, sondern dass auch die Gruppe, die sich hier als »wir« bezeichnet, eine Rolle gespielt haben muss. Das vierte Evangelium beruft sich also auf Überlieferungen eines »Jüngers Jesu«. Dessen Identität jedoch können wir nicht mehr mit Sicherheit greifen. Was uns aber heute als Johannesevangelium vorliegt, dürfte auf eine Gruppe von Theolog(inn)en zurückgehen, die die ihnen vorliegenden Informationen weiterdachten, theologisch vertieften und immer wieder neu überarbeiteten.

Hat uns die Exegese damit einen vielleicht lieb gewonnenen »Heiligen« weggenommen, ja vielleicht gar ein Stück »Glauben« zerstört? Mitnichten. Entscheidend ist vielmehr, inwiefern uns diese Gestalt auf unserem eigenen Weg im Glauben weiterhelfen und Vorbild sein kann. Dies aber ist »der Evangelist Johannes«, wie wir ihn weiterhin bezeichnen wollen, mindestens in zweierlei Weise: durch sein Evangelium, das aufgeschrieben ist, »damit ihr glaubt, dass Jesus der Messias ist, der Sohn Gottes, und damit ihr durch den Glauben das ewige Leben habt in seinem Namen« (Joh 20,31), und durch die im Evangelium begegnende Vorbildgestalt des »Jüngers, den Jesus liebte«.

Das Johannesevangelium als »Glaubensschule«

Das vierte Evangelium macht selbst eine deutliche Aussage darüber, mit welchem Ziel es verfasst ist: Es möchte seine Leserinnen und Leser zum Glauben an den Messias und Sohn Gottes Jesus von Nazaret führen und ihnen durch diesen Glauben »ewiges Leben« ermöglichen (vgl. Joh 20,31). Dabei setzt das Johannesevangelium durchaus voraus, dass seine Leserinnen und Leser bereits glauben und gewisse Vorkenntnisse über Jesus von Nazaret besitzen. Ihnen aber soll eine vertiefte Sicht dessen geboten werden, was Leben, Tod und Auferstehung Jesu von Nazaret bedeuten. Dies zeigt sich schon daran, dass das Johannesevangelium eigentlich »im Anfang« – oder wohl besser »im Ursprung« d. h. bei Gott – beginnt (Joh 1,1). Johannes zeichnet uns Jesus Christus zunächst nicht als Menschen, sondern als das »Wort Gottes« (1,1–3), das »Licht« (1,4–5.9), an dem sich Menschen in der Finsternis der Welt orientieren können und das Leben spendet (1,4). Dieses »Wort Gottes«, das Gott ist (1,1), wird »Fleisch« (1,14). Radikaler als alle anderen Evangelisten drückt Johannes damit aus, was mit der Menschwerdung Gottes gemeint ist, also was wir an

Weihnachten feiern. Er will uns von Anfang an »hinter die Kulissen« führen. Sein Text will uns von einem allzu vordergründigen, rein an Greifbarem orientierten Glauben zu einer tieferen Sicht der Dinge bewegen.

Johannes will etwa, dass wir uns von einem allzu vordergründigen Wunderglauben entfernen. Zwar erzählt auch er von großartigen Wundern Jesu – er spricht aber in diesem Zusammenhang von »Zeichen«, in denen sich die Herrlichkeit Jesu (2,11) offenbart. In diesen Zeichen wird deutlich, wer Jesus wirklich ist. Wo die Zeichen nicht zu einer vertieften Christusbeziehung führen, sind sie letztlich wertlos. Dies macht uns der Evangelist z. B. mit der so genannten »Brotrede« (Joh 6,22–59) deutlich: Die Menge, die am Vortag das Wunder der Brotvermehrung erlebte, hat am nächsten Tag wieder Hunger (Joh 6,26). Jesus aber wehrt ihr Ansinnen ab, zu ihrem König (Joh 6,15) zu werden, der immer für Brot im Überfluss garantiert. Auf das »Brot des Lebens« – Christus, der u. a. in der Eucharistie zugänglich wird – kommt es an. Zu diesem Christus, in dessen »Ich bin« (z. B. Joh 6,16; 18,5–6) Johannes uns das »Ich bin der ›Ich-bin-da‹« Gottes am brennenden Dornbusch (Ex 3,14) hören lässt, will er uns hinführen. Diesem Jesus zu begegnen – das macht Johannes ganz klar –, bedeutet schon jetzt »ewiges Leben« (Joh 11,25).

Johannes will uns deutlich machen, dass Jesu Handeln ganz vom Willen seines himmlischen Vaters – Gott – bestimmt ist. Darum weist Jesus den Hinweis seiner Mutter ab, die Brautleute zu Kana hätten keinen Wein mehr (2,3): Jesus wird erst in der vom Vater gesetzten »Stunde« handeln. Mit jeder der erwähnten »Stunden Jesu« verweist der Evangelist aber auf die entscheidende »Stunde« – die Stunde der Kreuzigung (wichtig: 13,1). Auch hier lässt er uns wieder »hinter die Kulissen« blicken. Was für den Außenstehenden die »Stunde« tiefster Demütigung des »Menschen« Jesus ist (19,5), erkennt der Evangelist als seine Erhöhung, die er in den Begriffen der Inthronisation eines Königs zu beschreiben weiß.

Der »Jünger, den Jesus liebte«

Das tiefste der Glaubensvorbilder, die das vierte Evangelium uns schenkt, ist dasjenige dessen, den es selbst als seinen geistigen Vater ansieht, das des »geliebten Jüngers«. Dessen (womöglich) erstes Auftreten im Evangelium ist so beiläufig erzählt, dass man es beinahe überlesen könnte. Joh 1,35 erzählt davon, dass Johannes der

Täufer zweien seiner Jünger Jesus als das »Lamm Gottes« vorstellt. Beide folgen daraufhin Jesus nach – im Johannesevangelium sind sie die beiden ersten Jünger Jesu überhaupt. Während der eine von ihnen namentlich genannt wird – es handelt sich um Andreas (1,40) –, bleibt der zweite völlig im Dunkeln. Von Andreas geht nun eine Kette weiterer Jüngerberufungen aus: Andreas führt seinen Bruder Simon Petrus zu Jesus und – der Text ist hier nicht ganz eindeutig – wohl auch Philippus, der wiederum Natanael zu Jesus bringt. Die Jünger Jesu gehen damit für Johannes auf einen ersten Impuls des Täufers, des von Gott gesandten »Zeugen für das Wort« (Joh 1,6–7), zurück. Welchen Sinn aber hat dann die zweite Gestalt? Geht von ihr keine »Kette« von Berufungen aus? Wenn man in ihr bereits den »geliebten Jünger« sehen möchte, lässt sich diese Frage leicht beantworten: Das Evangelium erzählt von keinen weiteren Berufungen durch die Vermittlung des »geliebten Jüngers« – die Kette aber geht trotzdem weiter, und zwar durch das Evangelium: Durch sein Evangelium will der geheimnisvolle zweite Jünger bis heute Menschen zu Jesus führen – uns eingeschlossen!

Erst im zweiten Teil des Evangeliums ist dann klar vom »Jünger, den Jesus liebte« die Rede. Beim gemeinsamen Mahl offenbart Jesus gegenüber den Jüngern sein Wissen darüber, dass er von einem von ihnen verraten wird (13,21). Eine große Ratlosigkeit entsteht – keiner der Jünger weiß, wen er meint. In dieser Situation ergreift zwar Simon Petrus die Initiative – die aber besteht darin, sich an den Lieblingsjünger zu wenden. Der liegt »an der Seite Jesu« (13,23), ist ihm also ganz nah. Deswegen kann er auch die entscheidende Frage stellen: »Herr, wer ist es?« (13,25). Die Antwort Jesu scheint nur an den Lieblingsjünger gerichtet zu sein: »Der ist es, dem ich den Bissen Brot, den ich eintauche, geben werde« (13,26) – Jesus gibt den Bissen an Judas Iskariot und fordert ihn auf, sein Vorhaben bald auszuführen. Judas, vom Satan besessen, entfernt sich in die Nacht, während der geliebte Jünger an der Brust des Herrn, dem »Licht der Welt« (Joh 8,12; 9,6), verweilt. Ein größerer Gegensatz wäre nicht denkbar.

Ein besonders interessanter Kontrast zwischen drei Jüngergestalten entsteht in Joh 20,1–10. Am Ostermorgen kommt Maria von Magdala als Erste zum Grab Jesu – der Hinweis darauf, dass »es noch dunkel war« (20,1), mag in einem Text, dem es so stark wie dem Johannesevangelium um »Licht« und »Finsternis« geht, durchaus symbolisch gemeint sein. In jedem Falle sieht sie, »dass der Stein vom Grab weggenommen war« (20,1), versteht aber nicht die Konsequenz dessen, sondern läuft mit den Worten: »Man hat den Herrn aus dem Grab weggenommen, und wir wissen nicht, wohin man ihn gelegt hat«, zu Simon Petrus und dem geliebten Jünger. Beide Jünger laufen nun zum Grab. Der Lieblingsjünger ist schneller als Petrus, lässt diesem aber den Vortritt. Petrus »ging in das Grab hinein. Er sah die Leinenbinden liegen und das Schweißtuch, das auf dem Kopf Jesu gelegen hatte; es lag aber nicht bei den Leinenbinden, sondern zusammengebunden daneben an einer besonderen Stelle« (20,6–7). Nun tritt auch der Lieblingsjünger ein: Auch er sieht – »und glaubt« (20,8)! Während Maria von Magdala erst später in einer Vision, in der sie Jesus noch dazu mit dem Gärtner verwechselt, zum Glauben kommt und Petrus zunächst beim »Sehen« stehen bleibt, kommt der Lieblingsjünger bereits beim Anblick des Grabes zum Glauben. Seine Reaktion ist im wahrsten Sinne vorbildlich – und sie will Lesern aller Zeiten deutlich machen, dass es möglich ist, auch ohne außergewöhnliche Visionen, Engelerscheinungen oder Ähnliches an seiner Seite zu stehen und zu glauben.

Das 21. Kapitel des Johannesevangeliums schließlich erzählt von einer letzten Erscheinung des Auferstandenen am See von Tiberias. Vom auferstandenen Jesus haben die Jünger den Geist empfangen, von ihm sind sie ausgesandt (20,21–22). Nun aber finden wir sie bei einer ganz alltäglichen Beschäftigung wieder – sie fischen, aber ohne Erfolg. Unerkannt fordert der Auferstandene sie auf, das Netz auf der anderen Seite des Bootes auszuwerfen – erst jetzt haben sie Erfolg. Einem von ihnen wird klar, was geschehen ist: »Da sagte der Jünger, den Jesus liebte, zu Petrus: ›Es ist der Herr!‹« (21,7). Erneut also blickt der »Lieblingsjünger« als Erster hinter die Kulissen des Geschehenen, nun wirft sich Petrus ins Wasser und rudern die Jünger zum Ufer hin.

So erfüllt der Lieblingsjünger in dieser kurzen Szene symbolisch die gleiche Aufgabe, die auch der Evangelist Johannes mit seinem Evangelium als entscheidend ansieht: Er führt Menschen zur Begegnung mit dem auferstandenen Jesus.

Literatur

C. Dohmen, Th. Hieke, Das Buch der Bücher. Die Bibel, Eine Einführung, Regensburg 2005;

K.-W. Niebuhr, Hg., Grundinformation Neues Testament, 2. Aufl., Göttingen 2003, 143–172;

S. van Tilborg, Das Johannesevangelium. Ein Kommentar für die Praxis, Stuttgart 2005

JUDITH ROSEN

Felicitas und Perpetua

Blutzeuginnen der frühen Kirche

† um 202 in Karthago
Märtyrerinnen
Gedenktage: 7. März, 2. Februar

Am 7. März 202 oder 203, dem Geburtstag des römischen Kaisersohns Geta, erlitten drei Männer und zwei Frauen, Perpetua und Felicitas, im Amphitheater des nordafrikanischen Karthago den Märtyrertod. Einem Verbot des Kaisers Septimius Severus zum Trotz waren sie Katechumenen geworden. Über ihr Schicksal sind wir gut unterrichtet. Denn Perpetua hat ihre Erlebnisse während der Haft niedergeschrieben. Ihre autobiographischen Notizen gehören zu den wenigen überlieferten Zeugnissen von Frauen aus der Antike und sind der erste authentische Bericht einer Christin. Überliefert ist ihr lateinisches »Tagebuch« in der »Passio SS. Felicitatis et Perpetuae«. Ein Redaktor, oft mit Tertullian identifiziert, gab Perpetuas Aufzeichnungen (Kap. 3–10) eine Einleitung und einen Schluß, in dem er den Todeskampf der Märtyrer mit den wilden Tieren schildert.

Perpetua sei »von vornehmer Geburt«, »hochgebildet«, »rechtmäßig verheiratet« und Mutter eines Säuglings, so berichtet der Redaktor. Ihre Mutter sei gläubig, ihr Vater Heide. Über den Ehemann erfahren wir nichts. Perpetuas Autobiographie berichtet über den Gefängnisalltag, das Gerichtsverfahren und die unterschiedlichen Reaktionen ihrer Familie. Immer wieder überrascht, wie offen die Zweiundzwanzigjährige ihre alltäglichen Sorgen und Ängste schildert. Neben drei Visionen ist das Verhalten des Vaters ein Hauptthema. Mehrfach suchte er seine Tochter im Gefängnis auf und drängte sie erfolglos, ihren Glauben aufzugeben. Einmal schickte sie ihn weg mit den

Worten: »Wir stehen nicht in unserer Macht, sondern in der Gottes.« Wie belastend der Konflikt zwischen Kindesliebe und Gottesliebe für sie war, offenbart der Eintrag: »Nachdem ich daraufhin einige Tage von meinem Vater frei war, sagte ich Gott Dank, und ich erholte mich aufgrund seiner Abwesenheit.« In dieser Zeit wurden die Katechumenen im Gefängnis getauft. Doch stand eine weitere Prüfung bevor. Perpetua schreibt: »Nach wenigen Tagen wurden wir in einen tieferen Kerker verlegt. Und ich erschrak, weil ich noch nie eine solche Dunkelheit erlebt habe. Oh grausamer Tag. Schwere Hitze aufgrund der Menschenmenge. Erpressungsversuche der Soldaten.« Besonders das Schicksal ihres Sohnes, den sie noch nährte, quälte die Mutter. Als ihr Sohn bei ihr bleiben darf, jubelt sie: »Das Gefängnis wurde mir plötzlich zum Palast, so dass ich dort lieber bleiben wollte als anderswo.«

Perpetua lässt den Leser an ihrer spirituellen und seelischen Entwicklung teilhaben. Schritt für Schritt überwindet sie ihre Ängste. Zu den erschütterndsten Stellen der Passio gehört eine Szene während der öffentlichen Gerichtsverhandlung. Ein letztes Mal versuchte der greise Vater, seine Tochter zu retten, und rief: »Hab Mitleid mit deinem Kind«, bis ihn die Soldaten von der Gerichtsbühne prügelten. Auch der Richter, der Perpetua fragte, ob sie Christin sei, und ihr ein erlösendes »Nein« fast in den Mund legte, blieb erfolglos. So lautete sein Urteil: »ad bestias« (zu den Tieren), was Perpetua mit dem nüchternen Satz kommentierte: »Und heiter begaben wir uns wieder in den Kerker.«

Der Herausgeber vergisst auch Perpetuas Sklavin Felicitas nicht, die wegen ihrer Schwangerschaft fürchtete, vom Martyrium ausgeschlossen zu werden. Deswegen baten die Märtyrer Gott um Hilfe. Wir lesen: »Sofort nach dem Gebet setzten die Wehen ein, und da Felicitas bei der Geburt große Schmerzen litt, sagte ein Gefängniswärter: ›Wenn du jetzt schon solche Schmerzen hast, was wirst du tun, wenn du den Tieren vorgeworfen wirst?‹ Sie antwortete: ›Jetzt leide ich, was ich erleide. Dort aber wird ein anderer in mir sein, der für mich leiden wird, weil auch ich für ihn leiden werde.‹

Perpetuas Aufzeichnungen sind ein wertvolles Dokument für die Kirchengeschichte und für die Stellung der Frau im frühen Christentum. Wer in der Afrikanerin nur die emanzipierte Frau sieht, erfasst ihre Persönlichkeit oberflächlich. Ihr Leben und Handeln war von der bedingungslosen Liebe zu Jesus Christus bestimmt, einer Liebe, die gesellschaftliche Konventionen übersprang, familiäre Bindungen aufhob und die heidnische Umwelt fassungslos machte. Eine solche

Liebe sprengt jede menschliche Vorstellung. Sie leben zu können, ist Gnade. So wundert es nicht, dass am Ende Perpetua dem zitternden Soldaten die Hand zum Todesstoß führte.

LITERATUR

P. Guyot, R. Klein, Das frühe Christentum bis zum Ende der Verfolgungen, Bd. 1, Darmstadt 1993;

H. Habermehl, Perpetua und der Ägypter oder Bilder des Bösen im frühen afrikanischen Christentum, Berlin 1992

Hermann Josef Vogt

Konstantin und Helena

Der erste christliche Kaiser und seine Mutter

Konstantin (Kaiser)
** um 288 in Naissus / Serbien*
† 337 in Konstantinopel
Gedenktag: 21. Mai

Helena (Kaiserin)
** um 255 in Bithynien / Türkei*
† 330 in Nikomedien / Türkei
Gedenktage: 18. August und 21. Mai

Der Gestalt des ersten christlichen Kaisers habe ich mich von drei Seiten her zu nähern versucht, d. h. unter drei Fragestellungen, nämlich, wie seine politische Erfahrung sein Gottesbild mitbestimmt hat, wie er selbst in seinen erhaltenen Briefen religiöse Erfahrung bezeugt und wie er sich zu den Bischofsversammlungen verhalten hat. Konstantins Antworten auf diese Fragen lassen sich nur im Blick auf das geistige Umfeld, vor allem die Glaubenslehre und ihre Vorgeschichte darstellen. Dass am Anfang des Johannesevangeliums Jesus Christus als der Fleisch gewordene Logos verkündet wird, hat das frühchristliche Denken stark angeregt, vor allem weil »logos« mit »verbum«, also »Wort«, übersetzt wurde; so konnte man Jesus Christus als die endgültige und umfassende Selbstoffenbarung Gottes verstehen; so versuchte man auch das Verhältnis des Sohnes zum Vater zu erklären. Dafür schien die griechische Sprachphilosophie ein geeignetes Modell zu bieten; sie unterscheidet nämlich zwischen dem hörbaren Wort und dem Gedanken, der als inneres Wort dem geäußerten Wort vorausgeht. Dieses Modell legte nahe, die Hervorbringung des Logos mit dem Machtwort Gottes zu identifizieren, das die Welt ins Dasein rief. So aber schien auch der Logos selbst erst in diesem Machtspruch Gottes ins Dasein getreten, also selbst der Zeit unterworfen zu sein und zur Schöpfung zu gehören, aber nicht zum ewigen Wesen Gottes. Nach langen Auseinandersetzungen erst wurde allgemein klar, dass dieses Modell von menschlichem Sprechen so nicht auf Gott übertragen werden kann; Gott lebt ja nicht in der Zeit; bei ihm gibt es nicht ein Vorher und Nachher; der Logos ist nicht erst ins Dasein getreten durch die Offenbarung; er ist immer schon, in der göttlichen Ewigkeit, der Sohn des Vaters, so wie der Vater immer schon Vater dieses Sohnes ist.

Das Konzil in Nizäa

Diesen biblischen Glauben hat Kaiser Konstantin nicht nur äußerlich, vor allem auf dem ersten allgemeinen Konzil in Nizäa i. J. 325 unterstützt. Er bietet auch ein eigenes Denkmodell zur Erklärung des Verhältnisses von Gottvater und Gottsohn, das ihm selber offenbar die Zustimmung zum Glauben an den ewigen Gottessohn und damit die Ablehnung der Lehren des Arius, der den Sohn für ein Geschöpf ansah, möglich gemacht hat. Konstantin nennt in seinem Brief an die Gemeinde von Nikomedien den Sohn nicht das Wort Gottes, sondern den Willen Gottes; dieser Wille sei nicht – wie der Wille des Menschen (und erst recht das Wort eines Menschen) – Ergebnis einer Gedankenerwägung; er müsse auch nicht, um seine Werke zu vollbringen, (wie der Befehl eines Menschen) nach außen treten und von einem anderen Wesen verstanden und übernommen werden. Der Sohn sei durch sein Gezeugtsein nicht vom Vater getrennt; denn der Wille sei in seiner Wohnstatt fest verankert und besorge und verwalte zugleich doch alles, was verschiedener Pflege bedarf, nach der Beschaffenheit eines jeden. Deshalb stehe nichts (trennend) zwischen Gottvater und Gottsohn; die Fülle der (geschaffenen) Dinge habe den Befehl des Willens (Gottes) angenommen, aber den Willen nicht aus dem Wesen des Vaters abgetrennt. Das sind offensichtlich die Überlegungen eines Mannes, der zu befehlen gewohnt ist; der Feldherr und Kaiser hat aus seiner Erfahrung diesen Zugang zum Glauben an den ewigen Gottessohn gewonnen. Gegen Arius, der den Sohn für das Ergebnis eines Willensentschlusses Gottes hielt, identifiziert Konstantin den Sohn mit Gottes ewigem Wollen selbst; so lässt sich verstehen, dass er vom Vater untrennbar, mit ihm wesenseins (homousios) ist, wie das Glaubensbekenntnis von Nizäa sagt. Und Konstantin bleibt mit dieser Überlegung durchaus im Rahmen dessen, was das Johannesevangelium am Anfang sagt: Der Logos wird da nicht nur als Offenbarungswort verstanden; es heißt vielmehr ausdrücklich auch: »Durch ihn ist alles geworden«; er ist also auch die Macht des Vaters, die das All erschaffen hat.

Das Heilsleiden Christi

Konstantins Erfahrung bewährt sich aber noch in einer anderen Hinsicht. Die Arianer meinten nicht nur, weil jeder Sohn später sei als sein Vater, könne der Sohn Gottes nicht mit dem Vater gleich ewig sein; sie verwiesen auch auf das zentrale Geheimnis des Glaubens, auf Leiden und Tod des Erlösers. Da der wahre Gott ja außerhalb allen Erleidens ist, könne der Erlöser zwar irgendwie Gott genannt werden, aber nicht wahrer Gott sein. Darauf antwortet Konstantin: »Wer ist es, der das Leiden Christi, meines Herrn, mehr aus Scheu als aus Torheit (zu bekennen) fürchtet? Leidet etwa das göttliche (Wesen), wo doch die Einwohnung des verehrungswürdigen Leibes zur Anerkennung ihrer Heiligkeit bewegt? Oder unterliegt der Berührung, was aus dem Leibe ausgegrenzt ist? ... Leben wir etwa nicht, auch wenn die edle Gesinnung der Seele den Leib zu Tod(esbereitschaft) aufruft?« Wie die Todesbereitschaft der Seele gerade nicht deren Sterblichkeit zeigt, so beweist also das Leiden des Erlösers nicht, dass er nur ein Geschöpf wäre. So konnte der kampferprobte Soldat Konstantin denken, so hat er wohl seinen persönlichen Zugang zu Christus gefunden. Wie sehr Konstantin das Erlösungsleiden im Blick hatte, zeigt sich auch, wo er den Golgota-Felsen freilegen und den darübergebauten heidnischen Tempel abtragen ließ. Während Bischof Euseb Konstantin rühmt, weil er das »verehrungswürdige Zeugnis (martyrion) der heilsmächtigen Auferstehung« wieder aufleuchten ließ, nennt Konstantin den Ort »Erkennungszeichen des heiligsten Leidens« und betont, jetzt sei der »Glaube an das Erlöserleiden ans Licht gekommen«.

Das Siegeszeichen

Wenn nach Konstantins religiöser Erfahrung im eigentlichen Sinn gefragt wird, würde wohl jeder, der auch nur ein wenig vom Leben des großen Kaisers weiß, seine Vision vor der Entscheidungsschlacht an der milvischen Brücke im Jahr 312 nennen, in der ihm vor dem Sieg über Maxentius am Himmel ein Lichtkreuz erschienen sein soll, mit der Zusage, in diesem Zeichen werde er siegen. Leider ist kein Wort von Konstantin selbst darüber erhalten und die antiken Berichte bei

Euseb und Laktanz stimmen nicht überein. Aber auch da fällt auf, dass Konstantin das Kreuzeszeichen, das sein Standbild in der Hand halten sollte, »Zeichen des heilbringenden Leidens« nennt, obwohl es ihm nach dem Bericht des Euseb als Siegeszeichen erschienen war. Schon bald nach dieser Schlacht schreibt Konstantin an den Statthalter von Nordafrika, es werde »aus vielen Ereignissen deutlich, dass große Gefahren über die staatlichen Verhältnisse dadurch gekommen sind, dass jene Religion, in welcher der heiligsten himmlischen Macht die höchste Verehrung gewahrt wird, vernachlässigt wurde, dass aber, nachdem diese Religion auf gesetzmäßige Weise angenommen ist und bewahrt wird, sowohl für den römischen Namen als auch für alle Privatleute Wohlergehen kam, weil dies die göttlichen Kräfte bewirken ...«. In dem einen Jahr nach seinem Sieg konnte Konstantin solche Besserung schon wahrgenommen haben; vor allem muss ihm der Unterschied aufgefallen sein zwischen Italien, wo erst er die Schäden der Christenverfolgung wieder gutmachte, und Gallien, wo ja schon sein Vater die Christen nicht verfolgt hatte. Aber auch für seine eigene Person bekennt der Kaiser in seiner »Rede an die Versammlung der Heiligen« einen religiösen und moralischen Fortschritt: er hätte sich »Offenbarung schon früher gewünscht, weil der Mensch selig zu preisen ist, der sich von Jugend an der Kenntnis über Gott und der Schönheit der Tugend erfreuen kann«. Er habe aber keinerlei Erziehung von Menschen erhalten; alles sei Geschenk Gottes, was man nun an ihm lobe; er selber sehe das Heil in seinem Sinneswandel.

Die Mutter

Allein diese Bemerkung zeigt, dass man Konstantins Verhältnis zu seiner Mutter Helena nicht so verstehen darf wie das des Augustinus zu Monika; Euseb versichert, Konstantin habe seine Mutter zu einer Dienerin Gottes gemacht. Dass sie das wahre Kreuz gefunden habe, davon sagt Euseb nichts, obwohl er von ihrer Pilgerfahrt nach Jerusalem, ihrer Bautätigkeit dort und ihrer Mildtätigkeit im ganzen Orient berichtet. Ein halbes Jahrhundert später aber erzählt der Mailänder Bischof Ambrosius in seiner Trauerrede auf Kaiser Theodosius den Großen von dem großen Fund der Helena und legt ihr am Ort von Golgota diese Rede in den Mund: »Da ist der Ort des Kampfes, wo ist das Siegeszeichen? Ich suche das Banner des Heils und finde es nicht!« Dann redet sie den Teufel an: »Ich sehe, was du gemacht hast, um das Schwert, das dich zunichte gemacht hat, zu verschütten ... aber nur dazu, dass du wieder besiegt wirst. Besiegt hat dich Maria, die den Triumphator geboren hat, der am Kreuz dich besiegen sollte ... Wieder wirst du besiegt, indem eine Frau deine Hinterlist aufdeckt. Sie, die Heilige, trug den Herrn, ich forsche nach seinem Kreuz; sie kündete, dass Er geboren, ich, dass Er auferstanden ist. Sie machte, dass Gott unter den Menschen gesehen wurde, ich werde zum Heilmittel unserer Sünden das Gottesbanner aus den Trümmern erheben!«

Ambrosius erzählt, sie habe vom Kreuz Christi auch die Nägel gefunden. Aus einem habe sie für Konstantins Pferd ein Zaumzeug machen, einen anderen in eine Krone einfügen lassen, also für »Zier und Frömmigkeit« gesorgt. Ambrosius sieht in Maria und in Helena die Frau als solche geehrt; zu Maria sei Christus gekommen, weil sie Eva befreien sollte, zu Helena der Geist, damit die Kaiser erlöst werden. Geprägt sei die Krone vom Kreuz, damit der Glaube leuchtet, der Zügel, »damit Vollmacht herrscht und gerechte Mäßigung, nicht ungerechtes Beanspruchen von Vorrechten«. Der Übermut der Kaiser solle gezügelt, die Ausgelassenheit der Tyrannen unterdrückt werden.

Indem Ambrosius der Legende diese allgemeine Bedeutung für Moral und Politik abgewinnt, stellt er Helena, die »ehemalige Herbergswirtin«, neben ihren Sohn, den Kaiser, der nicht nur für den Christus-Glauben, sondern auch für die Kirche als verfasste Gesellschaft eine neue Zeit heraufgeführt hat. Allerdings scheint Konstantin der Christenheit tatsächlich mehr zugetraut zu haben, als sie dann zu leisten vermochte. Als beim Kirchenstreit in Nordafrika die im römischen Konzil unterlegene Partei sich mit dem Urteil nicht zufrieden gab, sondern appellierte, sah Konstantin darin geradezu einen Verrat an Glaube und Heil! Aber dies hat sein Vertrauen in die Urteilskraft der Bischöfe nicht erschüttert; er hat ihnen nicht nur das Recht der »bischöflichen Anhörung«, eine Art Schiedsgerichtsbarkeit, verliehen; er hat auch an das Konzil von Arles i. J. 314 geschrieben: »An das Urteil der Bischöfe muss man sich so halten, wie wenn der Herr selbst zu Gericht sitzt.« Da hat aber nicht der Kaiser den Bischöfen Autorität verliehen, sondern bezeugt, »was Wahrheit ist«, und das hat er für alle Zukunft so begründet: »Denn ihnen ist es nicht erlaubt, anders zu befinden oder anders zu urteilen, als sie selbst durch Christus belehrt sind!«

LITERATUR

H. J. Vogt, Politische Erfahrung als Quelle des Gottesbildes bei Kaiser Konstantin d. Gr., in: H. Feld u. a., Dogma und Politik, Mainz 1973, S. 35–61;

Ders., Religiöse Erfahrung bei Ignatius von Antiochien, Konstantin dem Großen und Augustinus. Mystik und Politik in der Frühen Kirche, in: W. Haug u. D. Mieth (Hg.), Religiöse Erfahrung. Historische Modelle in christlicher Tradition, München 1992, S. 17–49, bes. 27–39;

Ders., Konstantins Haltung zu den Konzilien, in: G. Krieger (Hg.), Konstantin der Große in seiner Bedeutung für die Kirche und das Bistum Trier, 2006

Erich Jooss

Sebastian

Der Heilige am Lebensbaum

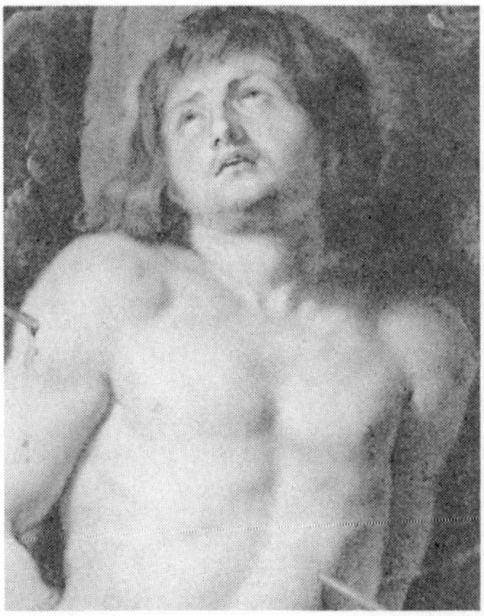

288 in Rom
Märtyrer
Gedenktag: 20. Januar

Es war nach dem Zweiten Weltkrieg. Damals gab es nicht viele Bücher. Wer als eifrig lesendes Kind auf Nachschub angewiesen war, musste sich zunächst mit den häuslichen Schätzen begnügen. Die Bücher, die mich interessierten, fand ich im Bettkasten unserer Wohnzimmercouch. Da lag auch ein voluminöser Band, der mich schon wegen seines Gewichtes beeindruckte: die »Legende von den lieben Heiligen Gottes« – »nach den besten Quellen« neu bearbeitet und herausgegeben von Georg Ott, Stadtpfarrer in Abensberg. Am meisten beeindruckt war ich (und bin ich bis heute) vom heiligen Sebastian. Drei Bilder standen über seiner Legende: In der Mitte wurde der Schmerzensmann gezeigt. Er war mit Stricken an einen Baum gefesselt und von Pfeilen durchbohrt. Das linke Bild aus diesem Triptychon stellte den Heiligen unter den Engeln dar, also seine Aufnahme in den Himmel, während das rechte Bild einen eher beschaulichen Charakter hatte. Hier zogen fromme Frauen die Pfeile aus dem Körper von Sebastian und wuschen seine Wunden aus. Schon damals fiel mir auf, dass der Heilige am Baum und in der Obhut der Pflegenden einen einfachen Lendenschurz trug. Zwischen den Engeln aber stand er im prächtigen römischen Soldatengewand. Manchmal gehen Irdisches und Himmlisches eine seltsame Verbindung ein …

Sebastian gehörte bis in die Barockzeit zu den volkstümlichsten Heiligen. Diese Beliebtheit schlug sich auch in zahllosen Zeugnissen der Volksfrömmigkeit nieder. Dem stehen nur wenige, relativ späte historische Quellen gegenüber, beginnend 354 mit der Nennung von Sebastian in einem römischen Martyrologium. Mehr als hundert Jahre dauerte es dann noch bis zur ersten, schriftlichen Abfassung der Passion. Die heroische Leidensgeschichte sollte allen Christen Mut machen und die Überlegenheit des neuen Glaubens demonstrieren. Sebastian ist, wie viele andere Märtyrer, ein Heiliger, dessen Leben unzerstörbar erscheint. Nicht nur darin erinnert er an Christus, dem er gleichsam nachgelitten hat.

Sebastian war vom Kaiser zum Offizier der Leibgarde befördert worden und durfte so auch die inneren Gemächer des Palastes betreten. Vermutlich erlebte er die beängstigende Veränderung des Herrschers aus nächster Nähe mit. Diokletian fürchtete um seine Macht, weil ihm die Christen die Anbetung verwehrten. Deshalb setzte er eine blutige Verfolgung in Gang. In dieser Situation will Sebastian zwei jungen Männern, Markus und Marzellian, beistehen, denen er im Gefängnis begegnet. Er wird entdeckt und Diokletian vorgeführt. Als er dem Tyrannen entgegenhält: »Christus ist größer als du«, kann ihn niemand mehr retten. Afrikanische Bogenschützen, die für ihre Treffsicherheit berühmt sind, binden ihn vor der Stadt an einen Baum und schießen auf ihn. Der Heilige ist bald »wie ein Igel gespickt«. Trotzdem überlebt er, weil sich die Bogenschützen nicht weiter um seinen blutüberströmten Körper kümmern. Lange Zeit liegt Sebastian zwischen Leben und Tod, während ihn fromme Frauen pflegen. Schließlich geht er noch einmal zum Kaiser und verkündet ihm: »Christus ist stärker als du.« Nun wird er auf Befehl von Diokletian wie ein Hund totgeschlagen und in einen Abwasserkanal geworfen. Nichts mehr soll an den Bekenner erinnern …

Größer hätte das Elend nicht sein können, in das Sebastian stürzt. Aber die Verachtung, eingefangen im Bild der Kloake, kann die Verherrlichung nicht hindern, im Gegenteil: Die Christen bergen den Leichnam aus dem Unrat. Sie bestatten Sebastian weit draußen an der Via Appia, in den Katakomben. Über den Grabkammern lässt Kaiser Konstantin eine dreischiffige Basilika errichten, die später den Namen des Heiligen tragen und zu einer der sieben Hauptkirchen Roms aufsteigen wird. Die bis heute gültige Fassung dieser dramatischen Legende hat Jacobus de Voragine im 13. Jahrhundert niedergeschrieben und der berühmten, stilbildenden Sammlung der »Legenda aurea« eingefügt.

Paulus Diaconus berichtet in seiner Geschichte der Langobarden erstmals, dass im Pestjahr 680 eine Prozession durch Rom mit den Reliquien des Heiligen stattgefunden habe. Danach soll die Krankheit zum Stillstand gekommen sein. Hier beginnt das wichtigste Patronat des Soldatenheiligen, der lange vor Rochus zum Fürsprecher der Pestkranken wird. Die apokalyptische Seuche wurde als Strafe Gottes gedeutet: Engel haben sie mit ihren Pfeilen auf die Erde gesandt – und nur Sebastian kann sie aufhalten. Das wird dann zu einem großen Thema der bildenden Kunst, die sich mit Sebastian und seinem Martyrium am Lebensbaum intensiv auseinander setzte, von Hans Memling bis Georges de la Tour, von Albrecht Altdorfer bis Tilman Riemenschneider.

LITERATUR

W. Roemer, Sankt Sebastian, Patron der Schützen und Fürsprecher in Pestnot, Langwaden 2003;

H. Koren, Bauernhimmel, Heiligendarstellungen im bäuerlichen Brauchtum, Graz 1974;

Der Heiligen Leben und Leiden, das sind die schönsten Legenden aus den deutschen Passionalen des 15. Jahrhunderts, ausgewählt und übertragen von Severin Rüttgers, Leipzig 1922

Georg Schmuttermayr

Georg

Heiliger Superstar vieler Jahrhunderte

† 304/305 in Lydda / Israel
Märtyrer, Ritter, Nothelfer
Gedenktag: 23. April

Mir kommt man seit eh und je nur schwerlich bei. Der Legende zufolge erlitt ich viermal den Martertod, aus dem mich Gott jeweils wieder zum Leben erweckte, dreimal in das irdische Dasein zurück – und schließlich in das ewige Leben hinein. Den Himmel im Visier, war man überzeugt, dass ich einst tatsächlich lebte, etwa in Kappadokien, in der heutigen Türkei, zu Beginn des 4. Jahrhunderts, und nicht nur als Kunstfigur existiere in der Welt des Virtuellen und der Fiktion.

Mein Geheimnis

Die Frage nach meiner realen Existenz treibt viele um. Der Hinweis auf das Grab, das man in Lydda/Diospolis/Lôd im heutigen Israel als das meine verehrt und über dem man etwa um das Jahr 530 eine gewaltige Georgskirche errichtet hatte, vermag sie jedenfalls nicht zu beantworten. Über lange Jahrhunderte galt in der Christenheit die Diskussion nach der Echtheit eines Heiligengrabes als beendet, wenn sich, wie auch in meinem Falle, an ihm oder den vorgefundenen Gebeinen Wunder ereigneten. Dass man auch anderorts meine Grabstätte hütet, so im heutigen Syrien, überrascht den Insider keineswegs. Der Forschung steht nur die Heiligenlegende zur Verfügung und damit ein Genre, das sich der ausmalenden Deutung und der geistlichen Erbauung verpflichtet weiß, nicht aber, jedenfalls nicht primär, dem historischen Anspruch. Die Frage bleibt offen; das Geheimnis kann ich nicht lüften.

Mein Name und Gedenktag

Mein Name Georgios (Georg, Georgius, Georges, George, Jorgio, Jörg, Jürgen, Jurij, Schorsch) scheint sich herleiten zu lassen vom fast gleichlautenden griechischen Substantiv für »Erdbebauer, Landmann, Bauer«: georgós. Allmählich wurde ich zu einem der beliebtesten Namenspatrone. Ich avancierte, mit Verlaub gesagt, für Jahrhunderte zur populärsten und nach der Mutter Jesu am meisten verehrten Heiligengestalt, zum, in heutiger Diktion, gefeierten »Superstar«. Auch aus der muslimischen Welt erfahre ich als *El-Khudr* Achtung und Verehrung.

Erfreut stelle ich fest, dass in der gesamten Christenheit mein Gedenktag begangen wird. Allerdings haben sich hierfür mehrere Daten etabliert: der 24. April, alten lateinischen Übersetzungen meiner Legende gemäß, was sich zum Teil bis heute in Bayern, Oberitalien und Spanien gehalten hat, und der 23. April, späteren Versionen und dem römischen Festkalender entsprechend.

Variationen meiner Legende

Will man mein Profil erzählerisch nachzeichnen, gilt es, sich weitgehend an meiner Legende, der »Georgslegende«, zu orientieren. Die Forschung zeigt, dass diese bearbeitet und erweitert worden ist, was mein vielgestaltiges Bild zu erklären vermag. Eine solche Fassung ist in der von Jacobus de Voragine in der zweiten Hälfte des 13. Jahrhunderts geschaffenen *Legenda aurea* enthalten.

Zwischen Leben und Tod

Die erste, griechische Fassung der »Georgslegende« dürfte gegen Ende des 4. Jahrhunderts entstanden sein, früh gefolgt von altorientalischen sowie lateinischen Übersetzungen. In ihr bekenne ich mich in Persien anlässlich meiner beabsichtigten Beförderung vom Truppenführer zum Statthalter vor einem König namens Datian/Dadianos freimütig als Christ. »In einem wahren Marathon von immer neuen Qualen« erdulde ich hierauf »nacheinander eine ganze Folge von Martern« (J. G. Deckers). Während der zum Teil aus biblischen Büchern sowie apokryphen Schriften bekannten Martern erfassen mich Kräfte, die mich zu Wundertaten veranlassen und an Mose, Elia und Daniel, ja an unsern Herrn Jesus Christus selbst erinnern. Ich werde gefoltert, ausgepeitscht, geschleift, mit Haken aufgeritzt, an ein Gerüst genagelt, mit siedendem Wasser übergossen, gerädert, worauf ich den Tod erleide – und, obwohl in zehn Stücke zerteilt, wieder zum Leben erweckt. In einem zweiten und dritten Anlauf wiederholen, ja überbieten sich die Grausamkeiten, aber auch die dabei sich geschehenden wunderhaften Ereignisse sowie meine Wiederbelebung. Schließlich erleide ich durch Enthauptung endgültig den Tod, nicht ohne vorher noch Gott zu bitten, vom Himmel aus allen, die mich um meine Fürsprache anrufen und meine Reliquien verehren, beistehen zu dürfen, was der Allmächtige mir als ewiges Privileg gewährt.

Allmählich stießen sich griechische und lateinische Theologen an märchenhaften Zügen meiner Legende und an manchen, mit dem christlichen Glauben kaum zu vereinbarenden Vorstellungen. Sie bereinigten und »historisierten«, indem sie nicht verifizierbare Orte und Personen ersetzten: aus dem legendären Dadianos wird der als Christenverfolger bekannte römische Kaiser Diokletian und aus des Ersteren Hof die kaiserliche Residenz Nikomedia. Im Verbund damit erfolgt die Festlegung meines Martyriums auf 304/305. Und hier sterbe ich bloß einmal und endgültig, und zwar durch Enthauptung.

Die alte Fassung wies man per Konzilsbeschluss, wie die *Legenda aurea* vermerkt, den »apocryphen Büchern« zu und verbot sie damit für den offiziellen Gebrauch. Die Maßnahmen vermochten aber, wie ich amüsiert vernahm, weder die weitere Verbreitung als »Volksbuch« zu verhindern noch meine Verehrung zu stoppen. Man sagt noch heute: Georg besiegte nicht nur den Drachen, sondern auch kirchliche Autoritäten und versierte Theologen.

Wenn man die stets neuen Kaskaden von Qualen und Martern Revue passieren lässt, verwundert es nicht, dass ich mit dem Titel *Megalomartys*, ›Großmärtyrer‹, bedacht worden bin. Mit der jeweiligen Hauptfigur in ähnlichen Märtyrergeschichten aus jener Zeit bezeichnet man mich mit Recht als »Märtyrer vom unzerstörbaren Leben« (vgl. W. Haubrichs). Die Erzählungen über mein Martyrium verstehen sich literarisch als »bildhafte Kontextuierung« der Gewissheit, dass das Böse in seinen stets neuen Anläufen keine Chance hat, weil, theologisch gesprochen, der Glaube an Gottes Nähe unbesiegbar macht (vgl. L. Mödl). Mir, Georg, kommt es zu, hierfür Chiffre zu sein – meinem Meister ähnlich: Ikone.

Zwischen Jungfrau und Drachen

Im Osten im 11. und im Westen im 12. Jahrhundert wird der bereinigten Legende, die um mein Martyrium kreist, die Erzählung vom Drachenkampf und der Befreiung der jungfräulichen Prinzessin vorgeschaltet. Dem Text zufolge, wie ihn die *Legenda aurea* überliefert, komme ich eines Tages als Tribun aus Kappadokien in die Stadt Silena, in deren Nähe ein gefährlicher Drache von einem großen Teich aus die Stadt bedroht. Die Bürgerschaft hat ihm täglich zwei Schafe zu opfern. Da der Schafbestand auf Dauer nicht ausreicht, ist jeweils eines von beiden durch einen Menschen zu substituieren. Als eines Tages das Los auf die Tochter des Königs fällt und sie zum Teich hinausgeht, begegne ich ihr. Sie drängt mich zu fliehen. Ich verspreche ihr, Hilfe zu bringen im Namen Jesu Christi, springe auf mein Ross, mache das Kreuzzeichen, reite gegen den Drachen und treffe ihn so schwer, dass er stürzt. Auf meinen Zuruf hin nimmt die Jungfrau ihren Gürtel, der sie als solche ausweist, und wirft ihn um den Hals des Drachen. Dieser folgt ihr sodann wie ein zahmes Hündchen in die Stadt hinein. Ich beruhige das erschrockene Volk und sage zu, den Drachen zu erschlagen, wenn König und Volk sich zum Glauben an Christus bekehren und taufen lassen. So geschieht es. Und ich kann dann ausholen zu vertiefender Einweisung in das Christentum.

Mit dem Drachenkampf ist ein archetypischer Konflikt in Szene gesetzt: der mythische Kampf zwischen Licht und Finsternis, Gut und Böse, Leben und Tod. Auch bei der Übertragung der alten Sage auf die christliche Ebene symbolisiert er die Überwindung des Bösen. Die »Georgslegende« beschreibt mit dem bekannten Bild die christliche Zuversicht. Dabei darf ich, Georg, Christus repräsentieren, der den Tod besiegt hat, und ermutigen zum christlichen Zeugnis.

Mein Bild in Bildern

Die ältesten erhaltenen, in das 6. Jahrhundert zu datierenden Darstellungen zeigen mich als bartlosen jugendlichen Schönling. Damit fühle ich mich keineswegs geschmeichelt, wusste man sich doch bei der Wiedergabe von Aussehen und Outfit an die klassische Idealgestalt, hier an die eines Höflings, gebunden: bella figura! Ein Handkreuz, in späteren Jahrhunderten ein Palmzweig in meiner Rechten, weist mich, häufig neben anderen Heiligen stehend, als Märtyrer aus. Andere bildliche und literarische Darstellungen lassen mich als ranghohen Militär erscheinen, entsprechend gewandet und ausgestattet mit Panzer, Speer oder Schwert und Schild, womit ich zum Vorbild werde für die entsprechende Klientel. Hand in Hand mit meiner »Militarisierung« vollzieht sich meine »Nobilitierung«, meine Erhebung in den Adelsstand, bzw. eine »Feudalisierung«; damit weiß sich der christliche Adel auf mich verwiesen. Ich mutiere zum Ritter mit schimmerndem Rüstzeug und glitzerndem Helm, reitend auf weißem Pferd, von dem herab ich einen Schurken töte oder den Drachen unschädlich mache. Die dem ritterlichen Ideal gemäßen speziellen Tugenden und die einen Ritter kennzeichnende Ruhmestat sind in den Legenden erbracht: erlittene Marter und siegreicher Kampf mit dem Drachen. Zum Ritter, ja zum heiligen Ritter im Dienst Mariens geworden, sind mir weitere Titel zugefallen: »Bannerträger« und »heiliger Reiter«, »himmlischer Schlachtenhelfer«, der Vision des Heliodor im 2. Makkabäerbuch (3,7–40) entsprechend. Die Funktion als Nothelfer aller Schichten des Volkes ab dem 12. Jahrhundert führte zur »Popularisierung« meines überkommenen Bildes.

Meinem Privileg verpflichtet

In durch Krieg, Hungersnot und Pest ausgelösten Notzeiten wussten sich viele gläubige Menschen, wohl in Kenntnis meiner Legende und meines Privilegs, allen, die mich um meine Fürsprache anrufen, beistehen zu dürfen, verstärkt auf mich verwiesen. Allmählich wuchs mir als Nothelfer eine reiche Palette von Ressorts und Zuständigkeiten zu.

Aus meiner »universalen« Nothelferfunktion ergab sich mein vielfältiges, konträres Patronat. Als ihren Schutzheiligen verehren mich seit Jahrhunderten gekrönte Häupter und Büchsenmacher, Adel und Landsknechte, Ritter und Soldaten, Handwerker und Bauern, Schützengilden und Gefangene, Artisten und Geistesgestörte, hehre Ritterorden und die Pfadfinderschaft. Für Lebende und Tote ruft man mich an. Dass ich für Pferde zuständig bin, versteht sich von selbst; der jährliche Umritt in Gemeinden und Städten dokumentiert es stets neu.

Meine Patronate stehen unter dem Zeichen des Kreuzes Jesu Christi. Bei der Eroberung Jerusalems im Jahre 1099 sind die Kreuzfahrer überzeugt, mich als himmlischen Schlachtenhelfer zu schauen; dabei erblicken sie erstmals auf meinem Schild das rote Kreuz auf weißem Grund. Dieses wird zum Wappenzeichen einer Reihe von Orden und Herrscherhäusern, die sich unter meinen Schutz stellten, sowie zum Logo des »Roten Kreuzes« und anderer sozialer Organisationen. – Für mich ist mein Kreuz Sein Kreuz – und damit ist alles gesagt.

Mein Wunsch

Papst Benedikt XVI. feierte an einem 24. April, an dem Tag, der auch heute noch in bayerischen Landen der Tradition zufolge vielfach als »Georgitag« begangen wird, seinen Amtsantritt. Einer seiner Vorgänger gleichen Namens, mit dem er sich wohl besonders verbunden weiß, der hochgelehrte Papst Benedikt XIV., förderte einst die Georgsverehrung am Kurfürstlichen Hof zu München, die auf die bayerischen Lande ausstrahlte. Der Bruder des Papstes wie auch sein Privatsekretär tragen meinen Namen. Aufgrund all dessen weiß sich Papst Benedikt XVI. gewiss auf mich, den Nothelfer, verwiesen und über mich auf das Desiderat, der Kirche einen Schatz zu bewahren: die »Theologie in Bildern«, wie sie ihr in den kostbaren Legenden der Heiligen überkommen ist.

LITERATUR

Die Legenda aurea des Jacobus de Voragine. Aus dem Lat. übers. von Richard Benz, Gütersloh [14]2004;

W. Haubrichs, Art. Georg, in: LThK[3], Bd. 4, 476–478;

Sanct Georg. Ritter mit dem Drachen, hg. v. Kuratorium des Diözesanmuseums Freising, Lindenberg i. Allgäu 2001

Manfred Weitlauff

Afra von Augsburg

Die schwäbische Magdalena

† 304 in Augsburg
Märtyrerin
Gedenktag: 7. August

> *»Wenn dir vergönnt ist,*
> *über die Flüsse der Barbaren zu gehen,*
> *Dass du friedsam den Rhein*
> *überqueren kannst und die Donau,*
> *So ziehst du nach Augsburg,*
> *wo Wertach und Lech fließen.*
> *Dort sollst du die Gebeine*
> *der heiligen Martyrin Afra verehren.«*

Diese Verse aus der metrischen Martinsvita des romanischen Dichters und nachmaligen Bischofs von Poitiers Venantius Fortunatus (530/40 bis nach 600) sind das früheste schriftliche Zeugnis über Grab und Verehrung einer Märtyrerin namens Afra in »Augusta«, »wo Wertach und Lech fließen«: also in der Stadt Augsburg, einer römischen Gründung – vom Dichter niedergeschrieben um 575 in Erinnerung an seinen abenteuerlichen Ritt zehn Jahre zuvor von Ravenna auf dem Umweg über die östlichen Alpen und die Siedlungsgebiete der Bayern und Alemannen nach Tours, zum Grab des hl. Martin, und nach Poitiers, wo er in den Dienst der merowingischen Königin Radegundis getreten war. Und nun schickte er gleichsam metaphorisch sein (2200 Verse umfassendes) Martinsgedicht diesen Weg zurück in seine oberitalienische Geburtsheimat und ließ es auch Einkehr halten am Afragrab in Augsburg, das er einst selber besucht hatte. Diese Kultstätte, die möglicherweise damals bereits überregional bekannt war, setzt aber wohl auch die Existenz einer das Afragrab hütenden christlichen Gemeinde voraus, die den Zusammenbruch der Römerherrschaft und die Inbesitznahme des Landes durch germanische Stämme überdauert und so den Afrakult vor dem Vergessen bewahrt hatte. Insofern sind die Verse des Venantius Fortunatus indirekt auch frühester literarischer Beleg für ein kirchlich-religiöses Leben in Augsburg am Übergang von der Spätantike zum Frühmittelalter.

Über das Leben dieser in Augsburg verehrten Märtyrerin und über die Art ihrer Hinrichtung ist freilich historisch Gesichertes nicht überliefert. Die älteste *Passio Sanctae Afrae* ist vielleicht um die Mitte des 7. Jahrhunderts entstanden, und etwa aus der nämlichen Zeit stammt der Eintrag über das Afra-Gedenken am 7. August in einer der ältesten Handschriften des *Martyrologium Hieronymianum* mit der merkwürdigen Beifügung »Ueneria« zum Namen »Afra«. Wie immer dieses Attribut zu verstehen ist: die Legendenschreiber fassten es als »Berufsbezeichnung« (»Venusdienerin«) auf und schilderten Afras Leben nach dem biblischen Magdalenenmotiv als Bekehrung einer gewerbsmäßigen Sünderin, die als stadtbekannte Persönlichkeit wegen ihres öffentlichen Bekenntnisses zum christlichen Glauben zum Tod verurteilt und auf einer Lechinsel vor der Stadt verbrannt worden sei (*Conversio et passio Sanctae Afrae* [um 770]). Sie wird wohl – wie Florian und seine »40 Gefährten« in Lauriacum (Lorch) – Opfer der letzten großen Christenverfolgung unter Kaiser Diokletian (285–305) im Jahr 304 gewesen sein und fand ihr Grab (nach archäologischem Befund) in einem spätrömisch-christlichen Friedhof an der Via Claudia etwa 1 km vor der Stadt. Zwar hat man ihre ursprüngliche Grablege bislang nicht gefunden; aber eine bemerkenswerte Häufung merowingerzeitlicher Gräber, teils mit reichen Beigaben, unter der ersten Afrakirche aus der ersten Hälfte oder Mitte des 7. Jahrhunderts deuten auf eine Bestattung »ad Sanctos« (bei einem Heiligengrab) hin, was ebenfalls für die Lebendigkeit des Afrakultes spricht. Somit birgt Augsburg als einzige Bischofsstadt im heutigen Bayern ein ursprüngliches Martyrergrab aus der Zeit der römischen Christenverfolgungen (heute St. Ulrich und Afra). Afra, die zweite Patronin der Diözese Augsburg, wird meist an einen Baumstamm gebunden in Flammen stehend dargestellt.

Literatur

A. Bigelmair, Die Afralegende, in: Archiv für die Geschichte des Bistums Augsburg 1, Dillingen 1909–1911, 139–221;

M. Weitlauff / M. Thierbach (Hg.), Hl. Afra. Eine frühchristliche Märtyrerin in Geschichte, Kunst und Kult 304-2004, Lindenberg/Allg. 2004;

M. Weitlauff, St. Afra, ihre frühe Verehrung und die Anfänge des Bistums Augsburg. Aus Anlaß des 1700-Jahr-Gedächtnisses des Martyriums der hl. Afra, in: Klerusblatt. Zeitschr. d. katholischen Geistlichen in Bayern u. d. Pfalz 84 (2004) 206–210, 214–216, 238–241

ALBERT BICHLER

Christophorus

Der Christusträger

** 3. oder 4. Jahrhundert in Chalkedon / Griechenland*
Märtyrer; Nothelfer
Gedenktag: 24. Juli

Christophorus zählt zu den beliebtesten Heiligen in Vergangenheit und Gegenwart, und das, obwohl seine geschichtliche Existenz nicht erwiesen ist. Gesichert ist lediglich, dass schon in frühchristlicher Zeit im Morgenland Kirchen zu seiner Ehre entstanden, so in Chalkedon im Jahre 454, wie eine Inschrift belegt. Deshalb geht man von einem Märtyrer aus. Gleichsam als Ersatz für die fehlende Historizität seines Lebens und Martyriums bildeten sich schon bald Legenden um den unbekannten Heiligen aus dem Orient.

Nach östlichen Quellen hieß Christophorus früher Reprobus und soll ein Riese mit einem Hundskopf gewesen sein. Möglicherweise beruht dies jedoch auf einem Übersetzungsfehler einer Handschrift aus dem Lateinischen. Bei seiner Taufe erhielt er den Namen Christophorus und die menschliche Sprache. Als Missionar zog er sodann durch Lykien, von Gott bestätigt durch einen grünenden Stab, und bekehrte viele tausend Menschen. Nach zahlreichen Martern wurde er enthauptet. Die Christen verehrten die Reliquien des Märtyrers, zumal sie ihnen Wunder- und Abwehrkräfte gegen böse Geister und Unwetter zusprachen.

Dass ein menschenfressender, hundsköpfiger Riese die Taufe empfängt und für seine Treue zum christlichen Glauben das Martyrium erleidet, hat immer wieder die Forschung beschäftigt. Besonders wurde über die Herkunft dieses Legendenmotivs gerätselt. Heute vermutet man, dass es seine Wurzeln im ägyptisch-gnostischen Bereich hat.

Auf dem Weg über byzantinische Pilger gelangte die Christophorus-Legende in den Westen. Dabei kam es zu einer Umdeutung der etwas unheimlichen Legende von der Bestie mit dem schrecklichen Aussehen. Im Mittelalter wurde Christophorus ein Riese, dessen Heimat Kanaan gewesen sein soll.

Wesentlich beigetragen zur Verbreitung der orientalischen Legende hat im 13. Jahrhundert die »Legenda Aurea« des Dominikanermönchs Jacobus de Voragine, durch den Christophorus zu einem menschlichen Riesen mit Namen Reprobus wurde, der dem Mächtigsten aller Herrscher dienen wollte. Auf Anraten eines Einsiedlers ging er an einen reißenden Fluss und half Menschen, die übersetzen wollten. Viele konnte er vor dem sicheren Tod bewahren. Und da geschah es: Als er eines Tages ein kleines Kind auf seine mächtigen Schultern setzte, glaubte er, der Last nicht mehr gewachsen zu sein. Reprobus drohte unter der Last zusammenzubrechen, denn er trug in der Gestalt eines kleinen Kindes den Herrn der Welt. Zum Beweis begann sein Stab zu grünen und zu blühen. Nun empfing Reprobus von Christus die Taufe und erhielt von ihm einen neuen Namen: Fortan sollte er Christophorus, Christusträger, heißen.

Im Abendland wurde Christophorus zu einem überaus populären Heiligen. Seine Verehrung breitete sich in ganz Europa und seit dem 16. Jahrhundert in Amerika aus. Die große Wertschätzung des Heiligen aus der Ostkirche zeigte sich besonders durch seine Aufnahme in den Kreis der vierzehn Nothelfer. Bei den vierzehn Nothelfern handelt es sich um eine Gruppe von Heiligen, die allesamt aus dem Orient stammen. Erste Spuren des Kultes lassen sich in den griechischen Kolonien in Unteritalien und Sizilien nachweisen. Durch die Kreuzfahrer gelangte die Nothelferverehrung um 1300 in unsere Heimat, so auch nach Regensburg, Bamberg und München, wo ihnen Altäre, Kirchen und Spitäler geweiht wurden. In Oberfranken, nahe dem Kloster Langheim, wurde zu Ehren dieser Heiligengruppe eine herrliche Kirche errichtet. Ihr Architekt war der berühmte Würzburger Baumeister Balthasar Neumann, der auf einer Anhöhe über dem oberen Maintal die Wallfahrtsbasilika Vierzehnheiligen erbaute, ein Juwel der Barockbaukunst. Ihr Mittelpunkt ist der zentrale Nothelferaltar, an dem auch Christophorus seinen Ehrenplatz fand.

Im Mittelalter galt der Anblick eines Bildes von Christophorus als sicherer Lebensschutz für den ganzen Tag. Mit seinem Bild zogen Ritter ins Turnier. Nach der festen Überzeugung der Menschen stellte der Anblick eines Christophorus-Bildes vor allem einen Schutz vor einem unvorhergesehenen, unvorbereiteten Tod dar, einem Tod ohne vorausgegangenen Sakramentenempfang. Aus dieser Sorge heraus war man bestrebt, an jedem Tag an irgendeiner Stelle ein Bild des Heiligen zu erblicken.

Vom Legendenmotiv des Christus tragenden Riesen ließen sich im späten Mittelalter und in der Barockzeit immer wieder sowohl große als auch unbekannte Künstler inspirieren. So entstanden viele Werke, die den Gläubigen die Gestalt des ungewöhnlichen Heiligen nahe bringen sollten. Erinnert sei an die Bilder der Renaissance-Künstler Hieronymus Bosch aus den Niederlanden und Albrecht Dürer, an die mächtige Figur von Hans Leinberger im Münchner Liebfrauendom oder, wie in Köln, an die Glasfenster in vielen gotischen Kirchen und Domen.

In der Volksfrömmigkeit wurde Christophorus zu einem Helfer in vielen Gefahren, bei Unwetter und Dürre. Zum Schutzpatron erklärten ihn die Pilger und Reisenden, die Schiffer und Fuhrleute. Wegen des grünenden Stabes wurde er zum Patron der Gärtner, Obstbauern und -verkäufer. Heute ist der Heilige vor allem als Schutzpatron im Straßenverkehr beliebt. Auto- und Motorradfahrer stellen sich mit einer Plakette an ihrem Fahrzeug unter seinen Schutz.

LITERATUR

Lexikon der Heiligen und der Heiligenverehrung, Band 1, Freiburg 2003;

O. Wimmer/H. Melzer, Lexikon der Namen und Heiligen. Bearbeitet und ergänzt von Josef Gelmi, Innsbruck/Wien 1988;

J. Torsy/H.-J. Kracht: Der große Namenstagskalender, Freiburg 2002

Roman Mensing

Nikolaus von Myra

Der barmherzige Wohltäter

** um 270 in Patara*
† vor 340 in Myra
Bischof
Gedenktag: 6. Dezember

Auf der ostfriesischen Insel Baltrum steht eine ungewöhnliche Kirche. Einem turmartigen Rundbau ist ein Atrium vorgelagert, das im Sommer, wenn die breiten Türen des Turmes geöffnet sind, zum Kirchenraum wird. Wer es betritt, findet sich in einem Kreuzgang, dessen Stille einlädt umherzugehen, um die vierzehn bleiverglasten Fenster zu betrachten, die von dem Patron der Kirche erzählen: Nikolaus von Myra.

Mit Ausnahme der beiden Porträts, Nikolaus nach orientalischer und nach abendländischer Tradition, haben die in den Fenstern dargestellten Personen keine Gesichter; ovale, leere Scheiben fordern die Phantasie der Betrachter heraus. Auch für Kinder fast in Augenhöhe, ziehen die Fenster den Besucher unwiderstehlich an und geben doch ihre Geschichten nur dem Wissenden preis, geradeso wie die Gestalt des Heiligen selbst sich entzieht. Allbekannt, verschwimmt sie doch für viele mit den Bildern des einfältigen »Santa« auf seinem Rentierschlitten oder des geschäftstüchtigen Weihnachtsmanns mit Zipfelmütze und rotem Mantel.

In dieser Kirche bin ich der Geschichte des Heiligen begegnet. Während ich in der Ferienzeit dort den Pfarrer vertrat, musste ich gelegentlich Eltern aushelfen, wenn ihren Kindern vor den Fenstern auf jede Auskunft eine neue Frage einfiel. Natürlich kannte ich ein paar Nikolauslegenden, aber auch einem Theologen können Kinder mehr Fragen stellen, als er beantworten kann. Also begann ich zu lesen, versuchte mich auch an den alten Texten. Griechisch war die Sprache, die damals, als Nikolaus Bischof von Myra in Lykien, im Süden der heutigen Türkei, war, dort gesprochen wurde und in der man später die Legenden aufzeichnete.

Historische Fakten

Zunächst gab es eine Enttäuschung. Es ist sehr wenig, was an historischen Fakten von Nikolaus überliefert ist. Die älteste schriftliche Nachricht, die erhalten ist, wurde erst zweihundert Jahre nach seinem Tode aufgeschrieben. Sie steht in einer Lebensgeschichte, die einem anderen gewidmet ist, der zudem – irritierend genug – auch den Namen Nikolaus trug. Weil dieser Abt des Klosters Sion im Gebirge nördlich von Myra war, wird er Nikolaus von Sion genannt. Später war er Bischof von Pinara, einer Nachbardiözese Myras. Von ihm wird erzählt, er sei am 10. Dezember 564 gestorben, vier Tage nach der Rückkehr von einer Bischofssynode in Myra, zu der man sich alljährlich am Todestag des großen heiligen Bischofs an dessen Grab am Rande der Stadt traf. Offenbar wusste man damals, was man an dem berühmten Bischof gehabt hatte, der die römische Verfolgungszeit noch erlebt hatte und vielleicht unter Kaiser Diokletian selbst im Gefängnis gewesen war. Jedenfalls kamen zweihundert Jahre später die lykischen Bischöfe regelmäßig am »Rosalienfest unseres Vorvaters, des heiligen Nikolaus«, wie es hieß, am 6. Dezember, in der Grabeskirche des Heiligen zur Synode zusammen. Beim Volk muss er ebenso in guter Erinnerung gewesen sein. Das Rosalienfest, an dem man sich früher zu Ehren der Göttin Artemis mit Rosen beschenkt hatte, galt nun Nikolaus. War ich hier schon dem Geheimnis seiner bis heute weltweiten Popularität auf der Spur? Da man ihn liebte und nur wenig Konkretes von ihm wusste, konnten sich alle Hoffnungen und Sehnsüchte auf ihn konzentrieren.

Späteren Quellen zufolge ist Patara Nikolaus' Geburtsort, eine aus der Apostelgeschichte (21,1) und durch archäologische Ausgrabungen bekannte Hafenstadt westlich von Myra. Mit einiger Sicherheit ist zudem zu erschließen, dass Nikolaus um 270 geboren wurde, in der Zeit des Kaisers Konstantin Bischof von Myra war und wohl vor 340 gestorben ist. Darüber hinaus gibt es nur Legenden.

Merkwürdig erschien mir, dass Nikolaus' Name in den Listen des ersten allgemeinen Konzils, das Konstantin 325 n. Chr. nach Nizäa bei Konstantinopel einberufen hatte, nicht aufgeführt ist, während einige andere bischöfliche Teilnehmer aus Lykien verzeichnet sind. In eine der erhaltenen Handschriften ist sein Name zwar nachträglich eingefügt worden, ob aus Kenntnis seiner Anwesenheit oder aus anderen Gründen, ist aber strittig.

Dann allerdings stieß ich auf Untersuchungen, die über seinen Namen angestellt worden waren (Gustav Anrich). Zwar gab es den Namen Nikolaus in der Antike auch anderweitig, aber er war bis zum 4. Jahrhundert äußerst selten. Dann, nach Ende der Verfolgungszeit, hatte sich in christlichen Familien der bis heute bekannte Brauch entwickelt, Kindern den Namen bekannter Heiliger zu geben. Wie nun eine statistische Untersuchung erwiesen hat, war im 5. Jahrhundert bei Christen in Lykien Nikolaus der bei weitem beliebteste Taufname, während der Name dort vorher nicht vorkam. Damit stand ich plötzlich vor einer Spur, die gut hundert Jahre näher an Nikolaus' Lebenszeit heranführte als die älteste schriftliche Nachricht. Sie lässt erahnen, was er den Christen seines Bistums und der ganzen Provinz bedeutet hat: Sie machten ihn zum Patron ihrer Kinder. Dass die Eltern des Heiligen ihrem Sohn den damals noch seltenen Namen Nikolaus gegeben haben, könnte ein Hinweis sein, dass diese bereits Christen waren. Nikolaus, griechisch Niko-laos, heißt auf Deutsch: Sieg des Volkes. Am Ende des 3. Jahrhunderts könnte der Name ein Programm gewesen sein: Sieg des Volkes Gottes. Jetzt, nach dem Vorbild dieses Heiligen, war er ein Bekenntnis zu seinem Leben und Ausdruck des Vertrauens.

So sind die in neuerer Zeit aufgekommenen Zweifel an der Realität der Person Nikolaus von Myra ausgeräumt, wenn wir auch aus seinem Leben nur wenig mit historischer Sicherheit wissen. Aber ich stieß auf eine weitere Irritation. Auf der Suche nach Wundergeschichten des inzwischen im gesamten byzantinischen Reich gefeierten Heiligen hatte jemand die Vita des genannten Abtes Nikolaus von Sion, der doch seinen Namen gerade dem Heiligen aus Myra verdankte, mit dessen Geschichte verwechselt. Ein unbekannter Schriftsteller, der zu Beginn des 10. Jahrhunderts Texte für die liturgische Feier zu Ehren des Heiligen zu schreiben hatte, las in seinen Quellen Nikolaus und Bischof und Lykien, dachte nur an die berühmte Gestalt und vermischte beide Geschichten. Wenig später tat es ihm ein kaiserlicher Beamter in Konstantinopel gleich: Symeon Metaphrastes (= der Zusammenschreiber). Der Irrtum ist erst in der Neuzeit entdeckt worden, als man Teile der Vita des über Jahrhunderte vergessenen Nikolaus von Sion fand. Inzwischen waren die Überlieferungen fast unentwirrbar ineinander verwoben.

Legenden

In frommer Einfalt heißt es nach der Vita jenes Abtes bis heute von dem großen Myrenser, er habe nach seiner Geburt – Zeichen seiner gnadenvollen Berufung – eine Weile aufrecht in der Badeschüssel gestanden. Man glaubte, zukünftige Heiligkeit müsse sich in der Kindheit bereits gezeigt haben. So wird in einer Ausschmückung auch erzählt, Nikolaus habe sich als Baby an den Fasttagen der Mönche geweigert, an der Mutterbrust zu trinken.

Auf Baltrum allerdings fand ich andere, besonders die ältesten Nikolauslegenden dargestellt, die teilweise noch einen erkennbaren historischen Hintergrund haben. Fragmente reichen ins 6. Jahrhundert zurück. Diese Legenden lassen einen Mann erahnen, dem seine Zeitgenossen vertrauten und dessen Leben als Bischof sie wohl als Verwirklichung des Evangeliums empfunden haben, sozusagen als Reich Gottes zum Anfassen. Nikolaus ließ spüren, wie die Welt sein könnte, wenn die Menschen die Botschaft Jesu annähmen. Er muss damals die Leute fasziniert haben. Wer sich in seine Geschichten vertieft, dem kann es heute ähnlich ergehen. Die Probleme, denen er sich stellt, sind erregend aktuell. Seine geheimnisvolle Macht bezaubert, und vielleicht sind im Grunde auch jene, die ihn mit dem Weihnachtsmann verwechseln, von dieser Kraft angerührt.

Leider wissen zu wenige etwas von seiner wirklichen Botschaft, die vielleicht in jener Erzählung am besten zum Ausdruck kommt, die man lange als so wichtig empfand, dass allein sie als die »Tat« überliefert wurde, ohne dass man ein Bedürfnis nach einer umfassenden Vita hatte. Sie gehört zu den ältesten Nachrichten über Nikolaus. Die erhaltene, ziemlich umfangreiche Fassung geht auf das 8. Jahrhundert zurück. Der lebendig erzählte Text ist ziemlich umfangreich. Damit man die »Tat« auch Kindern vorlesen kann, erzähle ich sie in unserer Sprache.

Tat unseres heiligen Vaters Nikolaus, des Erzbischofs von Myra in Lykien

Während der Regierung des römischen Kaisers Konstantin waren in der Provinz Phrygien in Kleinasien Unruhen ausgebrochen. Der Kaiser schickte unter dem Befehl von drei hohen Offizieren, Nepotian, Urs und Herpylion, Soldaten, um die Ruhe wiederherzustellen. Ungünstiger Wind trieb ihre Schiffe nach Lykien, und sie mussten

Andriake, den Hafen von Myra, anlaufen. Die Soldaten gingen an Land, plünderten und machten die umliegenden Dörfer unsicher. Die Bewohner wehrten sich, waren den bewaffneten Trupps aber unterlegen. Es kam zu Tumulten. Bischof Nikolaus ging auf die Straße und mahnte zu Ruhe und Besonnenheit. Es gelang ihm, die erhitzten Gemüter für den Augenblick zu beruhigen. Dann eilte er zum Hafen, um mit den Offizieren zu verhandeln. Die Ordnung war bald wiederhergestellt. Der Bischof lud die Offiziere ein, ihn nach Myra zu begleiten, wo man für das gute Gelingen ihres Auftrages beten wollte.

Als sie ankommen, kann Nikolaus dort im letzten Augenblick ein Verbrechen verhindern: Der Provinzverwalter hat sich bestechen lassen und drei Unschuldige zum Tode verurteilt. Man macht sich gerade auf den Weg zum so genannten Löwenplatz, das Urteil in aller Öffentlichkeit zu vollstrecken. Verzweifelte Bürger von Myra laufen Nikolaus entgegen und berichten, was in seiner Abwesenheit geschehen ist. Der Bischof eilt mit seinen Begleitern zum Richtplatz, entreißt dem Henker das Schwert, befreit die zu Unrecht Verurteilten und ruft: »Ich bin bereit, anstelle jener zu sterben!« Aber niemand von der Wachmannschaft wagt ihn anzurühren. Gemeinsam bringen sie die unschuldig Verurteilten zum Haus des Provinzverwalters. Als dieser sich durchschaut fühlt, gesteht er sein Verbrechen und soll bestraft werden. Da die drei Unschuldigen gerettet waren, wird er aber schließlich auf Bitten der Offiziere begnadigt.

Kurz danach bricht die Truppe auf und gelangt rasch nach Phrygien. Sie stellt ohne Blutvergießen die Ordnung wieder her und kehrt zu Schiff nach Konstantinopel zurück. Die Offiziere erhalten kaiserliche Auszeichnungen, werden aber wenig später übel verleumdet und als Verräter festgenommen. Neider haben sie bei dem kaiserlichen Kommissar Ablabios als Hochverräter angezeigt. Geblendet durch deren große Geldgeschenke verklagt Ablabios sie ohne stichhaltige Beweise bei Konstantin.

Der Kaiser wird so zornig auf die vermeintlichen Verräter, dass sie ohne Prozess hingerichtet werden sollen. Im Gefängnis, im Angesicht des Todes, erinnern sie sich an die drei Unschuldigen in Myra, die Nikolaus befreit hat. In der Nacht rufen sie in ihrer aussichtslosen Lage selbst den fernen Bischof um Hilfe an.

In derselben Nacht haben Konstantin und Ablabios beide einen beunruhigenden Traum. Ihnen tritt ein Mann gegenüber, der sich Nikolaus, Bischof von Myra, nennt. Er fordert sie auf, die drei Offiziere augenblicklich freizulassen, weil sie unschuldig seien. Konstantin droht er, wenn er der Aufforderung nicht nachkomme, werde Gott einen Krieg gegen ihn ausbrechen lassen, in dem er selbst umkomme. Auch Ablabios droht er den Tod an und dazu schreckliches Elend für seine Familie. Erschreckt lässt Konstantin am Morgen Ablabios rufen und die Offiziere vorführen. Er beschuldigt sie, sie hätten durch Zauberei seine Nachtruhe gestört. Die Offiziere beteuern erneut ihre Unschuld. Konstantin fragt sie schließlich, ob sie einen Bischof Nikolaus von Myra kennen. Da dämmert es ihnen und sie begreifen, wer für ihre Unschuld eingetreten ist. Sie erzählen von ihren Erlebnissen.

Auf der Stelle lässt der Kaiser sie frei und schickt sie mit reichen Geschenken nach Myra, weil er vor der Vollstreckung eines ungerechten Urteils bewahrt worden ist. Nikolaus weist alle persönlichen Geschenke zurück und dankt Gott, der durch ihn eine solche wunderbare Rettung vollbracht hat.

Die Sache sprach sich herum, und die Leute verehrten Nikolaus voll Verwunderung, weil es ihm gegeben schien, während er noch hier körperlich lebte, an einem fernen Ort zu erscheinen.

Vielleicht sind in dieser Legende zwei ursprünglich getrennte Ereignisse zusammengeflossen, die Rettung der Verurteilten in Myra und das Eintreten für die Offiziere. Sie enthält so viele konkrete lokale und zeitgeschichtliche Namen und Angaben aus Myra, dass sie nur aus genauer Ortskenntnis erzählt sein kann. Sie spiegelt die frühe Konstantinszeit. In der späteren Kaiserzeit hatten die Bischöfe selbst richterliche Autorität. Sie konnten jeden Spruch eines lokalen Gerichts kassieren und die Sache an den kaiserlichen Hof verweisen. Nikolaus' Erklärung, er sei bereit, anstelle der Verurteilten zu sterben, wäre unter solchen Voraussetzungen unverständlich. Sie zeugt vielmehr von seinem Eingreifen zugunsten der ungerecht Verurteilten zu einer Zeit, als dies noch Mut erforderte und für ihn selbst nicht ungefährlich war. Dass man in dieser Situation nach ihm rief, seine Rückkehr von Andriake besorgt erwartete wie auch im Originaltext die wiederholten Mitteilungen an ihn über den Fortgang der Ereignisse, verlebendigen nicht nur die Erzählung, sie lassen auch seine Verbundenheit mit den Menschen spüren und seine Vertrautheit mit den Verhältnissen in der Stadt. In seinen Mut, seine persönliche Autorität und seinen Gerechtigkeitssinn setzten die Machtlosen Vertrauen.

Auch der zweite Teil der Legende spricht von konkreten Personen. Die Namen von zwei der Offiziere finden sich in historischen Berichten, und mit dem Kommissar Ablabios hat nachweislich der heilige

Athanasius gelegentlich des Konzils von Nizäa zu tun gehabt. Für die Zeitgenossen hat die unerklärliche Fernwirkung Nikolaus unsterblich gemacht. Was auch damals geschehen sein mag, die Christen sahen in den Ereignissen Gott am Werk, durch einen Menschen, ihren Bischof. Er war transparent für das Gottesgeheimnis. Für seine Zeit setzte er spürbar fort, was die Botschaft Jesu in die Welt gebracht hatte, Erbarmen und Gerechtigkeit Gottes.

Diesen Aspekt der Gerechtigkeit bringt auch die Legende in den Blick, die bis heute das Brauchtum um Nikolaus am meisten befruchtet hat, die Geschichte von den drei jungen Frauen. Sie erzählt von einem durch mehrere Unglücksfälle verarmten Witwer mit drei Töchtern. Da in seiner Gesellschaftsschicht kein Mann ein Mädchen ohne Mitgift heiraten mag, plant der Vater, seine Töchter in die Prostitution zu verkaufen, damit sie so sich und auch ihn selbst ernähren können. Als Nachbar, damals noch nicht Bischof, erfährt Nikolaus von der Notlage, beschließt, unerkannt mit Mitteln seines eigenen Vermögens zu helfen, und wirft dem Vater einen Beutel mit Geld ins Haus. Nachdem die älteste Tochter glücklich verheiratet ist, stattet er heimlich auch die zweite und die dritte aus. Bei der letzten nächtlichen Bescherung erkennt ihn der Vater, dankt ihm überschwänglich, beschämt wegen seines verzweifelten Entschlusses.

Die Legende macht deutlich, was in der Gestalt des »Santa« in völliger Unverbindlichkeit verschwimmt: Zu seiner Botschaft gehört auch die Erfüllung des Gesetzes, das Jesus, wie Matthäus überliefert, keineswegs aufgehoben hat. Das Sinai-Gesetz war Israel zur Sicherung seiner Würde und Freiheit gegeben. Nur in seiner Wahrung gelingt es, sich der Entwürdigung des Menschen wirksam zu widersetzen. Das thematisiert diese Legende.

Entscheidend ist in der Erzählung Nikolaus' Eintreten für die Menschenwürde, in einer Zeit, als das römische Recht dem Vater noch erlaubte, in großer wirtschaftlicher Notlage seine Kinder zu verkaufen. Nikolaus handelt aus nachbarschaftlicher Verantwortung und entspricht zugleich respektabel der Sozialpflichtigkeit des Eigentums. Die Legende enthält zudem eine freundlich verpackte Rüge für den Vater und die menschenrechtswidrige Rechtslage.

Wieder sind es drei, die gerettet werden. Die Kunst hat das in drei goldenen Kugeln symbolisiert, mit denen Nikolaus oft dargestellt wird. Ähnlich finden sich in französischen Skulpturen und Gemälden drei Kinder in einem Fass zu seinen Füßen. Nikolaus soll sie vom Tode erweckt haben, wie eine später im Westen entstandene Legende erzählt. Fromme Verehrung hat mit der Verdreifachung seiner

Taten Nikolaus' Gottesnähe andeuten wollen, ohne dass man darin historische Reminiszenzen sehen müsste.

In der Überlieferung ist Nikolaus zum Angstgegner der Dämonen geworden. Bis heute muß ihm »Ruprecht«, ein gebändigter Dämon, bei seinen Auftritten zu Diensten sein. Befreiung von Dämonenangst ist in der Kirchengeschichte vielleicht eines der am widersprüchlichsten verkündeten Geschenke des Evangeliums Jesu, den die Menschen einst gerade wegen seiner Macht über die Dämonen bewunderten. Nikolaus ist ihm in dieser Verkündigung eindrucksvoll gefolgt. Die Christen des 4. Jahrhunderts besuchten zwar die heidnischen Tempel nicht mehr, dennoch hatten die alten Vorstellungen noch Macht über sie. Viele hielten die Götter nun für Dämonen, die rachsüchtig wegen ihres Ansehensverlustes die Menschen mit allerlei Unheil in Furcht und Schrecken hielten. Von solcher Dämonenangst sollte die Zerstörung von Tempeln, Altären und heiligen Bäumen befreien. Zuweilen stellten die christlichen Kaiser dazu sogar militärische Hilfskommandos. In Myra hat Nikolaus der Legende nach beim Abriss des Artemistempels selbst Hand angelegt:

Die Zerstörung des Artemistempels

»Als nun der Heilige vor aller Augen ›gegen die Geister der Bosheit‹ (Eph 6,12) zu Felde zog und ihrem in die Irre führenden Treiben schnell und ein für alle Mal ein Ende bereitete, steigerte Gott seine heilige Begeisterung und setzte seinem ungeheuren Mut zum Ziel, den noch bestehenden Tempel der Artemis gleich den übrigen niederzureißen. Dieser übertraf an Größe und Schönheit alle anderen Bauwerke, aber auch darin, dass die Dämonen ihn aufsuchten. Darum war er für die Haltlosen eine Verlockung und ein besonders starker Anreiz zum Götzendienst. Da dieses Trugbild sich gerade in der Stadt befand, die ihm anvertraut war, setzte er sich persönlich mit der ganzen Kraft seines Herzens und mit der Liebe zu Christus, die in ihm war, dafür ein, es aus ihrer Mitte zu beseitigen und die übermäßig schädliche Scheu vor den Dämonen endgültig aus seiner Diözese auszutilgen. Er begab sich zu dem abscheulichen Gebäude und riss nicht nur die oberen Gebäudeteile nieder, sondern zerstörte sogar die Grundsteine und zwang die Dämonen, die auf ihnen hausten, zur Flucht. Mit Schimpf wurden sie von der kraftvollen Macht des Herrschers über das All durch die Vermittlung unseres heiligen Vaters Nikolaus schnell vertrieben, aber obwohl sie von Gott geschlagen wurden, waren sie sich darin einig, dass ihnen ganz klar ein Unrecht geschehen sei und dass sie aus ihrem Eigentum verbannt worden seien.«

Verehrung

In Deutschland breitete sich die Verehrung des heiligen Nikolaus erst im 10. Jahrhundert aus. Zwar hatte wohl schon Willibald, ein Helfer des heiligen Bonifatius, im 8. Jahrhundert unterwegs auf einer Pilgerreise nach Jerusalem den Ruhm des Heiligen kennengelernt und Reliquien nach Fulda mitgebracht; in seinem Bistum Eichstätt hatte dann ein Reginold vertonte Reimdichtungen zum Nikolausfest geschaffen, deren Melodien sich in ganz Europa verbreiteten; den Durchbruch schaffte aber erst Theophanu, die aus Konstantinopel stammende Gemahlin Kaiser Ottos II. Der Charme der jungen Kaiserin brachte die Nikolausverehrung im Westen in Mode. Aus ihrer Zeit existiert in Aachen-Burtscheid noch eine kostbare Ikone, die älteste Nikolausdarstellung in Deutschland.

Kaufleute aus Bari sahen die Reliquien ihres heiligen Patrons in Nikolaus' Heimat gefährdet, nachdem muslimische Seldschuken dort eingedrungen waren und die Wallfahrt nach Myra erschwerten. 1087 schickten sie ein Flottenkommando, raubten die Reliquien und brachten sie in ihre Stadt. Seither wird dort am 9. Mai ein Fest der »Übertragung der Reliquien« gefeiert, und bis heute kommen Wallfahrer aus ganz Italien und machen diesen Tag zu einem großartigen Volksfest.

Zuvor schon war Nikolaus, bei der Christianisierung Russlands von Konstantinopel aus, dort bekannt geworden. Die Menschen adoptierten den Heiligen, von dem sie auch durch normannische Kaufleute gehört hatten, als Fürsprecher und machten ihn zu ihrem Nationalheiligen. So sehr fühlen sie sich mit ihm verbunden, dass viele dort heute meinen, Nikolaus sei ein Russe gewesen.

Abgesehen von den Personen der Bibel ist Nikolaus der einzige Heilige, der alle Kirchenspaltungen überstanden hat. Auch nach dem Schisma von 1054 wird er gleichermaßen in der orthodoxen und der römischen Kirche verehrt. Im Westen lehnten die Protestanten nach der Reformation Luthers den Heiligenkult zwar ab. Das Nikolausbrauchtum aber lebte weiter, und die Nikolai-Kirchen der großen Handelsstädte behielten ihren Patron. In jüngster Zeit erinnert man sich seiner besonders im evangelischen Raum. In Hamburg wurde an

Sankt Nikolai der mittelalterliche Brauch der Kinderbischöfe neu belebt. In Klosterschulen durfte damals am 6. Dezember ein Junge für einen Tag den Platz des Bischofs einnehmen und seinen Mitschülern ein Fest geben. Nun wird seit einigen Jahren zum Nikolaustag eine Gruppe von Schülern und Schülerinnen für vier Wochen zu Kinderbischöfen gewählt. Sie bringen die Belange der Kinder in der Stadt zu Gehör, besuchen Seniorenheime und unterstützen Hilfsaktionen.

Das Wirken des Heiligen aus der Zeit der ungeteilten Christenheit ist bis heute in der Ökumene spürbar. Wenn auch in seiner Grabeskirche die Orthodoxen Christen nur am 6. Dezember Gottesdienst feiern dürfen, bleibt doch zu hoffen, dass Nikolaus in Demre, wie Myra heute heißt, nicht nur touristisch vermarktet wird, dass man vielmehr auch dort wieder entdeckt, wer hinter dem »Noel-Baba« (so wird er auf einem Hinweisschild zu seiner Kirche genannt) steckt, und ihn seinen Teil beitragen lässt zu einer Ökumene der Toleranz, auch zwischen Christen und Muslimen.

Ich selbst weiß inzwischen, dass ich den fragenden Kindern auf Baltrum Dank schulde. Hinter vielen Übermalungen und Verkleidungen habe ich eine aufregende Gestalt entdeckt, und ich sage es gern weiter: Nikolaus' Dämonen treten heute in anderen Masken auf und finden subtilere Formen böser Rache. Lähmende Angst verbreiten sie noch immer. Von entwürdigten Menschen und gesetzloser Macht berichten die Tageszeitungen. Nikolaus' Dienst am Kommen Gottes dient den Menschen. Dass man ihn jedoch mit dem Einkehrbrauch häufig nötigt, Kinder zu demütigen, und ihm selbst die Rolle des Weltenrichters Christus aufdrängt, dürfte ihm wenig gefallen.

LITERATUR

G. Anrich, Hagios Nikolaos. Der heilige Nikolaos in der griechischen Kirche, 2 Bde. Leipzig/Berlin 1913 u. 1917;

L. Heiser, Nikolaus von Myra. Heiliger der ungeteilten Christenheit, Trier 1978;

R. Mensing, Nikolaus von Myra, Düsseldorf 2001

Martin Lohmann

Martin von Tours

Wahre Freiheit für das Leben

** um 317 in Szombathley / Ungarn*
† 397 in Candes / Tours
Bischof
Gedenktag: 11. November

Martin von Tours, den mir meine Eltern zehn Tage nach meiner Geburt und 1640 Jahre nach der Geburt des Namenspatrons in der Taufe als Namensgeber schenkten, lebte zwar bereits im vierten Jahrhundert, aber fern ist er deshalb keineswegs. Im Gegenteil. Irgendwie ist er topaktuell und hochmodern. Und weil ich mich gelegentlich mit ihm unterhalte und mit mehr oder weniger Erfolg versuche, wie er immer wieder eine gute Figur hoch zu Pferde zu machen, kann ich hier nicht erzählen wie von einem Fremden. Eher wie von einem Vertrauten. Aber vertraut ist dieser vielseitig begabte und reich begnadete Mann ja ohnehin so manchem. Was sind schon mehr als 1600 Jahre, die es locker zu überbrücken gilt! Martin macht es möglich. Er ist halt wirklich ein Brückenbauer, ein echter Pontifex. Den Titel hat er zwar nie bekommen. Aber steht er ihm nicht längst zu?

Als ich 1997 Papst Johannes Paul II. anlässlich des 1600. Todestages meines Namenspatrons nach Tours begleiten konnte, schien es mir jedenfalls, als begegneten sich zwei besonders starke Brückenbauer. Beide verbanden Welt und Geist. Beide verstanden den Spagat zwischen »nicht von dieser Welt« und doch für diese Welt. Beide waren auf ihre Weise christusähnliche Christen geworden: in der Welt und doch nicht in ihr allein.

Vielfältiges Volksbrauchtum

Es gibt Heilige, die kennt jeder. Oder fast jeder. Zumindest meint man, diesen Heiligen bestens zu kennen. Nicht nur im Rheinland bekäme man auf die Frage nach Martin überall eine Antwort. Das ist doch der mit dem Mantel, oder? Das ist doch die Sache mit dem Pferd und dem Schwert, nicht wahr? Nichts zum heiligen Martin fällt wohl kaum jemandem ein. Jedenfalls im Rheinland, wo jeder Zugereiste um den 11. November erst einmal begreifen muss, dass es beim Anbruch der Dunkelheit Wichtigeres gibt als fließenden Autoverkehr und Neonreklame. Denn dann sind sie nicht zu übersehen, die zahlreichen Martinsumzüge: Ungezählte Laternen erleuchten Kindergesichter und bringen Licht in die jetzt wieder langen und dunklen Abende. Und wo man noch Wert auf Stil legt, wird der Martinszug angeführt von einem leibhaftigen Martin hoch auf einem weißen Pferd, gekleidet als römischer Soldat mit einem roten großen Mantel. Wer da wohl mehr Freude in der Seele empfindet, die Kinder oder die mitlaufenden Erwachsenen, ist nicht ausgemacht. Sicher ist nur, dass die Kinder ihre Freude unverstellter zeigen als mancher dem Kindsein Entwachsene. Aber das riesige Martinsfeuer am Schluss – nach vielen gesungenen Martinsliedern und vor dem Gripschen oder Schnörzen, bei dem die Kinder von Tür zu Tür ziehen und die Botschaft des Heiligen singend verkünden, um dafür allerlei Leckeres zu bekommen – wärmt alle. Vielleicht nicht nur äußerlich.

Möglicherweise ist Martin von Tours tatsächlich der bekannteste »alte« Heilige. Beliebt ist er allemal. Er selbst würde sich wohl wundern, würde er heute mitbekommen, was rund um seinen Sterbetag, der ja nach christlicher Tradition der Geburtstag für den Himmel ist, so alles passiert und mit ihm verbunden wird. Laternen, Feuer, Weckmänner, Süßes. Nicht zu vergessen die Martinsgans, das wahrscheinlich leckerste Essen mit Berufung auf einen Heiligen. Mag sein, dass dieser frühe und prägende Heilige vom himmlischen Fenster schmunzelnd herabschaut und humorvoll beobachtet, was aus ihm geworden ist. Oder sagen wir: Was er alles angestellt hat über die Jahrhunderte. Sicher ist nur, dass es dort, in der Ewigkeit der Gottesnähe, wahnsinnig viel Neid und Missgunst geben würde – gäbe es dort, in der Fülle des Lebens, jene irdischen Lastermuster, von denen hienieden das Leben so eng umfangen ist. Klar, die Gottesmutter ist konkurrenzlos verehrt. Aber dann kommt schon recht bald jener Heilige, von dem viele wissen, dass er römischer Soldat war, andere noch gehört haben, dass er Bischof gewesen ist – und über den die wirklich Interessierten erfahren haben, dass er so etwas wie der Begründer des westlichen Mönchtums ist.

Wer sich ihm nähern will, kann das mit Hilfe eines Laternenzuges versuchen. Denn dieses Spiel zwischen Licht und Schatten, zwischen Helligkeit und Dunkel gab es auch in seinem Leben. Wer war er eigentlich? Warum ist er so populär? Weshalb gibt es überall Kirchen, die sein Schutzpatronat haben? Ist er etwa ein besonders typischer Heiliger? Ist Martin ein Großer? Hat er – außer den bunten selbst gebastelten Fackeln – etwas für das Heute zu sagen? Ist er wirklich ein moderner Glaubenszeuge? Oder vielleicht doch nur Träger alter und lieblich-netter Traditionen?

Vor dem heiligen Martin war dieser Name ein heidnischer. Er leitet sich vom Kriegsgott Mars ab und bedeutet so viel wie dem Mars gehörend. Man könnte auch sagen, im Namen Martin steckt der Kämpferische, der Kriegerische. Seit dem vierten Jahrhundert ist es nicht länger ein heidnischer Name, sondern der Name ist gleichsam getauft auf Christus. Jetzt bezeichnet er den Kämpferischen für Gott, den Krieger ohne Schwert für die Wahrheit. Wer ihn trägt, hat eine besondere Verpflichtung zum Kampf für das Gute. Wer ihn trägt, kann sich seiner Herausforderung nicht entziehen. Und Angst muss er sowieso keine haben. Das, aber nicht nur das, hat Martin von Tours gelehrt.

Das Geheimnis dieses außergewöhnlichen Zeugen der Wahrheit und Güte lässt sich erschließen, wenn man seinem Biographen lauscht. »Er hat nie Menschenlob gesucht« und »vertraute unerschütterlich auf Gott«. Und in seinem »Mund war nie etwas anderes als Christus, in seinem Herzen lebte nur Güte, nur Friede, nur Erbarmen« und zeigte, »dass Christus in ihm wirksam war«. Auch wenn nach Auskunft seines besten Kenners »an Martin alles viel größer war, als man es in Worte fassen könnte« (Sulpicius Severus), lässt sich über ihn vieles mit Worten sagen.

Biographische Notizen

Geboren wurde er 316 oder 317 in Sabaria, der Hauptstadt der römischen Provinz Pannonien, dem heutigen Szombathley oder Steinamanger in Ungarn. Sein Vater war römischer Offizier, und es war damals üblich, dass die Söhne der Berufssoldaten den Vätern nachzueifern hatten. Martin trat daher dem Wunsch des Vaters gehorchend ganz normal im Alter von 15 Jahren in die Armee ein und diente in der berittenen kaiserlichen Garde, einer Art Elitetruppe, zunächst unter Kaiser Konstantin und später unter Julian Apostata. Diesem begegnete Martin 356 in Worms, wo er seinen Abschied aus der Armee erklärte. Fortan beginnt sein intensiver christlicher Lebensweg, auf den er sich seinem Biographen zufolge bereits Jahre zuvor vorbereitet hatte. Taufen ließ er sich im Alter von 18 Jahren, nachdem er als Zehnjähriger begonnen hatte, sich für Christus und dessen Kirche zu interessieren. In diese Zeit fällt auch die Sache mit dem Mantel und dem Bettler. Übrigens: Ob Martin damals tatsächlich auf einem Pferd saß und fast schon akrobatisch mit dem Schwert seinen Mantel teilte, weiß man nicht so genau. Aber es hat sich in der Darstellung so durchgesetzt. Sieht ja auch gut aus, oder?

Um 334 war der damals achtzehnjährige und rasch Offizier gewordene Martin in Amiens stationiert und gehörte dort wohl zu einer edlen Reitertruppe. Damals, in einem sehr kalten Winter, in dem die Kälte viele Todesopfer forderte, traf Martin am Stadttor auf einen armen Mann, an dem andere längst vorbeigegangen waren. Martin empfand Mitleid, und da er nur seinen Soldatenmantel hatte, teilte er ihn kurz entschlossen und überließ eine Hälfte dem frierenden Bettler. Dabei machte es ihm nichts aus, dass Schaulustige sich über ihn lustig machten, denn der zerteilte Mantel entstellte den edlen Reitermann offenbar. Auch eine dreitägige Haftstrafe wegen mutwilliger Zerstörung von Militäreigentum erschütterte den Noch-Soldaten nicht. In der Nacht nach der Mantelteilung soll ihm, so wird berichtet, im Traum Christus erschienen sein, der – mit dem halben Martinsmantel bekleidet – seinen Engeln sagte, dass er, Christus, vom noch nicht getauften Martin mit diesem Mantel bekleidet worden sei. Wenig später ließ sich Martin taufen, wartete aber mit der Kündigung des Militärdienstes auf Bitten des mit ihm befreundeten Hauptmannes noch zwei Jahre.

Um diesen Martin und seine Größe verstehen zu können, muss man einfach wissen, wie besonders die damalige Zeit war und was sich in ihr alles bewegte und änderte. Denn das vierte Jahrhundert, in das Martin geboren wurde, war außergewöhnlich für die Geschichte der Kirche. Es begann mit der Christenverfolgung durch Kaiser Diokletian, brachte aber unter Kaiser Galerius im Jahre 311 für die Christen das so genannte Toleranzedikt, wodurch die Christen und ihre Gottesdienste erstmals offiziell geduldet wurden. Mit Kaiser Konstantin und dessen Toleranzedikt von Mailand im Jahre 313 begann die Zeit der Eingliederung des Christentums in den römischen Staat, so dass in Rom die ersten römischen Basiliken wie die Lateranbasilika und die später ersetzte alte Peterskirche entstehen konnten. Rom, die Stadt der Kaiser und des heidnischen Weltherrschertums, begann damals, sein Gesicht zu wandeln – und wurde auch äußerlich christlich.

Zugleich wurden seit 318 die Irrlehren des Priesters Arius verbreitet, in denen die volle Gottheit Jesu bestritten wurde. Diese Irrlehren spielten inner- und außerkirchlich, im politischen Raum, für einige Jahrzehnte eine große Rolle und sorgten für zahlreiche Irritationen. In das vierte Jahrhundert fällt auch, im Jahre 321, die Festlegung des Sonntags als staatlicher Feiertag. Kaiserin Helena, die Mutter von Kaiser Konstantin, besucht Jerusalem und Palästina – und bringt zahlreiche wichtige Reliquien wie das Kreuz Christi nach Europa. Eines der wichtigsten Konzile der Kirche legt 325 in Nizäa in der heutigen Türkei unter Verurteilung des Arianismus das bis heute gültige christliche Glaubensbekenntnis fest, in dem Jesus Christus als gleicher Gott mit dem Vater und dem Heiligen Geist bekannt wird. In das bewegte vierte Jahrhundert fällt das Wirken des Athanasius und des Ambrosius, der 374 Bischof von Mailand wird (bis 397), sowie die Taufe des heiligen Augustinus in Mailand im Jahre 387. Ein Zeitgenosse von Martin ist auch der heilige Liborius, der wenige Monate vor Martin im Jahre 397 in Le Mans stirbt.

Es war eine Zeit des radikalen Wandels und der Aufbrüche. Martin sollte daran seinen wesentlichen Anteil haben. Glaubt man seinem Biographen, dann zeichneten ihn vor allem eine dichte und tiefe Spiritualität und eine Wortgewandtheit aus – sowie eine anziehungsstarke Demut und Bescheidenheit. Man muss wissen, dass damals – zwischen Christenverfolgung und staatlicher Anerkennung, aber auch als Reaktion auf die schrecklichen Verfolgungen derer, die sich zu Christus bekannten – recht konsequent der Gedanke aufkam, sich von der irdischen Welt zugunsten der Glaubenswelt und der Welt des Gebetes zurückzuziehen. Um 311 wird Antonius, den man als den Vater des Mönchtums bezeichnet, Eremit in Mittelägypten. Davon hat Martin sicher gehört und gewusst. Denn diese Weise der Konzentration auf Wesentliches und der Absage an alle weltlichen Versuchungen scheinen ihn fasziniert zu haben.

Bischof wider Willen

Sein geistlicher Ziehvater Bischof Hilarius von Poitiers, dem er nach der Quittierung des Soldatendienstes folgt und der ihn – nach seiner später wieder aufgehobenen Verbannung ins Exil, weil er unbeirrt gegen die Irrlehren des Arius kämpfte – in seine Heimat zur Missionierung schickt, lässt ihm auch viele Freiheiten. So gründet Martin, von der Idee des Mönchtums begeistert, 361 in Ligugé das erste Kloster Frankreichs. Und hier wird er zum Vater des westlichen Mönchtums. Denn anders als seine Vorbilder sucht er nicht die totale Ferne von der Zivilisation, sondern bleibt in ihrer Nähe – um zugleich ein Zeichen der Unabhängigkeit von dieser Welt zu setzen. Die »Quittung« für diese ferne Nähe oder nahe Ferne bekam er freilich zehn Jahre später, als die Menschen von Tours einen neuen Bischof suchten und gleichsam basisdemokratisch sich für den faszinierenden und wortgewaltigen, einfachen und klugen Mönch Martin entschieden. Obwohl er kein Bischof werden wollte und er nicht auf Macht und Insignien angewiesen war, konnte er sich dem Ruf des Christenvolkes nicht entziehen. Das Schnattern der Gänse in einem Stall, wo er sich verstecken wollte, soll ihn verraten haben. Dieser Geschichte verdanken wir die lebensfrohe und keineswegs kalorienarme Tradition des Genusses der Martinsgans.

Kaum zu glauben, aber wahr: Bei Martin war es nicht das Amt, das ihn prägte oder veränderte, sondern er prägte das Bischofsein. Bis heute ist er ein – nicht immer ganz erreichtes – Vorbild. Er blieb, wie er war: bescheiden und klar. Und konsequent. Vier Jahre nach seiner Bischofsweihe gründete er, der eigentlich Mönch war und blieb, das Kloster Marmoutier über der Loire, das zum Zentrum des damals noch jungen Mönchtums in Frankreich und darüber hinaus wurde. Dazu trug er selbst auch nach der Gründung viel bei, denn Martin reiste quer durch Europa und wurde zu einem authentischen Werbeträger klarer christlicher Ideen und Ideale.

Auf einer dieser Pastoralreisen, so würde man heute formulieren, kam er 384 auch nach Trier, dem kaiserlichen Augusta Treverorum, wo er nicht nur seinem späteren Biographen Sulpicius Severus begegnete, sondern sich auch in ein Verfahren am kaiserlichen Gerichtshof einmischte. Von spanischen Gegnern der auch von Martin bekämpften Irrlehre war ein Mann namens Priscillian von Avila beschuldigt worden, weshalb ihm der Tod drohte. Eigentlich weigerte sich Martin, dem damaligen Kaiser Maximus, der durch einen Mord an die Macht gekommen war, zu begegnen, und erst recht, mit ihm an einem Tisch zu sitzen und zu speisen. Hier unterschied er sich von bischöflichen Mitbrüdern, denen – wie es der Martinkenner Manfred Becker-Huberti zum Ausdruck bringt – Schmeichelei und Kriecherei vor dem Kaiser offenbar nichts ausmachte, denen aber die Gunst des Machthabers viel bedeutete. Martin war von diesem Kriech- und Schleim-Virus nicht befallen, sondern protestierte deutlich dagegen, dass theologisch-kirchliche Auseinandersetzungen durch staatliche Gewalt gelöst werden sollten. Gleichwohl konnte er die Hinrichtung des Angeklagten nicht verhindern.

Was er aber erreichte, war der Beginn der Erkenntnis, dass staatliche Machthaber sich aus der Kirche raushalten sollen. Trotz der mit der neuen staatlichen Aufwertung verbundenen besseren Zeit für die Kirche ließ er sich nicht blenden und leistete sich weiterhin klaren Durchblick. Ihm ging es um Unabhängigkeit und, was das Wesen der Kirche und ihren Auftrag angeht, um Grenzziehung und saubere Trennung. Gewiss, es brauchte noch lange, bis sich diese Aufklärung durchsetzte. Aber damit begonnen hatte eben dieser Martin von Tours. Überhaupt wurde Martin von Tours zu einem »bischöflichen Prototyp« und verkörperte »das Ideal eines Bischofs nach der Zeit der Christenverfolgung«, nämlich einen asketischen »Mönchsbischof, der missionierend und predigend seine Epoche prägte und durch zahlreiche Wunder aufrüttelte« . Tatsächlich berichtet sein Biograph zahlreiche Wundertaten, vor allem Krankenheilungen. Offenbar ging von diesem Menschen eine heilige und heilende Kraft aus. Heute würde man wohl zumindest anerkennen, dass er eine wohltuende Aura hatte und Frieden und Klarheit ausstrahlte.

Martin setzte auch, wenn man so will, nach seinem Tod, den er am 8. November 397 auf einer Seelsorgereise in Candes erlitt, noch Maßstäbe. Seine Faszination und Glaubwürdigkeit führten dazu, dass er sehr schnell, eigentlich sofort wie ein Heiliger verehrt wurde. Das zeigte sich schon in dem Streit, den die beiden Städte Poitiers und Tours um seinen Leichnam hatten, wobei Tours »gewann« und der verstorbene Bischof, dessen Sarg tausende von Mönchen und Jungfrauen folgten, am 11. November 397 in Tours beigesetzt wurde. Das Besondere ist, dass seither nicht wie sonst üblich sein Todestag, sondern der Tag seiner Beerdigung als Gedenktag gefeiert wird. Das wirklich Besondere ist aber schließlich, dass die Kirche mit Martin einen der ersten, vielleicht sogar den ersten Heiligen überhaupt bekam, der nicht durch ein blutiges Martyrium, sondern durch ein außergewöhnliches Bekennertum zur Ehre der Altäre erhoben wurde. Martin erhielt die »sanctitas« durch das »unblutige Martyrium der Askese (martyrium sine cruore) und durch charismatische Wunderkraft«. Martin wurde ohne die heute bekannte Heiligsprechung gleichsam heilig gesprochen durch die Heiligenverehrung, also durch den offiziellen Kult der Kirche. Mit ihm beginnen die Bekenner als

»martyr ex voto«. Dass es an seiner Heiligkeit keinen Zweifel gab, bewies seine Verehrung, denn bis ins späte Mittelalter war Tours nach Rom die meistbesuchte Wallfahrtsstätte der Christenheit.

Walter Kasper, aus Deutschland stammender römischer Kurienkardinal und einst Bischof des Bistums Rottenburg-Stuttgart, dessen Patron der heilige Martin ist, nennt diesen Heiligen einen Heiligen Europas, der in der Gründerzeit des christlichen Abendlandes intensiv mit der Inkulturation des Christentums verbunden wurde. »Mit ihm stand am Anfang der Neukultivierung des Abendlandes nach dem Ende und Verfall der Antike die Vision einer neuen Kultur eines theozentrisch und christozentrisch begründeten Altruismus, in welcher der andere, besonders der Arme, wahrgenommen wird und Zuwendung erfährt.« Die »zukunftsweisende Aktualität« dieser Gestalt »liegt darin, dass sie an den Tag legt, dass wahrhaft menschliche Kultur nur eine Kultur des Miteinander und des Füreinander, eine Kultur der Barmherzigkeit sein kann«.

Die Aktualität der Botschaft

Martin ist und bleibt ein topaktueller Botschafter einer nach wie vor gültigen und bleibend wahren Botschaft. Denn im Blick auf die Unantastbarkeit des Lebens war er ein kompromissloser Anwalt einer in der Gottebenbildlichkeit verankerten Würde, die keine Stufung oder Splittung zulässt und deshalb jeder Kultur des Todes oder der Tötung eine Absage erteilt. Martin war so etwas wie der Mensch gewordene Beweis der Erkenntnis, dass Gott ein Gott des Lebens und der Liebe ist, der keinen Menschen je vergisst oder irgendwann fallen lässt. In dieser Konsequenz und Unberirrtheit ist Martin gerade heute eine heilsame Provokation, eine bleibende Herausforderung für Kirche und Welt. Zugleich zeigen zwei Bewegungslinien in seinem Leben, wie sehr Martin nachgewiesen hat, dass Christsein nichts für geschlossene, abgeschiedene Räume ist, sondern ein Lebensauftrag mitten in der Welt.

Die »eine Bewegung ist seine unbedingte Hinwendung zu den Armen«, zu den Vergessenen und Unterdrückten, den Verfolgten und den Benachteiligten. Die andere Bewegung »ist eine scheinbar gegenläufige: sein Leben lang hielt er am Lebensstil eines einfachen Mönches fest, zog sich immer wieder auch in die Einsamkeit zurück und distanzierte sich nachdrücklich von allem, was es in seinem Umfeld an ›weltlichen‹ Interessen gab, vor allem in Bezug auf das Leistungs- und Karrieredenken vieler staatlicher und kirchlicher Machtträger. Wie Jesus Christus selbst versuchte er somit, sich auf dem schmalen Grat zu bewegen, der sich aus der Ur-Spannung zwischen Weltzuwendung und Weltabkehr ergibt«. Martin rutschte nie ab: Er war fromm und kontemplativ, aber zugleich war er aktiv und engagiert, ohne »das Eine dem Anderen unterzuordnen«.

Anders ausgedrückt: Sein unerschütterliches und im Gebet stets neu justiertes Gottvertrauen machte ihn nicht frömmelnd träge, sondern spornte ihn an für diese Welt. Weil er sich nicht abhängig machte vom Scheinglanz dieser Welt, konnte er alles für diese Welt geben und wahren Glanz erleben und weitergeben. Seine Distanz zur Welt erleichterte es ihm, allen in der Welt ganz nahe zu sein. Und die Suche der Nähe zu dem, der allein wirklich Weitblick und Gelassenheit schenken kann, vermittelte ihm ein weites und sensibles Herz sowie eine Ausgeglichenheit, die wohl nur aus der inneren Sicherheit einer erlösten und befreiten Seele kommen kann. Irgendwie lebte Martin das, was im Johannesevangelium (8,31–32) Christus selbst so formuliert: »Wenn ihr in meinem Wort bleibt, seid ihr wirklich meine Jünger. Dann werdet ihr die Wahrheit erkennen, und die Wahrheit wird euch frei machen.« So gesehen hat dieser Heilige in mancherlei Hinsicht das geschafft, worauf es beim Heiligwerden ankommt: der Wahrheit treu bleiben, auch und gerade dann, wenn es anscheinend nichts bringt außer Schwierigkeiten – und versuchen, wenigstens ansatzweise hier und da versuchen, dem Meister ähnlich zu werden. »In Martin zeigt sich, dass das Heilige und das Menschliche ineinander verwoben sind«, sagt Gebhard Fürst, Bischof des Bistums Rottenburg-Stuttgart.

Es gibt wohl mehrere Gründe, warum Martin bis heute so populär ist. Einer davon liegt sicher in den ausführlichen Schriften, die über ihn verfasst wurden. Aber wichtig ist diesbezüglich auch die Tatsache, dass in Gallien mit dem Festtag des 11. November, also mit dem Martinstag, die vorweihnachtliche sechswöchige Fastenzeit begann, die so genannte Martinsquadragese. Früher war der Martinstag in seiner Bedeutung so ähnlich wie der Aschermittwoch, weshalb am Vorabend wie heute in den Tagen vor Beginn der österlichen Fastenzeit gefeiert und kräftig gegessen wurde. An diesen Tagen vor Martini wurde auch der neue Wein probiert, die Martinsminne. Für die Bauern war der Martinstag ein Festtag, weil er unter anderem, vergleichbar mit Ostern und dem Maitag, das Arbeitsende beziehungsweise den Arbeitsbeginn für das Gesinde markierte. So wurde der Tag dann auch wie automatisch zum Zahl- und Lohntag. Und Martin bekam die Ehre des Steuerheiligen. Doch über zu wenige Patronate kann sich der Heilige wahrlich nicht beklagen, denn er ist unter anderem »zuständig« für die Diözesen Mainz und Rottenburg, das Burgenland, den Kanton Schwyz, die Soldaten und Reiter, die Huf- und Waffenschmiede, die Schneider und Weber, die Handschuh- und Hutmacher, die Gerber, die Hoteliers, die Gastwirte, die Bürstenbinder und Böttcher, die Winzer, die Reisenden, die Armen und Bettler, die Gefangenen, die Haustiere, selbstverständlich für die Pferde und Gänse und für das Gedeihen auf den Feldern. Ganz zu schweigen von den vermutlich nie genau gezählten Städten und Dörfern, Inseln und Landstrichen, die nach ihm benannt sind.

Klar, katholisch, konstruktiv – das war Martin. Er fasziniert bis heute nicht nur die, die in ihm wegen des Namens einen besonders wertvollen und starken Verbündeten im Himmel haben. Und weil der Soldat Christi und so unglaublich gütige Bischof zu irdischen Lebzeiten keine Arbeit scheute, darf man wohl annehmen, dass er sich auch jetzt noch über jeden freut, der sich von ihm herausfordern lässt – und ihn herausfordert, um ihn als edlen Fürsprecher beim himmlischen Vater zu nutzen. Denn mit dem, so zeigte bereits sein Leben, versteht er sich ziemlich gut. Gut für uns, oder? Martin tat stets Gutes. Martin tut einfach gut. Nicht zufällig verweist Papst Benedikt XVI. in seiner Enzyklika »Deus Caritas Est« (2005) schließlich in der Schar der Heiligen ausgerechnet auf diesen Heiligen und hebt ihn hervor: »Wie eine Ikone verdeutlicht er den unersetzlichen Wert des individuellen Liebes-Zeugnisses.« Stimmt. Martin ist eben wirklich ein Superheiliger.

LITERATUR

M. Becker-Huberti: Der Heilige Martin. Leben, Legenden und Bräuche, Köln 2003;

W. Groß, Wolfgang Urban (Hg.): Martin von Tours. Ein Heiliger Europas, Ostfildern 1997

Michaela von Heereman

Monika

Die besorgte Mutter

** 331 in Tagaste / Algerien*
† 387 in Ostia
Mutter von Augustinus
Gedenktag: 27. August

Ostern. Die große Heiligenlitanei wird gesungen: »Heiliger Petrus, Heiliger Paulus … bitte für uns«. Fast fünfzigmal hatte ich so schon gebetet; aber erst in jener Nacht begriff auch mein Herz endlich, was mein Kopf theoretisch lange bejahte: »Donnerwetter, die leben und hören uns zu!« Es war eine der schönsten Osternächte meines Lebens. Der Himmel wimmelte von den aufregendsten Gestalten der Menschheitsgeschichte, die ich, erstaunlich genug, duzen und für unsere Nöte einspannen durfte.

Kurz darauf begegnete ich einer Freundin, Mutter eines Sorgenkindes: kein Schulabschluss, keine Lehre, kaum Kontakt zur Familie, keiner zur Kirche, ständig neue Beziehungen. Dennoch war sie verblüffend gelassen: sie habe die Sorgen abgegeben, an jemanden, der sich damit auskenne. Dieser Jemand war kein Therapeut oder Sozialarbeiter – auch die waren schon hinzugezogen –, sondern: die heilige Monika.

In Sorge um den Sohn

Wer ist diese Frau, die sich bis heute als Patronin der Frauen und Mütter, als Spezialistin für schwierige Kinder und deren Glaubensweg bewährt?

Die heilige Monika ist die Mutter des großen Heiligen und Kirchenvaters Aurelius Augustinus (354–430). Was wir über sie wissen, stammt aus seinen Schriften, in denen er mit großer Liebe über sie spricht als »meine Mutter, der, wie ich glaube, alles zu verdanken ist, was ich jetzt lebe«.

Lange deutete nichts darauf hin, dass dieser Sohn ein Heiliger werden würde. Im Gegenteil: Trotz seiner hohen Begabungen war er ein fauler und lustloser Schüler. Früh fand er Gefallen am weiblichen Geschlecht. Monikas Warnungen vor Unzucht und Ehebruch hielt er mit 16 Jahren für »weibisch« und er hätte sich, so gesteht er, »geschämt, sie zu befolgen.« Mit 17 ging er ein Verhältnis ein, kaum 18-jährig wurde er so zum Vater eines unehelichen Sohnes. Den größten Kummer aber machte er ihr, als er sich mit 19 vom katholischen Glauben abwandte und zu den Manichäern ging, einer zwar christlichen, aber gnostisch-dualistischen Sekte. »Was bot die betrübte Mutter alles auf, um ihren Sohn auf bessere Wege zu bringen! Selbst zu dem, was einer Mutter das Schwerste ist, griff sie zur Strenge, und befahl ihrem Sohn, ihr Haus zu verlassen und es nicht mehr zu betreten.« Noch mit fast 30 Jahren hinterging er sie wiederum: Um die unbequeme Mahnerin abzuschütteln, segelte er, während sie schlief, heimlich ab, von Karthago nach Rom.

Grund genug, um heilig gesprochen zu werden? Nein. Aber Grund genug, den Himmel zu stürmen, unter Tränen, »deren Ströme die Erde unter ihren Augen, überall, wo sie betete, benetzten«. Nebenwirkung solch ausdauernden Betens aber ist es bis heute, dass der Beter Gott immer näher kommt und so von ihm verwandelt wird.

Denn auch Monika, Tochter christlicher Eltern, war, in Thagaste, dem heutigen Souk-Ahras in Algerien, nicht als Heilige geboren worden: Täglich musste die Kleine den Tischwein aus dem Keller holen. Dabei pflegte sie »mit spitzen Lippen ein klein wenig zu schlürfen«, und mit der Zeit war sie »in die Gewohnheit verfallen, fast schon volle Becher gierig auszuleeren«. »Säuferin« schimpfte eines Tages die Sklavin ihre jugendliche Herrin und das bloßgestellte Mädchen »erkannte die Hässlichkeit ihres Vergehens … und sagte sich davon los«.

Ihre »Mischehe« mit dem Heiden Patricius – in großen Städten damals nichts Ungewöhnliches – war schwierig. Zwar duldete er ohne Widerstand die christliche Erziehung der drei Kinder Augustinus, Navigius und einer Tochter, deren Namen wir leider nicht kennen. Jedoch hatte er, neben gutmütigen und großherzigen Zügen, einen jähzornigen und leidenschaftlichen Charakter. Wutausbrüche und eheliche Untreue waren an der Tagesordnung. Monika litt unter beidem. Aber mit psychologischem Geschick, feinem Humor, wacher Intelligenz und Warmherzigkeit – so hatte sie auch ihre anfänglich misstrauische Schwiegermutter für sich gewonnen – eroberte sie sein Herz, so dass »er sie verehrend lieben und bewundern musste« und »jene, denen die Leidenschaftlichkeit ihres Gatten wohlbekannt war, sich wunderten, dass man noch nie gehört oder Anzeichen bemerkt hatte, Patricius habe seine Ehefrau geschlagen«. Auch Monikas Gebete, er möge eines Tages zu Christus finden, wurden erhört. Kurz vor seinem Tod, Augustinus war gerade 17 Jahre alt, ließ er sich taufen.

Diese komplizierte, aber nicht unglückliche Ehe war offenbar eine gute Schule für den Umgang mit ihrem heißgeliebten Sorgenkind. Klug erkannte sie nach und nach, dass Schelte und Klagen, Argumente und Diskussionen oder gar Sanktionen – als sie ihn etwa nach seinem Sekteneintritt kurzerhand aus dem Haus geworfen hatte – nicht fruchteten. Und weil *mit* ihm nicht zu reden war, verlegte sie sich darauf, *über* ihn zu sprechen; allerdings nicht mit Freundinnen und Nachbarinnen, sondern mit Gott und geistlichen Ratgebern, »wenn sie jemanden fand, der hierzu taugte«.

Offensichtlich eine nachahmenswerte Methode. Denn Gott antwortete ihr: in Träumen und durch Menschen, deren Worte sie als die seinen erkannte. So sah sie sich im Traum auf einem Richtscheit (regula) stehen. Ein strahlend schöner Jüngling fragte teilnahmsvoll nach dem Grund ihrer täglichen Tränen. Auf ihre Antwort, sie klage um ihren verlorenen Sohn, hieß er sie, genau hinzusehen, denn wo sie sei, da stehe auch er. Und wirklich, aufblickend entdeckte sie Augustinus neben sich. Auf die selbstbewusste Traumdeutung ihres Sohnes, »ohne Zweifel« werde künftig sie seinen Standpunkt einnehmen, antwortete sie ihm schlagfertig und mit einer inneren Gewissheit, die Augustin tief beeindruckte: »Nein, mir wurde nicht gesagt, wo er, da wirst du, sondern wo du, da wird auch er stehen.« Nach dieser Vision, deren Erfüllung allerdings noch neun Jahre auf sich warten ließ, nahm sie ihn, nunmehr Rhetorikprofessor in Thagaste, wieder in ihr Haus auf.

Ungefähr zur selben Zeit schenkte Gott ihr weiteren Trost. Ein Bischof, früher selbst Manichäer, den sie bestürmt hatte, Augustin diese »gotteslästerlichen Verirrungen« zu widerlegen, antwortete ihr: »Lass ihn nur, wo er ist, und bete für ihn zum Herrn. Er wird selbst zur Einsicht kommen.« Als sie nicht aufhörte, ihn zu bedrängen, fielen die berühmten Worte, die seither vielen Müttern Trost und Hoffnung geben: »Ein Sohn so vieler Tränen kann nicht verloren gehen.«

Monika, zunehmend hellhörig für Gottes Botschaften, nahm seine Antwort auf, »als sei es eine Stimme vom Himmel gewesen«.

So in ihrer Hoffnung bestärkt, unterstützte sie ihres Sohnes wissenschaftliche Ambitionen. Nicht so sehr aus Ehrgeiz, wie früher Patricius, sondern aus weltoffener Klugheit; denn sie hielt Wissenschaft keineswegs für hinderlich, sondern für hilfreich auf dem Weg zu Gott. Mit Recht. Denn Augustinus war trotz allem ein leidenschaftlicher Sucher nach der Wahrheit und Liebhaber Christi geblieben, und je mehr er forschte und lehrte, desto skeptischer wurde er gegen die manichäischen »Fabeleien«.

Seine heimliche Abfahrt nach Rom allerdings (383) – er versprach sich dort bessere Lehrbedingungen – war wieder ein schwerer Schlag für sie. Trotzdem brach sie nicht mit ihm, sondern »wandte sich«, wie er, Gott ansprechend, schreibt, »nach all ihren Klagen über meine Falschheit und Grausamkeit ... von neuem fürbittend an Dich und ging an ihre gewohnte Arbeit«.

An der Seite des Bekehrten

Gott lenkt bekanntlich denen, die ihn lieben, alles zum Guten (Röm 8,28). Und so führte Augustins Aufenthalt in Rom und Mailand, wo er unter den Einfluss von Bischof Ambrosius geriet, zum Bruch mit den Manichäern und 3 Jahre später zu seiner endgültigen Bekehrung.

Monika, eine echte Kämpferin, war dem Sohn schließlich »über Land und Meer« nachgereist. 385 in Seenot geraten, hatte sie Reisenden und Seeleuten furchtlos Mut zugesprochen; denn im Traum war ihr eine glückliche Ankunft verheißen worden. Mut zeigte sie auch in Mailand bei der Auseinandersetzung des Bischofs mit Kaiserin Valentina, einer Arianerin. Diese hatte unter Androhung von Waffengewalt die Basilika für die Arianer eingefordert. Aber Ambrosius leistete erfolgreich Widerstand. »Damals«, schreibt Augustin, »wachte Dein frommes Volk in der Kirche, bereit, mit seinem Bischof ... zu sterben. Meine Mutter war bei diesen Nachtwachen der Ersten eine.« Sie war zu einer glühenden Verehrerin dieses heiligen Bischofs geworden, den sie »liebte wie einen Engel Gottes, da es ihm ... zu verdanken war, dass (Augustin) sich einstweilen in jenem Zustand unschlüssigen Schwankens befand«, den sie gelassen mit ihrem Gebet begleitete.

In einer Angelegenheit jedoch konnte sie »nach Art der Mütter« nicht stillhalten. Sie wollte ihren Sohn standesgemäß verheiraten; er sollte endlich nicht mehr in Sünde leben und getauft werden können. Ob Augustins Gefährtin und Mutter seines Sohnes Adeodatus unfrei und daher eine Heirat gesetzlich verboten war? Ob gesellschaftlicher Ehrgeiz mitspielte? Wir wissen es nicht. Tatsache ist, die arme Frau musste nach 14-jähriger, offenbar glücklicher Beziehung Mann und Kind verlassen. Monika aber machte eine passende Braut ausfindig, der allerdings noch zwei Jahre bis zum heiratsfähigen Alter fehlten. In dieser Zeit des Wartens träumte ihr mehrfach von der ersehnten Hochzeit ihres Sohnes. Aber, unsicher geworden, verwarf sie diese Träume als nicht von Gott, sondern aus ihrer Seele stammend.

Sie irrte nicht: Nach einem dramatischen Bekehrungserlebnis (386) entschloss sich Augustin zur Taufe, ja sogar zu einem ehelosen Leben um des Himmelreiches willen. Monika war überglücklich und fühlte sich mit 56 Jahren am Ziel ihres Lebens.

Ziel und Ende sollten nahe beieinander liegen. Noch herrliche Monate wurden ihr geschenkt während der Vorbereitungszeit auf die Taufe von Sohn und Enkel. Sie genoss es, für sie zu sorgen, und erlebte staunend, dem Sohn eine wichtige Gesprächspartnerin zu sein, die, wie er schreibt, den »Gipfel der Philosophie« erklommen habe und ihm zur Lehrmeisterin geworden sei.

In Erwartung des Kommenden

Nach der Taufe zog es die drei nach Afrika. In Ostia, wo sie auf ihr Schiff warten, erfahren Mutter und Sohn eine letzte Steigerung ihrer beglückenden Gemeinsamkeit. Bei einem Gespräch über das ewige Leben wird ihnen »einen Herzschlag lang« in mystischem Erleben ein Vorgeschmack der Ewigkeit geschenkt, »wodurch die Welt mit all ihren Freuden jeglichen Reiz verlor«. Monika ist erfüllt von Sehnsucht: »Mein Sohn, was mich anlangt, so freut mich jetzt nichts mehr in diesem Erdenleben. … Was denn soll ich hier noch?« Fünf Tage später befällt sie hohes Fieber. Gefragt, ob sie sich nicht fürchte, ihren Leib so fern der Heimat begraben lassen zu müssen, antwortet sie mit ihrem feinem Humor: »Nichts ist fern von Gott, und ich bin nicht bange, er könnte am Jüngsten Tag den Platz nicht finden, wo er mich erwecken soll.« Am neunten Tag ihrer Krankheit stirbt Monika: Ihre Sendung, die große Sendung des Sohnes zu ermöglichen, ist erfüllt. Sie wird in Ostia beigesetzt. 1430 wird sie in die Kirche St. Augustinus in Rom überführt.

Monika ist eine mächtige Fürsprecherin; das weiß ich inzwischen.

Als Lehrmeisterin im Glauben erhoffe ich sie mir. Denn drei besondere Gaben sind dieser großen Beterin erwachsen:

1. die Fähigkeit, all ihre Sorgen auf den Herrn zu werfen (1 Petr 5,7), also nicht mehr selbst Lösungen erzwingen zu wollen, sondern in Geduld und Gebet auszuhalten;

2. das Böse nicht zu bekämpfen, sondern es mit dem Guten zu besiegen (Röm 12,21), eine Fähigkeit, die ihr nicht nur in der Ehe und nach der lieblosen Flucht ihres Sohnes zugute kam, und schließlich

3. ein untrügliches Gespür für die Handschrift Gottes in ihrem Leben. Sie war eine Mystikerin geworden, die »an einem gewissen, mit Worten nicht auszudrückenden Gefühl« Gottes Botschaften erkannte und sie zu unterscheiden wusste von eigenen Wunschvorstellungen.

Diese Gaben hätte ich auch gern.

LITERATUR

Augustinus, Bekenntnisse, aus dem Lateinischen übertragen und mit einer Einführung von Wilhelm Timme, München 2003;

Augustinus, De beata vita – Über das Glück, Stuttgart 1989;

Augustinus, Meine Mutter Monika, hg. von Agostino Trapè, München 1998

Ulrich Faust

Ambrosius von Mailand

Der bienenfleißige Kirchenlehrer

** 340 in Trier*
† 397 in Mailand
Bischof, Kirchenlehrer
Gedenktag: 7. Dezember

Als ich vor einem halben Jahrhundert in das Benediktinerkloster Ottobeuren eintrat, gehörte es zu den ersten Aufgaben der Novizen, eine Kirchenerklärung zu lernen. Da fanden sich unter der Darstellung des Pfingstfestes in der Zentralkuppel der Ottobeurer Basilika die vier Evangelisten in den Gewölbezwickeln und auf den Gesimsen darunter die Plastiken der vier abendländischen Kirchenväter durch J. M. Feichtmayr. Hier sollte zum Ausdruck gebracht werden, dass die Kirche zu den Menschen nicht nur mit der Hl. Schrift, sondern auch mit dem Glaubensgut der Väter spricht. Der hl. Ambrosius mit dem Attribut des Bienenkorbs – ein Hinweis auf seinen Bienenfleiß – hatte es mir unter den Kirchenvätern besonders angetan. War er doch auf für uns ungewöhnliche Weise 374 als Katechumene ungetauft zum Bischof von Mailand ausgerufen worden. Hatte die barocke Plastik wie auch die der hll. Hieronymus, Augustinus und Gregor d. Gr. kein echtes Porträt zum Vorbild, so stand ich wenig später auf der Reise zum römischen Studienort in der Kapelle S. Vittore der Mailänder Basilika S. Ambrogio vor einem Mosaik aus dem 5. Jahrhundert. Achille Ratti, der spätere Papst Pius XI., hat 1897 mit überzeugenden Argumenten dargelegt, dass der auf dem Mosaik zu sehende Ambrosius von einem Künstler abgebildet ist, der ihn noch gekannt haben soll. Damit ist Ambrosius der einzige Kirchenvater, von dem wir ein Porträt besitzen, das als authentisch bezeichnet werden kann. In langer Tunika ist die Gestalt eines hageren, vornehmen Mannes zu sehen.

Das geneigte Gesicht ist von kurz geschnittenem Haar umrankt. Ein schmaler Schnurrbart ziert das Gesicht zwischen der Nase und den schwulstigen Lippen. Die weit geöffneten Augen haben einen eher traurigen Ausdruck. Der durchdringende Blick scheint eindringlich auf die Hörer seiner Predigt gerichtet zu sein. Das Mosaik hebt sich von späteren Darstellungen des stolzen Mailänder Kirchenfürsten und gelehrten Bischofs ab.

Ambrosius, der die Jungfräulichkeit Mariens auch in und nach der Geburt Jesu lehrte, hatte eine hohe Auffassung von der Keuschheit ganz allgemein: in der Ehe, bei den Witwen und Jungfrauen. Im Anschluss an 1 Kor 7,25 betont er, dass das jungfräuliche Leben nur aus einer übernatürlichen Begründung geraten und wünschenswert, aber nicht vorgeschrieben sei. Wer sich zu einem jungfräulichen Leben entschlossen hat, soll nicht das eheliche Leben verurteilen. Umgekehrt gilt das Gleiche. Vorbild des jungfräulichen Lebens ist die Gottesmutter Maria.

Nach und nach las ich mehrere der vielen Werke, die meist Predigten des Bischofs Ambrosius zur Grundlage haben. Sie sind heute fast alle in der kritischen Wiener Kirchenväterausgabe ediert. Diese beruht auf der handschriftlichen Überlieferung seit dem 5. Jahrhundert. Bald konnte ich eines dieser Werke, »Über den Glauben für Kaiser Gratian« von 378/380, in einem Codex aus dem 5. Jahrhundert lesen und bewundern. Es war für mich ein großes Erlebnis, als ich auf der Rückreise von Rom im Kärntner Stift St. Paul diesen Text des von mir so verehrten Kirchenvaters vor mir hatte, dessen Niederschrift weniger als 100 Jahre nach dem Diktat des Autors erfolgt war.

Biographisches

Der Vater des Ambrosius residierte als Präfekt von Gallien um 340 in Trier, als sein Sohn dort geboren wurde. Wie sein Vater hatte er sich bereits dem Staatsdienst gewidmet, als er zwischen 370 und 374 als Konsular von Ämilien und Ligurien nach Mailand gekommen war. Mit Unterstützung des kaiserlichen Hofes hielt sich dort bis zu seinem Tode 374 der Arianer Auxentius als Bischof. Ambrosius sträubte sich zunächst, die Wahl zum Nachfolger anzunehmen. Er ließ sich aber am 30. November taufen und empfing am 7. Dezember die Weihe zum Bischof. Ambrosius hatte sich bereits im Staatsdienst bestens bewährt, so kam die Erfahrung in der Verwaltung auch seinem bischöflichen Wirken zugute. Hatte ihn schon Kaiser Valentinian I. († 375) mit seinen Söhnen Gratian und Valentinian II. besonders geschätzt, so war ihm auch das Vertrauen des großen Kaisers Theodosius sicher. Auf die Kirchenpolitik dieser Herrscher konnte Ambrosius maßgeblichen Einfluss ausüben. Unter der Führung des Stadtpräfekten Symmachus wollte die heidnische Partei der Senatoren Roms dem Heidentum durch die Wiederherstellung des 382 aus der Senatskurie entfernten Viktoria-Altars die offizielle Duldung im öffentlichen Leben erhalten. Ambrosius wandte sich erfolgreich dagegen.

Als die arianisch gesinnte Kaiserin-Mutter Justina 385 und 386 die Übergabe einer katholischen Kirche an die Arianer mit Gewalt durchsetzen wollte, weigerte sich Ambrosius entschieden und blieb Sieger in dieser Auseinandersetzung. Trotz seiner Freundschaft mit Kaiser Theodosius d. Gr. erfüllte Ambrosius diesem gegenüber seine Pflicht als Bischof. Den Mord einiger kaiserlicher Beamter hatte Theodosius 390 durch ein Blutbad unter der Bevölkerung von Thessalonike rächen lassen. Ambrosius verlangte von ihm die öffentliche Buße, die der Kaiser schließlich auch auf sich nahm.

Bischof Ambrosius erwies sich als eifriger Seelsorger und wahrer Vater der ihm anvertrauten Herde. Dank seines ererbten Vermögens konnte er Arme und Kranke großzügig unterstützen. Ohne Ansehen der Person hatten alle Gläubigen Zutritt zu ihrem Hirten, der sich ihrer in aufopfernder Liebe annahm.

Ambrosius und die Juden

Wenn man die Stellung des hl. Ambrosius zu den Juden beurteilen will, muss man eine dreifache Unterscheidung machen: die Juden der Heilsgeschichte des Alten Testamentes, die Juden im Neuen Testament und die Juden seiner Zeit. Sicher war Ambrosius kein Freund der Juden seiner Zeit. Mit den ungläubigen und verstockten Juden, die Jesus gesehen, seine Predigt gehört haben und dennoch nicht an ihn glaubten, geht er immer wieder in seinen Homilien und besonders im Lukaskommentar hart ins Gericht. Das Alte Testament aber schätzte er nicht nur hoch, es war geradezu sein Lieblingsbuch. Fast alle seine Werke sind Erläuterungen des Alten Testamentes. Und auch im Lukaskommentar, dem einzigen Buch über das Neue Testament, werden insgesamt mehr alttestamentliche als neutestamentliche Stellen angeführt. Im Gegensatz zu den Häretikern, besonders den Marcioniten und Manichäern, wird von Ambrosius immer wieder die Bedeutung beider Testamente hervorgehoben. Die größte Verehrung hegt Ambrosius für die Zeit der Patriarchen. Dieser heilsgeschichtlich einzigartigen Zeit spendet er höchstes Lob, indem er Abraham zum leuchtenden Beispiel aller Tugenden erhebt, das auch die größten Philosophen mit all ihrer Weisheit nicht erreicht haben. Die Ausnahmestellung Abrahams und seine heilsgeschichtliche Bedeutung liegt darin, dass in ihm, der von den Heiden stammte, die Heidenvölker berufen wurden. Patriarchenzeit und Evangelium sieht Ambrosius so eng beieinander, dass das Gesetz dazwischen nur störende Bedeutung haben kann. Die Patriarchenzeit hätte unmittelbar zur Zeit des Evangeliums hinführen können; denn für sie ist das Evangelium bereits Norm. Der Gott Abrahams ist der Gott und Vater Jesu Christi. Wie die Patriarchen in einer Zeit vor dem Gesetz, die dem Evangelium ähnlich war, in der Einfachheit des Glaubens lebten, so schaute auch der Prophet Jesaja über die trennende Wand des Gesetzes hinweg und sah die Herrlichkeit Christi.

Für den Römer Ambrosius sind »unsere Väter«, »unsere Vorfahren« die Väter des Alten Testamentes und nicht die großen Helden der römischen Geschichte. Das »Volk der Väter« ist das Volk Israel. Die »väterliche Geschichte« ist die Geschichte des auserwählten Volkes, die Heilsgeschichte des Alten Testamentes. Abraham und David sind für Ambrosius deshalb unvergleichlich wichtiger als Cäsar und Augustus.

Im Namen der »Freiheit« forderte Ambrosius von Kaiser Theodosius die Rücknahme seines Befehls zum Wiederaufbau der 388 zerstörten Synagoge von Kallinikon durch den Bischof dieser Stadt. Eine gewisse Erklärung für das uns zweifellos befremdende Verhalten dürfte in den durch Juden mitverschuldeten Christenverfolgungen der vorausgegangenen Zeit in Persien und in der für die damalige Kirche nicht ungefährlichen Missionskonkurrenz zwischen Juden und Christen liegen. Toleranz im Sinne der Aufklärung und Freiheit der Religionsausübung als ein Menschenrecht suchen wir bei Ambrosius vergebens. Aus heilsgeschichtlichen Gründen wollte er dem jüdischen Volk keine Freiheit zubilligen. Theologisch schließt sich sein Vergleich von Juden und Christen an die Zweibrüdertheologie des Apostels Paulus an. Das Volk der Juden ist in Ismael dargestellt und bedeutet die Sklaverei des Gesetzes. Die Christen sind wie Isaak Söhne der Verheißung und verkörpern die Gnade der Freiheit.

Die Erwartung des Kommenden

Von Ambrosius sind zwei Trauerreden auf den Tod seines Bruders Satyrus († 378) erhalten, ferner eine Rede anlässlich der Beerdigung des ermordeten Kaisers Valentinian II. († 392) und eine Rede bei der Leichenfeier für Kaiser Theodosius I. († 395). Seine positive Bewertung des Todes bringt der hl. Ambrosius in diesen Schriften zum Ausdruck. Er versteht den Tod als Befreiung und den Zustand nach dem Tod als Freiheit. Das sind aber nur zwei Aspekte unter zahlreichen anderen, mit denen er Sterben und Fortleben umschreibt und erklärt. Die Seele ist nach der Trennung vom Körper nicht nur frei, sondern sie findet ihre Ruhe mit Christus. Christus hat ja durch sein Erlösungswerk die Freiheit des Paradieses wiederhergestellt. In der Leichenrede auf seinen Bruder Satyrus betont Ambrosius, dass der Tod kein Übel ist, weil er die Freiheit erneuert und den Schmerz ausschließt. Jesus Christus hat freiwillig den Tod erlitten. Seiner göttlichen Natur nach blieb er frei vom Tod. Seiner menschlichen Natur nach ist er in die Hölle hinabgestiegen und hat doch die Verwesung nicht erfahren. Er hat die Hölle erleuchtet und konnte doch nicht in ihr als Gefangener eingeschlossen werden. Erst nach der Auferstehung hat der Herr die Fesseln der Unterwelt gelöst und die Seelen der Frommen erhöht. Dabei kann sich Ambrosius auf Mt 27,52–53 stützen: »Die Gräber öffneten sich und die Leiber vieler Heiliger, die entschlafen waren, wurden auferweckt. Nach der Auferstehung Jesu verließen sie ihre Gräber, kamen in die Heilige Stadt und erschienen vielen.« Die Auferstehung war notwendig, um die anderen zu befreien. Jesus selbst war frei von der Unterwelt, weil ihn die Fesseln des Todes nicht halten konnten. Auch wir sollen den Tod nicht fürchten, weil er dem Körper Ruhe, der Seele aber Freiheit und Lossprechung bringt. Der hl. Ambrosius starb am 4. April 397.

LITERATUR

J.-R. Palanque, Saint Ambroise et l' Empire Romain, Paris 1933;

F. H. Dudden, The Life and Times of St. Ambrose 1–2, Oxford 1935;

A. Paredi, S. Ambrogio e la sua età, Milano ²1960

Michael Durst

Hieronymus

Der gelehrte Kirchenvater

** 347 in Stridon / Dalmatien*
† 419/ 420 in Betlehem
Kirchenvater, Kirchenlehrer
Gedenktag: 30. September

Hieronymus ist der gelehrteste unter den lateinischen Kirchenvätern. Obwohl nur Presbyter (und nicht Bischof), zählt er zusammen mit Ambrosius von Mailand, Augustinus und Papst Gregor I. dem Großen zu den vier »großen« abendländischen Kirchenlehrern, denen Papst Bonifaz VIII. am 20. 9. 1295 als Ersten diesen kirchlichen Ehrentitel offiziell verlieh bzw. bestätigte. Die Hauptquelle für das Leben des Hieronymus sind seine Schriften, vor allem seine Briefe.

Geburt und Kindheit in Stridon

Sophronius Eusebius Hieronymus – so lautet sein vollständiger Name – wurde um 347 in dem zwischen Aquileja und Emona (Ljubljana) gelegenen, in der Völkerwanderung untergegangenen und nicht mehr genau lokalisierbaren Stridon als ältester Sohn wohlhabender christlicher Grundbesitzer geboren. Seine Eltern schoben die Taufe des Hieronymus auf, was damals vielfach üblich war. Gleichwohl erhielt er eine christliche Erziehung. Er hatte eine jüngere Schwester und einen jüngeren Bruder namens Paulinianus. Später denkt Hieronymus daran zurück, wie er als Kind in den Räumen des Gesindes Verstecken spielte und von seiner Großmutter verwöhnt wurde. Mit seiner Tante Castorina kam er dagegen nicht aus.

Die Schule besuchte Hieronymus zunächst in seinem Heimatort

Stridon. Er war ein gelehriger, aber schwieriger Schüler, von aufgeweckter Intelligenz, aber auch undiszipliniert und bisweilen übermütig. In dem gleichaltrigen Knaben Bonosus fand er einen unzertrennlichen Gefährten und Freund. Um 358 entschied man sich, die beiden Elf- bis Zwölfjährigen zum weiterführenden Studium der Grammatik und Rhetorik nach Rom zu schicken.

Studium und Taufe in Rom

Rom, die »Herrin des Erdkreises«, bedeutete für den aus der Provinz stammenden Hieronymus eine mächtige Horizonterweiterung. Besonders beeindruckte ihn und seine Freunde die christliche Metropole, das Rom der Märtyrer. Rückblickend schreibt Hieronymus: »Wo anders strömt das Volk so eifrig und so häufig in den Kirchen und an den Märtyrergräbern zusammen? Wo hallt das Amen so laut wie ein Donner vom Himmel wider und lässt die leeren Göttertempel erbeben?« Und er erinnert sich auch lebhaft an die Besuche der Apostelgräber und der Märtyrergrüfte im schauerlichen Halbdunkel der Katakomben, die er sonntags mit Freunden und Gleichgesinnten zu unternehmen pflegte. In der Fastenzeit 366 absolvierte Hieronymus zusammen mit Bonosus das Katechumenat und empfing am Osterfest die Taufe.

Hinwendung zum Mönchtum und erster Aufenthalt im Osten

Eine Gallienreise führte die beiden Freunde 367 »an die halbbarbarischen Ufer des Rheins«. In Trier, das damals Kaiserresidenz war, begegnete Hieronymus dem Mönchtum; er verzichtete auf eine mutmaßlich angestrebte Karriere im Staatsdienst, um sich der asketischen Lebensform zuzuwenden. Zunächst kehrte er in seine Heimat zurück und schloss sich einer geistlich-asketischen Gemeinschaft von Klerikern und Laien in Aquileja an, der auch der spätere Ortsbischof Chromatius und der Priester Evagrius aus Antiochien angehörten. Doch dieser »Chor der Seligen« löste sich aus unbekanntem Grund bald auf.

Um 373/74 reiste Hieronymus in den Osten, um ein Leben in asketischer Zurückgezogenheit zu beginnen, doch erkrankte er in Antiochien, wo er Aufnahme bei dem schon zuvor heimgekehrten

Evagrius fand. Die längere Genesungszeit nutzte er zum Erlernen des Griechischen und zu exegetischen Studien bei Apollinaris, dem Bischof des nahe gelegenen Laodicea. Dann begab er sich auf Evagrius' Landgut in der Wüste Chalkis im nordsyrischen Kalksteingebirge, das von zahlreichen Einsiedlern und Mönchskolonien besiedelt war, um seine asketischen Ideale zu verwirklichen. Das bedeutete eine Lebenswende: Von nun an blieb Hieronymus dem Mönchsideal treu, ob er nun im Kloster war oder nicht. Doch die anfängliche Begeisterung für das Eremitenleben wich bald großer Ernüchterung und tiefer Enttäuschung. Seine Bußübungen, Nachtwachen und Gebete vermochten ihn nicht vor Anfechtungen, sinnlichen Begierden und Gewissensqualen zu schützen. So stürzte sich Hieronymus ganz auf das Studium der Hl. Schrift. Von einem getauften Juden lernte er unter großen Anstrengungen die hebräische Sprache, um das Alte Testament im Urtext lesen zu können, und legte so den Grund für seine Tätigkeit als Bibelübersetzer und Exeget: »Zeugen dafür, welche Mühe mich das kostete, wie oft ich verzweifelt war, wie oft ich aufhörte und aus Lernbegier erneut begann, sind ich selbst, der ich es durchgemacht habe, wie diejenigen, die mit mir zusammen das Leben verbrachten. Und ich danke Gott, dass ich aus der bitteren Saat des Studiums süße Früchte ernte.« Um 375 verfasste er die Lebensbeschreibung des Eremiten Paulus von Theben, die erste lateinischsprachige Mönchsvita, die ein literarischer Erfolg wurde und der später die Viten des Malchus und des Hilarion folgen sollten.

Inzwischen war das Antiochenische Schisma ausgebrochen, in dem drei Bischöfe unterschiedlicher Glaubensrichtungen gegeneinander standen. Die Auseinandersetzungen, die keine Neutralität zuließen, griffen bald auf die Mönche in der Wüste über und verleideten Hieronymus das Einsiedlerleben, weshalb er nach Antiochien zurückkehrte. Dort ließ er sich von dem römisch gesinnten Bischof Paulinus zum Priester weihen, jedoch unter der Bedingung, keinen Amtspflichten nachkommen zu müssen und Mönch bleiben zu können.

Von Antiochien aus reiste Hieronymus 379/80 nach Konstantinopel. Dort war Gregor von Nazianz sein exegetischer Lehrer, der sein Interesse an Origenes weckte; ferner lernte er dort Gregor von Nyssa und Amphilochius von Ikonium kennen. Mit der lateinischen Übersetzung (und Fortführung) der Chronik des Eusebius und der Homilien des Origenes zu Jesaja, Jeremia und Ezechiel begann er seine Tätigkeit als Übersetzer. Das Konzil vom Jahre 381, das während seines Aufenthaltes in Konstantinopel stattfand, erwähnt Hieronymus eigenartigerweise mit keinem Wort.

Rückkehr nach Rom – Anfänge der lateinischen Bibelübersetzung

Auf Einladung des Papstes Damasus reiste Hieronymus 382 mit den Bischöfen Paulinus von Antiochien und Epiphanius von Salamis zu einer Synode nach Rom, wo er bald das Vertrauen des gelehrten Papstes gewann, der ihn zeitweise als seinen »Sekretär« heranzog. Damasus holte seinen Rat ein, spornte ihn zu weiteren Übersetzungen aus dem Griechischen an und erteilte ihm auch den Auftrag zu einer Revision der lateinischen Übersetzung der Evangelien nach dem Urtext, die Hieronymus bereits 383 fertigstellen konnte und in die er in den folgenden 23 Jahren die ganze Bibel einbeziehen sollte.

Hieronymus' Eintreten für Askese, Jungfräulichkeit, Schriftlesung und Gebet ließen ihn bald zum geistlichen Führer hochadliger Damenkreise werden, bei denen asketische Ideale schon zuvor Anklang gefunden hatten. Mit Frauen wie der Witwe Marcella oder Paula und ihren Töchtern Blaesilla und Eustochium, die in strenger Askese lebten und denen er das hohe Lob der Jungfräulichkeit predigte, las er auf dem Aventin die Hl. Schrift. Den Vorrang der Jungfräulichkeit vor der Ehe betonte Hieronymus auch in seiner 383 verfassten Streitschrift gegen Helvidius, der die immerwährende Jungfrauschaft Marias bestritt.

Hieronymus' steile Karriere machte ihn bald berühmt: »Nach dem Urteil beinahe aller wurde ich des höchsten Priesteramtes für würdig gehalten; ich war das Sprachrohr des Damasus seligen Gedenkens; man nannte mich heilig, demütig und beredt.« Aber sein militantes Christentum, seine leichte Reizbarkeit, sein streitsüchtiger Charakter, seine bissige Kritik und sein satirischer Sarkasmus, mit dem er den Luxus der Reichen, die Eitelkeit der Frauen, den verweltlichten Lebensstil des Klerus und die Scheinheiligkeit der Mönche geißelte, schufen ihm Feinde, die im Gegenzug seine Beziehungen zur römischen Damenwelt verdächtigten und ihn verunglimpften. »Man nannte mich schändlich, arglistig und schlüpfrig, einen Lügner und Betrüger mit satanischer List«, entrüstet er sich. Da seine Lage in Rom nach dem Tod des Damasus (384) zunehmend unhaltbar wurde, entschloss er sich im August 385, fluchtartig »von Babylon nach Jerusalem heimzukehren«, und reiste mit seinem Bruder Paulinianus und einigen Begleitern von Ostia über Zypern und Antiochien in die Heilige Stadt. Unterwegs stießen Paula und Eustochium dazu.

Mönch in Betlehem

Zunächst unternahm die Gruppe eine Pilgerreise durch das Heilige Land und Ägypten, auf der Hieronymus die Mönche in der nitrischen Wüste besuchte und in Alexandrien Didymus den Blinden hörte, bevor sie sich 386 in Betlehem niederließ. Etwas außerhalb wurde mit Paulas Geldmitteln ein Männerkloster mit Wehrturm und Bibliothek errichtet, dem Hieronymus bis zu seinem Tod vorstand, sowie bei der Geburtskirche ein Frauenkloster, dessen Leitung Paula oblag, mit einem Pilgerhospiz.

Die wissenschaftliche Arbeit in der Zurückgezogenheit des Klosters (Bibelübersetzung und -kommentare; Übersetzungen aus dem Griechischen, Schriftstellerkatalog [392/93]) wurde jedoch immer wieder durch aktuelle Auseinandersetzungen unterbrochen. So verteidigte Hieronymus 393 in seiner Streitschrift gegen Jovinian, der sich gegen die Abwertung der Frau und der Ehe durch die Mönche gewandt hatte, erneut den Vorrang von Jungfräulichkeit und Askese vor der Ehe.

Einschneidender war der Streit um Origenes, 393 ausgelöst durch eine Reise des Epiphanius von Salamis durch Palästina, der Origenes auf die Häretikerliste gesetzt hatte. Hieronymus schlug sich auf seine Seite und wurde so vom Bewunderer zum Gegner des Origenes. Das führte zum Zerwürfnis mit Bischof Johannes von Jerusalem und seinem Studienfreund Rufin, der nun zu seinem Feind wurde. Gegen beide entbrannte ein literarischer Kampf, den Hieronymus umso unerbittlicher und mit allen Mitteln der Polemik führte, als er persönlich angegriffen worden war, und der weltweit auf Unverständnis stieß. Der Streit mit Johannes von Jerusalem verschärfte sich, als Epiphanius 394 Hieronymus' Bruder Paulinianus zum Priester für sein Kloster weihte und damit in Johannes' Kompetenzen eingriff. Dieser exkommunizierte Hieronymus und seine Mönche und erwirkte 395 in Konstantinopel sogar dessen Verbannung, zu der es jedoch aufgrund einer Verkettung glücklicher Umstände nicht kam. Schließlich gelang die Aussöhnung mit Johannes, der Hieronymus und die Mönche am Gründonnerstag 397 in Jerusalem wieder in die kirchliche Gemeinschaft aufnahm. Hingegen dauerten seine Feindseligkeiten gegenüber Rufin über dessen Tod (411/12) hinaus.

Ferner griff Hieronymus 406 gegen den spanischen Priester Vigilantius (der »Wachsame«), den er als *Dormitantius* (»Schlafmütze«) verunglimpfte, der die Vigilfeiern bekämpft, zur Feder, um die Märtyrer-, Heiligen- und Reliquienverehrung sowie die monastische Lebensform gegen dessen Angriffe zu verteidigen. Sein letzter literarischer Kampf galt schließlich dem Pelagianismus, in dem er sich mit Augustinus verbündete.

Die letzten Lebensjahre des Hieronymus waren von schmerzlichen Ereignissen überschattet. Sein Augenlicht wurde schwächer, seine Freunde starben (Paula 404, Marcella und Pammachius 410, Eustochium 418/19). Mit Wehmut beobachtete er den Niedergang des Römischen Reiches. 405/06 fielen die Isaurier in Phönizien und Galiläa ein und bedrohten auch Betlehem. 416 wurde das Kloster dort von fanatischen Pelagianern geplündert und in Brand gesteckt. Hieronymus und seine Mönche konnten sich in den Wehrturm flüchten, doch kam ein Diakon zu Tode. Nach einem erfüllten Leben im Dienst der Wissenschaft und der Askese starb Hieronymus am 30. September 419 – nach Prosper von Aquitanien 420 – in Betlehem.

LITERATUR

A. Fürst, Hieronymus. Askese und Wissenschaft in der Spätantike, Freiburg / Basel / Wien 2003;

G. Grützmacher, Hieronymus. Eine biographische Studie zur Alten Kirchengeschichte, 3 Bde. (= Studien zur Geschichte der Theologie und der Kirche 6,3 und 10,1–2), Leipzig / Berlin 1901–1908 bzw. Aalen 1986;

J. Steinmann, Hieronymus – Ausleger der Bibel. Weg und Werk eines Kirchenvaters, Köln 1961

Rudolf Brändle

Johannes Chrysostomus

Der Goldmund

** um 349 in Antiochien / Syrien*
† 407 Comana pontica / Türkei
Kirchenlehrer
Gedenktag: 13. September

*I*n einer bewegenden Zeremonie hat Papst Johannes Paul II. am 27. November 2004 in Rom dem Patriarchen von Konstantinopel (Istanbul) Bartolomaios I. die Reliquien zweier großer Heiliger der Ostkirche zurückgegeben: die Gebeine von Gregor von Nazianz und Johannes Chrysostomus. Diese Reliquien hatten die Kreuzfahrer 1204 bei der Plünderung Konstantinopels geraubt und nach Rom gebracht. Während 800 Jahren ruhten sie in der Peterskirche. Die beiden Heiligen bilden zusammen mit Basilius dem Großen das Dreigestirn der Kirchenväter der orthodoxen Kirchen. In ihnen ist der Name von Johannes Chrysostomus bekannt durch die Liturgie, die jeden Sonntag in tausenden von Kirchen gefeiert wird. Sie geht in wichtigen Teilen auf ihn zurück. Johannes gilt als der größte Prediger der Alten Kirche, hunderte seiner Predigten sind erhalten. Darum hat er im 6. Jahrhundert den Zunamen Goldmund (Chrysostomus) erhalten.

Johannes wurde 349 in Antiochien geboren, besuchte dort die Schulen und wurde 386 zum Priester geweiht und als Prediger eingesetzt. Im Februar 387 kam es in Antiochien wegen massiver Steuererhöhungen zu einer Revolte. Sofort griff die Armee ein und verhaftete zahlreiche Männer. Die Stimmung schlug um, Angst vor kaiserlichen Sanktionen machte sich breit. Bischof Flavian reiste zum Kaiser, um ihn zur Milde zu bewegen. Die Predigten, die Johannes während dieser schwierigen Zeit gehalten hat, haben ihn weit über Antiochien hinaus bekannt gemacht. Er zeigte sich als Meister der politischen Predigt. Herausragende Beispiele seiner rhetorischen Begabung sind seine Homilien zu den Evangelien des Matthäus und Johannes. Thomas von Aquin soll seinen Studenten einmal gesagt haben, er würde ganz Paris mit all seiner Pracht hergeben für den Besitz der Matthäushomilien von Johannes Chrysostomus. In seinen Predigten lässt Johannes der Auslegung des biblischen Textes meistens einen breiten ermahnenden Teil folgen. Er entwirft darin ein sehr anschauliches Bild der Großstadt, in der er lebt. Er versteht sich als Anwalt der Armen, kritisiert die Hartherzigkeit der Reichen, die in ihrem Streben nach immer neuen Varianten des Luxus verblendet sind und nicht realisieren, dass sie gegen die Gebote Gottes verstoßen. Er ist überzeugt: »Gott wird nicht allein durch richtige Dogmen, sondern auch durch einen guten Lebenswandel verherrlicht« (Genesispredigten).

Ende Oktober 397 erhält er von Asterius, dem Statthalter des Kaisers, den Befehl, sich beim Romanesischen Tor einzufinden. Der hohe Beamte erwartet ihn in seinem Wagen und fordert ihn auf, neben ihm Platz zu nehmen. Erst unterwegs eröffnet Asterius dem überraschten Prediger, dass die Fahrt nach Konstantinopel führe, er sei zum Bischof der Hauptstadt ausersehen.

Dort gewann Johannes die Herzen der einfachen Menschen. Bei seinen Bischofskollegen, die oft in der Hauptstadt weilten, um die Interessen ihrer Diözesen zu vertreten, stieß er indes bald auf Widerstand. Im Unterschied zu seinem Vorgänger Nectarius lud er sie nicht mehr zu festlichen Essen ein, sondern ermahnte sie, wie er selber in Bescheidenheit zu leben. Er veräußerte den Marmor, den Nectarius gekauft hatte, um die Auferstehungskirche zu verschönern, und verwendete den Erlös für den Bau eines Armenspitals. Zudem ging er daran, den durch das Konzil von Konstantinopel im Jahre 381 beschlossenen Vorrang der Hauptstadt gegenüber anderen Bischofssitzen zu realisieren. Seine Polemik gegen die Reichen erregte schließlich auch den Ärger der Kaiserin Eudoxia. Patriarch Theophilus von Alexandrien verstand es, diese Opposition gegen seinen Amtskollegen zu bündeln und ihn schließlich auf der Eichensynode 404 absetzen zu lassen. Johannes wurde aus Konstantinopel abgeführt, sehr bald aber wieder zurückgerufen, weil die Kaiserin eine Fehlgeburt erlitten hatte und darin die Strafe des Himmels sah. Dann aber überstürzten sich die Ereignisse, Johannes musste endgültig ins Exil, aus dem er nicht mehr zurückkehren sollte. An der Grenze zwischen Armenien und Georgien ist er, von Soldaten gehetzt, auf einem Todesmarsch zusammengebrochen und am 14. September 407 gestorben.

LITERATUR

R. Brändle, Johannes Chrysostomus. Bischof, Reformer, Märtyrer, Stuttgart 1999;

A. Stötzel, Kirche als »neue Gesellschaft«: die humanisierende Wirkung des Christentums, Münster 1984;

C. Tiersch, Johannes Chrysostomus in Konstantinopel (398–404): Weltsicht und Wirken eines Bischofs in der Hauptstadt des Oströmischen Reiches, Tübingen 2000

CHRISTOF MÜLLER

Augustinus

Das unruhige Herz

** 354 in Tagaste / Algerien*
† 430 in Hippo / Tunesien
Kirchenlehrer, Kirchenvater
Gedenktag: 28. August

Augustinus – ein großer Name in der Schar der Heiligen! Augustinus – schon früh als ›sanctus‹ gepriesen, schon früh zur ›Ehre der Altäre‹ erhoben!

Lassen Sie uns Wünsche und Ängste, Freuden und Leiden, Leben und Sterben dieses Heiligen als Altarbild mit drei Tafeln malen, als ein Triptychon! In der Mitte das eindringlichste Gemälde: die ›conversio – Bekehrung‹, Augustins lang ersehnter Durchbruch zu einem radikalen Gott-Anhangen. Auf dem linken Altarflügel: der von Irrungen und Wirrungen, aber auch von stetem Suchen gezeichnete Lebensweg eines Jungen von außerordentlicher Begabung. Auf dem rechten Seitenflügel: der Kirchenmann und Theologe Augustinus von Hippo; einer, der gefunden hat und doch immer weitersucht; einer, der den Mitmenschen seinen Fund ›mitteilen‹, seinen Fund mit ihnen teilen möchte.

Linker Seitenflügel: Der Suchende

Der linke Seitenflügel unseres Triptychons zeigt eine Fülle von Szenen: Szenen eines Kindes und jungen Mannes in Nordafrika, geboren im November 354 im Städtchen Thagaste (heute Algerien). Es sind aufregende Zeiten, in denen der braunhäutige Junge das Licht der Welt erblickt. Selbst hier in der Provinz spürt man den Wind von Veränderung, der das Weltreich Rom umhertreibt. Die alten

Gewissheiten, gebaut auf Macht und Militär und auf Kunst und Kultur, sind ins Wanken geraten. Alte Gottheiten werden von den Säulen gestürzt, Tempel in christliche Kirchen umgebaut – und doch wollen viele den Wechsel der Staatsreligion nicht mitvollziehen, suchen Antworten auf ihre Lebensfragen im Götterkult der Alten, in exotischen Mysterien, in einer der zahlreichen Philosophenschulen, – oder sie trösten sich von Tag zu Tag mit Brot und Spielen. Selbst unter Christen streitet man über den rechten Glauben: Wie kann Gott ein Einziger in drei Personen sein? Inwieweit war Jesus Christus Gott, inwieweit Mensch? Umfasst die Kirche nur Helden und Heilige oder auch Schwache und Sünder? Und wer hat in ihr das Sagen? Die Bischöfe, der Bischof von Rom – oder etwa der Kaiser?

Von all diesen großen Fragen ahnt er freilich noch nichts, der kleine Aurelius Augustinus. Er ist zunächst nur ein einfacher Junge aus einfachen, wenn auch aufstiegsorientierten Verhältnissen. Sein Vater Patricius ist Veteran, stolz auf sein Römertum, seine Mutter Monika hat punische Züge. Zur Hausgemeinschaft gehören noch ein Bruder und vermutlich zwei Schwestern. Die ›familia‹ gilt als christlich: Zwar ist der ›pater familias‹ religiös desinteressiert, doch die Mutter eine desto eifrigere Bekennerin, die den Kindern den Glauben ins Herz gräbt. Hören wir das Zeugnis Augustins selbst: »So begann ich schon als Knabe zu Dir (Gott) zu flehen, ... und ich betete – ich kleiner Mann mit großer Inbrunst –, dass ich doch in der Schule nicht geschlagen würde« (Confessiones).

Trotz gelegentlicher Schläge: Augustin ist ein hochtalentierter Schüler, gleichwohl kein ›Streber‹, sondern mit viel Sinn für Kameradschaft. Und dennoch nagt in seinem Herzen das Gefühl: ›Das kann ja wohl nicht alles sein‹: »Mein Gedächtnis war gut, im Sprechen war ich geschult, Freundschaft tat mir wohl; ... aus dem Unwissen versuchte ich mich herauszuarbeiten. ... Meine Sünde aber lag darin, dass ich Freude, Erhebung, Wahrheit nicht in ihm (Gott), sondern in seinen Geschöpfen, in mir und den anderen, suchte und so in Schmerz, Verwirrung und Irrtum versank« (Confessiones). Das Suchen und die Sehnsucht werden zu einem Signum seines Lebens, später auch seiner Spiritualität und seiner Theologie. Augustin bringt dieses Signum unnachahmlich auf den religiösen Begriff: »Du (Gott) hast uns zu Dir hin geschaffen, und ruhelos ist unser Herz, bis es ausruhen kann in Dir« (Confessiones).

Blicken wir auf eine andere Szene, einige Jahre später: Patricius nimmt bei einem Besuch der öffentlichen Bäder mit Vaterstolz wahr, dass sein Junge Zeichen von Geschlechtsreife zeigt. Augustin selbst wird nach seiner ›Bekehrung‹ die damals aufkeimende Vitalität und Virilität im Horizont seiner Sündenlehre weit düsterer malen: »Damals ... entbrannte ich ... und schämte mich nicht, mich wild in wechselnden ... Liebesspielen zu ergötzen ... Dünste stiegen auf vom ... Strudel sich regender Männlichkeit und ... verfinsterten mein Herz, so dass das Heitere selbstloser Liebe vom Dunkel der Begierde nicht mehr zu unterscheiden war« (Confessiones). Es ist diese Sündenlehre, die zunächst amüsant erscheinende Episoden aus Augustins Jugendtagen in moralisches Dunkel schwärzt. Schauen wir nur auf die legendäre Begebenheit, als der Pubertierende mit seinen Kumpanen den Birnbaum des Nachbarn plündert. Augustins strenges Urteil in den ›Confessiones‹: «Nicht am Gestohlenen wollte ich meinen Genuß haben, sondern ... an der Sünde selbst.«

Eine weitere Darstellung auf der linken Seite unseres Triptychons: Augustin hat es mittlerweile dank Talent und Stipendium bis zum Studium in der wirbelnden Weltstadt Karthago gebracht. In Augustins Sinnen, Kopf und Herz wirbelt es ebenfalls! Theater und Tanz, Kameraden und Kokotten, und nicht zuletzt diese bunte Fülle an Büchern und Bildung, an Thesen und Theorien! Augustin ist begeistert und verwirrt; er ist noch immer auf der Suche – weiß er überhaupt, wonach? Später wird es ihm wie Schuppen von den Augen fallen: Ohne dass er selbst es ahnte, war er schon immer auf der Suche nach der Wahrheit, der ganzen Wahrheit, nach Gott: »Und wo war ich denn selbst, als ich Dich suchte? Du standest vor mir. Ich aber war vor mir selbst weggelaufen und fand mich nicht mehr, wie viel weniger Dich« (Confessiones).

Doch dieser ›Heimweg‹ erweist sich erst von seinem Ziel her als ein Weg zur Wahrheit – führt er doch zunächst noch tiefer in Täuschung und Verstrickung. Da das Sinnangebot des ›Hortensius‹ keinen seiner geschliffenen Sätze an Christus verliert, andererseits die Bibel dem stolzen Bildungsbegeisterten keinen intellektuellen Reiz bietet, gerät Augustin in den Bannkreis des Manichäismus, einer – wir würden sagen: ›esoterischen‹ – Weltanschauung, die ihre weltverneinende Mythologie als rationale Antwort auf alle Fragen präsentiert und damit erstaunliche Massenwirkung erzielt. »9 Jahre ungefähr verflossen, während deren ich mich im tiefen Schlamm und im stockfinsteren Irrtum wälzte; oft versuchte ich aufzutauchen – und sank nur tiefer zurück« (Confessiones).

Wieso aber ›Schlamm‹ und wieso ›zurücksinken‹? Sehen wir inmitten des linken Flügels unseres ›Lebens-Bildes‹ nicht einen gesellschaftlichen Aufsteiger auf der Höhe seines Ruhmes? Der kleinbürgerliche

Junge aus der nordafrikanischen Provinz ist mittlerweile Professor für die führenden Kulturtechniken der Spätantike geworden und nennt eine attraktive Konkubine sowie ein begabtes Söhnchen, Adeodatus, sein Eigen. Sein Renommee reicht weit über Karthago hinaus bis zum Zentrum des Imperiums. Hier will man ihn als Rhetor hören und als Rhetoriker sehen, und Augustin folgt dem Werben. Er lässt dafür seine geliebte Heimat Afrika, ja sogar seine Mutter Monika im Stich: »Ich überredete sie mit Mühe, die Nacht in einer ... Kapelle zu verbringen. Während dieser Nacht machte ich mich heimlich davon. Sie blieb zurück, betend und weinend« (Confessiones). Als der Sohn einige Zeit später dem Ruf in die prestigeträchtige Position des offiziellen Lobredners am Kaiserhof zu Mailand nachkommt, eilt die Über-Mutter ihm hinterher – und findet hinter der glänzenden Fassade das Elend einer tiefen Sinnkrise: »Sie fand mich in großer Not: Ich verzweifelte daran, die Wahrheit zu finden. ... Ich ... war tief und heftig betroffen, wenn ich an die lange Zeit seit meinem 19. Lebensjahr dachte, als ich von der Sehnsucht nach Weisheit gepackt worden war ... Und nun war ich 30 Jahre alt und irrte noch immer im gleichen Schlamm herum« (Confessiones).

Zentralbild: Der Findende

Majestätisch prangt sie uns entgegen, die Haupttafel des augustinischen Heiligen- und Lebens-Bildes. Hier wird unser Blick nicht von verschiedenen Szenen hin- und hergezogen, sondern von einem Zentralmotiv gefesselt: Augustins ›Bekehrung‹. Folgen wir dieser Szene, die der Bischof von Hippo später mit den Farben seiner Rhetorik so schillernd ausmalen wird: Ein junger Mann geht im Sommer des Jahres 386 mit seinem Freund im Garten eines Mailänder Anwesens unruhig auf und ab. Ihm, Alypius, einem alten Bekannten aus Jugendtagen, klagt Augustin seine innere Zerrissenheit: Einerseits verspürt er immer stärker den Impuls zur grundlegenden Kurskorrektur seines Lebensweges, sieht die neuen Horizonte seiner Existenz gleichsam schon vor Augen – hatte nicht gerade ein afrikanischer Landsmann ihnen begeistert von Antonius, dem ›Wüstenvater‹, erzählt? Und andererseits? Die Sirenen der Sexualität säuseln Augustin in all seinen Sinnen, die zähe Macht jahrzehntelanger Lebensgewohnheiten zerrt an ihm, reißt ihn immer wieder vom Sprung in eine konsequent neue Lebensweise zurück. »Wenn Du (Gott) mir von allen Seiten die Wahrheit Deiner Worte erwiesest, hatte ich ... nichts zu antworten außer ... schlaftrunkenen Worten: ›Gleich, ja ja gleich, nur noch ein Augenblickchen‹. Aber diesem ›gleich, gleich‹ folgte nie ein ›sofort‹, und das ›Augenblickchen‹ zog sich in die Länge.« »So stritten denn zwei Willen in mir, der eine alt, der andere neu, jener fleischlich, dieser geistlich, und ihre Spannung zerriss mir die Seele« (Confessiones).

Verfolgen wir sie weiter, die große Szene unseres Zentralbildes; dass sie sich historisch tatsächlich in genau dieser Weise abgespielt hat, ist eher unwahrscheinlich – doch gerade in ihrer Stilisierung durch Augustinus verdichtet sich ihre existenzielle und religiöse Wahrheit. Ähnlich den Erzählungen und Bildern der Evangelisten will die Bekehrungsszene aus den ›Bekenntnissen‹ nicht protokollieren, sondern provozieren, nicht beschreiben, sondern begeistern. Kehren wir also zurück in den August des Jahres 386 und blicken wir erneut in den Mailänder Garten: Gerade reißt der verzweifelte Sinnsucher sich von seinem Freund Alypius los und wirft sich unter einen Feigenbaum. Der kaiserliche Hofredner, der Meister literarischer Konvention – er stöhnt, er stammelt, er weint ... »Und auf einmal hörte ich aus einem Nachbarhaus die Stimme eines Knaben oder Mädchens wiederholt sagen: ›Tolle, lege – Nimm und lies!‹ ... Ich hielt die Flut der Tränen zurück und stand auf; ich wusste keine andere Deutung, als dass Gott mir befehle, ein Buch zu öffnen und die Stelle zu lesen, auf die ich als erste stieße. ... So kehrte ich eilends zu dem Platz zurück, wo Alypius saß, dort hatte ich nämlich beim Aufstehen das Buch des Apostels (Paulus) hingelegt. Ich nahm es, schlug es auf und las die erste Stelle, worauf meine Augen fielen: ›Nicht Ess- und Trinkgelage, nicht sexueller Rausch und Perversion, nicht Konkurrenz und Kampf – sondern umgebt euch ganz mit unserem Herrn Jesus Christus ...!‹ ... Kaum hatte ich den Satz zu Ende gelesen, ergoss sich wie ein Licht die Gewissheit in mein Herz, und alle Schatten des Zweifels waren verflogen« (Confessiones).

Da rauscht sie vor unseren Augen vorbei, die legendäre Bekehrungsgeschichte unseres Heiligen! Fast schon zu schnell spielt sich das für Augustins Lebensweg so Entscheidende ab, zu schnell, als dass der Zuschauer es verarbeiten, es in seinen spirituellen Tiefen ausloten könnte. Versuchen wir daher, das Geschehene und Gesehene gleichsam ›in Zeitlupe‹ zu wiederholen!

Ein wesentliches Moment, das dabei ins Auge fällt, ist das Lebendige, auf das Leben Bezogene, der augustinischen Bekehrung. Tobt der Entscheidungskampf unseres Sinnsuchers auch in seinem Innern, so spielt die Außenwelt in all ihren Farben und Facetten doch maßgeblich in diesem religiösen Drama mit: Augustin steht nicht allein auf der Bühne, sondern wird von seinem Landsmann und Seelengefährten Alypius begleitet. Er erscheint zudem keineswegs als ätherische Gestalt, sondern offenbart sich uns in seiner ganzen Kreatürlichkeit: Er läuft hin und her, er rauft sich die Haare, er schreit und weint – und gewiss wird er nach seinem umwerfenden Erlebnis gejubelt haben und seinem Freund um den Hals gefallen sein. Auch über die handelnden Personen hinaus ist das ›Bühnenbild‹ keineswegs kahl, sondern wir sehen im Hintergrund die spätantike Mailänder ›villa‹ und den spätsommerlichen Garten, im Vordergrund den südländischen Feigenbaum – von jeher Symbol für den Ort möglicher Gottesbegegnung.

Und die Bekehrungserfahrung selbst? Kein Blitz vom Himmel! Vielmehr die Stimme eines Nachbarkindes, das einen spielerischen Vers vor sich hin singt: ›Nimm und lies; nimm und lies!‹ Kein Menetekel an der Wand! Vielmehr ergreift der Ergriffene seinen Kodex mit paulinischen Briefen, schlägt ihn auf und liest die Verse 13 und 14 aus dem 13. Kapitel des Römerbriefes, eine Stelle, über die er schon etliche Male hinweggehuscht war. Doch diesmal packt sie ihn, fährt sie ihm mitten ins Herz und sprengt alles auf und weg, was sich in all den Jahren an Schutt und Geröll aufgetürmt, ihm die Luft zum Atmen genommen hat.

Und Gott? Hat Augustin ihn endlich gesehen? Weiß er nach seinem einschneidenden Erlebnis nun endgültig, wer und wie und wo Gott ist? Davon können wir auf unserem Bekehrungsbild nichts erkennen; noch immer steht dort ein Haus mit Garten, noch immer stehen dort zwei Personen – und doch ist alles ganz anders, denn der eine der beiden, der kleine Afrikaner und große Rhetor Aurelius Augustinus, hat sich heute von diesem geheimnisvollen Gott anrufen lassen. Gott ist für Augustin seit dem heutigen Tag kein kosmisches Prinzip und kein idealistischer Gedanke mehr, sondern ein ›Du‹, nein: das ›Du‹ schlechthin! ›Du, Du, Du‹: Augustins ›Bekenntnisse‹ sind eine einzige große Anrede Gottes, eine einzige Antwort auf Gottes Anruf, ja fast ein Gebet. Und doch bleibt dieses nun so vertraute ›Du‹ ein unauslotbares Mysterium, von dem Augustin gleichwohl immer wieder sprechen muss: »Was kann einer schon sagen, wenn er von Dir (Gott) spricht? Und doch, weh denen, die Dich verschweigen« (Confessiones).

Jetzt endlich kann Augustin den Sprung in sein Lebensideal wagen: nicht nur mit dem Kopf, sondern mit Herz und Leib und Seele. Augustin verabschiedet sich von Heiratsplänen und Rhetorikprofessur – mit dem Verweis auf eine Lungenerkrankung, tatsächlich aber im ›Gottesfieber‹, ›angeschossen‹ von der Liebe des unendlichen ›Du‹: »Du hattest unser Herz mit dem Pfeil Deiner Liebe durchbohrt, wir trugen Deine Worte steckend in unseren Eingeweiden« (Confessiones). Bald zieht Augustin sich mit einem Kreis Gleichgesinnter, darunter seine Mutter und sein Sohn, auf ein Landgut in Cassiciacum (am Comer See) zurück. Nach einigen Monaten philosophischer und spiritueller Einkehr lässt er sich in der Osternacht 387 in Mailand von Bischof Ambrosius taufen. Vieles wird sich in den nächsten Jahren ändern: Augustin wird seine italienische Wahlheimat verlieren und in seine Heimatstadt zurückkehren; er wird seine Mutter verlieren, dann seinen Sohn, schließlich einen engen Freund – doch sein Herz, seine Existenz hat einen unverlierbaren Halt gefunden, den er nicht mehr loslässt – der ihn nicht mehr loslässt: Gott, das große ›Du‹, die große Liebe seines Lebens.

Rechter Seitenflügel: Der Mit-Teilende

Der rechte Flügel unseres Heiligentriptychons zeigt Szenen aus dem Leben eines Mannes, der seine Mitte gefunden hat. Freilich ist Augustin auch jetzt noch unterwegs zu neuen Erfahrungen mit seinem Gott, vor dem er das Programm seines Lebens bekennt: »(Man) soll lieber nicht findend Dich finden, als etwas findend Dich nicht finden« (Confessiones). Doch Augustins Kopf und Herz sind nun nicht mehr rastlos, von Reizen und Reflexen gepeitscht, sondern von einer im Innern gefühlten Macht getragen und gezogen, einer Macht, die dieses Innere zugleich übersteigt und in der Ewigkeit verankert. Augustin hat die Wahrheit seines Lebens gefunden, und diese Wahrheit will er mit anderen teilen, anderen ›mit-teilen‹, denn er glaubt und spürt: Diese Wahrheit ist nicht nur die Wahrheit seines eigenen Lebens, sondern die ›veritas‹ der ganzen Welt.

Wen Gott solcherart aus alten Bahnen geworfen hat, der muß neue Wege gehen. Augustin geht sie: Nach dem Empfang der Taufe kehrt er zunächst nach Thagaste zurück und lebt dort mit Glaubensgefährten in einer kontemplativen Gemeinschaft. Doch schon bald hört er erneut den Anruf des göttlichen ›Du‹ – sehen wir uns die Szene an, die uns Augustins Biograph Possidius so anschaulich vor Augen führt.

Wir schreiben das Jahr 391; Ort des Geschehens ist Hippo Regius, eine prosperierende Hafenstadt an der Mittelmeerküste. Sonntagsgottesdienst in der katholischen ›basilica‹. Im Hintergrund der quirligen Schar der Gläubigen steht Augustin mit den Seinen; die Glaubensbrüder aus Thagaste sind in Hippo auf der Suche nach Interessenten für ihr klösterliches Lebensmodell. Vorne, auf seiner ›cathedra‹ sitzend, hebt gerade Bischof Valerius zur Predigt an. Der ältere Herr macht sich Sorgen um seine Gemeinde: Die donatistische Konkurrenz, die sich für die Kirche der ›Reinen‹ hält, zieht so manchen Bürger auf ihre Seite. Zudem fühlt Valerius seine Kräfte erlahmen – höchste Zeit, dass das Kirchenvolk ihm einen Priester zur Seite stellt, am besten einen Glaubensbruder mit theologischer und rhetorischer Kompetenz. In diesem Augenblick passiert es: »Da ergriffen einige Katholiken Augustin. Sie wussten nämlich von ... seiner Gelehrsamkeit ... Sie fassten ihn also und brachten ihn nach altem Herkommen hin zum Bischof, dass er ihn weihe. ... Er aber weinte sehr« (Vita Augustini).

Die nächsten Bilderfolgen spielen einige Jahre später. Augustin hat sich zunächst widerstrebend, dann aber mit aller Kraft auf seine neue Aufgabe eingelassen. Verbunden mit einigen Verletzungen kirchlicher Konvention avanciert er in Hippo zunächst zum Starprediger, dann zum Mitbischof und schließlich zum alleinigen ›episcopus‹. Durch sein Charisma und seine theologische Brillanz hat er in kurzer Zeit die Gemeinde zu einer Bastion des afrikanischen Katholizismus ausgebaut. Sein analytischer Geist und seine rhetorische Perfektion sind bei den nach wie vor missionierenden Manichäern gefürchtet; gegenüber den Donatisten lässt er sich gar zum Verfassen eines demagogischen Gedichts, eines polemischen ›Psalms‹ hinreißen. Vorerst kämpft er ausschließlich mit den Waffen des Wortes; später wird er zögernd die effektiver erscheinende Staatsmacht des Römischen Reiches zu Hilfe rufen, um die Vormacht des Katholizismus in Nordafrika zu sichern.

Im Umgang mit seiner eigenen Gemeinde bemüht sich der ›Hirte‹ mit der schillernden Vergangenheit um Nachsicht. Dennoch kann er sich mit einigen Verhaltensweisen seiner ›Schafe‹ – darunter etliche ›träge› und ›schwarze‹ – nicht anfreunden: So wettert er in einer Ansprache gegen den ›machism‹ der Männer, jeden geringsten Fehltritt ihrer Frauen zu bestrafen, die eigene sexuelle Libertinage hingegen stolz vor sich herzutragen (Sermo 392). Überhaupt seine Predigten: Von nah und fern drängen sich Freunde und Feinde in seine Basilika, um Augustins ›sermones‹ zu hören oder mitzunotieren. Das Kirchenvolk lässt sich von diesem Meister der Sprache packen: Es lacht und weint, es ächzt und stöhnt, es applaudiert und jubelt, es ruft dazwischen und fängt gierig die schlagfertigen Repliken des Predigers auf. Ja, dieser Aurelius Augustinus ist immer noch ein phantastischer ›Lobredner‹ – doch mittlerweile in Diensten eines Herrn, den zu loben und zu preisen würdig und recht ist.

Lob Gottes: Das kennzeichnet auch ein Gutteil der rund 100 schriftstellerischen Werke Augustins. »Ich gehöre zu denen, die beim Voranschreiten schreiben und im Schreiben vorankommen«, formuliert er in Epistel 143. Das älteste erhaltene Bild Augustins, ein Fresko aus dem 6. Jahrhundert, zeigt uns den Heiligen entsprechend vor einem Schreibpult sitzend, darunter die Verse: ›Verschiedene Väter haben Verschiedenes gelehrt – dieser aber schlechterdings alles ...‹. Und doch verdichtet sich jenes ›alles‹ bei Augustin im Lobe Gottes. Lob Gottes: Das kennzeichnet zumal seine ›Bekenntnisse‹, die der Bischof um das Jahr 400 herum verfasst. ›Bekenntnisse‹: Das heißt ›Bekennen‹ der Größe Gottes wie auch ›Bekennen‹ der eigenen Schuld – und dies alles in einem Ineinander, das in der Kulturgeschichte bis dahin nicht seinesgleichen hat. Gerade in seinen ›Confessiones‹ will Augustin seine ureigenen existenziellen und religiösen Erfahrungen teilen, mitteilen, austeilen. Daher wandern unsere Augen mit dem Blick Augustins von der rechten Seite unseres Triptychons immer wieder zurück in dessen Zentrum und über diese Mitte hinaus zu dessen linkem Flügel. Die große Klammer, die die drei so unterschiedlich gefärbten Blöcke unseres ›Lebens-Bildes‹ zusammenhält, lautet: ›Gnade, Gnade und nochmals Gnade!‹ »Ich bitte Dich um Dein Erbarmen, Herr. Ich verberge Dir nicht meine Wunden. Du bist der Arzt, ich bin der Kranke. Du bist Erbarmen, ich bin erbärmlich.« ... »Gib, was Du forderst, dann fordere, was Du willst« (Confessiones).

Ist diese große literarische und theologische Demutsgeste der ›Bekenntnisse‹ von Amtsverständnis und Lebensführung des Bischofs von Hippo gedeckt? Unsere Quellen sagen: »Ja!« Freilich ist Augustin die Gallionsfigur des nordafrikanischen Katholizismus, der mit den Mächtigen in Staat und Kirche in Briefwechsel steht und dessen Schriften man seinen Stenographen unter dem Federkiel hinwegstiehlt. Und doch möchte Augustin ›servus – Diener‹ sein, Diener Gottes und Diener seiner Gläubigen. »Seine Kleider und Schuhe ... waren sehr einfach. ... Vom Besteck waren nur die Löffel aus Silber. ... Nicht Armut und Not zwangen zu dieser Einschränkung, sondern Augustin liebte es so«, versichert uns Possidius in Augustins Lebensbeschreibung. Zu seinem Bescheidenheits- und Armutsideal bekennt sich der Bischof in einer seiner Predigten sogar ausdrücklich und lässt dabei eine Kostprobe seines Charmes aufblitzen: »Jemand bietet mir ein kostbares Seidengewand als Geschenk an. ... Doch ziemt es sich nicht für Augustinus, für einen armen Mann, der von armen Eltern geboren wurde. ... Ich sage euch, eines kostbaren Gewandes würde ich mich schämen, weil es nicht zu meiner Berufung passt und nicht zu meinen Prinzipien – außerdem sähe es seltsam aus auf diesen alten Gliedern und harmonierte nicht recht mit meinem grauen Haar« (Sermo 356).

Der Bischof mit alten Gliedern und grauem Haar – das letzte Bild, das wir auf unserem Heiligenaltar erkennen können. Augustin wirkt skeptischer als in seiner Jugend. Wie sich selbst, so sieht er auch die gesamte Weltzeit ins Greisenalter vorgerückt. Angesichts des Zerfalls des Römischen Reiches, besonders aber angesichts der immer wieder aufflackernden Bedrohungen seiner geliebten Kirche durch ›Häretiker und Schismatiker‹, wie er sie nennt, sehnt er sich in seine ewige Heimat, ins ›himmlische Jerusalem‹. Im Jahre 430, als Vandalenhorden seine Bischofsstadt belagern, erkrankt Augustin schwer. »Da ließ er sich die ... Bußpsalmen Davids ... seinem Bett gegenüber an die Wand heften. Fortgesetzt schaute er in den Tagen seiner Krankheit auf sie hin, las sie betend ab und vergoss dabei reichlich Tränen ... Doch er sah und hörte noch gut bis zu der Stunde, da er ... von unseren Gebeten begleitet ... heimging zu seinen Vätern.« Indes hat Augustinus längst dafür Sorge getragen, dass sein Lebenszeugnis und seine Botschaft über seinen Tod hinaus zu leben und zu gedeihen vermögen. Seine Schriften sind, katalogisiert und kopiert, auf dem Weg in alle Welt, ebenso wie seine geliebte ›ecclesia catholica‹, die ›universale Kirche‹.

Da steht er nun vor unseren Augen, unser Heiligenaltar: kein Altar für den mitreißenden Rhetor oder für den charismatischen Kirchenführer, sondern ein Altar für den – wortwörtlich – ›begnadeten‹ Menschen und Gottsucher Augustinus von Hippo.

(Unserem Sohn Vincent)

LITERATUR

Aurelius Augustinus: Die Bekenntnisse. Vollständige Ausgabe. Übertragung, Einleitung und Anmerkungen von H. U. v. Balthasar , Einsiedeln 1985;

Das Leben des heiligen Kirchenvaters Augustinus. Beschrieben von seinem Freunde Bischof Possidius. Aus dem Lateinischen übertragen von K. Romeis O.F.M., Berlin 1930;

P. Brown, Augustinus von Hippo. Eine Biographie. Übersetzt, bearbeitet und herausgegeben von J. Bernard, erweiterte Ausgabe, München 2000

Karin Schneider-Ferber

Patrick

Patron von Irland

** 385/390 im röm. Britannien*
† 461 in Downpatrick
Bischof, Apostel Irlands
Gedenktag: 17. März

Ihr Überfall kam blitzartig und mit brutaler Grausamkeit: Auf wendigen Schiffen fuhren irische Freibeuter im Jahr 404 oder 405 unter ihrem Häuptling Niall Noigiallach in den Kanal von Bristol ein und brannten nieder, was nicht niet- und nagelfest war. In Panik flohen die Menschen aus ihren Dörfern und Gehöften, doch nicht jeder entkam den rohen Gesellen. Die Piraten machten fette Beute – etwa 1000 Sklaven nahmen sie aus England mit, darunter einen 16-jährigen Jüngling. Sein Name: Patrick.

Nichts würden wir von den über anderthalb Jahrtausende zurückliegenden Verschleppungen wissen, wenn nicht eben dieser junge Mann eine ganz außergewöhnliche Karriere vom Kriegsgefangenen zum christlichen Missionar und Heiligen hingelegt und einen lateinischen Lebensbericht, die »Confessio«, verfasst hätte. Denn in der Fremde reifte in dem Heranwachsenden ein bemerkenswerter Entschluss. Er wollte dem wilden Volk, das ihn entführte, die Botschaft der Liebe und Versöhnung bringen. Patrick vollzog eine radikale Lebenswende und machte den Iren das größte Geschenk für die Zukunft: Mit dem Christentum hielten lateinische Schrift, römisches Recht und westeuropäisches Gedankengut Einzug auf der abgeschiedenen Insel im Nordatlantik, die zu einer ungeahnten kulturellen Blüte ansetzte. Die Iren dankten es ihrem »Nationalheiligen« mit großer Anhänglichkeit. Bis heute wird der St. Patrick's Day am 17. März mit großer Inbrunst begangen.

Der Weg zum Glauben

Die »Confessio« und die kürzere »Epistola militibus Corotici« (Brief an die Soldaten des Coroticus) stammen mit großer Wahrscheinlichkeit aus der Hand des Heiligen und gehören damit zu den wichtigsten Quellen für die britische und irische Kirchengeschichte des 5. Jahrhunderts. Freilich kam es dem bescheidenen Mann nicht darauf an, persönliche Lebensdaten zu übermitteln. In der »Confessio« schildert er vielmehr seinen Weg zum Glauben und seine visionäre Gotteserfahrung, die »Epistola« dagegen ist ein harscher Protestbrief an den britannischen Stammesfürsten Coroticus, dessen Soldaten getaufte Iren in die Sklaverei verschleppt hatten. Doch so spärlich die Angaben zu seiner eigenen Person in den beiden Dokumenten auch ausfallen, sie sind die einzigen, die uns überhaupt Auskunft über Leben und Wirken Sankt Patricks geben.

Wie sich die Herbstnebel nur ab und an über dem Nordatlantik lüften, so geben die Schriften immer nur kurz den Blick auf die historische Persönlichkeit Patricks frei, die nach wie vor von einem dichten Schleier der Legendenbildung überdeckt ist. So viel ist sicher: Irgendwann Ende des 4. Jahrhunderts erblickte der spätere Missionar in England das Licht der Welt. Er entstammte offenbar einer christlichen Familie, sein Vater war Decurio, römischer Verwaltungsbeamter, der später den Dienst des Diakons in einer christlichen Gemeinde versah. Mit 16 Jahren fiel Patrick irischen Freibeutern in die Hände, die ihn »mit tausend anderen« nach Irland entführten. Die Forschung identifizierte diesen Raubzug mit dem Einfall des irischen Hochkönigs Niall Noigiallach in den Bristol-Kanal 404/405. Demnach wäre der Geburtsort Patricks im Mündungsgebiet des Severn im Südwesten Englands zu suchen, denn der römische Ort Bannavem Taburniae konnte bislang nicht lokalisiert werden. Sechs lange Jahre schmachtete Patrick in irischer Gefangenschaft und hütete für seine Herren das Vieh. Doch in der Zeit der Not erwachte in ihm neues Interesse am Glauben, den er zuvor nur halbherzig praktiziert hatte. »In Irland angekommen, hütete ich jeden Tag die Herden und betete mehrere Male am Tag. Immer mehr wuchs meine Liebe zu Gott ... Mein Glaube nahm zu«, beschrieb er in der »Confessio« die Jahre der Prüfung. Auf Grund einer Vision beschloss er eines Tages, zu fliehen. 300 Kilometer lief er vom Norden der Insel zu einem der südlich gelegenen Meerhäfen, um auf einem Schiff zu entkommen. Nach einer wahren Odyssee, die ihn bis nach Gallien verschlug, kehrte der verlorene Sohn in seine Heimat am Severn zurück.

Biographisches

Die Wiederaufnahme eines ruhigen und beschaulichen Lebens im Kreise seiner Familie blieb dem Gestrandeten jedoch versagt. Visionen und geheimnisvolle Stimmen drängten ihn dazu, als Missionar nach Irland zurückzukehren. Um seine bescheidene Bildung aufzubessern, besuchte er mehrere Klöster in Gallien und lebte eine Weile in Auxerre, bevor er schließlich die Bischofsweihe erhielt.

Der Überlieferung nach betrat er vermutlich im Jahr 432 an der Nordostküste Irlands, nahe der heutigen Stadt Downpatrick, erstmals seit seiner Gefangenschaft wieder irischen Boden. Eine Statue erinnert noch heute an seine Landung. Die Welt der Kelten, in die Patrick nun eintrat, war vom strengen Überlebenskampf bei knappen natürlichen Ressourcen geprägt. Irland bestand aus einer Vielzahl kleiner, sich gegenseitig befehdender Stammesfürstentümer, die nur zeitweilig zu größeren politischen Einheiten zusammenfanden. Klima und Geographie der Insel erlaubten keine größeren Ansiedlungen. Die Lebensgrundlage bildete der Viehbestand, weniger der Ackerbau. Obwohl die Iren von der römischen Besatzung, die seit dem 1. Jahrhundert n. Chr. auf England Fuß gefasst hatte, unberührt geblieben waren, hatten sie schon vor der Ankunft Patricks über Händler und Seeleute Bekanntschaft mit dem Christentum gemacht.

Wie die Chronik des Prosper von Aquitanien überliefert, schickte Papst Cölestin I. um 430 einen Mann namens Palladius als Missionsbischof nach Irland, der nicht nur die heidnischen Kelten bekehren, sondern auch die Irrlehre des Pelagius bekämpfen sollte, der die Erbsünde leugnete und in England und Irland eine größere Anhängerschaft besaß. Das fast gleichzeitige Auftreten der beiden Missionare Palladius und Patrick nährte die Vermutung, dass die biographischen Angaben beider Personen schon in der Frühzeit der Überlieferung ineinander verschmolzen. So könnte der gallische Palladius viele Details zu dem historisch nicht genau überprüfbaren Aufenthalt Patricks in gallischen Klöstern beigesteuert haben. Wie dem auch sei – der im Süden Irlands wirkende Palladius scheint jedenfalls kaum Erfolg gehabt zu haben, während das Wirken Patricks im Norden der Insel tiefe Spuren in der Erinnerung hinterlassen hat.

Patrick ging bei seiner Missionsarbeit offenbar bemerkenswert behutsam vor. Denn Irland ist ein Land ohne Märtyrer – kein Tropfen Blut floss bei der Christianisierung des Eilands. Auf Grund seiner frühen eigenen Erfahrung mit den irischen Kelten verstand er es, auf die Sitten und Gebräuche der Menschen einzugehen. Viele Volkslegenden rühmen und überhöhen Patricks überzeugendes Auftreten. Seine inbrünstigen Gebete, seine asketische Lebensweise und seine Bußbereitschaft imponierten den heidnischen Inselbewohnern. Unablässig Litaneien und Psalmen betend, sah man den Wanderprediger über die Torfmoore, Wiesen und Täler der grünen Insel streifen. Wo er auch auftauchte, nirgendwo scheute er die Diskussion mit gelehrten Druiden und einfachen Leuten. Auf dem Croag Patrick, dem heiligen Berg Irlands, betete und fastete er 40 Tage lang bedrängt von Schlangen und Würmern.

Unvergessen blieb auch Patricks didaktisches Geschick. Mit Hilfe eines dreiblättrigen Kleeblattes soll er einst die Lehre von der Dreifaltigkeit so anschaulich erklärt haben, dass die Pflanze zu einem Symbol des Glaubens und später sogar zum Wahrzeichen der Insel wurde. Seine auf demonstratives Handeln abzielende Vorgehensweise ließ ihn auch den Konflikt mit dem heidnischen König Loigaire, dem Sohn seines einstigen Entführers Niall Noigiallach, nicht scheuen.

Als dieser auf dem Burghügel von Tara ein Frühlingsfeuer entfachte, setzte ihm Patrick ein mächtiges Osterfeuer auf dem gegenüberliegenden Hügel entgegen. Der König ließ Patrick gefangen zu sich bringen, doch der verkündete unerschrocken vor der versammelten Festgemeinde das Wort Gottes.

Bald schon folgten dem frommen Mann immer mehr Menschen, darunter auch Angehörige der verschiedenen Königssippen. Patrick erleichterte ihnen den Übertritt zur neuen Religion, indem er keltische Bräuche in christlicher Umdeutung übernahm, wie z. B. Frühjahrs- und Sommerfeste oder Totengedenktage – eine Vorgehensweise, die in Rom und auf dem Kontinent durchaus auf Widerspruch stieß. Trotz aller Kritik, der er in seiner »Confessio« zu begegnen trachtete, gründete Patrick zahlreiche Kirchen und Klöster, darunter die Kirche von Armagh, die später zur Erzdiözese und zum Sitz des Primas von Irland aufstieg. Den Erfolg seiner Missionstätigkeit vor Augen, starb der unermüdliche Künder der frohen Botschaft um 461 in Downpatrick, jenem Ort, an dem er 30 Jahre zuvor die irische Küste betreten hatte. Sein Grab wird noch heute dort gezeigt.

Reiche Ernte

Patricks Saat trug reiche Früchte. Die von ihm ins Leben gerufenen klösterlichen Gemeinschaften entwickelten sich rasch zu Zentren des kirchlichen und kulturellen Lebens. Da es keine großen Städte auf Irland gab, die als Bischofssitze zentrale Funktionen hätten ausüben können, konzentrierte sich das geistliche Leben von vornherein auf die Klöster, die mit den Sippen, auf deren Gebiete sic lagen, eine enge Verbindung eingingen. Die irischen Mönche und Nonnen lebten wie ihr großes Vorbild Patrick in asketischer Enthaltsamkeit, siedelten oft an unwegsamen, sturmgepeitschten Orten. Doch inmitten der kargen Natur widmeten sich die frommen Männer und Frauen der Pflege der Wissenschaften. Sie bewahrten das keltische Erbe, überlieferten spätantikes Wissen und fertigten in ihren Schreibstuben die ersten Beispiele einer herausragenden Buchkunst an. Ihre mit keltischem Formgefühl dekorierten Evangeliare und Psalter gehören zu den schönsten Zeugnissen der abendländischen Buchmalerei.

Über Schottland und England fanden die irischen Mönche im 6./7. Jahrhundert ihren Weg schließlich auf den Kontinent, wo sie als begeisterte Missionare wirkten. Der Glaubenseifer seiner Erben kam nicht zuletzt Patrick selbst zugute, der in dieser Zeit seinen posthumen Aufstieg zum Nationalheiligen erlebte. Im enger werdenden Kontakt zur römisch-kontinentalen Tradition musste die recht eigenwillig strukturierte irische Kirche nämlich manche ihrer Gepflogenheiten aufgeben.

Der Bischof von Armagh sicherte sich schon Ende des 7. Jahrhunderts im Streit um die Übernahme des römischen Ostertermins den prinzipiellen Vorrang vor seinen geistlichen Kollegen und förderte gezielt den Patrick-Kult zu seiner Legitimierung. Der Missionar stieg damit zum »Apostel Irlands« auf – umso mehr als ihm nach der englischen Invasion der Insel integrative Bedeutung für die gesamte Bevölkerung zuwuchs. Nun stand »Paddy« nicht mehr nur für die Anfänge des Christentums auf Irland, sondern auch für den ungebrochenen Selbstbehauptungswillen der grünen Insel gegenüber dem dominanten Nachbarn. Als solches Symbol wurde Sankt Patrick tief im Volksglauben verwurzelt.

LITERATUR

J. Elvert, Geschichte Irlands, München 2003;

R. Pernoud, Die Heiligen im Mittelalter, München 1994;

H. Schreiber, Irland. Seine Geschichte – seine Menschen, Gernsbach 1997

Herbert Arens

Leo der Große

Verkündigung und Kirchenpolitik

† 461 in Rom
Papst
Gedenktag: 10. November

Leo steht in einer überaus bewegten Zeit. Das Imperium ist gespalten in den Osten mit Konstantinopel als Zentrum und in den Westen mit der Kaiserresidenz in Ravenna, das Westreich nicht mehr in der Lage, die neuen Völker abzuwehren. Im Jahre 451 verlieren die gallo-römischen Truppen unter Aetius die entscheidende Schlacht auf den katalaunischen Feldern (bei Troyes) gegen die Hunnen Attilas.

Schon am 29. 9. 440 erhielt Leo in Rom die Bischofsweihe. Seine Kurzansprache an diesem Tage ist bezeichnend: Der Herr allein ist es, der Wunder vollbringt. So habt ihr, liebe Brüder, in eurer Zuneigung mich bei euch geglaubt, als die Notwendigkeit einer langen Reise mich fern hielt. So danke ich unserem Gott … Aber auch für eure wohlwollende Wahlentscheidung bin ich zu Dank verpflichtet. Bin ich mir doch bewusst, wie sehr eure Anerkennung und euer Beitrag der Liebe und des Glaubens mir in der Hirtensorge um euer Seelenheil zustatten kommen … Unterstützt mich, den ihr erkoren habt, durch Gebete, damit der Geist der Gnade in mir bleibe und euer Urteil über mich nicht schwanke. Der Weihetag wird zu einem der jährlichen Termine für die römische Provinzialsynode.

Der Petrusdienst

Leo hat den römischen Primatsanspruch weiter entwickelt. Er überträgt die biblische Situation in seine Zeit, wie ein Auszug aus dem Sermo 4 vom 29. 9. 444 mit der Auslegung von Mt 16,13 ff. verdeutlichen mag: Und doch wird auf der ganzen Welt nur Petrus dazu auserkoren, das Haupt aller berufenen Völker, sämtlicher Apostel und aller Väter der Kirche zu sein. Darum ist auch trotz der vielen Priester und trotz der vielen Hirten unter dem Volke Gottes doch in eigentlichem Sinne Petrus der Leiter aller derer, über die in erster Linie auch Christus herrscht … (Der) bekennt zuerst seinen Glauben an den Herrn, der den ersten Rang unter den Aposteln einnimmt.

Die Verantwortung für den Glauben

Der Nachfolger Petri ist der Wahrer des Petrusbekenntnisses. Wenn Leo sich zum Einschreiten gegen Irrlehren gezwungen sah, kam der Anlass von außerhalb, der innere Grund aber aus seinem Verantwortungsbewusstsein heraus. Es kann nur e i n e n Glauben an Christus für alle geben, den von Petrus bekannten, von den Aposteln verkündigten und von der rechtmäßigen Tradition überlieferten. Nur dieser Glaube verdient den Namen *katholisch*. Wer den Glauben verfälscht, beschädigt die wahre Verehrung Gottes und das wahre Heil der Menschheit.

Greifen wir exemplarisch Leos Vorgehen gegen die Manichäer heraus. 443 gab es in Rom Aufsehen, als man eine Sekte von zugewanderten Manichäern aushob. Darüber berichtete Leo erschüttert im Dezember. Skandalöser Tiefpunkt der Mani-Feier war die Schändung eines 10-jährigen Mädchens: Wir ließen also ihre so genannten auserwählten Männer und Frauen zu einer Sitzung kommen, an der mit mir Bischöfe und Presbyter teilnahmen, und zu der auch vornehme Christen zugezogen waren. Nachdem sie über ihre verkehrten Glaubenssätze und über den gewöhnlichen Hergang ihrer Feste genügend Aufschluss gegeben hatten, enthüllten sie auch eine verruchte Tat, die auch nur zu erwähnen man sich schon schämen muss. In der Weihnachtspredigt desselben Jahres äußert sich Leo grundsätzlich: Diesem Geheimnisse (der Menschwerdung Gottes), Geliebteste, steht die kranke Irrlehre der Manichäer fern. Auch haben diejenigen keinen Anteil an der Wiedergeburt durch Christus, die seine körperliche Geburt aus der Jungfrau Maria in Abrede stellen, so dass sie bei dem kein wahres Leiden annehmen, an dessen wirkliche Geburt sie nicht glauben, und die wahrhafte Auferstehung desjenigen leugnen, dessen wirkliches Begräbnis sie nicht gelten lassen.

Die ostkirchlichen Glaubensauseinandersetzungen

Die zweite Hälfte von Leos Pontifikat war beherrscht vom Kampf gegen den Monophysitismus (Lehre von der einen Physis = Natur Christi). Auslöser des Streites war der Archimandrit Eutyches in Konstantinopel. Anfang 449 wandte sich Eutyches interpellierend an Leo, er sei auf der Haussynode im November 448 zu Unrecht wegen einer Irrlehre verurteilt worden. Man hatte ihm vorgeworfen zu behaupten, der Menschgewordene besitze nur eine Natur; die menschliche Natur sei in der göttlichen Natur aufgegangen. Auch Kaiser Theodosius II. und Patriarch Flavian wandten sich nach Rom. Dort hatte man Schwierigkeiten mit den Texten, da man des Griechischen nicht mehr mächtig war. Wie die holprigen Übersetzungen zeigen, war es nicht leicht, gute Dolmetscher finden.

Die Antwort Leos war der berühmte Tomus an den Patriarchen Flavian, der auf der Synode von Ephesus 449 für Klarheit sorgen sollte. Die Synode schlug aber fehl – Leo bezeichnete sie als Räubersynode. Erst auf dem Konzil in Chalkedon (heute: Kadiköy), nahe der Hauptstadt auf der anderen Seite des Goldenen Horns, konnte der Tomus Leos am 10.10.451 mit überwältigendem Erfolg vorgetragen werden. Die Stelle in den Synodalakten ist berühmt: Die ehrwürdigen Bischöfe riefen: Das ist der Glaube der Väter, das ist der Glaube der Apostel. Wir glauben alle so. Als Rechtgläubige glauben wir so. Ausgeschlossen sei, wer nicht so glaubt. Petrus hat durch Leo so gesprochen. Die Apostel haben so gelehrt. Fromm und wahr hat Leo gelehrt. Cyrill hat so gelehrt. Ewiges Andenken an Cyrill! Leo und Cyrill haben in gleicher Weise gelehrt. Ausgeschlossen sei, wer nicht so glaubt. Das ist der wahre Glaube. Als Katholische empfinden wir so. Das ist der Glaube der Väter. Warum sind diese Worte nicht in Ephesus gelesen worden? Dioskur hat sie hintertrieben.

Als Anatolius von Konstantinopel auf der 5. Sitzung am 22. 10. eine vorbereitete Glaubensformel vorgeschlagen hatte, drohte die Synode zu platzen: Alle ehrwürdigen Bischöfe außer den Römern und einigen Orientalen riefen: Die Definition gefällt allen … Die ehrwürdigen Bischöfe Pascasinus und Lucensius und der Priester Bonifatius als Vertreter des Apostolischen Stuhles: Wenn man dem

Brief des apostolischen und fromm denkenden Papstes Leo nicht zustimmt, dann befehlt, dass man uns die Protokolle übergibt, damit wir heimkehren und dort die Synode abgehalten werde. Schließlich fand sich eine Kommission unter Anatolius im Beisein der Römer in einem Nebenraum der Konzilskirche bereit, die vorgelegte Formel im Sinne Leos zu ergänzen. Das Ergebnis ist das berühmte christologische Bekenntnis, das Leo an entscheidender Stelle zitiert: eine Person in zwei Naturen.

Nur die ägyptische Kirche und das von ihr beeinflusste Palästina, wo in den Jahren 452–453 besonders die Mönche Tumulte auslösten, fanden sich mit der Konzilsentscheidung nicht ab. 457 entlud sich die Spannung in Aufständen und Tumulten. Patriarch Proterius von Alexandrien wurde ermordet. Nur mit Mühe gelang es, den Frieden wiederherzustellen. Leo ließ weitere Lehrschreiben verfassen, insbesondere das an die palästinischen Mönche (453) und das an Kaiser Leo I. (458) gerichtete, der so genannte Tomus II. Die Monophysiten kehrten jedoch nicht zur Kirche zurück.

Schon vor den christologischen Auseinandersetzungen mit dem Osten hatte Leo kirchenordnende Anweisungen getroffen. Als Beispiel sei die Angelegenheit um Bischof Hilarius von Arles (403–449) angeführt, der sich die *Arroganz* angemaßt hatte, dem hl. Petrus nicht unterworfen zu sein, Weihehandlungen in allen Kirchen Galliens durchführen und die Rechte eines Metropoliten beanspruchen zu können. 445 stellte Leo die alte Ordnung wieder her. Im selben Jahr hatte Leo von Valentinian III. (425–455) eine Konstitution über die Weihe von Bischöfen erhalten, die die römische Jurisdiktion über die gesamte Kirche im Westen anerkannte. Als Hilarus hartnäckig blieb, wurde er 450 abgesetzt.

Die Einheit der Kirche

Leos Sorge um ein geordnetes und gemeinsames Kirchenleben hatte praktisch die gesamte damalige Welt im Blick. Davon zeugen die Korrespondenz und die entsprechenden Maßnahmen nicht nur für Gallien und die Ostkirche, sondern auch für Mauretanien und Spanien. Zur besseren Information über die Vorgänge im Osten bestellte Leo 444 in Illyrien Bischof Anastasius von Thessalonike zum Apostolischen Vikar. Nach dem Konzil von Chalkedon und angesichts der Unruhen im Osten setzte er in Konstantinopel den griechisch sprechenden Julian von Kos als Nuntius ein.

Der eine Glaube war für Leo nicht ohne die gemeinsame terminliche Feier der Liturgie zu denken. Für den Sonntag ergab diese sich von selbst. Für andere Feiern gab er Anweisung, etwa für die Priesterweihe (in der Nacht zum Sonntag oder am Sonntagmorgen) und die Taufe (an Ostern und Pfingsten). In besonderer Weise lag ihm am Termin des Osterfestes. Bischof Ravennius von Arles legt er das Datum für 452 ans Herz mit den Worten: Zum herausragenden Sakrament unserer Religion gehört, dass in der Feier des Osterfestes auf der ganzen Welt keine Verschiedenheit herrsche.

Politische Missionen

Auch mit dem westlichen Kaiserhof pflegte Leo enge Beziehungen. Für Ende Februar 450 ist ein Besuch der Kaiserfamilie aus Ravenna in der vatikanischen Basilika belegt. Valentinian schreibt an Theodosius, er sei in Rom zur Basilika des Apostels Petrus gezogen und dort nach der Nachtfeier des Aposteltages von Leo und von anderen Bischöfen gebeten worden, sich in Konstantinopel für die Erhaltung des wahren Glaubens einzusetzen.

In zwei brisanten Fällen übernahm Leo politische Aufträge als Papst. Im Jahre 452 bewegte sich das Heer der Hunnen unter Attila bedrohlich auf Italien zu. Kaiser Valentin III. erbat von Leo eine Friedensmission. Prosper von Aquitanien berichtet: Leo übernahm diesen Auftrag mit dem Konsul Avienus und dem Präfekten Trigetius; die Gesandtschaft wurde in würdiger Weise empfangen, und der König (Attila) war so über die Gegenwart des höchsten Priesters erfreut, dass er befahl, vom Kriege abzulassen und unter Friedensbedingungen hinter die Donau zurückzuweichen. Nach alter Überlieferung fand das Treffen im venetischen *Ambuleius* an einer Furt des Flusses *Mincius* statt. Eine zweite gefährliche Situation konnte Leo im Jahre 455 beim Angriff der Vandalen auf Rom wenigstens mildern. Vor den Stadtmauern traf er mit Geiserich zusammen und konnte ihn dazu bewegen, die Stadt zwei Wochen lang »nur« zu plündern, aber nicht zu morden oder zu brandschatzen.

Bedeutung

Leo starb am 10. 11. 461 und wurde in der Vorhalle der Petersbasilika begraben. Unter Sergius I. überführte man 688 die Gebeine ins

Innere. Das Grab war beim Neubau der Basilika nicht vergessen. Heute befindet sich eine Grabplatte in der Cappella della Colonna, vorne im linken Seitenschiff. Benedikt XIV. erhob Leo am 15. 10. 1754 zum Kirchenlehrer. Im Generalkalender der Kirche wird sein Gedenktag nach wie vor an seinem Todestag begangen.

Leo ist unerschütterlich von einem unangreifbaren Glauben überzeugt. Hinzu kommen seine Willensstärke und seine Konsequenz, die mit einer starken politischen Begabung gepaart sind. Als Römer steht er mit beiden Füßen auf dem Boden der Realitäten. Aber er hat vorausschauende Perspektiven. Bei aller Konsequenz bevorzugt er vermittelnde Lösungen. Zu Recht wird ihm die Tugend der *moderatio*, die Kunst des Maßhaltens zugeschrieben. Trotz seiner profilierten Auffassung vom Petrusamt agiert er nicht als »Alleinherrscher«, sondern bezieht die Bischöfe ein. Im untergehenden Westreich blieb Leo der Fels in den brandenden Wogen. Er ist kein Neuerer der Theologie, sondern ein aktiver Bewahrer des Glaubens und der römischen Kultur. Das aber ist genau das Charisma, das ihn heraushebt und für das ihm die Geschichte den Ehrennamen »der Große« verliehen hat.

LITERATUR

Th. Steeger: Leos des Großen sämtliche Sermonen, 2 Bde., Kempten 1927;

B. Studer, Leo I., in: Theologische Realenzyklopädie XX, 737–741, Berlin 1990 (Lit.);

H. R. Drobner, Lehrbuch der Patrologie, Freiburg 1994, 384–395

Odilo Lechner

Benedikt von Nursia

Der Patron Europas

** um 480 in Nursia / Italien*
† um 547/560 in Montecassino
Mönchsvater, Ordensgründer
Gedenktag: 11. Juli

Benedikt, geboren um 480 in Nursia, gestorben zwischen 547 und 560, wird uns fassbar nur in der nach ihm benannten Mönchsregel und einer Lebensbeschreibung im 2. Buch der Dialoge Gregors des Großen (540–604). Diese spirituelle Biographie in Aussprüchen und Bildszenen entwirft Charakter und Wirken Benedikts. Einige davon sollen uns helfen zu erahnen, wer Benedikt war und was er uns heute sagen kann.

Benedictus – ein Gesegneter und ein Mensch des Segens

Gregor der Große nennt ihn »der Gnade und dem Namen nach ein Gesegneter«. Sein segensreicher Einfluss zeigt sich natürlich vor allem in den Klöstern, die nach seiner Regel leben. Diese setzt sich im 7. und 8. Jahrhundert zunächst in England und dann auf dem europäischen Festland als die Norm des klösterlichen Lebens durch. So ließ Karl der Große 787 eine Abschrift der Regel nach Aachen bringen als Muster und Norm für alle Klöster im Frankenreich. Die Kultur des Abendlandes im frühen Mittelalter ist wesentlich durch die Strahlkraft benediktinischer Männer- und Frauenklöster geprägt. Bis in unser Jahrhundert hat die Führungsweisheit der Benediktsregel aber auch die Gestalter von Wirtschaft und Gesellschaft beeindruckt und geprägt. Darum rief Papst Paul VI. 1964 in Montecassino

Benedikt zum Patron und Beschützer Europas aus. Nach 15 Päpsten hat sich nun auch unser jetziger deutscher Papst den Namen Benedikt gegeben.

Benedikt konnte freilich ein Segen werden, weil er ein Gesegneter war, weil er in der großen Tradition des Segens steht, des Schöpfungssegens Gottes über alle Lebewesen, des Gotteswortes an Abraham: »Ich werde dich segnen und deinen Namen groß machen. Ein Segen sollst du sein.« Benedikts Regel will ja nur »einen Anfang des klösterlichen Lebens bekunden«. Sie will hinführen zu der Wegweisung der Heiligen Schrift, zu einem Weg »unter der Führung des Evangeliums«. Sie verweist auf die Kirchenväter, vor allem aber auf die große Mönchstradition des Ostens und Westens, auf die »Unterredungen der Väter, ihre Einrichtungen und Lebensbeschreibungen«, wie sie vor allem Cassian dem Westen überliefert, und »die Regel unseres Heiligen Vaters Basilius«. Sie lehnt sich oft wörtlich an die so genannte Magisterregel an, aber sie wählt klug aus und setzt neue Akzente. Benedikt will das Segenswort Gottes vernehmen, das er immer wieder den Menschen zugesprochen hat, und es hineinsprechen in die Situation seiner Zeit und der ihm anvertrauten Menschen.

Ein Mensch, der den Einen sucht – das Bild der Höhle

Als junger Student verlässt Benedikt die große Stadt Rom, weil er die Abgründe ihrer spätantiken Zivilisation erkennt. Er lässt die Studien und die Güter seines Vaters zurück, weil er die Sehnsucht in sich spürt, »Gott allein zu gefallen«. Er flieht die vielen Zerstreuungen, die Annehmlichkeiten des Lebens und die Verlockungen der Karriere, um eine Einheit des Lebens zu finden. Er sucht die Wüste, die Einsamkeit. Nach einem kurzen Aufenthalt in Effide, wohin ihn noch seine Amme begleitete, zieht er sich weiter in die Berge von Subiaco zurück und lebt drei Jahre verborgen in einer engen Höhle, wo ihn nur der Mönch eines nahen Klosters etwas betreut. Benedikt sucht die Einheit des Lebens, er sucht die Alternative zu einer untergehenden Zivilisation und zerstreuender Beliebigkeit, er sucht den Unendlichen, er sucht Gott. Die Suche nach Gott durchzieht sein Leben, sie durchzieht seine Regel. So gilt es bei einem, der das klösterliche Leben beginnen will, vor allem zu prüfen, »ob er wirklich Gott sucht«. Das ist das Ziel: »Er schreite mehr und mehr auf Gott zu«.

Der Mensch kann immer wieder sich verlieren. Als der junge, aber schon berühmt gewordene Benedikt von den Mönchen des heruntergekommenen Klosters Vicovaro inständig gebeten wird, ihr Abt zu werden, lässt er sich trotz seiner Bedenken überreden. Freilich stieß sich ihre Verkehrtheit an seiner Geradheit und sie suchten ihn mit einem giftigen Trank zu beseitigen. Da zog sich Benedikt in friedlicher Gelassenheit zurück in seine geliebte Einsamkeit. »Allein, unter den Augen Gottes, wohnte er in sich selbst (habitavit secum)«. Die Verankerung in dem Einen lässt den Menschen zu sich selber zurückfinden.

Ein Mensch der Gemeinschaft – das österliche Mahl

Benedikt war in seiner Höhle, in der Einsamkeit nicht nur der Welt, sondern auch der kirchlichen Gemeinschaft entrückt. Am Ostertag hatte ein Priester die Eingebung, den einsamen, hungernden Mönch in den steilen Felsen zu suchen und sein Ostermahl mit ihm zu teilen. Nach Gebet und Gespräch sagte der Priester: »Auf! Wir wollen Mahl halten, denn heute ist Ostern.« Benedikt, der auch den kirchlichen Zeiten entfremdet war, meinte: »Ich weiß, es ist Ostern, weil ich dich sehen durfte.« Aber der Priester versicherte: »Heute ist wirklich der Ostertag der Auferstehung. Da darfst du nicht fasten ... wir sollen gemeinsam die Gaben des allmächtigen Herrn genießen«.

Da wird Benedikt zur kirchlichen Gemeinschaft zurückgeführt. Bald kommen Hirten zu ihm und empfangen von ihm Unterweisung. Dann sammeln sich Schüler um ihn, für die er später 12 Klöster in Subiaco errichtet.

Christ ist man nicht für sich allein, sondern in der Gemeinschaft des fortlebenden Christus. Für das Mönchtum, vor allem auch für Benedikt, wird die Urgemeinde in Jerusalem das Leitbild: »Die Gemeinde der Gläubigen war ein Herz und eine Seele ... sie hatten alles gemeinsam. Mit großer Kraft legten die Apostel Zeugnis ab von der Auferstehung Jesu« (Apg 4,32 ff.).

Dieses gemeinsame Leben vollzieht sich in der Zeit, in der Vielheit des Endlichen. Darum braucht es die Ordnung der Zeiten, die Zeiten des Fastens und des Feierns, die Ordnung von Essen und Schlafen, Beten und Arbeiten. Die Suche nach der Einheit führt zur rechten Ordnung des Vielen, die Suche nach dem unendlichen Gott zur Suche nach dem rechten Maß. Benedikt aber bleibt ein österlicher Mensch. Auch die Fastenzeit hat in seiner Regel den Sinn, »in der Freude geistlicher Sehnsucht das heilige Osterfest zu erwarten«.

Ein Mensch der Beständigkeit – die Quelle am Ort

Drei der von Benedikt in den Bergen von Subiaco errichteten Klöster lagen hoch oben und es war mühsam, zum See hinabzusteigen, um Wasser zu schöpfen. So forderten die Mönche, die Klöster zu verlegen. Benedikt stieg in der Nacht die Felsen hinauf und legte nach langem Gebet drei Steine an eine bestimmte Stelle. Als die Mönche wieder am nächsten Tag mit ihrer Forderung kamen, wies er sie an, an der bezeichneten Stelle nach Wasser zu graben, und sie fanden eine reiche Quelle.

Benedikt möchte, dass seine Mönche nicht Vaganten sind, immer umherschweifen und es nirgendwo aushalten. Er lässt sie Beständigkeit, Stabilität versprechen. Die Flucht in viele Möglichkeiten ist gerade eine Gefahr unserer Zeit. Aber Freiheit verwirklicht sich nicht in den gedachten vielen Möglichkeiten, sondern in der Entschiedenheit für eine als richtig erkannte Sache, in der Bindung an ein großes Ziel. Darum kann Benedikt »den abgeschlossenen Bereich des Klosters (claustrum) und die Beständigkeit (stabilitas) in der Gemeinschaft« als Werkstätte geistlichen, tugendhaften Lebens bezeichnen. »Der Unrast der Völkerwanderungszeit hat Benedikt sein Halt zugerufen« (Walter Dirks). Natürlich müssen wir gerade heute oft die Wirkungsstätte ändern, beweglich sein – wie auch Benedikt sein erstes Wirkungsfeld in Vicovaro wieder verlässt und später von Subiaco nach Montecassino zieht. Aber es gilt doch, zunächst an dem Platz, wo wir uns befinden, in der uns zugewiesenen Gemeinschaft auszuharren und beharrlich nach der Quelle zu suchen, die uns vielleicht gerade hier Leben spendet. Die große Veränderung der Welt kann nicht überall zugleich geschehen. Da müssten wir scheitern und resignieren. Im fest umgrenzten Bereich (das ist der Sinn des claustrums, des Klosters als eines umgrenzten Stücks der Welt) kann diese Hinordnung auf ein großes Ziel, kann die Änderung der Welt beginnen.

Ein Mensch der Arbeit – das Eisen im Wasser

Einem einfältigen Goten war bei der Arbeit am Seeufer die Eisenklinge vom Stiel des Sichelmessers ins tiefe Wasser gesprungen. Zitternd vor Angst meldete er den Schaden. Man holte Benedikt, der den Stiel ins Wasser hielt, das Eisen sich wieder anfügen ließ und es dem Goten zurückgab mit den Worten: »Da nimm, arbeite und sei nicht traurig.« In dieser Szene wird deutlich, welchen Wert und welch tröstende Wirkung die Arbeit haben kann, auch die einfache und schlichte. Benedikt schreibt ein eigenes Kapitel über die Handarbeit und ein eigenes Kapitel über die Handwerker im Kloster. Wie Gebet und geistliche Lesung gehört die Arbeit wesentlich zum christlichen Leben. Die rechte Ordnung von Arbeit und Freizeit, d. h. der Muße für das geistliche Leben, die rechte Verteilung der Arbeiten unter die starken und schwachen Brüder ist ein wichtiges Anliegen. Die Arbeit ist nicht nur eine harte Notwendigkeit oder Sache der Sklaven, sondern sie gehört zum menschlichen Leben und dient der Verherrlichung Gottes. Niemand soll ohne Arbeit sein, niemand soll von zu vieler Arbeit überfordert sein. Niemand soll freilich über seine Leistung stolz werden, sich vom Ehrgeiz, von seiner Leistung auffressen lassen und so das eigentliche Ziel seines Lebens als Gottsuche vergessen. »Dass in allem Gott verherrlicht werde, dass in allem der Glanz Gottes aufstrahle«, dieses Grundmotto Benedikts findet sich gerade im Kapitel über die Handwerker bei einer Weisung über den Verkauf der hergestellten Produkte. Im Widerstreit von heutiger Leistungs- und Spaßgesellschaft brauchen wir in besonderer Weise das rechte Maß Benedikts, um die rechte Sicht der Arbeit, um den rechten Ausgleich von Arbeit und Freizeit, um den Ausgleich der verschiedenen Interessen zu finden. Wenn in jeder Arbeit Gott verherrlicht werden kann, kann auch jeder Arbeit Sinn und Freude abgewonnen werden. Von diesem transzendenten Sinn her kann auch der rechte Ausgleich gefunden werden.

Ein Mensch des Horchens und Gehorchens – Rettung aus dem See

Aus der Zeit in Subiaco berichtet Gregor vom Unglück des jungen Placidus, der aus Unachtsamkeit ins Wasser gefallen war. Als Benedikt dies erkannte, rief er den Mönch Maurus herbei, dass er rasch den Ertrinkenden rette. Mit dem Segen Benedikts lief er über das Wasser, ohne zu bemerken, dass er den festen Boden verlassen hatte, und brachte Placidus zurück. Jetzt erst wurde ihm bewusst, dass er über das Wasser gelaufen war. Benedikt schrieb dies dem Gehorsam des Maurus zu, Maurus der Kraft des Befehls und des Segens Benedikts. Horchen und gehorchen sind für Benedikt Grundworte des klösterlichen Lebens. Die Regel beginnt mit dem Wort »Horche, neige das Ohr deines Herzens«. Im Grunde will das Kloster nichts anderes sein als eine Schule des Hörens. Benedikt ist überzeugt, dass

Gott uns anruft, vor allem durch das Wort der Botschaft Jesu. Der Raum des Klosters, der Raum des Schweigens und der Stille, will uns offen machen für diesen Anruf. Er will den Lärm der Welt, der vielen uns in Beschlag nehmenden, uns verwirrenden Stimmen von außen, aber auch in unserer eigenen Phantasie, verstummen lassen. Nur so kann der Anruf in unseren Herzen wirklich vernommen werden. Gerade weil wir uns selber immer wieder täuschen können, brauchen wir auch die Weisung eines anderen. Darum wählen sich die Mönche einen Abt, dass er ihrer Gemeinschaft die Weisung des Herrn für ihre konkrete Situation auslegt. Darum will Benedikt freilich auch, dass der Abt alle Brüder immer wieder zusammenruft, um ihren Rat zu hören, auch den der jüngeren. Denn der Herr »offenbart oft einem Jüngeren, was das Bessere ist«. Darum sollen die Brüder aufeinander hören und einander gehorchen. Benedikt möchte auch, dass der Abt etwa bei einer kritischen Äußerung eines Gastes, eines fremden Mönches, klug erwäge, »ob ihn der Herr nicht vielleicht gerade deshalb geschickt hat«. Gehorsam geht also im Letzten immer auf Gott, auch wenn dieser durch andere Menschen spricht. Er ist die Grundhaltung dessen, der nicht verschlossen ist in seine eigenen Gewohnheiten, Vorlieben und Bequemlichkeiten, der nicht in sich erstarrt ist, sondern immer wieder aufbricht, achtsam ist auf das, was Gott in ihm und in der Welt angelegt hat, wohin sie sich entwickeln und entfalten soll.

Ein Mensch des Friedens – das vergiftete Brot

Benedikt hatte in Subiaco unter dem Neid und der Eifersucht eines Priesters der Umgebung zu leiden. Dieser sandte ihm ein vergiftetes Brot. Benedikt spürte das Gift und befahl einem Raben: »Im Namen unseres Herrn Jesus Christus, nimm dieses Brot und wirf es dort weg, wo niemand es finden kann.« In aller Ruhe sorgte er dafür, dass das Gift nicht schaden konnte. Als aber dieser Priester durch sieben nackte Mädchen die Jünger Benedikts in Versuchung führen wollte, um ihn zu treffen, brach Benedikt nach Montecassino auf. Der Priester aber, der schon zu triumphieren meinte, wurde durch den Einsturz seines Balkons getötet. Als Benedikts Jünger ihm dieses Geschehen voll Freude mitteilten, zeigte sich Benedikt betrübt über den Tod des Feindes wie über den Jubel seiner Jünger. Er war in seiner Demut und Hingabe an Gottes Willen zu einem Mann des Friedens geworden.

Darum gibt er auch seinen Mönchen die Weisungen: Streit nicht lieben. Nicht aus Neid handeln. In der Liebe Christi für die Feinde beten. Nach einem Streit noch vor Sonnenuntergang zum Frieden zurückkehren.

Die Lebensordnung des Klosters will ja nichts anderes als eine Ordnung des Friedens sein. Es geht ihm um die Einheit der Gemeinschaft, in der keiner etwas sein Eigen nennen darf, weil sie alles gemeinsam haben. Es geht ihm zugleich um die Anerkenntnis der Eigenart eines jeden Einzelnen. Der Abt muss »der Eigenart vieler dienen«. Bei der Zuteilung aus dem gemeinsamen Besitz soll nach dem Vorbild der Urgemeinde in Jerusalem doch nicht jeder das Gleiche erhalten, sondern vielmehr jeder das, was er nötig hat. Immer wieder legt Benedikt Wert darauf, »dass die Starken finden, was sie suchen, aber die Schwachen nicht davonlaufen«. Immer wieder mahnt er in seiner Regel, auf die Schwachen Rücksicht zu nehmen. Wenn freilich der gemeinsame Besitz nach den Bedürfnissen und nicht nach Rangordnung und Leistung verteilt wird, kann das leicht zu Unstimmigkeiten führen. Darum mahnt Benedikt: »Wer weniger braucht, danke Gott und sei nicht traurig. Wer mehr braucht, werde demütig wegen seiner Schwäche und nicht überheblich wegen der ihm erwiesenen Barmherzigkeit. So werden alle Glieder der Gemeinschaft in Frieden sein.« Diese Friedensordnung kann uns ein Modell sein, wie unsere Gesellschaft den Antagonismus des 21. Jahrhunderts überwinden kann, den Gegensatz von Kollektivismus, vom einseitigen Blick auf das Ganze eines Volkes, einer Gesellschaft, und von Individualismus, der nur die Selbstverwirklichung des Einzelnen zum Ziel hat.

Das kann geschehen im Hinblick auf den Einen, der jeden Einzelnen liebt und schätzt und doch zugleich das Ganze der Geschichte im Auge hat.

Ein Mensch des Gebetes – der unbewegliche Stein

Beim Aufbau des Klosters in Montecassino konnten die Brüder einen Stein, den sie ins Mauerwerk einfügen wollten, nicht fortbewegen trotz aller Anstrengungen. Man holte Benedikt. Der betete, gab den Segen und sofort ließ sich der Stein heben.

Manchmal stellt sich ein unerklärliches Hindernis unseren Bemühungen entgegen, ein geheimer Widerstand. Das gilt vor allem für die lähmende Kraft des Bösen. Immer wieder scheint uns eine Aufgabe unmöglich zu lösen. Aber »bei Gott ist nichts unmöglich«.

Darum wird aus dem Leben Benedikts immer wieder Wunderbares aus der Kraft seines Gebetes berichtet. Er ist durchdrungen von der Gegenwart Gottes allüberall. Besonders aber gilt dies für ihn beim gemeinsamen Gebet. So spricht Benedikt etwa von möglichen Vorgehensweisen bei straffälligen und unverbesserlichen Mönchen. Er nennt: Ermahnungen, Zurechtweisungen, Strafen, zeitweise Ausschließung. Wenn der Abt aber sieht, »dass seine Mühe keinen Erfolg hat, greife er zu dem, was noch stärker wirkt: Er und alle Brüder beten für den kranken Bruder, dass der Herr, der alles vermag, ihm die Heilung schenkt«. Darum ist für Benedikt das Gebet die Mitte des klösterlichen Lebens. Dem opus Dei – dem Gottesdienst, d. h. unserem Dienst vor Gott, dem Wirken Gottes an uns – ist nichts vorzuziehen. Im Stundengebet verdichtet sich freilich das, was das ganze Leben des Mönches ausmacht, das Gebet ohne Unterlass, die Verbindung mit Gott, denn das ganze Leben soll Lobpreis Gottes, Verherrlichung Gottes sein.

Ein Mensch, der sich von der Liebe besiegen lässt – Scholastika

Alljährlich traf sich Benedikt mit seiner Schwester Scholastika zum geistlichen Austausch. So waren sie wieder beisammen und hielten bei Einbruch der Dunkelheit miteinander Mahl. Die Schwester bat ihn: »Ich bitte dich, lass mich diese Nacht nicht allein, damit wir noch bis zum Morgen von den Freuden des himmlischen Lebens sprechen können.« Benedikt wehrte entrüstet ab: »Ich kann auf keinen Fall außerhalb des Klosters die Nacht verbringen.« Da ließ Scholastika ihr Haupt auf die Hände sinken, um Gott unter Tränen anzuflehen. Und plötzlich ging von dem bisher heiteren Himmel ein solcher Wolkenbruch nieder, dass Benedikt nicht mehr aus dem Haus gehen konnte. Benedikt klagte: »Der allmächtige Gott vergebe dir, was hast du da getan?« Sie erwiderte: »Siehe, ich habe dich gebeten und du hast mich nicht erhört, ich habe meinen Herrn gebeten und er hat mich erhört. Geh nur, wenn du kannst, verlass mich und kehre zum Kloster zurück.« So konnte Scholastika noch die ganze Nacht mit Benedikt sich über das geistliche Leben austauschen. Gregor erklärt den Sieg Scholastikas über die Vorstellungen des Bruders: »Sie vermochte mehr, weil sie mehr liebte.« Hier wird die Begrenztheit jedes Menschen, auch des Heiligen, deutlich. Benedikt hält an der rechten Ordnung des klösterlichen Lebens fest, aber er lässt sich auf das ein, was die Situation, was die Not, was die Sehnsucht des anderen, was die Fügung Gottes erfordert.

Einmal hatte ein Freund Benedikt in seiner Zelle in bitteren Tränen vorgefunden. Als Grund seines Kummers gab Benedikt an: »Das ganze Kloster, das ich erbaut habe, alles was ich für die Brüder eingerichtet habe, ist nach dem Ratschluss Gottes fremden Völkern preisgegeben. Nur mit Mühe habe ich erreichen können, dass mir das Leben der Brüder zugestanden wurde.« Benedikt sieht voraus, dass später sein Kloster von den Langobarden zerstört wird. Wir dürfen mit den uns unbegreiflichen Geschicken hadern, über manches, was in dieser Welt mit der Zulassung Gottes geschieht, entsetzt und betrübt sein. Wir dürfen wie Benedikt Gott bestürmen und sicher auch manches Unheil abwenden, aber es gehört zu unserem Weg, auch das Widrige auszuhalten und, wie Benedikt bei der vierten Stufe der Demut aufzeigt, »bewusst die Geduld zu umarmen«. Es ist die Nachfolge Christi bis hinein in Leiden und Tod – sie kennzeichnet die, »denen die Liebe zu Christus über alles geht«.

Ein Mensch der Weite – die Welt im Sonnenstrahl

Am Ende seines Lebens hat Benedikt ein Turmerlebnis. Beim nächtlichen Gebet blickt er in die dunkle Nacht und sieht ein helles Licht. Da wird ihm die ganze Welt vor Augen geführt, wie in einem einzigen Sonnenstrahl gesammelt. Gregor deutet diese Vision: Wenn er »die ganze Welt als eine Einheit vor sich sah, so wurden nicht Himmel und Erde eng, sondern die Seele des Schauenden weit«. »Im Licht innerer Schau öffnet sich der Grund des Herzens, weitet sich in Gott und wird so über das Weltall erhoben.« So verheißt es Benedikt im Regelprolog denen, die in seine Schule des Herrendienstes eintreten. Er will nichts Hartes und Schweres festlegen. Und wenn es auch einmal etwas strenger zugeht, wenn der Weg am Anfang eng erscheint, dann soll sich der Schüler nicht von Angst verwirren lassen, denn: »wer im klösterlichen Leben und im Glauben voranschreitet, dem wird das Herz weit und er läuft in unsagbarem Glück der Liebe den Weg der Gebote Gottes«. Das ist auch der Zielpunkt des Übungsweges der zwölf Stufen der Demut, der Grundhaltung des Mönches: »zu jener vollendeten Gottesliebe, die alle Furcht vertreibt, zu gelangen«. Was er vorher vielleicht nicht ohne Furcht beobachtete, kann er nun »ganz mühelos, gleichsam natürlich und aus Gewöhnung einhalten« … »aus Liebe zu Christus … aus Freude an der Tugend«.

Das ist der wahre Fortschritt, der nicht wie der nur materielle an die Grenzen des Wachstums stößt oder sich in eine Zivilisation des Todes verkehrt, sondern der auch dann, wenn die äußeren Kräfte geringer werden, noch zu immer größerer Weite führt.

Ein Mensch des Ewigen – das aufrechte Sterben

Der Tod ist für Benedikt etwas Wichtiges. Eine seiner Maximen lautet: Den Tod täglich vor Augen haben – das ewige Leben mit allem geistlichen Verlangen ersehnen. Darum wird auch sein Sterben als Vorbild geschildert. Er wusste um seinen nahen Tod und ließ sechs Tage zuvor sein Grab öffnen. Als seine Kräfte verfielen, ließ er sich von den Mitbrüdern in die Kirche tragen, um Leib und Blut unseres Herrn zu empfangen. »Er ließ seine geschwächten Glieder von den Händen seiner Schüler stützen. So stand er da, die Hände zum Himmel erhoben, und hauchte unter Worten des Gebetes seinen Geist aus.« Bewusst auch dem Tod entgegensehen, sich auf andere Menschen stützen können, stehend, d. h. aufrecht, wachsam den letzten Schritt tun – welch ein Bild christlichen Sterbens! Da ist nichts ängstlich verdrängt und ausgeblendet. Da wird das ganze Leben als ein Weg gesehen. So sahen nach dem Tod Benedikts zwei Mönche eine lichte Straße vom Kloster in östlicher Richtung bis zum Himmel reichen und erfuhren dies als den Weg Benedikts. Gewiss hat jeder von uns seinen ganz eigenen Tod und er kann die Art seines Sterbens sich nicht aussuchen. Aber wir können unser Leben auf das große Ziel hin ausrichten. Der Gedanke an den Tod verliert seinen Schrecken, er lässt alles in unserem Leben in seinem Wert oder Unwert, in seiner Wichtigkeit oder Unwichtigkeit aufscheinen. Unser Leben kann als ein Weg gesehen werden. So hat es Benedikt im Vorwort zur Regel gekennzeichnet: »Seht, in seiner Güte zeigt uns der Herr den Weg zum Leben.« Der Blick auf Tod und Ewigkeit hilft zur rechten Unterscheidung, zum rechten Maß, er gibt Ermutigung zu immer neuem Aufbruch und gibt zugleich Beständigkeit, Verankerung in dem, was wahrhaft bleibt.

LITERATUR

Gregor der Große, Der Hl. Benedikt, Buch II der Dialoge, St. Ottilien 1995;

M. Puzicha, Benedikt von Nursia begegnen, Augsburg 2004;

O. Lechner, Wege zum Leben, Benedikts Weisung für die Zukunft, München 2005

Gregor Zasche

Gregor

Ein Mann für alle Jahreszeiten

** 540 in Rom*
† 604 in Rom
Papst, Kirchenlehrer
Gedenktag: 3. September

Als Gregor im Jahr 590 sein Amt als Papst antritt, hat die Stadt Rom und das Reich ein Schreckensjahr hinter sich. Nach sintflutartigen Regenfällen überschwemmte der Tiber Rom, das Marsfeld stand unter Wasser; die Kornspeicher am Ufer und zahlreiche Gebäude versanken in der Flut. Dies löste eine riesige Hungersnot aus. Gleichzeitig erreichte die Beulenpest aus Ägypten die Stadt und wütete unter der Bevölkerung. Wagenweise wurden die Toten Nacht für Nacht vor den Mauern abgeladen. Pestgeruch hing über der Stadt. Auch Papst Pelagius II., der Vorgänger Gregors, wurde Opfer der Seuche. Der neue Papst rief als erste Amtshandlung eine Sternwallfahrt zur Abwendung der Pest aus. Von sieben Kirchen zogen sieben Prozessionen nach Santa Maria Maggiore. Die Legende erzählt, dass während dieser Wallfahrt der Hl. Erzengel Michael über der heutigen Engelsburg erschien und sein gezücktes Schwert in die Scheide steckte.

Wahrhaft kein verheißungsvoller, ermutigender Augenblick, um das Papstamt zu übernehmen! Der Erwählte hatte auch versucht, sich zu entziehen. Klerus und Volk hatten ihn aufgestöbert und mehr oder weniger zur Übernahme gezwungen. Nun, da er Ja gesagt hatte, war der rechte Mann an der richtigen Stelle. Das sah er selbst freilich anders; er glaubte der letzte Papst am Zeitenende zu sein; in Wirklichkeit wurde er der erste Papst einer heraufkommenden Zeitenwende, aus der das christliche Abendland hervorging.

Was machte ihn zum rechten Mann? Gregor war eine vielseitige, durch und durch praktische Persönlichkeit, mit großer Einsatzkraft, Organisationstalent und Durchsetzungsgeschick – ein Mann für einen Vielfronteneinsatz. Die Hauptzüge dieser Gestalt treten dem Betrachter so entgegen: Er war ein überzeugter traditionsbewusster *Römer*, gleichzeitig ein überzeugter *Christ*. Er war *Kirchenführer* und *Staatsmann*, im Bedarfsfall amtierender *Stadtkommandant* zusätzlich zum *Bischofsamt*; er liebte die *Einkehr*, das Bei-sich-Bleiben und war gleichzeitig *Seelsorger* mit Leib und Seele, er war asketischer *Mönch* und weltmännischer *Diplomat* in einer Person, ein Mann der Feder und des Wortes, der beide aber auch sehr wirksam für die Verwaltung der päpstlichen und der eigenen Familiengüter einsetzen konnte, nicht nur für das Evangelium; ein besessener Workoholic, der dabei ständig gegen eine kränkelnde Konstitution ankämpfen musste, der, wenn er monatelang, wie 599, ans Bett gefesselt war, vom Bett aus regierte und diktierte und seine Predigten beim Gottesdienst des Öfteren von anderen vorlesen lassen musste. Unwillkürlich denkt man hier an die letzten Jahre von Johannes Paul II.

Dem römischen Erbe verdankte er ein ausgeprägtes Rechtsempfinden, Pflichtbewusstsein und Sittenstrenge, gelegentlich legalistische Anwandlungen, dazu die chronische Melancholie über den heruntergekommenen Zustand der einstigen »Herrin der Welt«, seines geliebten Rom. Seit Gregors Geburt (540) war Rom dreimal von völkerwandernden »Barbaren« erobert und vom (oströmischen) Kaiser wieder zurückerobert worden, wobei sich die kaiserlichen Soldaten (ein buntgewürfelter Söldnerhaufen ohne Zucht) wie die »Wilden« aufführten, während die Ostgoten (546 unter Totila) dem alten Westreich so etwas wie einen goldenen Herbst gewährten und Bildungsstätten und öffentliche Institutionen möglichst intakt hielten. Als Bischof sorgte er für die »innere Mission« seiner Diözese, als Papst für die »äußere« Mission der arianischen und heidnischen Volksstämme bis an die Grenzen des alten Reiches, wo die Angelsachsen wohnten. So viel »Seelen« wie möglich sollten bis zum drohenden Weltende gerettet werden. Schon zu seinen Lebzeiten zeigten diese Initiativen Erfolg. Wie schon als päpstlicher Nuntius in Byzanz erwies er sich auch hier als fähiger Diplomat. Vor seiner Papstwahl war er »Oberbürgermeister« von Rom. Aus dem väterlichen Palast machte er nach dem Tod des Vaters ein Mönchskloster. Sein schriftstellerisches Opus ist immens. Die *Moralia in Job* sind mit 35 Bänden das umfangreichste kirchliche Werk des frühen Mittelalters. Sie wurden zu einem der Standardhandbücher über das geistliche Leben bis in die Renaissance. Ähnliches gilt für die Pastoralregel, eine Anleitung zur rechten Seelenführung.

Als der Langobardenherzog Zotto von Benevent Montecassino (ca. 577) brandschatzte, flohen die Mönche ins Laterankloster nach Rom. Bei ihnen bekam Gregor wohl die Benediktsregel zu Gesicht, sowie authentische Berichte über das Leben des Verfassers geliefert. In Benedikt fand Gregor einen Wesensverwandten, einen »Mystiker des Alltags«, der – singulis proximus, contemplatione suspensus, was frei übersetzt etwa heißt: mit praktischem Hausvaterverstand und »Augenmaß« – die Bruderliebe übte, aber darüber die Herzensversenkung in Gottes Liebe nicht vergaß. Benedikt von Nursia wurde sein Lieblingsheiliger. Mit seiner Lebensbeschreibung aus päpstlicher Hand (im 2. Buch der Dialoge) hat er den Weg für den weltweiten Siegeszug der Benediktsregel bereitet. Das Turmerlebnis Benedikts in Kp. 35 ist für ihn Inbegriff und Zielpunkt des Lebens derer, die mit wachem Herzen Gott suchen.

Um den Hl. Gregor ist es im heutigen katholischen Leben recht still geworden. Trotzdem gilt nach wie vor, dass er eine der größten Gestalten auf dem Stuhl Petri war.

LITERATUR

P. Riché, Gregor der Große, Leben und Werk, München 1996;

J. Richards, Gregor der Große. Sein Leben – seine Zeit, Graz / Wien / Köln 1983;

Gregor der Große, Der hl. Benedikt, Buch II der Dialoge, lateinisch / deutsch, Einführung, 22–28. Hg. i. A. der Salzburger Äbtekonferenz, St. Ottilien 1995

Hubertus Lutterbach

Bonifatius

** um 672/3 in Wessex / England*
† 754 in Dokkum / Holland
Erzbischof, Märtyrer, Apostel Deutschlands
Gedenktag: 5. Juni

Angesiedelt zwischen ausufernden Wäldern und gefährlich unbefestigten Wegen im Umfeld armseliger Siedlungen, umgeben von Hunger und Kälte sowie von Krankheit und täglich drohendem Tod, in Ermangelung schriftlicher Rechtssatzungen und eines arbeitsfähigen Gerichtswesens, unter notgedrungenem Verzicht auf einen funktionierenden Polizei- und Ordnungsapparat sowie innerhalb eines ›schul- und bildungsfreien Raumes‹, in seinem Engagement angetrieben durch vormals bestenfalls oberflächlich Christianisierte sowie vom Christentum noch kaum berührte Anhänger der Germanengötter – in einem derartigen Umfeld wird Bonifatius vor mehr als 1250 Jahren seine christliche Verkündigung als frühmittelalterlicher Grenzgänger, ja als Wanderer zwischen den Welten, verrichtet haben. In der Tat gehörten das Überschreiten von geographischen und ethnischen Grenzen sowie das Verbinden von irdischen und himmlischen ›Welten‹ zum Kern seines Lebensprogramms.

Bonifatius – Anhänger des Apostels Petrus

Über beinahe 40 Jahre hinweg verwirklichte Bonifatius die Abkehr von seiner Blutsfamilie in den geistlich-klösterlichen Familien von Exeter und Nursling: anfangs als Kindermönch, dann als Lehrer seiner monastischen Brüder, schließlich als äbtlicher Klostervorsteher. Erst daraufhin entschied er sich, die Abkehr von der Blutsfamilie fortan auf andere Weise zu verwirklichen – nämlich durch das Verlassen seiner angelsächsischen Heimat in Richtung Kontinent. So verbrachte er seine zweite Lebenshälfte in der Welt der Friesen, der Hessen, der Thüringer und der Bayern, weiter entfernt denn je von seinen Blutsverwandten und nunmehr beseelt von dem Ziel, als wandernder Christusverkündiger die Weltdeutung der Germanen durch die Botschaft des Evangeliums abzulösen.

Bereits seit der Mitte des 7. Jahrhunderts hatten sich die Christen Englands während einer Synode (Whitby 664) dem Apostel Petrus in geradezu grenzüberwindender Weise versprochen; denn in jenen Zeiten, denen die (erst in der europäischen Neuzeit erfundene) Religionsfreiheit noch unbekannt war, billigte man dem Apostelfürsten gegenüber den Vertretern anderer christlicher Ritentraditionen einen entscheidenden Vorzug zu: Aufgrund der ihm verliehenen Schlüssel (Mt 16,18–19), die die Menschen der frühmittelalterlichen Einfachkultur nicht länger im biblischen Sinne bildhaft-metaphorisch, sondern stattdessen real-dinglich verstanden, galt er als der Himmelspförtner; und die von ihm favorisierte Liturgie wurde mit den Traditionen am Ort seines Martyriums in Rom identifiziert. Allein wer diesen Gepflogenheiten folgte, durfte – so glaubte man – auf den Einlass in das Paradies hoffen. Tatsächlich sah man den Apostel Petrus in Rom, am Ort seines Todes, gewissermaßen so gegenwärtig wie ansonsten nirgends: erstens in seinem Grab, zweitens in seinem Nachfolger, dem jeweiligen Papst, drittens in dem auf Petrus zurückgeführten und an seinem Grab gefeierten römischen Ritus.

Während seiner Zeit als Mönch in Südengland hatte Bonifatius gelernt, was es alltagskonkret heißt, das Klosterleben mit einer geistlichen Rückbindung zu führen, die über den Ärmelkanal und die Alpen bis an den Ort des Apostelfürsten reicht. Auch nachdem sich Bonifatius für die Mission auf dem Kontinent entschieden hatte, ging es ihm vor allem anderen darum, die Völker Germaniens zu weiteren Stätten der Gegenwart Petri zu formen. Aus diesem Grunde überzog er deren Gebiete mit einem durch viele Knotenpunkte zusammengehaltenen Netz. Jeder dieser Knoten- und Kommunikationspunkte stand ihm für die besondere Lebendigkeit des Apostels Petrus: Kirchen- und Klosterneubauten mit Reliquien des Apostelfürsten, sah man den Heiligen doch gleichfalls in seinen Knochen lebendig gegenwärtig; die tagtägliche Feier der Liturgie entsprechend den minutiös auf Petrus zurückgeführten rituellen Gebräuchen; das möglichst häufige Gebet eines jeden Christen zu Petrus als dem Himmelspförtner; regelmäßige Wallfahrten aus den Gebieten nördlich der Alpen gen Rom; der eigene bischöfliche Kontakt zum jeweiligen Nachfolger Petri und der Gehorsam aller Christen gegenüber dem amtierenden Papst sowie gegenüber den von ihm beauftragten Vertretern vor Ort.

Bonifatius – Missionar in römischem Auftrag

Um der Mithilfe bei der ›Petrifizierung‹ der Friesen willen unterstützte Bonifatius seit 718 den Erzbischof Willibrord am Bischofssitz von Utrecht. Von 721 an verlagerte er seine Christusverkündigung, hintergründig jeweils abgesichert durch die Errichtung klösterlicher Zellen, unter das Volk der Hessen, ab 725 unter die Thüringer und seit etwa 736 unter die Bayern. Nicht zuletzt konkretisierte sich sein Programm der ›Petrifizierung‹, die sich in der ›transalpinen Rückbindung‹ der betroffenen Germanenstämme ausdrückte, in seinen drei Romreisen: 719 erhielt er vom Papst den Namen Bonifatius – beredter Hinweis auf einen cilicischen Verkündiger, der als Petrus-Verehrer in Rom das Martyrium erlitten hatte. Zugleich wurde Bonifatius vom Papst zum Missionar Germaniens erhoben. Während seiner zweiten Romreise 722 empfing er vom Nachfolger Petri die Bischofsweihe und leistete ihm jenen Gehorsamseid, wie er eigentlich nur für die um Rom herum gelegenen Bischofssitze vorgesehen war. Seine dritte Romreise, ein sogar mehrmonatiger Aufenthalt vor Ort, trug ihm die Ernennung zum päpstlichen Legaten für Germanien ein, nachdem er bereits 732 vom Papst als Erzbischof – freilich ohne festen Bischofssitz – ausgezeichnet worden war. So geben bereits die äußeren Lebensstationen zu erkennen, wie sehr Bonifatius ein Mann der nahen und der weiten Wege war; ein Brückenbauer, der Stammesgrenzen überwand, um dem Apostel Petrus den Weg zu bereiten.

Bonifatius – Mann der Bücher

Bonifatius war – übrigens im Kontext einer insgesamt bücherarmen Zeit – ein lese- und schreibfreudiger Vertreter der ›Buchreligion Christentum‹. Etwa 30 Bücher, also der Umfang einer damals ansehnlichen Klosterbibliothek, führte er auf seinen Wegen mit sich, so dass er gewissermaßen über eine rollende Bibliothek verfügte. Nicht zufällig weist sein intergentil romorientiertes Wirken zugunsten des Evangeliums auf neutestamentliche ›Spitzensätze‹ zurück: »Wer den Willen meines himmlischen Vaters erfüllt«, so Jesu Wort, »der ist für mich Bruder und Schwester und Mutter« (Mt 12,50). Indem Jesus alle Menschen, die sein göttliches Wort glauben und den göttlichen Willen tun, als seine Brüder und seine Schwestern ansieht, formuliert er eine Kampfansage an die für einfache Gesellschaften charakteristische Verabsolutierung der eigenen Blutsbande.

In den Schreibstuben der von ihm gegründeten Klöster ließ Bonifatius die für die christliche Verkündigung unabdingbaren Bücher abschreiben. Sie mussten mit den römischen Vorgaben übereinstimmen und idealiter in jeder neu gegründeten Gemeinde vorhanden sein – Investitionen von damals geradezu unvorstellbarem Wert: unter anderem das ›Merkbuch‹ für die Abhaltung der Beichte, das Buch für die Ausspendung der Sakramente und Segnungen, das Psalterbuch, das Lektionar oder das Messbuch. Schließlich – so ist der Überlieferung zu entnehmen – soll Bonifatius der tödliche Schwerthieb seiner heidnischen Gegner während einer Missionsreise im Friesischen 754 ereilt haben, nachdem er sich reflexartig ein Buch auf den Nacken gelegt hatte – sinnfälliger Ausdruck des Joches der Heiligen Schrift, das dem an Christus Glaubenden nicht schwer, sondern leicht ist.

Bonifatius – Vorreiter des ›Global Playing‹?

Bekanntermaßen gründete Bonifatius als Erzbischof bedeutende Bischofssitze (Büraburg, Erfurt, Würzburg) und reorganisierte andere (Passau, Salzburg, Regensburg). Er ernannte neue Bischöfe und konnte Amtsinhaber maßregeln, wenn diese sich den ethischen und liturgischen Ansprüchen eines romverbundenen Christentums widersetzt hatten. In allen Fällen diözesaner Organisation ging es ihm als Erstes darum, dass ein von Rom zu ernennender Erzbischof dafür Sorge trug, aus dem Rückhalt seiner besonderen Rombindung heraus jedwede Vereinnahmung der ihm zugeordneten Diözesanbischöfe durch regionale Herrscher abzuwehren; aus diesem Grund überwachte Bonifatius die Ernennung von Bischöfen und bestellte sie zu regelmäßigen Kirchenversammlungen ein. Als Zweites sollten geeignete Bischöfe für ein dem Evangelium gemäßes Leben am jeweiligen Bischofssitz sorgen und sich ebendort um die Ausbildung, Aussendung und Kontrolle vorbildlicher Gemeindepriester mühen; denn weder sollten die Bischöfe von den regionalen Herrschern vereinnahmt werden noch sollte eine Möglichkeit bestehen, dass sich Adelige die Gemeindepriester vor Ort für ihre eigenen Ziele dienstbar machten.

Bemerkenswerterweise waren die Menschen in den Christengemeinden der Friesen, der Hessen, der Thüringer und der Bayern über Rom hinaus auch mit den Lebensorten Jesu überregional verbunden. Denn das Chrisamöl für die von Bonifatius und seinen Gefährten gespendeten Taufen bestand aus Olivenöl, deren Früchte römische Emissäre zuvor an jenen Stätten des Heiligen Landes geerntet hatten, die man mit dem Wirken Jesu in Verbindung brachte. Gewissermaßen mit einer Berührungsreliquie Jesu wurde den heidnischen Germanen innerhalb ihrer rechtsrheinischen Einfachkulturen das Taufkreuz auf die Stirn gezeichnet. So verband diese christlich initiierende Körpermarkierung die Neuchristen aufgrund des römischen Spenderitus mit Petrus und aufgrund der Herkunft des Taufchrisams mit Jesus.

Nicht zuletzt diente die von Bonifatius stets angemahnte Armensorge der Überwindung der jeweiligen Clangrenzen. Jedem Bedürftigen sollte Hilfe zuteil werden – die ethische Konsequenz aus dem christlichen Gottesbild eines Gottvaters, dem gegenüber alle Menschen geschwistergleich zu gegenseitiger Solidarität verpflichtet sind. Entsprechend auch hatte die für alle Christen verpflichtende Abgabe des Zehnten das Ziel, dass die Kirche ihre Aufgaben über Clangrenzen hinweg erfüllen konnte (Unterhalt des Bischofs, Unterstützung des Klerus, Kirchenbau und Armensorge).

Bonifatius – der Königsmacher

Gewiss mag man rückblickend einwenden, dass es Bonifatius aufgrund der im damaligen Reich wirkmächtigen politischen Interessen keineswegs vollständig gelungen ist, die von ihm gewünschten Erzbischofssitze durchzusetzen und einzurichten. Überdies erwies sich die von ihm immer wieder beargwöhnte Verflechtung von Kirchen- und Adelsinteressen als ein überaus hartnäckiges Dauerbrennerthema. Doch können diese teilweisen Misserfolge nicht darüber hinwegtäuschen, dass Bonifatius kurz vor Ende seines Lebens noch eine besondere Krönung seines Lebenswerkes gelang: Angesichts eines in Schwäche abgesunkenen Königsgeschlechts im damaligen Reich brachte er ein anderes, faktisch bereits einflussreiches Herrschergeschlecht an die Königsmacht. Weil dieser Dynastie jedoch das Königsblut fehlte, setzte Bonifatius alles daran, die fehlende Blutslegitimation mit päpstlicher Billigung durch eine christliche Königssalbung zu ersetzen. So wurde der in dieser Weise göttlich legitimierte

König Pippin 751 zu einem geistlichen Sohn des amtierenden Papstes. Wie kein anderer König zuvor war er damit auf ein petrusorientiertes Christentum verpflichtet, das die Geschwisterschaft aller Getauften höher schätzt als jedwede Blutsbande.

LITERATUR

H. Lutterbach, Bonifatius – Mit Axt und Evangelium. Eine Biographie in Briefen, 2. Aufl., Freiburg / Basel / Wien 2005;

T. Schiffer, Winfrid-Bonifatius und die christliche Grundlegung Europas, 2. Aufl., Darmstadt 1972;

L. E. von Padberg, Bonifatius. Missionar und Reformer, München 2003

Gregor Taxacher

Korbinian

Die Zähmung des Bären

** um 680 in Melun (Seine)*
†728 in Freising
Bischof
Gedenktage: 8. September, 20. November

Als Joseph Kardinal Ratzinger Papst wurde, gestaltete er sich – wie üblich – auch ein päpstliches Wappen. Darin sieht man einen Bären abgebildet. Diesen Bären hat der Papst aus seiner bayerischen Heimat mitgebracht: Er ist das Wappentier der Stadt Freising, wo Ratzinger fast fünf Jahre lang Bischof war. Der Freisinger Bär stammt aus einer Legende über den Heiligen Korbinian, den Patron und ersten Bischof Freisings. Dieser Korbinian reiste nach Rom, um Papst Gregor II. zu treffen. Das muss etwa im Jahr 715 gewesen sein. Korbinian und seine Begleiter gingen zu Fuß, nur ein Saumpferd führte die Gruppe mit sich, das ihre Lasten trug. Bei einer Übernachtung im Wald schlich sich ein Bär an das Lager heran und machte sich über das Pferd her. Von dem Lärm erwachte Korbinian. Er sah schnell, dass dem Pferd nicht mehr zu helfen war. Wohl aber der Seele des Bären. Denn Korbinian zähmte ihn nur mit seinen Worten. Dann befahl er ihm, zur Buße für sein mörderisches Tun nun selbst das Reisegepäck zu tragen. So zog Korbinian mit einem christlichen Bären nach Rom.

Wir wissen nicht viel über Korbinian. Bischof Arbeo von Freising hat seinem Vorgänger vierzig Jahre nach dessen Tod eine Biographie gewidmet, viele schöne Legenden kamen später hinzu. Auch die Zeit des Korbinian ist für Historiker recht undurchsichtig; für die Zeitgenossen wird sie unruhig und rau gewesen sein. Germanische Fürsten und lokale Adelsfamilien beherrschen Westeuropa, meist, indem sie kriegerisch um seine Gebiete streiten. Die Macht der Frankenkönige reicht selten bis in die Provinz und noch nicht bis Bayern.

Korbinian wird bei Melun, nicht weit von Paris geboren. Sein Vater Waltekis, ein vornehmer Franke, stirbt schon vor seiner Geburt. Seine Mutter Corbiniana soll aus Irland stammen. Aus Irland kommt auch eine starke Mönchsbewegung, die ihr Ideal in der Heimatlosigkeit für Christus sieht: Irische Mönche verlassen ihre Klöster und durchstreifen Europa als Missionare. Auch Korbinian fühlt sich als Mönch berufen und zieht sich nach dem Tod seiner Mutter in eine kleine Klause unweit seines Geburtsortes zurück. Er sucht, was viele Christen in dieser Umbruchszeit für den besten Weg zum Seelenheil halten: die Ruhe, die Weltabgeschiedenheit, den strengen Rückzug.

Aber die Welt lässt den frommen Asketen nicht in Ruhe: Menschen suchen Korbinian in seiner Klause auf, wählen ihn zu ihrem Seelsorger. Einige junge Männer schließen sich ihm als Mönche und Schüler an. Aus der Einsiedelei wird ein Kloster. Klöster sind damals nicht nur kirchliche Institutionen. Es sind auch Kristallisationsorte geistigen Lebens in einem weitgehend erst oberflächlich christianisierten Land. Das gilt besonders für seine späteren Klöster in Tirol und Bayern. In einer Welt, in der es kaum Städte gibt, kaum Schulen, keine Universitäten, fördern die Klöster nicht Weltflucht, sondern gerade Weltgestaltung. Aus ihnen heraus entsteht die spätere Kultur des europäischen Mittelalters. Mit der Suche nach der eigenen Berufung machen die Mönche faktisch große Geschichte.

Zweimal reist Korbinian nach Rom. Der Papst soll ihm eine Eremitage zuweisen, damit er endlich als Einsiedler glücklich werde. Doch der tut das Gegenteil: Er weiht Korbinian zum Priester und befiehlt ihm, als Missionar in Gallien zu wirken, in seiner Heimat. Korbinian gehorcht und baut jahrelang die Seelsorge in seiner Heimat auf. Seine zweite Reise – die mit dem Bären – bringt ihm den Auftrag ein, Bischof am Herzogshof in Freising und Missionar des bayerischen Südens zu werden.

So wird er der kirchliche Partner des Herzogs Grimoald. An dessen Pfalz in Freising baut er auf, was man heute eine kirchliche Infrastruktur nennen würde. Später werden daraus der Dom und die Klöster St. Benedikt und St. Stephan. 724 soll Korbinian nach Freising gekommen sein, deshalb gilt das Jahr als offizielles Gründungsdatum des Bistums.

Als Herzog Grimoald die Witwe seines Bruders heiratet, erhebt Korbinian Einspruch. Die Ehe verletzt das Kirchenrecht. Die frisch vermählte Pilitrud trachtet dem vorlauten Mönch nach dem Leben und der zieht sich in sein Südtiroler Kloster zurück. Erst als Grimoald gestorben ist und dessen Gegner Hucbert Herzog wird, kehrt der Bischof zurück. Das Schicksal Johannes' des Täufers, dem bekanntlich ein Eheeinspruch gegen die Mächtigen den Kopf kostete, bleibt unserem Missionar erspart. Korbinian stirbt an einem 8. September eines nicht ganz sicheren Jahres (728 ?) friedlich in Freising.

Literatur

S. Baum, Korbinian, Das unbekannte und rätselhafte Leben eines europäischen Heiligen, Groß-Gerau 2002;

H. Glaser, Franz Brunhölzl, Sigmund Benker (Hg.), Vita Corbiniani. Bischof Arbeo von Freising und die Lebensgeschichte des Heiligen Korbinian, München 1983;

P. Pfister (Hg.), Ein Segen für das Land. Der heilige Korbinian von Freising, München 1999.

Hermann Haneklaus

Ansgar

Der Speer Gottes

** um 801 in Frankreich*
† 865 in Bremen
Ordensmann, Bischof
Gedenktag: 3. Februar

Auf meinem Schreibtisch liegt ein Stapel von Büchern, die sich mit dem Leben und Sterben des Heiligen Bischofs Ansgar befassen. Das älteste ist fast 50 Jahre alt. Er ist versehen mit einer Widmung des damaligen Bischofs aus Osnabrück, Helmut Hermann Wittler. Er hat es mir zu Beginn meines Theologiestudiums im Jahre 1963 geschenkt und mit seinem Wahlspruch versehen: »Alles und in allem – Christus«. Auch wenn es von Ansgar keinen eigentlichen Wahlspruch gibt, so könnte es doch dieser durchaus gewesen sein.

Ich konnte damals noch nicht ahnen, auf welche vielfältige Weise mir Ansgar »über den Weg laufen würde« und welche Bedeutung er für das Zusammenwirken der Christen der verschiedenen Konfessionen hier im Norden haben würde.

Persönliche Zugänge zu Ansgar

1969 – kurz nach meiner Priesterweihe – wurde ich nach Hamburg gesandt, um als Kaplan in der Pfarrei St. Antonius zu arbeiten. Zu diesem Zeitpunkt gab es schon seit fünf Jahren (seit 1964) die ökumenische St.-Ansgar-Vesper, die in jedem Jahr Christen aller Konfessionen in der ev. Petrikirche in Hamburg vereinigt. Das ist schon ein erstaunliches Zeichen: Seit 42 Jahren finden Christen sich am Festtag des Hl. Ansgar – am 3. Februar – zum Gebet und Gotteslob zusammen, sie feiern Gottesdienst in der Form der Vesper und stärken sich für ihren gemeinsamen Dienst im Auftrag des Herrn.

Bis zum Jahre 1977 lebte und arbeitete ich als Kaplan und Jugendpastor in Hamburg. Dann kamen andere Orte und andere Heilige »ins Spiel«. Ich wurde Pfarrer in der Pfarrei St. Matthias in Osnabrück-Pye. Der Benediktinerabt Ansgar aus Trier überbrachte während dieser Zeit Reliquien vom Heiligen Matthias. Das einzige Apostelgrab nördlich der Alpen ist ja bekanntlich in Trier zu finden. Anfang des Jahres 1992 wechselte ich erneut in den Norden des damaligen Bistums Osnabrück. Ich wurde nach Neumünster in Schleswig-Holstein gesandt. Der liebe Gott und der Heilige Ansgar wollten es, dass ich in dem Dekanat Neumünster Dechant wurde, in dem Ansgar zwei seiner Taufkirchen errichtet hatte: in Schenefeld und in Meldorf.

Die Wende im Jahre 1989 brachte auch von kirchlicher Seite viel in Bewegung. Drei Jahre nach meinem Antritt als Pfarrer wurde im Norden das Erzbistum Hamburg neu errichtet (1995). Patron dieses Bistums wurde – wie konnte es auch anders sein – der Heilige Bischof Ansgar, der erste Erzbischof von Hamburg und Bremen.

1965 war durch das Zusammenwirken der norddeutschen Diözesen das Ansgar-Werk entstanden. Dieses Werk fühlt sich in besonderer Weise verantwortlich für die kleine Gruppe der Katholiken in den skandinavischen Ländern, Dänemark, Schweden, Norwegen, Island und Finnland. Im Sommer des Jahres 1965 fand in Hamburg der erste Nordische Katholikentag statt. Die Begegnung der Katholiken war ein kräftiger Schub für das Wachsen des Ansgar-Werkes.

Wenige Jahre später fanden sich in Hamburg Gremien und Gruppen, die die »Ansgarwoche« ins Leben riefen. Diese Woche, die durch vielfältige Gottesdienste, Ausstellungen, kirchenmusikalische Veranstaltungen, Vorträge und Studientage geprägt ist, wird im Jahre 2006 zum 33. Mal begangen.

Die Verehrung des Heiligen Ansgar wuchs weiter, als die Hamburger St. Marienkirche im Stadtteil St. Georg, in der Nähe des Hauptbahnhofes gelegen, zum Mariendom erhoben wurde. Ein Duplikat des berühmten Ansgarbildes von Hans Bornemann aus dem Jahre 1457 wurde im Dom aufgehängt. Es wurde gefertigt nach dem Original, das in der ev. Petrikirche in Hamburg zu finden ist.Vor dem Dom steht eine lebensgroße Eisenplastik des Heiligen Ansgar. Es ist ein Geschenk des Bistums Mainz anlässlich des Katholikentages im Jahre 2000 in Hamburg.

Auch in anderen Orten Schleswig-Holsteins, wie in Itzehoe, Flensburg, Rendsburg und Neumünster, finden jedes Jahr am Ansgarfest ökumenische Gedenkfeiern statt, die den Apostel des Nordens als Impulsgeber für die pastorale Arbeit der verschiedenen Kirchen hervorheben. Ansgar als Heiligen zu bezeichnen, fällt in diesem Zusammenhang immer weniger schwer.

Kindheit und Jugend

Doch wer war eigentlich der Heilige Ansgar, von dessen Verehrung wir bislang schon ausführlich gehört haben?

Das Leben Ansgars begann im Jahre 801 nach Christi Geburt im Norden Frankreichs. Sein Name wird später zum Programm: Ansgar – der Speer Gottes – so lautet die Übersetzung. Dabei ist er beileibe kein kriegerischer Mensch. Vielmehr fällt er selbst immer wieder den kriegerischen Machenschaften von raubenden Stämmen und Völkern zum Opfer. Davon werden wir noch hören.

Ansgar – der Speer Gottes – lässt sich treffender anders deuten:

- Ansgar – der Speer Gottes – als Wanderstab.
Ansgar ist unendlich viel unterwegs. Er braucht seinen Stab als Stütze und zur Abwehr von Angriffen durch Menschen und Tiere.

- Ansgar – der Speer Gottes – als Hirtenstab.
Der Hirtenstab ist mit einer Krümme versehen, um die Schafe, die sich in den Dornen verlaufen haben, wieder herauszuziehen. Und er hat am unteren Ende eine kleine Schaufel, damit wird den Schafen, die sich davongemacht haben, ein Stück Erdboden nachgeworfen, damit sie wissen, dass sie auf falschem Wege sind.

- Ansgar – der Speer Gottes – als Bischofsstab.
Über 30 Jahre ist er Bischof in gefährdeten Gebieten. »Dein Stock und dein Stab geben ihm Zuversicht« (Psalm 23). Mit Vollmachten ausgestattet kann er seinen Dienst als Bischof tun.

Doch kehren wir zurück an den Anfang seines Lebens: Im Alter von fünf Jahren stirbt seine Mutter. Es ist ein unendlich schmerzliches Ereignis für den kleinen Jungen. Sein Vater bringt den Knaben in das nahe gelegene Kloster Corbie an der Somme. Die Mönche sollen ihn erziehen. Die Abtei ist eine christliche Bildungsstätte mit Schule und Internat. Und es ist zugleich eine Pflanzstätte für den missionarischen Gedanken. Hier erfährt Ansgar seine ersten Prägungen.

Was dann mit Ansgar und was in seiner Zeit um ihn herum geschieht, hat ein wichtiger Chronist überliefert, der später Nachfolger des Heiligen Ansgar auf dem Bischofsstuhl von Hamburg und Bremen wird: der Heilige Rimbert. Sein Werk, die »Vita Ansgarii«, berichtet über Leben und Sterben des Apostels des Nordens. Auch wenn die Sprache und die Form dieses Textes manchmal sehr überzogen sind, so ist dieses Dokument doch eine äußerst wichtige Hilfe, Ansgar und seine Zeit zu verstehen. Ich zitiere einige Sätze aus dem 2. Kapitel der »Vita Ansgarii«: »Ansgar erzählte, schon als Kind von etwa fünf Jahren habe er seine Mutter, eine fromme, gottesfürchtige Frau, verloren, und kurz darauf habe ihn der Vater zur wissenschaftlichen Erziehung in die Schule geschickt. Dort hatte er ganz wie andere Jungen kindlichen Umgang mit Altersgenossen und beschäftigte sich lieber mit bedeutungslosen Spielen und Streichen, als dass er Lerneifer im Unterricht zeigte.« Ansgar hatte bald darauf eine nächtliche Vision, die ihn dazu führte, dass er sich eifriger mit dem Unterricht beschäftigte. Rimbert schreibt in der »Vita Ansgarii«: »Seit diesem Gesicht zeigte er größeren Ernst und sonderte sich von den anderen Kindern ab ... Seine Gefährten waren über seine plötzlich veränderte Haltung sehr erstaunt.«

Ansgar als Ordensmann

Das Leben mit und bei den Mönchen führt Ansgar in eine wachsende Nähe zu der Gemeinschaft. Nächtliche Träume und Visionen bestärken ihn, sein Leben ganz mit dem Leben der Brüder zu verbinden und sich dem ungeteilten Dienst Gottes zu übergeben. Aus diesem Ringen wächst die Entscheidung: Ich werde Mönch. So stellt er sich ganz in den Dienst Gottes.

Man überträgt ihm bald die Verantwortung für den Schuldienst in diesem Kloster; er ist gerade einmal 20 Jahre alt.

Mit 22 Jahren erhält Ansgar die Aussendung nach Neu-Corbie an der Weser, dem späteren Corvey, in der Nähe von Höxter. Auch hier wird ihm bald der Dienst an der Ausbildung der jungen Menschen übertragen.

Doch sein Lehrerdasein währt nicht lange, obwohl er es sehr gerne ist: Es trifft ihn überraschend der Ruf Kaiser Ludwigs des Frommen und seines Abtes Wala, den gerade in Mainz neu getauften Dänenkönig Harald Klak zu begleiten und ihm vor allem den christlichen Glauben näher zu erschließen. Zugleich sollte es auch um die Festigung seiner Herrschaft in Dänemark gehen.

Der Ruf – diese Berufung – führt zu einem starken inneren Ringen bei Ansgar. Doch letztlich weiß er sich von Gott getragen und kann diese Berufung annehmen. Das geschieht im Jahre 826. Ansgar macht sich mit einem weiteren Gefährten mit einem Schiff auf den Weg nach Dänemark. Schon nach kurzer Zeit in Dänemark tritt der Kaiser erneut an ihn heran und Ansgar bekommt den Auftrag, zur Missionierung nach Schweden zu reisen. Wiederum ist eine Schiffsreise angesagt. Auf dieser fällt er mit seinen Begleitern in die Hände der Wikinger. Ansgar und wenige andere können nur ihr nacktes Leben retten. Alles Hab und Gut verlieren sie, die Geschenke, die Ausrüstung für eine zu bauende Kapelle. Schwimmend erreichen sie das schwedische Festland.

Der neue Erzbischof

Wenige Jahre später, Ansgar ist gerade 30 Jahre alt, wird er zum Erzbischof des neugegründeten Erzbistums Hamburg ernannt, mit dem Auftrag, sich auch um die Dänen und die Schweden zu kümmern. Er wird also auch Legat für den Norden Europas. Mehr als 10 Jahre Aufbauarbeit folgen. In seinem 45. Lebensjahr verliert Ansgar in einer Nacht das, was er in Hamburg mühsam aufgebaut hatte: Die Hammerburg, das Kloster, den Ort, alles wird vernichtet. Wieder einmal steht er mit leeren Händen vor Gott.

Ansgar und einige Gefährten können sich retten. Sie fliehen zunächst nach Ramelsloh, in den Nordteil der Lüneburger Heide. Später reist er nach Bremen, wo er Erzbischof in den vereinigten Bistümern Hamburg und Bremen wird. Alle diese Schicksalsschläge kann Ansgar nur bestehen, weil er ein betender Mensch ist. Das zeigt sich vor allem in seiner Gebetssammlung zu den Psalmen, diese bringen »Würze« in sein Leben. Deshalb nennt er auch diese Sammlung von Psalmengebeten »Pigmenta« – »Würze«.

Ansgars Leben ist geprägt von vielen Reisen. Es sind die fernen Reisen nach Rom. Es sind seine mehrfachen Reisen nach Schweden und Dänemark. Es sind die vielen Reisen zu seinem Ursprungskloster Corbie, zu seinem späteren Kloster Corvey an der Weser. Immer wieder versucht er seine Verantwortung auch für die nordischen Länder wahrzunehmen. Zerstörung und Neuanfang prägen sein Leben. Mit 64 Jahren erkrankt Ansgar schwer. Vom Krankenbett aus versucht er die Angelegenheiten seiner Erzdiözese Hamburg-Bremen zu ordnen.

Dann bittet Ansgar Gott, ihn am Lichtmesstag (am 2. Februar) sterben zu lassen. Doch diesen Tag durchlebt und durchleidet er noch einmal ganz. Er fühlt sich verbunden mit dem leidenden Christus. Am Morgen des 3. Februars holt ihn der Herr heim zu sich – alles und in allem Christus.

Wenn ich auf das Leben dieses »Speeres Gottes« schaue, dann erstaunt mich immer wieder der tiefe Glaube, den er bei allen Niederlagen hatte und aus dem immer wieder eine neue Hoffnung erwuchs. Aus dem Lassen und Zurücklassen erwuchs neues Leben, erwuchsen neue Möglichkeiten, erwuchs neues Beginnen. Deutlich wird das auch in dem Gebet, das Ansgar zum Psalm 8 verfasst hat. Dort betet er: Allmächtiger ewiger Gott, deinen herrlichen Namen rufen wir an! Alle Werke deiner Hände in dieser Welt hast du dem Menschen zu seinem Dienst unter seine Füße getan. So mache auch du uns ganz fähig und bereit zu deinem Dienst. Durch Christus unseren Herrn.

Durch diesen Dienst im Reiche Gottes hat er sich ganz aufgerieben. So wurde er zum Apostel des Nordens, der heute mehr denn je Bedeutung hat für die Christen aller Kirchen Norddeutschlands und Skandinaviens.

Literatur

R. Schneider, Ansgar – der Speer Gottes. Sein Leben und Wirken nach der Vita Ansgarii, 2. Auflage 1960, Recklinghausen;

H. Rieper (Hg.) Ansgar und Rimbert, Hamburg 1995;

Die »Pigmenta« des Heiligen Ansgar, Hamburg 1997

Theodor Nikolaou

Kyrill und Methodios

Die Apostel der Slawen

Kyrill
** 826/27 in Thessaloniki*
† 869 in Rom
Missionar
Gedenktage: 7. Juli; 11. Mai

Methodios
** 815 in Thessaloniki*
† 885 in Stare Mesto
Missionar
Gedenktage: 7. Juli; 11. Mai

Die von vornehmer Familie aus Thessaloniki stammenden griechischen Brüder Kyrillos (Taufname: Konstantinos, *826/7) und Methodios (Taufname: Michael, *815) gehören zu den bedeutendsten Persönlichkeiten der Kirche im 9. Jh. Aufgrund ihres herausragenden Missionswerkes sind sie als Apostel und Lehrer der Slawen in die Geschichte eingegangen und werden sowohl in der Ost- als auch in der Westkirche als Heilige verehrt (Fest in der Ostkirche am 11. Mai, in der Westkirche am 7. Juli).

Konstantinos genoss höhere theologisch-philosophische Bildung an der Universität von Konstantinopel im Umkreis des Patriarchen Photios und wurde dort selbst Lehrer. In diese frühe Zeit fällt seine Teilnahme an Glaubensgesprächen mit Arabern anlässlich einer Gesandtschaft an den abbasidischen Kalifen Mutawakkil. Michael dagegen war weniger gebildet und machte zunächst Karriere im Staatsdienst; um 840 wurde er Mönch auf dem bithynischen Olymp und erhielt den Namen Methodios. Beide begannen ihre Missionstätigkeit in den Jahren 860–861 zunächst unter den Chasaren auf der Krim und setzten sie dann 863 mit großem Erfolg in Mähren fort. Auf Bitte des mährischen Fürsten Rastislav schickten der Patriarch Photios und der Cäsar Bardas die beiden Brüder als Missionare dorthin und eröffneten damit der weiten Welt der Slawen ungeahnte neue kulturelle Möglichkeiten. Konstantinos und Methodios schufen mit Anleihen aus dem Griechischen eine neue slawische Schrift (das so genannte Glagolitische Alphabet; die Schaffung der »kyrillischen« Schrift geht wohl auf Kliment von Ochrid zurück) und entwickelten einen für die christliche Lehre passenden Wortschatz. Sie übersetzten biblische, kirchenrechtliche und liturgische Texte ins Slawische und führten es als Unterweisungs- und Kultsprache ein. Diese Vorgehensweise stieß aber auf den Widerstand der lateinischen, vor allem fränkischen Missionare und es kam zu Auseinandersetzungen und Diskussionen mit ihnen über die Richtigkeit einer solchen liberalen Missionsarbeit. Während die Franken mit ihrer lateinischen Tradition für die so genannte »Dreisprachendoktrin« plädierten, dass nämlich der christliche Kult nur in den drei am Kreuz Christi verwendeten Sprachen (Hebräisch, Griechisch und Lateinisch) möglich sei, verteidigten die beiden Brüder das Recht der Slawen, den Gottesdienst in der eigenen Sprache abzuhalten. Bezeichnend hierfür sind die Worte von Konstantinos in seinem Prolog zum Johannes-Evangelium, wo er mit Anspielung auf 1 Kor 14,19 in slawischer Sprache schreibt: »Wenn ich zu Gott bete, dann würde ich lieber fünf Worte sprechen, die alle Brüder verstehen, als zehntausend Worte, die unverständlich sind.« Durch ihre kulturell offene Missionstätigkeit legten die beiden Slawenapostel beredtes Zeugnis vom ökumenischen Geist der Kirche in Konstantinopel ab.

Der Kampf der lateinischen Missionare gegen diese kulturelle Offenheit ging jedoch weiter. Er führte zunächst dazu, dass Konstantinos und Methodios 866 ihre Tätigkeit nach Pannonien unter Fürst Kocel verlegten. Im Jahr 867 waren beide wohl nach Konstantinopel unterwegs, als sie in Venedig eine Einladung von Papst Hadrian II. nach Rom erreichte. So begaben sie sich nach Rom, wo Hadrian ihr Werk segnete und den Gebrauch des Slawischen im Gottesdienst anerkannte. Konstantinos erkrankte dort aber und starb am 14. Februar 869, nachdem er vorher Mönch geworden war und den Namen Kyrillos erhalten hatte (beigesetzt in der Kirche S. Clemente). Methodios, zum Bischof geweiht, kehrte 869 nach Pannonien zurück, wo er vom lateinischen Klerus, besonders vom Erzbischof Adalwin von Salzburg, erneut bekämpft wurde. Nach seiner Verurteilung durch eine Synode in Regensburg im Jahr 870 wurde er mit Unterstützung König Ludwigs festgenommen und wahrscheinlich nach Ellwangen verbannt, wo er fast drei Jahre lang gefangen gehalten wurde. Der neue Papst Johannes VIII. (872–882) verfügte zwar 873 seine Freilassung, verbot aber zugleich den Gebrauch des Slawischen in der Liturgie. Methodios kehrte als Erzbischof von Mähren und Pannonien (mit Sitz in Sirmium) nach Mähren zurück, wo er weiterhin den Widerstand des germanischen Klerus erfahren musste. 881–882 reiste er zum letzten Mal über Bulgarien, wo er dem Zaren Boris begegnete, nach Konstantinopel. Nach seiner Rückkehr nach Mähren widmete er sich der weiteren Entwicklung der slawischen Sprache und Kultur. Er starb am 6. April 885 (wohl in Stare Mesto), nachdem er vorher Gorazd zu seinem Nachfolger bestimmt hatte.

Nach dem Tod von Methodios kam es zur Vertreibung der Schüler der beiden Slawenapostel. Eine große Anzahl von ihnen fand Zuflucht bei den Bulgaren und konnte dort ihre bereits begonnene Christianisierung ausbauen und vollenden. Von den Bulgaren ausgehend, verbreiteten sich das griechisch-patristische Erbe und speziell die oströmische (byzantinische) Theologie, Liturgie und Kirchenverfassung unter allen Ost- und Südslawen, insbesondere den Russen und Serben. Durch ihr Missionswerk bereicherten und förderten die heiligen Kyrill und Methodios die sprachlich-kulturelle Eigenart und Identität der Völker Osteuropas im Geiste des Evangeliums und der griechisch-patristischen und byzantinischen Geistesgeschichte.

Kyrill und Methodios erwiesen sich somit neben Benedikt von Nursia, dessen Werk besonders für die Westkirche von großer Bedeutung ist, als Mitpatrone Europas, wie Papst Johannes Paul II. sie in seinem Rundschreiben »Egregiae virtutis« vom 31. Dezember 1980 nannte. Dieser Anerkennung ist bekanntlich u. a. die Entscheidung des II. Vatikanums vorausgegangen, nach der die Verwendung der »Muttersprache« im Kult der römischen Kirche gestattet wurde.

Literatur

Fr. Dvornik, Byzantine Missions among the Slavs: SS. Constantine-Cyrill and Methodius, New Brunswick 1970;

Chr. Hannick, Die byzantinischen Missionen, in: K. Schäferdiek (Hg.), Die Kirche des frühen Mittelalters, Bd. 2, München 1978, S. 279–359;

E. Konstantinou (Hg.), Leben und Werk der byz. Slavenapostel Methodios und Kyrillos, Münsterschwarzach 1991

Manfred Weitlauff

Ulrich von Augsburg

Friedensstifter und Wohltäter

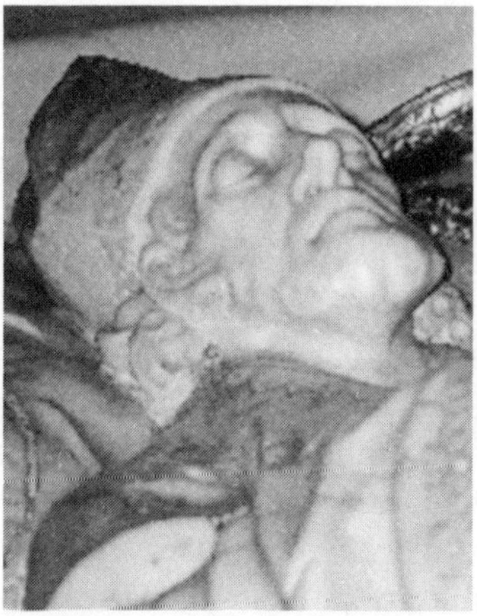

** um 890 in Augsburg*
† 973 in Augsburg
Bischof
Gedenktag: 4. Juli

Ulrich (Uodalrich) aus dem alemannischen Edelgeschlecht der Hupaldinger, um 890 geboren, zählt zu den bedeutendsten Reichsbischöfen der ottonischen Zeit. Über sein Leben und Wirken berichtet ein nicht lange nach seinem Tod entstandenes, wirklichkeitsnahes Lebensbild, verfasst vom Augsburger Dompropst Gerhard. Danach erhielt Ulrich im Kloster St. Gallen seine Ausbildung und trat um 908 als Kämmerer in den Dienst des Augsburger Bischofs Adalbero (887–909). Nach dem Tod von dessen ihm nicht ebenbürtigen Nachfolger Hiltine (909–923), dem er deshalb nicht dienen wollte, verlieh König Heinrich I. auf Empfehlung des Schwabenherzogs Burchard Ulrich, beeindruckt von seiner »herrschaftlichen Gestalt« und seinem »hohen Bildungsstand«, die Bischofskathedra von Augsburg. Am Fest der Unschuldigen Kinder (28. Dezember 923) empfing Ulrich die Bischofsweihe und leitete fünfzig Jahre mit Tatkraft das noch im inneren Aufbau befindliche, zudem wiederholt von den damals ganz Europa bedrohenden Ungarn heimgesuchte weite Bistum. Alle vier Jahre hielt er an den Hauptorten Sendgericht und spendete die Firmung; regelmäßig visitierte er die bischöflichen Eigenklöster (Feuchtwangen, Füssen, Habach, Staffelsee und Wiesensteig) und seinen Klerus und rief ihn zweimal jährlich zur Synode nach Augsburg, auch um ihn durch sein Beispiel zur würdigen Feier der Liturgie anzuleiten. Er sorgte für die Ausstattung der Gotteshäuser und für eine ausreichende Bepfründung der Geistlichen, wobei er im Rahmen des damals herrschenden Eigenkirchenwesens die bischöfliche Rechtsstellung (gegenüber den adeligen Kirchenherren) zugunsten einer geordneten Seelsorge zu stärken vermochte. Kein Weg war ihm zu weit und zu beschwerlich, um eine Kirche einzuweihen. Er half beim Wiederaufbau zerstörter Klöster, wobei er gelegentlich auch selber mit Maurergerät Hand anlegte. Den königlichen Abteien Kempten und Ottobeuren vermittelte er das Privileg freier Abtswahl und in seiner Bischofsstadt gründete er 968 das Kanonissenstift St. Stephan. Dieser tieffromme, vom Ideal des benediktinischen Mönchtums erfüllte Bischof, Schutzherr seiner Eigenleute und väterlicher Freund der Armen, bewährte sich aber lebenslang auch als treuer Gefolgsmann des Königs. Als der Schwabenherzog Liudolf 953/54 sich gegen seinen Vater König Otto I. (936–973) erhob und das Reich spaltete, verteidigte Ulrich fast als Einziger der schwäbischen Großen mit Waffengewalt die Rechte des Königs und half einen Waffenstillstand vermitteln, dem die Versöhnung von Vater und Sohn folgte. Und als im Jahr darauf erneut Ungarnhorden mit ihren flinken Pferden raubend und sengend in Bayern und Schwaben einfielen und schließlich gegen Augsburg anrannten, gelang es Ulrich und seinen Mannen, die von ihm mit einer niedrigen Steinmauer umgebene Stadt zu halten, bis Otto I. von Sachsen herbeieilte und mit einem Heer aus Franken, Schwaben, Bayern und Böhmen in der Schlacht auf dem Lechfeld am Laurentiustag (10. August) die Ungarn endgültig niederwarf, so dass sie fortan von ihren Raubzügen abließen, in der Tiefebene der Donau und Theiß sesshaft wurden und sich dem Christentum westlicher Prägung zuwandten. Bischof Ulrich starb am 4. Juli 973 und wurde in der (von ihm wieder aufgebauten) Afrakirche vor der Stadt bestattet. Seine Grablege zog binnen kurzem viele Pilger an; Wunderheilungen geschahen, über die Dompropst Gerhard im zweiten Buch seiner Ulrichsvita berichtet. Diese lag wohl der Lateransynode vom 31. Januar 993 vor; denn von ihr wurde Bischof Ulrich unter dem Vorsitz Papst Johannes' XV. heiliggesprochen. Es war, soweit nachweisbar, die erste förmliche, von einem Papst legitimierte Heiligsprechung. Der Ulrichskult verbreitete sich über weite Teile des Reiches; der heilige Bischof, Hauptpatron der Diözese Augsburg, wird mit den Attributen Evangelienbuch und Fisch – Hinweis auf sein Wasser- und Quellenpatronat (»Ulrichsbrünnlein«) – dargestellt. 1955 erfolgte im Bistum Augsburg eine starke Wiederbelebung der Wallfahrt zu seinem Grab in der Basilika St. Ulrich und Afra, vor allem in der Ulrichswoche.

LITERATUR

Gerhard von Augsburg, Vita Sancti Uodalrici – Die älteste Lebensbeschreibung des heiligen Ulrich. Lateinisch-deutsch. Einleitung, kritische Edition und Übersetzung besorgt von Walter Berschin und Angelika Häse, Heidelberg 1993;

M. Weitlauff (Hg.), Bischof Ulrich von Augsburg (890–973). Seine Zeit – sein Leben – seine Verehrung. Festschrift aus Anlass des tausendjährigen Jubiläums seiner Kanonisation im Jahre 993, Weißenhorn 1993;

P. Rummel, Ulrich von Augsburg. Bischof, Reichsfürst, Heiliger, 2. Auflage, Augsburg 1993

Wolfgang Raible

Wolfgang

Der weitsichtige Kirchenreformer

** um 924 in Pfullingen / Schwaben*
† 994 in Pupping / Österreich
Ordensmann, Bischof
Gedenktag: 31. Oktober

Meine Lieben!
Viele meiner bischöflichen Mitbrüder schreiben jährlich Hirtenbriefe. Ich habe für meinen ersten Jahrhunderte gebraucht. Zunächst musste ich in Ruhe auf mein unruhiges Leben zurückblicken. Dann wollte ich die Legenden anschauen, die mich zum Nothelfer bei Krankheiten machen. Schließlich habe ich lange überlegt, was ich Euch für Eure Zeit besonders ans Herz legen will.

Manche bitten mich um Hilfe gegen Fußleiden und Lähmungserscheinungen. Das hat seinen Grund in Legenden, die berichten, ich hätte auf Felsen Fußspuren hinterlassen. Schmunzeln muss ich, wenn ich höre, bei einem Wettlauf mit dem Teufel sei ich so kräftig aufgetreten, dass der Stein unter mir nachgab und man meinen Fußabdruck sehen konnte.

Lahm und fußkrank war ich sicher nicht – im Gegenteil: Von meiner Mobilität könnten sich meine Mitbrüder eine Scheibe abschneiden. »Immer auf den Beinen« müsste über meinem Steckbrief stehen: Geburt (924) und Kindheit in Pfullingen, Schüler im Kloster Reichenau, Student in Würzburg, Leiter der Domschule und Dekan des Domkapitels in Trier, Mitarbeiter an der kaiserlichen Kanzlei in Köln, Mönch im Kloster Einsiedeln, Missionar in Ungarn, Bischof in Regensburg, Exilant in Österreich, gestorben am 31. Oktober 994.

Aber auch geistig bin ich beweglich geblieben. Immer trieb mich die Frage um: »Wie werde ich dem Ruf Gottes und den Anliegen der

Menschen am besten gerecht?« Ich war, so könnte man sagen, der »Richard Kimble des Mittelalters« – immer auf der Flucht vor allzu glatten Lösungen, vor einem oberflächlichen Leben; immer auf dem Weg zu mir selbst und zu radikalem Christsein.

Meine Bitte an Euch: Bleibt beweglich! Hört nicht auf zu fragen, was Gott mit Eurem Leben vorhat! Kämpft – mit meiner Hilfe – gegen alles Lähmende und Erstarrte in Eurem Glaubensleben und Eurer Kirche! Lasst Euch vom Satz meines evangelischen Amtsbruders Hans von Keler warnen: »Ein fertiger Christ ist leider oft einer, der andere fertigmacht.«

Als Nothelfer gegen Augenleiden werde ich auch angerufen. Bei meiner Flucht nach Österreich – weiß die Legende – sei mein Begleiter, ein Laienbruder, fast verdurstet. Wie ein zweiter Mose hätte ich an den Felsen geschlagen und ihm eine Quelle entlockt, die bis heute Heilwasser gegen Augenkrankheiten spendet.

Es ehrt mich, wenn man mich mit klarem Blick und Weitsicht in Verbindung bringt: Ja, ich wollte immer genau hinschauen und Not lindern, die ich in meiner Umgebung entdeckte. Deshalb ließ ich bei einer Hungerkatastrophe 987 sofort die bischöflichen Getreidespeicher öffnen und meine Vorräte austeilen. Als weitsichtig haben sich später einige Entscheidungen erwiesen: das Gebiet Böhmens von der Diözese Regensburg abzutrennen und damit die Gründung des Bistums Prag zu ermöglichen; auf Ämterhäufung und deshalb auf die Abtswürde des Klosters St. Emmeram zu verzichten; eine Domsingschule zu bauen und die Kirchenmusik zu fördern, die bis heute durch die »Regensburger Domspatzen« in der Welt einen guten Klang hat.

Meine Bitte an Euch: Haltet die Augen offen! Bewahrt Euch den kritischen Blick auf die Mächtigen und einen wohlwollenden für die Menschen in Eurer Nähe! Entwickelt Visionen und haltet Ausschau nach neuen Wegen. Denkt daran: »Wer heute den Kopf in den Sand steckt, wird morgen mit den Zähnen knirschen!«

Schließlich erhoffen einige Kreuzweh-Geplagte von mir Heilung. Dass ich zu Lebzeiten Rückgrat zeigte, lässt diese Legende ahnen: Der Teufel hätte, als ich in einer Schlucht unterwegs war, die Felswände zusammengeschoben, um mich zu erdrücken. Mit wie zum Kreuz ausgebreiteten Armen hätte ich meinen Rücken an den Felsen gedrückt und mich so gegen das Unheil gestemmt, dass Spuren von Haupt und Händen zurückblieben.

Nicht verbiegen ließ ich mich z. B. in Trier, als mich die Domherren verspotteten, weil ich ihr verweltlichtes Leben kritisierte. Mir selbst treu geblieben bin ich, als ich in der kaiserlichen Kanzlei meine Beziehungen nicht ausnützte, sondern auf angebotene Bischofsstühle verzichtete und ein einfaches Leben als Mönch suchte. Aufrecht bin ich meinen Weg weitergegangen, als mir das Regensburger Domkapitel wegen mutiger Entscheidungen Dummheit vorwarf. Und ich trug auch als Bischof ganz bewusst den Mönchshabit, um zu zeigen, dass fürstliches Machtgehabe und evangeliumsgemäßes Leben nicht zusammenpassen.

Meine Bitte an Euch: Behaltet den aufrechten Gang! Wehrt Euch gegen Rückgratverkrümmungen, steht zu Euren Überzeugungen und lasst das Evangelium immer mehr zum Maßstab Eures Handelns werden! Opfert nicht alles der Karriere und der Macht! Nehmt Euch die Worte Mahatma Gandhis zu Herzen: »Ein Nein aus tiefster Überzeugung ist besser und größer als ein Ja, das nur gesagt wird, um zu gefallen oder um Schwierigkeiten zu vermeiden.«

Auf Bildern halte ich oft in der einen Hand den Bischofsstab und in der anderen ein Kirchen-Modell. Kirchen aufbauen und mitbauen an einer glaubwürdigen Kirche in schwieriger Zeit – das war mein Anliegen. Beweglichkeit, Weitsicht und Aufrichtigkeit: auf diese Steine könnt auch Ihr bauen, damit unsere Kirche wieder Heimat wird für viele Suchende. Meinen Segen habt Ihr!

Mit dem Wunsch, dass mein Wirken nicht nur in Felsen, sondern auch in Euren Herzen Spuren hinterlässt, grüße ich Euch herzlich

Euer Wolfgang

LITERATUR

W. Preiss-John, Wolfgang von Pfullingen. Bischof im Mönchsgewand, Ostfildern 1994;

R. Zinnhobler, Der heilige Wolfgang. Leben – Legende – Kult, Bischöfliches Ordinariat Linz ²1993;

W. Chrobak, Der heilige Bischof Wolfgang. Geschichte – Legende – Verehrung, Kehl am Rhein 1993

Ludwig Schick

Heinrich und Kunigunde

Das heilige Kaiserpaar

Heinrich
** 973*
† 1024 in Grona bei Göttingen
Kaiser
Gedenktag: 13. Juli

Kunigunde
** 980 in Luxemburg*
† 1033 in Kaufungen / Hessen
Kaiserin, Ordensfrau
Gedenktag: 13. Juli

Ein spannungsreiches Leben

Die Bilder, Statuen und Wandteppiche, die das Kaiserpaar abbilden, strahlen Harmonie, Einigkeit und Heiligkeit aus. Auf der Deckplatte ihres Grabes im Bamberger Dom, das Tilman Riemenschneider zwischen 1499 und 1513 so beeindruckend gestaltet hat, ruhen die beiden wie Lebende friedlich nebeneinander. Oft werden auch Heinrich und Kunigunde mit dem Reichsapfel und mit einer Kirche in den Händen zusammen dargestellt; für Reich und Kirche setzten sie sich gemeinsam ein. Eine dritte Variante der Kunst zeigt die beiden, wie sie den Dom zu Bamberg auf den Händen tragen, als Zeichen dafür, dass sie gemeinsam das Bistum Bamberg im Jahre 1007 gründeten.

Heinrich und Kunigunde werden sehr oft nebeneinander abgebildet, um auszudrücken, dass sie miteinander lebten und wirkten, ihre Aufgaben erfüllten und vereint heilig wurden. Sie sind auch das einzige Ehepaar, das die Kirche als Heilige verehrt.

Aber so abgeklärt, friedvoll und heilig, wie die Künstler sie darstellen, waren sie zu ihren Lebzeiten oft nicht. Ihr Leben miteinander und mit ihren Mitmenschen war spannungsreich. Davon zeugen die

Legenden und die Viten. Beide waren Menschen mit vielen Emotionen, ehrgeizig und gewalttätig, mitleidig und gefühlvoll, draufgängerisch und zielstrebig, fromm, tugendhaft und kirchlich gesinnt. Heinrich war sein Leben lang krank und leidend. Kunigunde war schön, gesund und voller Energie. Beide mussten tiefe Enttäuschungen verkraften, vor allem dadurch, dass ihnen eigene Kinder versagt blieben.

Sie machten es auch ihren Mitmenschen nicht immer leicht. Heinrich und Kunigunde regierten, organisierten, führten Kriege, reformierten Reich und Kirche, stifteten Klöster, ließen kirchliche und weltliche Großbauten errichten und Kunstwerke schaffen. Sie spürten aber auch die Last des Lebens und ihres Amtes, hatten mit Resignation und Müdigkeit zu kämpfen. Von ihrer Sendung überzeugt, gingen sie aber immer wieder neu ihre Aufgaben an bis zu ihrem Lebensende. Beide waren echte Kinder ihrer Zeit, Frau und Mann, Mensch und Mitmensch, schwach und stark. Spannungsreich und spannend war ihr Leben, das Gott für seine Pläne in ihrer Zeit benutzte.

Heirat aus Liebe

Am Ende des ersten Jahrtausends waren Vernunftehen in den Fürsten- und Königshäusern selbstverständlich. Die Familien verheirateten und heirateten, um ihre Herrschaftsbereiche zu vereinen oder zu vergrößern, um ihr Ansehen zu vermehren oder um Frieden zwischen verfeindeten Ländern zu erwirken. Auch in der bayerischen Herzogsfamilie wurden viele solcher Ehen geschlossen. Die Großmutter von Heinrich kam aus dem sächsischen und seine Mutter aus dem burgundischen Königshaus. Auch ihm, dem Sohn des einmal abgesetzten und in Ungnade gefallenen Heinrichs des Zänkers, hätte eine Vernunftehe gut getan. Aber er heiratete Kunigunde, eine Frau aus der Grafenfamilie der Luxemburger. Mit ihr konnte er nach menschlichem Ermessen eigentlich keinen Staat machen, keine Güter erwerben und sich keinen Frieden verschaffen. Die Luxemburger waren damals noch ein unbekanntes Geschlecht, mehr Raubritter als Edelleute. Es kann nur einen Grund gegeben haben, dass der aufstrebende bayerische Herzog Heinrich zwischen 995 und 1000 Kunigunde, das sechste Kind unter elf Geschwistern des Grafen Siegfried von Luxemburg, heiratete: Er liebte sie.

Ein krisenreiches Leben

Heinrich litt chronisch an Koliken, die ihn oft auch längere Zeit ans Krankenbett fesselten, ihn bei seinen Regierungsgeschäften behinderten und Krisen im Reich heraufbeschworen, die er mit kriegerischen Feldzügen überwinden musste.

Dass Heinrich und Kunigunde keine Kinder bekamen, lag an ihm. Ihre Kinderlosigkeit war wohl die härteste Probe und die schwerste Krise ihres Lebens.

Heinrich war oft in seinem weiten Reich unterwegs und lebte nur in Abständen mit seiner Frau zusammen. Dadurch wurde auch ihre Beziehung in Krisen gestürzt. Die mittelalterliche Legende vom »Pflugscharenwunder« erzählt davon. Während Heinrich wieder einmal für längere Zeit abwesend war, führte Kunigunde zu Hause die Regierungsgeschäfte. Als er zurückkam, wurde sie von ihren Widersachern des Ehebruchs angeklagt. Heinrich schenkte den Anschuldigungen Glauben. Darüber war Kunigunde empört und zutiefst gekränkt. Beherzt und spontan verlangte sie ein Gottesurteil. Die Pflugscharen wurden im Ofen zum Glühen gebracht. Sie schritt mit nackten Füßen darüber und blieb unversehrt. So bewies sie ihre Unschuld. Diese Legende ist von Tilman Riemenschneider auf dem »Kaisergrab« dargestellt.

Auch die politischen Ambitionen und das Wahrnehmen der Regierungsgeschäfte durch eine Frau waren in der damaligen Zeit nicht selbstverständlich und beschworen manche Krisen herauf. Denn Kunigunde regierte als Frau, errichtete Klöster sowie wohltätige Stiftungen und tat gute Werke, die Heinrich nachträglich billigte, wie viele Stiftungsurkunden beweisen. Diese frauliche Art, mit Macht und Gütern umzugehen, wurde von Männern, die befürchteten, dass ihr Einfluss sowie ihr Hab und Gut geschmälert würden, abgelehnt. Daraus entwickelten sich Krisen mit den Hofbeamten und Fürsten des Reiches.

Die Bistumsgründung – die Krönung ihres Lebenswerkes

Es gab einige Höhepunkte im Leben von Heinrich und Kunigunde. Die Gründung des Bistums Bamberg war aber die Krönung ihres Lebenswerkes. Heinrich war intelligent und talentiert, fleißig und zielstrebig. In Hildesheim und Regensburg wurde er gut erzogen und ausgebildet. Er wollte es zu etwas bringen und etwas Großes für

Gott und das Reich leisten. Dazu strebte er das Königtum an. Dieses Ansinnen hatte ihm wohl schon sein Lehrer, der heilige Wolfgang von Regensburg, mit auf den Weg gegeben. Dazu musste er sich bei den Fürsten und Bischöfen bekannt und beliebt machen. Mit diplomatischem Geschick gewann er auf vielen Reisen durch die deutschen Lande die Fürsten, vor allem die Fürstbischöfe, für sich. Als König Otto III. mit 21 Jahren plötzlich starb, verstärkte er seine Bemühungen um Anerkennung. Er war erfolgreich! 1002 wurde er auf der Reichssynode in Frankfurt zum König gewählt und gesalbt. Er betrachtete das Königsamt als göttlichen Auftrag und als Sendung, für Christus zu wirken. Deshalb bezeichnete er sich als »Vicarius Christi«, als *Stellvertreter Christi*, in seinem Reich.

Die Errichtung des Bistums Bamberg war ihm zur Ehre Gottes, zum Ruhm der Kirche und zum Heil der Menschen eine Herzensangelegenheit. Da nach mittelalterlicher Auffassung der Zweck die Mittel heiligt, schreckte er dabei auch vor List und Tücke nicht zurück. So gelang es ihm, sich gegen die Bischöfe von Würzburg, Eichstätt, Köln und Mainz durchzusetzen. Dreimal soll er sich auf der Reichssynode in Frankfurt 1007 vor den Fürsten auf den Boden niedergeworfen haben, um ihnen deutlich zu machen, wie sehr ihm die Gründung des Bistums Bamberg am Herzen lag.

Auch für Kunigunde war die Bistumsgründung der Höhepunkt ihres Lebens. Sie war eine zutiefst religiöse und kirchlich gesinnte kluge und weitschauende Frau. Sie wollte den Menschen im vernachlässigten Ostteil des Reiches, vor allem auch den eroberten Slaven, den Glauben bringen, sie Christus unterordnen und ihnen die »Caritas Christi« schenken.

Heinrich – der romtreue Kaiser

Heinrich hatte politisches Gespür. Er merkte, dass das Papsttum in seiner Zeit im Aufstreben war. Im Streit um die Investitur, das heißt um die Frage, wer die Bischöfe einsetzen dürfe, der Papst oder die Fürsten, schlug er sich auf die Seite Roms. Er sah im Papst den Nachfolger des Petrus, der das Evangelium Christi bewahrte und aller Welt verkündete, die christliche Kultur förderte und die Einheit des Reiches im gemeinsamen Glauben und Handeln garantierte.

Für seine Treue zum Papsttum erhielten er und Kunigunde am 14. Februar 1014 in Rom die Kaiserkrone. Der Papst besuchte ihn auch in Deutschland. Benedikt VIII. weilte 1020 zu den Ostertagen in

Bamberg. Dabei weihte er die Kirche St. Stefan. Heinrich begleitete den Papst durch die deutschen Lande. Gemeinsam bereisten sie unter anderem Fulda, Paderborn und Aachen. Sie reformierten Klöster und Diözesen, machten fromme Stiftungen und vermehrten gegenseitig ihr Ansehen.

Der Tod des Ehepaares

Heinrich opferte sein Leben für das Reich und für das, was er aufgebaut oder reformiert hatte. Am 13. Juni 1024 starb er im Beisein seiner Frau, die herbeigeeilt war, in der Pfalz Grone bei Göttingen. Wie er angeordnet hatte, wurde sein Leichnam nach Bamberg überführt und im Dom beigesetzt.

Dass sein Leben und seine Lebensführung nicht ohne weiteres und von allen als heilig anerkannt war, zeigt eine Legende, die sich auf den Zeitpunkt seines Todes bezieht und die auch auf dem »Kaisergrab« im Bamberger Dom dargestellt ist. Im himmlischen Gericht wurde seine Seele gewogen. Die Waagschale der bösen Werke seines Lebens drohte zu überwiegen; die Teufel freuten sich schon. Der heilige Laurentius, der in Bamberg sehr verehrt wurde, musste persönlich beispringen und einen kostbaren Kelch, den Heinrich der Kirche von Merseburg geschenkt hatte, in die Waagschale der guten Werke werfen, die mit dieser Kostbarkeit das Übergewicht bekam. So konnte Heinrich vor Gott treten und das ewige Leben empfangen; die Teufel gaben enttäuscht den Kampf um seine Seele auf.

Nach dem Tod von Heinrich führte Kunigunde die Regierungsgeschäfte mit Geschick und Tatkraft fort, bis sie dem neugewählten König »Konrad dem Älteren« die Reichsinsignien übergeben konnte. Dann zog sie sich in das Kloster Kaufungen zurück. Dass sie in Kaufungen nicht Äbtissin wurde und als einfache Nonne lebte, lag vor allem daran, dass sie des Regierens müde war. »Leiten« hat auch immer mit »Leiden« zu tun; davon hatte sie bei der häufigen Wahrnehmung der Regierungsgeschäfte im Reich genug erfahren. Kunigunde war müde und sehnte sich nach Ruhe. In den letzten Jahren ihres Lebens wollte sie sich ganz dem Gebet, der Betrachtung und der Vorbereitung auf das ewige Leben im Himmel widmen. Am 3. März 1033 starb Kunigunde in Kaufungen, wurde nach Bamberg überführt und neben Heinrich bestattet.

Das heilige Kaiserpaar

Heinrich und Kunigunde, das kinderlose Königs- und Kaiserpaar, deren Leben von Menschlichkeiten, Schwächen, Krisen und Spannungen durchzogen war, wurden und waren Heilige. Für den Weg zur Heiligkeit hatten sie viele gute menschliche und charakterliche Eigenschaften. Aber Heilige sind immer Gabe Gottes an Kirche und Welt, mit denen Gott seine Heilsgeschichte und die Geschichte der Kirche weiterführt. Heinrich und Kunigunde waren tugendhaft und religiös. Sie hatten sich Christus und seinem Reich verschrieben. In den vielen Malereien, Skulpturen und Textilien, die die beiden darstellen, ist immer wieder ihre Beziehung zu Christus thematisiert. Von ihm sahen sie sich gesendet, für ihn, *ihren Erben*, wirkten sie. Durch ihre eheliche Liebe und Treue haben sich Heinrich und Kunigunde gegenseitig auf dem Weg der Heiligkeit gefördert. Ihre Schwächen, Krisen und Leiden hat Gott für sein Wirken benützt.

Die Kirche hat die Heiligkeit von Heinrich und Kunigunde anerkannt. Er wurde am 14. März 1146 und sie am 9. September 1201 heilig gesprochen. Seit der Liturgiereform nach dem Zweiten Vatikanischen Konzil werden sie gemeinsam am 13. Juni verehrt.

Literatur

K. Guth, Kaiser Heinrich II. und Kaiserin Kunigunde. Das heilige Herrscherpaar – Leben, Legende, Kult und Kunst, Petersburg 2002;

I. Baumgärtner (Hg.), Kunigunde – eine Kaiserin an der Jahrtausendwende, Kassel 1997;

W. F. Redding, Kaiser Heinrich II. Leben, Zeit und Welt, Bamberg 2002

Gerhard Eberts

Gerhard

Der ungarische Märtyrer

** 980 in Venedig*
† 1064 in Ofen / Budapest
Ordensmann, Bischof, Märtyrer
Gedenktag: 24. September

Wer in Budapest nach einem besonderen Blick über die Stadt Ausschau hält, sollte mit der Seilbahn auf den 235 Meter hohen Gellértberg fahren. Die Stadt und die Donau liegen ihm dort zu Füßen. Neben sich aber hat der Tourist auf dem Berg das steinerne Denkmal eines Bischofs, der mit der rechten Hand das Kreuz segnend über die Stadt hält. Diesem Bischof verdankt der Berg seinen Namen: Gellért. Wer ist dieser Bischof?

Es ist der aus Venedig stammende Missionar Gerardo, im Deutschen Gerhard, den die Ungarn Gellért nennen. Gerhard, am 23. April 980 in Venedig geboren, war Benediktinermönch und später Abt des dortigen Klosters San Giorgio. Während einer Pilgerfahrt ins Heilige Land begegnete er den Heiligen Stätten des Lebens und Sterbens Jesu. Dadurch wurde seine Frömmigkeit maßgeblich geprägt.

In Ungarn bemühte sich zu dieser Zeit Fürst Stephan, der von einer Missionsschwester erzogen worden war und 974 die Taufe empfing, sein Land – zum Teil gewaltsam – zu christianisieren. Um den Glauben und gleichzeitig sein Land zu stabilisieren, schlug er jedoch nicht nur Aufstände von Stammesfürsten nieder, sondern gründete auch Kirchen und Klöster. Nachdem er im Jahr 1000 zum »Apostolischen König« gekrönt worden war, gab er seinem Land eine christliche Verfassung, gründete zwei Erzbistümer und schuf eine zentrale Ordnung. István, so heißt Stephan auf Ungarisch, rief Ordensleute aus Deutschland, vorwiegend aus Bayern, und für den südlichen Teil seines Reiches aus Griechenland zur Missionierung in sein Reich. Auch der Benediktiner Gerhard aus Venedig unternahm 1015 eine Reise in das für die christliche Mission wichtig gewordene Ungarn. Zusammen mit einigen Gefährten wollte er sich dort in einer Einsiedelei zurückziehen. Doch schon bald fiel der Mönch durch seine Frömmigkeit und seine Predigten dem König Stephan auf, der ihn bat: »Bleibe bei uns, predige hier meinem Volk, bestärke den Glauben, bekehre die Heiden und pflege das neu gepflanzte Christentum.« König Stephan und seine Frau Gisela, eine Schwester des späteren deutschen Kaisers Heinrich II., vertrauten dem Benediktiner die Erziehung ihres Sohnes Emerich an. Das war eine überaus verantwortungsvolle Aufgabe; denn es ging um die Erziehung des Kronprinzen. Gerhard machte seine Sache gut, so dass er noch heute als Patron der Erzieher verehrt wird.

Aber nach acht Jahren suchte er wieder die Stille, dieses Mal in dem Benediktinerstift Bakony-Beel. Doch König Stephan hatte ihn nicht aus den Augen verloren. Er stellte den widerstrebenden Mönch 1030 an die Spitze der neu gegründeten Diözese Csanád (heute: Szerb Csanád), östlich von Szegedin. Zusammen mit anderen Benediktinern gab Bischof Gerhard seinem Bistum Struktur und Gestalt.

Bischof Gerhard verwaltete das Bistum auch unter den beiden heidnisch gesinnten Nachfolgern von König Stephan I., bis er am 24. September 1064 in Ofen (Budapest) von einer feindlichen Rotte durch Steinwürfe und Lanzenstiche ermordet wurde. Eine andere Tradition erzählt, der Bischof sei von den Magyaren in ein Fass genagelt und den Berg hinuntergestürzt worden. Daran erinnert das Denkmal auf dem Gellértberg, das übrigens erst 1904 errichtet wurde: Die in Stein gehauenen Peiniger müssen zur Strafe heute mitsamt dem Fass den Sockel für die Bischofsfigur bilden.

Wie groß die Verehrung für den Heiligen Gerhard (Gellért) von Anfang an war, zeigt sich darin, dass er bereits 1083 durch Papst Urban II. heilig gesprochen wurde und dass schon im Jahre 1092 sein Namenstag zu den Hauptfesten des Landes zählte. Das Bild des – nach dem Heiligen König Stephan – zweiten Apostels Ungarns ist auch auf einem der Seitenaltäre des Budapester Domes zu sehen.

Dass Gerhard in Ungarn Gellért heißt, habe ich erst spät erfahren. Eine Kollegin aus der Weltbild-Redaktion reiste noch vor dem Fall des Eisernen Vorhangs nach Ungarn. Ich bat sie, mir ein Broschüre oder ein Bild des Heiligen Gerhard mitzubringen. »Der kommt aus Ungarn!«, sagte ich selbstbewusst. Nach ihrer Rückkehr berichtete sie: Fehlanzeige. Niemand kennt den Heiligen Gerhard. Doch in einer kleinen Kirche, wo sie nach dutzenden Fehlversuchen eine alte Frau ansprach, wurde sie fündig. Die Frau sagte: »Gerhard? – Der heißt bei uns Gellért!« Zum Beweis gab sie der Kollegin ein kleines zerknittertes Heiligenbild mit. Ich bewahre es auf wie eine Reliquie.

LITERATUR

L. C. Dedek, Leben des heiligen Gerhard, Budapest;

W. Hünermann, Der endlose Chor, Freiburg 1955;

S. Kräuter, Temesvar, Hirtenbrief zum 950. Todestag von Bischof Gerhard, 1996

Christian Schütz

Anselm von Canterbury

Gottsucher mit Herz

** 1033/1034 in Aosta*
† 1109 in Canterbury
Ordensmann, Erzbischof, Kirchenlehrer
Gedenktag: 21. April

Hätte es damals schon einen Europapass gegeben, Anselm wäre wohl einer seiner ersten Anwärter gewesen. Italien, Frankreich und England sind der Schauplatz, auf dem sich sein Leben abspielt. In seiner Biographie tauchen Städte wie Rom, Bari, Capua, Florenz, Lyon, Rouen, Caen, Amiens, Chartres, York, Canterbury usw. als Aufenthaltsorte auf und bestätigen, wie sehr Anselm ein heiliger Europäer ist. Mehr als nur geographisch und historisch verkörpert er Geist, Leben und Tradition des Abendlandes, wie er seinerseits dessen Seele seine Spuren eingeschrieben hat.

Ein »völliger Versager«

Ein Heiliger kommt gewöhnlich nicht schon als fertiger auf die Welt. Anselm wurde im Jahr 1033/1034 in der am Fuß des Montblanc gelegenen Alpenstadt Aosta geboren. Als römische Militärkolonie gegründet, kam ihr aufgrund der Lage am Ausgangspunkt des Kleinen und Großen St. Bernhard eine besondere strategische Bedeutung zu. Seit dem Ende des 4. Jahrhunderts ist Aosta als Bischofssitz nachweisbar. In der Vita des Heiligen, die sein Schüler Eadmer verfasst hat, ist von einem Traum des jungen Anselm die Rede, in dem er einen hohen Berg erstiegen hat, auf dessen Gipfel er Gott begegnete, eine Erinnerung an die Welt seiner Kindheit. Seine Eltern entstammten dem ländlichen Adel und waren nicht unbegütert. Der frühe Tod der Mutter und das zunehmend gespannte Verhältnis zum Vater werfen einen dunklen Schatten auf die Jugendjahre Anselms. Die Situation eskaliert derart, dass dieser das Elternhaus in Richtung Norden verlässt. Dass dieser Schritt nicht zu einer gänzlichen Entfremdung geführt haben muss, bestätigen die umfangreiche Korrespondenz und Familienkontakte Anselms aus späteren Zeiten. Den Empfehlungen, die Anselm an seinen gleichnamigen Neffen weitergeben wird, mögen eigene Erfahrungen zugrunde liegen, die er während seiner dreijährigen Wanderschaft gesammelt hat. Es war für ihn eine Zeit des Suchens, des Studiums, der Klärung und Berufsfindung, während deren er sich z. B. auch in Cluny aufhielt.

1059 kam er in das junge Kloster Bec, wo ihn vor allem sein Landsmann Lanfrank anzog. Zwischen beiden entwickelte sich ein ideales Lehrer-Schüler-Verhältnis. Das, was den Lehrer auszeichnet, ist die Art, wie er »sieht«. Lanfrank hat gleichsam sein für die Wahrheit und Wirklichkeit der Dinge empfängliches Auge an Anselm weitergegeben. Für den Schüler wurde die Begegnung mit dieser Lehrerpersönlichkeit zu einer entscheidenden Wende. Eadmer singt in seiner Vita das hohe Lob auf den Magister: »Diesen Mann sucht Anselm auf, findet die Kraft seiner Weisheit schier einzigartig, vertraut sich seiner Ausbildung an und kommt ihm in nicht langer Zeit nahe, mehr als die anderen Schüler. Tag und Nacht widmet er sich der Wissenschaft und nimmt nicht nur alles, was er gewollt, von Lanfrank auf, sondern lehrt auch andere voll Eifer das, worum man ihn bittet.« Es ist auf dessen Einfluss zurückzuführen, wenn Anselm 27-jährig um Aufnahme in das Kloster Bec bittet. Wie sehr sich Lehrer und Schüler verbunden bleiben, bestätigt der Begleitbrief, mit dem Anselm sein Erstlingswerk »Monologion« dem Meister zuschicken wird.

»Streiter Christi«

1060 finden wir Anselm als Novizen, von 1063 an als Prior und Leiter der Klosterschule, ab 1078 bis 1093 als Abt. Dass er ein begnadeter Pädagoge gewesen sein muss, erahnen wir aus einem Gespräch Anselms mit einem Abt, der sich bitter über die Unverbesserlichkeit der Jugend beklagt. Dem Abt, der in seiner Erziehungskunst auf Zucht und Zwang setzt, hält der erfahrene Erzieher entgegen: »Sage mir …, wenn du einen jungen Baum in deinen Garten pflanztest und ihn alsbald auf allen Seiten so einschlössest, dass er seine Zweige nicht ausstrecken könnte, und ihn nach Jahren befreitest, was für ein Baum würde da herauskommen? Gewiss ein unfruchtbarer, mit krummen, verbogenen Zweigen. Und daran wärst nur du mit deinem maßlosen Einschließen schuld. Ganz so handelt ihr an euren Knaben … Und weil sie an euch nichts von Liebe, Güte, Wohlwollen, Zärtlichkeit für sie merken, glauben sie dann auch an nichts Gutes in euch, sondern meinen, ihr handelt nur aus Hass und Missgunst … Aber sagt mir um Gottes willen, warum ihr so gegen sie erbittert seid! Sind es nicht Menschen? Haben sie nicht dieselbe Natur wie ihr?« Wer das liest, fühlt sich in die Rolle eines unmittelbaren Zuhörers dem passionierten Lehrer Anselm gegenüber versetzt.

Der Mönch und Beter Anselm wird für uns in seinen Gebeten und Betrachtungen sowie in einer Reihe seiner Briefe greifbar. Was seine Einstellung zum Mönchsleben betrifft, so macht er aus seiner Wertschätzung kein Hehl. Er stellt es höher als jede andere Lebensform. In einem Brief nennt er es »Paradiesesweg«, ja »eine Art von Paradies in diesem Leben«. An anderer Stelle wirbt er unermüdlich dafür, dass Menschen diese Lebensweise ergreifen. Bei allem Ernst und aller Bewunderung dem Mönchsleben gegenüber predigt Anselm keine finstere Askese. Auf die Bitten anderer hin hat Anselm bestimmte Gebete und Meditationen verfasst. Verglichen mit den Zeugnissen heutiger Spiritualität fallen sie durch ihre warme persönliche Note auf. Es ist das Gott suchende und liebende Herz, das darin betet und gleichsam alle Register seiner Empfindungen und Gefühle zieht. In einer an das Hohelied erinnernden höchst existenziellen Gebetssprache können wir unschwer uns selber wiederfinden, wenn Anselm sagt: »Siehe, Herr, vor dir liegt mein Herz! Es will, aber aus sich kann es nicht. Leiste du, was es selbst nicht kann! Führe mich hinein in das Gemach deiner Liebe! Ich bitte dich, ich suche, ich klopfe an! Du gibst das Bitten, gib auch das Empfangen! Du gibst das Suchen, gib auch das Finden! … Von dir habe ich das Verlangen, von dir komme mir auch die Erfüllung! Hange ihm an, hange ihm an mit Ungestüm, meine Seele! Guter, guter Herr, stoße meine Seele nicht zurück! Sie ist matt und hungert nach deiner Liebe. Erquicke sie, deine Güte sättige sie, deine Zuneigung stärke sie, deine Liebe erfülle sie! Sie nehme mich ganz in Besitz, denn du bist mit dem Vater und dem Heiligen Geist der alleinige Gott, gepriesen in alle Ewigkeit! Amen.«

Begnadeter Denker und Theologe

Wie sehr Anselm der Schule und seinen Schülern verbunden ist, bestätigen bereits seine ersten literarischen Zeugnisse. Nicht selten informiert ein Vorwort über Absicht und Hintergründe eines Werkes, häufig sind sie in Dialogform verfasst. Dem 1076 entstandenen »Monologion« gab er den Titel: Ein Beispiel nachdenklicher Glaubensbegründung. Für Anselm wurzelt unsere Erkenntnis der Wahrheit in der Gottebenbildlichkeit der Seele. In diesem Sinn führt im »Monologion« der Geist des Menschen bei sich selber ein Gespräch über Gottes Dasein, die Bestimmung des göttlichen Wesens und des Menschen. Anselm traut in diesem Rahmen unserem Erkennen unwahrscheinlich viel zu, indem er es auf die Suche nach »notwendigen Gründen« schickt. In seinen Gedanken kommt uns ein Denken entgegen, das fasziniert. Es wirkt wie aus der Quelle des Denkens entspringend, frisch und erfrischend, neu und in keiner Weise verbraucht, es fühlt sich unwahrscheinlich klar und sauber, frei und befreiend an. Anselm denkt eigenständig und echt, nicht gegen den oder neben dem Glauben, sondern ihm zugewandt. Völlig ungekünstelt kann es jederzeit in die betende Zwiesprache mit Gott übergehen. Man kann nicht umhin, ihm eine positive, zum Denken und Mitdenken stimulierende und inspirierende Originalität zu bescheinigen. Wir ahnen, was Theologie ist bzw. sein könnte.

Dieser Eindruck verstärkt sich, wenn man das noch berühmtere »Proslogion« Anselms aufschlägt. In ihm lässt er uns an seiner Denkerfahrung teilhaben: »Ich begann mich zu fragen, ob sich nicht vielleicht ein Argument finden ließe, das zu seinem Beweis keines anderen bedarf und das allein hinreichend ist, um mit einem Beweis zu stützen, dass Gott wahrhaft ist und dass er das höchste Gut ist … Als ich oft und eifrig das Denken hinwandte und es mit einmal schien, es ließe sich fassen, was ich suchte, das andere Mal es der Schärfe des Geistes gänzlich entglitt, wollte ich endlich verzweifelnd davon ablassen wie von der Erforschung einer Sache, die zu finden unmöglich wäre. Aber als ich den Gedanken von mir vollständig fernhalten wollte, … da begann er immer mehr und mehr sich mir, der es nicht wollte und sich dagegen wehrte, mit einer gewissen Zudringlichkeit aufzunötigen. Als ich also eines Tages in der Abwehr der Zudringlichkeit ermüdete, da bot sich in dem Streit der Gedanken das, was ich aufgegeben hatte, so dar, dass ich eifrig den Gedanken umfasste, den ich ängstlich zurückwies« (»Prooemium«). Den »Gedanken«, das »eine Argument« hat Anselm in dem Satz ausgesprochen, dass

Gott »etwas ist, im Vergleich zu dem ein Größeres undenkbar ist« (»Proslogion«). Als »ontologischer Gottesbeweis« bewegt er bis heute die Geister.

Zu den Standardwerken Anselms zählt »Cur Deus homo« (Warum Gott Mensch geworden). Er spürt darin der Frage nach: »Aus welcher Notwendigkeit bzw. aus welchem Grund Gott, der doch allmächtig ist, die Niedrigkeit und Schwachheit der menschlichen Natur zu ihrer Wiederherstellung angenommen hat«. In Anlehnung an seine theologische Methode und sein Gottesverständnis verweist Anselm auf die je größere Freiheit der je größeren Liebe Gottes als heilsnotwendigen Grund. In seinem Schrifttum hat er nahezu keine theologische Frage von Belang ausgeklammert. Für seine Denk- und Arbeitsweise erweist es sich als charakteristisch, dass der Reflexion ein hoher Stellenwert eingeräumt wird.

Anwalt der Freiheit

1093 wurde Anselm Erzbischof von Canterbury und damit Primas der angelsächsischen Kirche. Diese war durch Wilhelm den Eroberer nach den »norman customs« organisiert, der Einfluss Roms wurde zugunsten der Krone auf ein Minimum reduziert. Nach dem Modell der monastischen Lebensform war Anselm um eine geistig-spirituelle Reform des Klerus bemüht. Gegen den Erzbischof von York hatte er den Primatsanspruch von Canterbury geltend zu machen. Die meiste Kraft kostete ihn der Kampf um die Unabhängigkeit der Kirche, ihrer Ämter, Befugnisse und Güter vom königlichen Machtanspruch. Die Auseinandersetzungen kreisten um den freien Verkehr des Bischofs mit Rom und das Verbot der Laieninvestitur. Anselm musste deswegen zweimal auf das Festland ins Exil gehen (1097–1100; 1103–1106). Sein Kirchenbild war von der von Cluny ausgehenden Reformbewegung bestimmt, wenn er schreibt: »Nichts liebt Gott mehr in dieser Welt als die Freiheit seiner Kirche. Wer ihr nicht so sehr nützen als gebieten will, der erweist sich ohne Zweifel als Widersacher Gottes. Gott will, dass seine Braut frei und nicht Magd sei!« Aus diesen Sätzen spricht ein tiefes Gespür für das Geheimnis, die geistig-geistliche Wirklichkeit der Kirche. Das Herzstück der Kirche, ihrer Freiheit bildet die spontane, d. h. durch und durch freie Liebe ihres Herrn, die unübertroffen im Kreuz offenbar wird. Anselm weiß, was mit der Freiheit der Kirche auf dem Spiel steht, er wird nicht müde, das Werk und Geschenk der Freiheit zu bedenken, zu loben und zu lieben: »Sieh, christliche Seele, das ist die Kraft, die dich errettet hat, das ist die Ursache deiner Freiheit, das ist der Preis deiner Erlösung! Du warst gefangen, doch so bist du erlöst worden. Du warst in Knechtschaft, doch so wurdest du befreit … Daran ersättige, o Mensch, dein Herz!«

LITERATUR

S. Anselmi Cantuariensis Archiepiscopi opera omnia, Tomus I und II, ed. F. S. Schmitt, Stuttgart-Bad Cannstadt 1984;

R. Schönberger, Anselm von Canterbury, München 2004;

R. W. Southern, Saint Anselm. A Portrait in a Landscape, Cambridge 1990

Ludger Horstkötter

Norbert von Xanten

Einer der Patrone Böhmens und einer der Patrone des Bistums Magdeburg

** um 1082 in Gennep oder Xanten / Niederrhein*
† 1134 in Magdeburg
Ordensgründer, Erzbischof
Gedenktag: 6. Juni

Anfang Januar 1134 war Erzbischof Norbert von Köln in seine Bischofsstadt Magdeburg aufgebrochen. Vom Malariafieber geschüttelt, warf ihn der rumpelnde Wagen hin und her.

Er hatte König Lothar zur Kaiserkrönung 1132/33 nach Rom begleitet. Als ranghöchstem Teilnehmer war ihm die Ehrenstellung des Reichskanzlers in Italien zugefallen. In seinen Fieberträumen kam er von Rom nicht los: der bewaffnete Widerstand des Gegenpapstes gegen das kleine deutsche Heer, der Glanz der Kaiserkrönung, der verspätete Abmarsch im Juni.

Behutsam drückte Norbert das Pergament mit der Bleibulle an sich, das ihm Papst Innozenz II. verliehen hatte. Ja, was würden die Magdeburger stolz auf ihn sein – auf ihn, den Fremden, den sie einst umbringen wollten! In diesem Privileg wurden alle Bistümer östlich der Elbe bis nach Polen dem Magdeburger Erzbistum unterstellt. Welch eine Aufwertung für die neue Hauptstadt des Kaisers!

Abends am Herdfeuer schweifte der Blick erneut zurück. Kurz vor seiner Ernennung zum Erzbischof war ausgerechnet der Sachsenherzog Lothar zum König gewählt worden. Norbert wurde schnell sein engster Vertrauter. Die Wahl von zwei Päpsten im Jahre 1130 hatte seinen ganzen Einsatz erfordert. Welche Mühe, den König und die Reichsfürsten für Innozenz II. als rechtmäßigen Papst zu gewinnen!

König Lothar hatte als Gegenleistung verlangt, das Wormser Konkordat vom Jahre 1122 rückgängig zu machen, damit er allein die Bischöfe als Reichsfürsten bestimmen konnte. Der Todkranke, der sich im diplomatischen Dienst für Papst und König verzehrt hatte, empfahl seine Anliegen betend dem allmächtigen Gott. Andere würden auf seinen Initiativen aufbauen – sei es bei Bistumsgründungen östlich der Elbe, sei es dort bei der Missionspredigt.

Sein Blick ging noch weiter zurück: Am Xantener St.-Viktors-Dom war er Domherr geworden – er, der um das Jahr 1082 geborene Sohn der Edelherrn von Gennep. Den Kölner Erzbischof Friedrich hatte er begleitet und war 1110/11 mit König Heinrich IV. zur Kaiserkrönung nach Rom gezogen. Er war damals nicht übermäßig fromm, aber auch nicht liederlich. Niemand konnte ihm eine Ausschweifung nachsagen. Der Sturz vom Pferd nach einem Blitzschlag hatte ihn zu einem bewusst christlichen Leben veranlasst, ebenso die Gespräche mit dem Einsiedler Ludolf, mit Benediktinern in Siegburg und mit Augustiner-Chorherren in Klosterrath. Im Jahre 1115 war er in Köln zum Priester geweiht worden.

Nachdem er seine Predigt und Bußkleidung 1118 vor einem kirchlichen Gericht in Fritzlar verteidigen musste, hatte er seinen Besitz veräußert und vom Papst die Predigterlaubnis für die gesamte Kirche erbeten. Mit Leidenschaft hatte er das Wort Gottes verkündet. Wie lange lag das nun schon zurück! Über Norberts schweißnasses Gesicht huschte ein Lächeln. Er sah die Bischofsstadt Laon vor sich, die prächtige Kathedrale, aber auch den vergeblichen Versuch, dort ein bestehendes Stift zu reformieren. Deshalb hatte er 1120 im benachbarten Waldtal von Prémontré mit einer religiösen Gemeinschaft nach eigenen Vorstellungen begonnen und dazu die Augustinusregel gewählt, die älteste Ordensregel des Abendlandes.

Jahr für Jahr war er zur Predigt ausgezogen. Männer und Frauen, die sich ihm anschlossen, hatte er in Doppelklöstern unter seiner Leitung zusammengeführt. Im Februar 1126 hatte Papst Honorius II. seine neue Lebensweise bestätigt. Damit war eines seiner Reformziele erreicht – wenn man so will: eine Erneuerung der Kirche von unten. Fähige Schüler konnten seine Initiativen auch ohne ihn weiterführen.

Nun galt es, die Kirche Christi auch von oben her zu erneuern. Nachdem er zu Ostern 1126 noch den Bischofssitz von Würzburg ausgeschlagen hatte, nahm er im Juni 1126 auf dem Reichstag zu Speyer die Berufung zum Erzbischof von Magdeburg an. Im Jahre 1129 hatte er Prämonstratenser in das Kloster Unser Lieben Frauen in Magdeburg eingeführt, das zum »Prémontré des Ostens« werden sollte. Von dort würden maßgebliche Initiativen zur Christianisierung der ostelbischen Gebiete ausgehen.

Tag für Tag kam man Magdeburg ein Stück näher. Todkrank weihte Norbert dort am Gründonnerstag die heiligen Öle für sein Erzbistum. Danach verließ er das Krankenlager nicht mehr bis zu seinem Tod am 6. Juni 1134. Bestattet wurde er in der Klosterkirche Unser Lieben Frauen. Papst Gregor XIII. bestätigte 1582 die schon seit langem bestehende Verehrung Norberts als Heiligen. Seine Gebeine wurden 1627 in die Abtei Strahov in Prag überführt. Papst Johannes Paul II. erhob ihn 1982 zum Patron des Magdeburger Landes. Abgebildet wird Norbert als Erzbischof, in der rechten Hand die Monstranz.

Literatur

K. Elm, Norbert von Xanten, Köln 1984;

W. M. Grauwen, Norbert, Erzbischof von Magdeburg (1126–1134), Duisburg 1986;

L. Horstkötter, Der heilige Norbert von Xanten und die Prämonstratenser, Duisburg 2002

Gregor Henckel-Donnersmark

Bernhard von Clairvaux

Der begeisternde Prediger

** 1090 in Fontaines bei Dijon / Frankreich*
† 1153 in Clairvaux
Abt; Kirchenlehrer
Gedenktag: 20. August

Bernhard wurde 1090 in Fontaines bei Dijon geboren. Nach solider Ausbildung trat er bald nach 1111 mit 30 Gefährten in das benediktinische Reformkloster Citeaux, das Ursprungskloster des Cistercienserordens, ein. 1115 wurde er der Gründungsabt von Clairvaux und von dort aus mehr und mehr die bedeutendste Gestalt des jungen Cistercienserordens, der Kirche seiner Zeit, ja sogar für das Europa dieser Epoche, so dass man zu Recht vom »Bernhardinischen Zeitalter« spricht. Am 20. August 1153 starb er in Clairvaux, wurde schon 1174 heiliggesprochen und 1830 in den Kreis der Kirchenlehrer aufgenommen.

Zwar kann man Bernhard von Clairvaux nicht den »Gründer« des Cistercienserordens nennen, aber er ist ohne Zweifel der bedeutendste Cistercienser aller Zeiten, und die rasante Entwicklung des Ordens ist ohne ihn nicht denkbar. Vor allem prägt er den Orden in seinem umfangreichen Werk und seiner Predigt theologisch und spirituell, so dass noch zu seinen Lebzeiten allein von Clairvaux aus 65 Tochterklöster gegründet werden und der Orden insgesamt auf mehr als 300 Klöster anwächst. Gegen Ende des Mittelalters ist der Orden mit insgesamt mehr als 500 Klöstern der größte Orden der Kirche.

Der theologische Ansatz

Bernhards Theologie ist eine »monastische« und nicht so sehr eine »scholastische«. Sie ist mehr auf die persönliche Bekehrung und weniger auf die Spekulation ausgerichtet. Daher ist es logisch, dass er in Konflikt mit Abaelard und seinem nominalistischen Denken kommen musste, und daher ist es auch zu verstehen, dass Martin Luther ihn verehrte und bewunderte. Es ist deshalb auch verständlich, dass die Vertreter der Aufklärung des 18. und 19. Jahrhunderts dem Heiligen Bernhard sehr kritisch bis ablehnend gegenüberstehen. »Monastisch« ist seine Theologie auch, weil sie geprägt ist vom täglichen Hören der Heiligen Schrift in der Liturgie und von der gesungenen Meditation der Psalmen und anderer Teile der Bibel im klösterlichen Chorgebet. Daher spricht und schreibt er spontan und durchaus außerhalb des Zusammenhangs in Worten und Sätzen der Bibel. So ist er ein fruchtbarer Schriftsteller und Dichter in einer originellen lateinischen Kunstprosa, die von der großen Zahl seiner Schüler kopiert wird, die sich aber nicht leicht übersetzen lässt.

In seinem Wirken für die Kirche insgesamt ist er ein entschiedener Vertreter der Gregorianischen Kirchenreform. Dadurch findet er auch Mitkämpfer, wie den Heiligen Norbert von Xanten, obwohl dieser mit seinem Orden der Prämonstratenser ein ganz anderes klösterliches Ideal verwirklicht. In der Frage des Papstschismas wird er zum Schiedsrichter und entscheidet nicht nach juristischen Gesichtspunkten, sondern lässt sich ganz spontan leiten von seiner Beurteilung, wer der Würdigere sei. Später wird sein Schüler als Eugen III. Papst. In seinem Auftrag predigt er den Zweiten Kreuzzug, und als dieser kläglich scheitert, kann das mit ein Grund für den Tod Bernhards sein. In seinem Werk »De Consideratione« schreibt er einen »Papstspiegel« für Eugen III., in welchem er seine Enttäuschung über den Verlauf des Kreuzzugs formuliert. Für den Papst selber schreibt er die Ermahnung, nicht zu vergessen, was er im Kloster gelernt hat, und dass er daher trotz der vielen Erledigungen seines hohen Amtes an der Spitze der Kirche für sein eigenes geistliches Leben zu sorgen habe.

Der folgende Text aus dem Werk »De Consideratione« zeigt die philosophische Grundeinstellung des Heiligen, basierend auf klassisch-antiken Autoren. In dieser Übersetzung gibt das Wort Selbstbesinnung den Titelbegriff wieder:

Sodann beherrscht die Selbstbesinnung die Triebe, lenkt die Handlungen, macht Missgriffe wieder gut, gibt dem Leben Adel und Ordnung und vermittelt endlich die Kenntnis göttlicher und menschlicher Dinge. Die Selbstbesinnung entwirrt das Verwirrte, führt das Auseinanderstrebende zusammen, sammelt das Zerstreute, durchforscht das Verborgene, erspürt das Wahre, prüft das Wahrscheinliche und geht dem Erdichteten und Geschminkten auf den Grund. Die Selbstbesinnung ordnet im Voraus an, was geschehen soll, und denkt über das Geschehene nach, so dass im Geiste sich nichts Unverbessertes oder Verbesserungsbedürftiges ansetzen kann. Im Glück fühlt sie das Unglück voraus, im Unglück ist sie, als fühlte sie nicht. So trägt sie Starkmut und Klugheit in sich.

Die Ästhetik

Als Cistercienser von Heiligenkreuz begegnet mir der heilige Bernhard täglich in der mittelalterlichen Bauanlage, vor allem im romanischen Langhaus der Kirche. Dieser Kirchenbau ist geprägt von strenger Schönheit, bewirkt durch die Verbindung von Einfachheit und Funktionalität. Denselben Stil sieht man bei allen erhaltenen Bauten der Cistercienser aus der Anfangszeit des Ordens. Diese Bauweise, die alles Unwesentliche beiseite lässt und so die »Sprache des Wesentlichen« redet, entsteht keineswegs zufällig, sondern ist eine direkte Folge der Ideen des heiligen Bernhard für die Architektur und Kunst der Klöster seines Ordens. In der folgenden Textstelle wird die Kritik an bestehenden Kunstformen in der Spätromanik formuliert und beabsichtigt, damit zur Meditation und zum Studium der Heiligen Schrift hinzuführen:

»Und was sollen in den Klöstern unter den Augen der lesenden Brüder, diese lächerlichen Monstrositäten, diese unförmige Wohlgestalt und wohlgestalte Unförmigkeit? Diese unsauberen Affen, diese wilden Löwen, diese Vierfüßler mit dem Schwanz einer Schlange, hier ein Fisch mit dem Kopf eines Widders. Kurz, an allen Ecken und Enden erscheint eine solche reiche und erstaunliche Vielfalt von Formen, dass es ergötzlicher ist, statt der Manuskripte den Marmor zu lesen und den ganzen Tag damit zu verbringen, diese Dinge Stück für Stück zu bewundern, als über die göttlichen Gesetze zu meditieren.«

Ebenfalls spricht der heilige Bernhard zu mir und zu Menschen der heutigen Zeit in einer überlebensgroßen Bildplastik über dem Hauptportal der Stiftskirche des Cistercienserklosters Rein in der Steiermark. Der heilige Bernhard in der weißen Kukulle, dem Gebetsgewand unseres Ordens, hält ein aufgeschlagenes Buch in den Händen. Auf der einen Seite sind die Worte zu lesen: »Iesus dulcis memoria dans cordis vera gaudia«. Dies ist der Beginn des so genannten »Jubilus«, der aus dem Geist des heiligen Bernhard geschrieben ist und ihm lange Zeit direkt zugeschrieben wurde. Dieser Text kommt aus der so genannten »Memoria-Theologie«, die eine besondere Form der Meditationstechnik des heiligen Bernhard meint: Man soll sich mit allen Kräften seiner Sinne die Schilderungen der Heiligen Schrift, vor allem des Neuen Testamentes intensiv vorstellen und ausmalen. Auf diese Weise soll der Christ wahre und nützliche Freude aus der Lektüre der heiligen Texte gewinnen. Das Lied »O lieber Jesu, denk ich Dein, kehrt Freud' in meine Seele ein«, das im heutigen Gesangbuch »Gotteslob« der katholischen Kirche enthalten ist, ist ein Versuch, den »Iesus iubilus« auch heute für das Gebet und den Gesang zugänglich zu machen.

Aus der »Memoria-Theologie« kommt auch eine tiefe Versenkung in das Leiden Christi. Der heilige Bernhard hatte in dieser Versenkung einmal das Erlebnis, als ob Christus ihn vom Kreuz her umarme und in sein Leid hineinziehe und teilhaben lasse. Dies führt zu einer der häufigsten Darstellungen des heiligen Bernhard: kniend vor dem Kreuz und Christus neigt sich vom Kreuz herab, um ihn zu umarmen. Man spricht lateinisch von der Darstellung des »amplexus«.

Memoria-Theologie

Aus dieser »Memoria-Theologie« des heiligen Bernhard entsteht auch sein Werk »De laude novae militiae«, »Das Lob der neuen Ritterschaft«, eine geistliche Weisung für den jungen Templer-Ritter-Orden im Heiligen Land. Obwohl Bernhard selbst nie im Heiligen Lande war, nimmt er bestimmte Orte des Heiligen Landes zum Ausgangspunkt seiner Vorstellung, wie dieser Ort beschaffen ist, was dies geistlich bedeutet und was die Mitglieder des Templer-Ritter-Ordens daraus für einen geistlichen Gewinn ziehen können.

In Liebe zu Maria

Auf der anderen Buchseite der Plastik über dem Portal in Rein stehen die letzten Worte des lateinischen Kirchenliedes »Salve Regina«. Diese Worte »O clemens, o pia, o dulcis virgo Maria« soll der heilige

Bernhard dem Gebetstext nach seiner Predigt zum zweiten Kreuzzug überhaupt erst hinzugefügt haben. Jedenfalls ist der heilige Bernhard von marianischer Begeisterung erfüllt. Auch hier wird seine »Memoria-Theologie« wirksam, wenn er sich in seiner Predigt über die gläubige Zustimmung Marias zu Gottes Heilsplan den Moment der Verkündigung sehr lebendig vorstellt. Der heilige Bernhard stellt die Szene der Verkündigung durch den Engel an Maria auf die »Bühne der Welt«. Alle Gestalten und Generationen der Heilsgeschichte schauen zu. Schließlich wendet er den dramatischen Effekt an, dass Maria mit der Antwort zögert. In dieses Zögern hinein ruft Bernhard Maria mit steigender Intensität das Anliegen aus Sicht der Menschheit mit allen theologischen Begründungen zu, um sie sozusagen aus dem »Souffleurkasten« anzufeuern, die richtige ersehnte Antwort zu geben. Der Schluss ist dann ein erleichtertes Aufatmen, weil die richtige Antwort gegeben wird und das Publikum der ganzen Welt weiß, dass es in bester Weise davon betroffen ist:

»Du hast gehört, heilige Jungfrau, du sollst einen Sohn empfangen und gebären: Nicht von einem Menschen hast du das Wort gehört, sondern vom Heiligen Geist. Der Engel wartet auf Antwort; denn es ist Zeit, dass er zu Gott zurückkehrt, der ihn gesandt hat. Herrin, auch wir warten auf das Wort des Erbarmens, wir, auf denen das Todesurteil lastet.

Siehe, dir ist der Preis unserer Erlösung angeboten. Wir werden sofort befreit, wenn du zustimmst. Im ewigen Wort Gottes sind wir alle geschaffen, wir, die wir sterben müssen. Durch ein kurzes Wort von dir sollen wir neu geschaffen und dem Leben zurückgegeben werden.

Um dieses Wort bitten dich, gütige Jungfrau, der beklagenswerte Adam und seine Nachkommen, die, aus dem Paradies vertrieben, in der Verbannung weilen. Um dieses Wort bitten Abraham und David. Dieses Wort ersehnen alle heiligen Patriarchen, deine Väter, auch sie wohnen ja im Schatten des Todes. So liegt der ganze Erdkreis dir zu Füßen und wartet auf deine Antwort.

Nicht von ungefähr; denn von deinem Mund hängt der Trost der Verbannten ab, der Loskauf der Gefangenen, die Befreiung der Verurteilten und das Heil aller Nachkommen Adams, deines ganzen Geschlechtes.

Gib unverzüglich deine Antwort, heilige Jungfrau, antworte dem Engel, antworte ohne Zögern durch den Engel des Herrn! Antworte und empfange das Wort! Sag dein Wort und nimm das göttliche Wort entgegen! Sprich das vergängliche Wort und umfange das ewige! Was zögerst du, warum erbebst du? Glaube, bekenne und nimm das Wort an! Die Demut fasse sich ein Herz, die Ehrfurcht öffne sich im Vertrauen. Jetzt ist nicht der Augenblick, dass die jungfräuliche Bescheidenheit die Klugheit vergessen dürfte. In dieser einzigen Sache, du kluge Jungfrau, fürchte nicht, vermessen zu sein. Zwar mag Ehrfurcht im Schweigen sich angemessen kundtun, jetzt aber ist es notwendig, dass die Bereitschaft für Gott zu Wort kommt.

Heilige Jungfrau, öffne das Herz dem Glauben, öffne die Lippen dem Bekenntnis, öffne deinen Schoß dem Schöpfer! Siehe, der, ›nach dem sich die Völker sehnen‹, steht vor der Tür und klopft an. Wenn er vorbeiginge, weil du zögerst, müsstest du mit Schmerzen von neuem suchen, ihn, den deine Seele liebt! Steh auf, laufe, öffne! Mach dich im Glauben auf, eile in Liebe und öffne ihm durch dein Wort!

Und sie sagt das Wort: ›Siehe, ich bin die Magd des Herrn; mir geschehe nach deinem Wort!‹«

LITERATUR

Bernhard von Clairvaux, Sämtliche Werke, Bd. 1–10, lateinisch / deutsch, hg. v. G. B. Winkler, Innsbruck 1990–1999;

J. Leclercq, Bernhard von Clairvaux – Entschiedenheit in Demut, hg. v. A. M. Altermatt, übers. W. J.Helg, Freiburg / CH 1991;

G. B. Winkler, Bernhard von Clairvaux: Die eine und umfassende Kirche – Einheit in Vielfalt, Wilhering 2001

Rosel Termolen

Hildegard von Bingen

»Deutschlands größte Frau«

** 1098 in Bermersheim*
† 1179 im Kloster Rupertsberg
Äbtissin, Mystikerin
Gedenktag: 17. September

Gesucht wird: Eine Heilige, die wohl nie offiziell heilig gesprochen wurde, die zeitlebens schwächlich war, aber manch anstrengende Reise unternahm, die behauptete, nicht lesen und schreiben zu können, aber in regelmäßigem Briefkontakt mit höchsten Herrschern stand, die exkommuniziert wurde, deren Visionen zu den großartigsten der Kirchengeschichte gehören und die doch Zeit fand für alltägliche Kleinigkeiten klösterlichen Lebens.

Der zeitgeschichtliche Kontext

Wer sich Hildegard von Bingen nähern will, muss eintauchen in eine Zeit, da das Mittelalter seinem Höhepunkt zustrebte, in der Entwicklungen aufeinander prallten, die nicht nur kirchliches und weltliches Machtstreben beeinflussten, sondern auch den Alltag. Die byzantinische und die römische Kirche brachen Mitte des elften Jahrhunderts auseinander, 1096 rief Papst Urban II. zum ersten Kreuzzug auf, aber nicht allen Kreuzfahrern war nur daran gelegen, das Grab Christi zu befreien, Brandschatzungen, blutiges Gemetzel sind nicht wegzudenken.

In Europa tobte der Investiturstreit. 1076 forderte König Heinrich IV. die Absetzung von Papst Gregor VII., dieser verhängte daraufhin den Kirchenbann, von dem sich Heinrich durch den Bußgang nach

Canossa löste. Doch der Kampf zwischen Imperium und Sacerdotium ging weiter: Weltgeschichte, die Hildegards Leben bestimmte, die von ihr mitbestimmt wurde.

Biographisches

1098 wurde der edelfreien Familie auf Gut Bermersheim das zehnte Kind geboren. Der hohe soziale Status der Familie bestätigte sich nicht zuletzt durch die Ausbildung der Kinder, dieses Umfeld wurde mitbestimmend für Hildegards Leben. Enge Kontakte bestanden etwa zu den Markgrafen von Stade, auch zu den Staufern, da Barbarossas Vater, Friedrich der Einäugige, nahe Bermersheim gelebt hatte; mit Pfalzgraf Hermann von Stahlecks Frau Gertrud, der Schwester König Konrads III., verband Hildegard innige Freundschaft. Dass sie »von der Muttermilch an« kränkelte, bezeugt Hildegard selbst. An den Spielen der Geschwister wird sie kaum teilgenommen haben, umso aufmerksamer mag sie die Haushaltung beobachtet und Kenntnisse aufgenommen haben, die sie später befähigten, Probleme in der Leitung ihrer Klöster zu lösen. Vertraut waren ihr wohl auch die Heilmittel, mit denen im Hausstand gepflegt wurde. Viele Formulierungen in der Niederschrift ihrer Visionen machen deutlich, wie sehr diese Erfahrungen sie prägten.

Dass sie früh übernatürliche Erfahrungen machte, ist gewiss: »Bis zu meinem fünften Lebensjahr sah ich vieles, und manches erzählte ich einfach, so dass die, die es hörten, sich sehr wunderten.« Schon vor der Geburt war, schreibt sie, ihre Seele »von großer Furcht ergriffen und sie wagte nicht, dies irgendjemandem zu offenbaren. Indem ich über vielerlei sprach, pflegte ich aber auch von zukünftigen Dingen zu erzählen«. Einer guten Erziehung wegen wurden Kinder oft im Alter von sieben oder acht Jahren in ein Kloster gegeben, wobei nicht immer religiöse Motive den Ausschlag gaben. Bei Hildegard aber könnten diese entscheidend gewesen sein, die Eltern ahnten sicherlich die ständige Wiederkehr ihrer inneren Schau. Achtjährig wurde Hildegard Jutta von Spanheim anvertraut, die als Klausnerin beim Benediktinerkloster Disibodenberg lebte. Hildegard akzeptierte die Entscheidung der Eltern, später allerdings warnte sie die von solcher Vorsorge Betroffenen: »Der trete nicht unbesonnen, im Zustand eines Menschen, der eben vom Schlaf auferstanden ist, in diesen Stand … Er prüfe und durchforsche sein Innerstes, ob er auch auf seinem Vorsatz beharren könne.«

Weil sie sich von ihrer Umwelt unverstanden fühlte, suchte Hildegard ihre mystischen Erlebnisse geheim zu halten, aber: »Wenn ich von dieser Schau ganz durchdrungen war, sprach ich vieles, was denen, die es hörten, fremd war. Ließ aber die Gewalt der Schau ein wenig nach ... so schämte ich mich sehr, weinte oft und hätte lieber geschwiegen, wenn es mir nur möglich gewesen wäre«. Zwischen dem 14. und dem 17. Lebensjahr entscheidet sich Hildegard für ein klösterliches Leben als Mitglied der Ordensgemeinschaft auf dem Disibodenberg.

Vorsteherin des Klosters

Als Jutta 1136 stirbt, wählen die Klausnerinnen die nun 38-jährige Hildegard zu ihrer Meisterin, die freilich erst auf langes Zureden des Abtes einwilligt. 43 Jahre lang trägt sie diese Last, beglückt, wenn sie die Hingabe ihrer »Töchter« spürt, voller Kummer, wenn sie Nachlässigkeiten rügen muss, in der kleinen Gemeinschaft der Klausnerinnen zuerst, später auf dem Rupertsberg und in Eibingen. Wenn Hildegard sich als »ungeschickt für weltliche Geschäfte« bezeichnet, widerlegt das niemand besser als sie selbst. Hätte sie sonst gewagt, ein eigenes Kloster zu gründen? Nach schwieriger Loslösung von den Disibodenberger Benediktinern gewährt endlich der Mainzer Bischof der »Meisterin, die glänzt in vielen und wundersamen Tugenden« das Recht zur eigenständigen Wahl der Äbtissin und des Seelsorgers. Langsam wächst auf dem Rupertsberg aus alten Ruinen ein Neubau, um 1150 ziehen die Schwestern ein. Immer wieder flackern Auseinandersetzungen mit dem Disibodenberger Abt auf, es bedarf päpstlicher Schlichtung, um endlich die finanzielle Grundlage für den Rupertsberg zu schaffen. Weder in ihrem noch später in anderen Klöstern, die ihren Rat einholten, gab Hildegard dem Verfall monastischer Sitten nach, vermied aber stets asketische Übertreibung, denn: »Zu strenge Enthaltsamkeit entzieht den Tugenden die Triebkraft. Nur eitler Ruhm sprosst auf und es geschieht ... dass solche für Heilige angesehen werden, die es gar nicht sind.« Maß halten bleibt für Hildegard oberste Maxime, in allem soll »die Freude des Herzens« gepflegt werden.

Rupertsberg – bewohnt von rund 50 Schwestern und zahlreichem Personal – gilt als Mustergut, zu dem nicht nur Kranke und mittellose Pilger kamen, sondern auch Ratsuchende aus höchsten Kreisen. 1165 bot sich Gelegenheit zum Bau eines Filialklosters. Auf dem

Rupertsberg gab es keine Erweiterungsmöglichkeiten, in Eibingen harrte ein Augustinerstift nach einer Brandschatzung der Restaurierung. Dieses Kloster, in das schon nach wenigen Monaten die ersten Nonnen einzogen, sollte das Mutterhaus um Jahrhunderte überleben.

Die Universalgelehrte

42 Jahre ist Hildegard alt, als sie den Aufruf hört: »Tu kund die Wunder, die du empfängst. Schreibe sie auf und sprich.« Nun muss sie ihre Visionen hineintragen in eine Welt, in der Habgier, Intrigen, Bestechung sich auch im Klerus breit machten, weltliche gegen kirchliche Mächte kämpften. Woran mag Hildegard mehr gelitten haben – an den Zeitläufen, in die sie sich wortgewaltig einmischte, oder an dem Zwang, die Schauungen ihrer Seele zu offenbaren? Diese Schauungen empfing sie nicht in ekstatischer Verzückung: »Es durchströmte mein Gehirn und durchglühte Herz und Brust gleich einer Flamme, die jedoch nicht brannte, sondern wärmte wie die Sonne.«

In drei Büchern sind uns die Schauungen erhalten: Scivias (Wisse die Wege), Liber vitae meritorum (das Buch der Lebensverdienste) und Liber divinorum operum (das Buch der göttlichen Werke). Wisse die Wege – das heißt: Erkenne die Verflechtungen der Schöpfung mit ihrem Schöpfer. Lebendiges Licht und bedrückende Schatten kennzeichnen die Bilder dieser Schau, die sie unter seelischen wie körperlichen Leiden empfing, aber auch vielfältig geplagt von »teuflischen Einflüsterungen«. Das Buch der Lebensverdienste entsteht zwischen 1158 und 1163, ein Zeitspiegel, von dem die Zustände der Welt und der Kirche abzulesen sind, aber auch der deutliche Anspruch an den gläubigen Menschen zur Verantwortung des individuellen Handelns. Für das Buch der göttlichen Werke, zwischen 1163 und 1173 niedergeschrieben, wird Hildegard eine kosmische, eine heilsgeschichtliche Gesamtschau der Schöpfung aufgegeben, sie sieht die Welt der Engel, der irdischen Kreaturen, die Welt der Gnade.

Briefwechsel und musikalisches Schaffen

Wenn es um Hildegards naturwissenschaftliches Erbe geht, begegnet man zahlreichen Missdeutungen. Obwohl die Sprache der Schauungen sich deutlich von Briefen und alltäglichen Berichten unterscheidet, hält sich hartnäckig das Gerücht, die Kenntnis der Fischarten im Rhein entstamme göttlicher Offenbarung. Als ob sie solches Wissen nicht aus den Klosterküchen, von den Fährleuten hätte beziehen können …

Hildegards eigene, nicht den Bildern der Visionen verpflichtete Sprache wird vor allem in den Briefen deutlich. Und diese Briefe haben die Weltgeschichte des Mittelalters mitgeprägt, selbst wenn die Authentizität einiger Antwortschreiben umstritten ist, nicht zuletzt, weil die systematische Erforschung der Korrespondenz lange vernachlässigt wurde. Sicher ist, dass Hildegard mit mindestens vier Päpsten im Briefwechsel stand. Respekt vor dem gottgegebenen Amt und die Folgen menschlichen Fehlverhaltens wusste sie durchaus zu trennen und so unterscheidet sie deutlich zwischen einfühlsamen Trostworten und schroffen Mahnschreiben. Adelige, Könige, viele Erzbischöfe wandten sich an die Seherin, deren Rat in jener Zeit, da Gottlosigkeit und Wunderglaube sich die Waage hielten, nicht weniger bedeutend war als päpstliche Edikte. Besondere Bedeutung aber hatte wohl ihr Kontakt zu Kaiser Friedrich Barbarossa, dem vor allem die Ausweitung des Schismas anzulasten war. Als er zum dritten Mal einen Gegenpapst ernennt, Calixtus III., schleudert Hildegard ihm einen Fluch entgegen, den sie durch den Tod Rotbarts auf einem Kreuzzug erfüllt sah.

Solch harten Worten steht die zarte Lyrik ihrer Lieder gegenüber, Musik spielte nicht nur für Feste und Feiern ihrer Konvente, sondern auch für den Alltag eine wichtige Rolle: »Jedes Element hat seinen Klang, seinen Urklang aus der Ordnung Gottes.« Vor allem in dem Singspiel »Ordo virtutum« geht sie weit über die ihr bekannten liturgischen Weisen hinaus, schafft einen ganz neuen Stil: »Das Herz des Menschen ist symphonisch gestimmt.«

Von 1150 an schrieb sie ihre naturwissenschaftlichen Erkenntnisse nieder: »Causae et curae«, Ursache und Wirkung, also die Erkenntnisse einer ganzheitlichen Medizin. Hildegards Vita verbürgt die Gnadengabe ihrer Heilkraft. Pilger und Kreuzfahrer hatten ihr wohl manches Wissen orientalischer Ärzte anvertraut, auch stand der Äbtissin die umfangreiche Sammlung des Bischofs von Uppsala zur Verfügung.

Schwächeanfälle plagten Hildegard ein Leben lang, dennoch unternahm sie Reisen, um zu predigen, in Klöstern zwischen Oberen und Konventen zu schlichten, auch um einzugreifen, wenn Geistliche ihre Pflichten vernachlässigten. Oft genug schuf sie sich damit Feinde, die jede Gelegenheit nutzten, ihr das Leben zu erschweren, ja sie in den letzten Lebensmonaten zu exkommunizieren unter dem Vorwand, sie habe im Klosterfriedhof einen Adligen beisetzen lassen, der ohne Absolution gestorben sei. Dass sie um dessen gültige Beichte wusste, interessierte die oft von ihr gescholtenen Prälaten wenig. Sie verboten dem Konvent jegliche gottesdienstliche Handlung – und warfen Hildegard dann vor, durch deren Unterlassung sei sie zur Dienerin des Teufels geworden. Am 17. September 1179 wurde sie, 83-jährig, von ihrem lebenslangen Leiden erlöst. Offen ist bis heute die Frage, ob und wann Hildegard zur Ehre der Altäre erhoben wurde. 1227 leitet Gregor IX. das Heiligsprechungsverfahren ein. Fünf Jahre später erst gehen vom Rupertsberg Unterlagen in Rom ein, wieder fünf Jahre später werden sie als »unvollständig« zurückgeschickt. Ob und wann sie dann aber wirklich komplett nach Rom gingen, bleibt ungeklärt. Immerhin wird Hildegard seit 1584 im Martyrologium als »Nonne und Prophetin« geführt.

LITERATUR

R. Termolen, Hildegard von Bingen – Biographie, Augsburg 1989;

W. Storch OSB (Hg.), Hildegard von Bingen: Scivias, Augsburg 1990;

W. Storch OSB (Hg.), Hildegard von Bingen: Im Feuer der Taube, Augsburg 1997

Hanna Vollrath

Thomas Becket

Der umstrittene Erzbischof

** 1118 in London*
† 1170 in Canterbury
Erzbischof, Märtyrer
Gedenktag: 29. Dezember

Erzbischof Thomas Becket wurde in seiner Kathedralkirche Canterbury am 29. 12. 1170 von vier Rittern seines eigenen Königs ermordet. Ein erbitterter Streit hatte zuvor sechs Jahre lang zwischen Becket und König Heinrich II. von England getobt, ein Streit, der historisch interessierte Engländer bis heute entzweit. Als das BBC-Geschichtsmagazin Anfang 2006 seine Leser nach den zehn schlimmsten Engländern der letzten tausend Jahre fragte, landete Thomas Becket auf dem zweiten Platz gleich hinter dem Massenmörder »Jack the Ripper«. Das Ergebnis löste eine Leserbriefkontroverse und eine Stellungnahme der Kathedrale von Canterbury aus. Anders die angesehene und sehr kenntnisreiche Historikerin Anne Duggan. Sie preist den ermordeten Erzbischof als verehrungswürdigen Heiligen und als Beispiel für Heldenmut angesichts tyrannischer königlicher Gewalt. Es ist ungewöhnlich, wenn nicht einmalig, dass die Beurteilung eines Mannes noch mehr als 800 Jahre nach seinem Tod so kontrovers ausfällt. Ungewöhnlich ist auch, dass solch konträre Ansichten über Thomas Becket sich schon bei seinen Zeitgenossen finden. Wenige Jahre, nachdem Papst Alexander III. Becket 1173 heilig gesprochen hatte, diskutierten zwei Theologen in Paris öffentlich über die Frage, ob Thomas nicht als Verräter von Land und König anzusehen sei und seinen gewaltsamen Tod verdient habe. Wer war der Mann, der dergestalt die Gemüter der Menschen über die Jahrhunderte zu erregen vermag?

Aufstieg und Konflikte

Die wirklich große Karriere des Thomas Becket begann, als Theobald ihn König Heinrich II. für das Amt des Kanzlers des Königreichs England vorschlug.

Heinrich II. war 1154 mit etwa 21 Jahren nach jahrzehntelangem Bürgerkrieg König von England geworden. In Thomas Becket hatte er den erfahrenen und loyalen Helfer, den er in dieser Situation brauchte. Thomas ließ sich sofort ganz und gar auf das neue Amt ein. Die Interessen des Königs waren ihm in jeder Hinsicht Richtschnur seines Handelns; er setzte sie nicht nur gegenüber weltlichen Adeligen, sondern auch gegenüber Bischöfen mit großer Härte durch. Sein höfisch-luxuriöser Lebensstil in Kleidung und Hofhaltung bereitete seinen Biographen noch Jahrzehnte später Unbehagen, ebenso wie sein Ruf als ungewöhnlich grausamer Kriegsmann. Wenn selbst die Biographen ihm Hochmut und Anmaßung vorwerfen, lässt sich ermessen, was Menschen von ihm dachten, die ihm nicht wohl gesinnt waren. Die Biographen schrieben über das Leben des heiligen Thomas von Canterbury, und dazu wollte das Auftreten des Kanzlers Thomas so gar nicht passen. Kanzler Becket machte sich auch unter den Großen des Landes viele Feinde. Solange aber der König ihn mit Reichtümern überhäufte, ihm sein volles Vertrauen schenkte und ihn seinen Freund nannte, war er unangreifbar.

Erzbischof Theobald starb am 18. April 1161. Heinrich II. warf der Kirche vor, sich den Bürgerkrieg zu Nutze gemacht und sich weitreichende Privilegien vom bedrängten König Stephan verschafft zu haben, Privilegien, die seiner Ansicht nach mit den altüberlieferten Rechtsgewohnheiten des Königreichs England nicht im Einklang standen. Da viele der Streitpunkte unter Theobald ungeklärt blieben, hielt Heinrich es wohl für einen besonders klugen Schachzug, dem Domkapitel seinen Freund und Vertrauten, den Kanzler Thomas Becket, zum Nachfolger Theobalds vorzuschlagen. Der Protest ließ nicht lange auf sich warten. Das Domkapitel wehrte sich heftig gegen die Zumutung, einen mondänen Höfling als Erzbischof akzeptieren zu sollen. Auch die Bischöfe der Kirchenprovinz Canterbury waren entsetzt. Heinrich walzte alle Widerstände nieder und drohte mit seinem königlichen Unmut.

Thomas wurde am 10. August 1162 zum Erzbischof von Canterbury geweiht. Kaum war er im Amt, machte er unmissverständlich deutlich, dass er nur noch ein Mann der Kirche sein würde. Nach der Kirchenreform des 11. Jahrhunderts, dem Investiturstreit, mussten die

Beziehungen von Kirche und Königtum neu justiert werden. Beide begannen sich als Institutionen mit eigenem Recht zu konsolidieren. Dabei ging es immer wieder um Friedenswahrung und Gerichtsbarkeit, besonders um die Eindämmung der blutigen Gewalttaten, verübt vor allem von Angehörigen der Berufskriegerkaste der Ritter. Als Gegenmittel begann sich im 12. Jahrhundert die Strafgerichtsbarkeit durchzusetzen. Wer Blut vergoss, sollte »peinliche« Strafen bis hin zur Todesstrafe zu fürchten haben. Die Könige Europas reklamierten die Blutgerichtsbarkeit als Königsrecht. Das spätere »Monopol auf legitime Gewaltanwendung« des Staates kündigt sich hier an.

Die Eskalation

In einigen spektakulären Fällen von Mord und Vergewaltigung waren Kleriker die Täter. Von alters her gab es das »Privilegium fori«, die kirchenrechtliche Bestimmung, dass Kleriker grundsätzlich nur von kirchlichen Gerichten abgeurteilt werden durften. Mit der neu entstehenden königlichen Blutgerichtsbarkeit bekam es eine bislang ungeahnte Relevanz, denn es bedeutete, dass es gegen Kleriker grundsätzlich keine Körperstrafen geben würde, weil kirchliche Gerichte nur Degradierung, Klosterhaft und Exilierung als Strafen verhängen konnten. Erzbischof Thomas forderte dieses Privileg für alle Kleriker ohne jede Ausnahme. Das empörte den König. Er sah seine königlichen Vorrechte geschmälert und fand es ungerecht, dass Mörder so ungleich behandelt werden sollten. Ebenso wie bei anderen Fragen, bei denen es um die Abgrenzung der Rechte von Kirche und Staat ging, hielt Thomas Becket dagegen: das Kirchenrecht sei das Recht Gottes, da könne es weder Verhandlungen noch Kompromisse geben. Der König rief den Episkopat und die weltlichen Barone mehrmals zusammen, um die Streitfragen zu klären. Dabei war es immer wieder Thomas Becket, der besonders scharf die Gegenposition vertrat. Nach mehreren fruchtlosen Auseinandersetzungen ließ Heinrich II. zwölf Leitsätze aufschreiben, von denen er erklärte, sie seien das alte Recht Englands, das zur Zeit seines Großvaters gegolten habe. Die Bischöfe Englands wurden im Januar 1164 zum Königshof Clarenden zitiert und zur Unterschrift unter diese königlichen Konstitutionen aufgefordert. Unter Führung Beckets lehnten sie ab. Dann änderte Becket, von vielen Seiten bestürmt, seine Meinung und leistete, wiederum mit den Bischöfen, die geforderte Unterschrift, um wenig später ohne Rücksprache mit ihnen alles zu widerrufen. Die Bischöfe fühlten sich von ihrem Metropoliten düpiert, der König tobte. Der Streit war zu einem bitteren persönlichen Konflikt zwischen König und Erzbischof geworden, die kaum eineinhalb Jahre zuvor noch die allerbesten Freunde gewesen waren.

Die Zornesausbrüche des Königs in der Folgezeit waren dergestalt, dass es Becket vorzog, England zu verlassen und nach Frankreich ins Exil zu gehen. Damit war der englische Konflikt endgültig internationalisiert worden. Becket konnte sich der Unterstützung des französischen Königs Ludwig VII. sicher sein, eines alten Widersachers Heinrichs II., grundsätzlich auch der des Papstes, obwohl Alexander III. Sorge trug, mit Rücksicht auf seine eigene prekäre Situation angesichts eines Gegenpapstes den englischen König nicht völlig zu verprellen. Außerdem hatte sich Heinrich II. die Hilfe einiger Kardinäle der notorisch bestechlichen Kurie gekauft.

Beckets Exil dauerte sechs Jahre. Seine umfangreiche Korrespondenz gibt Aufschluss über sein Denken und über seinen Gemütszustand in dieser Zeit. Kirchenrecht war für ihn Gottes Recht. Als geweihter Priester hielt er es nicht nur für seine Pflicht, selbst Gottes Recht ohne jede Einschränkung zu halten, sondern auch, andere unerbittlich dazu anzuhalten. Dem Papst machte er die Vermittlungsversuche zum Vorwurf. Der Papst hätte, so Becket, von Anfang an das Schwert der Kirchenstrafen gegen Heinrich II. und alle königstreuen Engländer zücken sollen; wer Nachsicht mit Sündern übe, gefährde seine eigene Seele, denn Gott werde ihr Blut aus den Händen des nachlässigen Priesters fordern. Also ging er mit aller Härte gegen »die Feinde Gottes und der Kirche« vor und exkommunizierte mehrere Bischöfe und die engsten Ratgeber des Königs.

Das Drama des Endes

Das brachte erhebliche Unruhe in die englische Kirche, denn niemand durfte mit Exkommunizierten Umgang haben. Auch sonst mehrten sich diejenigen, die dringend ein Ende des Konflikts wünschten. Es fanden sich hochrangige Vermittler, die sich bemühten, einen Frieden zwischen Heinrich II. und Thomas Becket zustande zu bringen. Die Verhandlungen waren zäh, zogen sich hin. Schließlich kam es doch zu einem Friedensschluss. Heinrich II. anerkannte ohne jede Einschränkung Thomas Becket wieder als Erzbischof von Canterbury mit all seinen Rechten, so wie Thomas Becket Heinrich II. als seinen Herrn und König anerkannte. Diese Übereinkunft stellten sie in einer öffentlichen Demonstration wie auf einer Bühne dar: Beide ritten aufeinander zu und stiegen vom Pferd, worauf Becket vor seinem König das Knie beugte. Darauf hob Heinrich II. ihn »mit froher Miene und heiterer Stirn« zu sich empor und versprach ihm Frieden und seine königliche Gnade. Dann stützte er Beckets Fuß beim Aufsteigen und führte sein Pferd ein paar Schritte am Steigbügel »und alle Menschen guten Willens vergossen heilige Tränen« (so der Biograph und Augenzeuge William Fitz Stephen). Jedes Element dieser Szene hatte seine eigene symbolische Bedeutung und war vorher genau ausgehandelt worden. Der Weg zurück nach England war frei.

Und doch war der Frieden nur von kurzer Dauer. Heinrich II. sah den Streit für beendet an, Becket dagegen verstand die Rückkehr nach Canterbury als Bestätigung aller seiner erzbischöflichen Rechte einschließlich der Disziplinargewalt und begann, das zu ahnden, was er zuvor nicht mehr hatte mit Strafen belegen können. Vor allem war es die Krönung des Königssohnes in Canterbury durch die Nachbarbischöfe kurz vor dem Friedensschluss, durch die er das Krönungsrecht Canterburys verletzt sah. Also exkommunizierte er die an der Krönung beteiligten Bischöfe. Als der König von den neuerlichen Exkommunikationen hörte, bekam er einen seiner gefürchteten Wutanfälle. Er fühlte sich von Becket betrogen, er tobte und fluchte und stieß wilde Drohungen aus. Das verstanden vier seiner Ritter als Auftrag zum Handeln. Sie begaben sich nach Canterbury, stellten Becket zur Rede und verlangten die Rücknahme der Exkommunikationen. Becket wies das zurück und beharrte auf seinen Priesterpflichten. Als Thomas Becket später, umgeben von vielen Anhängern, seine Kathedrale zur Abendmesse betrat, drangen die Mörder dort ein und machten ihn in einem furchtbaren Gemetzel nieder.

Die Bluttat sprach sich wie ein Lauffeuer herum, Menschen drängten in die Kirche, erlebten die ersten Wunder noch in der Mordnacht. Für die Umstehenden bezeugten sie das heiligende Märtyrertum Thomas Beckets. Canterbury gehörte dann bis zum Ende des Mittelalters neben Rom und Santiago de Compostela zu den meistbesuchten Fernpilgerzielen der lateinischen Christenheit.

Literatur

A. Duggan, Thomas Becket, London 2004;

M. Staunton, The Lives of Thomas Becket, Manchester 2001;

H. Vollrath, Thomas Becket. Höfling und Heiliger, Göttingen 2004

Werner Marschall

Hedwig von Andechs

Die Heilige Schlesiens

** 1174 in Andechs*
† 1243 in Trebnitz
Herzogin, Patronin Schlesiens
Gedenktag: 16. Oktober

Zu den großen Frauen Europas gehört die heilige Hedwig, Herzogin von Schlesien. Freilich war sie keine geborene Schlesierin, sondern stammte aus einer ganz anderen Ecke Deutschlands: aus Bayern. Sie war eine geborene Gräfin von Andechs-Meranien. Die Grafen von Andechs-Meranien gehörten zu den großen europäischen Fürstengeschlechtern. Heute ist von der väterlichen Stammburg Andechs nichts erhalten.

Biographisches

Geburtstag und Geburtsjahr sind – wie von vielen mittelalterlichen Persönlichkeiten – unbekannt. Vermutlich wurde sie zwischen 1174 und 1180 geboren. Bis zum fünften Lebensjahr lebte sie auf der elterlichen Burg. Dann gab man sie – wie es damals bei Fürstentöchtern üblich war – in klösterliche Erziehung, in das Benediktinerinnenkloster Kitzingen am Main. Hier lernte sie alles, was eine Fürstin können musste: Lesen, Schreiben, sicherlich auch Latein, Hl. Schrift. Dazu kamen Handarbeiten, z. B. Sticken. Ein Kinder- und Jugendleben zu Hause wie heute, das gab es für Fürstentöchter im Mittelalter nicht.

Als Hedwig zwölf Jahre alt war, brach für sie ein ganz neuer Lebensabschnitt an. Sie wurde verheiratet mit dem schlesischen Herzogssohn Heinrich I. Hedwig wurde sicher kaum gefragt; so war es damals bei den Fürstentöchtern und sicher auch bei vielen Bürgermädchen und Bauerntöchtern. Aber auch die Söhne wurden nicht gefragt. Maßgebend war der Wille der Eltern und die politischen Absichten, die mit der Heirat verwirklicht werden sollten.

Der Aufbruch in das ferne Schlesien brachte sicher manche Träne; die Eltern, die elterliche Burg würde Hedwig wohl kaum wiedersehen.

Schlesien stand damals unter polnischen Herzögen, nachdem es oft als Zankapfel zwischen Polen und Böhmen hin- und hergerissen worden war. Hauptort war die um 900 vom böhmischen Herzog Vretislav I. (894–921) gegründete Burg Wratislavia (Breslau). Hedwig kam nicht allein in dieses ihr fremde Land. Wie auch andere deutsche Fürstentöchter, die mit polnischen Piastenherzögen verheiratet wurden, begleiteten auch Hedwig deutsche Dienerinnen, Ritter und Geistliche. Bald zogen auch Bauern und Kaufleute nach. Besonders in den größeren Marktorten ließen sich deutsche Krämer und Handwerker nieder. Die Ankunft Hedwigs in Schlesien und in der Burg Breslau wird etwa in die Jahre 1186–1190 gefallen sein.

1201 kam Herzog Heinrich I. nach dem Tod seines Vaters Boleslaws des Langen mit Hedwig an die Regierung. Obwohl Hedwig rechtlich nichts mit der Regierung ihres Gemahls zu tun hatte, übte sie doch einen erheblichen Einfluss auf ihren Mann und damit auch auf seine Regierungsweise aus, vor allem durch Ratschläge, Hinweise und Mahnungen. Besonders in der Siedlungspolitik wirkte sie mit. Dabei dachten sie und ihr Gemahl ebenso wie die nachfolgenden Piastenherzöge keineswegs daran, ihr Land zu »germanisieren«. Eine solche Sichtweise lag den Herrschern der damaligen Zeit völlig fern. Vielmehr ging es den Herzögen darum, ihr Land wirtschaftlich zu erschließen. Die einheimische Bevölkerung verdrängte man dabei nicht, sondern führte die Neubesiedlung vorwiegend auf noch unbebautem Boden durch. Schlesien war damals – gemessen an der Einwohnerzahl des 20. Jahrhunderts ein fast menschenleeres Land; nur ein Drittel der Fläche war besiedelt. Es war also genug Raum für Neusiedler, ohne dass die alten Einwohner vertrieben wurden.

Politische und soziale Anliegen

Da Hedwig ja selbst Deutsche war, förderte sie die deutsche Besiedlung des Landes und die deutsche Kultur. Als echte Landesmutter wird sie aber auch die polnische Sprache erlernt haben, um mit jedem ihrer Landeskinder in dessen Muttersprache reden zu können.

Bald nach dem Regierungsantritt gründete sie 1202 nördlich von Breslau das erste Frauenkloster in Schlesien: Trebnitz, das eine Niederlassung der Zisterzienserinnen werden sollte. Die Schwestern holte sie aus Bayern.

Neben diesem Wirken ins Politische war ihr hauptsächliches Anliegen die Sorge für die Armen und Kranken und für die Bedürftigen. Sie unterstützte Theologiestudenten für ihr Studium, richtete eine eigene Armenküche ein, betreute Witwen und Waisen, bekümmerte sich um die Gefangenen, die sie mit Nahrung und Kleidung versorgte. Selbst zum Tode Verurteilte fanden in ihr eine Fürsprecherin, und sie brachte ihren Gemahl dazu, dass sie diese Strafen durch Mithilfe am Trebnitzer Klosterbau abarbeiten durften. Sie beeinflusste aber auch die Vornehmen des Landes und die Adligen, diesem ihrem Beispiel zu folgen. Joseph Gottschalk nennt dies alles »eine weitsichtige, von christlicher Verantwortung getragene Sozialarbeit«. »Die Heiligsprechungsurkunde hebt hervor, dass Hedwig bei all diesen Maßnahmen mit Klugheit vorging und dass allen gerecht geholfen wurde, so dass sich niemand benachteiligt fühlte« (J. Gottschalk).

Hedwig war, wie Walter Nigg schreibt, »weder weltsüchtig noch weltflüchtig. Beides kam für sie nicht in Frage, weil es ihrer Situation nicht entsprach. Das weltliche Leben Hedwigs bildete den unumgänglichen Vordergrund zu dem großen Thema ihres zukünftigen Daseins: die Heilige inmitten der Welt.« Ihrem Mann gebar sie sieben Kinder, von denen aber drei bald nach der Geburt starben. »Sie war ihren Kindern eine treu sorgende Mutter und übergab sie nicht – wie es schon damals geschah und heutzutage wieder vielfach Mode ist – bald einer fremden Frau zur Betreuung. Hedwig zog ihre Kinder selbst auf« (W. Nigg).

Aber Hedwig fühlte sich nicht nur als fürsorgliche Landesmutter, sie trat durchaus auch als Fürstin, als Herzogin auf. Dem entsprach auch ihr Einwirken auf die Politik ihres Mannes. Dieser war – wie Walter Nigg es ausdrückt – »kein Haudegen; er war gerecht und verhielt sich loyal zu seinen Untertanen«. Sicher geht vieles davon auf Hedwigs Einfluss zurück.

Freilich wurde Heinrich auch in politische, aber auch in hausinterne Streitigkeiten verwickelt. So gab es Spannungen zwischen dem Breslauer Bischof und dem Herzog in der Siedlungspolitik. Den aus Deutschland gekommenen Neusiedlern war bei der Anwerbung Freiheit vom polnischen Recht zugesichert worden. So hatten die polnischen Bauern bisher die Pflicht, der Kirche und dem jeweiligen Pfarrer zu seinem Unterhalt den Zehnten ihrer Erntefrüchte abzugeben. »Die Deutschen dagegen sorgten für ihren Pfarrer durch die Ausstattung der Kirchen mit Ackerland, aber sie waren nicht gewillt, die polnische Zehntpflicht auf sich zu nehmen … Es ging dabei also um eine ganz grundsätzliche Frage, die, wenn sie nicht zufrieden stellend gelöst wurde, das ganze Siedlungswerk gefährdete« (J. Gottschalk).

Dem standen die Ansprüche der Kirche, die durchaus berechtigt waren, gegenüber. Denn durch die Neusiedlungen war die Zahl der Pfarreien erheblich gewachsen, und dadurch hatten die kirchlichen Verwaltungsaufgaben zugenommen und deren Kosten waren stark gestiegen.

Nach langem Hin und Her kam es dann 1227 zu einem Vertrag zwischen Herzog und Bischof, der die beiderseitigen Interessen auszugleichen suchte.

In diesem Streit zwischen Herzog und Bischof hielt Hedwig treu zu ihrem Gemahl, aber sie litt doch stark unter diesen Spannungen, und sie wird sich ihrem Mann gegenüber auch für die Anliegen des Bischofs eingesetzt haben.

Die Streitigkeiten unter den piastischen Teilfürsten in Polen führten dazu, dass Herzog Heinrich I. auch die Herzogtümer Krakau und Sandomir und dazu das Land Lebus an der mittleren Oder seinem Herrschaftsgebiet eingliedern konnte. 1229 aber nahmen die Gegner Heinrichs diesen in der Nähe von Krakau gefangen und führten ihn auf die Burg Ptock an der Weichsel. Hedwig lehnte jede Gewaltanwendung zu seiner Befreiung ab; sie reiste vielmehr persönlich zu Herzog Konrad von Masowien, und es gelang ihr, ihren Gatten durch Verhandlungen freizubekommen. Joseph Gottschalk urteilt: »Wenn die Kirche am Hedwigsfest als Epistel die Lesung aus dem Buch der Weisheit von der ›starken Frau‹ gewählt hat, dann trifft diese Aussage der Hl. Schrift meisterhaft auf das Bild von Schlesiens größter Herzogin zu.«

Die Gottsucherin

Bedeutender aber als dieses großartige Wirken in Politik und Welt ist ihre Größe vor Gott. Die Heiligsprechungsurkunde hebt fünf christliche Grundhaltungen, die Hedwig ausgezeichnet haben, hervor: Zunächst ihr intensives spirituelles Leben, das sie zu einer tiefen Gottesliebe führte. Dann werden ihre aszetischen Bemühungen genannt, ihr strenges Büßerleben, Fasten und schwere Bußwerke, die ihr sogar ihre Beichtväter verboten. So sollte sie im Winter nicht barfuß gehen, sondern Schuhe tragen. Im Gehorsam trug dann Hedwig die Schuhe – auf ihrem Arm. Ferner werden ihre Keuschheit und ihre Demut hervorgehoben und schließlich ihr Einsatz für Arme und Kranke, die sie teilweise selbst pflegte.

All dies erklärt, warum die Menschen ihrer Zeit sie als Heilige betrachtet haben. Dazu kam ihr Starkmut in den Leiden, die vielfach auf sie zukamen, verursacht vor allem durch ihre eigene Familie. Fünf ihrer Kinder starben schon frühzeitig. Agnes, ihre Schwester, hatte den französischen König Philipp II. geheiratet, der seine erste Frau verstoßen hatte, worauf über Frankreich das kirchliche Interdikt verhängt wurde. Hedwigs Schwester Gertrud wurde mit dem König von Ungarn vermählt, war aber wegen ihrer Einmischung in die Politik des Landes beim Adel verhasst und wurde 1213 ermordet. Hedwig litt sehr unter diesen unglücklichen Familienverhältnissen.

Das größte Leid traf die Herzogin aber, als ihr Sohn Heinrich II. in der Schlacht mit den eindringenden Mongolen 1241 bei Liegnitz den Tod auf dem Schlachtfeld fand. Am Ende dieses blutigen Kampfes suchte sie unter den Gefallenen ihren toten Sohn. Als sie ihn endlich gefunden hatte – die Feinde hatten ihm den Kopf abgeschlagen und Hedwig erkannte ihn nur an den sechs Zehen seines Fußes – brach sie nicht verzweifelt zusammen, sondern sprach die überlieferten Worte:

»Es ist der Wille Gottes, und es muss uns gefallen, was Gott, unserem Herrn gefällt. Ich danke dir, o Gott, dass du mir einen solchen Sohn gegeben hast, der mich, solange er lebte, immer geliebt und in Ehren gehalten und mich nie betrübt hat. Obwohl ich ihn sehr gern bei mir auf Erden hätte, so gönne ich ihm von Herzen, dass er durch sein Blutvergießen mit dir, seinem Schöpfer, nun schon vereinigt ist im Himmel; seine Seele empfehle ich dir, meinem Gott und Herrn.«

Damals war Hedwig selbst schon Witwe, denn ihr Mann Heinrich I. war 1238 gestorben. Hedwig zog nun nach Trebnitz, wo sie ihren Wohnsitz im Kloster nahm, ohne allerdings in die klösterliche Gemeinschaft einzutreten. 1243 erkrankte sie und starb am 14. Oktober 1243 im Alter von etwa 65 bis 69 Jahren. Am 16. Oktober wurde sie in der Trebnitzer Klosterkirche beigesetzt. An diesem Tag wird kirchlich ihr Fest gefeiert.

Bereits 1267 wurde Hedwig durch Papst Clemens IV. heilig gesprochen. So erhielt Schlesien das erste und einzige Heiligengrab des Mittelalters, das bald zu einem beliebten Wallfahrtsort wurde.

Die heilige Hedwig wurde zur Landespatronin Schlesiens erhoben. Schon bald weihte man ihr zahlreiche Kirchen. Ihr Grab ist bis heute das Ziel großer Wallfahrten geblieben. Deutsche und polnische Pilger ziehen auch in unseren Tagen gern zur schlesischen Landespatronin und bitten sie um ihre Fürsprache. Nach dem Zweiten Weltkrieg ist durch die heimatvertriebenen Schlesier die Verehrung der hl. Hedwig in Mittel- und Westdeutschland zu einer neuen Blüte gelangt. Hedwig gehört zu den großen europäischen Gestalten, die unser Abendland maßgebend bestimmt haben. Gerade heute hat sie – mehr als in früheren Zeiten – eine völkerverbindende und völkerversöhnende Bedeutung zwischen Ost und West.

Du große heilige Frau,
auf uns herniederschau!
Segne mit milder Hand
heut unser Heimatland.
O Sankt Hedwig.

LITERATUR

J. Gottschalk, St. Hedwig, Herzogin von Schlesien, Köln / Graz 1964;
Ders., Hedwig von Schlesien, Botin des Friedens, Freiburg / Basel / Wien, 1982;
W. Nigg, Hedwig von Schlesien, Würzburg 1991

Martina Kreidler-Kos

Franz und Clara von Assisi

Die Provokation der Armut

Franz von Assisi
** 1182 in Assisi*
† 1226 in Assisi
Ordensgründer
Gedenktag: 4. Oktober

Clara von Assisi
** 1193 in Assisi*
† 1253 in Assisi
Ordensgründerin
Gedenktag: 11. August

Es ist Palmsonntag, spät im März des Jahres 1211. Dunkelheit hat sich über das kleine Städtchen Assisi am umbrischen Monte Subasio gelegt, und seine hohen Herrschaften und emsigen Bürger schlafen bereits. So hofft es wenigstens eine junge, zu allem entschlossene Frau: Clara di Favarone, etwa 18 Jahre alt, von adeliger Herkunft und noch nicht verheiratet. Lautlos versucht sie, sich aus dem vornehmen Elternhaus zu stehlen. Sie will einen Hinterausgang benutzen, um nicht entdeckt zu werden. Mit äußerster Mühe gelingt es ihr, die verbarrikadierte Tür aufzubrechen. Clara ist es nicht gewohnt, schwere Arbeit zu leisten, aber an diesem Abend wächst sie über sich hinaus, wie in den Wochen der Entscheidung, die hinter ihr liegen.

Im Herbst 1209 war der Tuchhändler Franziskus di Bernadone mit seinen ersten Gefährten in die Stadt zurückgekehrt, nicht als ehrbarer Wiederankömmling, doch immerhin mit einer mündlichen Anerkennung des großen Papstes Innozenz III. Es hatte viel Wirbel gegeben um diesen hoffnungsvollen Sohn einer aufstrebenden Bürgerfamilie. 1202 war er voller Idealismus aufgebrochen, seine Stadt im Bürgerkrieg gegen die adelige Schicht und das verfeindete Perugia ruhmreich zu verteidigen. Doch dann hatte er statt der erhofften Kriegsehren ein schweres Jahr der Gefangenschaft zu überstehen und war danach immer auffälliger geworden. Er begann, Aussätzige zu besuchen, Arme mit nicht geringen Summen aus dem Geschäft seines Vaters zu versorgen und schließlich sogar selbst zu betteln. Er zog sich in einsame Höhlen zurück und versuchte, verfallene kleine Kapellen im Umkreis zu restaurieren. Franziskus war bei seinesgleichen sehr beliebt gewesen, doch nun konnten die meisten nur noch den Kopf schütteln über sein seltsames Verhalten.

Clara hatte so manches von dieser Aufregung mitbekommen. Sicher nicht aus erster Hand, unverheiratete Adelstöchter lebten damals abgeschlossen in Wohntürmen und erhielten weltabgewandt eine gute Erziehung und Bildung, um später erfolgreich verheiratet zu werden. Doch dass die adeligen Clans den jungen Tuchhändler erst als neureichen Emporkömmling, dann als verrückt gewordenen Spinner verspotteten, wird auch Clara nicht entgangen sein. Spätestens seine spektakuläre Aktion vor dem Palast des Bischofs wird sie beeindruckt haben. Dieser Mann war offensichtlich von derselben Idee beseelt wie sie auch.

Religiöse Aufbruchsstimmung im 13. Jahrhundert

Religiöse Aufbruchsstimmung lag in der Luft des beginnenden 13. Jahrhunderts. Gott, so entdeckten viele, war nicht nur der potente Weltenherrscher, der mit den Menschen – zumal denen, die es auf Erden zu wenig Macht und Besitz gebracht hatten – nichts zu tun haben wollte. Gott war nah gekommen und selbst Mensch geworden. Er hatte sich in eine erbärmliche Krippe legen und an ein schmachvolles Kreuz schlagen lassen. Diesem Gott konnte man nicht folgen in seidenen Tüchern und mit sattem Gemüt. Ihm konnte nur zugehören, wer selbst arm wurde. Und eben dies hatte Clara vor. Ihr genügte es nicht mehr, zu fasten, zu beten und hier und da Almosen zu geben. Sie wollte selbst radikal arm leben. Andere hatten diesen Schritt auch gemacht – und diese Männer wollte sie kennen lernen.

Clara hatte sich mehrmals heimlich mit Franziskus getroffen. Ihre

Familie durfte von diesen Begegnungen keinesfalls wissen, niemals hätte sie zugelassen, dass die junge Frau ihre eigenen Wege ging. Ohnehin war man im Hause in heller Aufregung. Claras Cousin Rufino hatte sein Hab und Gut verkauft und sich den Minderbrüdern angeschlossen. Doch anfangs war Franziskus verhalten. Es hatte ihn schon überrascht, dass gleichgesinnte Männer von seiner Suche angesteckt worden waren. Als ihm im Frühjahr 1208 ein vornehmer Notar und wenig später auch ein Jurist erklärten, fortan ähnlich leben zu wollen, fiel ihm nichts anderes ein, als Gott selbst zu fragen, wie das gehen könnte. Sie schlugen das Evangelium auf und trafen dreimal auf immer dieselbe Spur: Sie sollten sich arm und gemeinsam auf den Weg zu den Menschen machen, um Gottes Wort zu verkünden. Das waren ermutigende Zeichen gewesen. Aber nun kam auch eine Frau! Religiös bewegte Männer und Frauen konnten innerhalb der Kirche noch nicht zusammenleben, solche Gruppen wurden verbannt. Es war für Franziskus und seine Brüder äußerst riskant, sich auf Clara – und wer weiß, wer ihr noch folgen würde – einzulassen.

Beiden blieb ungefähr ein Jahr, um eine Entscheidung zu treffen. Clara muss in diesen Wochen überzeugt und überzeugend genug gewesen sein. Und Franziskus war kein zaghafter Mensch – wo er den Geist Gottes am Werk sah, vertraute er. Allerdings gab es noch keine konkreten Pläne, es gab eine innere Übereinkunft und wahrscheinlich die Einwilligung des Bischofs Guido II. von Assisi. Mit solch kirchlichem Rückenwind lief alles auf eine Flucht hinaus, und die war sorgfältig vorbereitet. Wo Clara dauerhaft bleiben konnte, wusste aber noch niemand. Doch am Palmsonntag 1211 war die junge Adlige so weit. Sie besuchte die Messe im Dom San Rufino, und in der festlichen Liturgie geschah etwas Ungewöhnliches. Bevor Clara wie alle anderen die Stufen zum Altar emporsteigen konnte, um sich einen geweihten Palmzweig geben zu lassen, stieg Guido die Stufen herab und legte ihr selbst den Zweig in die Hand. Vermutlich hatte der Bischof auf diese Weise ein Zeichen gegeben, ihr bei Nacht ein Tor in der Stadtmauer zu öffnen.

So ist Clara tatsächlich unbemerkt ausgebrochen, hat den verabredeten Ausgang passiert — und steht nun atemlos in der Finsternis jenseits der Mauern. Irgendwo am Hang sollen die Brüder warten. Bis Clara sie gefunden hat, ist sie allein in der kühlen Nacht. Es braucht allen Mut, standzuhalten. Aber die junge Frau hat ein inneres Ziel. Wenn sie den Fackelschein der Brüder entdeckt und wenn sie zusammen bis in die Ebene entkommen können, zur Portiunkula, der kleinen Kapelle im Wald, dann beginnt hier und jetzt ihr eigenes Leben – als arme Freundin Gottes.

Radikalität der Armut

Clara findet die Brüder. Wortlos laufen sie zwischen Steineichen der Ebene zu. Clara weiß, dass die Männer bei dieser Kapelle leben und beten, aber niemals hätte sie die Portiunkula allein gefunden. Als sie dort ankommen, ist für einen Moment alles gut. Sie feiern ein Fest bis in den Morgen. Clara legt ihre kostbaren Kleider und den Schmuck ab, ein Bruder wird sich darum kümmern, dass deren Erlös den Armen zukommt. Sie legt einen rauhen Mantel über, und Franziskus schneidet ihr die Haare. Beides sind Zeichen für ein Büßerinnenleben. Weil die junge Frau nicht bei den Brüdern bleiben kann, bringt Franziskus sie in eine nahe gelegene Benediktinerinnenabtei. Noch einmal gilt es in dieser Nacht einen unbekannten Weg zu gehen. Clara ist nicht wohl zumute, dort, wo sie anklopfen wird, will sie nicht bleiben. Sie kommt ja nicht mit ordentlicher Mitgift und familiärem Segen, sondern geschoren, im ärmlichen Kleid und auf Zeit. Ihr bleibt nur, sich als Magd anzubieten, denn sie braucht den Schutz dieser Frauen. Franziskus, der ebenfalls einige Zeit bei Benediktinern gedient hat, überlässt sie hier sich selbst. Gott muss ihr den Weg zeigen.

Die Nonnen nehmen Clara zunächst auf, aber sie bringt Unruhe. Die reiche Abtei besitzt das kirchliche Asylrecht, jeder Mensch, der sich am Altar der Klosterkirche festhält, darf von dort nicht weggebracht werden. Claras Familie hat das Verschwinden der Ältesten bald bemerkt, und einige Männer rücken aus, um die Entflohene zurückzuholen. Sie locken mit Versprechungen, bitten inständig und drohen schließlich. Als die Verwandten handgreiflich werden, flüchtet Clara wieder. In der Kirche klammert sie sich an den Tisch des Herrn, und die Verwandtschaft muss sich geschlagen geben. Das zuständige Familienoberhaupt Onkel Monaldo ist empfindlich gekränkt.

Clara bleibt nicht lange bei den Benediktinerinnen, vielleicht über die Ostertage. Die Brüder kennen noch einen Ort, an dem sie leben könnte, und gemeinsam wandern sie am Fuß ihrer Stadt vorbei in Richtung Südosten. Eine Wegstunde von Assisi entfernt mitten im Wald leben ein paar Frauen ein eigenwillig religiöses Leben. Um eine winzige Kapelle haben sie sich ärmlich eingerichtet und leben betend von ihrer Hände Arbeit. Trotzdem wird Clara wieder nicht zugehörig. Die Wellen, die ihr Entschluss zur Nachfolge schlägt, sprengen auch hier den Rahmen. Denn nur wenig später taucht ihre zwei Jahre jüngere, geliebte leibliche Schwester Agnes auf. Noch einmal gilt es einen Angriff der Familie zu überstehen, und Monaldo ist diesmal zu allem bereit. Kein Privileg schützt hier, und die Brüder sind nicht zur Stelle. Nur noch ein Wunder kann den Frauen helfen. Die Legende erzählt von einer Bleischwere der jungen Agnes, die nicht mehr fortzubewegen ist. Als der Onkel voll Wut zum tödlichen Faustschlag ausholt, erstarrt ihm der Arm.

Aufsehen erregende Aktionen

Clara, Agnes und schon die Dritte im Bunde, die Freundin Pacifica, brauchen einen eigenen Ort. Es gibt eine Kapelle, wenige Steinwürfe von der Stadtmauer Assisis entfernt, die Franziskus besonders viel bedeutet. Als der junge Tuchhändler so unruhig auf der Suche war, weil ihm sein Leben weder als erfolgsverwöhnter Kaufmann noch als zukünftiger Ritter genügen wollte, war ihm dies Kirchlein ein wichtiger Ort geworden. Baufällig wie so viele im Umkreis, beherbergt es ein besonderes Kreuz. Kein strahlender Gottesheld kommt einem hier entgegen, sondern ein nackter und sanftmütiger Mensch. Es war im Frühling des Jahres 1206, als dieses Kreuz den Suchenden tief berührte. Er sorgte fortan dafür, dass hier immer ein Licht brannte. Doch mehr noch, die Begegnung mit dem armen Christus brachte Franziskus einen entscheidenden Schritt weiter. Nun wusste er, wohin er gehörte. In jener Aufsehen erregenden Aktion vor dem Bischofspalast sagte sich der damals 24-Jährige öffentlich von allen Rechten und Pflichten als Familienerbe los. Selbst die Kleider, die er am Leibe trug, warf er dem aufgebrachten Vater vor die Füße. Die Umstehenden waren peinlich betroffen, wie er da nackt, entschieden und frei vor ihnen stand und verkündete, von nun an wolle er nur noch einen Vater nennen: den Vater aller im Himmel.

Dem himmlischen Vater diente Franziskus zunächst als Einsiedler und Büßer. Er lebte bei der Kapelle San Damiano, erbettelte sich, was er brauchte: Öl für die Lampe vor dem Kreuz, Steine für den Wiederaufbau und das zum Überleben Notwendigste für sich selbst. Den Argwohn der Stadt ertrug er. Clara hat in ihrem Testament eine Kostbarkeit aus dieser Zeit überliefert. Franziskus, so erzählt sie, war auf eine Mauer gesprungen und hatte Vorbeilaufenden zugerufen:

»Kommt und helft mir beim Bau dieser Kirche. Einst werden dort Frauen wohnen, die unseren himmlischen Vater verherrlichen!« Nach dieser prophetischen Rede gehören Franziskus und seine Brüder, Clara und ihre Schwestern und die winzige Kirche San Damiano von Anfang an zusammen.

Bischof Guido muss seine Erlaubnis geben, damit die Frauen dort leben können. Er ist auch diesmal einverstanden, und sie kommen im Haus des Priesters unter. Dieser hatte sich bereits den Brüdern angeschlossen. Doch auf Dauer kann es so nicht bleiben, die Frauen sind Freiwild vor den Toren der Stadt. Bald schon errichten sie einen Schlafsaal auf dem Dach der Kapelle. Sie haben nun ein windschiefes Zuhause und einen schönen Plan: Die Schwestern werden stabil an diesem Ort wohnen, bettelarm und dem Gebet verpflichtet, und die Brüder werden für sie betteln gehen. So können die Schwestern arm sein, ohne sich dem Vorwurf der Häresie auszusetzen. Auch umherziehende Frauen konnte die Kirche damals noch nicht akzeptieren.

Die Brüder sind mittlerweile zahlreich geworden und ziehen immer zu zweit durch ganz Italien. Sie treffen sich regelmäßig in der Portiunkula, tauschen Erfahrungen aus, schmieden Pläne und nehmen Neue in ihren Kreis auf. Die Idee, auch außerhalb Italiens zu wirken, nimmt Gestalt an. Aber die große Schar muss zunehmend organisiert werden. Ab 1217 entstehen als regionale Einheiten Provinzen, und jene Brüder, die dafür verantwortlich sind, werden bewusst »Diener« genannt. Die Gemeinschaft der Minderen Brüder soll sich klar von traditionellen Orden unterscheiden. Weder Ansehen noch Macht kann durch den Beitritt gewonnen werden, nur die Nähe und Menschenfreundlichkeit Gottes. Die Schwesterngemeinschaft um Clara wächst weniger schnell, doch genauso stetig. Auch sie braucht eine Struktur. Bevor Franziskus 1214 zu einer großen Reise nach Marokko aufbricht, will er, dass sich Clara für San Damiano verantwortlich zeigt. Er und seine Brüder haben lebenslang eine besondere Sorge und ihre liebevolle Aufmerksamkeit zugesagt, doch die Ansprechpartnerin für alle inneren Angelegenheiten müssen sie selber stellen.

Kirchliche Bestätigung

Clara übernimmt diese Verantwortung und gerät unweigerlich ins Blickfeld der Großkirche. Sie erringt sich vom Papst, es ist vermutlich noch Innozenz III., ein besonderes Privileg: Niemals kann ihre

Gemeinschaft gezwungen werden, Besitz anzunehmen. Was kurios klingen mag, ist für Clara und die Schwestern eine Existenzfrage. Sie wollen als Arme dem armen Christus folgen – genau wie die Brüder – und sehen, dass ihre Berufung Kreise zieht. Sie und alle Gefährtinnen andernorts brauchen die Absicherung von höchster kirchlicher Stelle. Denn bald schon, im November 1215, erlässt das IV. Laterankonzil einen Beschluss, wonach alle neu entstehenden Gemeinschaften eine bereits anerkannte Ordensregel annehmen müssen. Es gibt aber keine, die die gemeinschaftliche Armut vorsieht.

Von 1219 an ist ein einflussreicher Kardinal zuständig für die religiös lebenden Frauen Mittelitaliens: Hugolin von Ostia. Er möchte sie alle in einem neuen Orden vereinen, für den er eigens eine Regel entwirft. Formal nimmt der Kardinal auf die Benediktregel Bezug, um dem Erlass des Konzils Genüge zu tun. Seine Idee ist die Klausur in ihrer strengsten Form, das Thema der Armut dagegen spart er völlig aus. Clara wird mit diesem mächtigen Mann deshalb mehrfach aneinander geraten. Das gehütete Armutsprivileg kann sie auch vor seiner Einflussnahme schützen – zumindest zeitweilig. Im Frühsommer 1219 bricht Franziskus zu einer Expedition nach Ägypten und Palästina auf. Er reagiert auf die Kreuzzugsidee seiner Zeit, allerdings in ganz eigener Weise. Mit seiner friedvollen Absicht fällt er selbst dem mächtigen Sultan auf. Der Mann aus Assisi will das Evangelium verkünden und nicht mit Gewalt durchsetzen. Allerdings bewirkt Franziskus nicht viel mehr als einen ideellen Erfolg. Weder lässt sich der Sultan bekehren, noch hört das Blutvergießen unter den Glaubenskriegern auf. Doch seine Haltung hinterlässt Eindruck – bis heute.

Probleme und Rückschläge

Die Brüder holen Franziskus im Frühjahr 1220 zurück. Es gibt Probleme innerhalb der weiter wachsenden Gemeinschaft. Nicht alle sind sich einig, wie die Balance zwischen klaren Strukturen für so viele und der freien Verantwortung des Einzelnen zu gestalten ist. Das Armutsideal droht im Prozess der Institutionalisierung zu verschwimmen. Franziskus ist erschrocken und erbittet vom Papst Kardinal Hugolin als Beschützer seiner Gemeinschaft. Er selbst zieht sich im Herbst 1220 überraschend aus der Leitung zurück. Übers Jahr entwirft er mit Hilfe eines bibelkundigen Bruders die erste Regel für die Brüder. Sie sollten immer und einfach den Fußspuren Jesu folgen. Doch dieses flammende Programm muss für viele gültig formuliert werden. Jene erste Regel des Franziskus wird nicht bestätigt, ein zweiter Anlauf wird nötig. Die kürzere und juristisch versiertere Version findet beim Generalkapitel der Brüder an Pfingsten 1223 die nötige Zustimmung und wird im November von Papst Honorius III. feierlich angenommen. Kardinal Hugolin hat maßgeblich mitgewirkt.

Franziskus ist angeschlagen. Die Spannungen unter den Brüdern setzen ihm zu, sowie verschiedene körperliche Leiden, durch die Strapazen seiner asketischen Lebensweise bedingt. Immer mehr zieht er sich in Einsiedeleien zurück. Er ist sich nicht mehr sicher, wie sein Weg verlaufen soll. Ihm begegnet eine große Verehrung der Menschen, wo er auftaucht, strömen sie herbei. Gern würde er sowohl den Konflikten unter den Brüdern als auch dem Aufsehen um seine Person entfliehen und wieder ein Leben als betender Einsiedler führen. Doch er spürt auch den anderen Auftrag, den er einst im Evangelium gefunden hatte: ohne Schuhe und Vorratstasche durch die Welt zu ziehen und von Gottes Liebe zu erzählen. Franziskus kommt allein nicht mehr weiter. Zwei Menschen vertraut er sich an, einem Bruder, der zurückgezogen lebt, und Clara, die ihre Lebensform in San Damiano gefunden hat. Unabhängig voneinander sind sich die beiden Vertrauten einig: Franziskus hat eine Verantwortung für die Menschen, die ihn hören und sehen wollen, um so auf Jesus Christus verwiesen zu werden. Neu gestärkt kann er sich ans Werk machen.

Aber das Predigen und Wandern, verschiedene Krankheiten und ein schlimmes Augenleiden zehren an dem zierlichen Mann. So entdeckt er eine neue Weise, sich den Menschen mitzuteilen: Texte, Briefe und Gedichte entstehen. Sein berühmtestes Poem ist der Sonnengesang, das Loblied der Geschöpfe, vollendet im Winter 1224/25. Der schwerkranke Franziskus wird von den Schwestern in San Damiano gepflegt. Die geschwisterlichen Worte, die er für die Elemente findet, nähren sich gerade an diesem Ort. Doch nicht nur deshalb hat er sich hierher bringen lassen. Hier weiß er um Heimat für seine geliebte Herrin, »Frau Armut«, wie er sie nennt. (Später wird man die Armut gerne als seine »Braut« bezeichnen und als zerlumpte Schöne an seiner Seite abbilden.) Franziskus sieht, wie die Schwestern konsequent am Versprechen der ersten Stunde festhalten. In San Damiano fühlt er sich aufgehoben und so kann hier zum Vorschein kommen, was er bis zu seinem Tod weitgehend verbergen wird: Eine innige Begegnung mit Christus im Herbst 1224 auf dem

Berg La Verna hat ihre Spuren hinterlassen. Franziskus trägt als erster Mensch die Wundmale Christi am eigenen Leib, Zeichen tiefster Nähe. Sie quälen ihn, aber sie stärken ihn auch. Er scheint wieder einig mit sich und seiner Rolle zu sein.

Doch sein Leben geht dem Ende zu. Als Franziskus spürt, dass ihn die Kräfte verlassen, will er nicht länger im Haus des Bischofs in Assisi bleiben. Besorgte Brüder hatten ihn dort untergebracht. In der Portiunkula-Kapelle will er sterben und – bis in den Tod ein Freund starker Gesten – lässt er sich nackt auf die nackte Erde legen. Im Kreis seiner Brüder und im unverhofften Beisein einer Freundin, der Witwe Jakoba aus Rom, stirbt Franziskus in der Nacht vom 3. auf den 4. Oktober 1226. Am Morgen wird sein Leichnam in einer feierlichen Prozession in die Stadt zurückgebracht. Clara kann den Freund noch einmal sehen. Der Zug führt an San Damiano vorbei, und die Schwestern nehmen Abschied.

Die erste Ordensregel einer Frau

Von nun an muss Clara ohne Franziskus auskommen, und die Jahre, die folgen, sind keine einfachen. Ihr bleibt sein himmlischer Beistand, den sie an vielen Stellen auch öffentlich benennt. Zur Heiligsprechung des Freundes im Sommer 1228 kommt es zum offenen Konflikt zwischen ihr und dem Papst. Es ist der ehemalige Kardinal Hugolin, seit 1227 Papst Gregor IX., der ihr Besitz aufdrängen will. Sie ist mutig genug, selbst ihn in die Schranken zu weisen, als er sich in ihr Berufungsgeschehen einmischen will. Die Armut hat Clara Gott versprochen und die Armut macht sie glücklich. Der Papst lenkt ein, aus taktischen Gründen vermutlich, und bestätigt ihr das geliebte Armutsprivileg im September 1228. San Damiano erhält eine Atempause. In dieser Zeit expandiert die Schwesterngemeinschaft. Viele werden ausgeschickt, ihre Lebensweise an anderen Orten einzuführen. Auch Claras leibliche Schwester Agnes geht schweren Herzens von San Damiano fort.

Eine weitere Freundschaft bahnt sich in den folgenden Jahren an. Jenseits der Alpen hat eine Königstochter die franziskanische Spiritualität kennengelernt und von Clara gehört. Agnes von Prag gründet in ihrer Stadt ein Kloster armer Frauen und steht von 1234 an selbst dort vor. In Agnes gewinnt Clara nicht nur eine Freundin, sondern auch eine treue Mitstreiterin, die Nachfolge Christi in Armut zu schützen. Die beiden haben einander vermutlich nie gesehen, doch sie schreiben sich kostbare Briefe. In ihnen spiegeln sich ebenso persönliche Zuneigung wie gemeinsame Sorge, der Papst könne durch seinen Einfluss die schwesterliche Bewegung zum Stillstand bringen.

Dies gelingt weder Gregor IX. noch seinem Nachfolger. Clara wird gegen Ende ihres Lebens noch einmal ein riskantes Unternehmen wagen. Keine Flucht mehr in ein neues Leben, aber die Gestaltung einer neuen Lebensform: Clara ist die erste Frau, die eine Ordensregel für Frauen verfasst und dafür die kirchliche Anerkennung gewinnt. Bis dahin ist es allerdings auch wieder ein mühsamer Weg. Clara ist alt geworden, und Krankheiten plagen sie schon seit vielen Jahren. Im Herbst 1252 bestätigt der nun zuständige Kardinal das Regelprojekt. Doch Clara weiß gut, wenn diese Regel wirklich für Generationen von Schwestern zum Segen werden soll, dann braucht sie das päpstliche Siegel.

»Sei gepriesen, weil du mich erschaffen hast«

Im Frühling 1253 spitzt sich die Lage zu. Dem Sterben nahe ruft Clara ihre leibliche Schwester Agnes nach San Damiano zurück – gegen jede Klausurbestimmung. Sie möchte sie in ihrer Nähe haben. Der Papst hatte sich viele Jahre in Frankreich aufgehalten und nun reist er ausgerechnet über Perugia zurück. Clara bekommt ihre Chance. Innozenz IV. besucht die schon im Ruf der Heiligkeit stehende Frau an ihrem Sterbebett. Offensichtlich ist er tief beeindruckt und auf einmal geht alles sehr schnell. Ungewöhnlich formlos wird das päpstliche Bestätigungsschreiben ausgestellt, welches Claras Regel anerkennt. Diese Bulle trägt das Datum des 9. August. Am 10. bringt ein Minderbruder das Dokument nach San Damiano. Clara küsst und herzt es immer wieder. Am 11. August 1253 schließt sie für immer die Augen – im Kreis ihrer Schwestern und der ersten Brüder. Eines ihrer letzten Worte ist überliefert. Leise und doch hörbar soll die Sterbende gesagt haben: »Du, Herr, sei gepriesen, weil du mich erschaffen hast.«

Franziskus und Clara haben die Menschen aller Zeiten begeistert, beschäftigt – und provoziert. Gottes Menschwerdung derart ernst zu nehmen, dass seinen Fußspuren auf Erden zu folgen bedeuten könnte, nicht das Geringste mehr zu besitzen und auf alle Macht zu verzichten, fordert über Gebühr heraus. Es fordert heraus, den Missstand der Verarmung von Mitmenschen ebenso zu bekämpfen wie den Missbrauch von Macht. Es fordert heraus, leidenschaftlich geschwisterlich zu denken und in allen anderen die Brüder und Schwestern, Mitgeschöpfe, zu entdecken. Diese Provokation der Armut haben Franziskus und Clara entschieden und selbstbewusst angenommen. Sie waren dem armen Christus liebevoll und lebenslang verbunden und den Menschen, ob mächtig oder an den Rand gedrängt, im Gebet und in Begegnungen nah.

LITERATUR

L. Lehmann, Das Erbe eines Armen, Kevelaer 2003;

N. Kuster, Franz von Assisi. Meister der Spiritualität, Freiburg i. Br. [2]2004;

M. Kreidler-Kos, Das Leben der heiligen Klara von Assisi, München [2]2003

Justin Lang

Antonius von Padua

Der nachhaltige Franziskaner

** 1195 in Lissabon*
† 1231 in Arcella bei Padua
Ordensmann, Kirchenlehrer
Gedenktag: 13. Juni

*E*s war ein Nussbaum. In seinen Ästen hatte man dem berühmten Prediger einen Hochsitz errichtet. Jäger wissen, wie sehr diese luftigen Kanzeln zu Horchposten werden. Nicht nur nach außen. Graf Tiso IV. hatte es gut gemeint mit seinem Freund aus dem Minderbrüderorden. Auf seinem Gut Camposanpiero, drei Wegstunden von Padua entfernt, war es immer ein wenig angenehmer als in dem schon heißen Padua. Es war die Zeit nach Ostern 1231 und Antonius war völlig am Ende mit seinen Kräften. Er hatte sich in der Fastenzeit völlig verausgabt.

Nun aber, im Rauschen des Laubwerks, zog sein Leben an ihm vorbei. Am 15. August würde er 36 Jahre alt. Davon gehörten 10 Jahre dem Leben als Minderbruder. Ebenso lang war er davor Augustinerchorherr. Zuerst in Sao Vicente de Fora bei Lissabon und dann in Santa Cruz in Coimbra.

Der Ordensübertritt

Wie es dann dazu gekommen ist, dass er den weißen Habit der Augustinerchorherren mit der braunen Kutte der Minderbrüder vertauschte, war eine geheimnisvolle Geschichte. Als nämlich im Sommer 1220 die fünf Erstlingsmärtyrer der Franziskaner nach Coimbra überführt und im Kreuzgang von Santa Cruz beigesetzt wurden, gab es für Don Fernando, so wurde er damals genannt, nur noch ein Verlangen: Auch er wollte Blutzeuge seines Herrn werden. Und zwar so wie diese armen Bettelmönche, die er schon von dem nahen Wallfahrtsort Santo Antonio dos Olivaes kannte.

Ohne Erlaubnis seiner Ordensoberen war der Übertritt zu diesem Bettelorden nicht möglich. Und diese waren von seinem Ansinnen überhaupt nicht begeistert. Schließlich war Don Fernando der Sohn des Ritters Martin Alfonsi und dessen Ehefrau Maria. Schon von seiner Geburt (1195) her war dem jungen und begabten Mann ein anderer Weg vorgezeichnet.

Es half aber nichts. Don Fernando setzte sich durch. Und weil sein Eintritt in den Minderbrüderorden im Heiligtum des Wüstenvaters erfolgte, nannte er sich fortan Antonius. Aber mit dem Blutzeugnis wurde es auch nichts. Zwar machte er sich alsbald auf den Weg nach Marokko, aber eine schwere Erkrankung zwang ihn zur Umkehr. Und da das Schiff in einen Seesturm geriet und bis Sizilien abgetrieben wurde, landete er im Spätjahr 1220 nicht im Himmel der Märtyrer, sondern in einer Niederlassung seiner neuen Mitbrüder in Sizilien.

Aber es kam noch besser. Kaum dass der verhinderte Blutzeuge wieder einigermaßen aufgepäppelt war, zog er mit einigen der munteren Fratres los zum Pfingstkapitel des Ordens in Assisi. Wenn überhaupt, dann konnte er dort die Gemeinschaft der Brüder erleben und vor allem den Ordensvater. Dieser war schon sehr krank und hatte die Leitung des Ordens bereits in die Hände des energischen Bruders Elias gelegt. Aber er war anwesend, und wenn er etwas zu den etwa 3000 Fratres sagen wollte, dann flüsterte er sein Anliegen dem Elias zu, worauf der mit mächtiger Stimme verkündete: »Brüder, der Bruder sagt ...«

Am Ende dieses Massenkapitels hätte man den stillen Portugiesen fast vergessen. Aber Gratian, der Provinzial der Romagna, nahm ihn mit sich und brachte ihn in der Einsiedelei Monte Paolo bei Forli unter. Hier nun taucht er zum ersten Mal in das Alltagsleben der Fratres ein, zu dem auch Küchenarbeit und andere Dienste gehören, die dem Adelsspross aus Lusitanien nicht so geläufig waren. Die Predigt, die er dann im Frühjahr 1222 anlässlich einer Priesterweihe in Forli als Stegreifrede zu halten hatte, muss seine Mitbrüder einigermaßen beeindruckt haben, denn fortan war es klar: Das ist unser Mann im Kampf gegen die Häretiker.

Die waren nämlich schon überall in Oberitalien, wo man sie Katharer nannte, und in Südfrankreich, wo sie Albigenser hießen. Für sie war alles, was nicht Geist war, vom Bösen. Selbstverständlich auch die ganze Kirche mit all ihrer Hierarchie und all ihren Sakramenten. Ihnen musste man mit der ganzen Autorität der Hl. Schrift und mit der ganzen Überzeugungskraft einer gekonnten Rhetorik entgegentreten, wie sie doch ganz offensichtlich diesem portugiesischen Franziskaner zu Gebote steht. Sprachliche Probleme waren zweitrangig: Volgare (Altitalienisch), Provenzalisch, Altfranzösisch und Portugiesisch standen allesamt dem Lateinischen noch ganz nahe.

Der Wanderprediger

Wenn sich der Mann im Nussbaum all diese Jahre als Wanderprediger vergegenwärtigt, dann wundert es ihn nicht, dass er doch schon reichlich verbraucht ist trotz seiner noch nicht einmal ganz 36 Jahre. Auch für ihn galt der Rhythmus »Ritiro und Kanzel«. Nur war für ihn der Ritiro als Zeit der Zurückgezogenheit im Winter regelmäßig auch intensive Zeit der Lehre und der schriftlichen Niederlegung seiner Gedanken. Hatte ihm doch der Ordensvater selbst den Auftrag gegeben: »Dem Bruder Antonius, meinem Bischof, wünsche ich, Bruder Franziskus, Heil. Es gefällt mir, dass du den Brüdern die heilige Theologie vorträgst, wenn du nur durch dieses Studium nicht den Geist des Gebetes und der Hingabe auslöschst, wie es in der Regel steht.« Das war deutlich genug.

Was aber seine Tätigkeit als Wanderprediger betraf, gab es zwar gewisse Abschnitte und territoriale Schwerpunkte, aber insgesamt war es doch eine einzige Kraftanstrengung, die freilich ganz spürbar von der Gnade Gottes getragen war. Schon gleich die erste Phase von 1222–1224 in Oberitalien war vom Segen Gottes begleitet. Wie anders hätte es geschehen können, dass Rimini wieder weitgehend für den Glauben zurückerobert werden konnte und in dieser Hochburg der Katharer Bononillius, der »Erzhäretiker«, ...? Auch die Zeit von 1224–1227, die er in Frankreich verbrachte, war nicht ohne diese spürbare Nähe der Hilfe von oben, wenn er nur an all das dachte, was sich bei dem Kapitel von Arles im Herbst 1224 und auf der Synode von Bourges am 30. November 1225 zutrug. Da konnte er doch wirklich nicht umhin, dem dortigen Erzbischof Simon de Sully ins Gesicht zu sagen: »Jetzt spreche ich zu dir, Gehörnter«, wobei offen blieb, ob mit diesem Ausdruck an Satan selbst oder an die bischöfliche Mitra angespielt sein sollte. Jedenfalls ging der Kirchenfürst in sich und vollzog die Bekehrung, die niemand erwartet hatte.

Inhaltlich ist seine Verkündigung ganz vom Christusmysterium geprägt und in diesem Sinn ganz und gar franziskanisch. Hören wir selbst.

»Jede gute Gabe und jedes vollkommene Geschenk stammt von oben, steigt herab vom Vater der Lichter (Jak 1,17). Das allein Gute, das Höchste, ist vollkommen, und ihm kann man nichts hinzufügen. Die einzig gute Gabe ist Christus, weil er, des Vaters allerhöchster Sohn und ihm an Ewigkeit gleich, uns gegeben ward. Mit Recht heißt es deshalb von ihm: ›Jede gute Gabe‹. In seiner Freigebigkeit und Güte hat der Vater der Lichter uns armen Menschenskindern nicht vom Guten oder Besseren, sondern vom Besten gegeben. Mit Recht heißt es ferner: ›Jedes vollkommene Geschenk hat doch der Vater, da er ihn uns gab, zur Vollendung gebracht.‹«

So wie *Franz von Assisi* in seinem berühmten *Sonnengesang* ganz oben beginnt: »Altissimu omnipotente bon Signore«, so leitet auch der Prediger Antonius das gesamte Christengeschehen von dorther ab, wohin die Dome wachsen und die Seelen ihre Schwingen erheben. Denn unsere Situation ist doch die:

»Zwischen uns und Gott war eine große Kluft. Um sie zu überbrücken und uns den Frieden wiederzugeben, musste sich Gottes Sohn aus unserem Geschlechte eine Braut wählen. Damit diese Hochzeit gefeiert würde, erschienen Boten und Vermittler, legten Fürsprache ein und brachten sie schließlich zustande. Da gab der Vater seine Einwilligung, sandte seinen Sohn, der im Brautgemach der allerseligsten Jungfrau sich mit unserer Natur vermählte. So hielt der Vater für seinen Sohn Hochzeit.«

»Hammer der Ketzer«

Überhaupt, sein Ehrentitel »Hammer der Ketzer« war zumindest einseitig. Eigentlich ist er doch weit mehr ein Hammer, der gegen die Fassaden einer verweltlichten Kirche schlägt. Das wird auch in der dritten und letzten Predigtphase deutlich, die von 1227–1231 den Höhepunkt seiner Tätigkeit bringt. Die »Synagoge Satans« ist überall, wo unter dem Deckmantel des Evangeliums Habgier und Unbarmherzigkeit herrschen. So muss noch in der Fastenzeit 1231 die Signoria von Padua ein unmenschliches Gesetz ändern. Mit dem Datum von 17. März heißt es: »Auf Bitten des ehrwürdigen Bruders, des heiligmäßigen Antonius, des Beichtvaters aus dem Orden der Minderbrüder, darf künftig kein Schuldner oder Bürger persönlich seiner Freiheit beraubt werden, wenn er zahlungsunfähig ist. Haften kann er in einem solchen Fall mit seinem Besitz, aber nicht mit seiner Person und Freiheit.«

Und wie war das mit seinem Franziskanertum? An Aufgaben und Verantwortung hat es in seinem Leben bislang nicht gefehlt. In Puy war er 1224 Guardian, in Limoges 1226 Kustos und von 1227–1228 Provinzial der großen Romagna. Dazu kommt seine Zugehörigkeit zu der Delegation, die 1228 mit Papst Gregor IX. bemüht ist, die Probleme um Regel und Testament des 1226 verstorbenen Ordensvaters zu klären. Und als dessen sterbliche Überreste 1230 von San Giorgio in die noch unvollendete Grabeskirche San Francesco übertragen wurden, war er auch dabei. Merkwürdig nur, dass er in seinen beiden Predigtsammlungen nie auf die Idee kam, auch einmal den Poverello und dessen Lebenswerk, also auch seinen Orden, zu erwähnen.

Auch sonst gab es in seinem Leben genug an Fragen und leidvollen Erfahrungen. Es war schon bitter, wie ihn die Einwohner von Udine gar nicht in ihre Stadt hineinließen. Und erst vor wenigen Wochen noch der vergebliche Versuch, den berüchtigten Tyrannen von Verona, Ezzelino, zum Einlenken zu bewegen. Nein, eine ungetrübte Erfolgsstory war auch sein Leben nicht. Auch keine Aufreihung von Wundertaten. Der Theologe Antonius wusste da wohl zu unterscheiden zwischen Gottes wunderbarem Walten und der Wundersucht seiner Zeit. Wie kein anderer hat er in die geheimnisvolle Welt des Erbarmens Gottes hineingeführt und das Wunder der Menschwerdung in Jesus Christus gepriesen. Er selbst war nicht der große Wundertäter. Das war immer der ganz Andere.

Das Ende

Am Freitag, dem 13. Juni 1231, kehrte der Schwerkranke nicht mehr auf seinen Nussbaum zurück. Während der Mahlzeit, die er mit seinen Mitbrüdern im nahen Klösterchen einnahm, war er zusammengebrochen und noch am selben Abend in Arcella gestorben. Nichts von all dem, was nun im Kampf um den Leichnam des Santo geschah, konnte ihn noch bewegen. Auch nicht die Heiligsprechung am 13. Mai des folgenden Jahres. Ebenso wenig die Überführung 1263 in die herrliche Basilika, die ihm »seine« Stadt Padua errichtet hat. Auch nicht die Ernennung zum Kirchenlehrer unter dem Titel »Doctor evangelicus« 1946.

Die wirklich einzigartige Kultdynamik, die der Tote im Lauf der

Jahrhunderte freisetzte, ist ebenso geheimnisvoll wie sein kurzes Erdenleben. Welchen Anteil daran die Saudade (Melancholie) des Atlantikanrainers hat, mag dahingestellt bleiben. Jedenfalls war seine Wirkung auf die Menschen zu seinen Lebzeiten schon unerklärlich und ist es bis heute geblieben. Seine Darstellung aber als der jugendliche Franziskaner mit dem Jesuskind auf den Armen lässt durch alle Fragwürdigkeit der künstlerischen Qualität etwas hindurchschimmern von der bewegenden Kraft seiner Christusverkündigung, in der nichts tot und papieren blieb, sondern lebendig und lauter, wie es nur ein Kind sein kann.

Literatur

S. Clasen, Antonius, Diener des Evangeliums und der Kirche, Mönchengladbach 1959;

L. Hardick, Er kam zu dir, damit du zu ihm kämest, Werl 1986;

A. Rotzetter, Antonius von Padua. Werl 1995

Albert Peter Rethmann

Albertus Magnus

Der Universalgelehrte

** vor 1200 in Lauingen*
† 1280 in Köln
Ordensmann, Bischof, Kirchenlehrer
Gedenktag: 15. November

Eigentlich ist die Rollenverteilung klar: Ein Theologe spricht über Gott, ein Philosoph über das, was der Verstand erkennen kann, und der Naturwissenschaftler weiß, welche Gesetze die Natur bestimmen. Der Politiker schließlich formuliert die Regeln des gesellschaftlichen Zusammenlebens. Die Kompetenzen sind verteilt, und die Vorteile einer solchen Ordnung liegen darin, dass jeder nur über das spricht, was er gelernt hat.

In einer solchen Arbeitsteilung drohen aber auch Gefahren, und zwar für alle Beteiligten; denn wenn sich der Theologe gegenüber den Fortschritten der Wissenschaft verschließt, droht die Theologie weltleer und weltfremd zu werden. Wenn der Naturwissenschaftler seinerseits die Fragen von Philosophie und Theologie ignoriert, steht er in der Gefahr, die Grundfrage zu vergessen, ob er alles darf, was er kann, und ob seine Wissenschaft noch dem Menschen dient. Und wenn die Politik sich selbst überlassen wird, droht sie zu einem Spiel der Machtinteressen zu verkommen oder zu einem Pragmatismus, der sich nur noch für den Machterhalt interessiert, nicht aber dafür, wie sie zu einer gerechteren und menschenwürdigeren Welt beitragen kann. In allen Zeiten hat es deshalb immer wieder Grenzgänger gegeben, die zwischen den einzelnen Bereichen vermitteln konnten: zwischen Wissenschaft und Öffentlichkeit, zwischen akademischer Sphäre und Politik. Sie stellen unbequeme Fragen und nehmen Stellung aus ungewohnter Perspektive.

Albert, später »der Große« genannt, war ein solcher öffentlicher Intellektueller. Er wurde in eine bewegte Zeit hineingeboren, kurz vor 1200 in der schwäbischen Kleinstadt Lauingen, wahrscheinlich als Sohn einer Ministerialenfamilie. Als jungen Mann zieht es ihn in die akademische Welt. Mit gut 20 Jahren begibt er sich zu seiner intellektuellen Grundausbildung, zum Studium der Freien Künste, nach Padua.

Berufung

Im Sommer 1223 predigte dort Jordan von Sachsen, der Nachfolger des hl. Dominikus in der Leitung des Predigerordens. Albert war so bewegt von der Persönlichkeit Jordans und den Zielen der neuen Bewegung, dass er sich den Dominikanern anschloss. Hier fand er, was er suchte: Ansätze für neue Antworten auf die Herausforderungen seiner Epoche: Die etablierte Kirche hatte ihr prophetisches Profil und ihre Glaubwürdigkeit verloren und drohte zu einer Kirche ausschließlich für die Reichen und Mächtigen zu verkommen. Dominikus meinte dagegen, dass es möglich sein müsse, gleichzeitig radikal nach dem Evangelium zu leben »wie die Ketzer« und dennoch zu lehren wie die Kirche.

In Padua und Bologna setzte Albert seine Studien fort, später in Deutschland, wo er auch in mehreren Konventen lehrte. Neben der Philosophie und Theologie interessierten Albert die Naturwissenschaften, was für einen Theologen seiner Zeit recht ungewöhnlich war. Albert war überzeugt, dass die Naturwissenschaften für einen Menschen, der seine Wurzeln in Gott hat, keine Bedrohung darstellen, sondern den Glauben an den Schöpfer vertiefen können.

Leidenschaftlicher Wissenschaftler

Mit Vehemenz hat sich Albert dafür eingesetzt, dass den angehenden Klerikern des Dominikanerordens neben dem Studium der Theologie auch das der Naturwissenschaften und der Philosophie ermöglicht wurde. Bis dahin durften sie diese nur mit einer Sondererlaubnis studieren. Albert kann sich seine Polemik gegen solche Positionen nicht verkneifen und greift noch im Jahr 1250 einige Mitbrüder scharf an: »Es gibt Leute, die nichts verstehen, aber auf jede Weise die Verwendung der Philosophie (zur Glaubensverteidigung) bekämpfen, besonders bei den Predigerbrüdern, wo ihnen keiner entgegentritt. Wie Tiere ohne Vernunft lästern sie gegen das, was sie nicht kennen.« Albert war überzeugt: Wer zu den Menschen seiner Zeit über Gott sprechen will, muss verstehen, was die Erfahrungswissenschaften an Kenntnissen und Fragen bringen.

Schon früh widmete er sich der Naturbeobachtung und hatte dazu als Predigerbruder auf seinen langen Reisen (zu Fuß!) durch ganz Europa viel Gelegenheit. Für das Verständnis der Natur bedarf es aber auch eines gedanklichen Konzepts. Deshalb interessierte sich Albert für die philosophischen Werke des griechischen Philosophen Aristoteles, der erst im Mittelalter auf dem Umweg über arabische Übersetzungen im Westen wieder bekannt wurde. Albert entdeckte ihn in Paris. Als einem der letzten großen europäischen Intellektuellen gelingt ihm eine Zusammenschau der Wissenschaften, die noch nicht in isolierte Einzeldisziplinen zerfallen sind. Später wird er deshalb »doctor universalis« genannt werden. Man kann das für einen typisch vormodernen Ansatz halten, wenn alle empirischen Erkenntnisse einer theologischen Interpretation unterworfen werden. Bei Albert ist das aber kein oberflächlicher theologischer Kolonialismus, der von vorneherein schon weiß, welche Ergebnisse die Naturwissenschaften liefern müssen: Bei aller Zusammenschau erkennt er vielmehr die Eigengesetzlichkeit der Einzelwissenschaften an. Und das ist wiederum hochmodern.

Albert interessiert sich innerhalb der Naturphilosophie für die Theorie der Lebewesen, aber er beschäftigt sich in kleineren Schriften auch mit ganz konkreten erfahrungsnahen Fragen: Warum ein toter Mensch im Wasser nach oben geht und ein lebendiger nach unten; warum einige Leute, die viel essen, dünn sind, und andre, die bloß wenig essen, dick; warum auf den Biss eines tollwütigen Hundes Wahnsinn folgt; warum die Frauen so große Brustwarzen haben und die Männer nicht und vieles mehr. Diese Abhandlungen sind wahrscheinlich das Ergebnis von Disputationen mit seinen Studenten.

Die großen Verdienste Alberts liegen nicht zuletzt in der Erneuerung der Theologie. Sein bedeutendster Schüler, Thomas von Aquin, wird später diesen Ansatz in die Philosophie der Scholastik aufnehmen und der größte Theologe des Mittelalters genannt werden. Albert und Thomas leiteten eine neue Epoche der europäischen Geistesgeschichte ein, die bis heute wirkt. 1248 gingen sie gemeinsam nach Köln, um dort nach Pariser Vorbild ein Studienhaus aufzubauen, das der Vorläufer der Kölner Universität wird.

Intensives Studium war aus der Sicht Alberts Pflicht; denn für ihn war eindeutig: Wer verantwortlich von Gott sprechen will, muss sich mit dem Glauben intellektuell auseinandersetzen. Dazu gehört zum Beispiel, dass in jedem Studienhaus ein eigener Studienraum zur Verfügung stand, der zur Disputation diente, zur Klärung von strittigen Fragen, deren Antworten umstritten waren. Albert wollte schon bei den jungen Studenten die Lust am Denken und an der geistigen Auseinandersetzung anstacheln.

Magister

Nach seinen Studien in Padua und Bologna und seiner Tätigkeit in Köln und anderen deutschen Dominikanerkonventen kündigte sich ein weiterer Wendepunkt im Leben Alberts an: seine Berufung nach Paris. Er sollte einen der beiden Lehrstühle übernehmen, die den Dominikanern vorbehalten waren. 1245 wurde er dort Magister und lehrte – obwohl durch päpstliches Dekret verboten – auch die Philosophie des Aristoteles, dessen Werke bereits großen Widerhall fanden. Die eher konservativen Vorgänger Alberts auf den dominikanischen Lehrstühlen in Paris hatten sich noch an das Verbot gehalten.

Ein Zeichen der Freiheit und inneren Größe Alberts war nicht zuletzt auch der Umgang mit seinen Schülern. Selbstlos förderte er den hochbegabten Studenten Thomas von Aquin, der auf dem besten Weg war, der größere Theologe von beiden zu werden. Nicht akademischer Neid beherrschte Albert, auch nicht die Invidia clericalis, der Neid unter Klerikern. Er ahnte von Anfang an, was sich später als wahr herausstellte: Der Schüler wird seinen Lehrer an Bedeutung überflügeln. Auf Alberts Auseinandersetzung mit Aristoteles konnte Thomas von Aquin aufbauen und prägt damit das theologische Denken bis heute.

Politischer Denker

Die Leidenschaft des Predigerbruders trieb Albert dazu, Philosophie und Theologie nicht nur für einen kleinen Kreis von Intellektuellen zu betreiben. Zum einen suchte er, ganz der Dominikaner, bis ins hohe Alter die Gelegenheit zu öffentlicher Rede und Predigt. Zum anderen sah er zunehmend auch seine politische Verantwortung als christlicher Intellektueller und mischte sich in das politische Geschehen ein: In Würzburg verhinderte er einen drohenden blutigen Bürgerkrieg; in Straßburg vermittelte er zwischen Bischof und Stadt; in Köln schlichtete er den Machtkampf zwischen dem Erzbischof und der Bürgerschaft. An über 20 Friedensvermittlungen und Schiedsverfahren war Albert beteiligt.

Auch in diesen praktischen Schlichtungsverhandlungen blieb Albert der systematische Denker. In einer Auslegung der Seligpreisung der Friedensstifter (Mt 5,9) formuliert er drei Schritte, die zum wahren Frieden führen: »Ein erster Schritt ist sicherlich die Versöhnung mit Gott durch die Reinigung von Sünden ... Ein weiterer Schritt ist der Frieden, der aus der Ruhe des Gewissens im Menschen erwächst, wenn der Mensch nicht den Kampf der Versuchungen in sich hat ... Ein dritter Schritt ist die Übereinstimmung von Verstand und Willen, wenn der Wille nichts erstrebt, was nicht von der Vernunft bestimmt ist.« Vollkommen wird der Frieden dann, wenn »er alle inneren Kräfte Gott ähnlich macht, indem er alles, was ihm nicht ähnlich ist, bekämpft.«

Bischof und Mönch

Eher eine Episode war seine Berufung zum Bischof von Regensburg. Fern von eigenen Ambitionen und gegen den Rat seiner Ordensbrüder übernahm er im Jahr 1260 – fast widerwillig – das Leitungsamt für die Diözese Regensburg, die sich in desolatem Zustand befand. Bischof sein bedeutete damals, als Fürst zu herrschen. Und das war nach Ansicht der Mitbrüder Alberts eine zu große Versuchung für einen Bettelmönch. Deshalb schrieb ihm sein Oberer: »Wer könnte glauben, ... Ihr wolltet zum Ende Eures Lebens Eurem Ruhm und dem Orden, den Ihr zu so hohem Ansehen gebracht habt, einen solchen Makel anhängen. Lieber hörte ich, mein vielgeliebter Sohn liege auf der Totenbahre, als dass ich vernähme, er throne auf einem Bischofsstuhl.« Albert sagte dennoch zu, auch aus Zuneigung zum damaligen Papst.

Aber er blieb sich auch in diesem machtvollen Amt treu: Seine Gemeinden visitierte er im Ordensgewand und trug weiter seine ganz unbischöflichen Sandalen; er legte mehr Wert auf sein geistliches Amt als auf seine weltliche Macht und pflegte damit einen für seine Zeit sehr ungewöhnlichen Leitungsstil. Und dennoch: Nur drei Jahre später, nach dem Tod des Papstes, gab er den Auftrag zurück und widmete sich wieder seiner Tätigkeit als Theologe und Prediger, als Intellektueller und Vermittler.

Nach seinem Rücktritt entschied er sich, eine Zeit lang am päpstlichen Hof zu verbringen, wo der Papst eine Gruppe von Intellektuellen als Berater um sich versammelt hatte. Seine anschließende Tätigkeit als Kreuzzugsprediger im Auftrag des Papstes war nicht von großem Erfolg gekrönt. Die letzten Jahre seines Lebens widmete er wieder dem Leben seines Ordens und der Vermittlung in öffentlichen Konflikten. Seinen Lebensabend verbrachte er in Köln, wo er bis in das damals fast unvorstellbare Alter von über 70 Jahren aktiv blieb. Im Kölner Dominikanerkonvent starb er mit gut 80 Jahren am 15. November 1280.

Albert inspirierte ganze Generationen von jungen Theologen. Er wollte keine betriebsblinden Kirchenbeamten ausbilden, sondern Menschen, die sich mit Leidenschaft für die Menschen interessieren – und für die Welt, in der sie leben. Er weckte in ihnen das Interesse an den Naturwissenschaften und der Medizin, er förderte die Lust am Denken und Suchen. Alles Wissen aber stand bei ihm unter dem Anspruch: »Herr, ich wollte, ich wäre ein Mensch nach deinem allerliebsten Willen.«

LITERATUR

I. Craemer-Ruegenberg, Albertus Magnus, Leipzig 2005;

M. Lohrum, Albert der Große. Forscher – Lehrer – Anwalt des Friedens, Mainz 1991;

A. Zimmermann (Hg.), Albert der Große. Seine Zeit, sein Werk, seine Wirkung, Berlin 1981

Barbara Cremer

Elisabeth von Thüringen

Die lebensfrohe Wohltäterin

** 1207 in Sárospatak / Ungarn*
† 1231 in Marburg
Ordensfrau, Wohltäterin
Gedenktag: 19. November

Im Alter von vier Jahren von der eigenen Familie in ein fremdes Land, in eine fremde Familie gegeben – fremdplatziert zum Zwecke einer späteren Heirat. Die Herkunftsfamilie entstammt dem sozial gehobenen Niveau – gilt aber als schwierig. Der Vater: herrschsüchtig, besitzgierig, ehrgeizig und verschwenderisch, später von seinen Landsleuten ermordet. Die Mutter: ehrgeizig, einflussreich und ebenfalls herrschsüchtig, auch sie stirbt keines natürlichen Todes.

Das Kind: wächst in einem anderen Land auf – gemeinsam mit ihrem späteren Mann; die dortige Familie ist durchaus wohlwollend, aber auch unverständig. Bereits mit 13 Jahren Heirat, 3 Kinder. Mit 19 Jahren Verlust des Ehemannes durch Krankheit. Abstieg in die Armut. Arbeit in der Krankenpflege. Früher Tod.

Für mich klingt das eher wie der Lebenslauf eines stark traumatisierten Menschen – nicht wie die Kurzlebensbeschreibung einer Heiligen, aber diese Fakten allein greifen zu kurz.

Auch das Bild, das ich seit Kindertagen von ihr kenne – mein zweiter Vorname ist Elisabeth –, ist viel zu oberflächlich. Elisabeth wird vor allem mit Schwerpunkt auf ihr karitatives Wirken, ihren Einsatz für die Kranken und Armen, dargestellt. Über die Jahrhunderte war und ist sie vielen darin – zu Recht – ein großartiges Vorbild. Zahllose Krankenhäuser oder Altenpflegeheime tragen ihren Namen.

Trotzdem hatte ich ehrlich gesagt stets ein wenig das Gefühl, nach einer recht »langweiligen« Heiligen benannt zu sein. Durch meinen

Zweitnamen wollte ich mich lieber an meine Patentante Else erinnern lassen: ihr Wesen temperamentvoll, immer mit Schalk im Nacken. Sie ärgerte – zu meiner Freude – mit viel Erfolg meine älteren Brüder, zugleich war sie fest verankert in ihrem Glauben. Lebensfreude und Glaube – so schien es mir – waren bei ihr keine Gegensätze. Das gefiel mir. Und genau diese Wesensart verband sie zutiefst mit »ihrer« Heiligen.

Es lohnt sich, die vielen Facetten im Leben Elisabeths von Thüringen genauer kennen zu lernen. Unverzichtbar ist, Elisabeth als Menschen ihrer Zeit zu verstehen. Elisabeth wird am 7. Juli 1207 in Sárospatak/Nordungarn (vielleicht auch in Pressburg) geboren. Im gleichen Jahr findet auf der Wartburg in Eisenach der berühmte Sängerkrieg statt. Eine Legende erzählt, der anwesende, zauberkundige Meister Klingsor habe auf die Frage, was die Sterne zurzeit Besonderes verkünden, geantwortet: »Ihr sollt wissen fürwahr, dass meinem Herrn, dem König von Ungarn, eine Tochter geboren wird in dieser Nacht, die wird Elisabeth genannt werden und wird eine Heilige werden. Sie wird dem jungen Fürsten, des Landgrafen Sohn, zum Weibe angetraut werden, und durch ihr lobesames, heiliges Leben soll die ganze Welt getröstet werden und besonders dieses Land.«

Die Familie Elisabeths gibt kein rühmliches Bild ab. Ihr Vater ist König Andreas II. von Ungarn, ihre Mutter Gertrud von Kärnten-Andechs-Meran. Elisabeth ist eine richtige Prinzessin in einem großen, bedeutenden Königreich. Denken und Handeln ihres Vaters sind von politischem Kalkül bestimmt, religiöses Denken hat keinen Platz. Andreas II. ist eine unsympathische Gestalt und auch Gertrud, Elisabeths Mutter, ist in Ungarn höchst unbeliebt. Sie nutzt ihre Position als Herrscherin aus und fällt schon 1231 der Rebellion ungarischer Adeliger zum Opfer.

Bereits im Alter von vier Jahren wird Elisabeth mit dem damals neun Jahre alten Sohn des Landgrafen Hermann von Thüringen verlobt. Machtpolitische Erwägungen sind ausschlaggebend für diese Verbindung. Damals ist es durchaus nicht unüblich, künftige Ehegatten gemeinsam zu erziehen – so wird Elisabeth 1211 nach Eisenach gebracht. Es gibt einen überaus prächtigen Umzug, bei dem sie auch von vertrauten Menschen begleitet wird. Elisabeths Mutter sorgt für eine standesgemäße Ausstattung ihres Kindes. Sie wächst in der landgräflichen Pfalz in Eisenach auf – zusammen mit ihren Gefährtinnen Guda, später auch mit Isentrud und gewissermaßen als jüngere Schwester Ludwigs, dem Bruder ihres Verlobten. Von großer Traurigkeit wird wegen ihrer Trennung von den Eltern aber nicht berichtet. Vielmehr ist von ihr als temperamentvolles, fröhliches Kind die Rede, das gerne lacht, tanzt und sich zu einer verwegenen Reiterin entwickelt. Gleichzeitig fällt eine sicher außergewöhnliche Hinwendung zum Glauben ins Auge: Sie »... nahm auf vielerlei Weise Gelegenheiten wahr, sich ungesehen in die Kapelle zu stehlen. Wurde sie nämlich von Dienerinnen beobachtet, so gab sie sich den Anschein, im Spiel ein Mädchen erhaschen zu wollen, lief auf die Kapelle zu und sprang schnell hinein. Kniend und mit gefalteten Händen gab sie sich vor dem Altar dem Gebet hin, das Antlitz tief zu Boden geneigt. ... Ebenso setzte sie beim Ringspiel und bei jedem anderen Spiel ihre Hoffnung zu siegen und zu gewinnen auf Gott ... Beim Ringspiel und von jedem anderen Gewinn gab sie den zehnten Teil armen mitspielenden Mädchen. ... Hatte sie beim Spiel beste Aussicht zu gewinnen, so sagte sie: ›Jetzt, beim Gewinnen, möchte ich aus Liebe zu Gott aufhören.‹ Und wenn beim Reigen mehrere Runden zu tanzen waren, machte sie nur eine mit und erklärte den Gespielinnen: ›Eine Runde genügt mir für die Welt; die anderen will ich Gott zuliebe unterlassen‹ ... Sie rief bei allem ihrem Tun Christus an, nannte mit Wonne seinen Namen und richtete ihr ganzes Handeln auf ihn.«

Von Elisabeth gibt es kein authentisches Bild, aber sie wird als schwarzhaarig, sehr lebhaft und ungezwungen, als lebensfroh, stürmisch und impulsiv beschrieben. Sie hat ihre eigenen Ansichten und setzt sich häufig über höfische Regeln hinweg. Ein ausgeprägter Gerechtigkeitssinn kennzeichnet ihr Wesen. Weibliche Vornehmheit und Zurückhaltung zählen nicht zu ihren Stärken – wie es für ein Leben am Hof eigentlich ihre Aufgabe wäre. Sie sprüht vor natürlichem Charme, aber eine Rolle, die die Gesellschaft ihr zuweist, will sie nicht spielen. Not und Elend ihrer Mitmenschen fallen ihr ins Auge. Noch dazu hat sie ein gutes Verhältnis zu ihren Dienerinnen, lässt sich von ihnen duzen und isst mit ihnen aus einer Schüssel. So kommt es bald zu Konflikten mit ihrer Pflegemutter Sophie: Elisabeths Wesen passt so gar nicht in die vornehme höfische Gesellschaft. Man überlegt sogar, sie nach Ungarn zurückzuschicken, zumal Hermann, ihr eigentlicher Verlobter, 1216 früh gestorben war.

Doch hier mischt sich Ludwig, der ältere Bruder Hermanns, ein. Ihm, der mit Elisabeth quasi als Bruder aufgewachsen ist, ist sie ans Herz gewachsen – er hat sich in Elisabeth verliebt und besteht darauf, dass sie in Thüringen bleibt. Er ist wohl einer der wenigen, der früh den wirklichen Menschen Elisabeth erkennt, der ihr in die Seele schaut.

Die Ehefrau

So kommt es 1221 zur Vermählung Ludwigs mit Elisabeth. Sie heiratet in eines der bedeutendsten Herrscherhäuser jener Zeit ein. Die Ehe wird als sehr glücklich und liebevoll beschrieben.

Ludwig liebt seine Frau aufrichtig und zeigt ihr diese Zuneigung auch gerne – wir dürfen uns hier also keine platonische Beziehung vorstellen. Elisabeth erwidert diese Liebe, ihre Beziehung ist geprägt von einer großen Zärtlichkeit. Sehr bald gehen aus ihrer Ehe drei Kinder hervor. Ludwig respektiert, mehr noch, er unterstützt die Frömmigkeit seiner Frau. »Einmal nahm Elisabeth einen Aussätzigen auf, pflegte und wusch ihn und legte ihn dann in das Ehebett, das sie mit dem Landgrafen teilte. Als dies dem Landgrafen gemeldet wurde, eilte er, um sich selbst von dieser Ungeheuerlichkeit zu überzeugen. Doch als der Landgraf die Decke des Bettes zurückschlug, erblickte er statt des erwarteten Aussätzigen den gekreuzigten Heiland. Mit Staunen betrachteten die Menschen des Hofgesindes dieses Wunder. Der Landgraf aber segnete seine Gemahlin, die in die Knie gesunken war, und hieß alles gut, was sie getan hatte.«

Elisabeth wird angesteckt von den beiden großen Armutsbewegungen in der ersten Hälfte des 13. Jahrhunderts. Viele Frauen jener Zeit ließen sich von diesen Idealen beeinflussen – hier ist Elisabeth ganz die moderne Frau in ihrer Zeit. Dies waren zum einen die Beginen, von Brabant/Belgien ausgehend, die sich ganz der Krankenpflege verschrieben hatten. Noch prägender ist der Besuch der ersten Franziskaner 1225 in Eisenach. Ihr Ideal der Armut übt große Anziehungskraft auf Elisabeth aus. Für Elisabeth sind Glaube und ihr Handeln untrennbar miteinander verknüpft. Karitatives Wirken ist die logische Konsequenz ihres Glaubens: »Zur Zeit der allgemeinen Hungersnot (1226) – ihr Gemahl war zum Hof nach Cremona abgereist – verteilte sie die ganze Jahresernte aus seinen Kornkammern als Almosen an die Armen, gab aber der großen Menge täglich nur so viel, wie zur Abwendung der Not erforderlich war.«

Elisabeth macht es sich schon früh zu ihrer Aufgabe, sich persönlich um die Armen und Kranken zu kümmern – nicht nur Almosen zu verteilen, wie es eigentlich ihrem Stand entsprochen hätte.

Spirituelle Begleitung

Möglicherweise hätte sich Elisabeth gerne den Franziskanern für eine geistliche Begleitung anvertraut – doch dies ist den Franziskanern zur damaligen Zeit nicht erlaubt. Hier tritt nun ein Mensch in Elisabeths Leben, der sie bis zum Tod begleiten wird: Konrad von Marburg kommt als päpstlicher Visitator nach Thüringen. Wer ist das? Auf jeden Fall eine undurchsichtige Persönlichkeit. Er ist sehr gelehrt – verglichen mit dem damals durchschnittlichen Geistlichen. Vom Papst wird er zum ersten Kreuzzugsprediger ernannt und beschrieben als eifriger, »eifernder« Mann und asketischer Mensch. Nach Elisabeths Tod wird er der erste Inquisitor Deutschlands. Die Sponheimer Chronik berichtet: »Die Zahl der Verurteilten machte ihm größere Freude als die Zahl der Unschuldigen.« Oft folgten Anzeigen und Verbrennungen ohne vorherige Gerichtsverhandlung dicht aufeinander. Konrad wird wegen seiner fanatischen Strenge 1233 erschlagen.

Zurück zu Elisabeth: Mit dem Einverständnis ihres Mannes wird Konrad ihr Beichtvater und geistlicher Begleiter. Es ist schwer zu verstehen, warum sie sich einem solchen Menschen anvertraut. Doch als sie Konrad kennen lernt, sind viele Menschen fasziniert von seinen öffentlichen Predigten. Außerdem – und das mag wohl ausschlaggebend gewesen sein – ist er ein Mensch, der das, was er predigt, mit voller Konsequenz lebt. Das war beim damaligen Klerus nicht unbedingt die Norm. Auch für Konrad sind Armut, Askese wesentliche Eckpunkte seines Glaubens. Elisabeth fühlt sich in ihren religiösen Idealen verstanden und bestärkt. Mehr noch – sie gelobt Konrad Gehorsam: »… die sel. Elisabeth habe noch zu Lebzeiten ihres Gemahls, des Landgrafen, und mit seiner Zustimmung dem Magister Konrad Gehorsam gelobt, ohne jedoch seine ehelichen Rechte dadurch einzuschränken. Sie habe dem Magister Konrad in die Hand versprochen, nach dem Tod ihres Mannes dauernde Enthaltsamkeit zu üben.«

Für Elisabeth ist es – wie von vielen immer wieder vermutet – kein Gegensatz, glückliche Ehefrau zu sein und doch ganz für Gott zu leben. Auch dies ist ein Aspekt, der mich sehr an ihr fasziniert.

Konrad ist ein strenger Beichtvater. Asketische Bußübungen, Nachtwachen, Geißelungen, all das gehört zu den Frömmigkeitsübungen jener Zeit. Er erwartet es auch von Elisabeth. Mehr noch – Konrad verlangt unbedingten, ja blinden Gehorsam. Durch ihn wird Elisabeth darauf aufmerksam, dass das Volk von den Herrschenden ausgepresst wird und dass auch ihr Hof aus diesem erpressten Gut lebt: »Ferner erklärte sie, Magister Konrad habe ihr im Gehorsam befohlen, nur solche Einkünfte ihres Gemahls zu verwenden, über deren rechtmäßige Herkunft sie ein gutes Gewissen habe. Daran hielt sie sich so streng, dass sie bei Tisch an der Seite ihres Gemahls alles verschmähte, was von den Ämtern und Eintreibungen der Beamten stammte. Sie griff nur zu, wenn sie wusste, dass die Speisen von den rechtmäßigen Gütern ihres Gemahls kamen. Wurden aber Gerichte aus erpressten Abgaben aufgetragen, dann brach sie vor den Rittern und Herren oft das Brot, zerteilte die Speisen und reichte sie hin und her, um so den Anschein zu erwecken, als esse sie.« Sie nimmt diese Anweisung sehr ernst und hungert lieber, als etwas von dem erpressten Gut zu essen. Es ist ihre Art, offen gegen das Unrecht zu protestieren. Hier handelt sie deutlich im Widerspruch zu den Gepflogenheiten ihrer Zeit und erregt oft Unmut. Überzeugt von ihren Werten, lebt sie auf imponierende Art und Weise ein Stück Zivilcourage. Vielleicht würde Elisabeth sich heute auf fair gehandelte Produkte beschränken? Geschickt nutzt sie ihre Stellung als Landgräfin und entschädigt ungerecht Behandelte, verkauft im großen Stil Hausrat, Kleidung und Schmuck zugunsten der Hungernden, Armen und Kranken. Am Fuß der Wartburg gibt es zur damaligen Zeit viele Arme und Kranke, für die niemand sorgt. Elisabeth kümmert sich täglich um sie. Sie lässt dort ein Hospital bauen. Außerdem werden dort jeden Tag ca. 900 Arme aus den Erträgen der Burg gespeist. All dies ist nur möglich, weil sie sowohl von ihrem Mann, als auch von Konrad den nötigen Rückhalt erhält.

Der Tod des Ehemanns

Doch schon bald fällt ein Schatten auf Elisabeths glückliche Zeit mit Ludwig. Ende Juni 1227 bricht Ludwig mit Kaiser Friedrich II. zum Kreuzzug ins Heilige Land auf. Elisabeth kann sich nur schwer von ihrem geliebten Mann trennen (sie ist gerade 20 Jahre alt) und begleitet ihn bis zu den Grenzen des Landes. Es wird berichtet, dass sie sich lange umarmten und man sie schließlich trennen musste. Nach einem letzten Kuss reitet Elisabeth weinend nach Hause. Elisabeth legt zu Hause die Witwenkleider an, was sie immer tut, wenn Ludwig nicht da ist.

Im Oktober – kurz nachdem sie ihr drittes Kind zur Welt gebracht hat – erhält sie die Nachricht, dass Ludwig vor der Küste Italiens, in Otranto, Opfer der Pest wurde. Als sie vom Tod ihres geliebten Mannes erfährt, ist sie außer sich vor Schmerz: »Da faltete sie die Hände über den Knien und sagte in überaus großer Trauer: ›Gestorben? Dann ist mir die Welt gestorben und alles, was die Welt mir bieten kann.‹ Sofort stand sie auf und eilte weinend in stürmischem Lauf durch den Saal. Außer sich, wie von Sinnen, wäre sie weiter gelaufen, wenn die Wand ihr nicht Halt geboten hätte.«

Nach dem Tod Ludwigs regiert sein Bruder Heinrich Raspe. Ludwigs Söhne sind noch zu jung. Elisabeths Lebensweise trifft bei ihm auf völliges Unverständnis. Er erwartet von ihr, dass sie sich den Sitten des Hofes beugt. Er behält sogar ihr Witwengut ein. Elisabeth begreift, dass sie nicht weiter am Hof leben kann, und verlässt heimlich, bei Nacht, die Wartburg. Nun macht sie eine bittere Erfahrung: Eine verarmte, einsame Witwe will niemand aufnehmen, bald wird sie vom einfachen Volk verachtet und ihre erste Obhut wird ein Schweinestall.

Aufnahme findet sie mit ihren Kindern bei ihrem Onkel, dem Bischof von Bamberg, der eine neue Vermählung Elisabeths arrangieren will. Aber selbst die Werbung Kaiser Friedrichs II. lehnt sie ab. Rückkehrende Kreuzfahrer bringen ihr Ring und Gebeine Ludwigs. Nach seiner feierlichen Bestattung hilft ihr Konrad von Marburg, mit höchster Unterstützung durch Papst Gregor IX., den Anspruch auf ihr Witwengut durchzusetzen. Der Legende nach – aber durch die Quellen nicht belegt – sendet Gregor IX. Elisabeth den Mantel von Franziskus, nachdem er ihn selbst von seinen Schultern nahm. Wie viel oder wenig Wahres auch an dieser Erzählung ist, sie drückt genau aus, was Elisabeths Lebensweg weiter prägt.

Der Ordenseintritt

Elisabeth spürt ihre Berufung zu einem radikalen Einsatz ihres Lebens für die Armen und Kranken – aber sie hat drei Kinder. Hier spitzt sich eine der Tragödien ihres Lebens zu. Sie entschließt sich, ihre Kinder wegzugeben. Die Kinder werden zur Erziehung in Klöstern untergebracht. Das ist heute schwer nachvollziehbar. Zum einen war es gar nicht so selten, dass man Kinder zur Erziehung weggab. Vielmehr jedoch ist dies für Elisabeth eine spirituelle Erfahrung. Sie versteht, dass Gott sie ruft. Sie vertraut Gott ihre Kinder an – in dem absoluten Vertrauen, dass er für sie sorgt. Leicht fällt ihr dieser Weg aber gewiss nicht. Am Karfreitag 1228 entsagt sie in der Eisenacher Franziskanerkirche allem weltlichen Besitz, ihren Kindern und ihrem eigenen Willen: *»›Der Herr hat mein Bitten erhört, denn siehe,* *allen weltlichen Besitz, der mir einst lieb war, erachte ich jetzt für Unrat (Phil 3,8). Ebenso sorge ich für meine Kinder – dafür ist mir Gott Zeuge – wie für jeden anderen Nächsten: Ich habe sie Gott anempfohlen; er möge an ihnen tun nach seinem Wohlgefallen! Auch habe ich Freude an Verleumdungen, Beleidigungen und Geringschätzung meiner Person. Ich liebe nichts als Gott ganz allein‹.«*

1229 zieht Elisabeth nach Marburg, an den Wohnort ihres geistlichen Begleiters. Von ihrem Witwengut kauft Elisabeth einen Gutshof, auf dem sie ein Hospital erbauen lässt und es nach Franziskus benennt. Dort setzt sie fort, was sie auf der Wartburg begonnen hat. Ab sofort trägt sie das graue Gewand der Hospitalschwestern (oft wird auch angenommen, sie habe das graue Gewand als Tertiarin des Franziskanerordens getragen). In ihrem Hospital findet jeder Aufnahme, der Hilfe benötigt. Elisabeth ist sich für keine Aufgabe zu schade – sie badet Kranke, reinigt und verbindet Wunden, kocht, wäscht und putzt. Mit Vorliebe kümmert sie sich um die Elendsten der Armen, um die Aussätzigen.

Konrad von Marburg kümmert sich weiter um Elisabeths Seelenheil, er verlangt strenge Askese. Konrad verfolgt Elisabeth mit Bußübungen, geißelt sie schon für kleine Vergehen. Handelt sie seinen Anweisungen zuwider, bestraft er sie schon mal mit Rutenschlägen. Schließlich nimmt er ihr sogar die Gemeinschaft mit vertrauten, liebgewordenen Menschen: »Ferner stellte Magister Konrad ihre Standhaftigkeit oftmals auf die Probe, indem er ihr in allem den Willen brach und zu tun befahl, was ihr zuwider war. Um sie noch mehr heimzusuchen, entfernte er die wenigen geliebten Menschen ihrer Hausgemeinschaft einen nach dem anderen von ihr; sie sollte jede Trennung einzeln schmerzlich empfinden. … Schließlich verfügte er noch die Entfernung meiner Gefährtin Guda, die von Kindheit an mit ihr zusammen war und die sie ganz besonders liebte. Auch von ihr nahm sie unter Weinen und Seufzen Abschied. Diese Anordnungen traf Magister Konrad aber aus wohlgemeintem Eifer und mit Absicht. … Um sie zur Anhänglichkeit an Gott allein zu führen, entzog er ihr jeden menschlichen Trost, den sie aus unserer Nähe hätte schöpfen können.«

Doch Elisabeth ist glücklich, endlich ihrem Weg ganz treu sein zu können. Sie verteilt ihr Vermögen unter die Armen, ihr Ziel ist es, die Menschen froh zu machen. An einem Tag, als sie besonders großzügig Almosen verteilt, bleiben am Abend die Ärmsten und Schwächsten zurück. Sie sagt zu ihren Gefährtinnen: *»Seht, die Schwächsten sind zurückgeblieben; wir wollen ihnen noch etwas geben.«* Sie ließ jedem sechs Kölner Groschen auszahlen und wollte nicht, dass den Kindern weniger gegeben werde. Dann ließ sie Brote bringen und verteilen und sagte: *»Wir wollen ihre Freude vollkommen machen. Zündet Feuer für sie an!«* Und sie ließ in der ganzen Länge des Hofes Feuer machen, vielen die Füße waschen und salben. Die Armen fingen an zu singen und sich wohl zu fühlen. Als die sel. Elisabeth das hörte, sagte sie: *»Seht, ich habe es doch gesagt, wir sollen die Menschen froh machen!«*

Schließlich verausgabt sich Elisabeth so sehr, dass sie im November 1231 krank wird; es wird berichtet, dass sie in ihren letzten Tagen eine große Heiterkeit ausstrahlte. In der Nacht vom 16. auf den 17. November 1231 stirbt sie im Alter von 24 Jahren. Zügig leitet Konrad von Marburg alles in die Wege, damit Elisabeth schnell heilig gesprochen wird. Für das Volk war dies durch ihren bedingungslosen Einsatz für die Armen und Kranken völlig offensichtlich. Schon kurz nach ihrem Tod sollen sich erste Heilungen an ihrem Grab ereignet haben. Bereits im Mai 1235 erfolgt ihre Heiligsprechung. Elisabeth ist schon kurz nach ihrem Tod eine populäre Heilige und bleibt es bis in die heutige Zeit.

Für mich sind jedoch gar nicht so sehr die Wunder das Entscheidende ihres Wirkens, sondern ihr Leben. Elisabeth war eine Frau, die von Anfang an, mit ihrem ganzen Sein, auf Gott ausgerichtet lebt. Von dieser Mitte aus betrachtet sie alles andere. Dies gibt ihr das nötige Selbstbewusstsein, »gegen den Strom« zu schwimmen. Ihre letzte Instanz sind nicht weltliche Herrscher; ihre Regeln, ihre Werte stammen von Gott. Sie ist sich ihrer Würde voll bewusst. Mich beeindruckt, dass sich ihr Glaube ganz konkret im Leben ausdrückt, sei es in der Ablehnung erpresster Güter, in ihrem zupackenden Engagement für die Armen. Glaube und Leben sind bei ihr nicht zwei verschiedene Welten. Glaube hat bei ihr nichts Einengendes, nein – er macht sie frei und glücklich. Und dies trotz all der schmerzlichen Momente, an denen sie nicht zerbricht. So kann nur leben, wer sicher ist, unendlich geliebt zu sein.

Elisabeth ist für mich das Modell eines voll realisierten Menschen – erfüllt und glücklich durch ihr Leben mit Gott.

LITERATUR

Philipps-Universität Marburg, Sankt Elisabeth: Fürstin, Dienerin, Heilige; Aufsätze, Dokumentation, Katalog, Sigmaringen 1981;

W. Nigg, Helmuth Nils Loose, Elisabeth von Thüringen: die Mutter der Armen, Freiburg 1979;

R. Schneider, Elisabeth von Thüringen, Frankfurt 1997

Assumpta Schenkl

Mechthild von Hakeborn – Gertrud die Große – Mechthild von Magdeburg

Die drei heiligen Frauen von Helfta

Mechthild von Hakeborn
** 1241 auf Burg Hakeborn bei Halberstadt*
† 1299 in Helfta
Ordensfrau, Mystikerin
Gedenktag: 26. Februar

Gertrud die Grosse (links)
** 1256 vermutl. in Thüringen*
† 1301/1302 in Helfta
Ordensfrau, Mystikerin
Gedenktag: 17. November

Mechthild von Magdeburg
** um 1210 im Gebiet Magdeburg*
† 1282/1294 in Helfta
Ordensfrau, Mystikerin
Gedenktag: 15. August

Im Jahr 1999 wurde das im Mittelalter hochberühmte Kloster Helfta nach einer Unterbrechung von rund 160 Jahren wieder errichtet. Ich war an dieser Neugründung beteiligt und lebe seit nunmehr sechs Jahren an diesem Ort. Obwohl es noch um 1990 hier nur Trümmer und Ruinen gab, empfanden viele Besucher diesen Ort als »heilig«, glaubten etwas zu verspüren vom Wehen des Geistes der drei heiligen Frauen von Helfta. In besonderer Weise gilt dies von der Kirche, die zwischen 1250 und 1258 erbaut wurde. Sie war als Ruine doch etwa zu drei Viertel erhalten und konnte restauriert werden. So beten wir Zisterzienserinnen von heute an derselben Stelle, an der einst die Nonnen des 13. Jahrhunderts Gott ihren Lobpreis darbrachten.

Eine Zeitreise im Chorgestühl

So manches Mal, während eine Lesung vorgetragen wird, schließe ich die Augen, stelle mir vor, dass vielleicht genau da, wo ich nun stehe, sitze, bete, vor rund 700 Jahren Gertrud die Große oder Mechthild von Hakeborn Gott mit ihrer oft erwähnten schönen Stimme voll Liebe und Dank gepriesen hat. Und unversehens komme ich ein wenig ins Träumen, träume mich zurück in das Jahr 1280 …

Mechthild von Hakeborn

Ich trete in den Chorraum. Durch die schmalen Fenster des Ostgiebels werfen die Strahlen der aufgehenden Sonne goldenes Licht in den schlichten Kirchenraum. Die Nonnen sind zum Morgenlob versammelt und erfüllen das lichtdurchflutete Gotteshaus mit ihrem Hymnen- und Psalmengesang. Eine aus der großen Zahl fällt mir besonders auf. Sie ist offensichtlich Kantorin, stimmt die Psalmen an und trägt manche Partien auch solistisch vor. Das kann nur Mechthild von Hakeborn sein. Sie ist die leibliche, sehr viel jüngere Schwester der Äbtissin Gertrud von Hakeborn. Schon als Kind besuchte sie häufig zusammen mit der Mutter die große Schwester und nahm mit etwa 18 Jahren den Nonnenschleier. Ohne Zweifel prägte sie die geistliche Atmosphäre des Klosters durch ihre vielfältigen Begabungen und durch ihre tiefe Gottverbundenheit entscheidend mit. Sie war verantwortlich für die Gestaltung des Chorgesanges und betreute die Novizinnen. Schon von sehr jungen Jahren an wurden ihr mystische Gotteserfahrungen geschenkt, die sie durch ihr ganzes Leben begleiteten. Sie hat bis in ihre letzten Lebensjahre hinein kaum darüber gesprochen und auch nichts aufgezeichnet. Erst nach ihrem 50. Lebensjahr fühlte sie sich von Gott dazu gedrängt, die ihr geschenkten Gnadengaben auch anderen mitzuteilen und sie so näher hinzuführen zu Gott. Noch zu Lebzeiten Mechthilds wurde die Sammlung ihrer Aufzeichnungen unter dem Titel »Das Buch von der besonderen Gnade« anderen Klöstern zugänglich gemacht.

Wenn wir heute in diesen Schriften lesen, berührt uns ein Hauch von fast kindlicher Freude, Wärme und Innigkeit. Ihr Herz strömt über von Dankbarkeit für die verschwenderischen Gaben von Gottes Güte, Barmherzigkeit und Liebe. So ist nicht verwunderlich, dass das Thema Nr. 1 in Mechthilds Buch der Lobpreis Gottes ist. Sehr viele Stellen ihres Buches handeln gerade davon. Hier ein besonders schönes, fast rührendes Zeugnis dafür: »Als sie eines Tages wieder mit großer Anstrengung, wie fast immer, im Chor mitgesungen hatte und schon ganz müde war, kam es ihr vor, als söge sie alle Luft, die sie einatmete, aus dem Herzen Gottes, so dass sie nicht aus eigener Kraft, sondern aus der Gottes sang. Sie pflegte nämlich aus allen Kräften Gott zu lobsingen, und mit solchem Eifer, dass ihr schien, sie würde auch dann noch weitersingen, wenn sie den eigenen Geist aushauchen müsste« (III.7). – Man könnte vermuten, ein solch ganz auf Gott hin orientierter, von Gottesliebe glühender Mensch hätte für nichts anderes mehr Augen und Ohren. Doch genau das Gegenteil finden wir bei Mechthild. Gerade aus ihrer großen Gottesliebe heraus ist sie offen für Gottes schöne Schöpfung und für die Menschen, die Rat, Trost und Hilfe suchen bei ihr. Immer wieder empfängt sie den Auftrag, all die Liebe und Güte, die sie von IHM empfing, an ihre Mitmenschen weiterzugeben, was sie auch mit ganzer Hingabe tat.

Es ist nicht verwunderlich, dass aus so inniger Gottesbeziehung ein unbegrenztes Vertrauen auf Gottes unendliche Barmherzigkeit erwächst; ein Vertrauen, das sich zeigt im kindlichen Bitten für die Nöte im ganz gewöhnlichen Lebensalltag, in der inständigen Bitte um das ewige Leben und besonders häufig, wenn sie fleht um die Vergebung der eigenen Fehler und die Sünden und Ängste anderer Menschen, die ihr anvertraut wurden. Für die vielen Zitate, die sich anführen ließen aus diesem Bereich, nur dieses eine besonders schöne: So sagt Christus einmal zu Mechthild: »Ich sage dir in Wahrheit, dass es mir sehr gefällt, wenn Menschen vertrauensvoll große Dinge von mir erwarten ... Es ist unmöglich, dass der Mensch das nicht gewinnt, woran er geglaubt und was er erhofft hat. So ist es ihm nützlich, Großes von mir hoffend, mir fest zu vertrauen ...« Und von den Sünden, die man ihm vertrauensvoll zu Füßen legt, sagt der Herr: »Sie mögen alle im Feuer der Liebe verbrannt werden!« Welch ein tröstlicher Gedanke!

Lobpreis, Offenheit, Hingabe, Vertrauen – all dies wächst empor und mündet wieder ein im zentralen Punkt von Mechthilds Leben: ihrer tiefen Vereinigung mit Gott. – Aus der Fülle der Texte, die sich zu diesem Thema bei Mechthild finden, nur diesen einen, der zugleich nochmals ihre Naturoffenheit und kindliche Einfachheit zeigt: Der Herr sprach zu ihr: »Ich in dir und du in mir, in meiner Allmacht wie der Fisch im Wasser.« Und sie: »O mein Herr, Fische werden oft mit Netzen aus dem Wasser gezogen; wie, wenn das auch mir zustößt?« Darauf der Herr: »Du kannst nie aus mir herausgezogen werden, denn du bist in meinem Herzen wie in einem tiefen Nest geborgen.« Ich in dir – du in mir. Das war die Grundmelodie ihres Lebens, die ihren Alltag und ihr Gebet verschmelzen ließ in einem einzigen Lobpreis der göttlichen Liebe. So sehen wir sie im Chorgestühl stehen, durchglüht von Liebe, sich gleichsam singend verzehren in Lob und Dank.

Gertrud die Große

Ja, ich bin immer noch im Nonnenchor von Helfta im Jahr 1280. Mein Blick fällt auf eine junge Nonne, Mitte 20, groß, schlank, mit feinen Gesichtszügen, die aber die Begeisterung einer Mechthild vermissen lassen. Sie scheint den Psalmengesang eher pflichtmäßig zu absolvieren. Das ist die Schwester Gertrud – vor ihrer »conversio«. Was ist los mit ihr? Ich erfahre: Gertrud wurde als fünfjährige Vollwaise den Schwestern von Helfta in Obhut und zur Erziehung übergeben. Sie wuchs im Kloster heran, wurde vermutlich etwa 17-jährig Nonne – vielleicht nur, weil sie eben nichts anderes kannte. Nun war es ein großes Anliegen der damaligen Äbtissin, den Schwestern eine umfassende wissenschaftliche Bildung zu vermitteln. Sie rief die gelehrten Dominikanerpatres aus den umliegenden Städten, damit sie den Schwestern Vorlesungen in allen damals bekannten wissenschaftlichen Disziplinen hielten. Die junge Gertrud hatte, sobald sie Nonne war, Anteil an diesem großartigen Bildungsangebot – und war davon fasziniert, so sehr, dass sie, wie sie selbst schreibt, am liebsten Tag und Nacht studiert hätte und – nach ihren eigenen Worten – ihr geistliches Leben sie nicht mehr interessierte als ihre Fußsohle. Also, für eine Nonne schon ein bisschen wenig. Dieser Zustand dauerte immerhin etwa 8 Jahre. Erst am 27. 1. 1281, also kurz nach ihrem 26. Geburtstag, trat schlagartig die Wende ein.

Als sie am Abend dieses Tages nach der Komplet zum Kloster zurückging, stand plötzlich Christus vor ihr. Überraschenderweise aber tadelte er sie nicht, sondern lud sie sehr sanft und liebevoll ein, sich doch nicht nur vom »Staub dieser Erde zu ernähren, sondern sich zu öffnen für die himmlischen Wonnen, die ER ihr schenken möchte« (frei zitiert). Diese ihre erste Begegnung mit Christus hat Gertrud völlig verwandelt. Christus war und blieb die Mitte ihres Lebens. Ihr ganzes Streben war hingerichtet auf immer noch tiefere Vereinigung mit IHM. In den knapp 20 Lebensjahren, die ihr nach diesem Ereignis noch geschenkt waren (sie starb 1302 oder 1303), gab es keine einschneidenden äußeren Ereignisse mehr; all ihr Denken, Tun und Beten kreiste um ihre Liebesbeziehung zu Christus, war bestimmt von dem glühenden Wunsch, sich immer offener und innerlich freier zu machen für Seine Liebe und ihr ganzes Leben zu einer einzigen, ununterbrochenen und sich immer noch intensivierenden Antwort auf diese Liebe zu machen. So häufen sich in ihrem Buch »Der Gesandte der göttlichen Liebe« Kapitelüberschriften wie diese: »Von einer noch vortrefflicheren Vereinigung ihrer Seele mit Gott« (II,7) oder »Wie ihre Seele noch inniglicher in Gott hineingezogen wurde« (II,8). Durch all diese Erfahrungen wird Gertrud auch immer noch klarer, wie sehr sie darauf bedacht sein muss, sich innerlich leer und frei zu machen für Gott, der ihr einmal sagt: »Ich will, dass du leer zu mir kommst« (IV,26; L 300), und sie wiederum betet: »Vor Dir steht die leere Schale meiner Sehnsucht« (Ex.Spir. 7. Übg.). Und noch etwas anderes geht mit dieser Erfahrung der Innewohnung Hand in Hand: der Sendungsauftrag. So sagt Christus zu Gertrud: »Ich will ... ein zuverlässiges Zeugnis meiner göttlichen Liebe in deinen Schriften haben für diese letzten Zeiten, in denen ich damit vielen wohlzutun beschlossen habe« (II,10). Prophezeiung für uns heute?

All diese vielfältigen Liebeserweise, die Gott der anfangs so kalten und spröden Gertrud im Laufe der Jahre schenkte, bewirkten in ihr auch ein unerschütterliches Gottvertrauen. Diese Gabe wird von den Mitschwestern besonders an ihr gerühmt, und sie selbst wiederum bittet für sich um die Mehrung des Vertrauens und ermahnt andere häufig, sich Gott uneingeschränkt anzuvertrauen.

Mechthild von Magdeburg

Kehren wir nun zurück zum Nonnenchor von Helfta im Jahr 1280: Meine Augen wandern weiter die Reihe der Nonnen entlang und bleiben haften am Gesicht einer Schwester, die ich auf etwa 70 Jahre einschätzen würde; ein ganz besonderes Gesicht, geprägt von manchen leidvollen Erfahrungen, vom Alter, aber vor allem von einer strahlenden Geistigkeit, dass man sofort spürt: Diese Frau ist von tiefster Gotteserfahrung und Gottesliebe ganz und gar durchglüht. Ihr ganzes Leben war nichts anderes als Austausch der Liebe zwischen Gott und ihr. Ja, dies ist Mechthild von Magdeburg. Sie ist nun 70 und erst seit 10 Jahren im Kloster Helfta. Ihr vorausgehendes Leben war wohl »mitten in der Welt«, und dennoch von Kindheit an ganz ausschließlich auf Gott bezogen. Lassen wir sie selbst berichten: »Ich unwürdige Sünderin wurde in meinem 12. Jahre ... vom Heiligen Geiste gegrüßt ... Dies geschah während 31 Jahren« (IV/2). Dieser »vielliebe

Gruß« des Hl. Geistes bewirkte, dass Mechthild mit 20 Jahren die väterliche Burg verließ, nach Magdeburg ging und dort 40 Jahre als Begine lebte. Sie hatte ohne Zweifel viele Kontakte mit Menschen aller Art, führte aber dessen ungeachtet ein ganz tief innerliches Leben und wurde in all diesen Jahren sehr vieler mystischer Gottesbegegnungen gewürdigt, die sie, von Gott aufgefordert, niederschrieb in dem Buch »Das fließende Licht der Gottheit«. Hauptthema des Buches ist die Gottesminne, die in zahlreichen Zwiegesprächen und immer wieder neuen wunderschönen Bildern und Metaphern thematisiert wird. So finden wir im I. Buch folgendes Zwiegespräch:

Gott kommt zur Seele: Ich komme zu meinem Lieb
wie der Tau auf die Blume (I/13).

Die Seele: Eia, selige Schau!
Eia, inniger Gruß!
Eia, süße Umarmung! ...
In dir kann niemand wohnen
denn Taube und Nachtigall (I/14).

Gott: Sei willkommen, liebe Taube!
Du bist so kühn über die Erde geflogen,
dass dir Flügel wuchsen im Himmel droben (I/15).
... Du bist meine tiefste Sehnsucht,
meine höchste Herrlichkeit,
du bist eine Lust meiner Gottheit! (I/19)

Hinter all diesen Texten leuchtet ein wunderbares, ganz dem Evangelium entsprechendes Gottes- und Menschenbild auf: ein verschwenderisch liebender Gott, der sich verzehrt in Sehnsucht nach der Liebe und dem Heil des Menschen. Und andererseits wird der Mensch in seiner hohen Würde als Abbild Gottes gesehen, bestimmt zur innigsten Vereinigung mit Gott.

Gott zur Seele: Frau Seele, ihr seid so sehr in mich hinein erschaffen, dass zwischen mir und euch nichts sein kann (I/44),

und an anderer Stelle spricht die Erkenntnis zur Seele:

O liebende Seele, ich seh' dich so zart,
von ganz wundervoller und liebreicher Art ...
Du bist dreifaltig in dir,
du kannst wohl Gottes Bild sein (II/19).

Ja, Mechthilds Leben ist ganz darauf hin ausgerichtet, immer noch tiefer in Gott einzugehen, immer mehr Sein Ebenbild zu werden und IHN so gleichsam für die Menschen sichtbar zu machen. Und dies ist auch *die* Thematik ihres Buches, umrankt von Lobpreisungen und Dank, von Warnungen und Mahnungen an ihre Mitmenschen, dass auch sie zur wahren Gottesminne finden.

1280: Alle drei heiligen Frauen stehen im Chor des Klosters Helfta und bringen Gott ihre Liebe und ihren Lobpreis dar. 725 Jahre sind inzwischen vergangen. Wieder wird in der zum Glück erhaltenen alten Klosterkirche von Helfta von Zisterzienserinnen Gottes Lob gesungen, und der lebendig und präsent gebliebene Geist der drei großen Heiligen durchweht den Raum und stimmt voll Freude in den Lobgesang mit ein!

LITERATUR

Mechthild von Hakeborn, »Das Buch vom strömenden Lob«, Auswahl, Übersetzung und Einführung von H. U. v. Balthasar, 3. Auflage, Einsiedeln 1993;

»Der heiligen Gertrud der Großen Gesandter der göttlichen Liebe«, Nach der Ausgabe der Benediktiner von Solesmes von J. Weissbrodt; hg. von der Buchmission Bad Harzburg, ohne Jahr;

Mechthild von Magdeburg, »Das fließende Licht der Gottheit«, zweite, neu bearbeitete Übersetzung mit Einführung und Kommentar von M. Schmidt, Stuttgart-Bad Cannstatt 1995

Johannes Baptist Freyer

Bonaventura

Der liebenswürdige Kardinal

** 1218 in Bagnoreggio / Italien*
† 1274 in Lyon / Frankreich
Mystiker, Kirchenlehrer, Ordensmann
Gedenktag: 15. Juli

*I*n seinem kleinen Franziskusleben schreibt Bonaventura: »Als ich nämlich als kleines Kind sehr schwer erkrankt war und meine Mutter dem seligen Vater Franziskus ein Gelübde gemacht hatte, errettete er mich aus dem Rachen des Todes und schenkte mir die ungebrochene Lebenskraft zurück. Das habe ich noch in lebendiger Erinnerung.« Geboren wurde er um das Jahr 1217 in Bagnoreggio als Sohn des Arztes Johannes Fidanza und dessen Frau Ritella. Er erhielt den Namen Johannes. Sein ihm später gegebener Ordensname soll auf Franziskus selbst zurückgehen. Franziskus habe bei seinem Anblick ausgerufen: »Oh welches Glück (O Buona ventura) hat dieses Kind.« Früh wurde er an die aufstrebende Universität von Paris geschickt, wo er ab 1235 Philosophie studierte. Die Universität ist geprägt von hitzigen Diskussionen. Alte und neue Denkschulen stehen im Wettstreit. Als junger Minderbruder studiert Bonaventura von 1243 bis 1248 Theologie unter den ersten großen Meistern seines Ordens. Auf der Grundlage der abendländischen Tradition und unter dem Einfluss der neuen Kenntnisse über die griechische Philosophie entwickeln diese eine Schule, die auf der Heiligen Schrift gründet, die Wissenschaft mit der Weisheit und die intellektuelle Einsicht mit der intuitiven Erkenntnis durch die Sinne verbinden will. Bonaventura wird diese Ausrichtung zu einem ihrer Höhepunkte führen. Ab 1254, fast gleichzeitig mit Thomas von Aquin, kann er dann selbstständig als Meister lehren. Über seine Anerkennung berichtet uns Johannes

Gerson, der Kanzler der Pariser Universität: »Ich meine, an erster Stelle unter allen Doktoren der Theologie müsste man Bonaventura empfehlen. In meinen Augen ist er – die anderen mögen es mir nicht verübeln – ein einmalig geeigneter Lehrer. Man ist bei ihm in besten Händen, wenn man Erleuchtung des Verstandes und Entflammung des Herzens sucht.«

Bonaventura hätte wohl für den Rest seines Lebens eine klassische Universitätskarriere geführt, wäre da nicht sein Orden gewesen. Der Orden war enorm gewachsen, aber in viele Richtungen gespalten. Es gab harte Auseinandersetzungen um die Frage nach dem Lebensstil. Der Ruf nach Einfachheit und dem treuen Festhalten am radikalen Leben des Franziskus stellte sich gegen die Anpassungen an die Zeit durch Privilegien, Studium und eine wachsende Klerikalisierung des Ordens. Es ging darum, ob die durch Franziskus eingeführte Neuheit des Ordenslebens, gekennzeichnet durch den brüderlichen Charakter, die Handarbeit, das Wanderpredigertum, kleine Niederlassungen und Einsiedeleien, zu Gunsten eines klassischen Ordenslebens in großen Klöstern aufgegeben werden sollte. Diese Auseinandersetzungen verbanden sich mit dem Streit um eine Vision des bevorstehenden Weltendes, dem Untergang der verweltlichten Kirche und dem Heraufkommen einer wirklich evangeliumsgemäßen Geistkirche. Symbol dieser apokalyptischen Vision wurde die Gestalt des stigmatisierten Franziskus. Der Orden wurde mit Anklagen des Häresieverdachtes überschüttet und der Generalminister Johannes von Parma in einem außerordentlichen Generalkapitel 1257 von Papst Alexander IV. abgesetzt. An seiner Stelle wurde Bonaventura zum Generalminister gewählt.

Sofort nach seiner Wahl zieht er sich auf den Berg La Verna zurück und schreibt dort sein wohl wichtigstes spirituelles Werk, das Itinerarium, der Pilgerweg der Seele zu Gott. Er versucht dann zu retten, was noch zu retten ist. So gibt er dem Orden Konstitutionen, die den Lebensstil regeln sollen. In die theologischen Auseinandersetzungen greift er ein, indem er selbst zwei Biographien über Franziskus schreibt. Es geht ihm dabei nicht um eine Darstellung historischer Fakten, sondern er will den Orden auf der Grundlage eines neu ausgedeuteten Franziskuslebens wieder einen und stärken. Dafür wird er, bis heute, von den einen als Verräter am Ideal des Franziskus bezeichnet, von anderen als Retter des Ordens gefeiert. Am 28. Mai 1273 wird er zum Kardinalbischof von Albano ernannt und gleichzeitig mit der Vorbereitung des Konzils von Lyon beauftragt. Das ökumenische Konzil sollte unter anderem versuchen, die

Trennung mit der orthodoxen Kirche zu beenden. Am 15. Juli 1247 stirbt Bonaventura während des Konzils. Die Konzilsakten berichten: Am Vormittag verstarb der Bruder Bonaventura. Er war ein Mann großer Wissenschaft. Ein Mensch: gut, liebenswürdig, fromm und barmherzig, voller Tugenden, von Gott und von den Menschen geliebt.

LITERATUR

M. Schlosser, Bonaventura begegnen, Augsburg 2000

Otto Hermann Pesch

Thomas von Aquin

Kein »populärer« Heiliger

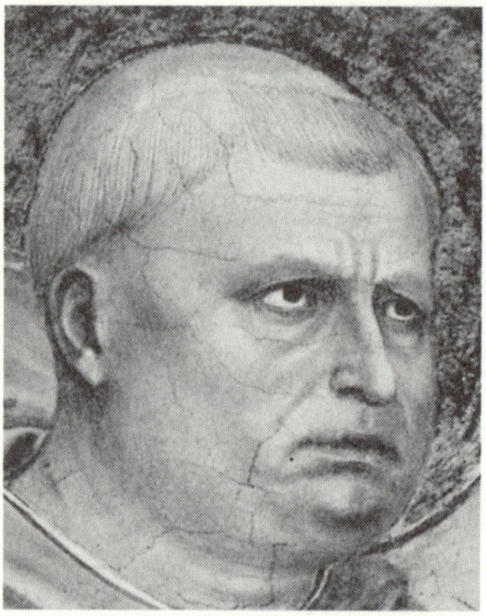

** 1225 Roccasecca / Italien*
† 1274 Fossanova / Italien
Ordensmann, Kirchenlehrer
Gedenktage: 28. Januar, 7. März

In der spätgotischen Kirche St. Nikolai zu Wismar in Mecklenburg gibt es einen Altar zu den »drei heiligen Thomas«: Thomas, der Apostel, der englische Märtyrer Thomas Becket – und Thomas von Aquin. Es ist eines der wenigen Bilder, auf denen Thomas von Aquin an repräsentativer Stelle buchstäblich »die Ehre der Altäre« zuteil wird. Thomas ist kein »populärer« Heiliger wie etwa Franziskus von Assisi, Antonius von Padua oder Elisabeth von Thüringen, die auf zahllosen Altären abgebildet sind, ganz zu schweigen von der Gottesmutter Maria. Denn Thomas hatte kaum Gelegenheit, auf das fromme Kirchenvolk Eindruck zu machen. Er war ein Mensch der Universität, lebte nur in den Konventen seines Ordens, hat kaum vor dem Volk gepredigt – ganze 20 echte Predigten sind von ihm erhalten. Die wenigen Wunder, die sein erster Biograph Wilhelm von Tocco (gest. nach 1323) von ihm berichtet, halten keinen Vergleich mit den »populären« Heiligen aus. Seine »Heiligkeit« muss sich also gerade aus seinem Leben als Universitätsprofessor ergeben, aus seinem inneren Leben, aus dem, was er gedacht, gelehrt und geschrieben hat.

Ein Leben für die Theologie

1225 (oder 1224, man weiß es nicht genau) kommt er auf dem Familienschloss Roccasecca in der Grafschaft Aquino in der Mitte zwischen

Rom und Neapel zur Welt – daher sein Name. Er ist der jüngste Sohn unter drei Brüdern und fünf Schwestern. Der Vater Landulph gehört dem kleinen verarmten Landadel an, die Mutter Theodora ist entfernt mit Kaiser Friedrich II., damals auf Sizilien, verwandt. Mit 5 Jahren wird Thomas als so genannter »Oblate« (»Dargebrachter«) in die berühmte und mächtige Benediktinerabtei Monte Cassino südlich von Rom gebracht. Es war damals bei nachgeborenen Söhnen üblich, sie »Gott darzubringen«. Die Eltern kalkulieren aber auch: Vielleicht bringt er es bis zum Abt dieser mächtigen und politisch einflussreichen Abtei!

Es kommt anders. Der Dauerzwist zwischen Kaiser und Papst eskaliert zu militärischen Auseinandersetzungen. Monte Cassino – auf dem Gebiet des Kirchenstaates – ist gefährdet. Der Abt rät dem Vater, den inzwischen 14-jährigen Thomas aus dem Kloster herauszunehmen. Für kurze Zeit wird Thomas Student an der Universität Neapel. Dort hat er seine erste und gründliche Begegnung mit dem Werk des Philosophen, von dem er sein Leben lang nicht mehr loskommt: dem vorchristlichen Griechen Aristoteles (384–322 v. Chr.). Und: er begegnet der Kommunität des gerade 20 Jahre alten Ordens der Predigerbrüder. 1243, also im heutigen Abituralter, nimmt er das Ordensgewand. Die entsetzte Familie schafft es nicht, ihn von seinem Entschluss abzubringen. Auf der Reise nach Paris, wo er studieren soll, entführen ihn seine Brüder. Sie bringen ihn auf ein anderes Familienschloss und versuchen, ihm durch ein gezielt eingesetztes Freudenmädchen das Ordensgewand vom Leibe zu bringen. Vergebens, er hat das arme Geschöpf hochkantig aus dem Zimmer geworfen. Aber auch der nachfolgende etwa einjährige Hausarrest auf dem Familienschloss kann den Willen des jungen Mannes nicht brechen. Man lässt ihn schließlich ziehen.

In Paris wird er Schüler des Albert von Lauingen, genannt »der Große« – und vertieft seine Sympathie für Aristoteles, denn Albert hält über dessen Werke gerade heftig umstrittene Vorlesungen. 1248 folgt er seinem Lehrer zu einem vierjährigen Intermezzo nach Köln, wo Albert das Studienhaus der Dominikaner aufbaut und Thomas ihm als Assistent zur Hand geht. Offenbar mit intensivem Einsatz. Denn aus dieser Zeit stammt der Spitzname, den ihm die Mitstudenten geben: »Der stumme Ochse« – Hinweis auf sein schweigsames Vergrabensein in die Arbeit und auf seine hünenhafte Gestalt. Schon in Köln wird er Assistent für die Bibelwissenschaft *(Baccalaureus biblicus)* und gibt Kurse in dem, was wir heute Bibelkunde nennen würden. So gut und so erfolgreich, dass er nach der Rückkehr nach

Paris 1252 gleich Assistent für die systematische Theologie wird. Als solcher hat er das damalige Lehrbuch der Dogmatik zu kommentieren und den Studenten beizubringen, die »Vier Bücher der Sentenzen« des Pariser Magisters und späteren Bischofs Petrus Lombardus, geschrieben um 1150, ein mit reichlich Väterzitaten gespickter Überblick über den gesamten theologischen Stoff. Jeder kommende Magister musste sich als *Baccalaureus sententiarius* daran abarbeiten – so auch Thomas, der bei dieser Gelegenheit sein erstes Großwerk schreibt, den »Sentenzenkommentar«, der schon das kommende Genie ahnen lässt. 1256 wird er »Magister« – das entspricht heute einem »ordentlichen Professor« –, aber erst 1257 vom Collegium der anderen Magistri akzeptiert. Von nun an läuft für Thomas alles sozusagen normal: Vorlesungen über die Heilige Schrift, die verpflichtenden Disputationen – aber schon 1259 muss er zurück nach Italien. Er wird Haustheologe (»Lector«) im Konvent seines Ordens in Orvieto, 1265 Begründer des römischen Studienhauses seines Ordens.

Bei Rückkehr nach Italien hat er bereits Teile eines neuen Großwerkes im Gepäck: die »Summe wider die Heiden« *(Summa contra Gentiles)*, veranlasst durch die Bitte eines Mitbruders um Hilfe für diejenigen, die im Bereich des Islam arbeiteten. Thomas macht hier den Versuch, mit der bloßen Vernunft, unbeeinflusst vom Glauben, so weit wie möglich sich an die Gegenstände des Glaubens »heranzudenken« – erst im abschließenden vierten Buch kommt er auf die Themen zu sprechen, die ausschließlich dem Glauben zugänglich sind.

In Rom hält er gemäß der Studienordnung des Ordens Vorlesungen und Disputationen, schreibt Kleinschriften und Gutachten. Und: er schreibt Kommentare zu Aristoteles, als reine private Forschungsarbeit. Man weiß bis heute nicht genau, aus welchem Grund Thomas diese Kommentare geschrieben hat. Aber sie haben Folgen. Nach und nach macht Thomas sich einen Namen als Aristoteles-Fachmann.

Ein Lehrbuch für Anfänger

Vor allem aber: 1266 beginnt er das Werk, das ihn in der Theologiegeschichte unsterblich macht: die *Summa Theologiae*, sachgerecht übersetzt: die systematische Zusammenschau der gesamten Theologie. Aber laut Prolog ist das Werk allen Ernstes gedacht als Lehrbuch für Anfänger! Doch die – übrigens unvollendet gebliebene – *Summa* umfasst ca. 6000 »Artikel« (die kleinste literarische Einheit, also etwa

»Paragraphen«), zusammengeordnet in »Quästionen« (»Fragen«), diese wiederum in »Bücher«. Die Argumentationsweise in diesen »Artikeln« mutet uns heute sehr fremd an. Das liegt an ihrem stereotypen Aufbau. Thomas beginnt mit einigen (meist drei) Argumenten *gegen* die Auffassung, die er selbst vertreten will, dann folgen ein oder zwei Pro-Argumente, danach die systematische Darlegung der eigenen Auffassung, gefolgt von der Antwort bzw. Widerlegung der Einwände vom Anfang. So also stereotyp 6000-mal, beim bedeutendsten wie beim unwichtigsten Thema! Bei der Frage zum Beispiel, ob es in Gott außer dem Hervorgang des Wortes noch einen weiteren Hervorgang, den des Heiligen Geistes, gebe, und ebenso bei der Frage, ob – neben anderen – auch Baden und Schlafen ein Heilmittel gegen die Traurigkeit sei. Diese literarische Machart erklärt sich aus der mittelalterlichen Disputation. Eine solche Disputation – die jeder »Magister« einmal im Semester halten musste – lief folgendermaßen ab: Am ersten Tag versammelten sich alle, Kollegen und Studenten, im Hörsaal. Der disputierende Magister hatte seine These angekündigt. Nun kamen erst alle zu Wort, die gegen diese These Einwände hatten, oft bis zu 20 und mehr Einwände. Dann kamen die zu Wort, die Argumente zugunsten der These des Magisters vorbringen wollten. Alles wurde genau protokolliert. Dann war ein Tag Pause, an dem der Magister seine eigene zusammenhängende Darlegung und Begründung der These ausarbeitete, die so genannte *determinatio*. Die trug er am dritten Tag vor und beantwortete bzw. widerlegte alle vorgebrachten Einwände. Danach wurde noch einmal alles redigiert und bei der Universitätsbibliothek zur Vervielfältigung abgeliefert. So ist die große Literatur der mittelalterlichen *Quaestiones disputatae* auf uns gekommen.

Verständlich, dass Thomas – er sagt es schon im Vorwort – in der *Summa* die »Anfänger« mit dem zufälligen Hin und Her der Disputation verschonen wollte. So ist nun jeder Artikel der *Summa* eine stilisierte Disputation, alles auf knappste Form gebracht – eben für »Anfänger«, eine didaktische Meisterleistung! Und so verbreiten sich damals die fertigen Teile des Werkes auf dem schnellstmöglichen Wege.

Zwischen allen Stühlen

1268 wird Thomas als Aristoteles-Experte gleichsam haftpflichtig. In Paris war eine heftige Kontroverse um die richtige Aristoteles-Interpretation ausgebrochen. Die Professoren der Philosophie, die Magistri an der »Artistenfakultät« – das hat nichts mit Zirkus zu tun, sondern ist die Fakultät, wo die *Artes liberales*, die »freien Künste« gelehrt wurden, unter ihnen neben Mathematik und Musik auch die Philosophie – vertraten, durchaus richtig, wie wir heute wissen, eine Aristoteles-Interpretation, die in wichtigen Einzelheiten unvereinbar war mit dem christlichen Bild von Gott (kein persönlicher Gott), von der Schöpfung (Ewigkeit der Welt) und vom Menschen (keine individuelle Geistseele jedes einzelnen Menschen, sondern nur ein Anteil an der universalen Weltseele, keine wirkliche Freiheit). Alle Aristoteles-Leser standen unter Verdacht, besonders die Dominikaner, deren Studienordnung das Aristoteles-Studium vorschrieb. Der beste Mann des Ordens musste nach Paris: Thomas.

Hier erwartet ihn die arbeitsreichste Zeit seines Lebens. Er hat in den Jahren ab Herbst 1268 bis Frühjahr 1272 im Durchschnitt 12 ½ eng getippte Seiten an einem Tag geschrieben. Man hat es aus dem Ausstoß seiner Werke aus dieser Zeit umgerechnet – zusammen in einer heutigen Ausgabe sechs Bände in Großoktav-Format zu je 600 bis 800 Seiten.

Gottlob hat er das Meiste nicht selbst geschrieben – will sagen: mit eigener Hand. Denn seine Handschrift – einiges Wenige hat er denn doch selbst geschrieben – ist nur für Spezialisten für mittelalterliche Handschriften zu entziffern. Das Meiste aber wurde mitgeschrieben, entweder von den Studenten oder von seinen Sekretären, die der Orden seinem Startheologen zur Verfügung stellte. Es wird übereinstimmend von mehreren Zeugen berichtet, dass er drei Sekretären gleichzeitig diktierte, gelegentlich sogar vieren, und jeweils verschiedene Texte, die die Sekretäre reihum aus der Kurzschrift des Diktates in Langschrift übertrugen, während Thomas schon wieder dem nächsten dikitierte. Zuweilen aber übermannte ihn die Müdigkeit. Er konnte über dem Diktieren einschlafen – und, so wird berichtet, im Einschlafen noch weiterdiktieren.

Auch sonst wirft sich Thomas ins Gewühl, schreibt auch Streitschriften, in denen er sogar Polemik nicht scheut, die sonst nicht seine Art ist. Dennoch geht die Sache nicht gut aus. Mit zwei aus dem Zusammenhang gerissenen Sätzen gerät auch Thomas auf eine »Irrtumsliste«, die der Pariser Bischof Stephan Tempier 1271 verurteilt. Im Frühjahr 1272 holt der Orden ihn zurück. Vor allem König Karl von Anjou, der auf Sizilien das Erbe der Staufer nach deren endgültiger Niederlage gegen den Papst angetreten hat, will Thomas als Glanzlicht an seiner jungen Universität in Neapel sehen. Thomas arbeitet weiter wie gehabt, vor allem am dritten Buch der *Summa*

Theologiae, die die Lehre von Christus und seinem Erlösungswerk, die Sakramentenlehre und die Lehre von den »Letzten Dingen« enthalten sollte: Auferstehung der Toten, Jüngstes Gericht und ewiges Leben. Er hält auch in der Fastenzeit 1273 einen Predigtzyklus über das Glaubensbekenntnis, das Vaterunser und das Ave Maria – eine Art »Kleiner Katechismus«. Aber bald schon fällt den Mitbrüdern auf, dass er immer häufiger wie geistig abwesend scheint – sie führen das auf seine übergroße Konzentration zurück. Aber er war wohl – mit 49 Jahren – am Ende seiner Kräfte durch Überarbeitung. Dann kommt es zu jenem legendenumwobenen Ereignis am 6. Dezember 1273: Er feiert wie jeden Morgen die Eucharistie – und kommt und kommt nicht weiter, bis ihn schließlich der Ministrant am Messgewand zupft. Nachher sagt er die gut bezeugten Worte: »Ich kann nicht mehr. Alles, was ich geschrieben habe, erscheint mir wie Stroh – verglichen mit dem, was ich geschaut habe.« Im Zeitalter gut bezeugter Nahtod-Erfahrungen mit anschließender Reanimation müssen wir die »Ekstase« keineswegs bezweifeln und doch mit einem gesundheitlichen Zusammenbruch durch Überarbeitung rechnen. Fakt ist jedenfalls: Nach dem Erlebnis am 6. Dezember hat er sein Schreibgerät weggelegt, die Arbeit an der *Summa Theologiae* mitten im Traktat über das Bußsakrament abgebrochen und keine Zeile mehr geschrieben. Dem Ruf des Papstes, als Sachverständiger (»Peritus«) am Zweiten Konzil von Lyon 1974 teilzunehmen, hat er natürlich sich nicht verweigern wollen und können. Auf dem Weg dahin ist er am 7. März 1274 in der Zisterzienserabtei Fossanova 80 km südlich von Rom gestorben. Nach langem und unwürdigen Gezerre und Gefeilsche fand er schließlich 1369 sein endgültiges Grab in der Dominikanerkirche St. Jacques in Toulouse.

Vom halben Ketzer zum Lehrer der Kirche

Thomas war damit als Theologe keineswegs unumstritten. Die Dominikaner, seine Mitbrüder, halten zu ihm, ja schreiben seine Lehre als verbindlich für die Studienhäuser des Ordens vor. Aber andere versuchen, Thomas zu verunglimpfen und seiner Theologie Irrtümer, ja Häresie nachzuweisen. 1277 setzen sich die Anti-Aristoteliker durch, und Thomas wird in eine erneute und massivere Verurteilung der Pariser »Artisten« einbezogen. Für 50 Jahre ist der Mann, der einst der »authentische Lehrer« der katholischen Kirche werden sollte, ein verurteilter Theologe!

Aber der Papst Johannes XXII., auch sonst schon ein Thomas-Verehrer, steht zu Beginn des 14. Jahrhunderts in einer heillosen Auseinandersetzung mit radikalen Gruppen des Franziskanerordens wegen des Armutsideals. Thomas denkt in dieser Sache streng, aber sehr maßvoll: Die Armut im Ordensleben ist kein Ideal um seiner selbst willen, sondern als Mittel zum Zweck: zur größeren Freiheit für das Studium und beim Dienst der Verkündigung. Um diese Auffassung kirchenamtlich zu stärken, spricht Johannes XXII. Thomas im Jahre 1323 heilig – daraufhin muss der Nachfolger von Stephan Tempier in Paris 1325 die Verurteilung von 1277 aufheben, soweit sie Thomas betrifft.

1567 erhebt Papst Pius V. aus dem Dominikanerorden Thomas zum Kirchenlehrer – und veranlasst die erste Gesamtausgabe seiner Werke, die *Editio Piana*. 1879 erklärt der Thomas-Verehrer Papst Leo XIII. Thomas zum »authentischen Lehrer« der katholischen Kirche und schreibt vor, an den theologischen Fakultäten sollten seine Prinzipien und seine theologischen Antworten Maßstab bei der Ausbildung der Theologen in der ganzen katholischen Welt sein. Das hat leider auch zu Verhärtungen einer sterilen »Schultheologie« geführt und die Bearbeitung neu auftauchender theologischer Fragen behindert oder gar unter kirchlichen Verdacht gestellt.

Das Zweite Vatikanische Konzil hat diese Engführung durchbrochen und Thomas als den hingestellt, der er immer sein wollte: ein Theologe, der sich in Treue zur Lehrüberlieferung der Kirche doch mutig neuen Fragen stellt, sich auch von Fragen und Gedanken anregen und herausfordern lässt, die von außerhalb der Kirche stammen, aber die Geister bewegen, und sie im Licht des Glaubens, dass alle Wahrheit von Gott kommt, bearbeitet, ob gelegen oder ungelegen.

Der »heilige« Thomas

Was ist nun das »Heilige« an Thomas? Man hat gelegentlich gefragt, wo denn bei Thomas hinter all der theologischen Wissenschaft seine Frömmigkeit erkennbar werde, sein »geistliches Leben«. Aber es gibt bei Thomas kein »geistliches Leben« *hinter und neben* seiner Theologie, seine theologische Arbeit *ist* sein »geistliches Leben«. Gewiss, wir wissen etwas über seinen Lebensstil im Kloster und seine Frömmigkeitspraxis. Morgens feierte er, wie in seinem Orden üblich, persönlich – »privat« – die Messe, nahm dann noch an der Messe eines

Mitbruders teil – und ward dann den Tag über kaum noch gesehen. Er war voll mit Studieren, Schreiben und Diktieren beschäftigt.

Thomas war also ein wahres Arbeitstier, ohne Rücksicht auf seine Gesundheit. Den Regeln des Ordens entsprechend musste er auch zugunsten der theologischen Arbeit nicht immer am Chorgebet der Gemeinschaft teilnehmen. Ganz wohl hat er sich dabei nicht gefühlt. Eine kleine Schrift über die Engel (lateinischer Titel: *De substantiis separatis*), geschrieben 1271, also während der arbeitsreichen Jahre in Paris, eröffnet er mit folgenden Worten: »Da wir dem Feiern der Engel [gemeint ist das Chorgebet] nicht beiwohnen können, soll die Zeit der Frömmigkeit nicht nutzlos verstreichen; das Fernbleiben vom Psalmodieren soll durch den Eifer des Schreibens ausgeglichen werden.« Für die kleinen Freuden des Lebens, die doch schließlich Geschenke der Güte Gottes sind, blieb kaum Platz. Aus Gesprächen zog er sich sofort zurück, wenn sie ihm belanglos erschienen. Und bei einem Spaziergang mit Studenten, die ihn vom Hügel von St. Denis aus auf die prachtvolle Stadt zu ihren Füßen hinwiesen, hat er geäußert, all diese Pracht würde er hergeben für den Besitz des Matthäus-Kommentars des griechischen Kirchenvaters Johannes Chrysostomus.

Thomas ist also, wenn schon, dann heilig *durch* seine Theologie und *in* seiner Theologie. Wodurch aber macht gerade seine Theologie ihn zum Heiligen?

Da ist zum einen das untrügliche und all sein Denken beherrschende Gespür für *Gottes gute Schöpfung.* Man hat es den »verborgenen Notenschlüssel« zu seinem ganzen Denken genannt (Josef Pieper). Thomas hat tatsächlich – und zu seiner Zeit unter Konflikten – die materielle Welt und insbesondere die Leiblichkeit des Menschen »rehabilitiert« und eine tausendjährige leibfeindliche theologische Denkweise zu überwinden geholfen, die letztlich eine Auswirkung der Philosophie des griechischen Philosophen Platon (428–348 v. Chr.) war. Dabei hat der andere griechische Philosoph Aristoteles, der selbst Schüler Platons war, sich aber gegen ihn gestellt hatte, geholfen. Man muss es so sagen: Der vorchristliche Philosoph Aristoteles, der von einem Schöpfergott und seiner Schöpfung nichts wusste, wurde durch Thomas zum Kronzeugen für Gottes gute Schöpfung. Mit Aristoteles und ihn weiterführend – auch korrigierend – kann nun Thomas gegen seine Vorgänger im 12. Jahrhundert sagen: Der Mensch *ist* nicht Seele und *hat* einen Leib, sondern der Mensch *ist* verleiblichter Geist und geistbestimmter Leib. Die Folgen vor allem für eine Ethik der Geschlechtlichkeit lassen sich leicht ahnen. Die erotische Begegnung von Mann und Frau ist etwas Grundgutes, und selbst wenn in der Ekstase der Begegnung die Vernunft schweigt, ist das in Ordnung, wenn eben das Schweigen der Vernunft »vernünftig« ist und dem Gebot Gottes entspricht.

Damit ist schon das zweite Stichwort gefallen: die Rehabilitation der Vernunft. Immer wieder begegnet bei Thomas als Erwiderung auf eine scheinbar fromme These der Satz: »Das ist nicht vernünftig gesagt.« Zum Beispiel, wenn jemand behauptet, im Paradies hätte es vor dem Sündenfall keine geschlechtliche Begegnung zwischen Adam und Eva gegeben, und die Ursünde habe eben im ersten lustvollen Geschlechtsverkehr bestanden. Soll denn Gott die Geschlechtsorgane von Mann und Frau »umsonst« erschaffen haben?, fragt Thomas. Oder wenn jemand behauptet, das Wirken der Geschöpfe und insbesondere des Menschen sei nur Schein, in Wahrheit wirke Gott in den Geschöpfen und durch sie alles allein: Nicht das Feuer wärmt, sondern Gott im Feuer usw. Nein, antwortet Thomas, Gott erschafft die Fähigkeiten seiner Geschöpfe, tätig zu sein, doch nicht »umsonst«. Man macht Gott nicht größer, sondern kleiner, wenn man ihm nicht zutraut, er könne in allem so wirken, dass auch die Geschöpfe nach ihren Fähigkeiten tätig werden.

Im Übrigen lässt uns Thomas selbst wissen, was er unter »Heiligkeit« versteht. Spontan möchte man vermuten: Heiligkeit ist vollkommenes Leben nach den drei theologischen Tugenden Glaube, Hoffnung und Liebe, den vier »Kardinaltugenden« Klugheit, Gerechtigkeit, Tapferkeit und Maßhaltung, und den sieben »Gaben des Heiligen Geistes« (nach Jes 11,2 f.). Der Tugendbegriff steht tatsächlich im Zentrum dessen, was man das »christliche Menschenbild« des Thomas nennen könnte. Thomas widmet den Tugenden, an ihrer Spitze der alles überformenden und bestimmenden Liebe *(caritas)* lange Abhandlungen, im Grund fast das ganze zweigeteilte Zweite Buch der *Summa Theologiae*. Aber nein, erst im Traktat über die Gottesverehrung *(religio)* schreibt Thomas einen einzigen Artikel zur Frage, ob »Gottesverehrung« dasselbe sei wie »Heiligkeit«. Er bejaht diese Frage mit folgendem Argument: Wie aus der [damals umlaufenden] Herleitung des Wortes *sanctus* hervorgeht, bedeutet »Heiligkeit« sowohl Reinheit wie unantastbare Festigkeit. Beides muss die Gottesverehrung, den Gottesdienst kennzeichnen: Reinheit in der Hinwendung zu Gott ohne Verhaftetsein an irdische Dinge, und Festigkeit der Bindung an Gott als Ursprung und letztes Ziel. Nun muss man wissen: Die Tugend der Gottesverehrung ist eine Teiltugend nicht etwa der Gottesliebe, sondern der Gerechtigkeit, jener Tugend also, die, wie den Menschen, so hier Gott gibt, was Gottes ist. Kein großer Aufschwung der Gottesliebe, keine mystische Einung mit Gott, sondern das ganz alltägliche »gerechte« Leben im Dienste Gottes – das ist Heiligkeit! Nicht mehr, aber vor allem: nicht weniger!

Und was heißt das konkret? Auf die Frage, worin ein Christenmensch auf Erden seine höchste Vollkommenheit erreiche, antwortet Thomas: Nicht, indem er sich aus der Welt zurückzieht, um ganz »für Gott frei zu sein«, das heißt: für das Gebet und die Betrachtung der göttlichen Geheimnisse. Sondern indem er sogar auf die Freude des Beisammenseins mit Gott verzichtet, um als Zeuge der frohen Botschaft den anderen Menschen zu dienen. Der Weg zu Gott führt durch die Welt. Die »Kontemplation«, wiewohl das Höchste, was Menschen erreichen können, darf doch nicht zum Selbstgenuss in der Freude an der religiösen Erfahrung werden. Und dann fährt Thomas fort: »Das war die Vollkommenheit des hl. Paulus … Und das ist die Vollkommenheit, die den Prälaten *und Predigern* eignet.« Vollkommen, also »heilig«, ist man, wenn schon nicht als Prälat, so jedenfalls als Prediger, als Zeuge des Evangeliums. Es gab damals nur einen »Predigerorden« – den des Thomas! Seit dem Zweiten Vatikanischen Konzil wissen wir deutlicher denn je, dass *alle* Christen am »prophetischen Amt Christi« teilnehmen, durch Taufe (und Firmung) zu Zeugen Jesu Christi berufen sind. Damit wissen wir, wodurch Thomas »heilig« war. Und wodurch wir heilig sein sollen und können.

LITERATUR

J.-P. Torrell, Magister Thomas. Leben und Werk des Thomas von Aquin. Aus dem Französischen übersetzt von K. Weibel u. a., Freiburg i. Br. 1995;

J. Pieper, Thomas von Aquin. Leben und Werk, München 1986;

O. H. Pesch, Thomas von Aquin. Grenze und Größe mittelalterlicher Theologie, Mainz 1995

Karl R. Höller

Heinrich Seuse

Geh in dich und sei außer dir!

** ca. 1295 in Burg Berg am Bodensee*
† 1366 in Ulm
Ordensmann; Mystiker
Gedenktag: 23. Januar

Um eine lange Vorgeschichte abzukürzen: Meine Begegnung mit Heinrich Seuse hat der alternde Karl Rahner eingefädelt: »Der Christ des 21. Jahrhunderts wird Mystiker sein – oder er wird nicht sein.« Prophetie, Resignation gegenüber der theologischen Spekulation oder Vermächtnis? Jedenfalls hat mich Rahners Wort auf die Spur der Mystiker gebracht, speziell zur Gedankenwelt des Heinrich Seuse, weil er sich wie kein anderer in die Seele blicken lässt. Im »mystischen Dreigestirn« (Nigg) mit Meister Eckhart, seinem Lehrer, und Johannes Tauler, seinem Freund, ist Heinrich Seuse der Dichter unter den Gottsuchern des hohen Mittelalters: empfindsam bis in die Fingerspitzen, von ebenso sensiblem Sprachgefühl, menschlich gewinnend, dabei konsequent und hart bis zur Selbstzerstörung. Eine spätere Andachtsliteratur, die seine gefühlvolle Sprache gründlich missverstand, hat das Bild vom weichlichen Seuse kolportiert. Doch in seiner gradlinigen Lebensführung ist er alles andere als ein Weichei. Was wir von ihm wissen, hat er selbst in einer literarisch bedeutsamen Autobiographie niedergeschrieben. An ihr ist die Nonne Elsbeth Stagel wesentlich beteiligt, mit der Seuse über 30 Jahre lang eine enge Seelenfreundschaft pflegte. Vier seiner Schriften hat er im »Exemplar« (Musterbuch) zusammengefasst.

Seuse nennt sein Jahrhundert »vergreist«. Das Rittertum verfällt – und mit ihm die Ritterlichkeit. In den höfischen Minnesang hat sich die Zote gemischt. Die Kirche krankt, und das religiöse Leben – auch in den Klöstern – vergammelt. Freigeistige Sekten ziehen umher. Pestepidemien verbreiten Angst und Schrecken. Und auf diesem Boden blüht die Mystik.

Das »äußere« Leben des Heinrich Seuse bewegt sich zwischen zwei Daten: geboren um 1295/96 in Konstanz als Heinrich von Berg (er nimmt früh den Namen der frommen Mutter an), gestorben am 25. Januar 1366 als Dominikaner in Ulm. Dazwischen liegen 70 Jahre eines unspektakulären Mönchslebens, sieht man von einem etwa dreijährigen Hochbegabten-Studium bei Meister Eckhart in Köln ab. Am 16. April 1831 wird Seuse von Papst Gregor XVI. selig gesprochen.

Hinter dem dürren Zahlengitter verbirgt sich jedoch das eigentliche und spannende Leben eines nach innen gewendeten Menschen. In Umkehr moderner »Selbstverwirklichung« wagt Seuse die schmerzliche Ablösung von allen Verklammerungen an Welt und Dinge, um frei zu werden für die Vereinigung mit Gott, den »Urtraum des Menschen« (Benedikt XVI.). Mit radikaler Entschlusskraft wählt er den mühsamen Weg »vom anfänglichen zum zunehmenden und vollendeten Menschen« (Seuse, Vita). Die erste Lebenswende, schon mit 18, nennt er die »geswinde ker«, den Bruch mit einer vertrödelten Jugend. Das Abnabeln gelingt, führt den Unerfahrenen aber auch auf Irrwege. Nach dem Vorbild frühchristlicher Asketen denkt sich Seuse Torturen aus, um seinen Körper zu maßregeln, die heute unter Folterverbot fallen würden.

Fast hätte er seine Gesundheit mit der Selbstquälerei ruiniert, wäre er nicht zu einer zweiten »ker« fähig gewesen. Im Alter von 40 Jahren sieht er durchs Zellenfenster, wie ein Hund einen Lappen hin und her schlägt und zerbeißt. Seuse wird schlagartig klar: Nicht durch äußeren Schmerz, nur durch die klaglose Nachfolge des leidenden Christus findet die Seele Frieden. Im »Büchlein der ewigen Weisheit«, einer der meistverbreiteten Schriften des Mittelalters, schreibt er: »Leiden bewirkt ein weises Gemüt und einen erfahrenen Menschen. Ein Mensch, der nicht gelitten hat, was weiß der?« Bald wird er spüren müssen, dass die Schläge, die von Menschen kommen, tiefer schmerzen als die frühere Geißel. Er wird verleumdet, der Häresie angeklagt, als Dieb verdächtigt, als angeblicher Brunnenvergifter verfolgt. Eine Frau bezichtigt ihn, der Vater ihres Kindes zu sein. Mitbrüder und Freunde ziehen sich von ihm zurück. Er wird nach Ulm verbannt.

Je härter die Schicksalsschläge, desto näher kommt Seuse den

Menschen. Er wird zum gefragten Seelsorger und Beichtvater, vor allem in Frauenklöstern. Bei der Reife zum »vollendeten Menschen« hat er die Gelassenheit gefunden, die Gottes Nähe anzeigt. Eines seiner schönsten Worte sollte auch heute noch über jedem Christenleben stehen: »Ein gelassener Mensch muss dem Geschöpflichen entbildet, in Christus gebildet, in der Gottheit überbildet werden« (Seuse, Vita).

Karl Rahner mag es gespürt haben: Wir brauchen wieder Männer wie Heinrich Seuse, die uns neu lehren, in der eigenen Seele zu Gott zu finden und uns unbefangen von seiner Gegenwart durchdringen zu lassen.

LITERATUR

W. Lehmann (Hg.), Heinrich Seuses deutsche Schriften, 2 Bände, Jena 1911;

M. Haas, Kunst rechter Gelassenheit, Themen und Schwerpunkte von Heinrich Seuses Mystik, Bern 1995;

W. Nigg, Das mystische Dreigestirn, Zürich 1988

Apollonia Buchinger

Birgitta von Schweden

Mahnerin und Visionärin

** um 1302 in Finstad / Schweden*
† 1373 in Rom
Ordensgründerin; Visionärin
Gedenktag: 23. Juli

Gottes Nordlicht«, »Braut Christi«, »Kanal des Heiligen Geistes«, »Seele Europas«, »Unheilsprophetin und Mahnerin«, »Hexe« – das sind nur einige der verschiedenartigen, zum Teil einander widersprechenden Bezeichnungen, mit denen die heilige Birgitta von Schweden charakterisiert wird. Mich beschäftigt diese Heilige schon seit fünfzehn Jahren, und noch immer finde ich neue Züge an ihr, erstaunliche und unerwartete. Fast zu viele, um sie in so wenige Worte zu fassen.

Was ist es um diese Frau aus dem Schweden des Spätmittelalters, dass sie auch heute noch Bedeutung hat? Denn die hat sie offenbar: Sie ist eine der drei heiligen Frauen, die durch Papst Johannes Paul II. († 2005) am 1. Oktober 1999 zu Mitpatroninnen Europas erklärt wurden. Birgitta ist unter ihnen die Einzige, die nicht Ordensfrau ist, auch wenn sie selber als Gründerin eines Ordens von bis heute eigenartiger Prägung – bis zur Säkularisation bestand er als »Doppelorden« – in die Kirchengeschichte eingegangen ist. Ein wahrhaft »vielseitiges« Leben hat sie geführt: zuerst als Ehefrau, als Mutter von acht Kindern und dann Erzieherin am Königshof – und in der zweiten Hälfte ihres Lebens als Pilgerin, Mahnerin und Visionärin. Über 600 Offenbarungen hat sie empfangen, die alle aufgezeichnet, geprüft und der Nachwelt erhalten wurden. Ein wahre Fundgrube, ja Schatztruhe für Glauben und Spiritualität.

Viele Bücher und Abhandlungen wurden im Laufe der Jahrhunderte über Birgitta geschrieben, und doch scheint sie außerhalb des von ihr gegründeten Ordens und ihrer Heimat Schweden, deren Landespatronin sie seit über sechs Jahrhunderten ist – unbeschadet der protestantischen Prägung –, relativ unbekannt. Viele Frauen und Mädchen bei uns tragen ihren Namen, als Birgitta, Brigitte, Birgit, Britta oder in sonst einer Form. Aber kaum eine der Namensträgerinnen weiß über sie recht viel mehr als das Datum ihres Gedenktages, des 23. Juli, des Tages, an dem sie im Jahre 1373 zu Rom gestorben ist.

Zeitgeschichtliche Herausforderungen

Auch wenn ihr Leben wie das vieler Heiliger zeitlose und bis heute gültige Züge aufweist, muss man zunächst, um sie mehr kennen zu lernen, die Zeit und Umwelt betrachten, in der sie lebte:

Das 14. Jahrhundert war in vieler Hinsicht keine Glanzzeit: Zeitgleich mit Birgittas Leben verlief die so genannte »Babylonische Gefangenschaft der Kirche«, als die Päpste während sieben Jahrzehnten nicht in Rom, sondern im südfranzösischen Avignon residierten, was unter anderem zu einem Niedergang der Kirche führte. Zu Beginn des Jahrhunderts wurde der Templerorden liquidiert, ohne dass die Kirche einschritt. Einige Jahrzehnte später begann der »Hundertjährige Krieg« zwischen England und Frankreich, und um die Mitte des Jahrhunderts dezimierte der schwarze Tod, die Pest, die Bevölkerung Europas. Es gab Machtkämpfe zwischen Fürsten und Adeligen, besonders auch in der ehemals »heiligen Stadt« Rom. Eine Zeit des Niedergangs von Politik, Wirtschaft und Moral.

Birgitta wurde Mitte 1302 oder 1303 auf dem Herrensitz Finsta in Uppland geboren. Ihr Vater Birger Persson war einer der mächtigsten Männer des Landes: »Lagman« der Provinz Uppland. In diesem Amt waren die Aufgaben von Gesetzgebung und Rechtsprechung in einer Person vereinigt – nach heutigem Rechtsempfinden unmöglich, aber es war damals noch eine relativ »wilde« Zeit, in die Birgers neues Upplandgesetz eine gewisse Ordnung zu bringen versucht hatte. Birgittas Mutter Ingeborg war mit dem schwedischen Königshaus verwandt. Ihre Eltern gehörten also zum schwedischen Hochadel.

Über Birgittas Kindheit und Jugend sind einige Episoden überliefert, die man als Vorausboten eines außergewöhnlichen Lebens deuten könnte, die zunächst aber bloß merkwürdig erschienen. Es dürfte sich dabei nicht um fromme, gut gemeinte Erfindungen handeln, sondern um wirkliche Erlebnisse, die später festgehalten wurden, als sich eine mögliche Heiligsprechung abzeichnete. Sie war bis zu ihrem dritten Lebensjahr stumm – und begann dann sofort »richtig«, also nicht in der üblichen Kindersprache, zu reden. Eines Nachts erschien ihr die Muttergottes und setzte ihr eine Krone auf; als Zehnjährige sah sie, nach einer entsprechenden Predigt, im Traum den Gekreuzigten, der ihr auf ihre Frage: »O Herr, wer hat dir das angetan?«, erwiderte: »Diejenigen, die mich verlassen«. Weitere überlieferte unerklärliche Ereignisse betreffen eine Erscheinung des Teufels als Ungeheuer mit vielen Händen und die Hilfe einer »Frau«, die auch von anderen gesehen wurde, bei einer schwierigen Handarbeit.

Es zeigt sich an Birgitta von Anfang an eine große Offenheit und Aufnahmebereitschaft für Positives – individuelle Eigenheit oder Erbe ihrer königlichen Vorfahren? Diese Offenheit lässt sie neue Lebensabschnitte und Erfahrungen ziemlich intensiv und vollständig aufnehmen – und ist später ein Kennzeichen ihrer spirituellen Offenbarungen.

Ehefrau und Mutter

Obwohl Birgitta sich eher zu einem Leben im Kloster hingezogen fühlt, heiratet sie auf Wunsch ihres Vaters den Adeligen Ulf Gudmarsson; der Ehe entstammen acht Kinder. Und Birgitta füllt die ihr vom Schicksal zugedachte Rolle aus, tut alles, was eine christliche Frau ihres Standes zu tun hat – und anscheinend mehr. Über ihre Haushaltspflichten hinaus lernt sie Latein und beschäftigt sich mit der Heiligen Schrift und Fragen des katholischen Glaubens; sie sorgt für eine religiöse Unterweisung ihrer Hausgemeinschaft und übt tätige Nächstenliebe. Man kreidet ihr an, dass sie ihre noch kleinen Töchter mit in die »Krankenhäuser« nimmt, die sie hat errichten lassen. Sie erwidert auf diesen Vorwurf mit dem Hinweis, die Kinder sollten beizeiten lernen, den Kranken zu helfen.

Dieser erfahrenen Frau wird dann auch, als sie etwa 30 Jahre alt ist, eine wichtige Aufgabe übertragen: Sie soll die noch sehr junge Königin von Schweden, die französische Grafentochter Blanche von Namur, in die Sitten und Gebräuche des Landes einführen. Zusammen mit ihrem Mann unternimmt sie eine Pilgerfahrt nach Santiago de Compostela. Das war in ihren Kreisen fast üblich, wenn man, wie Birgitta und vorher bereits ihr Vater, mit seiner christlichen Einstellung Ernst machte. Und es kam auch vor, dass Ehepaare wie Birgitta und Ulf, nachdem sie ihr Lebenswerk getan hatten und die Kinder einigermaßen versorgt waren, sich entschlossen, den Rest ihres Lebens im Kloster zu verbringen. So tritt Ulf nach der Rückkehr aus Santiago bei den Zisterziensern in Alvastra ein und stirbt dort bald.

Die Visionärin

Und für Birgitta beginnt ein neuer Lebensabschnitt. Was vorher gelegentlich geschah, wird jetzt fast das Normale: Sie empfängt himmlische Offenbarungen von Christus, Maria und verschiedenen Heiligen. In einer Vision kurz nach dem Tode ihres Mannes, geradezu einer »Pilotvision«, erfährt Birgitta, wozu das dienen soll: »Du sollst wissen, dass ich nicht nur deinetwegen allein zu dir spreche, sondern wegen des Heiles aller Christen« (Extr. 47). Damit wird der Rahmen vorgegeben: Es sind nicht einfach irgendwelche ziel- und zusammenhanglose Worte und Weisungen, die sie erfahren wird, sondern sie dienen zum Heil – zuerst zu ihrem eigenen, aber da ein Christ nie alleine »heil« und heilig werden kann, auch zum Heil aller. Der Menschen damals, und da die Offenbarungen auf Befehl Christi aufgezeichnet werden, auch zum Heil der nachfolgenden Generationen. Ein ganzes Programm zur Reform des einzelnen Christen und der Kirche lässt sich aus Birgittas Schriften erkennen.

Schon damals taten sich geistliche Vorgesetzte schwer, so einen Auftrag Gottes zu akzeptieren. Der Prior Petrus Olavi aus Alvastra macht sich fast widerwillig und erst nachdem er eine »Ohrfeige« von oben erhalten hat, daran, die Offenbarungen Birgittas aufzuzeichnen. Anscheinend tut er nur das und nicht mehr – denn Jahrzehnte später, als Birgitta schon lange in Rom lebt, bekommt der Spanier Alfonso, Einsiedler und ehemaliger Bischof, den Auftrag, alle diese Offenbarungen zu ordnen und in Bücher zusammenzufassen. Und als Petrus nach dem Tode Birgittas nach Alvastra zurückkehrt, liegen dort noch einschlägige Aufzeichnungen herum, die dann den Mönchen des inzwischen entstandenen Klosters Vadstena übergeben werden.

Die Offenbarungen Birgittas enthalten oft handfeste Befehle. So muss sie etwa 1349 ihre Heimat verlassen – und es wird für immer sein, was sie aber noch gar nicht absehen kann –, um nach Rom zu gehen, dort auf die Rückkehr des Papstes (aus Avignon) und sein Treffen mit dem Kaiser zu warten, um sich von ihnen die Regel für ein neu zu errichtendes Kloster bestätigen zu lassen. Sie wird siebzehn Jahre warten müssen, bis das geschieht.

Und diese wahrhaft eigenartige Klostergründung lebt fort bis heute. Birgitta hat in Schweden und später in Rom, wo sie ab 1350 bis zu ihrem Tode 1373 lebt, viele Kontakte zu hochgestellten Persönlichkeiten aus Kirche und Welt. Zum einen sicherlich, weil sie selber diesem Kreis angehörte; zumindest am Anfang ihres Romaufenthaltes brachte man ihr deswegen Achtung entgegen. Aber als sie immer wieder geradezu kritische Offenbarungen empfing, in denen etwa die Römer nicht sehr gut wegkommen, und diese Visionen dann auch bekannt wurden, stellte sich die Stimmung gegen sie, und es wird von mindestens einem Fall berichtet, wo sie vor einer aufgebracht anrückenden Menge in Lebensgefahr geriet.

Ihre Botschaften werden im Laufe der Zeit zunehmend direkter und drohender. Und damals wie heute nicht beachtet oder nicht verstanden. So hat man zum Beispiel zu ihrer Zeit das ziemlich vernichtende Urteil über Papst Clemens VI., den sie in einer Offenbarung als »Seelenverderber, schlimmer als Luzifer, ungerechter als Pilatus und unbarmherziger als Judas« bezeichnete, nicht sehr ernst genommen. Im Skandinavien des 19. Jahrhunderts meinte man, diese Äußerung weise Birgitta als heimliche Reformatorin aus und beweise, dass sie das Papsttum als solches abschaffen wollte, zumal in derselben Offenbarung noch davon die Rede ist, dass sein Thron in die Tiefe sinken würde wie ein schwerer Stein. Im Ganzen betrachtet zeigt sich aber, dass Birgitta einen bestimmten Papst und sein konkretes Verhalten tadelte – um das Amt zu reinigen und zu stärken.

Es gäbe noch viel über Birgitta zu sagen. Was sie uns über die Jahrhunderte hinweg mitteilen kann, ist unter anderem wohl, dass Christen, egal ob Mann oder Frau, aufgerufen sind, Zeugnis von ihrem Glauben an Gott abzulegen und für die Wahrheit einzutreten, sei es gelegen oder ungelegen. Letzteres ist das Häufigere ... Und ihre Offenbarungen waren nicht nur Mahnungen, sie bezeugen mit ihrer Bilderwelt – in der zum Beispiel die Kirche mit einer belagerten Burg und ein anderes Mal mit einem Bienenstock verglichen wird, Bilder aus Birgittas unmittelbarer Erfahrungswelt –, dass sie die christliche Botschaft in ihrer Zeit und deren Gegebenheiten lebendig zu sehen vermochte. Jahrhunderte später wird man so etwas unter Inkulturation aufsummieren.

Vielleicht kann sie auch den Menschen heute ein Trost sein, die sich als gescheitert erleben. Sie ist eine große Heilige und musste doch am Ende ihres Lebens vor Gott gestehen: Eigentlich habe ich alle die Aufträge nicht erfüllt. Den Hundertjährigen Krieg konnte sie nicht beenden; der Papst kehrte erst nach ihrem Tod dauerhaft aus Avignon nach Rom zurück, und es dauerte noch einige Jahrzehnte, bis man sich nach dem abendländischen Schisma überhaupt auf einen einzigen Papst einigen konnte; ihr Kloster sah sie zu Lebzeiten nie, und viele ihrer Warnungen an konkrete Zeitgenossen wurden einfach nicht beachtet. Doch Christus versicherte ihr, dass er den Willen für die Tat nehme – und mehr kann auch uns nicht versprochen werden.

LITERATUR

A. Andersson, Die heilige Birgitta in ihren Offenbarungen und Botschaften, St. Augustin 1981;

J. Bolton Holloway, St. Bride and Her Book, Newburyport, Mass. 1990;

F. Holböck, Gottes Nordlicht – die heilige Birgitta von Schweden Stein am Rhein 1998[3]

Ruth Ahl

Katharina von Siena

Ein inneres Gespräch mit der freimütigen Kirchenlehrerin

** 1347 in Siena*
† 1380 in Rom
Drittordensfrau, Mystikerin, Kirchenlehrerin
Gedenktage: 29. April und 30. April

Katharina,
ich muss Dir gestehen, Du, seit ca. 550 Jahren zur Ehre der Altäre Erhobene, seit 1939 mit Franz von Assisi Hauptpatronin Italiens, und seit 1970 als zweite Frau, kurz nach Teresa von Ávila, zur Kirchenlehrerin Ernannte – es ist nicht ganz leicht, Deine irdische Gestalt, Deinen Weg auf dieser Erde in den Blick zu bekommen, möglichst frei von Übermalungen, schablonisierten hagiographischen Aussagen, Legendenbildungen und auch heutigen Wunschvorstellungen. Im Reigen der großen, heiligen Frauen bin ich Dir natürlich schon früh begegnet, aber es war immer eine gewisse Kühle und Distanz da – Bewunderung vielleicht, aber nicht Nähe, Zuneigung, Liebe. Dabei müssen viele Menschen, die Dir von Deiner frühesten Jugend an bis zu Deinem Tod begegnet und nachgefolgt sind, von Deiner Anziehungskraft fasziniert gewesen sein, von Deinem – ich wage es zu sagen – geistlichen Charme, der Anmut Deines Wesens. Dieses Ineins von humaner und spiritueller Ausstrahlung muss so charakteristisch, so ausschlaggebend für Dich gewesen sein, dass vieles in Deinem Leben nur von daher erklärbar ist: Dass Dir so viele zugehört haben und gefolgt sind, dass Du einen lockeren (keine Klostermauern, keine Gelübde) Kreis um Dich schartest aus Männern und Frauen, Jüngeren und Älteren, Geistlichen, Ordensleuten, Laien, verheiratet und unverheiratet, dass Du, Handwerkerstochter ohne jeden Rang und Namen in der ständisch organisierten Gesellschaft des 14. Jahrhunderts Zugang

und Gehör Dir verschaffen konntest bei Päpsten und Königen, Fürsten und Mächtigen der toskanischen Stadtstaaten, bei Kardinälen, Klosteroberen und sonstigen Kirchenfürsten ... da kann ich nur staunend den Kopf schütteln.

Dein Bild und Deine Freunde

Das am weitesten verbreitete Bild von Dir stammt von einem Zeitgenossen, von Andrea Vanni aus der berühmten Sieneser Malerschule, der Deinem Freundeskreis angehörte, Dich also gut gekannt haben muss. Es zeigt eine äußerst ernste Frau eher unbestimmten Alters im Gewand der Mantellatin, das heißt im weißen dominikanischen Kleid mit dichtem Kopfschleier und schwarzem Umhang, wie die Angehörigen des Dritten Ordens des heiligen Dominikus sich zu kleiden pflegten. In der linken Hand einen Zweig mit weißen Lilien – Zeichen der Reinheit; Deine Rechte berührt eine vor Dir kniende weibliche Gestalt – etwas einflößend oder segnend? Jedenfalls mir wichtig: Du bist nicht allein, Du stehst in Beziehung. Ganz wichtige Beziehungspersonen waren zeitlebens für Dich Deine Beichtväter und Seelenführer – meist aus dem Dominikanerorden.

Und das waren keine einseitigen Beziehungen – Du hast ihnen mindestens so viel gegeben wie sie Dir. Der Wichtigste unter ihnen war wohl Raimund von Capua (ca. 1330–1399), hochgebildeter Dominikaner aus altem Adelsgeschlecht mit zeitweise wichtigen Funktionen in seinem Orden. In einem Atemzug nanntest Du ihn Vater und Sohn und er Dich Mutter und Tochter. Ein späterer Biograph spricht hier von ›Seelenverschmelzung‹ ... Nicht alle Zeitgenossen verstanden das, und so blieben auch Klatsch und böses Gerede nicht aus. Dich aber berührte das nicht. – Selbst Raimund gegenüber spartest Du nicht an Kritik, wenn Du meintest, er sei nicht ganz auf der Höhe seiner Möglichkeiten. – Nach Deinem Tod, bei dem er nicht anwesend war, wurde er Dein erster und bis heute wichtigster Biograph.

Normalerweise waren es ältere Witwen, die sich in den erwähnten Mantellatinnen-Kreisen zusammenschlossen zu Gebet und karitativer Tätigkeit. Du aber setztest im Alter von etwa siebzehn durch, dort aufgenommen zu werden. Und im Nu warst Du eine Führungspersönlichkeit, auf die man hörte und nach der man sich richtete.

Was das Rätselhafte an Dir ist: Bei Dir gab es offensichtlich nie eine Bekehrung. Wenn man den alten Lebensbeschreibungen einigermaßen trauen darf, dann warst du von frühester Kindheit an, vom ersten Erwachen Deines Selbstseins an total auf Gott ausgerichtet. Was ja nicht hindert, dass Du als frohes, heiteres, liebenswürdiges Kind – das 24. und letzte deiner Eltern – galtest, Euphrosyne, die Frohsinnige, genannt.

Die Blutmystik

Auch die Klarheit und Tiefe Deines theologischen Gedankengebäudes – woher hattest Du es, wenn nicht durch Schauungen und Eingebungen übernatürlicher Art? Christus der Gekreuzigte steht bei Dir unverrückbar im Mittelpunkt – so wie Paulus ihn als den die Menschheit Erlösenden verkündigt hat. Begleitet von einer eigenartigen Blut-Metaphorik – oder soll ich sagen Blut-Mystik –, die uns heute befremdlich erscheint. Und natürlich Gottes Liebe, Güte, Barmherzigkeit, aber auch seine Gerechtigkeit, die notfalls strafen muss. Und die Kirche mit dem Papst an der Spitze, für Dich der »Christus auf Erden«, ebenfalls ganz ohne jegliche Frage, ohne einen Schimmer von Kritik an der Institution als solcher. Kritik dagegen hast Du an Menschen geübt – und da warst Du nicht zimperlich und nicht zurückhaltend. Geistlichen und weltlichen Größen hast Du ins Gewissen geredet, messerscharf hast Du ihre sündhaften Verhaltensweisen wie mit einem unfehlbaren inneren Auge durchschaut, hast ihnen ihre Fehler ganz offen vorgehalten – und oft klingt Deine Stimme so, als spräche hier der allmächtige Gott höchstpersönlich. Die Könige und Königinnen, die Mächtigen der italienischen Stadtstaaten, vor allem aber Prälaten, Bischöfe, Kardinäle und zuvörderst die Päpste Deiner späteren Jahre, Gregor XI. (1370–1378) und Urban VI. (1378–1389), sind die Empfänger solcher Mahnschreiben. Inhaltlich dreht es sich überwiegend um die Rückkehr von Avignon nach Rom, um Frieden mit den aufsässig gewordenen bürgerstolzen Städten des Kirchenstaates, um Reform der Kirche durch Einsetzung guter Oberhirten und Ernennung wirklich frommer Kardinäle – und auch um die Ausrufung eines neuen Kreuzzuges gegen die Ungläubigen – Letzteres für uns Heutige besonders schwer verständlich, da Du doch sonst Kriege, die immer Leid über die Menschen bringen, ablehntest.

Ich will Dir nur ein Beispiel aus den weit über dreihundert bis auf unsere Zeit gekommenen Briefen in Erinnerung rufen.

In liebevoller Offenheit

»An Papst Urban VI.

Heiligster und teuerster Vater in Christo, dem süßen Jesus. Ich, Katharina, Dienerin und Magd der Diener Jesu Christi, schreibe Euch in seinem kostbaren Blute, mit dem Verlangen, die wahre und vollkommene Nächstenliebe in Euch befestigt zu sehen, so dass Ihr wie ein guter Hirt bereit seid, das Leben für Eure Schafe zu lassen.

Ein Hirt aber, der auf wahrer Nächstenliebe gegründet ist, fürchtet weder Teufel noch Kreatur … und nicht achtet er die Lästerungen der Welt noch des Hohnes und der Schlechtigkeiten …

Allein, ich weiß wahrlich nicht, wie dies geschehen könnte, wenn Ihr den Garten Eurer holdseligen Braut nicht durch neue und tugendreiche Pflanzen erneuert, indem Ihr eine Brigade heiligster, tugendhafter Männer wählet, die den Tod nicht fürchten …, eine Brigade guter Kardinäle, die Euch als Säulen dienen und Euch helfen, die Last der großen Mühen mit Gottes Hilfe zu ertragen. Ach, wie glücklich wird dann meine Seele sein! …

Dann bitte und bestürme ich Euch um der Liebe des gekreuzigten Christus willen, dass Ihr nicht säumet, die Schafe, die sich aus dem Schafstall verirrten, in Gnaden aufzunehmen, um der Liebe jenes Blutes willen, dessen Verwalter Ihr seid, und dass Ihr durch Eure Milde und Heiligkeit ihre Härte bezwingt … Ich wünschte, Euch in wahrer und vollkommener Liebe gegründet zu sehen. Nicht, als ob ich glaubte, dass Euch die Liebe fehlt, aber weil wir zunehmen können an Vollkommenheit der Liebe, solange wir als Pilger wandern in diesem Leben, sagte ich, dass ich in Euch die Vollkommenheit der Liebe zu sehen wünschte, dass Ihr sie unausgesetzt durch das Feuer des heiligen Verlangens nährt und als ein guter Hirt über Eure Untertanen ergießet. Und so zu tun bitte ich Euch; und ich werde beharren und bis in den Tod betend mitwirken – zur Ehre Gottes und Eurem und Eurer Söhne Frieden« (übersetzt von Annette Kolb).

Was bleibt für heute?

In diesem vergleichsweise sanft klingenden, die kritischen Einwände diplomatisch verschlüsselt vorbringenden Brief legst Du Deinen Finger in die Wunden des päpstlichen Charakters, in die Wunden der Kirche überhaupt. Und mit welchem Freimut tust Du das! Dieser inneren Freiheit einer echten »populani«, einer schlichten Tochter des italienischen Volkes, diesem gleichsam tollkühnen Freimut vor Fürstenthronen, dem, Katharina, gilt meine uneingeschränkte Bewunderung. Hier formtest Du geradezu den Wurzelboden europäisch-demokratischen Verhaltens – in der Gesellschaft, in der Kirche –, von dem wir bis heute zehren. Hierin bist und bleibst Du uns eine wahre Kirchen-Lehrerin!

Worin denn noch? Ich meine, in der durch keine Enttäuschung beirrbaren Liebe zu Christus und seiner Kirche – und zwar in ihrer realen Gestalt.

Was noch? Ich denke, auch die Wahl Deiner Lebensform zeugt von so großer innerer Unabhängigkeit und Selbstständigkeit, dass sie auch für die Zukunft beispielgebend wirken kann. Früh hast Du ja erkannt, wie eingeschränkt die Lebensformen für Frauen zu Deiner Zeit waren: frühe Verheiratung mit zahlreichen Geburten oder klausurierte Nonne mit wenig Wirkmöglichkeiten nach außen. Beides entsprach Dir nicht, und Du widersetztest Dich den Wünschen Deiner Familie. Eine Weile träumtest du wohl davon, in Männerkleidung verkleidet in ein weit entferntes Dominikanerkloster einzutreten und dort Predigermönch zu werden … Nach Jahren völliger Zurückgezogenheit in einem Zimmer Deines Elternhauses, zeitweise wie eine Dienstmagd dort arbeitend, kam nach einer inneren Widerfahrnis, von Deinen Biographen ›mystischer Tod‹ genannt – so um 1370 –, die Wende zu einem aktiven Leben nach außen: Du speistest Arme, pflegtest Kranke, vor allem auch Pestkranke, besuchtest Gefangene und begleitetest Verurteilte zur Richtstätte. Ein junger Adliger, unter Deinem Einfluss bekehrt, legte willig sein Haupt auf den Bock des Henkers und Du empfingst es in Deinen Händen …

Das Ende

Dein Ruf verbreitete sich, auch über Siena hinaus. Man schätzte Deine Fähigkeit, zerstrittene Parteien zum Frieden zu bewegen. So rief man Dich bis nach Florenz, und sogar nach Avignon bist Du gereist, um Gregor XI. nicht nur durch Briefe, sondern auch in persönlichen Gesprächen zur Rückkehr nach Rom zu bewegen.

Schließlich reiste er auch tatsächlich ab. Der äußere Erfolg war nicht berückend: Bald starb der Papst, und die Wahl des Nachfolgers, Urbans VI., stand unter keinem guten Vorzeichen. Durch die Wahl eines Gegenpapstes brach das ›Große Schisma‹ aus – eine wahre Katastrophe für die Kirche und die abendländische Christenheit. Die nun einsetzenden Kämpfe und Streitigkeiten verzehrten Deine letzten Kräfte. Äußerlich keine glanzvolle Bilanz. Aber »Erfolg ist keiner der Namen Gottes« (Martin Buber).

Du lebtest ja inzwischen im Kreis Deiner Freunde in Rom. Dort erlittest Du am 29. April 1380 einen schweren Tod. In der Dominikanerkirche Santa Maria sopra Minerva fandest Du Deine letzte Ruhestätte. Noch heute kann man Dich dort besuchen.

Was bleibt von Deiner Spiritualität, Deiner ganz persönlichen Gottesbeziehung? Sehen wir einmal ab von Deiner in vier Büchern überlieferten Schrift »Dialog«, die mir mehr die gängige Theologie Deiner Epoche widerzuspiegeln scheint denn eine genuine religiöse Erfahrung, dann erscheint mir Deine ganz persönliche Spiritualität, geprägt von der früh Dir zuteil gewordenen Gottesbotschaft: »Ich bin, der da ist, und Du bist die, die nicht ist«, so steil, dass sie mich erschauern macht.

Ein Flammenschwert Gottes am nächtlichen Himmel – das ist das Bild, das mir von Dir, Katharina, bleibt.

LITERATUR

M. De la Bedoyère, Katharina – die Heilige von Siena, Freiburg i.Br. o. J.;

Briefe der Katharina von Siena, ausgewählt, übersetzt und eingeleitet von Dr. Maria Maresch, Mönchengladbach 1921;

Katharina von Siena, Briefe an die Päpste, eingeleitet von Franz Peter Sonntag, Leipzig o. J.

Beate Schley

Johanna von Orléans

Die heilige »Ketzerin«

** 1412 in Domrémy / Frankreich*
† 1431 in Rouen
Seherin
Gedenktag: 30. Mai

Eine Frage stellt sich bei der Beschäftigung mit dem Leben der Jeanne d'Arc immer wieder: Warum ist das wahrscheinlich 1412 geborene Bauernmädchen aus dem lothringischen Domrémy eigentlich heilig gesprochen worden? Gewiss, die Tochter des eher wohlhabenden Bauern Jacques d'Arc und seiner Frau Isabelle Romée ist eine historisch bedeutsame Figur: Jeanne d'Arc hat die entscheidende Wende im 100-jährigen Krieg gebracht und das Blatt zugunsten der Franzosen gewendet. Gewiss, Jeanne, Johanna oder wohl am korrektesten Jehanne, wie es altfranzösisch heißt, war eine faszinierende Frau voller Tatkraft und charismatischem Sendungsbewusstsein. Und ganz gewiss wurde sie zu Unrecht am 30. Mai 1431 auf dem Scheiterhaufen zu Rouen als Ketzerin verbrannt. Doch eine Heilige? Reicht es denn, unschuldiges Opfer und Spielball der Politik zu sein, um zur Ehre der Altäre erhoben zu werden? Auch die Heiligsprechung 1920 erfolgte, so meinen die Historiker, aus einem eher politischen Grund: Papst Benedikt XV., der Friedenspapst, wollte gegenüber dem antiklerikalen Frankreich ein Zeichen der Versöhnung und Wertschätzung setzen. Denn in Frankreich stand Johanna schon im Ruf der Heiligkeit, sie galt als Retterin Frankreichs, als nationale Ikone, und das nicht erst seit dem 19. Jahrhundert.

Die Seligsprechung war 1912 erfolgt, und schon wenige Jahrzehnte nach Johannas Tod, 1456, war das Ketzer-Urteil nach genauer Prüfung von Papst Calixt III. aufgehoben worden. Auch das war aus einem politischen Grund geschehen: Karl VII., König von Frankreich, wollte seine Krone nicht aus der Hand einer verbrannten Ketzerin, einer Hexe gar, empfangen haben. Johanna sollte lieber eine Heilige sein, zumal sie ja jetzt beruhigend tot war.

Johannas Stimmen und Karl VII.

Heilige Menschen, Menschen, die es zur Heiligkeit drängt, folgen – ob sie es wissen oder nicht – einem Traum. Dem von einer heilen Welt voller Frieden und Glück, einer Welt der rechten Ordnung in den Händen Gottes. Auch Johanna tat das – und hätte sich wohl gegen diese Ausdrucksweise gewehrt. Johanna folgte, so meinte sie, nur ihren »Stimmen«, den Anweisungen des Erzengels Michael, der Heiligen Margareta und der Heiligen Katharina. Den Stimmen, die sie seit ihrem 13. Lebensjahr gehört hatte und die sich seitdem ständig wiederholten. Die Stimmen hatten ihr gesagt, sie solle die Stadt Orléans, die von den Engländern eingekesselt war und als Brückenkopf für den weiteren Vorstoß der Engländer ins Innere Frankreichs eine wichtige Rolle spielte, befreien. Und sie hatten ihr auch befohlen, Karl VII. zum König zu krönen, jenen entmachteten Dauphin aus dem Hause Valois, Sohn König Karls VI. und der Isabeau de Bavière, der für sie immer »der vornehmste Christ aller Christen, der Kirche und Glauben liebt« blieb, auch wenn dieser später keinen Finger rührte, um sie aus Kerkerhaft zu befreien. Und so unternahm sie alles, um den Wunsch ihrer Stimmen in die Tat umzusetzen.

Stimmen, die nicht von dieser Welt zu stammen scheinen, haben die Menschen immer mit Befremden, ja mit Schrecken erfüllt. In unserem von Medizin und Naturwissenschaft beherrschten Zeitalter sind wir schnell dabei, Menschen mit Visionen als geisteskrank oder psychisch defekt zu bezeichnen. Das Mittelalter drückte dies nur anders aus. Auch Johannas Stimmen schienen den anderen von Übel. Sie verrichte Götzendienst, rufe die Dämonen an, stehe mit bösen Mächten in Kontakt, sagte man ihr nach. Für Shakespeare war sie noch hundert Jahre später eine Zauberin, ein gefährliches Weib. Doch nichts, was Johanna sagte – und von keiner Person des Mittelalters besitzen wir dank der Prozessakten so viele »O-Töne« –, klingt nach Krankheit, Hysterie, Überspanntheit oder gar Besessenheit von dunklen Mächten. Im Gegenteil. Alles klingt nach einem pragmatischen, nüchternen Bauernmädchen, das das Leben kennt, so wie es ist, und gleichzeitig von einem tiefen Glauben und Gottvertrauen geprägt ist.

Auch der Dauphin musste sich absichern. Nachdem Johanna es mit Hilfe des Stadtkommandanten von Vaucouleurs, Robert de Baudricourt, geschafft hat, an einer Audienz des Dauphin in Chinon teilzunehmen und sogar einige Momente mit ihm allein zu verbringen, wird Karl unsicher. Drei Wochen lässt er sie in Poitiers von Kirchenleuten befragen und seine Mutter unterzieht Johanna einem Jungfrauentest. Denn Johanna nennt sich selbst »die Jungfrau« und wird bald auch von allen anderen so genannt. Das gilt ihr als Ehrentitel: Noch im Gefängnis erklärt Johanna fast stolz, jawohl, sie sei Jungfrau, denn Jungfernschaft gilt ihr als ein Zeichen der Reinheit und Auserwählung. Nicht nur die Muttergottes, sondern auch die Heiligen ihrer Stimmen, Margareta und Katharina, sind und bleiben bis zu ihrem (Märtyrer-)Tod Jungfrauen. Jungfrauen allerdings, die fast Amazonen gleichen, so tollkühn setzen sie sich für die gute Sache ein und streiten gegen Kaiser, Tod und Teufel.

Auch Johanna ist so etwas wie eine Amazone. Schon allein äußerlich: Sie trägt ihre Haare zum Pagenkopf geschnitten und am Körper Männerkleidung sowie eine extra vom Kronrat für sie gefertigte Rüstung. Um sich herum schart sie eine Schar ergebener Männer, darunter Etienne de Vignolles, genannt La Hire, »die Wut«. Im Mai 1529 versuchen Johanna und ihre Mannen die Erstürmung des von den Engländern besetzten Forts de Tourelles. Dabei wird die junge Frau verwundet, doch sie flieht nicht und bestärkt die Franzosen damit noch in ihrem Kampfeswillen. Und das Wunder geschieht: Orléans wird von den Engländern preisgegeben. Johanna hat einen triumphalen Erfolg errungen, sie wird damit zur »Jungfrau von Orléans«, zur »Johanna von Orléans«, wie Friedrich Schiller sie Anfang des 19. Jahrhunderts taufen wird. Nach dem Sieg von Patay am 18. Juni des gleichen Jahres erfolgt die Krönung Karls zum französischen König. Dieses Ereignis markiert bereits Höhepunkt und Ende der politischen »Karriere« der noch nicht einmal 20-Jährigen. Denn schon im darauf folgenden Jahr, am 23. Mai 1430, fällt Jeanne bei Compiègne in die Hände der mit den Engländern verbündeten Burgunder. Johanna wird an die Engländer ausgeliefert und Graf Warwick wird ihr oberster Kerkermeister.

Dieses Amazonentum Johannas, dieses ungewöhnliche Sichdurchsetzen in einer harten Männerwelt, in der normalerweise die Mächtigen die Regeln diktieren, macht Johanna auch für moderne Frauen noch interessant und sympathisch. Auch wenn ihre kriegerischen Aktionen heute befremden. Immerhin heißt es, auch gegenüber den Feinden sei sie von bemerkenswerter Milde gewesen. Doch der Kampfeinsatz wird ihr trotzdem später auch zum Verhängnis: ihr wird Mord vorgeworfen. Zwar ist ein Soldat, der tötet, natürlich kein Mörder. Aber eine Frau kann kein Soldat sein, folglich ist sie eine Mörderin. Außerdem ist es unziemlich und unschicklich, Männerkleidung zu tragen, und wer so etwas tut, ist sicher auch der Häresie und Ketzerei schuldig.

Prozess und Verurteilung Johannas

Im Februar 1431 wird Johanna angeklagt, die Untersuchung führt Pierre Cauchon, Bischof von Beauvais. Es folgte eine harte Zeit, in der die Inhaftierte die meiste Zeit angekettet ist und von fünf Engländern bewacht wird. Drei Männer stehen in der Zelle, zwei an der Tür. Ihre Männerkleidung will das junge Mädchen zunächst nicht ablegen, vor allem nicht die langen Schnürstiefel – scheint ihr dieser Aufzug, wie sie selbst sagt, doch der beste Schutz gegen Vergewaltigung. Die Zeit in der Zelle wechselt ab mit über 50 meist mehrstündigen Verhören. Auch gelehrte Doctores gehen aus ihnen erschöpft hervor, denn Johanna verteidigt sich klug und mit der ganzen Kraft ihres Verstandes. Sie hat zwar keine höhere Bildung genossen, kann nicht lesen und kaum schreiben, doch ihren rhetorischen Qualitäten tut das keinen Abbruch.

Ob sie im Stande der Gnade sei, wird sie einmal gefragt. Eine gefährliche Frage: Sagt sie ja, ist sie des ketzerischen Hochmuts schuldig, sagt sie nein, gibt sie ihre Vergehen selbst zu. Doch Johanna schlägt ihren Richtern ein Schnippchen: Wenn sie es nicht sei, so wünsche sie es zu werden, wenn sie es sei, dann wünsche sie es zu bleiben. Trotzdem hinterlassen die physischen und psychischen Anstrengungen ihre Spuren. Am 24. Mai führt man Johanna auf den Friedhof und zeigt ihr den Scheiterhaufen. Dann wird ihr ein Geständnis vorgelesen, das sie unterzeichnen soll. Sie soll »abschwören«. Erschöpft versucht sie noch einen letzten Weg: »Ich möchte, dass die Kirche über diese Punkte entscheidet. Ich überlasse es der allumfassenden Kirche, ob ich ihnen abschwören soll oder nicht. Das Schuldschreiben soll von der Kirche und ihren Klerikern vorgelesen werden, in deren Hände ich gegeben werden soll. Wenn ihre Meinung ist, dass ich es unterschreiben soll und machen soll, was mir gesagt worden ist, werde ich es gerne tun.« Sie solle jetzt unterschreiben, sagt man ihr und so macht sie schließlich ihr Kreuz unter das Schriftstück. Johanna wird zu lebenslanger Haft verurteilt.

Vergebens bittet Johanna darum, in Kirchengewahrsam genommen zu werden. Sie wird stattdessen wieder zu den Engländern ins Schloss zurückgebracht. Was dann geschieht, ist rätselhaft. Denn Johanna wird »rückfällig«, sie zieht wieder Männerkleider an. Doch woher hatte sie die Kleider? Und wusste sie nicht, dass sie damit ihr Schicksal besiegeln würde?

Tatsächlich wird Johanna kurz darauf zum Tod auf dem Scheiterhaufen verurteilt. Der 30. Mai 1431 ist ihr Hinrichtungstag. Noch am selben Morgen empfängt Johanna die Eucharistie und auf ihrem letzten Weg wird sie nicht müde unablässig Gebete und Lobpreisungen zu sprechen. Sie weint und bald weinen auch alle Umstehenden. Eine Szene voller anrührender Dramatik. Johanna empfiehlt ihre Seele Gott, der Heiligen Jungfrau und allen Heiligen, und sie bittet – ganz christlich – ihre Richter, die Engländer, den König von Frankreich und alle Fürsten des Königreichs um Verzeihung und gewährt auch ihrerseits Verzeihung. Da weint selbst der Gerichtsschreiber, der für den Lohn, den er bei Gericht für seine Dienste beim Prozess gegen Jeanne d'Arc erhält, später ein Messbuch kaufen wird: »Als Erinnerung an Johanna und um Gelegenheit zu haben, für sie zu beten«. Auch diese Geschichte wird bald nach ihrem Tod erzählt: Ein Engländer sei hasserfüllt herangekommen, um das Feuer mit Zweigen noch zu schüren. Doch bei Johannas Rufen nach Jesus habe er in einer Vision eine Taube gesehen. Die Zweige in seinen Händen formt er alsbald zu einem Kreuz, das Johanna an ihren Körper drückt. Ein frommer Bruder holt schließlich aus einer nahen Kirche ein Kreuz. Dieses Kreuz vor Augen stirbt Johanna schließlich, wieder den Ruf »Jesus« auf den Lippen. Der Scharfrichter wird später berichten, dass es ihm nicht gelungen sei, den Körper der Johanna ganz zu verbrennen. Am Ende seien Asche und ein noch blutendes Herz übrig geblieben. Die Engländer befehlen, alle Überreste in die Seine zu werfen. Es sollen keine Reliquien übrig bleiben, die eine Märtyrerin aus der Verurteilten machen können. Doch auch die Engländer können die Weltgeschichte nicht aufhalten und den enormen, jahrhundertelangen Nachruhm, den sie der Jungfrau mit diesem Tod verschafften.

Nachruhm über Jahrhunderte

Denn die fehlenden Reliquien werden gleichsam durch das Papier ersetzt, auf das berühmte Dichter ihre Dramen schreiben und Komponisten ihre Noten für Opern oder Oratorien setzen. Neben dem die Geschichte völlig verfälschenden Friedrich Schiller haben das am besten die Schriftsteller des 20. Jahrhunderts, George Bernard Shaw, Jean Anouilh und Paul Claudel, sowie die Komponisten Giuseppe Verdi, Peter Tschaikowsky und Arthur Honegger vermocht. Ihre Werke sind Zeichen der Verehrung und halten die Erinnerung an Johanna lebendig.

Auch die Filmemacher haben immer wieder versucht, die schillernde Persönlichkeit Johannas auf Zelluloid zu bannen: Unvergessen sind die Werke der Regisseure Carl Theodor Dreyer, Victor Fleming, Roberto Rossellini, Otto Preminger oder Robert Bresson. Ihnen ist es zu verdanken, dass für die Nachwelt Johanna von Orléans immer auch die Züge von Renée Maria Falconetti, Ingrid Bergmann oder Jean Seberg tragen wird.

Insgesamt wurden zwischen 1898 und dem Jahr 2000 24 Kinofilme und 17 Fernsehfilme über das Schicksal der berühmten Jungfrau gedreht, die ersten Filme waren noch Stummfilme.

Eine erstaunliche Karriere für ein Bauernmädchen aus Domrémy, das keine Hexe, sondern wohl tatsächlich eine Heilige war: Stets blieb sie nicht nur ihrem Gott, sondern auch sich selbst und ihrer inneren Stimme treu, ganz egal, wie hoch der Preis war, den sie dafür zu zahlen hatte.

LITERATUR

G. Duby, A. Duby, Les procès de Jeanne d'Arc, Paris 1971 (deutsch Berlin 1985, 1999);

H. Nette, Jeanne d'Arc, Hamburg 1977;

G. Krumeich, Jeanne d'Arc. Die Geschichte der Jungfrau von Orléans, München 2006

Angela Reinders

Angela Merici

Entdeckungen am Ufer

** 1470/75 in Desenzano / Italien*
† 1540 in Brescia / Italien
Ordensgründerin
Gedenktag: 27. Januar

*I*ch stehe am Ufer, sehe übers Wasser und entdecke ein Schiff. Das Wasser erinnert mich an den Anfang jedes, auch meines Christenlebens, als ich in Christi Namen im Schiff, das die Kirche ist, auf meinen Namen getauft wurde: Angela.

Sie steht am Ufer, sieht übers Wasser und entdeckt ein Fischerboot. Hier ist Angela zu Hause, in Desenzano am Südwestufer des Gardasees, geboren zwischen 1470 und 1475. Italien geht noch weit hinter den Bergen weiter, friedlich, in kultureller Blüte. Ihr Vater Giovanni, mit Bürgerstatus in Brescia, legt Wert auf religiöse Erziehung. Zwei oder drei Brüder hat Angela, eine, möglicherweise zwei Schwestern.

Innerhalb kurzer Zeit sterben die Eltern und die geliebte Schwester, die Angela in zwei Visionen sehen wird. Nun, mit 18 Jahren, zieht sie westlich am Seeufer entlang zu Verwandten in Salò. In Kontrast zum städtischen Leben entwickelt Angela ihr geistliches Profil. Askese, Sakrament, Nächstenliebe und kirchliche Erneuerung findet sie bei Franziskanerobservanten.

Als Drittordensmitglied wird »Suor-Madre Angela« Kranke besucht und Tote auf den Friedhof geleitet haben. Nach etwa zwei Jahren kehrt sie nach Desenzano zurück. Mit feinfühliger Beobachtungsgabe nimmt sie auf, was in der Kirche vorrangig wird: die sieben geistlichen Werke, darunter Unwissende lehren, Zweifelnden raten, intensiv beten. Sie kennt die menschliche Seele, »weil ich in mir so große Irrtümer, so viel Hässliches und Böses, so große und erschreckende Verunstaltungen erkenne«.

Sie steht am Ufer, sieht übers Wasser und entdeckt ein Schiff: die Kirche. Die Basis ruft nach spirituellem Aufbruch und kritisiert die Kirchenleitung. Im Auftrag der Franziskaner kommt Angela 1524 nach Brescia. Hier versucht eine starke Laienbewegung das Kirchenschiff wieder ins Fahrwasser zu bringen. Intelligent deutet Angela die italienische Gesellschaftsordnung und sucht nach einer Form, die es Frauen ermöglicht, sozial anerkannt an der Reform der Kirche mitzuwirken. Angela führt ein asketisches Leben, jedoch entzieht sie sich nicht den Aufgaben in der Welt – Krankenpflege und Hausarbeit – und übereignet sie Gott: »Nimm an mein Denken, Sprechen und Tun und überhaupt alles, meinen inneren und äußeren Besitz.« Ihr besonderes Charisma ist es, begeisternd im kleineren Kreis zu reden. Dabei richtet sie sich eher theologisch als spirituell aus. Die Rückschau auf die Urkirche will sie unbedingt nutzbar machen für eine Reform von innen, die mitten in der Welt ansetzt: »Haltet euch an den alten Weg und die Überlieferung der Kirche … Und lebt ein neues Leben«.

Sie steht am Ufer, sieht übers Wasser und entdeckt ein Schiff, das sie von Venedig aus in das Heilige Land bringt. Auf der Reise erblindet Angela Merici. Von ihren Ordensbrüdern lässt sie sich zu den Stätten führen, an denen Jesus lebte. Angela kehrt wohlbehalten und wieder sehend nach Brescia zurück. 1529 siedelt sie nach Cremona um.

Sie steht am Ufer, sieht übers Wasser und entdeckt – eine Barke. Ob der Tod sie schon einholt? Angela erkrankt ernsthaft. »Die den Namen eines Engels trug …«, beginnt ein Epitaph, das Girolamo Patengola für ihr Grab verfasst. Angela muss in der Krise sehr nahe erfahren haben, dass Gott lebendig macht: »dass ich jetzt noch lebendiger bin, als ich es in diesem Leben war«.

Sie steht am Ufer, sieht übers Wasser und entdeckt ein Schiff. Die jungen Frauen darauf haben ihr Leben Christus geweiht und sind kundig über den Rhein gefahren. Um des Glaubens willen sterben sie durch die Hunnen. Anführerin Ursula wird spirituelles und soziales Leitbild. So will Angela leben: in Jungfräulichkeit, der »Schwester aller Engel«, mit Frauen, entschlossen mitten in der Welt – mit keinem anderen Navigationssystem als Christus, mit einer Spiritualität, die individuelle Freiheit gewährt und sich in sozialem Tun der Welt zuwendet. Vorahnungen dieser Berufung ziehen sich von Jugend an durch ihr Leben; in einem päpstlichen Dokument von 1532, das ihr die freie Wahl der Grabstätte gewährt, wird sie historisch greifbar. Mit der Gründung am 25. November 1535 zählt die Gemeinschaft 28 Mitglieder. »Wenn Gott diese Gemeinschaft gepflanzt hat, wird er sie niemals verlassen.« Sie rät: »Tut nichts widerwillig«, und führt die Schwestern mit milder Hand: »Die Liebe kann nicht sündigen.«

Sie steht am Ufer, sieht übers Wasser und entdeckt die Barke wieder. »Ich gehe jetzt fort; und in der Zwischenzeit führt aus, was euch aufgetragen ist. Aber zuvor umarme ich euch und gebe euch allen den Friedenskuss, indem ich Gott bitte, euch zu segnen.«

LITERATUR

A. Conrad, Mit Klugheit, Mut und Zuversicht. Angela Merici und die Ursulinen, Leutesdorf 2003;

A. Faller, Angela Merici. Die Schriften. Kritische Ausgabe (= Der neue Weg, 9), Einsiedeln/Trier 1988;

Föderation deutschsprachiger Ursulinen (Hg.), Angela Merici. Regel – Ricordi – Legati, Werl 1992

Paul Badde

Juan Diego

»Denn ich bin doch nur ein Mann des Ackers«

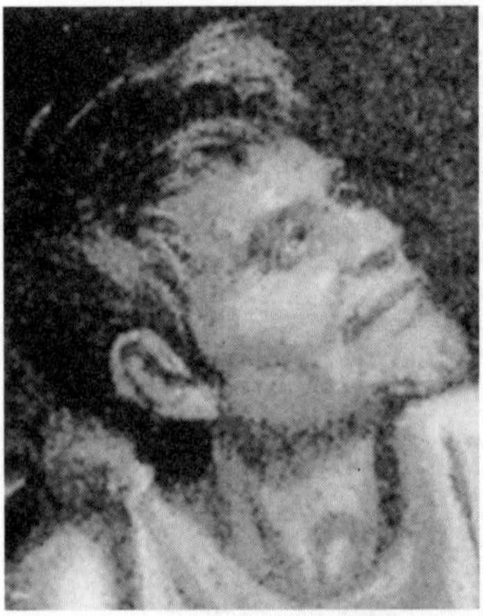

** um 1474 in Cuautlithan / Mexiko*
† 30. Mai 1548
Mystiker
Gedenktag: 9. Dezember

Juan Diego wäre hierzulande ein völlig unbekannter Heiliger, wäre einigen aufmerksamen Beobachtern nicht aufgefallen, dass Papst Johannes Paul II. offenkundig von diesem einfachen Mann fasziniert war. 1990, bei seinem Mexiko-Besuch, sprach ihn der Papst selig. Als er im Jahr 2002 Mexiko erneut besuchte, wollte der Jubel dort kein Ende nehmen – der Papst sprach mit Juan Diego den ersten Indio in der Geschichte der katholischen Kirche heilig. Wer sich die Mühe macht, Juan Diegos Geschichte anzuschauen, wird feststellen, dass der Papst hier keine Folklore betrieb, sondern die zentrale Schlüsselfigur der Christianisierung Lateinamerikas zur Ehre der Altäre erhob.

Ein Kontinent wird christlich

Zehn Jahre nach der Eroberung Mexikos hatte der arme Chichimeken-Indio Cuauhtlatoatzin, der sechs Jahre zuvor auf den Namen Juan Diego getauft worden war, am Rand der Hauptstadt von Mexiko, dort wo sich heute die Basilika von Guadalupe erhebt, vier Erscheinungen der Gottesmutter, nach denen ab 1531 die größte Massenkonversion der Geschichte ihren Anfang nahm.

Man kann die Geschichte der Christianisierung Mexikos geradezu in eine Zeit vor und eine Zeit nach Juan Diego einteilen. Der

Konquistador Cortez hatte seit 1519 in einem zweijährigen blutig-grausamen Eroberungsfeldzug die Aztekenherrscher besiegt. Aber die von den Azteken unterjochten Indiovölker dankten es ihm nicht. Die Elite von Franziskaner- und Dominikanermönchen brachte über Jahre hinweg nichts zustande. Gerade einmal eine Hand voll Indios konnten für das Christentum gewonnen werden – unter ihnen Juan Diego. Nachdem ihm die Gottesmutter erschienen war, kam es zu einer dramatischen Wende. Plötzlich wurden acht Millionen Indios katholisch, die sich nur zehn Jahre vorher kaum etwas Schöneres vorstellen konnten, als katholische Spanier »in Kakao zu kochen und aufzuessen«. Es war die gleiche Zeit, als in Westeuropa die Kirche erstmals auseinander brach.

Viel wissen wir nicht über Juan Diego; die Datenlage ist sogar so dürftig, dass es vor einigen Jahren ernsthafte Versuche gab, die historische Existenz von Juan Diego zu bestreiten. Vielleicht sei der kleine Indio nur eine Erfindung des Bischofs Zumarraga, der damit das Heiligtum von Guadalupe habe legitimieren wollen. Aber niemand wollte und will glauben, dass es nur ein Marketingtrick des Bischofs und reine Erfindung gewesen ist, was doch jeder Mexikaner aus dem Schlaf aufsagen kann: Dass sich da am Morgen des 9. Dezember ein verwitweter Indio von etwa 55 Jahren aus dem Dorf Tolpetlac auf den Weg in die Hauptstadt machte, und dass sich am Hügel von Tepeyac das Wunder aller Wunder ereignet hat. 20 bis 22 Millionen Pilger kommen jedes Jahr, um den Beweis für Juan Diego, den Beweis für die Muttergottes, den Beweis für das Wunder und den Beweis für Gott zu sehen. Kein Pilgerort auf der Erde hat einen vergleichbaren Zulauf. Und kaum einer führt einen stärkeren Indizienbeweis.

Die Frau auf dem Tuch

Der Beweis, den alle sehen wollen, ist ein schlichtes Agavengewand, eine Tilma, wie sie Indios seit Jahrtausenden tragen. Auf dieser Tilma, die es seit 450 Jahren nicht mehr geben dürfte – sie zerfällt normalerweise nach 20 Jahren in Staub –, ist die Madonna von Guadalupe zu sehen. Obwohl es mittlerweile 450 wissenschaftliche Untersuchungen gibt, kann immer noch niemand erklären, warum das Bild überhaupt auf der Tilma zur Erscheinung kommt. Sie enthält nämlich keinerlei Farbspuren. Diese Tilma ist freilich nur eines von zwei Dokumenten, die wir heranziehen können und müssen, wenn wir etwas über Juan Diego erfahren wollen. Das Tuch, das seit 1531 am

Stadtrand des heutigen Mexiko-Stadt in der Basílica de la Santísima María de Guadalupe ausgestellt wird, trägt das Bild eines schwangeren Mädchens mit mestizischen Gesichtszügen und ist voll von rätselhaften Symbolen, Zeichen und Geheimnissen. Es gibt dazu mittlerweile eine eigene Exegese, ja eine eigene Literatur. Und immer neue Erkenntnisse kommen hinzu. So hat man jüngst mit Hilfe feinster Elektronenmikroskopie eine kleine Szene mit mehreren Personen auf einer Pupille der Madonna ausgemacht, die sich nach ophtalmologischen Gesetzmäßigkeiten in der anderen Pupille widerspiegelt. Kein Maler der Welt hätte das darstellen können.

Das zweite Dokument ist ein kurzes Schriftstück, das erstmals von der Entstehung dieses Bildes berichtet. In einem Satz zusammengefasst, behauptet der Autor da Folgendes: »Die Muttergottes erschien am 9., 10. und 12. Dezember 1531 insgesamt vier Mal einem Indio namens Juan Diego im Hochtal von Mexiko und ließ nach der vierten Erscheinung ihr Abbild auf seinem Mantel zurück.« Das ist natürlich auf den ersten Blick »völlig unmöglich«, eine Zumutung für den gesunden Menschenverstand. Für sich allein genommen, wäre die Geschichte deshalb ein schönes Märchen. Zusammen mit dem Tuch jedoch ergibt sich daraus ein dramatischer Zusammenhang. Mit dem Bild der »Morenita«, wie die Jungfrau ihres braunen Teints wegen genannt wird, wurde der Bericht zu einer Art Gründungsurkunde des christlichen Mexikos.

Verfasst wurde der Bericht, der im Original verschollen ist, von einem Indio namens Antonio Valeriano (1520–1605). Überliefert wurde er nur in einer Fassung, die Luys Lasso de la Vega im Jahr 1649 in der Sprache der Nahua-Indianer als eigenes Werk veröffentlichte. Jedes Kind in Mexiko kennt diesen Bericht. Nach seinen ersten beiden Worten wird er »Nican Mopohua« genannt. Das heißt auf Deutsch: »Hier wird erzählt.« Und so soll es auch hier geschehen, in wenigen Auszügen aus dem bezaubernden Original, die besser als jede Abhandlung den unglaublichen Enthusiasmus erklären helfen, der dem Papst bei der Heiligsprechung des ersten Mexikaners entgegenschlug:

Nican Mopohua – der Bericht

(Aus der ersten Begegnung)

... Über dem östlichen Horizont begann es gerade hell zu werden, als Juan Diego zu dem Hügel kam, der Tepeyac heißt. Und genau von dort erklang der himmlische Gesang zu ihm herab. Doch nun verstummte plötzlich

der Chor. Und während sich die letzte Stimme noch verlor, hörte er, wie nach ihm gerufen wurde. Von der Spitze des Gipfels rief man ihn: »Kleiner Juan, Juanito, Diegolein!«

Keine Verwirrung bedrückte sein Herz. Nichts ängstigte ihn. Eilig stieg er den Weg hinauf. Als er die Höhe erreichte, sah er eine edle Dame auf dem Gipfel des Hügels stehen. Sie bedeutete ihm, näher zu treten. Als er aber vor ihr stand, überwältigte ihn ihre Schönheit. Ihr Gewand leuchtete spiegelnd wie die Sonne. ... Die Erde leuchtete um sie herum wie ein Regenbogen im Nebel. Die Kakteen und übrigen Kräuter blitzten wie Smaragde auf: strahlend grün. Das Blattwerk blau wie Türkis. Die Strünke, Zweige, Dornen und Stacheln glitzerten golden im Morgenlicht. »Höre, Juanito!«, sagte sie: »Kleinster meiner Söhne! Wo willst du hin?« Er antwortete: »Meine Herrin! Königin! Mein kleines Mädchen! Dort drüben geh ich hin zu deinem Häuschen nach Mexico-Tlatilolco. Da will ich Gott dienen und ehren, wie seine Priester es uns lehren.«

Nach diesen Worten enthüllte sie ihm ihren Willen und sprach: »Präge dir Folgendes gut ein, allerkleinster meiner Söhne! Ich bin die immerwährende heilige Jungfrau Maria, die Mutter des wahren Gottes, durch den wir alle leben. ... Ich will und wünsche mir sehr, dass mir hier ein Heiligtum errichtet wird, wo ich ihn zeigen, preisen und für immer bezeugen kann. Hier werde ich den Menschen meine ganze Liebe geben, meinen mitleidenden Blick, meine Hilfe, meinen Trost, meine Rettung. Denn ich bin wahrhaftig eure mitleidende Mutter: deine Mutter und die aller Menschen, die hier gemeinsam dieses Land bewohnen. Ich bin die Mutter all derer, die mich suchen und mir vertrauen. Hier werde ich ihr Weinen und Klagen hören ... Geh zum Bischof und sag ihm, dass ich dich geschickt habe.« Sogleich warf er sich wieder nieder vor ihrem Angesicht und rief: »Ich bin schon weg. Gleich reiß ich mich von dir los, ich, dein armer kleiner Indio.«

(Aus der zweiten Begegnung)

... Traurig, dass er seinen Auftrag nicht hatte ausführen können, kehrte er zurück zu dem Gipfel des Hügelchens. ... Als er sie sah, warf er sich vor ihr in den Staub und sagte: »Kleine Herrin, Königin, kleinste meiner kleinen Töchter, mein Allerkleinstes! Gerade so, wie du es verlangt hast, habe ich mich aufgemacht, um die Worte deines Atems unverzüglich auszuführen. Der Bischof war liebenswürdig und hat mir aufmerksam zugehört. Er sagte mir: ›Komm ein anderes Mal zurück, und ich werde dir in Ruhe lauschen.‹ An der Art aber, wie er es sagte, konnte ich erkennen, dass er wohl dachte, ich müsse das Haus erfunden haben, das du dir wünschst – und dass die Botschaft nicht von deinen Lippen stammt. Darum flehe ich dich innig an, dass du einen Edlen zu ihm hinschickst, damit deine Worte ge-

glaubt werden. Denn ich bin doch nur ein Mann des Ackers. Bin ein Spielbrett, bin Schwanz, bin Flügel, ich bin ein Tagelöhner und Lastenträger, ich bin der Allerletzte. ... Wo du mich hingeschickt hast, ist kein Ort für mich, mein Allerkleinstes.«

(Aus der vierten und letzten Begegnung)

... Als Juan Diego am Fuß des Tepeyac-Hügelchens angekommen war, ... sagte er sich: »Bleibe ich weiter geradeaus auf dem Weg, sieht mich womöglich die vornehme Dame wieder. Bestimmt wird sie mich dann wieder aufhalten, damit ich dem Bischof das Zeichen bringe, wie sie es mir aufgetragen hat.« Danach bog er um den Hügel herum ... Jetzt sollte die Königin des Himmels ihm nicht in die Quere kommen und ihn aufhalten! In dem Moment sah er sie aber schon vom Gipfel des Hügels herabsteigen. ... Sie kam zu der Seite herab, wo er nicht ausweichen konnte, stellte sich ihm in den Weg und sagte: »Was ist, kleinster meiner Söhne? Wo willst du hin?«

... Er warf sich vor ihr nieder und sagte: »Ach, mein Kleines, mein liebes Töchterlein, mein Kind und meine Königin! Hast du wohl gut geruht und den Tag gut angefangen? Und geht es auch deinem geliebten Körperchen gut, meine Herrin, mein ehrwürdiges Kind? Ich bin nämlich traurig, dass ich dein Gesicht und Herz bekümmern muss. Du musst nämlich wissen, mein kleines Mädchen, dass es meinem Onkel sehr schlecht geht. Darum eile ich gerade nach Mexiko, wo ich einen Priester rufen will. Entschuldige mich also bitte! Hab noch ein bisschen Geduld mit mir. Ich werde dich nicht enttäuschen, mein Kind und meine teure Tochter ...«

Kaum hatte sie die Erklärung Juan Diegos gehört, da antwortete ihm die Jungfrau: »Höre, und nimm es dir zu Herzen, kleinster meiner Söhne! Da ist nichts, das dich erschrecken soll! Nichts soll dich betrüben und verzagen lassen. Dein Gesicht soll nicht bekümmert sein und auch nicht dein Herz! Fürchte diese Krankheit nicht noch irgendeine andere Krankheit noch Angst oder Kummer. Bin ich denn nicht hier: ich, die ich deine Mutter bin? Stehst du nicht in meinem Schutz und Schatten? Bin ich nicht die Quelle deiner Freude? Bist du nicht in den Falten meines Mantels, habe ich dich nicht in meinem Arm? Was ist es, was dir sonst noch fehlt?«

LITERATUR

P. Badde, Maria von Guadalupe – Wie das Erscheinen der Jungfrau Weltgeschichte schrieb, Berlin 2005;

E. Johnston, So hat Er keinem Volk getan – Das Wunder von Guadalupe, Stein am Rhein 1986;

E. Chávez Sánchez, Juan Diego – Una vita de santídad que marcó la historia, Mexiko-Stadt 2002

Hans Maier

Thomas Morus

Der Humanist und der Ernstfall

** 1478 in London*
† 1535 in London
Lordkanzler, Märtyrer
Gedenktag: 22. Juni

Ein junger Mann, Londoner, aus bürgerlichem Haus, hat Glück und steigt zu hohen Ämtern auf. Nacheinander durchmisst er die Kreise der gelehrten Bildung, des Juristen- und Beamtenstandes, schließlich der Politik. Seine Laufbahn ist ungewöhnlich: Lateinschüler in London, Student in Oxford, Gelehrter und Schriftsteller in jungen Jahren, mit den Häuptern der kleinen sendungsbewussten Gemeinde in ganz Europa frühzeitig verbunden, mit Grocyn und Colet, die seine Lehrer sind, mit Erasmus, der den Einundzwanzigjährigen in seinem Haus besucht, sein Freund, Pate seines Sohnes wird, ihm sein *Lob der Torheit* widmet (*Moria* ist eine Anspielung auf den Namen des Gastgebers), und mit vielen anderen. Er liebt die Bücher, zeitlebens bedauert er, erst spät Griechisch gelernt zu haben und es nicht völlig zu beherrschen.

Dennoch ist er kein Stubengelehrter.

Als Page im Haushalt des Erzbischofs von Canterbury, Kardinal Morton, macht er zwanglos Bekanntschaft mit dem politischen und geistlichen England. Nicht mehr Ritter, fast schon Bürger, bewegt er sich gut erzogen und beherrscht in der parvenuhaften Welt der frühen Tudors – ein Humanist, der, seltener Fall, Weltläufigkeit und Kosmopolitentum mit britischem Patriotismus vereint, der trotz vieler Reisen und diplomatischer Missionen im Unterschied zu den meisten Humanisten einen festen Wohnsitz und Haushalt hat und der ein *insider* der Politik ist, nicht ein Kritiker von draußen, wenngleich es in seinem literarischen Werk an Staatskritik, Gesellschaftskritik nicht fehlt.

Er ist klug. Er kann warten und abwägen. Jahrelang prüft er sich in einem Kartäuserkloster auf seine Berufung zum Priestertum, nach mönchischen Regeln lebend, ohne die Gelübde abzulegen, bis er 1503 den Entschluss fasst, in die Welt zurückzukehren. Er heiratet, begründet einen Hausstand, wird »a beardless boy«, Parlamentsabgeordneter noch in den letzten Regierungsjahren Heinrichs VII. Diese persönliche Entscheidung ist ein Datum in der Entwicklung von Kirche und Staat in England, denn Morus ist einer der ersten Humanisten, die gelehrte, auch theologische Bildung erwerben ohne irgendeine dauernde Beziehung zum geistlichen Amt oder zum Ordensstand (noch Erasmus war Mönch wider Willen!) – so wie er der Erste in der langen Reihe englischer Kanzler und Premierminister sein wird, der nicht mehr Bischof, Kardinal ist, sondern Laie.

Auch bei Morus klingen noch jene klösterlichen, mönchischen, asketischen Stimmungen nach, ohne die Bildung und Wissenschaft im Mittelalter nicht vorstellbar sind. Aber sie verklingen auch. Genauer: Was früher objektive Lebensordnung war, Gesetz, Struktur, jener innige Zusammenhang von Bildung und Kirche, von Geistigem und Geistlichem, das wird jetzt frei gewählte individuelle Lebensform. Morus hört zeit seines Lebens nie auf, sich zu kasteien, er trägt das härene Hemd unter der Robe des Richters, dem Staatskleid des Kanzlers – aber er tut das mit aller Diskretion, nicht einmal seine Familie weiß es, nur seine geliebte Tochter Margaret weiht er in das Geheimnis ein. Er hängt einer monastischen Lebensform an, gewissermaßen ein Mönch aus freien Stücken, dem Sinne nach, in abgewandelter, vergeistigter Form – aber innerhalb eines Laiendaseins, das sich Kreis um Kreis erweitert: vom Amt des Rechtsanwalts und Friedensrichters bis hin zu Politik und Diplomatie. Morus ist bewusster Laie – vielleicht der erste Laie in dem auf die Neuzeit zugehenden Kalendarium der Kirche; und er ist es nach sorgfältiger Prüfung seiner Möglichkeiten, nachdem er die Frage des geistlichen Standes, des Verzichts auf Ehe und Familie reiflich erwogen und verneint hat.

Vom Richter Morus zum Lordkanzler

So wird Morus Jurist, Ehemann, Familienvater, ein wenig gedrängt von seinem Vater, dem der Sohn schon viel zu lange studiert. In *New Inn* und *Lincolns Inn* erwirbt er sich die juristischen Kenntnisse – mehr eine Gedächtnisleistung als eine wissenschaftliche Anstrengung, denn es handelt sich im Wesentlichen um die Aneignung einer gewaltigen Masse von Fällen und Entscheidungen. Ein Brotberuf. Fast entschuldigend teilt Erasmus den Freunden mit, dass man in England eben den Beruf des Juristen höher schätze, dass er unentbehrlich sei fürs Fortkommen – freilich das Herz des Morus schlage mehr für die humanistischen Wissenschaften als für die Gesetze. Damit mochte er, was den Wissenschaftler Morus anging, sogar Recht haben. Aber Morus war immer ein Humanist anderer Art als der arme umhergetriebene Vagant und halbe Mönch Erasmus. Viel stärker als bei anderen humanistischen Zeitgenossen ist sein Leben auf die Öffentlichkeit bezogen, auf die Tätigkeit als Anwalt, als Mann der öffentlichen Rede, des forensischen und parlamentarischen Plädoyers. Als Richter und Under-Sheriff von London erlangt Morus wirkliche Volkstümlichkeit, durch seinen Gerechtigkeitssinn, seine Ausdauer und Ausgeglichenheit hat er sich als »Richter Morus« beim einfachen Volk verewigt, das seine Schriften nicht lesen konnte. So lebt er auch in der volkstümlichen Überlieferung bis heute fort. Und hier, in seiner als Anwalt gewonnenen Popularität, liegt auch der Grund für seine politische Karriere. Eben beginnt ja der Jurist und Verwaltungsmann als Helfer in politischen Geschäften den Geistlichen als früheren Generalisten abzulösen – es war also kein Wunder, dass Morus, obwohl er sich nicht dazu drängte, in die Politik gezogen wurde, zuerst als Hofbeamter, dann als Unterschatzkanzler und Kanzler von Lancaster, schließlich als Sprecher des Unterhauses und zuletzt, nach zwölfjähriger politischer Tätigkeit, als Lordkanzler.

Die Zeichen standen günstig für einen Bund von Religion, Wissenschaft und Politik – so sahen es wenigstens die panegyrisch beflügelten Zeitgenossen beim Amtsantritt Heinrichs VIII. Der Humanismus war eine öffentliche Macht. Der König versäumte nicht, ihm zu huldigen. Erasmus war bei ihm zu Gast. Er feierte Heinrich als besten aller Könige. Dass Morus für die Wissenschaften verloren sei, seitdem er in die Politik gegangen war, bedauerte er, doch schien es ihm erträglich, weil er *diesem* König diente. Nicht anders klingt es aus dem Mund anderer Humanisten: »Der Himmel lacht und die Erde freut sich; alles ist voll Milch und Honig und Nektar« – so schwärmte man in jenen Tagen unter durchaus ernsthaften, ja trockenen Leuten. Die Euphorie hielt lange an. Klingt nicht selbst bei Morus unter allen Enttäuschungen und Bitterkeiten bis zuletzt ein Ton der Dienstbereitschaft gegenüber diesem König an, in dessen Dienst zu stehen ihm Schicksal und Verhängnis werden sollte?

Wie in der klassischen Tragödie fasziniert in diesem Geschehen der ungeheure Pendelschlag, der Umschwung, die totale Umkehrung aller Verhältnisse. Heinrich begann als leidenschaftlicher jugendlicher Anwalt des Papsttums – es war Morus, der ihn daran erinnern musste, dass der Papst auch ein weltlicher Souverän sei, Nibelungentreue *in politicis* sich wenig auszahlte. Ein ähnliches Bild in der großen theologischen Kontroverse mit Luther: Kein anderer Souverän empfing von Rom mit so großem Recht den Titel des *Defensor fidei* – einen Titel, der später in so grimmige Ironie verwandelt wurde, obwohl er bis heute die britische Krone als Zierrat schmückt. *Corruptio optimi pessima*: die rasende Verfolgungswut, die zuletzt beim König gegen alle losbrach, die sich im Namen des Gewissens ihm entgegenstellten – sie wäre wohl kaum erklärlich ohne jene innere Beziehung des Herrschers zum theologischen und politischen Geschehen, die dem äußeren Vorgang der von oben dekretierten Reformation in England so ersichtlich abgeht. Hinter dem erbitterten Ringen um Königstitel und Suprematieformel verbirgt sich weit mehr als die längst fällige Geburt eines weltlichen Absolutismus nach dem Ableben des mittelalterlichen, ständischen, feudalen England.

Als Morus Lordkanzler wurde, war die »great matter«, die Ehescheidungssache des Königs, schon in vollem Lauf. Nach achtzehnjähriger Ehe mit der sechs Jahre älteren Katharina von Aragonien war Heinrich ohne männlichen Thronerben. Er betrieb einen kirchlichen Prozess zur Nichtigerklärung seiner Ehe, zunächst ergebnislos, da Katharina an den Papst appellierte. Als Rom zögerte, gerieten die Dinge auf die bekannte Spur: Heinrich verlangte Scheidung, Wiederverheiratung aus eigener Machtvollkommenheit. Um dahin zu gelangen, wurde eine Reihe von Kulissen aufgebaut: Zunächst berief sich der König auf sein Gewissen, das ihm die Ehe mit Katharine, seiner Schwägerin, trotz päpstlicher Dispens nachträglich als ungesetzlich erscheinen ließ – was eine Reihe europäischer Universitäten zu bestätigen sich beeilte. Sodann mobilisierte er im neu zusammengerufenen Parlament die antiklerikale Stimmung und brachte jene Gesetzgebung in Gang, die die Stellung der Kirche in England grundlegend ändern sollte. Am Ende dieses Prozesses standen die Sukzessionsakte und die Suprematsakte von 1534, mit der Englands König zum Oberhaupt der englischen Kirche konstituiert wurde. Bereits am 15. Mai 1532 hatte die Kirchenversammlung vor den Forderungen des Königs kapituliert. Am Tag darauf trat Thomas Morus von seinem Amt zurück. Es folgte Heinrichs Eheschließung mit Anne Boleyn, ihre Krönung, an der Morus teilzunehmen sich weigerte – was ihm den unversöhnlichen Hass des Königs eintrug; ein Kesseltreiben gegen den Zurückgetretenen, das in ein Ermittlungsverfahren einmündete; endlich, nach Verabschiedung der Suprematsakte, die Aufforderung, den Eid zu leisten. Morus lehnte aus Gewissensgründen ab. Er wurde im Tower eingekerkert. Damit war der Wendepunkt seiner Karriere und, wie sich zeigen sollte, seines Lebens erreicht.

Ironie und Heiligkeit – ein Gegensatz?

Überblickt man Morus' literarisches Werk, das der viel Beschäftigte immer kargeren Mußestunden abgerungen hat, so fällt ein Zug ins Auge: das Spielerische, Experimenthafte, ein Moment des Versteckspiels, ja der Fopperei. Das hängt nicht nur mit der Debattierleidenschaft zusammen, die er als scholastisch erzogener Mann von seinen Oxforder und Londoner Schulen ererbt hatte. Morus ist zeitlebens nach dem Zeugnis der Zeitgenossen ein witziger Plauderer und Erfinder gewesen, und wenn ihn etwas mit dem älteren Erasmus verbindet, so die Neigung zu Sarkasmus und Ironie. Es ist kein Zufall, dass seine bevorzugte literarische Form der Dialog ist – kein Zufall auch, dass die Frage, in welchen Äußerungen der Dialogpersonen nun der wahre Morus stecke, bis heute die Forschung in Atem hält. Ein blendender Witz, die Lust zu fabulieren, den Leser ein wenig an der Nase herumzuführen, Kunstfiguren unaufgelöst stehen zu lassen, auf dass jeder sich seinen eigenen Reim auf das anmutige Ganze mache – das prägt die Schriftstellerei des Humanisten Morus zumindest in jener ersten Lebenshälfte. Nicht nur deutsche Professoren, auch die Hagiographen haben sich mit diesem Mann sehr schwer getan, der die Feststellung Kierkegaards zu widerlegen scheint, Ironie und Heiligkeit (als eine letzte Entschiedenheit des Geistes) schlössen einander aus.

Vieles ist aus der Zeit, vieles auch aus der Herkunft der humanistischen Autoren verständlich. Oft war der kräftig entwickelte Autorenstolz, der in der Tat auf moderne Verhältnisse vorausdeutet, eine Kompensation für die niedere Herkunft, das gehetzte Wanderleben, die unsichere Lebensgrundlage. Gewiss nicht bei Morus, der, wie gesagt, von den vagierenden Humanisten durch ein hohes Maß an Bodenständigkeit und Familienbezogenheit abstich. Aber selbst bei ihm finden sich Ausbrüche von Stolz, ja Überheblichkeit gegenüber Ungebildeten, Zeugnisse von persönlich-polemischem Überdruck, von Streitbarkeit und Reizbarkeit. Das Denkspielerische ist ausgeprägt.

Die Dialoge transportieren nicht nur Sinn, sondern manchmal auch tiefsinnigen Ulk. Man muss sich vergegenwärtigen, dass die Loslösung von der mittelalterlichen Allegorese, die Abkehr vom strengen Duktus scholastischer Traktate, die Hinwendung zu antiken Autoren nicht nur das stilistische Handgelenk gelockert hatten – wir begegnen einem wahren Ausbruch schöpferischer Lust und Formulierfreude. Man stelle sich diese Humanisten weder als Antikenschwärmer noch als moderne, an »Texte« sich entäußernde Philologen vor – sie traten einfach mit den neuentdeckten Alten in einen unhistorisch direkten, schöpferische Kräfte weckenden Austausch. Dabei vertrauten sie als Christen auf den *logos spermatikos* auch in recht leichtfüßigen antiken Schriften. Erasmus und Morus in London über Lukian lachend und diskutierend – ist das nicht ein vergnügliches Dementi aller späteren Philologen-Andacht vor dem Klassischen?

Man versteht Morus' berühmtestes Werk, die *Utopia*, nicht, wenn man nicht diese Eigenbewegung einer freigesetzten Sprache sieht, die im Perspektivenreichtum der Dialogform aller Eindeutigkeit zu entrinnen strebt. Gewiss lassen sich Grundzüge des More'schen und des humanistischen Denkens dingfest machen: das Vertrauen auf die Vernunft, auf den gesunden Menschenverstand als Leitinstanz in politischen Fragen; der ausgeprägte Pazifismus, verständlich in einem kriegerischen Zeitalter, das den Musen und Wissenschaften ebenso feindlich war wie einer christlichen Brüderlichkeit der Völker; endlich die staunend gewonnene und nach Herzenslust ausgekostete Einsicht, dass die Kinder dieser Welt manchmal klüger sind als die Kinder des Lichts. Bei Morus kommen noch spezifische Züge hinzu: weltpolitisches Denken, das sich der Erweiterung der europäischen Horizonte sehr bewusst ist und das vom Kosmopolitismus der älteren Humanisten sich entfernt, die wie Erasmus im Grunde immer in Begriffen der mittelalterlichen Weltmonarchie gedacht haben; englischer Witz, der höflich Übereinstimmung mit dem Dialogpartner sucht, auch im Widerspruch, und manchmal die harten Konturen rivalisierender Gedanken mit der Eleganz rhetorischer Verbeugungen verdeckt. Man hat unter den kritischen Augen vor allem protestantischer Gelehrter reichlich Verhüllungsfloskeln und englischen *cant* in Morus' *Utopia* zu Tage gefördert, nicht selten mit moralischem Vorwurf – und dass Morus Beamter, Diplomat, Politiker war, dass er manchmal lange schwieg, dann auch wieder taktisch redete, mit Vorsicht und Klugheit formulierte, ist keine neue Entdeckung. Gerade die jahrelange Behandlung der »great matter« des Königs, die äußerste Zurückhaltung gegenüber allen Versuchen der Festlegung und Überführung, der Rückzug ins Schweigen, in vorgeschobene Krankheitsgründe, die Verhüllung der innersten Ablehnungsgründe bis zur großen Offenbarungsrede vor Gericht zeigt diesen Zug mit Deutlichkeit. Wer gegenüber so viel Klugheit – und Morus ist ein Patron der Klugheit, wenn es einen gibt! – die nackte Aufrichtigkeit des Machiavelli vorzieht, dem sei das unbenommen. Doch dringt er damit ins Innere des großen Schriftstellers und Staatsmanns, der kein ausgeklügeltes Buch war, sondern ein Engländer seiner Zeit mit allen Leidenschaften und Fehlern, aber auch aller Noblesse und Größe, kaum ein.

Morus' *Utopia* ist weder eine Vorwegnahme sozialistischer Zukunftsgesellschaften, wie Kautsky meinte, noch eine geheime Aufforderung an die Christen, Utopier zu werden. Sie ist gerade kein Idealstaat. Vielmehr ist der immer wieder hervortretende Grundzug des Werkes ein neugierig-nachdenkliches Memento an die zeitgenössischen Briten, Europäer, Christen, eine Aufforderung, sich die Weisheit der Kinder dieser Welt zunutze zu machen. Der Staat Nirgendwo ist nicht auf christlichen Tugenden aufgebaut, auf Glaube, Hoffnung, Liebe – er ist aufgebaut auf den Kardinaltugenden, die schon den Heiden erreichbar waren: Weisheit, Tapferkeit, Mäßigkeit, Gerechtigkeit. Der Einführungsbrief sagt es mit Deutlichkeit. Modern gesprochen: Morus wollte nicht sagen, es genüge, ein anständiger Mensch zu sein, damit man auch ein Christ sei. Er wollte vielmehr der Versuchung vorbauen zu meinen, man müsse nur ein Christ sein und könne sich damit ersparen, ein anständiger Mensch zu sein.

Der Hausvater

Das Bild des Humanisten Morus wäre nicht vollständig ohne sein Haus, seine Familie. Es ist charakteristisch, dass uns das wärmere Wort Familie eher angemessen scheint, um einen Hausstand zu beschreiben, über den wir aus Briefen und Berichten vieles wissen – fast mehr als über ein anderes Haus der gleichen Zeit. Dennoch muss man sich auch hier vor Modernisierungen hüten – die Züge des Neuen, Persönlichen, der familienhaften Intimität sind da, aber sie heben sich erst diskret ab von einem durchaus nach ökonomischen und herrschaftlichen Gesichtspunkten aufgebauten »ganzen Haus«.

Zweifellos waren Morus' Frauen – die junge früh verstorbene Jane und die ältere Alice, die er als Witwe heiratete, übrigens nur wenige Wochen nach dem Tod der ersten Frau – alles andere als mit dem

Gatten wetteifernde eigenständige Wesen von der Art der Frauen der Romantik. Von Schleiermacher'schen Vorstellungen über die Ehe als primären Liebesbund sind wir hier noch weit entfernt. Morus heiratet die erste Frau »aus Erbarmen«, um sie nicht zu kränken, denn eigentlich war er in ihre jüngere Schwester verliebt; und er heiratet die zweite – »nec bella nec puella« –, um eine Mutter für das Haus und die Kinder zu haben, wie er ganz offen sagt. Das ist nicht Herzenskälte eines berechnenden Geschäftsmanns, es entspricht den Lebensbedingungen einer Zeit, in der Ehe, Familie, Haus vor allem Institutionen der Lebenssicherung sind und alles Individuelle in objektive Ordnungen eingebettet ist. Dieses Objektive eines großen Hausstands fehlt in Morus' Haus in Chelsea nicht, angefangen von den Dienern bis zum Hausnarren und den acht Ruderknechten, die täglich die Staatsbarke mit dem Lordkanzler die Themse auf- und abrudern von der Wohnung zum Amtssitz. Auch die Sorge für das Essen und die Kleidung gehört hinzu. Nachdenklich erwägt Morus nach seinem Rücktritt die neue soziale Situation der Familie und des Hausstands in einer kleinen Ansprache, in der er, in Vorahnung des Endes, auf seine eigenen Lebenssituationen zurückblickt: »Ich bin erzogen worden zu Oxford in einer Advokaten-Innung, in Lincolns Inn und auch am königlichen Hofe und so fort, von der niedersten Stufe bis zur höchsten, und doch belaufen sich meine jährlichen Einkünfte auf wenig mehr als hundert Pfund im Jahr. So müssen wir von jetzt an, wenn wir zusammenbleiben wollen, uns damit abfinden, dass wir einander helfen müssen. Aber meines Erachtens wäre es nicht gut für uns, wenn wir uns gleich zuallererst an die einfachste Kost gewöhnen; wir wollen darum nicht gleich zur einfachsten Kost herabsteigen, auch nicht zu der Kost im New Inn. Sondern wir wollen mit der Diät von Lincolns Inn beginnen, wo viele höchst würdige und wohlbetagte Leute sehr gut leben; und wenn wir im ersten Jahre finden, dass wir das nicht durchhalten können, dann wollen wir im nächsten Jahr eine Stufe tiefer steigen, zur Kost des New Inn, mit der so mancher ehrliche Mann recht zufrieden ist. Wenn auch das über unsere Kräfte geht, dann wollen wir im Jahr darauf zur Oxforder Kost herabsteigen, mit der viele ernste, gelehrte und begabte Väter dauernd vertraut sind. Und sollte auch das nicht ausreichen, so können wir immer noch mit Säcken und Felleisen losziehen und betteln, hoffend, dass gute Leute uns aus Mitleid ein Almosen geben, und vor allen Türen Salve Regina singen und so einander weiter Gesellschaft leisten und zusammen fröhlich sein.« Der Text zeigt sehr schön, wie die individuelle Sorge bei Morus noch ganz eingefügt ist in die Ordnungen des Essens, Zusammenlebens, Zusammenwohnens – der Hausvater des 16. Jahrhunderts hat eben noch andere Verpflichtungen als der moderne Familienvater, dem staatliche Sozialpolitik die Zukunftssorge abnimmt, wenigstens erleichtert.

Doch vor diesem Hintergrund – welch ein für die Zeit ganz ungewöhnliches Maß des Persönlichen, der liebevollen Zuwendung zum Einzelnen! Mag uns auch Morus, der leidenschaftliche und manchmal pedantische Erzieher seiner Ehefrauen, der unnachgiebig auf Fortschritten im Lautenspiel und Gesang beharrt und heftig und vergeblich Brücken zur humanistischen Wissenschaft schlagen will, ein wenig verwundern, ja unsere Nerven strapazieren: Es ist kein Zweifel, dass Morus seine Frauen, mehr noch seinen Sohn und seine Töchter, auf eine sehr persönliche Weise geliebt hat – wobei die Gattenliebe aus der Ehe wuchs, nicht umgekehrt wie in modernen Zeiten. Und wie weit strahlte das »private, geheime und häusliche Leben und Treiben des Thomas More«, wie es ein zeitgenössischer Beobachter nennt, auf die Umwelt aus! In diesem Hausstand, wo Gebet, Kirchenbesuch, Gartenarbeit, Studium und Musik einander ablösten, ist es Morus, dem Laien, gelungen, etwas von der klösterlichen Intimität seiner Jugend- und Prüfungszeit in sein späteres öffentliches Leben hinüberzunehmen. Holbeins Federzeichnung, vermutlich aus dem Jahr 1527 oder 1528, zeigt die Familie in einem englisch oder flandrisch anmutenden Innenraum mit Schränken, Butzenscheiben, Teppichen, einer Uhr – ein Bild mitteninne zwischen »ganzem Haus« und Familie, zwischen Mittelalter und Gegenwart.

Es ist bewegend zu sehen, wie dieser Innenraum in Mores letzter Lebenszeit im Gefängnis des Tower in der Vorstellung des Gefangenen noch einmal ganz lebendig wird, wie die Briefe an die Tochter Margaret stets die Familie, das Haus mit einbeziehen. »Ich betrübe Dich sehr, gute Margaret«, heißt es in seinem letzten, mit einem Kohlebröckchen geschriebenen Brief aus dem Tower, »aber es wäre traurig, wenn es noch länger dauerte als bis morgen, denn es ist der Vorabend des St. Thomastages und der Oktavtag von St. Petrus; und darum verlange ich danach, morgen zu Gott einzugehen. Es wäre ein sehr passender und angemessener Tag für mich. Nie liebte ich Dein Wesen mehr als in dem Augenblick, da Du mich zum letzten Mal küsstest, denn ich mag es gerne, wenn Kindesliebe und inniges Erbarmen aufgehört haben, auf weltliche Rücksichten zu achten. Lebe wohl, mein liebes Kind, und bete für mich, wie ich für Dich und alle deine Freunde bete, dass wir uns im Himmel fröhlich wieder finden …«

Des Königs treuer Diener – aber zuerst Gottes

Am 6. Juli 1535, im 27. Regierungsjahr König Heinrichs VIII., wurde Thomas Morus enthauptet, nach Schuldspruch wegen Hochverrats, weil er sich geweigert hatte, den Eid zu leisten. Lange Jahre hatte Morus eine offene Konfrontation zu vermeiden versucht, obwohl seine Meinung über den Eheprozess des Königs von Anfang an feststand. Noch während seines eigenen Prozesses hielt er sich mit Äußerungen zurück, um sich keine Blöße zu geben. Formal war er wegen Gesundheitsrücksichten zurückgetreten. Erst als der Schuldspruch unwiderruflich feststand, offenbarte er sein Innerstes. Niemand könne einen Christen richten, weil er sich dagegen wende, dem Heiligen Stuhl den geistlichen Vorrang zu nehmen, den Christus ihm selbst verliehen habe. Sowenig London ein Sondergesetz gegen England machen könne, so wenig könne dies England gegen die katholische Kirche tun. Morus berief sich auf die Immunität, welche die *Magna Charta* der Kirche verliehen hatte, auf den Krönungseid der englischen Könige und auf die Kontinuität der englischen Kirche. Er nahm alle Konzilien und Bischöfe für sich zum Zeugen. Morus starb als Martyrer – nicht allein als Martyrer seiner Überzeugung, sondern als Martyrer der Kirche. In unübertrefflicher Kürze wies er, wenige Minuten vor seinem Tod, auf die Ordnung hin, die seine Entscheidung bestimmte, als der Ernstfall gekommen war – in dem stolzesten Wort, das je auf einem Schafott gesprochen wurde: *des Königs treuer Diener, aber zuerst Gottes*.

LITERATUR
Thomas Morus, Lebenszeugnis in Briefen, Heidelberg 1984;
Thomas Morus, Trostgespräch im Leid, Düsseldorf 1988;
H. Boventer (Hg.), Biographie Sir Thomas More, Düsseldorf 2001

Gustavo Gutiérrez

Bartolomé de Las Casas

Begegnung zweier Welten

** 1484 in Sevilla*
† 1566 bei Madrid
Ordensmann, Menschenrechtler
Gedenktag: 31. Juli

Vor wenigen Jahren wurde der Prozess der Selig- und Heiligsprechung des Bartolomé de Las Casas in die Wege geleitet. Dieser uns allen bekannte Diener Gottes erlebte die ersten Augenblicke der Begegnung zweier Welten: des christlichen Europa mit einem riesigen und dicht besiedelten Kontinent, »Las Indias« oder Westindien.

In dieser konfliktgeladenen Situation versuchte Las Casas ein treuer Zeuge des liebenden Gedächtnisses Gottes für die Urbevölkerung Westindiens zu sein, und auch für die Afrikaner, die auf gewaltsamem Wege in die Geschichte dieser Länder hineingeworfen wurden.

Ausgang Westindien

Bartolomé de Las Casas wurde 1484 in Sevilla geboren. Neun Jahre später sah er mit eigenen Augen, sprachlos, Christoph Kolumbus in Begleitung einiger erschrockener junger Taíno-Indianer, die dieser von der auf den Namen »La Hispaniola« getauften Inselgruppe (Haiti und Dominikanische Republik) mitgebracht hatte. Ein Augenblick, den er nie vergaß. Im Alter von 18 Jahren traf der Geistliche Las Casas auf eben dieser Insel ein. Sein Vater war mit Kolumbus zur See gefahren. 1507 wurde er in Rom zum Priester geweiht. Das hinderte ihn nicht daran, ein Kolonist, ein Grundbesitzer auf La Hispaniola zu werden. Vielleicht hörte er die Predigt von Antón Montesino

(1511), aus der er uns wesentliche Teile überliefert hat und die einen ersten und energischen Protest gegen die Misshandlung der Indianer darstellte. Wie dem auch sei, Tatsache ist, dass er mit dem Missionsorden der Dominikaner in Kontakt trat, der 1510 auf der Insel seine Arbeit aufgenommen hatte.

Angeregt durch einen Text aus dem Buch Jesus Sirach, verspürt Las Casas 1514, dass Gott ihn zu einem Leben beruft, das sich radikal von dem unterscheidet, das er bislang geführt hat. Er berichtet davon in einem seiner wichtigsten Werke, der »Historia de las Indias« (»Geschichte der Westindischen Länder«), die er im Laufe seines Lebens verfasste. Beim Lesen der Bibel fühlt er sich angesprochen durch Passagen wie diese: »Kärgliches Brot ist der Lebensunterhalt der Armen / wer es ihnen vorenthält, ist ein Blutsauger. Den Nächsten mordet, wer ihm den Unterhalt nimmt, / Blut vergießt, wer dem Arbeiter den Lohn vorenthält« (Sir 34,25–26). Die Kenntnis von der Misshandlung der Indianer, die Zeugnisse der Dominikaner, seine eigene Stellung innerhalb des spanischen Kolonialsystems lassen ihn diesen Text als einen Ruf Gottes verstehen. Er verlässt seine Besitzungen und beginnt seinen Kampf für Gerechtigkeit und für die Verteidigung der Urbevölkerung Westindiens. Eine Entscheidung, die sein ganzes künftiges Leben prägen wird.

Eine rastlose Reisetätigkeit zwischen Westindien und Spanien beginnt. Er entwirft Pläne, um die Lage der Indianer zu verbessern, mit Ergebnissen, die nicht immer zu seiner vollen Befriedigung ausfallen. 1522 tritt er dem Dominikanerorden bei, bleibt auf La Hispaniola, zieht sich in ein Kloster zurück und widmet sich dem Studium der Theologie. Er schreibt sein erstes Buch, »De unico vocationis modo« (»Die einzige Art der Berufung«), und begründet seine These von der gewaltlosen Missionierung auf dem Weg des Dialogs und der Überzeugung, die er sein Leben lang aufrechterhalten wird. Er verfasst zahlreiche Streitschriften, Berichte und Bücher zur Verteidigung einer Bevölkerung, die immer weiter dezimiert wird durch Krankheiten, Kriege, Ausbeutung, Zwangsarbeit und anderes mehr. Die Dominikaner und Las Casas mit ihnen stellen fest, dass »die Indianer vor der Zeit sterben«. Ein wahrhafter demographischer Kollaps ereignete sich in jenen Jahren. Die tägliche Präsenz des vorzeitigen und ungerechten Todes bildet den lebendigen und tödlichen Hintergrund für die Missionstätigkeit von Las Casas. Nur so kann man die Dringlichkeit und Radikalität verstehen, die seinen Kampf für Gerechtigkeit und die Debatte um die Legitimität der europäischen Präsenz in Westindien, wie sie so nur in Spanien stattfand, prägte.

1544, nachdem er die bekannten »Nuevas Leyes« (»Neue Gesetze«) durchgesetzt hat, die die Behandlung der indianischen Bevölkerung modifizierten, wird Bartolomé zum Bischof von Chiapas ernannt (einem Gebiet zwischen den heutigen Staaten Mexiko und Guatemala). In diesem Gebiet haben Las Casas und eine Gruppe von Dominikanern einen erfolgreichen Prozess der friedlichen Missionierung in die Wege geleitet. Aus unterschiedlichen Beweggründen kehrt Las Casas im Jahr 1547 endgültig nach Spanien zurück und verbleibt dort bis zu seinem Tod im Jahre 1566, nicht ohne kurz zuvor noch eine Petition an Pius V. zugunsten der Einwohner von Westindien zu schicken.

Das Hauptziel

Die Verkündigung des Evangeliums war sein Hauptanliegen. Diese seine Lebensaufgabe entsprang, wie er sagte, »der Liebe Christi, die weder rastet noch ruht, während sie durch diese Welt wandelt«. Stets war er von dem Verlangen getrieben, »den Glauben an Jesus Christus zu sehen, der in dieser Neuen Welt so sehr in den Schmutz gezogen, beleidigt und verfolgt wird« durch die Misshandlung der Menschen, die er, wie er voller Mitleid sagte, »getrieben sah von Angst in der Brust«.

Eine zentrale, vom Evangelium gespeiste Sichtweise nährte seine Mission. Als er um 1519–1520 in Spanien weilte, bekräftigte er in Anspielung an die Lage der Indianer, er habe »in Westindien Jesus Christus zurückgelassen, unseren Gott, der dort gegeißelt, beleidigt, geschlagen und gekreuzigt wird, nicht einmal, nein milliardenfach«. Diese mystische und christologische Perspektive begleitete ihn sein ganzes Leben und bildete die zentrale Grundlage seiner Spiritualität.

In dem ersten Text, der uns von ihm überliefert ist, sagt Las Casas, dass »das hauptsächliche Ziel eines jeden, der die Weihe empfangen hat oder diese zu empfangen gedenkt (…), die Rettung jener Indianer« sei. Die Verkündigung der Liebe Gottes, nicht die Gewinnung von Ländern für den König von Spanien und noch viel weniger die Jagd nach Gold dürfe das Ziel des Aufenthaltes der Christen in Westindien sein.

Die Errettung der Einwohner von Westindien, sozusagen die totale und vollendete Liebe zu Gott, ist das Ziel. Doch dieses bleibt nicht auf ein Leben jenseits der Geschichte beschränkt, es muss auch heute gegenwärtig sein. Um diese Idee kreist das, was wir die »Theologie der Gnade« des Las Casas nennen könnten. Die Wertschätzung der zeitlich bedingten Komponenten des menschlichen Seins bildet Teil der Erlösungsbotschaft, die durch Worte und Taten verkündet werden muss.

Mehr noch als das: An diesem Ziel misst sich die europäische Präsenz in der Neuen Welt: »Das erste und letzte Ziel, an dem sich die Rettung jener armen Seelen orientieren muss, hat Gott zu sein.« »Arm« sind diese Seelen aufgrund der Qualen, die sie erleiden. Gott steht am Anfang und am Ende dieses Unternehmens. Nur ausgehend von ihm kann man Abhilfe finden für Missbrauch und Ungerechtigkeiten. Dieser Theozentrismus verleiht Las Casas in seinen Analysen, Anklagen und Vorschlägen Schärfe. Das Recht der Indianer, die er verteidigt, ist das Recht Gottes selbst. Die Verkündigung des Evangeliums geht Hand in Hand mit der Verteidigung der indianischen Völker. Daher die Stärke seiner Positionen.

Umsonst geben, was wir umsonst empfangen haben

Das Recht der Indianer auf die Verkündigung des Evangeliums impliziert ihre Eignung, es zu empfangen, etwas, was viele in jener Zeit in Frage stellten. Es war eine Schlacht, die Las Casas mit viel Mut anging. Er anerkennt und verteidigt die Fähigkeit der Indianer, die Frohe Botschaft Christi zu empfangen. Die Indianer, so unterstreicht er, »sind äußerst befähigt, unseren heiligen katholischen Glauben zu empfangen«. Damit unterstreicht er seine These von der Gleichheit der Europäer und der Ureinwohner Westindiens bezüglich der Menschenwürde.

Diese Fähigkeit zu verkünden war wichtig, denn sie wurde von vielen mit dem Ziel geleugnet, die Gewaltanwendung bei der Schaffung der Bedingungen für die Missionierung zu rechtfertigen. Diese Eignung, die ihre letztliche Begründung in Gott sieht, anzuerkennen, bedeutet, den genauen Ausgangspunkt, der sie motiviert hat, zur Kenntnis zu nehmen: Wir befinden uns hier nicht vor einer schlichten, philosophischen Bestätigung der Gleichheit aller menschlichen Wesen, bei Las Casas rührt sie aus seiner Auffassung von der Vorliebe des Evangeliums für die Entrechteten der Geschichte. Auf diese Vorliebe begründet sich die Gleichheit aller menschlichen Wesen.

Das Werk des Bartolomé de Las Casas basiert auf der Tatsache, dass Gott sich die Namen aller Menschen ins Gedächtnis geschrieben hat, ganz besonders die der »Vergessensten« von allen. Dieser Gedanke bildet die Kraft- und Inspirationsquelle seiner missionarischen Tätigkeit und der Fassungskraft seines Glaubens. Das Gedächtnis Gottes drückt sich aus in der Unentgeltlichkeit seiner Liebe. Diese Perspektive wird durch die häufige Bezugnahme auf das Gleichnis von den Arbeitern der elften Stunde unterstrichen. Damit antwortet er auf einen beliebten Einwand der Epoche: Die Tatsache, dass die indianischen Völker (im Vergleich zu den europäischen) relativ spät zum Evangelium berufen wurden, bedeute demnach, dass Gott sie »vergessen« habe. Las Casas, mit dem Evangelium in der Hand, zeigt auf, dass die Gerechtigkeit Gottes sich an anderen Kategorien orientiert, dass diese Tatsache der zeitlichen Verzögerung keineswegs bedeutet, dass die Indianer benachteiligt seien. Wie die Arbeiter der elften Stunde, so würden auch sie den »gleichen Lohn« empfangen. Er zitiert daher häufig folgenden Text des Evangeliums: »Umsonst geben, was wir umsonst empfangen haben« – die Liebe Gottes.

Ein Reflexionsprozess

Die Erfahrung ist »die Mutter aller Dinge«, wie Las Casas gerne zu sagen pflegte. Auf seinem langen Marsch der Verteidigung der Indianer erneuern sich seine Pläne und Reflexionen stets in Treue zu seinen grundsätzlichen Überlegungen. Offen zu sein für das, was die Entwicklung der Ereignisse ihm zeigen würde, das war stets eines seiner charakteristischen Merkmale. Von Beginn an verkündet er, dass die elementaren Rechte eines jeden Menschen Leben und Freiheit sind. Diese Rechte verteidigt er für alle, doch ganz besonders für die Untersten in der Gesellschaft. Nie hörte er auf, über die Reichweite dieser Rechte nachzudenken.

Die Suche nach Gerechtigkeit für die Indianer brachte ihn dazu, im Encomienda-System (gemeint ist die Zuteilung eines bestimmten Territoriums mit seiner Bevölkerung und seinen Naturreichtümern an einen Conquistador oder Beamten der spanischen Krone, der im Gegenzug für die Missionierung der Indianer zu sorgen hatte) den Hauptpunkt der Ungerechtigkeit des Kolonialsystems zu sehen. Seine Auflösung lag ihm am Herzen und er machte zu diesem Zweck konkrete Vorschläge. Seine Überzeugung, dass die Indianer, wenn sie auch anders waren als die Spanier, diesen in ihrer Würde als Menschen dennoch gleichgestellt waren, brachte ihn dazu, langsam bis zu den Wurzeln des Kolonialsystems vorzudringen. Für ihn war eine politische Autorität nicht legitim, wenn sie nicht auf der allgemeinen Zustimmung der Bevölkerung beruhte. Nun wurde aber die spanische Präsenz in Westindien von den Indianern niemals akzeptiert. Demzufolge entbehrten der König von Spanien und die Machtinstanzen, die er der einheimischen Bevölkerung aufzwang, der Legitimität. Allenfalls wenn die Indianer dies akzeptieren sollten, dürften die Missionare und Händler in der Neuen Welt verbleiben. Eine mutige These, die sich auf das Evangelium stützte und die ihn dazu führte, die Präsenz der europäischen Kolonialmächte, die sich in diesem Augenblick auf verschiedenen Kontinenten zu formieren begann, in Frage zu stellen.

Las Casas bezeichnete sich gewöhnlich als »Christ, Ordensbruder, Bischof und Spanier«, in dieser Reihenfolge. Dass vor allen anderen Unterscheidungen seine Eigenschaft als Jünger Jesu rangierte, ist bezeichnend. Er versuchte, die Erinnerung Gottes an die Entrechteten der Geschichte zu verlängern: »An die Niedrigsten und Vergessensten« – so unterstreicht er unter Berufung auf die Bibel – »erinnert sich Gott sehr lebhaft und in der heutigen Zeit ganz besonders.« Vor dem Hintergrund dieser Tatsache war er sehr bemüht, die Sichtweise der anderen, der Indianer, einzunehmen. »Wenn Sie Indianer wären«, so sagte er in einem Streitgespräch mit einem Theologen aus Paris, der die in Westindien geführten Kriege rechtfertigte, »dann würden Sie nicht so denken.«

Ausgehend von den Indianern, in deren Gesichtern er das Antlitz Jesu erkannte, versuchte er die Situation der Neuen Welt zu verstehen und die Tragweite der Frohen Botschaft des Evangeliums für seine Zeit zu erkennen. (Aus dem Spanischen übersetzt von Christina Meißner)

LITERATUR

Bartolomé de Las Casas, Kurzgefasster Bericht von der Verwüstung der Westindischen Länder (hg. v. H.-M. Enzensberger), Frankfurt 1966;

G. Gutiérrez, Gott oder das Gold. Der befreiende Weg des Bartolomé de Las Casas, Freiburg 1990;

M. Delgado, Hunger und Durst nach der Gerechtigkeit. Das Christentum des Bartolomé de Las Casas, Freiburg/Schweiz 2001

Andreas R. Batlogg

Ignatius von Loyola

Der Pilger

** 1491 in Loyola / Spanien*
† 1556 in Rom
Ordensgründer; Mystiker
Gedenktag: 31. Juli

Zu den volkstümlichen Heiligen gehört Ignatius von Loyola ebenso wenig wie zu den populären Ordensgründern. Bekannter als seine Person ist das imposante Werk, das er hinterlassen hat und hinter dem er fast gänzlich verschwindet – und das wäre ihm vermutlich gar nicht so unrecht. In seiner Jugend ein eitler Egozentriker, war ihm später Personenkult zuwider. Über beide allerdings, den Jesuitenorden wie seinen Gründer, sind unzählige Gerüchte, Legenden und Polemik (»Jesuitenmoral«) in Umlauf. Sie scheinen sich umso hartnäckiger zu halten, je mehr man sie mit den Tatsachen konfrontiert.

Von der Wirkungsgeschichte des Ordens zum Ordensgründer

Jesuiten blieben in meiner Schulzeit die großen Unbekannten oder Vernachlässigten, die mir gleichwohl Respekt abnötigten: eine als Kadertruppe des römischen Papstes apostrophierte Gemeinschaft, dem aufgeklärten Geist deswegen von vornherein suspekt, das Ordenskürzel SJ verballhornt zu »Schlaue Jungs« – seltsame, wenngleich einflussreiche Gestalten, die in ihren Schulen und auf Universitäten Eliten heranbilden und an den Brennpunkten der Welt- und Kirchengeschichte anzutreffen sind.

Indirekt, literarisch nämlich, verlief dann die erste Begegnung mit ihnen, ohne dass dabei groß von Ignatius die Rede gewesen wäre: Als Gymnasiast las ich »Das heilige Experiment« von Fritz Hochwälder, der in seinem frei erfundenen Schauspiel einem großartigen Unternehmen des Ordens im heutigen Dreiländereck Paraguay – Brasilien – Argentinien ein literarisches Denkmal gesetzt hat, das unter dem geheimnisumwitterten und missverständlichen Stichwort »Jesuitenstaat« in die Geschichte einging. Der britische Historiker Philip Caraman sah in dem gescheiterten Projekt »fraglos ein Modell einer Demokratie« und nannte die damit verbundene Vision in Anspielung auf ein Gedicht von Gilbert K. Chesterton »ein verlorenes Paradies«. Trotzig legte der Jesuitentheologe Karl Rahner in seiner fiktiven »Rede des Ignatius von Loyola an einen Jesuiten von heute« (1978) seinem Ordensvater die Frage in den Mund: »Warum habt ihr nicht im 18. Jahrhundert mit euren Indios zusammen mit Brachialgewalt das heilige Experiment gegen den grässlichen Kolonialismus verteidigt? Musstet ihr wirklich da in devotem Gehorsam euch aus Lateinamerika abschieben lassen?«

Solche kritischen Anfragen imponierten mir. Einen Zugang zum Ordensgründer konnten sie mir indes nicht eröffnen. Der Name Ignatius fiel vermutlich im Religionsunterricht, als einer unter vielen, aber einen nachhaltigen Eindruck wie Franz von Assisi, der liebenswürdige Poverello aus Umbrien, hinterließ er nicht. Jede Wirkungsgeschichte setzt allerdings einen Gründungsimpuls voraus: einen Anfang, und dieser Anfang ist für Jesuiten verbunden mit einem »Spanierlein, klein, etwas hinkend, mit fröhlichen Augen« – eine Seite, die vor dem Hintergrund der über Ignatius verbreiteten Klischees vom streng-sachlichen, durchorganisierten Strategen überrascht, ja selbst im eigenen Orden lange verdrängt wurde.

Ein baskischer Edelmann

Der hinkende Spanier: Eigentlich war er Baske, und eine Kanonenkugel zerschlug ihm im Mai 1521 nicht nur ein Bein, sondern auch seine Offizierskarriere. Damit war ein geltungsbedürftiger Narziss und Draufgänger zum Invaliden geworden, der fortan hinkte, nachdem eine »Schönheitsoperation« schiefgegangen war, bei der er sich die unvorteilhaft verwachsenen, hässlich abstehenden Knochenstücke hatte absägen lassen. 1491, ein Jahr vor der Entdeckung Amerikas durch Christoph Kolumbus, wurde Iñigo López de Oñaz y Loyola auf Schloss Loyola (»sumpfiger Ort«) in der baskischen Provinz Guipúzcoa geboren. Seine Eltern, Beltrán Yáñez de Oñaz y Loyola und Marina Sáenz de Licona, ließen ihn auf den Namen des heiligen Benediktinerabtes Eneca (baskisch: Iñigo) taufen. Während der Studienjahre in Paris verwendet er erstmals die latinisierte Namensform Ignatius.

Als dreizehntes Kind war Iñigo der Benjamin der angesehensten von 14 Hauptfamilien, welche die Provinz regierten. Die Loyolas hatten viel Grundbesitz und konnten stolz auf eine kriegerische, königstreue Vergangenheit verweisen, die ihnen allerlei Privilegien und Gunsterweise eingebracht hatte. Neben den 13 Kindern hatte der Vater einige außereheliche Nachkommen. Auch ein älterer Bruder von Ignatius, der Pfarrer im nahe gelegenen Azpeitia war, hatte mehrere Kinder – damals keineswegs ungewöhnlich. Als Iñigo 16 Jahre alt war, starb sein Vater, die Mutter hatte er noch früher verloren. Magdalena de Araoz, eine Schwägerin, wurde zur Ersatzmutter. Geborgenheit im heutigen Sinn erlebte er in seiner Kindheit nicht.

Aufbrüche und Umbrüche prägten die ersten Lebensjahre: Seit der Heirat Isabellas von Kastilien mit Ferdinand von Aragon (1469) waren die beiden wichtigsten Königshäuser vereint. Spanien war mit den *Reyes Católicos*, den Katholischen Königen, zur führenden europäischen Großmacht aufgestiegen und begann seine Fühler auf den Weltmeeren auszustrecken. 1492 war die letzte maurische Festung auf Granada gefallen. Ein goldenes Jahrhundert *(Siglo de Oro)* war angebrochen: eine Blütezeit für Politik, Literatur, Kunst und Architektur. 1516 fiel die spanische Krone an den Habsburger Karl, der 1519 als Karl V. zum Kaiser des Heiligen Römischen Reiches Deutscher Nation gewählt wurde. Er regierte Territorien auf vier Kontinenten: die österreichischen Erblande, Spanien, weite Gebiete in den Niederlanden und Burgund bis Neapel und Sizilien, dazu große Besitzungen in Übersee – ein Gebiet, »in dem die Sonne nicht untergeht«.

Kleriker oder Ritter?

In diese Welt von Glitzer und Glamour sollte Iñigo eintreten. Als Kind hatte er bereits die Tonsur erhalten, was auf eine Klerikerlaufbahn schließen lässt. Doch da er »versorgt« werden musste, war dies zunächst eine präventive Sicherheitsmaßnahme. Zwischen 1504 und 1507 verließ er das heimatliche Tal und kam als Page nach Arévalo, im Herzen der kastilischen Meseta gelegen, an den Hof von Don

Juan Velázquez de Cuellar, einem entfernten Verwandten. Der weltmännische und gebildete Diplomat war nicht nur Mitglied im *Consejo Real*, dem Königlichen Rat, sondern bekleidete auch das Amt des Großschatzmeisters des Königs von Kastilien, in etwa einem heutigen Finanzminister vergleichbar.

Die Ausbildung zum Höfling in luxuriösem Ambiente umfasste neben ritterlichen Fähigkeiten vor allem die Kunst des Schreibens, Verwaltung und Rechtswesen. Iñigo pflegte die höfische Kultur, las Literatur, hörte Musik und lernte den geschliffenen Umgang mit hochgestellten Persönlichkeiten, was ihm später als Ordensgeneral nutzen wird. Diskretion und Takt, Feingefühl und Ehrerbietung prägten die Kultur der »Hohen Minne«. Dazu gehörte auch die Verehrung einer unerreichbaren »Traumfrau«: ein Ideal, das Ignatius später auf die Marienfrömmigkeit übertragen sollte.

Zum Alltag eines auf Eleganz bedachten, lebenslustigen Pagen gehörten aber auch andere Seiten: Iñigo war ein Raufbold, trank gern über den Durst, pflegte das Glücksspiel und hatte zahlreiche Frauengeschichten. Mindestens ein Kind, vermutlich eine Tochter, ist das Ergebnis seiner amourösen Abenteuer, die er später durch Geldzuwendungen regelte. Die ältesten über ihn erhaltenen Dokumente sind Gerichtsakten aus Azpeitia (1515), in denen von »schweren Verbrechen« die Rede ist. Der Prozess wurde niedergeschlagen, weil sich der Angeklagte darauf berief, sich als Kleriker nicht vor der weltlichen Gerichtsbarkeit verantworten zu müssen.

Als Velázquez de Cuellar zwischen 1515 und 1517 sämtliche Ämter verlor, brach für den *Hidalgo* Iñigo eine Welt zusammen: Plötzlich ohne Protektor, musste er den Hof verlassen. In Pamplona fand er in Antonio Manrique de Lara, dem Herzog von Nájera und Vizekönig von Navarra, einen neuen Dienstherrn, der ihn als eine Art Leibgardist (Bodyguard) einstellte. Als *Gentilhombre* wurde er dessen Sekretär und Vertrauter, repräsentierte ihn bei verschiedenen Anlässen und wurde mit diplomatischen Aufträgen beauftragt.

Karriereknick

Er nahm auch an Feldzügen teil. Im Mai 1521 galt es, Pamplona gegen ein anrückendes französisches Heer zu verteidigen, das dem zuvor vertriebenen König von Navarra wieder zur Krone verhelfen wollte. Weil die feindliche Übermacht so groß war, wollten die Verteidiger die Stadt kampflos übergeben. Dagegen protestierte Iñigo.

Er zog sich mit einer kleinen Sturmtruppe in die halbfertige Festung zurück, um (völlig aussichtslos) Widerstand zu leisten. Dabei wurde er am Pfingstmontag (21. Mai), lebensgefährlich verwundet: Die Kanonenkugel beendete schlagartig nicht nur alle Aussichten auf eine Offizierskarriere, sondern auch auf eine höfische Laufbahn – und wurde zum Auftakt eines mehrjährigen Wandlungsprozesses, der schlussendlich zur Gründung eines Ordens führte.

Zunächst wurde Iñigo nach Loyola gebracht – ein Wunder, dass er den zweiwöchigen Transport überlebte. Monatelang schwebte er zwischen Leben und Tod. Seine Verwandten gaben ihn auf und veranlassten die Sterbesakramente.

Zerschmettert und entstellt war nicht nur sein Bein, sondern auch sein Lebensmut. Er verfiel in Depressionen. Iñigo trauerte einer Zukunft nach, die verheißungsvoll begonnen hatte, und badete geradezu in Selbstmitleid. Viel zu lesen gab es nicht auf Loyola, schon gar nicht die von ihm favorisierten Ritterromane. So griff er aus purer Langeweile zum »Leben Christi« des Kartäusers Ludolf von Sachsen und zu einer Sammlung von Heiligenlegenden des Dominikaners Jacobus de Voragine, der *Legenda aurea* – zwei religiöse Bestseller im Spätmittelalter Europas. Was die Autoren beabsichtigten, klappte auch bei Iñigo: Er wurde existenziell ergriffen. So sein wie diese Heiligen und Helden – schoss es ihm durch den Kopf!

Phantasien eines Todgeweihten: Träume und Schäume

Seine Phantasie war wieder angeregt. Er machte unterschiedliche Erfahrungen, die zum Ausgangspunkt seiner späteren Lehre von der »Unterscheidung der Geister« werden sollten. Zwischen zwei Welten schwankte er hin und her: Stundenlang malte er sich ein Leben aus, in dem er die Heiligen – Franz von Assisi und Dominikus beeindruckten ihn am meisten – nachahmen würde. Oft schweifte er ab und sinnierte über ein Ritterleben. Der Geschmack, den beide Möglichkeiten hinterließen, war jedoch ein unterschiedlicher, und darauf wurde Iñigo mit der Zeit aufmerksam: Was ihn spontan durchaus anregte und ausfüllte (eine Fortsetzung des früheren Lebens), hinterließ langfristig eine gewisse Trockenheit und Unzufriedenheit. Wenn er sich in seinen Tagträumen, Selbstgesprächen und Gedanken mit Jesus und den Heiligen beschäftigte, sich ausmalte, wie er barfuß nach Jerusalem gehen und ein Büßerleben beginnen würde, fühlte er sich »getröstet«.

So begann er, sein Leben zu überdenken. Früheres ekelte ihn plötzlich an. Er intensivierte seine Lektüre, machte sich auf 300 Seiten Notizen, plante eine Wallfahrt ins Heilige Land und überlegte, danach in ein strenges Kartäuserkloster einzutreten. Im Grunde fiel er von einem Extrem in ein anderes. Wie besessen tauschte er Eitelkeit und Ehrgeiz durch spirituelles Leistungsdenken aus, eine Einseitigkeit, die ihm noch Probleme bereiten sollte.

Büßer und Pilger: Reifezeit

Als seine Familie von seinen inneren Wandlungen Wind bekam, versuchte sie, ihn auf andere Gedanken zu bringen. Iñigo stellte auf stur. In Aránzazu, einem nahe gelegenen Marienheiligtum, wachte er eine Nacht lang vor einer Madonnenstatue und legte ein Keuschheitsgelübde ab, regelte noch finanzielle Angelegenheiten und ritt auf einem Maultier zum Montserrat (»zersägter Berg«), wo sich ein bekanntes Benediktinerkloster befand. Dort legte er eine Lebensbeichte ab und lernte das *Ejercitatorio de la vida espiritual* (»Übungsbuch über das geistliche Leben«, 1500) des Reformabtes García Jiménez de Cisneros kennen, der von der von den Niederlanden ausgehenden Bewegung der *Devotio moderna* (»Neue Frömmigkeit«) beeinflusst war. Es wurde zum Modell für das spätere »Exerzitienbuch«. Er verschenkte seine Kleider und legte nach durchwachter Nacht vor einer Marienstatue dieser sein Schwert zu Füßen – wie er es sonst bei seiner Angebeteten getan hätte.

Im März 1522 zog er sich nach Manresa zurück, wo offensichtlich tiefgreifende Läuterungsprozesse einsetzten, die von starken religiösen Erfahrungen gekennzeichnet waren. Manches war auch pathologisch: Iñigo übertrieb beim Fasten und verfiel in Fieberträume – er machte eigene »Exerzitien« durch, schrieb seine Erfahrungen nieder. Später wird sich die Inquisition dafür interessieren: Wie kann ein Laie ohne einschlägiges Studium so über Gott sprechen? Gehört er vielleicht den sektiererischen *Alumbrados* an? Weil er sich in seinen tastenden Seelsorgsversuchen behindert empfand, verließ er Manresa und steuerte das Heilige Land an – zur damaligen Zeit ein waghalsiges Unternehmen mit unsicherem Ausgang.

Im Februar 1523 begann er seine abenteuerliche Pilgerfahrt und gelangte über Barcelona und Venedig im September nach Jerusalem. Schon bald befahlen ihm dort die Franziskaner, Palästina zu verlassen. Ein komischer Kauz mit einem Hang zum Fanatismus – damit konnten sie nichts anfangen. Um noch einmal auf dem Ölberg die Fußspuren Jesu sehen zu können, verschenkte er an einen Wächter sein Federmäppchen. Dic »Orte Jesu« zu sehen und zu erspüren (»wie gegenwärtig«) war für »den Pilger«, wie sich Ignatius in seinen Lebenserinnerungen nannte, wichtig.

Zurück auf die Schulbank

Zurück in Europa, entschloss er sich im Alter von 33 Jahren, noch einmal die Schulbank zu drücken. Er besuchte eine Lateinschule in Barcelona. 1526 schrieb er sich an der Universität von Alcalá de Henares ein, 1528 an der von Paris, wo er 1535 seine philosophischen und theologischen Studien mit einem Magistergrad abschloss, der ihn berechtigt hätte, an Universitäten zu dozieren. Nach Paris war er nicht ganz freiwillig ausgewichen. Erneut war die Inquisition in Barcelona auf ihn aufmerksam geworden: Dass ein Laie predigt, Exerzitien gibt, Ratschläge erteilt, hatte ihn verdächtig gemacht. Außerdem sammelten sich teils hysterische, teils labile Frauen um ihn, die ihn finanziell unterstützten. In Salamanca steckten ihn die Dominikaner unter Vorwänden für 42 Tage ins Gefängnis, mangels konkreter Tatbestände wurde er dann wieder freigelassen.

In den sieben Studienjahren in Paris sammelte er immer wieder Freunde um sich. Es gab etliche Anläufe zur Gründung eines Ordens. Der harte Kern legte am 15. August 1534 mit Ignatius zusammen auf dem Montmartre Gelübde ab und versprach, in Armut zu leben und nach Jerusalem zu gehen. Sollte dies innerhalb eines Jahres nicht klappen, würden sie sich in Rom dem Papst zur Verfügung stellen. Der Savoyarde Pierre Favre (Peter Faber), der erste Jesuit auf deutschem Boden, feierte als einziger Priester die Messe. Weitere Gefährten waren Francisco de Jassu y Xavier (Franz Xaver), Diego Laínez, der spätere berühmte Konzilstheologe von Trient, und Alonso Salmeron. Mit Nicolas Bobadilla und dem Portugiesen Simon Rodrigues hatte Ignatius zwei eigenwillige Querköpfe gewonnen.

Warten in Oberitalien

In Venedig und anderen oberitalienischen Städten warteten die Freunde auf eine Passage nach Palästina. Doch der türkische Krieg verhinderte das Auslaufen venezianischer Schiffe. Am 24. Juni 1537 ließ sich Ignatius zusammen mit den anderen in der Lagunenstadt zum Priester weihen. Er war jetzt 45 Jahre alt. Mit seiner ersten Messe wartete er über ein Jahr lang. Ursprünglich wollte er die Primiz in der Geburtsgrotte von Betlehem feiern. Als diese Reise nicht möglich war, feierte er sie am Weihnachtstag 1538 in Santa Maria Maggiore in Rom, das für ihn zum zweiten Jerusalem werden sollte. Bis es so weit war, wirkte er in Vicenza und anderen Städten: Er predigte – in gebrochenem, teils skurril anmutendem Italienisch –, half in Spitälern aus und führte ein asketisches Leben. Ähnlich wie in Manresa erfuhren Ignatius und seine Gefährten viele innere Erleuchtungen. Die Leute begannen, sie *preti riformati* (»Reformpriester«) zu nennen, was sich in manchen Ohren so anhörte, als hätten sie mit Martin Luther zu tun, der die katholische Welt zunehmend verunsicherte.

Rom wird Jerusalem: Gesellschaft Jesu

Im November 1537 ging Ignatius zusammen mit Laínez nach Rom. Unweit der Stadt, in der Kapelle von La Storta, hatte er eine Vision, die für ihn und die gesamte Gruppe von großer Bedeutung werden sollte. Ignatius sah sich dem kreuztragenden Jesus »zugesellt«. Später sahen die Gefährten darin die Bestätigung ihres Weges. In Rom kümmerten sie sich um Straßenkinder, sammelten für die Armen, gründeten für Prostituierte das Marthahaus, pflegten Pestkranke und predigten auf den Straßen. Sie boten sich dem Papst an und schlossen sich nach Beratungen im Frühjahr 1539 im Frangipanihof als feste Gruppe zusammen, da viele Bischöfe bei Ignatius um Hilfe anfragten und damit der Zusammenhalt auseinanderzubrechen drohte. Das Modell dieser Beratungen *(»deliberatio primorum patrum«)* wurde von dem seit 1983 amtierenden Generaloberen Peter-Hans Kolvenbach als immer noch taugliches Instrument gemeinschaftlicher Entscheidungsfindung wieder aufgegriffen.

Ungewöhnlich war der Name des neuen Ordens: *Compañía de Jesús* (»Gesellschaft Jesu«). Zwar besitzt das spanische *compañía* keinen militärischen Klang, sondern meint »Gefährtenschaft« oder auch »Freundeskreis«. Im Deutschen und Lateinischen wirken *Gesellschaft* und *societas* jedoch juristischer und bezeichnen mehr die Organisation als die Gemeinschaft. Für Ignatius drückte sich in dem Namen das geistliche Ideal der Gruppe aus, weswegen er, als sich im Vorfeld der Ordensgründung dagegen massiver Widerstand innerhalb der römischen Kurie breit machte, jede andere Bezeichnung vehement ablehnte. Nicht nur, dass die Jesuiten – um des effizienteren Apostolates willen – kein gemeinsames Chorgebet und keine Ordenstracht hatten, wirkte nach außen hin fremd. »Gesellschaft Jesu« wurde als arrogante Anmaßung empfunden. Den Einwand von Kardinal Bartolomeo de la Cueva, diese Bezeichnung könne den Neid und die Eifersucht etablierter Orden provozieren, kommentierte Ignatius mit den Worten: »Wenn sie nicht Gesellschaft (Compagnia) Jesu heißen darf, dann nennt sie sich Kongregation oder Orden Jesu; aber den Namen Jesu darf sie nimmer aufgeben.« Auf den Vorstoß eines Mitbruders, um des lieben Friedens willens möge auf »Gesellschaft Jesu« verzichtet werden, erwiderte er: »Der Name hat tiefere Wurzeln, als Sie vermuten; sprechen Sie nicht weiter von einer Änderung.« Die Vision von La Storta galt Ignatius als göttliche Ratifikation und deswegen »mehr als nur eine Etikette für den Freundeskreis und in der Folge für den Orden«: So ist der Name »Gesellschaft Jesu« bzw. das Ordenskürzel SJ »nicht nur ein Ordensname, sondern zugleich Programm zum Verständnis des Christseins« (Peter Knauer). Im Signet IHS, dem »Monogramm Jesu« konkretisiert sich der Leitspruch des Ignatius, »alles zur größeren Ehre Gottes« zu tun (»OAMDG«: *Omnia ad maiorem Dei gloriam*).

Am 27. September 1540 approbierte Paul III. den Orden – als Gesellschaft Jesu. Einzigartig ist die enge Bindung an den Papst durch das so genannte vierte Gelübde: besonderer Gehorsam dem Papst »in Bezug auf Sendungen« *(circa missiones)*. Gegen seinen Willen wurde Ignatius an 19. April 1541 zum ersten Generaloberen (auf Lebenszeit) gewählt. Bis zu seinem Tod sollte er Rom nur noch selten verlassen: Jahrelang arbeitete er mit Hilfe von Juan de Polanco und anderen Gefährten die Ordenskonstitutionen aus. Angesichts der zeitgenössischen Bildungsmisere schickte er Jesuiten auf Bitten von Bischöfen, Fürsten und Städten, um Kollegien (Schulen) zu gründen: Beginnend 1548 in Messina, sorgte er für die Gründung von 37 Kollegien in Italien und Spanien. Er sandte Petrus Canisius an die Universität von Ingolstadt, gründete 1552 in Rom das »Collegium Germanicum et Hungaricum« für den deutschsprachigen Priesternachwuchs, ein Jahr darauf ein Kolleg in Wien. Da Europa expandierte, entsandte er Missionare in alle Erdteile: 1542 nach Asien (Indien und Japan), 1548 nach Afrika (Kongo) und 1549 nach Amerika (Brasilien). Seine umfangreiche Korrespondenz mit Ordensmitgliedern, Fürsten und hochgestellten Persönlichkeiten gilt mit 6815 Briefen und Unterweisungen als das umfangreichste Briefcorpus des 16. Jahrhunderts. Es kann helfen, einen Heiligen »zu entmystifizieren, ... dessen Originalität vielleicht noch stärker aus der Korrespondenz als aus großen Werken aufleuchtet« *(Dominique Bertrand)*.

1548 wurden das Exerzitienbüchlein (Geistliche Übungen: *Ejercicios espirituales*) – »ein funktionaler Text mit enormer Wirkung« (Michael Sievernich) – vom Papst offiziell anerkannt: methodische Anleitungen, Erklärungen, Ratschläge für den gemeinschaftlichen Unterscheidungsprozess. Zugrunde liegt die Einsicht der *Unmittelbarkeit* der *Gotteserfahrung* – damals wie heute für viele eine gefährliche Sache, weil sie Kirche überflüssig zu machen scheint. Mehrere päpstliche Enzykliken drücken ihre Wertschätzung für die Exerzitien des Ignatius aus.

Einsamer Tod

Ignatius von Loyola starb am 31. Juli 1556 einsam und allein – wie zuvor (1552) sein Herzensfreund Franz Xaver vor den Toren Chinas. Jahrelang von Gallenkoliken geplagt, hatte er seinen Sekretär zum Papst geschickt, um den Segen zu erbitten. Pater Polanco glaubte nicht an ein rasches Ende, ließ sich Zeit und machte sich später große Vorwürfe, als man Ignatius tot fand. Begraben ist er in der Kirche Il Gesù. »Die Autopsie seiner Seele«, so sein Biograph Ignacio Tellechea, »ist auch nach vier Jahrhunderten noch nicht beendet.«

An der Schwelle vom Mittelalter zur Neuzeit gleichsam der Prototyp des modernen Asketen, Mystikers und Managers, gilt es immer noch, verborgene Züge des Ignatius zu entdecken. Als spröde geltend, konnte er, der Hinkende, einen in Depressionen verfallenen Exerzitanten auf Monte Cassino durch baskische Tänze aufheitern. Anders als der Orden jahrhundertelang behauptete, liebte er die Musik. Und obwohl er kompromisslos sein konnte, war er auch ein warmherziger Mensch, einer, der sich so liebenswürdig geben konnte, als wolle er einen Besucher »in seine Seele aufnehmen« (Luis Gonçalves da Câmara).

Die Zukunft der Vergangenheit

1609 wurde Ignatius selig-, am 12. März 1622 heiliggesprochen – zusammen mit Franz Xaver und Philipp Neri, dem Gründer des römischen Oratoriums, mit dem er befreundet gewesen war. Die Uhren der Weltgeschichte sind beim Tod des Ignatius nicht stehen geblieben. Aber der Jesuitenorden hat mit seinem Reformwerk Kirche und Welt verändert. Zählte die Gesellschaft Jesu, bei ihrer Gründung wohl der erste »Global Player« der Kirchengeschichte überhaupt, im Todesjahr des Ignatius 1500 Mitglieder, ist er heute – mit knapp unter 20 000 Jesuiten – (immer noch) der stärkste Männerorden der katholischen Kirche.

Als 1554 Gian Pietro Carafa – als Theatinerkardinal ein erklärter Gegner des Ordens – zum Papst Paul IV. gewählt wurde, sollen Ignatius die Knochen im Leib gezittert haben. Was hätte Ignatius zur Aufhebung des Ordens 1773 durch Papst Clemens XIV. gesagt? Man weiß es nicht. Im Jahr 1814 wurde der Jesuitenorden wiederhergestellt: Die Kirche wollte nicht auf ihn verzichten. Ausgeschöpft ist noch lange nicht, was Ignatius in die Kirche eingebracht hat: »Wir haben«, so Karl Rahner, »an den Texten des Ignatius noch einiges zu buchstabieren.«

Literatur

C. de Dalmases, Ignatius von Loyola. Versuch einer Gesamtbiographie, München [2]2006;

S. Kiechle, Ignatius von Loyola. Meister der Spiritualität, Freiburg 2001;

K. Rahner, Rede des Ignatius von Loyola an einen Jesuiten von heute, in: ders., Schriften zur Theologie, Bd. 15, Zürich 1983, 373–408

Julius Oswald

Franz Xaver

Konquistador Gottes

** 1506 auf Schloss Javier / Navarra*
† 1552 auf der Insel Sangchuan / Südchina
Ordensmann, Missionar
Gedenktag: 3. Dezember

Sein missionarischer Eifer ist beängstigend! Rastlos eroberte er immer neue Missionsgebiete in Indien und Japan, auf Malakka und den Molukken. Nur die Tore Chinas blieben ihm verschlossen. Unermüdlich verkündete er die christliche Botschaft und taufte Tausende, um sie vor der Hölle zu bewahren. Seine Briefe ermutigten viele Jesuiten, seinen Spuren zu folgen. Als Apostel Indiens und Japans wurde er heilig gesprochen und zum Patron der katholischen Missionen erhoben.

Adel verpflichtet

Franz Xaver ist gemeint, der mit vollem Namen Francisco de Jassú y Javier hieß und am 7. April 1506 auf Schloss Javier bei Sangüesa im Königreich Navarra geboren wurde. Sein Vater, Juan de Jassú, war Vorsitzender des Königlichen Rates. Seine Mutter, Maria Aznarez de Sada, Javier y Azpilcueta, entstammte einer der ältesten Adelsfamilien des Landes. Ihr Bruder, Martin de Azpilcueta, dozierte als »Doktor Navarro« Kirchenrecht und wurde als Berater des Papstes nach Rom berufen. Franz hatte zwei ältere Schwestern. Seine beiden Brüder belagerten 1521 mit französischen Truppen die Festung Pamplona, die Ignatius von Loyola mit einer Hand voll Spanier zu verteidigen suchte. Sie kapitulierten, als dieser so schwer verwundet wurde, dass mit seinem Tod zu rechnen war. Die Sieger ließen ihn medizinisch versorgen und nach Loyola bringen. Ihre Siegesfreude währte nicht lange. Denn die kaiserlichen Truppen bereiteten ihnen kurz darauf eine vernichtende Niederlage. Des Hochverrats bezichtigt, flohen die Brüder Javier in die Berge und kämpften als Guerilleros gegen die Besatzungsmacht. Das heimatliche Schloss wurde geschleift, das Vermögen konfisziert.

Ehrgeizige Pläne

Als nachgeborener Sohn empfing Franz die Tonsur, um Kleriker zu werden. Doktor Navarro vor Augen, wollte er eine wissenschaftliche Karriere machen und kirchliche Pfründen erwerben. Deshalb beschloss er, in Paris zu studieren.

Im September 1525 verließ er seine Heimat und fand im Kolleg Sainte-Barbe Unterkunft. Nach bestandener Aufnahmeprüfung begann er im Herbst 1526 die Artes liberales zu studieren. Mit seinem Lehrer teilte er das Zimmer, in dem auch Petrus Faber wohnte.

Dieselbe Studentenbude bezog drei Jahre später Ignatius von Loyola, dem Xaver begreiflicherweise äußerst reserviert begegnete. Der Baske war ihm unsympathisch, seine Frömmigkeit zuwider. Xaver selbst genoss das Studentenleben und gehörte bei Sportwettkämpfen zu den besten Springern. Mitte März 1530 erwarb er den Magister Artium. Um standesgemäß aufzutreten, hielt er sich einen Studenten als Diener. Von einem Notar ließ er sich beglaubigen, dass der Königliche Rat und das Obergericht von Navarra seinen Adel amtlich bestätigen können. Im Oktober begann er zu dozieren.

Xaver hatte sich dadurch in Unkosten gestürzt und Schulden gemacht. Die spärlichen Geldüberweisungen von zu Hause kamen selten, die Preise stiegen. In dieser Verlegenheit half ihm Ignatius. Diskret überwachte er auch Xavers Bekanntenkreis und warnte ihn vor Häretikern. Franz war dies lästig. Er wehrte sich dagegen und verspottete diejenigen, die Ignatius folgten. Als dieser ihn aber fragte, was es einem Menschen nützt, die ganze Welt zu gewinnen, wenn er dabei sein Leben verliert, schloss sich Xaver seinem Freundeskreis an.

Freunde im Herrn

Neben Ignatius gehörten dazu Nicolás Bobadilla, Petrus Faber, Diego Laínez, Simão Rodrigues, Alfonso Salmerón und Franz Xaver. Sie trafen sich regelmäßig, um zu beraten und Zukunftspläne zu schmieden. Alle hatten bei Ignatius Exerzitien gemacht und waren entschlossen, nach Jerusalem zu pilgern. Danach wollten sie dem Beispiel Christi folgen und ihr ganzes Leben der eigenen Heiligung und dem Dienst an den Menschen weihen. Um dazu befähigt zu sein, beschlossen sie, ihr Theologiestudium abzuschließen und Priester zu werden. Diese Vorsätze bekräftigten sie am 15. August 1534 durch ein Gelübde, das sie in einer Kapelle auf dem Montmartre ablegten. Dabei versprachen sie, arm und keusch zu leben und ins Heilige Land zu pilgern. Sollte die Wallfahrt innerhalb eines Jahres jedoch nicht möglich sein, wollten sie sich dem Papst unterstellen, damit er sie dorthin sende, wo sie zur Ehre Gottes dem Nächsten am meisten nützen könnten.

Weil Ignatius aus gesundheitlichen Gründen nach Spanien ging, vereinbarten die Gefährten, sich im Frühjahr 1537 in Venedig zu treffen, um von dort die Pilgerfahrt anzutreten. Wegen des Krieges zwischen dem französischen König und Karl V. mussten sie ihre Abreise von Paris vorverlegen. Anfang Januar trafen sie in der Lagunenstadt ein, wo Ignatius sie bereits erwartete. Da die Pilgerschiffe erst im Sommer nach Palästina fuhren, pflegten sie zwischenzeitlich Kranke in den Spitälern. Zu Ostern gingen sie nach Rom, um sich vom Papst die Erlaubnis für die Wallfahrt und für die Priesterweihe zu erbitten. Der Heilige Vater gewährte ihnen beides, meinte aber, dass wegen der Kriegsvorbereitungen der Türken eine Wallfahrt nicht möglich sein werde.

Nach Venedig zurückgekehrt, empfingen Ignatius und Xaver am 24. Juni 1537 die Priesterweihe. Ende September feierte Xaver in Vicenza seine Primiz und arbeitete dann als Seelsorger in Bologna. Als die vereinbarte Frist für die Wallfahrt verstrichen war, unterstellten sie sich dem Papst, der ihnen pastorale Aufgaben in Rom zuwies. Zudem baten ihn Bischöfe, Fürsten und Kardinäle um Priester der »Compañia de Jesús«. So bezeichneten sich die Freunde, um auszudrücken, dass sie ausschließlich Jesus Christus folgen wollten.

Um nicht in alle Winde zerstreut zu werden, beschlossen sie, einen Orden zu gründen. Ihre Überlegungen fasste Ignatius in der *Formula Instituti* zusammen, die er mit der Bitte um Approbation dem Papst überreichen ließ. Weil die Gefährten, um verfügbar zu sein, darauf verzichteten, ständig im selben Kloster zu wohnen, gemeinsam das Chorgebet zu verrichten und ein eigenes Ordensgewand zu tragen, waren viele Kardinäle gegen den neuen Orden. Papst Paul III. konnte deshalb erst am 27. September 1540 die Gesellschaft Jesu offiziell bestätigen.

Rascher Aufbruch

Da der König von Portugal für Indien Missionare benötigte, ersuchte er den Papst, Jesuiten dorthin zu senden. Weil so gefährliche Aufgaben nur Freiwillige übernehmen können, verwies Paul III. dessen Gesandten an Ignatius. Als dieser dazu bereit war, beauftragte der Heilige Vater den Portugiesen Simão Rodrigues und Nicolás Bobadilla, die der Gesandte erbeten hatte, als päpstliche Legaten in Asien zu missionieren. Rodrigues brach sofort nach Lissabon auf. Dem schwerkranken Bobadilla untersagte jedoch der Arzt die Reise nach Portugal. Weil der Gesandte drängte und den zweiten Missionar unbedingt mitnehmen wollte, musste Xaver einspringen. Darauf angesprochen, antwortete er: »Gut, auf! Ich bin bereit!« Rasch flickte er seine Kleider, erbat sich den päpstlichen Segen und beauftragte Laínez, in seinem Namen die Gelübde abzulegen, wenn die Compañia de Jesús offiziell bestätigt sei. Beim Aufbruch ermutigte ihn Ignatius mit den Worten: »Das ist euer Unternehmen, diese Mission ist auf euch gemünzt.«

Weil die Indienflotte erst im folgenden Jahr auslief, arbeiteten Rodrigues und Xaver in Lissabon als Seelsorger. Dadurch wurden beide so beliebt, dass der König sie bei sich behalten wollte. Ignatius überredete ihn schließlich, Xaver allein nach Indien ziehen zu lassen.

Verwegene Reisen

An seinem fünfunddreißigsten Geburtstag stach die Flotte in See und erreichte am 6. Mai 1542 Goa. Sofort besuchte Xaver den Bischof, zeigte ihm seine päpstlichen Vollmachten und versicherte, nur im Einvernehmen mit ihm davon Gebrauch zu machen. Um Erfahrungen zu sammeln, arbeitete er mit den Missionaren anderer Orden zusammen. Im Herbst begann er an der Malabarküste, die christliche Botschaft zu verkündigen. Dazu lud er die Dorfbewohner mit einem Glöckchen ein, erklärte ihnen die Zehn Gebote und das Glaubensbekenntnis und lehrte sie das Vaterunser und das Ave Maria, die er in ihre Muttersprache übersetzen ließ. Nachdem er die Bewerber getauft und Katecheten zu ihrer Betreuung bestimmt hatte, zog er weiter. Im Frühjahr 1545 segelte er nach Malakka und von dort auf die Molukken. Als er hörte, dass auf einer der Inseln Christen sich selbst überlassen seien, beschloss er sofort, sie zu besuchen. Selbst eindringlichste Warnungen, dass die Eingeborenen Fremde vergiften, konnten ihn davon nicht abhalten.

In Malakka berichtete ihm ein Japaner von seiner Heimat. Xaver schien das Land wegen seiner hohen Kultur für das Christentum besonders empfänglich zu sein. Sein Plan, dort zu missionieren, stand fest. Zunächst musste er jedoch in Goa die Mission neu organisieren und den aus Europa eingetroffenen Jesuiten ihre Aufgaben zuweisen. Am 15. August 1549 traf er in Japan ein. Aufgrund seiner europäischen Vorstellungen von der Macht eines Herrschers wollte er zuerst den Kaiser und dann dessen Untertanen für das Christentum gewinnen. Sobald er etwas Japanisch konnte, machte er sich zu Fuß auf den lebensgefährlichen Weg nach Kyoto. Ohne vom Tenno empfangen zu werden, stellte er enttäuscht fest, dass dieser keinerlei politischen Einfluss hatte. Als päpstlicher Gesandter besuchte Xaver daraufhin die mächtigen Daimyos und überreichte ihnen mit großem Pomp die für den Kaiser bestimmten Geschenke. Weil sie auf gute Handelsbeziehungen mit den Portugiesen hofften, erlaubten ihm die Landesfürsten zu missionieren. Nun konnte Xaver auf den Straßen predigen, mit Buddhisten sprechen und christliche Gemeinden gründen. Rasch erkannte er, wie wichtig es ist, die Landessprache zu beherrschen, die religiösen Vorstellungen zu kennen und sich den Sitten und Gebräuchen anzupassen. Weil man ihn immer wieder fragte, warum das Christentum in China nicht bekannt sei, zog es ihn dorthin.

Wegen besorgniserregender Nachrichten aus Indien kehrte Xaver 1551 nach Goa zurück. Dort erfuhr er, dass ihn Ignatius zum Provinzial ernannt und ihm die Leitung der Jesuitenmission in Asien anvertraut hatte. Er beseitigte die Missstände, die während seiner Abwesenheit eingerissen waren, und organisierte eine Gesandtschaft, die in China über die Freilassung portugiesischer Gefangener und die Erlaubnis zum Missionieren verhandeln sollte. Das verheißungsvolle Unternehmen vereitelte der Flottenkommandant von Malakka, indem er die Ausfahrt des Schiffes verbot. Als alle Vermittlungsversuche scheiterten, exkommunizierte ihn Xaver.

Trotz des herben Rückschlags hielt er an seinem Plan fest und fuhr auf die Insel Sangchuan vor der Küste Südchinas. Von dort hoffte er, mit Hilfe von Schmugglern ins Reich der Mitte zu gelangen. Weil das Betreten des Landes drakonisch bestraft wurde, war niemand bereit, ihn dorthin zu bringen. Für viel Geld versprach schließlich ein Händler, ihn auf dem Festland abzusetzen. Xaver selbst war zum Martyrium bereit, wartete aber vergeblich auf das Schiff, das ihn ans ersehnte Ziel bringen sollte. Wegen des schlechten Wetters erkältete er sich, bekam heftiges Fieber und starb am 3. Dezember 1552.

Die Todesnachricht verbreitete sich rasch und weckte bei vielen den Wunsch nach seiner Heiligsprechung. Daraufhin erhob ihn Papst Gregor XV. am 12. März 1622 zusammen mit Ignatius zur Ehre der Altäre.

LITERATUR

G. Schurhammer, Franz Xaver. Sein Leben und seine Zeit, Freiburg i. Br., 1955 bis 1973;

R. Haub / J. Oswald, (Hg.), Franz Xaver – Patron der Missionen, Regensburg, 2002;

J. Brodrick, Abenteurer Gottes. Leben und Fahrten des Hl. Franz Xaver 1506 bis 1552, Stuttgart, 1954

Ulrike Arlt-Herberts

Teresa von Ávila

Mystikerin – Theologin – Kirchenlehrerin

1515 in Ávila / Spanien
† 1582 in Alba de Tormes
Mystikerin; Theologin; Kirchenlehrerin
Gedenktag: 15. Oktober

Als junge Studentin der katholischen Theologie machte ich einst eine Reise nach Spanien. Nicht immer sang ich ein Loblied auf die Verspätung der spanischen Eisenbahn, aber an einem Tag schon, als ich mich nach Ávila aufmachen wollte und selbst zu spät dran war und dann doch noch den Zug bekam.

Ávila – eine schöne Stadt, Bischofsstadt und Universitätsstadt, auf einer Hochfläche von 1127 m im kastilischen Bergland gelegen (nordwestlich von Madrid), die Stadt mit den 88 Türmen und den neun Toren, die Stadt mit der 2,5 km langen, 12 m hohen Mauer. Teresas Sandalen und Wanderstab kann man dort u. a. anschauen und eine ihrer Hände, die in einem kostbaren Reliquiar, mit einem edlen Ring versehen, aufbewahrt wird.

Wer nun war diese Teresa von Ávila zu ihren Lebzeiten, dass sie für uns Heutige, die wir auf der Suche nach dem heilenden Glauben und dem gelingenden Leben sind, Vorbild im christlichen Glauben sein kann?

Biographische Notizen

Betrachtet man ihr hochkomplexes Leben, kommt man aus dem Staunen nicht mehr heraus. 1515 wird Teresa als Tochter begüterter Eltern, die dem niederen Adel angehörten, geboren. Sie wird in einer großen Geschwisterschar aufwachsen. Ihr Großvater väterlicherseits war jüdischer Herkunft, eine Tatsache, die lange Zeit in der Teresa-Forschung verschwiegen wurde. Dass sieben ihrer neun Brüder nach Peru auswanderten, mag ein Hinweis darauf sein, dass Teresas Brüder dem Antijudaismus in Spanien entfliehen wollten, um in der Neuen Welt ohne Diskriminierung ihr Glück zu versuchen. Ein Sprichwort damals lautete: Wenn Spanien sich bewegt, zittert die Welt. Juden und Muslime im Spanien des 16. Jahrhunderts, das auch als das goldene bezeichnet wird, hatten nur zwei Möglichkeiten: Entweder konvertierten sie, häufig gegen ihre eigene Glaubensüberzeugung, zum Christentum oder sie mussten die Heimat verlassen. Darüber hinaus bestimmte eine Blut- und Bodenideologie das Land, die ›Reinheit des Blutes‹. Es wurde nicht nur angestrebt, alle Juden und Muslime zu diskriminieren, sondern jeder hatte nachzuweisen, dass er ›reines Blut‹ hatte. So durften Nachfahren von Juden und Muslimen kein öffentliches, weltliches oder kirchliches Amt bekleiden. Das Groteske an dieser Ideologie war, dass es in Spanien der Zeit Teresas kaum Familien gab, die ›rein‹ geblieben wären. Bis zum 16. Jahrhundert war allgemein bekannt, dass die führenden Familien in Aragonien und Kastilien und vielleicht sogar die Königsfamilie selbst von Konvertierten (Conversos) abstammten. Teresa wird sich später immer wieder ironisch über Ehre, Abstammung und reines Blut äußern. In der Ordensregel der Unbeschuhten Karmelitinnen und Karmeliten finden sich dann auch keinerlei Reinheitsvorschriften. Auch fanden Frauen aus Conversos-Familien Aufnahme in den Reformklöstern Teresas. Interessant ist, dass gerade Conversos das Reformwerk Teresas tatkräftig unterstützen sollten, was unter anderem ein Grund für die Feindschaft der Bevölkerung bei einzelnen Klostergründungen der Unbeschuhten war.

Doch der Reihe nach. Mit sieben Jahren überredet die junge Teresa ihren etwas älteren Lieblingsbruder, ins Land der Mauren zu ziehen, damit ihnen dort der Kopf abgeschlagen würde, um so als Märtyrer in den Himmel zu kommen. Ein Onkel bringt die beiden Ausreißer zurück. Teresa wird ihre geliebte Mutter mit 13 Jahren verlieren, der Vater heiratet wieder. Fortan wird sie sich der Mutter Jesu, Maria, anvertrauen. Von einer ihrer Schwestern wird nun die Jugendliche erzogen. Teresa spielt Schach, stickt, reitet, liest Ritterromane, gilt als eitel und charmant, verliebt sich in einen ihrer Cousins. Die Schwester heiratet, die sich besonders Teresas annahm, wer sollte sich nun um die siebzehnjährige Teresa kümmern? Die junge Frau wird ins Kloster der Augustinerinnen in Ávila eintreten. Die erste Zeit dort muss qualvoll für sie gewesen sein, wollte sie doch eigentlich keine Nonne werden. Nach über einem Jahr dort wird sie schwer krank und geht nach Hause zurück. Zwei Möglichkeiten hatten Frauen damals: entweder heiraten oder Nonne werden. Ein Ratschlag, wie man mit einer Frau umzugehen habe, lautete damals folgendermaßen: »Sobald Du siehst, dass Deine Frau hin und her wallfahrtet und sich Andächteleien hingibt und sich einbildet, heilig zu sein, dann schließ' Deine Haustür ab. Und wenn das nicht reichen sollte, dann brich ihr das Bein, wenn sie noch jung ist, denn hinkend kann sie auch von ihrem Haus ins Paradies kommen, ohne verdächtigen Frömmigkeitsübungen nachzugehen. Für die Frau reicht es, eine Predigt zu hören, und ihr, wenn sie mehr will, ein Buch vorzulesen, wenn sie spinnt, und sich der Hand ihres Mannes zu unterstellen.« Diese ›Alternativen‹ hatte also eine junge Frau wie Teresa. Heilsangst und sich nicht einem Mann unterwerfen wollen und können, mögen für Teresa letzten Endes ausschlaggebend gewesen sein, dass sie sich mit etwa 21 Jahren heimlich zum Kloster der ›Menschwerdung‹ in Ávila aufmachte. In der Rückblende wird sie in ihrer Autobiographie später über ihren Eintritt bei den Karmelitinnen schreiben: »Drei Monate dauerte der Kampf, den ich in meinem Inneren zu bestehen hatte. In diesem Kampf ermunterte ich mich durch die Betrachtung, dass die Beschwerden und die Pein, die ich als Nonne auszustehen haben würde, ja doch nicht größer sein könnten als die Pein des Fegfeuers.« Und an anderer Stelle ihrer Lebensgeschichte sagt sie: »Es war mir damals nach meinem ganzen Dafürhalten und in Wahrheit so zumute, dass ich glaubte, der Tod könnte nicht furchtbarer für mich sein; denn es kam mir vor, als würden mir alle Gebeine aus den Gelenken gerissen werden.« Die Gründe für ihren Klostereintritt waren demnach offensichtlich Heilsangst, knechtische Furcht und Angst im Allgemeinen. Sich berufen fühlen, erkannt haben, dass das Ordensleben die einzig vorstellbare Lebensform ist, Gott am besten zu dienen, all dies wird Teresa erst viel später erkennen. Krankheiten stellen sich auch hier ein, sie wird aus dem Kloster genommen, um sich einer schmerzhaften Kur zu unterziehen. Bei einem ihrer Onkel wird sie vorher Halt machen, wo sie ein damals sehr bekanntes geistliches Werk, ›Das dritte Abc‹ von Francisco de Osuna, kennenlernt, eine Unterweisung über das Gebet der Sammlung. Jedoch Teresas Krankheit dauert an, vier Tage ist sie ohne Bewusstsein. »Schon seit anderthalb Tagen stand in meinem Kloster das Grab offen, das meinen Leichnam aufnehmen sollte, und schon hatte man an einem anderen Ort ... den Leichengottesdienst für mich abgehalten, als der Herr wollte, dass ich wieder zu mir kam« (Teresa von Ávila, Vida). Eine beinahe grotesk anmutende Situation: Teresa liegt im Sterben – das Grab ist bereits ausgehoben – Teresa findet den Weg ins Leben zurück. Das grenzt an ein Wunder, auch dann noch, als sie in Folge drei Jahre gelähmt sein wird. »Ich lobte Gott, als ich, auf Händen und Füßen kriechend, mich wieder etwas fortbewegen konnte« (Vida). Von der psychologischen Sicht allein die Krankheiten Teresas zu beurteilen, wäre sicherlich verkürzt, denn völlig wird dies nicht begreifbar und erklärbar sein, was psychisch und physisch in ihr vorgegangen ist. Jedoch in Anlehnung an Josef Sudbrack kann zumindest gesagt werden, dass am psychosomatischen Ursprung der Krankheiten Teresas nicht zu zweifeln ist. Es scheint paradox zu sein, wie eine Frau, die imstande ist, einen ganzen Orden zu reformieren, die eine große Mystikerin und Theologin mit viel Courage und Willenskraft werden wird, auf der anderen Seite psychisch und körperlich nur wenig stabil war.

1542 ist Teresa wieder im Kloster der Menschwerdung in Ávila. »Auf der einen Seite rief mich Gott, auf der anderen folgte ich der Welt; während ich große Freude an allen göttlichen Dingen hatte, fesselten mich die weltlichen. Ich schien damals zwei so entgegengesetzte und sich so feindlich gegenüberstehende Dinge wie das geistliche Leben und die sinnlichen Freuden, Genüsse und Unterhaltungen, miteinander vereinigen zu wollen« (Vida). Fast zwanzig Jahre wird sie in diesem Verriss leben: »Ich fand keinen Genuss in Gott und hatte auch keine Freude an der Welt. Gab ich mich weltlichen Vergnügungen hin, so peinigte mich die Erinnerung an das, was ich Gott schuldig wäre; beschäftigte ich mich mit Gott, so ließen mir die weltlichen Neigungen keine Ruhe« (Vida). Lange Zeit wird Teresa also zwischen Gott und der Welt, gequält von inneren Zweifeln und Unsicherheiten, hin- und hergerissen sein. Teresa ist eine überaus eloquente, kluge und schöne Frau, sodass sie sich im Sprechzimmer des Klosters und im Kloster überhaupt großer Beliebtheit erfreut, was Teresa im Rückblick später in ihrer Autobiographie als überaus negativ bewerten wird. Überhaupt findet sich in ihrer ›Vida‹, und nicht nur hier, ein beständiges Abwerten der eigenen Lebensgeschichte und immer wieder der Hinweis, wie schlecht sie war und ist. Die Gründe hierfür mögen vielfältig gewesen sein: Dass Teresa sich von den ›Bekenntnissen‹ des Augustinus beim Abfassen ihrer Lebensgeschichte beeinflussen ließ. Augustinus' Grundhaltung hat sich die Heilige möglicherweise zu Eigen gemacht, um Gott in seiner Barmherzigkeit zu verherrlichen. Ein anderer Grund, warum sich Teresa in ihren Werken immer wieder abwerten wird, mag aber auch einen diplomatischen Hintergrund ihrerseits gehabt haben: Der Inquisition ist Teresa immer wieder ein Dorn im Auge gewesen. Wenn sie sich also als klein und gering darstellt, hoffte sie auf die Art und Weise, psychologisch klug wie sie war, sich selbst schützen zu können.

Endlich, im Alter von knapp vierzig Jahren, geschieht die Wende im Leben Teresas, kommt Klarheit in ihr Leben, dass sie Gott allein dienen möchte. Vor einer Skulptur des leidenden Christus (Jesus an der Martersäule) im Kloster der Menschwerdung gehen ihr die Augen auf, was Jesus Christus für die Menschen getan hat. Dieses tiefgehende Erlebnis im Jahr 1554 wird in den Teresabiographien meist als ›die Bekehrung‹ bezeichnet. Wahrscheinlich ist es aber plausibel zu sagen, dass sich bei Teresa langsam die Erkenntnis durchsetzte, dass ihre innere Erweckung ein längerer Prozess mit mehreren Stationen war. So mag es angemessen sein, von der endgültigen Hinkehr Teresas zu Gott zu sprechen, nicht aufgrund einer Vision, wie es aus zahlreichen Lebensgeschichten anderer großer Gestalten des Glaubens bekannt ist, sondern beim Anblick einer Holzskulptur. Teresas Erlebnis vor der Skulptur des leidenden Christus, das ihr ihre Sünden und ihre Zerrissenheit überaus stark bewusst werden lässt, ist also nun der Wendepunkt ihres Lebens, der das jahrelange Hin- und Hergerissensein beendet.

Das Reformwerk

Wenn der Mensch den guten Glaubensweg für sich gefunden hat, hat dies Konsequenzen, bei Teresa mit großer Wirkung für die Nachwelt. Ihr großes Reformwerk beginnt. Eines Tages im Jahr 1562 sitzt Teresa mit Mitschwestern beisammen. Eine von ihnen sagt zu Teresa, dass es gut wäre, ein neues Kloster zu gründen, das sich an den Ursprüngen des Karmels orientiert. Teresa hatte auch schon länger mit diesem Gedanken gespielt gehabt. Die Anfänge des Karmels gehen auf den Berg Karmel in Palästina zurück, die Datierung ist schwierig zu bestimmen, sicher kann man sagen, dass dieser Orden im Zusammenhang mit dem Eremitenleben des 11. und 12. Jahrhunderts zu sehen ist, das Eremitenleben als Gegenbewegung zum herkömmlichen Ordensleben. So lassen sich abendländische, fränkische Siedler auf dem Berg Karmel nieder (sicher bezeugt im 13. Jahrhundert), um in Höhlen in Armut und Askese zu leben. »Jeder soll in seiner Zelle bleiben, Tag und Nacht das Gesetz des Herrn betrachten und im

Gebet wachen, wenn er nicht durch anderweitige Beschäftigungen rechtmäßig in Anspruch genommen wird«, so die albertinische Regel aus dem 13. Jahrhundert, die Teresa bekannt war. Im 13. Jahrhundert wird die Übersiedlung der Karmeliten nach Europa notwendig, was eine Milderung und Abänderung der Ordensregel zur Folge hatte. Diese geänderte Ordensregel wird die Grundlage für Teresas Reform des Karmeliten- und Karmelitinnenordens darstellen: Aus den ›Beschuhten‹ werden die ›Unbeschuhten‹, ihr ›Erkennungszeichen‹ wird sein, dass sie Sandalen tragen und das Ordensleben möglichst ursprünglich zu gestalten versuchen. Eine grundsätzliche Frage, die auch Teresa immer wieder beschäftigen sollte, war die, wie sich das Kloster finanzieren sollte, das erste des Reformzweigs, San José zu Ávila. Diese Gründung des ersten Reformklosters blieb nicht ohne Folgen. Eine schmerzhafte Verfolgungszeit beginnt, leider auch immer wieder durch Glaubensgeschwister. Doch Teresa findet Trost und Halt im Gebet. Teresa übernimmt das Priorat von San José, fortan wird sie sich Teresa de Jesús nennen. Viele andere Klöster werden dieser Gründung folgen, direkt oder indirekt von ihr gegründet werden es insgesamt 17 Klöster in Spanien sein. In ihrem ›Buch der Klostergründungen‹ ist die Chronik der Klöster, die Teresa gründet, enthalten. Ein doppeltes Publikum hat sie hierbei vor Augen: einerseits kontemplativ lebende Nonnen und Priester, andererseits eine potentielle Leser- und Leserinnenschaft, die nur teilweise aus Freunden und Freundinnen besteht.

Die Visionen

Dass Teresa selbst keine süßliche Mystikerin und schwärmerische Exzentrikerin war, beweist unter anderem ihr Hauptwerk ›Die innere Burg‹, das nun näher in den Blick genommen werden soll. 1577 gibt Jeronimo Gracián, Teresas tiefster Seelenvertrauter, kluger Beichtvater und Mitreformer seit 1575, Teresa den Auftrag, die ›Innere Burg‹ zu schreiben. Mit ihrer prägnanten Handschrift schreibt sie also:

»Und so beginne ich denn heute ... hier im Kloster des heiligen Joseph vom Karmel in Toledo, wo ich derzeit weile, diese Pflicht zu erfüllen ... Sollte ich etwas sagen, was nicht dem Glauben der heiligen römisch-katholischen Kirche entspricht, so geschieht es aus Unwissenheit und nicht aus böser Absicht« (Teresa von Ávila, Die innere Burg). Warum schreibt sie dieses Werk? Intention des Buches ist, dem Menschen, der sich im Gebet und in der Stille auf die Suche nach Gott begibt, Hilfestellung zu geben. Teresa versteht hierbei die ›Burg‹ als Metapher für die Seele. Die Seele als eine Burg, »die ganz aus einem Diamant oder einem sehr klaren Kristall besteht und in der es viele Gemächer gibt«. Die Seele, die Teresa hier beschreibt, hat nun nichts mehr mit der gemein, wie die Heilige sie in früheren Zeiten beschrieben hat, voller Schlechtigkeit, Angst und Furcht, nein, hier nun ist sie hell und klar. Und Gott hat Freude an der Begegnung mit dieser Seele, möchte ihr ganz nahe sein. Wie geht diese Begegnung vonstatten? Die Seele muss sich durch das Gebet auf den Weg machen, denn dieses ist das Tor ins Innere des Menschen. Alles ist dafür zu tun, fest entschlossen dem Willen Gottes nachzugehen. Doch dies darf und kann nicht forciert werden, mit Sanftheit ist beim Gebet der Sammlung vorzugehen, so empfiehlt es die Heilige. Auf diesem Weg ins Innere ist es wichtig, dass der Mensch sich in Demut übt. Die Seele spürt in der Folge der Einung, dass es Gott allein ist, der ihr Leben gibt und sie nährt. Teresa verwendet für diese ›Nahrungsaufnahme‹ ein gewagtes Bild, um diese tiefe Seelenerfahrung beschreiben zu können: »Aus jenen himmlischen Brüsten, an denen Gott immer die Seelen zu nähren scheint, schießen Strahlen von Milch hervor, die alle Bewohner der Burg laben; denn es scheint, als wolle der Herr, dass auch sie etwas genießen von der Fülle, deren sich die Seele erfreut.« In der mystischen Einung (Unio mystica) sieht Teresa das ›weibliche Antlitz‹ Gottes. Dieses Bild von Gott, der die Seele an seiner Brust nährt, ist gewiss kein Einzelphänomen in der Erfahrung von MystikerInnen, denken wir beispielsweise an Mechthild von Magdeburg. Was aber nun macht die Seele mit dieser tiefen Erfahrung? Zieht sie sich aus der Welt zurück und genießt sie die Nähe Gottes? Eine ausgeprägte Nächsten- und Feindesliebe steht im Mittelpunkt des Handelns, das Bestreben, Gott in allem zu dienen, Teresa setzt alles daran, »um dem Gekreuzigten irgendwie zu helfen«. So scheint dem Menschen, der vom Göttlichen durchweg erfüllt ist, gar eine miterlösende Funktion zuzukommen. Aufgrund der tiefen kontemplativen Erfahrung erwächst aktives Engagement in der Welt. Die Bestimmung dieser geistlichen Einung ist die, »dass ihr immerfort Werke entsprießen, Werke. Dies ist das wahre Kennzeichen dafür, dass etwas eine Gnade ist, die von Gott kommt. Denn es nützt mir wenig, wenn ich einsam, in tiefer Zurückgezogenheit mit unserem Herrn Feste feiere und dabei den Vorsatz fasse, das Versprechen ablege, Wunderwerke in seinem Dienst zu vollbringen, hernach aber, wo sich die Gelegenheit bietet, genau das Gegenteil tue.« Glaube ist konkret! Der Maßstab für den Glauben und die von

Gott empfangene Gnade ist das Tun und Handeln des Menschen, auch wenn es noch so unbedeutend zu sein scheint. Nicht der ganzen Welt solle man beistehen, sondern dem und der Nächsten. Diese Erkenntnis Teresas hat gewiss zeitlose Bedeutung, bezieht sie sich doch auf das Zentrum des christlichen Glaubens. Teresa betont in ihrem umfangreichen Werk immer wieder, dass mystische Glaubenserfahrungen wichtig sind, doch kommt es im Leben eines gläubigen Menschen vor allem darauf an, dass er oder sie versucht, glaubwürdig Jesus Christus nachzufolgen, und das ist schon eine hohe Kunst. Hatte Teresa von Ávila lange Jahre unter dem Hin- und Hergerissensein zwischen Gott und der Welt gelitten, so gelingt ihr in der ›Inneren Burg‹ die Zusammenschau, die Synthese von Actio und Contemplatio, von Handeln und Beten. Beides gehört zusammen: »Denn glaubt mir, Martha und Maria müssen beisammen sein, um den Herrn beherbergen zu können und ihn immer bei sich zu behalten; sonst wird er schlecht bewirtet sein und ohne Speise bleiben.«

Glaubenserfahrung im Dialog

Wenn wir nun eine Schlussbetrachtung versuchen, was bleibt nun von dieser »ruhelosen Herumtreiberin«, die mit »männlichem Mut«, so einige Interpreten ihres Werkes, es vermochte, einen ganzen Orden zu reformieren? Faszinierend ist, dass Teresa in ihre Berufung im Laufe der Jahre hineingewachsen ist, sie ist gewiss keine Heilige von ›Kindesbeinen‹ an gewesen. Dies kann einem gläubigen Menschen Mut machen, dem eigenen Weg zu vertrauen, der von Gott gesegnet ist, ob er nun gerade, krumm oder kreisrund ist, wichtig ist, dass der Weg zu Gott und den Menschen hinführt. Teresa musste sich immer wieder in das Leben einüben, bewegte sich auf Gott hin, erfuhr Gott als den nahen und fernen. Teresa wollte sich nicht mit unreflektierten und ›konventionellen‹ Glaubensantworten begnügen, der Glaube sollte wirklich erfahren und musste auch nicht selten durchlitten sein, das war das Anliegen und die Erfahrung der Heiligen. Lange Zeit hat sie dabei gesucht, lange Zeit stand sie dabei in Auseinandersetzung mit Beichtvätern, mit überaus begabten und weniger begabten Theologen ihrer Zeit, ist es ihr doch darum gegangen, ›in der Wahrheit‹ zu sein. Immer hat sie sich dabei als Tochter der katholischen Kirche verstanden (die ›Lutheraner‹ kommen bei ihr schlecht weg, Teresa ist eben auch Kind ihrer Zeit), aber nicht im blinden Kadavergehorsam. Teresa ist es immer wieder ein großes

Anliegen, ob sie noch auf dem Weg der Wahrheit ist, deswegen konfrontiert sie sich und ihre tiefen mystischen Glaubenserfahrungen im konstruktiven Dialog mit anderen. Diese Theologie der Erfahrung ist das Faszinierende an dieser großen Frau. Gewiss, Teresa hatte nie Theologie studiert. Jedoch war sie eine überaus gebildete Frau. Da ihr als Frau schulische Bildung vorenthalten wurde, formte sie ihre reichen Geistesgaben durch unaufhörliches Lesen und Gespräche mit den besten Theologen ihrer Zeit. Möglicherweise kann das Faktum, dass Teresa nicht studieren durfte, auch als ›Glücksfall‹ bezeichnet werden, da sie hinsichtlich ihrer wunderbaren Sprache und Bilder aus der Theologie ihrer Zeit gewiss keine besonderen Innovationen für ihr Denken und Schreiben erhalten hätte. Teresa ist ein ›Kristallisationspunkt‹ ihrer Zeit, stammte sie doch aus einer Conversos-Familie, was sie unbewusst und bewusst sicher geprägt hat, wurde sie als Mystikerin doch immer wieder von der Inquisition verdächtigt, eine Frau, die mit großem Mut sich ihren Weg trotz des Antifeminismus in Kirche und Gesellschaft gebahnt hat. Natürlich wäre es zu kurzsichtig, die große Persönlichkeit Teresas allein auf die ›Frauenfrage‹ zu reduzieren, aber die große Heilige scheint mir vor allem in dieser Hinsicht beispielhaft für den Umgang der katholischen Kirche mit dem weiblichen Geschlecht einst und jetzt zu stehen. Es ist also nicht damit getan und genug, Teresa selig zu sprechen (1614) oder heilig (1622), sie zur Patronin Spaniens zu erheben (1627), ihr die Ehrendoktorwürde zu verleihen (1922), sie zur Patronin der spanischen SchriftstellerInnen zu erheben (1965), sie schließlich 1970 zur Lehrerin der Kirche zu deklarieren, sondern Teresa von Ávila sollte als Mystikerin und Theologin wirklich ernst genommen werden, dass diese große Frau damals wie heute den gläubigen Menschen die Botschaft von Gott als dem ›guten Freund‹, mit dem man sich bespricht, zu verkünden hat, der mitten unter den ›Kochtöpfen‹ zu finden ist. Die große Heilige und Philosophin Edith Stein, selbst jüdischer Herkunft, wird aufgrund dieser frohen Botschaft auf den Glaubensweg kommen, nachdem sie die Autobiographie Teresas in einer Nacht durchgelesen hatte.

Als Teresa von Ávila auf der Rückreise von ihrer letzten Klostergründung am 4. Oktober 1582 stirbt, am Namenstag des Heiligen Franz von Assisi, ist sie die ›madre‹ einer neuen Ordensfamilie, deren Töchter und Söhne auch heute noch einen wertvollen Dienst für die Welt versehen. Allein ca. 800 Frauenklöster der Unbeschuhten KarmelitInnen gibt es auf der ganzen Welt, geistliche Zentren in ruheloser Zeit.

Ein Gebet Teresas aus ihrem Buch ›Weg der Vollkommenheit‹ soll das Schlusswort bilden: »Nein, mein Schöpfer, Du bist nicht undankbar, und ich bin sicher, dass Du ihr Flehen erhören wirst. Als Du auf Erden warst, hast Du die Frauen nicht verachtet, sondern sie mit großer Güte umgeben. Du hast bei ihnen mehr Liebe und einen lebendigeren Glauben gefunden als bei den Männern, weil Deine heilige Mutter eine von ihnen war. Ihre Verdienste machen uns Mut ... Du bist ein gerechter Richter und nicht wie die Richter dieser Welt, die alle Söhne Adams und daher Männer sind. Es gibt keine Tugend der Frau, die sie nicht mit Misstrauen betrachten. Aber mein König, es wird ein Tag kommen, an dem sie uns alle erkennen werden. Ich spreche nicht für mich ... Wenn ich aber unsere Zeit überblicke, finde ich es durchaus nicht richtig, dass man starke und hochgemute Seelen nur deshalb verachtet, weil sie Frauen sind!«

LITERATUR

U. Dobhan, Gott – Mensch – Welt in der Sicht Teresas von Avila, Frankfurt a. M. / Bern / Las Vegas 1978;

W. Nigg, Theresia von Avila. Theresia von Jesus, Freiburg 1981;

J. Sudbrack, Erfahrung einer Liebe. Teresa von Ávilas Mystik als Begegnung mit Gott, Freiburg 1979

Michael Langer

Philipp Neri

Die Freude am Lachen

** 1515 Florenz*
† 1595 Rom
Ordensgründer, Mystiker
Gedenktag: 26. Mai

Spaßvogel Gottes«, »Narr in der Soutane«, »saint enfant terrible«, so und ähnlich charakterisiert man »Filippo«, wie ihn die Römer riefen, eine der sympathischsten Figuren am Heiligenhimmel der Kirche. Von ihm und seinem Freund, dem Kapuzinerbruder Felix von Cantalice, wurde berichtet, dass sie beide gerne Witze aller Art erzählten. Schon zu Lebzeiten wurden die beiden von der Bevölkerung Roms als Heilige verehrt. Weil ihnen dies aber ganz und gar nicht behagte, beschlossen sie eines Abends, sich sinnlos zu betrinken, um dann Arm in Arm unter dem Absingen obszöner Lieder von Kirche zu Kirche zu torkeln und Unfug zu treiben. Aber der Plan misslang. Was Philipp auch anstellte, ob er sich als Kardinal kostümiert von johlenden Straßenjungen die Schleppe tragen ließ, ob er den Friseur in die Kirche bestellte und sich während der Messe unter Grimassen die Haare schneiden ließ, ob er Damen wegen ihrer hohen Absätze verulkte, er erntete keinen Spott, das Gegenteil trat ein: Die Verbindung von Frömmigkeit und Frechheit begeisterte die Menschen in Rom. Und er liebte es, wenn er sie zum Lachen bringen konnte, weil er in dem »Mund voller Lachen« und der »Zunge voll Jubel« (Ps 126,2) ein Zeichen der österlichen Freude des Sieges über den Tod sah.

Mitten im Lachen, so berichten es die Biographien, geriet Philipp nicht selten in Phasen tiefster mystischer Versunkenheit, wirkte stundenlang entrückt oder tanzte in Trance um den Altar herum.

Pfingsten 1544, im Alter von 29 Jahren, erlebte er seine erste religiöse Ekstase in derartiger Intensität, dass er beinahe zu Tode kam. Die römischen Ärzte diagnostizierten eine Erweiterung des Herzens in dem Ausmaß, dass einige Rippen aus den Knorpeln gerissen wurden und dieses nun sichtbar aus der linken Seite hervorstand. Sehr schmerzhaft waren daher die Verzückungszustände, die bis zu seinem Tod immer häufiger wurden und durch nichts aufzuhalten waren.

Mit 18 Jahren riss der gebürtige Florentiner von zu Hause aus, zog nach Rom, lebte zeitweise als »Stadtstreicher« und verdiente in äußerster Bedürfnislosigkeit als Erzieher seinen Lebensunterhalt. Er schloss sich einer religiösen Bruderschaft an, die sich ganz der tätigen Nächstenliebe widmete, und betreute Kranke, Sterbende, Gefangene, Witwen und Waisen unter kaum vorstellbaren Bedingungen von Armut und Schmutz. 1548 sammelte er einige Freunde zur Betreuung von mittellosen und kranken Rompilgern um sich. Die Männer fühlten sich als »Spirituali«, als Geistliche ohne Weihe und kirchlichen Auftrag, getrieben von der Sehnsucht, dem dekadenten kirchlichen und religiösen Treiben der Renaissancezeit den Geist des Evangeliums entgegenzusetzen. Auf hartnäckiges Drängen seines Beichtvaters hin wurde Philipp 1551 ohne weitere Vorbereitung zum Priester geweiht und damit regulär in die Hierarchie eingebunden. Er schloss sich einer Gruppe von Klerikern bei der Kirche S. Girolamo della Carità an. Seine bescheidene Dachkammer im anrüchigen Viertel wurde bald zum religiösen Mittelpunkt der Stadt. Neun Leute sowie Philipps Katze hatten darin Platz. Man las die Schrift, ein Laie, manchmal sogar ein Kind, predigte, man sang fromme Melodien. Oratorium, Gebetsgemeinschaft, wurden diese Gottesdienste in der Muttersprache genannt. Immer mehr Priester unterschiedlicher sozialer Herkunft und theologischer Kompetenz teilten das einfache Leben mit Philipp. Bedeutende Gestalten der Zeit verkehrten freundschaftlich mit ihm oder suchten Rat, darunter Karl Borromäus oder der ihm so ganz und gar gegensätzliche Ignatius von Loyola. Die ihm angetragene Kardinalswürde hat er mehrfach lachend abgelehnt, anders als sein treuer Weggefährte und späterer Nachfolger, der berühmte Kirchenhistoriker Caesar Baronius.

Am 26. Mai 1595 starb Philipp im Kreise seiner Freunde. Noch am Todestag beschlossen die Mitglieder des Oratoriums, dass sie durch göttliche Weisung, nicht aber durch Gelübde, Eid oder Versprechen an ihren Stifter gebunden sein sollten. Die Liebe allein soll das einzige Band sein, das die Mitglieder zusammenhält.

Beim Tode Philipps existierten sieben Oratorien in Italien. In der

Folgezeit breiteten sich Niederlassungen in der ganzen Welt aus, die bis heute als freieste Form von Priestergemeinschaft eine kirchenrechtliche Sonderstellung einnehmen. Große Gestalten der Christenheit, wie der konvertierte englische Kardinal John Henry Newman, lebten im Geist Philipp Neris, aber auch Franz von Sales und Vincenz von Paul waren in ihrer Verkündigung vom Geist des römischen Oratoriums und seiner liebenswürdigen Fröhlichkeit beeinflusst.

LITERATUR

W. Nigg, Von Heiligen und Gottesnarren, Freiburg 1960, 76–129;

P. Türks, Philipp Neri. Prophet der Freude, München u. a. 1995;

H. C. Zander, Gottes unbequeme Freunde. Heilige für unsere Zeit, Hamburg 1982, 13–29

Stephan Leimgruber

Petrus Canisius

Kommunikator des Glaubens

** 1521 in Nijmegen / Holland*
† 1597 in Fribourg / Schweiz
Ordensmann, Kirchenlehrer
Gedenktag: 27. April

Petrus Canisius steht für die katholische Tradition des Katechismus in der Zeit der Gegenreformation. Mit Rückgriff auf Bibel und Kirchenväter gab er dem Glaubenswissen eine neue Gestalt im Frage- und Antwortstil. Bereits vor ihm legten die Humanisten und Reformatoren, unter anderem Martin Luther, Katechismen vor, um das Wesentliche des Glaubens zusammenzufassen und dem Gedächtnis einzuprägen.

Petrus Canisius wurde am 8. Mai 1521 im holländischen Nijmegen in eine Juristenfamilie hineingeboren. Er besuchte die Lateinschule und studierte an der Artistenfakultät Köln Philosophie und Theologie. 1542 lernte er durch Exerzitien die Gesellschaft Jesu kennen und trat ein Jahr später ins Noviziat ein. Nach der Priesterweihe 1546 wurde er anstelle des verstorbenen Peter Faber als Theologe auf das Konzil von Trient (1545–1563) gesandt, wo er für die Kelchkommunion eintrat. 1547 wies ihn Ignatius von Loyola in Rom persönlich in die Spiritualität des Jesuitenordens ein. Anschließend sandte er ihn als Mitbegründer des ersten Jesuitenkollegs nach Messina. Dort wirkte er als Rhetoriklehrer und Seelsorger. Nach seinen Professgelübden 1549 promovierte er in Bologna zum Doktor der Theologie.

Als König Ferdinand I. die Abfassung eines Kompendiums für den Glauben wünschte, übertrug Ignatius diese Aufgabe an Canisius. Im Frühjahr 1555 erschien der Große Katechismus »Summa doctrinae christianae« für Abschlussklassen in Wien. Kein Geringerer als der

König selbst schrieb das Vorwort, um diesem Buch die nötige Autorität und Verbreitung zu geben. Im Anschluss an die Kollegsgründung in Prag wurde Canisius 1556 erster Provinzial der Oberdeutschen Provinz. Er trat als theologischer Berater auf dem Reichstag in Regensburg und am Religionsgespräch in Worms 1557 in Erscheinung. Vom neuen Ordensgeneral Franz Borgia zum Visitator der deutschen Provinz ernannt, überbrachte er 1565 den Bischöfen die Trienter Konzilsbeschlüsse. 1567 sollte er dem 1559 erschienenen protestantischen Kirchengeschichtswerk »Magdeburger Zenturien« eine Antwort aus katholischer Sicht entgegensetzen, doch konzentrierte er sich auf zwei theologische Monographien über Johannes den Täufer und Maria (1571 und 1577). Nach Differenzen mit der Ordensleitung über die Zinsfrage wurde Petrus Canisius 1580 nach Fribourg in die Schweiz zur Gründung eines weiteren Jesuitenkollegs gesandt. Hier wirkte er als Seelsorger und theologischer Schriftsteller bis zu seinem Tod am 21. Dezember 1597. Sein Grab ist in der Kirche St. Nikolaus in Fribourg. 1864 wurde er selig- und 1925 heiliggesprochen und zum Kirchenlehrer erklärt.

Die nachhaltigste Wirkung erzielte Canisius zweifellos mit der Abfassung seiner Katechismen. Diese gliederte er in zwei große Teile: Weisheit und Gerechtigkeit. Zur Weisheit zählte er Glaube, Hoffnung und Liebe, dazu die sieben Sakramente. Im Abschnitt »Glaube« legte er das Credo dar, im Abschnitt »Hoffnung« die christlichen Grundgebete (Vater unser, Ave Maria) und im Abschnitt »Liebe« den Dekalog und die Gebote der Kirche. Der zweite Hauptteil »Gerechtigkeit« befasste sich mit dem »Meiden des Bösen« (Sündenlehre), dem Tun des Guten (Gabe des Geistes, Seligpreisungen, den evangelischen Räten, den guten Werken und den Kardinalstugenden). Den Schluss bildete eine kurze Eschatologie über die vier letzten Dinge (Gericht, Himmel, Fegefeuer und Hölle). Damit war ein Instrument geschaffen, das den christlich-katholischen Glauben vollständig zusammenfasste.

Wer sich heute fragt, wie der Glaube an die nachwachsende Generation tradiert werden kann, wird den Katechismus zum notwendigen Hintergrundwissen zählen und auf eine Reihe neuer Katechismen für Erwachsene hinweisen. Für Kinder ist man seit den 1960er Jahren von der Vermittlung des Katechismuswissens im Frage- und Antwortstil abgerückt. Zunehmend wurden ganzheitliche Methoden angewandt. Es geht um ein Lernen nicht bloß mit dem Verstand und dem Gedächtnis, sondern mit Kopf, Herz und Hand (Heinrich Pestalozzi). Glaubenswahrheiten werden in Anknüpfung an authentische Kinderfragen auf das Wesentliche zurückgeführt (elementarisiert) und mit Bezug auf die Fassungskraft der Kinder dargestellt. Die Kinder sollen vermehrt Subjekte ihrer eigenen religiösen Lerngeschichte werden.

Petrus Canisius war nicht nur ein bedeutender Reformer der Kirche, sondern auch für viele Generationen ein Kommunikator des Evangeliums und des Glaubens. Auch wenn seine Methode für Kinder heute obsolet geworden ist, hat er einen wertvollen Impuls für die Katechese gegeben. Ziel bleibt das Zeugnis und die Weitergabe des Glaubens, geändert haben sich die Wege.

LITERATUR

R. Haub, Petrus Canisius – Botschafter Europas (Eine Topos plus Biographie), Limburg / Kevelaer 2004;

H. Filser / S. Leimgruber, (Hg.), Petrus Canisius, Der Große Katechismus Summa doctrinae christianae (1555). Ins Deutsche übertragen und kommentiert (Jesuitica, Bd. 6), Regensburg 2003;

R. Berndt (Hg.), Petrus Canisius SJ (1521–1597). Humanist und Europäer, Berlin 2000

Karl Kardinal Lehmann

Karl Borromäus

Ein heiliger Reformer

** 1538 in Arona / Italien*
† 1584 in Mailand
Erzbischof, Kardinal
Gedenktag: 4. November

Herkunft und Leben

Karl Borromäus ist zunächst ganz ein Kind seiner Zeit. Als Sohn des Grafen Gilberto Borromeo und der Patrizierin Margherita Medici wurde er am 2. Oktober 1538 in der Burg Arona am Lago Maggiore geboren. Heute erinnern noch die prächtigen Borromäischen Inseln im Lago Maggiore an die reiche Mailänder Familie. Schon früh schlug er eine kirchliche Laufbahn ein. Nachdem er an der berühmten Universität in Pavia Rechtswissenschaften studiert und dort den Doktor beider Rechte (1559) erworben hatte, wurde er Geheimsekretär seines Onkels mütterlicherseits, des Papstes Pius IV. (Kardinal Gian Angelo Medici). 1560 wurde er mit 22 Jahren Kardinaldiakon und zugleich Verwalter des Erzbistums Mailand. Er war ein umsichtiger Sekretär und hat einen gewichtigen Anteil am Abschluss des Konzils von Trient im Jahr 1563. Er hatte die Aufgabe der Kommunikation mit dem Kardinallegaten in Trient (1561–1563).

Bis dahin sieht vieles nach Nepotismus und Karriere aus. Dies änderte sich schlagartig, als der ältere Bruder Karls plötzlich stirbt. Die Eltern wollten, dass er das väterliche Erbe übernehmen sollte. Er aber geht nun einen ganz anderen Weg. Er entschließt sich endgültig und radikal für die Nachfolge Jesu Christi. Im Jahre 1563 empfängt er die Priester- und etwas später die Bischofsweihe. Kaum ist er im Jahr 1564 Erzbischof von Mailand, beginnt er auch bereits energisch mit der Erneuerung dieses großen Bistums.

Die Wurzeln der Erneuerung

Für Karl beginnt die Reform bei ihm selbst. Er wollte die Reformbemühungen des Konzils von Trient in sich verwirklichen. So beginnt er auch bei seinem eigenen geistlichen Leben. Streng war er immer, nun wird er es auch im Blick auf Fasten und Lebensstil. Er gibt in immer wieder neuen Anläufen der Residenz des Erzbischofs eine geistliche Note, ja fast einen monastischen Stil. Er widmet sich lange Zeiten dem Gebet, nicht zuletzt hat er eine große Verehrung für das Leiden Jesu Christi. In seinen Predigten wird sichtbar, wie sehr er von der Bibel lebt. Seine Bibliothek zeigt, wie außerordentlich er sich schon zu seiner Zeit dem Bibelstudium widmete. Das vorbildliche kontemplative Leben mündete fast von selbst in die Nächstenliebe und in die pastorale Aufgabe. Bekannt ist vor allem, wie Karl sich bei der Pest des Jahres 1576 unermüdlich den Kranken und Sterbenden zuwendet und ihnen die Sakramente reicht, ohne Sorge um Ansteckung und eigene Gefährdung. Während seiner Visitationen entging er einmal nur knapp einem Attentat (1569). Dies begründete im Volk seine Heiligkeit, freilich hatte er auch gehässige Gegner.

Unermüdlich hat er sich bis zu seinem frühen Tod im Alter von 46 Jahren seiner Aufgabe gewidmet. Der venezianische Gesandte sah durchaus richtig, wenn er Karl Borromäus damit charakterisierte, der Mailänder Erzbischof wirke durch sein Leben mehr als alle Konzilsbeschlüsse zusammen. So wurde er zum Muster und Vorbild eines nachtridentinischen Bischofs, der seine Hirtenaufgabe voll und ganz zum einzigen Inhalt seines Lebens machte. Unerschrocken trat er für das Evangelium und für die Kirche ein, wo es Not tat: beim Ausmerzen von innerkirchlichen Missständen, beim Verteidigen der Freiheit und der Rechte der Kirche gegenüber dem spanischen König, beim Bewahren des Sondergutes der ambrosianischen Liturgie seiner Bischofsstadt, in Auseinandersetzung mit der Kurie wegen einer immer wieder verschleppten Approbation von Synodenbeschlüssen.

Patron moderner Seelsorge

Karl Borromäus war, wie schon gezeigt, ein Mann des kontemplativen Lebens. Hält man sich dies nicht ständig vor Augen, so würde man ihn wegen seiner unermüdlichen Tätigkeit beinahe einen Aktivisten mit den weniger guten Nebenklängen dieses Wortes nennen. Das Gebet und die Meditation gaben jedoch diesem unermüdlichen

Seelsorger inmitten aller Arbeit eine unerschütterliche Ruhe. So ist er besonders bekannt geworden durch viele Reformmaßnahmen im Gefolge des Konzils von Trient. Er hat die Klöster erneuert, er hat Seminare verschiedener Art gegründet (nicht zuletzt ein Kolleg für die Schweizer in Mailand), er hat durch sechs Provinzialkonzilien und elf Diözesansynoden planmäßig die Erneuerung auf allen Ebenen betrieben. Er besuchte alle 800 Gemeinden des Erzbistums Mailand, manche mehrfach. Noch heute entdeckt man z. B. in den südlichen Alpentälern, besonders im Tessin, die Spuren seiner Pastoralreisen.

Karl Borromäus besaß die große Fähigkeit, einzelne Tendenzen und Initiativen zu sammeln und kraftvoll zu einem Reformwerk zu vereinigen. Berühmt sind seine Visitationen im eigenen Bistum, aber auch seine Visitationsaufträge im großen Erzbistum. Die Einsichten dieser pastoralen Erfahrung sind gewiss nicht nur von ihm gefunden. Für manches gibt es Vorläufer. Aber Karl Borromäus hat vieles zusammengefasst und erst geschichtlich wirksam gemacht. Viele und sehr verschiedenartige Bemühungen kommen hinzu: Empfehlung eines gemeinsamen Lebens im Pfarrhaus, Einteilung der Stadt Mailand und des Bistums in Regionen und Bezirke, Reform der Klöster und besonders des Franziskanerordens, Ingangsetzen einer katechetischen Bewegung, Herausgabe von Pastoralinstruktionen, Gründung eines Seminars für Spätberufene, Stiftung der Gemeinschaft der Oblaten, die nach ihm benannt wurden.

So wurden die »Acta Ecclesiae Mediolanensis« (Akten der Kirche von Mailand) zu einer Fundgrube der Kirchenreform nach dem Konzil von Trient, die sich in ganz Europa bis in das 19. Jahrhundert hinein dieses Instruments bediente.

Nicht zuletzt entscheidend aber war der feste Aufenthalt von Karl Borromäus in seiner Bischofsstadt und in seinem Bistum. Bereits 1566 siedelte er nach dem Tod seines Onkels und der Wahl von Pius V. endgültig nach Mailand über. Er nahm die so genannte »Residenzpflicht« der Bischöfe, die das Trienter Konzil eingeschärft hatte, voll ernst. Der Bischof soll konkret und kontinuierlich das Leben mit den Menschen teilen, für die er bestellt ist. Hier hat Karl Anstöße der spanischen Reformbewegung aufgenommen. Unverkennbar sind auch die Quellen aus der Väterzeit für das Bischofsbild des Mailänder Erzbischofs: die Apologie Gregors von Nazianz, Chrysostomus' Darlegung über das Priestertum und die Pastoralregel Gregors des Großen.

Karl Borromäus hat entscheidend dazu beigetragen, ein großes Reformkonzil zu verwirklichen. Das Konzil von Trient hatte zwar

Möglichkeiten und Befugnisse bereitgestellt, aber erst mussten Männer gefunden werden, die von den gegebenen Möglichkeiten einen guten Gebrauch zu machen wussten. Nuntien, die in seinem Geist wirkten, haben sein Programm in die Welt getragen, nach Spanien und in die Schweiz, in die Niederlande und nach Deutschland. Karls Vorbild und die hinreißende Kraft seines Beispiels haben bei den deutschen Bischöfen der Reformzeit Schule gemacht.

Noch ist der Umfang des Wirkens von Karl Borromäus nicht ausreichend untersucht. In hundert Bänden liegen 35 000 Briefe unveröffentlicht in der Mailänder Ambrosiana. Viele Predigten sind ungedruckt. Die Wirkungsgeschichte der Mailänder Reformakten auf die neuzeitlichen Synoden Europas ist noch wenig erforscht. Es fehlt nicht an Anstößen für die Forschung, um sein Bild zu erweitern und zu vertiefen.

Die Bedeutung von Karl Borromäus auch für unsere Gegenwart ist unübersehbar: Umkehr zu einem entschiedenen Christsein als Voraussetzung jeglichen kirchlichen Engagements, Verbindung der »vita contemplativa« mit der »vita activa«, zuerst Reform der Herzen und der Menschen, vorbildliches Wirken durch das persönliche Beispiel, unerschrockener Mut und Folgerichtigkeit im Streit um die Wahrheit des Glaubens und die Erneuerung der Kirche. Manches mag nicht mehr unmittelbar in unsere Zeit passen, z. B. die Schärfe seiner Konfliktführung, aber ohne seinen Geist sind auch noch so moderne Seelsorgeprogramme nichtig. Karl Borromäus bleibt ein Pionier neuzeitlicher Pastoral.

Meine Beziehung zu Karl Borromäus

Der heilige Karl Borromäus ist mein Namenspatron. Bereits drei Tage nach meiner Geburt wurde ich auf diesen Namen getauft. Mein Vater, der auch Karl hieß, feierte auf Karl den Großen, mir wurde der heilige Karl Borromäus als Patron zur Seite gestellt. In unserer Familie hatte der Name Tradition. Ein kurz vor meiner Geburt verstorbener Großonkel, ein so genannter geistlicher Studienrat (Religionslehrer am Gymnasium), Dr. theol. Karl Waldner, war ebenfalls nach Karl Borromäus benannt. Bis heute ist der Reformer Karl Borromäus ein Inbegriff von Bildung und Gelehrsamkeit katholischer Prägung in meiner Heimat Hohenzollern. Besonders in Sigmaringen gab es natürlich die Tradition, Jungen auch nach dem Stadtpatron Fidelis zu nennen. Karl oder Fidelis? Hier der Patron der Seelsorger, der Katecheten, der Katechumenen und der Seminaristen, dort der Patron der Juristen, in Gerichtsangelegenheiten und für die – gewaltsame – Ausbreitung des Glaubens. Die Wahl meiner Eltern passte. Das Leben und Werk des heiligen Karl Borromäus ist mir immer wieder in meiner eigenen Lebensgeschichte begegnet: Zu Beginn der fünfziger Jahre entstand in Veringenstadt, meinem damaligen Wohnort, eine Borromäus-Pfarrbibliothek mit etwa 2000 Bänden, die ich als Gymnasiast aufbaute. Das war ein erstaunlich großer Bestand, etwa drei Bücher pro Einwohner. Später – als Priesteramtskandidat für das Erzbistum Freiburg – habe ich für drei Semester im Collegium Borromaeum, dem Freiburger Konvikt, gelebt. Auch im Deutsch-Ungarischen Kolleg in Rom hatte ich dann als Oberbibliothekar meine Aufgabe in den Spuren des heiligen Karl Borromäus. Die Liebe zu den Büchern ist bis heute geblieben. Während meiner Assistentenzeit bei Karl Rahner in Münster (1967/68) wohnte ich wiederum im dortigen Collegium Borromaeum. Als Assistent und Professor und jetzt als Bischof konnte ich mir nach und nach eine Privatbibliothek erwerben, die mittlerweile fast 100 000 Bücher umfasst. Ob es mit der Namenswahl durch meine Eltern schon vorausgesehen wurde?

Die Lebensgeschichte von Karl Borromäus hat mich immer wieder interessiert, seine Schriften vor allem auch. Hin und wieder war ich in Mailand auf den Spuren meines Namenspatrons unterwegs, habe in Archiven unveröffentlichte Schriftstücke und Briefe gesucht und auch gefunden. Kardinal Carlo Maria Martini, der Jesuit und frühere Kardinal-Erzbischof von Mailand, hat mich bei einem Besuch im Erzbischöflichen Haus in die Privatgemächer geführt, die auch schon von Kardinal Karl Borromäus bewohnt wurden: Ich sah die Kapelle und das Schlafzimmer. In seinem Schlafzimmer gab es eine zu öffnende Nische, eine Art Fenster unmittelbar in die Kapelle zur nächtlichen Anbetung.

Über diese unmittelbaren persönlichen Kontakte hinaus gibt es auch in meiner Funktion als Bischof und Vorsitzender der Deutschen Bischofskonferenz immer wieder Kontakte mit dem Heiligen. So gibt es etwa über die Ordensvertretungen auch Kontakte zu den Barmherzigen Schwestern vom heiligen Karl Borromäus (Borromäerinnen) oder im katholischen Bibliothekswesen zu den Borromäus-Vereinen, die mit ihren Buchempfehlungen und weiteren Publikationen wichtige Hilfestellungen für die Katholischen Öffentlichen Büchereien leisten. Noch viele weitere Parallelen könnte man erkennen, ohne zu sehr zu konstruieren. Ein Faktum war mir immer wichtig: die Wirkung von Karl Borromäus auf Papst Johannes XXIII., der von 1906 bis 1958 historisch viel über ihn arbeitete (vgl. die Anstöße bei der Konzilseröffnung vom 11. Oktober 1962).

Auf jeden Fall bin ich meinen Eltern dankbar, dass sie mich nach diesem großen Heiligen benannt haben. So feiere ich gerne meinen Namenstag am 4. November, der in Anlehnung an seinen Todestag am 3. November 1584 begangen wird, und denke in besonderer Weise auch an den Geburtstag des Heiligen (1610 wurde er von Papst Pius V. heiliggesprochen) am 2. Oktober, der durch eine Fügung zugleich der Tag meiner Bischofsweihe im Jahr 1983 ist.

Karl Borromäus hat als exemplarisches Modell und Vorbild des neuen Bischofsideals der katholischen Reformbewegung, von der das Konzil von Trient vieles übernommen hat, eine kaum überschätzbare Bedeutung für die Kirche in der Neuzeit. Der Sprössling einer Mailänder Patrizierfamilie, gefördert durch den Nepotismus der damaligen Zeit, zeigt uns aber auch, welches geistliche Potenzial in diesen Familien schlummern konnte und wozu sie die Gnade Gottes in der Umkehr führen konnte. Dies ist eine große Ermutigung auch für uns.

Literatur

H. Bach, Karl Borromäus. Leitbild für die Reform der Kirche nach dem Konzil von Trient, Köln 1984;

A.Borromeo, Art. Borromäus, in: Lexikon für Theologie und Kirche, 3. Auflage, Freiburg 1994; Sp. 598ff. (dort weitere Lit.);

G. Alberigo, Karl Borromäus. Geschichtliche Sensibilität und pastorales Engagement, Münster 1995

Euchar Schuler

Johannes vom Kreuz

Ganz auf Gott ausgerichtet

** 1542 Fontiveros / Spanien*
† 1591 Ubeda / Spanien
Kirchenlehrer, Mystiker, Ordensreformer
Gedenktag: 14. Dezember

Ein Zeitgenosse, der ihn kannte, wird befragt

Ich möchte mir ein Bild von einem Menschen machen, den Sie, Padre Eliseo de los Mártires, kannten. Sie sind Zeitgenosse eines Mannes der ersten Stunde der Reform des Karmelordens. Er gab durch seine Werke der Reform seine Ausrichtung. Wie war er denn, dieser Juan de la Cruz, oder auf Deutsch Johannes vom Kreuz?«

»Ich kannte Pater Johannes persönlich, hatte häufig Umgang mit ihm und in verschiedenen Angelegenheiten mit ihm zu tun. Er war ein Mensch von mittlerer Körpergröße. Sein etwas braunes Gesicht war ernsthaft und ehrwürdig, aber von gütigem Ausdruck. Das Zusammensein und die Gespräche waren stets angenehm und hatten eine betont geistliche Ausrichtung. Sie waren dem, der sie hörte oder mit ihm sprach, stets von großem Nutzen. Darin war er so einzigartig und gewinnbringend, dass alle aus dieser Begegnung geistlichen Nutzen zogen, seine Tugenden bewunderten und verehrten. Als Oberer war er von milder Strenge, ermahnte mit brüderlicher Liebe und stets mit bewundernswerter Gelassenheit und Würde.«

»Danke für ihre Auskunft über Johannes vom Kreuz. Wir wollen uns ihm nun in verschiedenen Szenen nähern.«

Szene 1: Johannes tritt in den Karmel ein

Es war bereits dunkel. Da schlich ein junger Mann durch die Straßen von Medina del Campo. Er strebte dem Karmelitenkloster »Santa Ana« zu, wo er nach dem Pater Prior verlangte.

»Ich möchte Karmelit werden. Ich bin hier in Medina im Jesuitenkolleg seit 1559, wo ich mein Grundstudium absolvierte. Die Jesuiten wollen, dass ich mich ihrem Orden anschließe. Auch der Verwalter des Seuchenhospitals sieht mich schon als Kaplan im Dienst seines Krankenhauses. Mein Inneres sagt mir aber, dass ich nicht zu einem aktiven Leben berufen bin. Mir liegt eher die kontemplative Lebensweise des Karmel. Deshalb bitte ich Sie, mich möglichst bald in den Karmelitenorden aufzunehmen.«

Nach einer Pause sagte der Prior: »Wenn du willst, werde ich dich morgen als Kandidat in den Orden integrieren. Dann ist fürs Erste die Sache geklärt, wohin du gehörst. Aber zuvor erzähle mir doch bitte noch etwas mehr von dir.«

Johannes berichtet über sich: »Ich bin jetzt 21 Jahre alt und wurde 1542 in Fontíveros, einer kleinen Stadt bei Ávila, geboren. Mein verstorbener Vater war Gonzalo de Ypes. Meine Mutter ist Catalina Alvarez. Solange der Vater als Weber arbeitete, ging es uns gut. Aber als er 1545 starb, veränderte sich die Lage dramatisch. Um die Kinder zu ernähren, zog meine Mutter mit meinem Bruder und mir nach Medina del Campo, wo ich mit neun Jahren in das Waisenhaus aufgenommen wurde. Ich lernte Lesen und Schreiben und durfte im Jesuitenkolleg studieren. Wenn ich nun zu Ihnen komme, Pater Prior, folge ich nicht dem Bedürfnis, mich vor dem Leben zu drücken, sondern weil ich die Berufung zum Leben in Zurückgezogenheit in mir spüre.«

Johannes wurde in den Karmel aufgenommen und trug den Namen: Johannes vom hl. Matthias.

Szene 2: Eine Sehnsucht erfüllt sich.

Johannes wollte Ordenspriester werden. Die Karmeliten schickten ihn 1564 nach Salamanca an die Universität, wo er Theologie studierte. Im Sommer 1567 ließ er sich zum Priester weihen und kehrte für kurze Zeit nach Medina zurück, um Primiz, die erste heilige Messe, zu feiern.

Das Leben aber, wie er es damals in der Karmelgemeinschaft vorfand, war für ihn nicht sehr anziehend. Er war enttäuscht. Teresa von Ávila weilte ebenfalls 1567 in Medina, und sie traf Ende September Johannes.

Teresa eröffnete die Unterredung: »Sie haben sicher schon von meinem Vorhaben gehört, den weiblichen Karmel so zu erneuern: Unsere Gründungsväter haben auf dem Berg Karmel nach einer Regel gelebt, die besagte, dass die Karmeliten sich bemühen sollten, ganz konzentriert auf Gott hin zu leben. Dies sollten wir in unseren Gemeinschaften erneut verwirklichen. Würden Sie mir dabei helfen?«

Johannes erwiderte: »Der Gedanke, dass wir Karmeliten zu einer tiefergehenden Kontemplation kommen sollen, gefällt mir. Ich bleibe!«

Johannes beendete in Salamanca sein Studium. Teresa hatte inzwischen eine Vollmacht erhalten, auch Männerklöster der Reform zu errichten. Ein Haus in der Einsamkeit fand sich bald. Am ersten Adventsonntag, es war der 28. November 1558, wurde das erste Kloster der Reform in Duruelo gegründet. Die beiden Karmeliten gelobten, nach der ursprünglichen Regel in Zurückgezogenheit zu leben, und sie nahmen neue Namen an: Johannes vom Kreuz und Antonio de Jesú. Dieser kleine Konvent sollte die Keimzelle für den männlichen Reformkarmel werden.

Szene 3: Inmitten der Nacht beginnt der neue Tag

Noch lag das Kloster der Karmelitinnen in Toledo in Ruhe und Frieden. Eine abgerissene Gestalt im Mönchsgewand hastete dem Kloster der Karmelitinnen zu und klopfte. Als sich die Tür öffnete, atmete er befreit auf. Eine abenteuerliche Flucht aus der Gefangenschaft war Johannes vom Kreuz gelungen.

Die Priorin ahnte, dass die Brüder der alten Observanz, der herkömmlichen Lebensweise also, ihren »aufmüpfigen« Bruder nicht einfach laufen lassen konnten. Sie traf deshalb kluge Vorsichtsmaßnahmen. Als die Häscher kamen, suchten sie vergeblich nach dem Flüchtling.

Den Schwestern berichtete Johannes die ganze Geschichte: Seit 1572 wirkte er als Spiritual im Sinne der Reform im »Kloster der Menschwerdung« zu Ávila, wo Mutter Teresa Priorin war. Unter den Mitbrüdern im Karmel aber gab es missgünstige Reformgegner. Das ging sogar so weit, dass ihn die Brüder der alten Observanz in der Nacht vom 2. November 1577 entführten, nach Toledo brachten und dort als Rebell zur Kerkerhaft verurteilten, weil er nicht von seiner Reform lassen wollte. Johannes litt in dieser Zeit der Einsamkeit unter dem furchtbaren Gefühl der Gottverlassenheit in »dunkler Nacht«.

Mitten in dieser Bedrängnis aber trat eine innere Wende ein. Im Schutz der »dunklen Nacht« war Gott wirksam, denn mitten in der dunkelsten Nacht fand ihn Gott. Johannes fühlte neues Leben in sich, fand die Kraft der Worte wieder und mit Leidenschaft besang er seine Erfahrungen mit Gott.

Johannes fasste neuen Mut und sann auf Flucht, die ihm in der Nacht von 16. August 1578 auf abenteuerliche Weise gelang. Ein neuer Tag brach für ihn an.

Szene 4: Einheit mit Gott – Umwandlung durch Gott

Johannes vom Kreuz lag wie ans Kreuz genagelt auf seinem Krankenbett. Er hatte sich am Fuß verletzt und die Wunde entwickelte einen blutvergiftenden Wundbrand.

Erinnerungen flogen ihm durch den Kopf: Nach seiner Gefangenschaft traf er sich mit den Brüdern der Reform 1578 in Almodóvar. Auf Grund der Vorfälle, die Johannes mit den Brüdern der alten Observanz erlebt hatte, entschieden sie sich für eine selbstständige Ordensprovinz und nannten sich »die Unbeschuhten«, um auszudrücken, dass sie nackt vor Gott stehen.

Die Reform ging zwar gut voran. Doch machte Johannes die Feststellung, dass nach dem Tod Teresas 1582 in manchen Klöstern sich eine Fehlentwicklung einstellte. Das aktive Leben wurde wieder in den Vordergrund gerückt und der Kontemplation vorgezogen. Seine Enttäuschung war groß. Er wollte endlich ein kontemplatives Leben führen. Doch die Mitbrüder wählten Johannes in die Provinzleitung, wo er stark gefordert war.

Dann tauchten plötzlich gezielte Verleumdungen auf. Seine Gegner wollten ihn aus der Ordensleitung drängen. Für eine solch hinterhältige Auseinandersetzung fühlte sich Johannes zu müde und meldete sich für die Mission. Bis zur Abreise nach Mexiko sollte er in dem einsamen Kloster »La Penuela« ausharren.

Bei der Arbeit verletzte sich Johannes. Die Fußwunde entzündete sich mehr und mehr. Schließlich machte er sich am 28. September 1591 auf den Weg nach Ubeda zu einen Arzt, aber für eine medizinische Behandlung war es zu spät. In der Nacht vom 14. Dezember 1591 starb der Heilige im Alter von 49 Jahren. Er hatte die Einung mit Gott gesucht und wurde verwandelt durch Gott.

Szene 5: Mein Dienst ist nichts als Lieben

Johannes vom Kreuz hatte erfahren, dass sich das Leben auch in tiefster Finsternis durchsetzt. Mitten in dunkler Nacht erlebte er Erleuchtungen, die er in seiner Poesie verdichtete. Als er sich in das Kloster »El Calvario« in Andalusien zurückzog (1578–1586), brachen seine poetischen Quellen wieder auf. Die abenteuerliche Flucht aus dem Kerker ist für ihn das Urerlebnis mit Gott, das er so beschreibt:

Es war in dunkler Nacht,
Ich brannt' von Liebeswehen,
O Glück, das selig macht!
Entwich ich ungesehen
und ließ mein Haus in Ruhe stehen.

Auf Drängen der Karmelitinnen in Beas interpretierte Johannes seine schwer verständlichen Gedichte. So entstanden 1585 die beiden Werke: »Aufstieg zum Berge Karmel« und »Dunkle Nacht«.

Eines seiner schönsten Gedichte ist »Die lebendige Flamme der Liebe«, das Johannes 1581 in Granada ausdeutete:

»O Liebesflamme, die nur Leben spendet
Und die so zart mir schlägt manch' tiefe Wunde
In meiner Seele allertiefstem Grunde!
Schon ist das Schreckliche in Lust gewendet.
Mach Schluss, falls mir dein Wille diesen gebe,
Zerreiß der süßen Einigung Gewebe.«

Um seine mystischen Erfahrungen verständlich zu erklären, benutzt Johannes Symbolbilder, weil nach seiner Meinung die Sprache unzulänglich ist. Er weist auf das Handeln Gottes hin, das den Menschen umgestaltet, und bringt einen einsichtigen Vergleich: »Es ist dasselbe Verhältnis wie beim Feuer: hat dieses ein Holzstück ergriffen, so gestaltet es dasselbe in sich um und wird ganz eins mit ihm ... Die Seele ist so sehr umgestaltet und im innersten Grunde glühend vom Feuer der Liebe, dass sie nicht nur vereinigt ist mit diesem Feuer, sondern selbst zur lebendigen Flamme geworden ist.«

In Granada vollendete Johannes 1581 auch den »Geistlichen Gesang«, den er im dunklen Verliess seiner Gefangenschaft begonnen hatte. Zu dem Werk bemerkt Johannes: »Die ... Strophen sind, wie ich glaube, unter dem Einfluss einer innigen Liebe zu Gott geschrieben … Da es sich um reinen Überschwang an Liebe handelt, so ist es besser, man lasse ihnen den ganzen Reichtum des Sinnes.« Und Johannes stimmt den Gesang zwischen der Seele und dem Bräutigam an:

»Wo ist der Ort, wo mein Geliebter weilet?
Warum hat seufzend er mich hier verlassen? –
Dem Hirsche gleich ist flüchtig er enteilet
Und hat verwundet mich zurückgelassen.
Ich lief ihm nach und konnt' ihn nicht mehr fassen.

In seinem Kommentar fasst Johannes den Inhalt des großen Gedichtes zusammen: »Vorliegende Strophen behandeln der Reihe nach die verschiedenen Lebenszustände einer Seele von dem Augenblick an, wo sie sich dem Dienst Gottes zu widmen beginnt, bis sie die höchste Stufe der Vollkommenheit, die mystische Vermählung, erreicht. Aus diesem Grund werden die drei Wege dargelegt: der Weg der Reinigung, der Weg der Erleuchtung und der Weg der Einigung.«

Ausklang: Verliebt in Gott

Ein Mann hat sich »in dunkler Nacht« von Gott finden lassen. Das Feuer, das in ihm loderte, konnte zwar bis auf die Asche herabbrennen, aber unter der Asche glühte es weiter. Es bedurfte nur eines Hauches von Gott, um das Feuer erneut zum Lodern zu bringen. Johannes ließ sich von diesem Feuer erfassen. Dies wird deutlich in seinen Schriften, denn er vermittelt keine trockene Lehre, sondern legt ein glaubwürdiges Zeugnis ab vom lebendigen Gott, der gerade an ihm seine Nähe manifestierte. Die Sprache des Mystikers Johannes vom Kreuz ist die Sprache eines »Verliebten«, die einer nur versteht, der selbst »in Gott verliebt ist«.

LITERATUR

Johannes vom Kreuz, Sämtliche Werke in fünf Bänden, Darmstadt 1987;

Theresia von Avila, Sämtliche Schriften der hl. Theresia von Jesu, München. o. J.;

E. Schuler, Verliebt in Gott – Johannes vom Kreuz (1542–1591), in: M. Langer / J. Niewiadomski (Hg.), Die theologische Hintertreppe. Die großen Denker der Christenheit, München 2005, S. 125–139

Georg Denzler

Roberto Bellarmino

Der wortgewaltige Apologet

** 1542 in Montepulciano / Italien*
† 1621 in Rom
Ordensmann, Kardinal, Kirchenlehrer
Gedenktag: 17. September

Roberto Bellarmino wurde am 4. Oktober 1542 in Montepulciano geboren. 1560 schloss er sich der von Ignatius von Loyola gegründeten »Gesellschaft Jesu«, gewöhnlich Jesuiten genannt, an. Nach Studien im Collegio Romano, der heutigen Päpstlichen Universität Gregoriana in Rom, wirkte Bellarmino als Dozent für Rhetorik in Florenz und Mondovi, bis er 1567 das Theologiestudium in Padua begann und es 1569 in Löwen fortsetzte. 1570 legte er die Ordensgelübde ab und empfing drei Wochen später die Priesterweihe. 1576 bis 1587 dozierte Bellarmino am Römischen Kolleg der Jesuiten in Rom Kontroverstheologie und arbeitete daneben als Mitglied der Inquisitions- und als Konsultor der Indexkongregation. Nach einigen Jahren als Provinzial der Jesuiten in Neapel kehrte er 1597 unter Papst Clemens VIII. nach Rom zurück, um hauptsächlich in der päpstlichen Kurie tätig zu sein. 1599 zum Kardinal erhoben, wirkte Bellarmino von 1602 an auf eigenen Wunsch als Erzbischof von Capua. Papst Paul V. holte ihn wieder an die Kurie zurück. Bellarmino starb am 13. Mai 1621. Der schon bald eingeleitete Seligsprechungsprozess kam erst 1923 zum Abschluss. Papst Pius XI. sprach den frommen und gelehrten Jesuiten 1930 heilig und ernannte ihn 1931 zum Kirchenlehrer.

Roberto Bellarmino zählte noch Jahrhunderte nach seinem Tod zu den einflussreichsten Kontroverstheologen. Als Frucht seiner römischen Vorlesungen erschien das Hauptwerk »Disputationes de controversiis christianae fidei adversus huius temporis haereticos« dreibändig in Ingolstadt (1586–1598) und vierbändig in Venedig (1596). Sein im Auftrag von Papst Clemens VIII. herausgegebener Kleiner Katechismus »Dottrina cristiana breve« (Rom 1597) erlebte 400 Auflagen und wurde in 56 Sprachen bzw. Dialekte übersetzt.

Bellarminos vorsichtiges Urteil zeigte sich auch bei innerkirchlichen Kontroversen, speziell bei dem unter den Päpsten Clemens VIII. († 1605) und Paul V. († 1621) tobenden Gnadenstreit.

Als Konsultor der Inquisitionsbehörde fand Bellarminos Stimme besonderes Gehör. Der humanistische Theologe Erasmus von Rotterdam war für ihn kein Häretiker, weil er nie auf seinen Irrtümern bestanden habe. Aus den Schriften des Dominikanerphilosophen Giordano Bruno stellte er acht häretische Sätze zusammen. Im Prozess gegen den Astronomen Galileo Galilei plädierte er für behutsames Vorgehen: »Wenn es einen wirklichen Beweis dafür gäbe, dass die Sonne im Mittelpunkt des Universums steht … und dass nicht die Sonne sich um die Erde, sondern die Erde sich um die Sonne dreht, dann müssten wir mit sehr viel Umsicht vorgehen, um jene Stellen der Heiligen Schrift zu erklären, die das Gegenteil zu lehren scheinen, und eher zugeben, dass wir sie nicht verstanden haben, als eine Auffassung für falsch zu erklären, die bewiesen ist.« Bellarmino hätte Galileis umstrittene, weil noch nicht bewiesene Lehre von der Heliozentrik gelten lassen, wenn dieser sie nur als Hypothese vertreten hätte.

Am nachhaltigsten wirkte Bellarminos Ekklesiologie. Er definierte die Kirche als »Vereinigung von Menschen, die durch das Bekenntnis desselben Glaubens und die Teilnahme an denselben Sakramenten unter der Leitung der rechtmäßigen Hirten und besonders des einen Stellvertreters Christi auf Erden, des römischen Papstes, verbunden sind.« Martin Luthers These von der Unsichtbarkeit der Kirche bekämpfte Bellarmino mit der Meinung, die Kirche sei als äußere Gemeinschaft »so sichtbar und greifbar wie die Gemeinschaft des römischen Volkes oder das Königreich Frankreich oder die Republik Venedig.« Nach seiner Überzeugung vertritt der Papst Christus als Haupt der Kirche; er besitzt die Jurisdiktionsgewalt über die gesamte Kirche und Unfehlbarkeit in allen Glaubensentscheidungen; er steht über jedem Konzil, da Jesus nicht Petrus mit dem Konzil, sondern Petrus allein Fels und Fundament genannt habe.

Im Gegensatz zu der im Mittelalter herrschenden Doktrin, dass die Kirche auch in weltlichen Belangen eine Potestas directa besitze, billigte Bellarmino der Kirche nur eine Potestas indirecta zu. Für den

Staat selbst lehnte er jeden Absolutismus ab und befürwortete Demokratie: »Sicher zieht alle Welt eine Regierungsform vor, an der jeder einen Anteil hat, und eine solche Form ist auch wohl die einzige, die wir vorschlagen möchten; denn nicht die Geburt, sondern die Befähigung des Menschen soll zählen.«

Bellarmino war »eine Schwellengestalt, in deren Werk sich Altes nochmals ausprägt und Neues zugleich ankündigt« (Th. Dietrich).

LITERATUR

G. Galeota, Bellarmino, Roberto (1542–1621), in: Theologische Realenzyklopädie, Band 5, Berlin / New York 1980, S. 525–531;

Th. Dietrich: Die Theologie der Kirche bei Robert Bellarmin (1542–1621). Systematische Voraussetzungen des Kontroverstheologen, Paderborn 1999;

P. Godman: The Saint as Censor. Robert Bellarmine between Inquisition and Index, Leiden / Boston / Köln 2000

HERBERT WINKLEHNER

Franz von Sales

Der Lehrer der Liebe

** 1567 in Thorens / Frankreich*
† 1622 in Lyon
Bischof, Ordensgründer, Kirchenlehrer
Gedenktag: 24. Januar

Paris, Januar 1587

Ein 19-jähriger Student schleppt sich zur Kapelle St. Etienne des Gres. Sein Gesundheitszustand ist bedenklich. Er kann sich kaum noch auf den Beinen halten. Sein Ziel ist die Schwarze Madonna. Ihr will er sein Leid klagen. Sein Leben ist völlig durcheinander geraten, und dabei hatte alles so gut begonnen.

Der Student heißt Franz von Sales, geboren am 21. August 1567 in einem Schloss nahe Thorens im Herzogtum Savoyen. Er ist das älteste von dreizehn Kindern. Seine Mutter, Franziska von Boisy, war bei seiner Geburt erst vierzehn Jahre alt. Sein Vater, Franz von Boisy, ist das Oberhaupt einer angesehenen Adelsfamilie. Er tut alles, damit sein ältester Sohn ein würdiger Stammhalter werde. Dazu gehörte vor allem Bildung. Daher wurde er mit elf Jahren nach Paris geschickt, bekannt durch die Sorbonne, eine der führenden Universitäten Europas.

Dort kam Franz in Berührung mit einer ganz anderen Welt. Die Gräuel der »Bartholomäusnacht« waren immer noch spürbar. In den gebildeten Kreisen und an den Stammtischen wurde heftig diskutiert, ob der katholische Glaube oder der »neue Glaube« der Calviner der wahre ist. Vor allem ging es um das Thema Vorherbestimmung oder Prädestination. Für den Laien reduzierte sich diese Lehre auf die Frage: Kann ich durch mein Leben beitragen, in den Himmel zu kommen, oder ist mein Schicksal von Gott vorherbestimmt? Franz dachte, dass er sich den Himmel verdienen könne. In der mondänen Welt von Paris merkte er jedoch, dass dies gar nicht einfach ist. In ihm setzte sich deshalb der Gedanke fest, dass Gott ihn für die Hölle bestimmt habe.

»Ich bin verdammt!« – Diese Überzeugung stürzte ihn Ende 1586 in eine tiefe Krise. Die Schwarze Madonna von St. Etienne des Gres wird seine einzige Zuflucht. Im Gebet vor ihr begreift er plötzlich mit absoluter Sicherheit, dass Gott die Liebe ist. Und wenn Gott die Liebe ist, dann kann Gott nur Liebe wollen. Franz erkennt: »Es ist völlig egal, ob ich in den Himmel oder in die Hölle komme, wichtig ist allein das Vertrauen, dass alles, was geschieht, Ausdruck der göttlichen Liebe ist.« Wichtig ist die Antwort, die ich der Liebe Gottes gebe: »Mein Gott, ich will dich lieben, achten und ehren, solange ich lebe.« Dieses Wissen befreit Franz von seinen Ängsten. Für ihn beginnt ein neues Leben.

An der Grenze zum Chablais, 14. September 1594

Franz von Sales betritt jenen Teil seiner Heimatdiözese Genf-Annecy, der seit Jahrzehnten von den Calvinern besetzt gehalten wird: das Chablais am Südufer des Genfer Sees. Mehrfach wurde erfolglos versucht, die dort lebende Bevölkerung zur Rückkehr zum katholischen Glauben zu bewegen. Eines hat sich Franz, der am 18. Dezember 1593 zum Priester geweiht wurde, für seine lebensgefährliche Mission vorgenommen: Die Calviner sollen nicht mit den Waffen der Gewalt bekehrt werden, sondern mit den Waffen der Liebe. Für ihn, der Gott als Liebe erfahren hat, ist klar, dass er diese Liebe an die Menschen weitergibt. Jahre später wird ein Calviner sagen: »Wenn alle Bischöfe so wären wie dieser, gäbe es keine Calviner mehr.« Doch anfangs sieht es nicht danach aus. Franz stößt auf vehemente Ablehnung. Den Menschen wird unter Strafe verboten, seine Predigten anzuhören. So entschließt sich Franz zu einer völlig neuen Methode der Glaubensverkündigung, einer Art Medienkampagne. Er verfasst Flugblätter, die er an öffentliche Plätze und Haustüren heftet. Darin beschreibt er die wichtigsten katholischen Wahrheiten derart spannend, dass die Menschen mehr und mehr das Kontaktverbot ignorieren und zu seinen Predigten kommen. 1598 – nach vier Jahren unermüdlicher Überzeugungsarbeit – kann dem Papst berichtet werden, dass fast alle Einwohner des Chablais katholisch geworden sind. Durch diesen Erfolg wird Franz nicht nur zum »Apostel des Chablais«, sondern er trägt auch dazu bei, dass er 1923 von Papst Pius XI. zum Patron der Journalisten und Schriftsteller erklärt werden wird.

Thorens, 8. Dezember 1602

Franz von Sales wird zum Bischof geweiht. Zehn Jahre später schreibt er darüber: »Ich spürte ganz deutlich, dass mich Gott zu sich nahm und mich an die Menschen weiterschenkte.« Franz begreift: Gott, der mich liebt, möchte, dass ich als Bischof ganz für die Menschen da bin. Zwanzig Jahre lang wird er diesen göttlichen Wunsch erfüllen. Er besucht alle Pfarrgemeinden seiner Diözese, zu der der höchste Berg Europas, der Montblanc, gehört. Die Menschen nennen ihn »Bergsteigerbischof«. Er hält über dreitausend Predigten und war unermüdlich bestrebt, die Kirche nach den Beschlüssen des Trienter Konzils zu erneuern. Er führt ein Fest für Kinder ein und gründet eine Bildungseinrichtung für Erwachsene, in der darüber diskutiert wird, wie sich die neuen Erkenntnisse der Wissenschaften mit dem christlichen Glauben vereinbaren lassen. Die Bibel ist kein Biologiebuch, sondern das Wort Gottes. Deshalb hat Franz keine Schwierigkeiten, sich im Streit der Weltbilder auf die Seite Galileis zu stellen. Es ist seine höfliche und sanftmütige Art, die ihn die Herzen der Menschen gewinnen lässt. Nicht Strenge führt zum Ziel, sondern Freundlichkeit und Milde. Einmal wird Franz kritisiert, dass er als Bischof zu milde sei. Er antwortet: »Wenn ich schon sündige, dann lieber durch zu große Milde als durch zu große Strenge.«

Dijon, 4. März 1604

Ein entscheidender Tag im Leben des Bischofs Franz von Sales. Der burgundische Erzbischof André Fremyot hatte ihn eingeladen, die Fastenpredigten zu halten. Bei seiner ersten Predigt bemerkt Franz eine Dame im Witwenkleid, die Schwester des Erzbischofs, Johanna Franziska, Baronin von Chantal. Sie hat gerade ein schweres Schicksal zu tragen. Ihr Ehemann war bei einem Jagdunfall ums Leben gekommen. Sie steht mit vier Kindern alleine da und soll zwei Schlösser verwalten. Johanna wendet sich an Franz von Sales und zum ersten Mal in ihrem Leben fühlt sie sich wirklich verstanden. Sie bittet ihn, ihr geistlicher Berater zu werden. Aus der ersten Begegnung entsteht eine Freundschaft, die in der Kirchengeschichte einzigartig ist. Zwei

Menschen, in tiefer Liebe zueinander verbunden, die getragen ist von der Liebe Gottes, begleiten einander auf ihrem Weg zur Heiligkeit.

Für Franz gehört die Einzelseelsorge zur Hauptaufgabe des Bischofs. Über 20 000 Briefe soll er geschrieben haben, um dieser persönlichen Betreuung nachzukommen. Aus diesen Briefen entsteht ein Buch, das noch heute ein Bestseller der christlichen Weltliteratur ist: die »Anleitung zum frommen Leben« oder »Philothea«. Es erscheint Anfang 1609 und sagt den Leserinnen und Lesern: Du kannst dort, wo du lebst und arbeitest, ein vollkommenes christliches Leben führen. Franz gibt Tipps, wie dies möglich ist. Der Weg, den er beschreibt, ist der Weg der kleinen Schritte, des Alltags und des Alltäglichen. »Wenig und gut« lautet seine Devise. Oder: »Nicht das Außergewöhnliche tun wollen, sondern das Gewöhnliche außergewöhnlich gut tun.«

Annecy, 6. Juni 1610

Vier Frauen, an der Spitze Johanna Franziska von Chantal, knien vor Franz von Sales und empfangen den Segen für ihr Leben als »Schwestern der Heimsuchung Mariens«. Die Idee dazu entwickelte sich aus den Gesprächen zwischen Franz und Johanna. Sie wollen eine Gemeinschaft gründen, die Gott nicht nur durch das Gebet dient, sondern ebenso durch die Hilfe für Kranke und Bedürftige. Vorbild ist die biblische Begegnung der schwangeren Frauen Maria und Elisabet. In dieser Begegnung entsteht das Magnifikat, das Lob Gottes: »Meine Seele preist die Größe des Herrn.« Ein anderes Vorbild sind Marta und Maria. Die eine dient Jesus, indem sie für ihn sorgt, die andere, indem sie seinen Worten lauscht. Schwestern der Heimsuchung sollen beides vereinen: die Liebe für den Nächsten und die Liebe zu Gott. Bis zum Tod von Franz von Sales werden 13 Klöster gegründet, als Johanna 1641 stirbt, sind es schon 87. Die beiden Gründer mussten allerdings für die päpstliche Anerkennung ihre Ursprungsidee zum Teil wieder rückgängig machen und die strenge Klausur einführen. Franz von Sales tröstet seine Schwestern: »Wenn ihr nicht mehr zu den Menschen gehen dürft, so macht die Türen eurer Klöster weit auf und lasst sie zu euch kommen.«

Annecy, 30. Juli 1616

Gott ist die Liebe. Seit seiner Krise in Paris ließ ihn diese Erfahrung nicht mehr los. Nun hält Franz von Sales das erste Exemplar seines theologischen Hauptwerkes in Händen: die »Abhandlung über die Gottesliebe« oder »Theotimus«. In diesem Buch entwirft er das faszinierende Bild eines liebenden Gottes, der mit seiner Liebe den Menschen an sich zieht und möchte, dass wir in gleicher Weise auf diese Liebe antworten. Gottesbeziehung ist Liebesbeziehung, Beziehung von Herz zu Herz. Mit diesem Buch reiht sich Franz in die Reihe der großen Mystiker des 17. Jahrhunderts ein. Mystiker sind Menschen, die Gottsuche als Herzensangelegenheit verstehen, als Sehnsucht, Gott aus ganzem Herzen zu lieben. »Welch ein Glück, lieben zu dürfen«, schreibt Franz, »ohne ein Übermaß zu fürchten. Das Maß der Liebe ist Liebe ohne Maß.« Franz wird nicht zuletzt deshalb zum großen »Lehrer der Liebe«.

Lyon, 28. Dezember 1622

Franz von Sales wird nur fünfundfünfzig Jahre alt. Sein Einsatz für die Menschen zehrte an seinen Kräften. »Die Liebe Christi drängt uns«, las er beim Apostel Paulus. Aufgrund dieser Liebe wollte Franz ganz für die Menschen da sein, selbst auf Kosten der eigenen Gesundheit. Bezeichnenderweise stirbt er nicht zu Hause, sondern auf dem Rückweg von einer Reise. Franz nutzt die Gelegenheit, in Lyon in einem seiner Heimsuchungsklöster Halt zu machen, um dort Weihnachten zu feiern. Am 27. Dezember 1622 erleidet er einen Schlaganfall, an dessen Folgen er einen Tag später stirbt. Der Tod ist für ihn nichts Erschreckendes, sondern die Tür zu jener Liebe, nach der er sich ein Leben lang sehnte. »Gott suchen ist das Leben«, wird Franz von Sales oft zitiert, »Gott finden ist das Sterben, Gott besitzen ist die Ewigkeit.«

1661 wird Franz von Sales selig und 1665 heilig gesprochen. 1877 wird er in die Reihe der Kirchenlehrer aufgenommen und 1923 zum Patron der Journalisten und Schriftsteller erklärt. Weil er einem taubstummen Diener mit viel Geschick und Gespür Religionsunterricht erteilte, wird Franz seit dem 19. Jahrhundert als Patron der Gehörlosen verehrt. Die Städte Genf, Annecy und Chambery nennen ihn ihren Stadtpatron. Viel entscheidender als diese Titel und Daten ist jedoch das, was wir heute »salesianische Spiritualität« nennen, jene

Lehre des heiligen Franz von Sales, die noch heute in vielen Ordensgemeinschaften lebendig gehalten wird. Salesianisch leben heißt davon überzeugt sein, dass wir bei allem, was wir tun, in der Gegenwart Gottes leben, der die Liebe ist. Überall dort, wo ich Liebe spüre, spüre ich Gott. Die salesianische Lebensweise ist herzlich, freundlich, liebe-voll, so dass die Menschen, denen ich begegne, diese Liebe spüren und erfahren, dass Gott die Liebe ist. Die verschiedenen Gemeinschaften der »salesianischen Familie« – »Salesianerinnen« und »Salesianer« jeglicher Couleur – versuchen diese optimistische und lebensfrohe Spiritualität zu verwirklichen.

LITERATUR

Deutsche Ausgabe der Werke des hl. Franz von Sales, 12 Bände, Franz Sales Verlag, Eichstätt 1959–1983;

D. Koster, Franz von Sales, Franz Sales Verlag, Eichstätt 2001;

E.-J. Lajeunie, Franz von Sales. Leben – Lehre – Werk, Franz Sales Verlag, Eichstätt 1980

Cosima Kiesner

Maria Ward

Glaube hat Folgen

** 1585 in Moulwith / England*
† 1645 in Hewarth
Ordensgründerin
Gedenktag: 30. Januar

*I*st das nicht die Engländerin, die im 17. Jahrhundert zu Fuß halb Europa durchreiste? Ist das nicht die Gründerin der Gemeinschaft, die als »Englische Fräulein« in Bayern mit der Mädchenbildung begann? War das nicht die Revolutionärin, die das vorherrschende und zementierte Bild von streng klausurierten und sich ganz dem Gebet um das Heil der Welt widmenden Nonnen so gänzlich veränderte?

400 Jahre sind vergangen, seit diese Engländerin das fest gefügte Netz kirchlichen und klösterlichen Lebens in Aufruhr brachte, doch noch heute ist an ihr Erstaunliches und Bedenkenswertes, Liebenswertes und Nachahmenswertes zu finden.

Biographische Notizen

Maria Wards Kindheit war geprägt von der Unterdrückung der Katholiken in England. Ihre Familie lebte als papsttreuer Landadel in ständiger Gefahr der Entdeckung, des Vermögensverlustes, der Inhaftierung und des Martyriums. Wie wichtig muss den Eltern der Glaube sein, wenn sie diese Risiken auf sich nehmen und ihre Kinder darin erziehen? Diese Frage wird sich Maria Ward sicher gestellt haben, denn sie wuchs in diesen Glauben so tief hinein, dass sie als junges Mädchen beschloss, der Liebe, die sie in ihrem Herzen spürte, nachzugeben, Eltern und Heimat zu verlassen und in den strengsten Orden einzutreten. Sie wollte sich Gott, den sie im Gebet und im alltäglichen Leben so präsent, so liebevoll, zugewandt und zur Entscheidung rufend erlebte, ganz zur Verfügung stellen.

Mit 21 Jahren hatte sie endlich die Gelegenheit, nach Flandern zu reisen. Trotz innerer Bedenken trat sie bei den Klarissinnen als Laienschwester ein, was tägliche Bettelgänge in und um St. Omer bedeutete und wenig gemeinsam hatte mit dem angestrebten zurückgezogenen Dasein der Chorfrauen. Die Erfahrungen des Probejahres brachten sie dazu, sich für die Gründung eines neuen Konvents für die englischen Schwestern einzusetzen. Bis der Bau fertig war, zog sie als Kandidatin zusammen mit fünf Schwestern des Gründungsklosters in ein geeignetes Haus. Doch mitten in der Ruhe und Gleichförmigkeit dieses Lebens, das sie so sehr ersehnt hatte, klopfte Gott mit einem anderen Anliegen an.

»Mit Eifer und Liebe kam ich den klösterlichen Vorschriften nach, und ich schämte mich manchmal, den anderen beim Klang der Glocke voraus zu sein, weil ich sie dadurch stillschweigend der Nachlässigkeit zu beschuldigen glaubte. Ich hatte schon vier oder fünf Monate im Kloster mit diesen Übungen verbracht und mich dabei tiefer innerer Ruhe und großen Trostes erfreut, als mir am 2. Mai, dem Tag des hl. Athanasius, ungefähr um 10 Uhr vormittags etwas widerfuhr, was ich heute nicht zu erklären weiß und niemals zu deuten vermochte. Das Erlebnis schien von Gott auszugehen und ergriff mich mit solcher Gewalt, dass es mich ganz vernichtete. Es wurde mir dabei gezeigt, dass ich nicht im Orden der hl. Klara verbleiben sollte; ich sollte etwas anderes tun, doch was und welcher Art dies wäre, das sah ich nicht, und ich konnte es auch nicht erraten. Ich verstand nur, dass es etwas Gutes und der Wille Gottes sein werde.«

Die Entwicklung der Gemeinschaft

Dreizehn Jahre später wusste Maria Ward genau, wofür sie sich beim Papst einsetzen wollte. In der Zwischenzeit hatte sie erfahren, was mit »etwas anderes« gemeint war: ein Werk zur Ehre Gottes nach dem Vorbild der Jesuiten.

Nach dem Austritt hatte sie sich in England frommen Werken gewidmet, hatte Katholiken im Gefängnis besucht und Kranken den Empfang der Sakramente ermöglicht, als sie erkannte, »dass es nicht Gottes Wille sei, in einen strengen Orden einzutreten, sondern dass sie zu einem weit vortrefflicheren Stand berufen sei, welcher die Ehre Gottes weit mehr fördere« (GL 21).

Zu dieser Zeit sammelten sich einige englische Frauen um Maria Ward, die bereit waren, was auch immer sich abzeichnen würde, mitzutragen. Mit ihnen kehrte Maria Ward nach St. Omer zurück und dort entfaltete sich nach langen Monaten der Unklarheit endlich die Wegrichtung: »Um diese Zeit, im Jahr 1611, wurde ich sehr schwer krank. Ich hatte mich schon einigermaßen erholt und befand mich allein und in außergewöhnlicher Ruhe; da vernahm ich, zwar nicht mit dem Ton einer Stimme, sondern intellektuell, die Worte und verstand deutlich: Nimm das Gleiche von der Gesellschaft. So verstanden, dass wir das Gleiche nehmen sollten dem Inhalt wie der Art und Weise nach, einzig das ausgenommen, was Gott durch die Verschiedenheit des Geschlechtes verboten hatte. Diese wenigen Worte gaben so viel Licht über dieses Institut, sie verliehen Trost und Kraft und verwandelten die Seele derart, dass ich unmöglich daran zweifeln konnte, sie kämen nicht von dem, dessen Worte Taten sind.«

Die Gefährtinnen begannen mit Erlaubnis des Bischofs, Mädchen in Religion und anderen nützlichen Fächern zu unterrichten. Gerade durch die Erfahrungen in ihrer Heimat wussten sie um die enorme Bedeutung der Frau und Mutter und Hausherrin in der Weitergabe des Glaubens. Hier wollten sie ansetzen, denn der Dienst am Glauben war das zentrale Anliegen der Gemeinschaft. Die Wege und Mittel wurden den Nöten der Zeit angepasst, und die Mädchenerziehung lag brach. Die Gefährtinnen fanden in ihrer Tätigkeit und ihrem Lebensvorbild Anerkennung. So schlossen sich junge Frauen der Gemeinschaft an, obwohl es keine Sicherheit der kirchlichen Anerkennung gab.

Bald konnten weitere Niederlassungen eröffnet werden, in Lüttich, Köln und Trier. Durch die Ausbreitung konnte sich die Gemeinschaft nicht mehr mit den regionalen Begrenzungen bischöflicher Anerkennung zufrieden geben, die dem Gesamtkonzept widersprachen. Es sollte eine Gemeinschaft sein, direkt dem Papst unterstellt und damit befähigt, ein Bistumsgrenzen überschreitendes Netz an Häusern aufzubauen. Die Generaloberin brauchte die Bevollmächtigung, Schwestern aus einem Haus in ein anderes, von einem Bistum in ein anderes zu versetzen. Es war Zeit, beim Papst selbst um Anerkennung der Gemeinschaft zu bitten.

Auch die finanziellen Sorgen wurden größer, denn die Familien hielten Mitgiften zurück, solange nicht die Gemeinschaft als Orden anerkannt sei und damit auch eine Rechtssicherheit der Mitglieder bestünde. Außerdem verdeutlichten sich die Anzeichen, dass mit den neuen Gründungen auch Widerstand und Feindschaft wuchs. Da sammelten sich Jesuitengegner, die mit kritischem Blick das Aufblühen und die Ausbreitung einer ignatianisch geprägten Frauengemeinschaft beobachteten. Da standen Kirchenmänner zusammen, die überzeugt waren von der Unfähigkeit der Frau, für sich selbst zu sorgen, und die auf die Einhaltung der päpstlichen Vorschriften drangen, dass neue Gemeinschaften eine der bestehenden Regeln annehmen müssen und dass Frauen in die Klausur, unter die geistliche Leitung eines Spirituals und unter die Aufsicht des Bischofs gehören. Selbst die Jesuiten waren nicht erfreut über die Bemühung Maria Wards. Hatte ihr Gründer doch seine Erfahrungen mit Frauen gemacht und sich ganz klar gegen einen weiblichen Zweig ausgesprochen. Außerdem konnte die Kooperation mit Maria Ward ihre eigene schwierige Situation verschärfen und weitere Angriffsflächen für ihre Gegner bieten.

Maria Ward beschritt neue Wege: Nicht nur das Konzept ihrer Gemeinschaft sprengte alle Regeln der Kirche für Frauenorden, auch die Weise, in der sie um Anerkennung bitten wollte, war ungewöhnlich. Sie wanderte selbst von Lüttich nach Rom, zu Fuß im Winter über die Alpen, um ihr Anliegen und das Bittschreiben sowie Empfehlungen dem Papst vorzulegen. Am Heiligen Abend 1621 erreichte die Reisegruppe Rom.

Durch die Vermittlung des niederländischen Gesandten fand Maria Ward sich bereits am 28. Dezember zur Papstaudienz ein. Nach einigen huldvollen Worten des Papstes wurde die Eingabe an die Kongregation für Bischöfe und Regularen weitergegeben. Die Aussichten für eine baldige Bestätigung der Gemeinschaft schienen nicht günstig, denn auch Beschwerdebriefe der Gegner Maria Wards gelangten in die Hände des Papstes. Maria Ward wusste, dass es Klagen gab, sie hörte davon reden, doch sie erfuhr nicht, was ihr vorgeworfen wurde. Die beste Empfehlung wäre, dachte sie, wenn die Kardinäle sehen, wie sie mit ihren Gefährtinnen als Ordensfrauen leben und arbeiten wollte. 1622 eröffnete sie eine Niederlassung und eine Schule in Rom. Doch im katholischen Italien war die Zeit nicht reif für eine solche Gemeinschaft. Wegen der fehlenden Klausur – so die offizielle Begründung der Kardinalskommission – wurde das Haus nach einigen Jahren geschlossen, obwohl die Mütter der Schülerinnen dagegen protestierten.

Erfolge und Rückschläge

Das erschien in den folgenden Jahren nur wie ein kleiner Rückschritt, denn in München war Maria Ward willkommen. Kurfürst Maximilian zahlte die Handwerker für den Umbau des bereitgestellten Hauses und setzte einen jährlichen Unterhalt aus. Am 27. April 1627 begann der Schulalltag. Bald konnte sie mit Unterstützung des Kaisers auch in Wien, dann in Pressburg und später in Prag eine Schule errichten.

Deutlich tritt nun der Konflikt zutage: die Mädchenerziehung wird von Fürsten und Bischöfen gefördert, die neue Form von Ordensleben von einflussreichen Kirchenmännern abgelehnt. Die Klagen in Rom häufen sich. Der Papst reagiert, obwohl Maria Ward noch einmal bei ihm vorspricht, mit einer Bulle, die in ungewohnt scharfer Formulierung die Aufhebung der Gemeinschaft und aller Niederlassungen anordnet. Maria Ward wird 1631 im Münchener Angerkloster als Gefangene der Inquisition inhaftiert. Ihr lauterer Lebenswandel führt zur Freilassung und ein drittes Mal erscheint sie vor dem Papst. Sie und ihre Gefährtinnen werden vom Verdacht auf Häresie freigesprochen. Maria Ward folgt der Anweisung der Kirche. Sie hebt alle Niederlassungen auf. 1637 verlässt sie Rom und reist in ihre Heimat zurück. Dort stirbt sie am 30. Januar 1645 im Kreise einiger weniger Gefährtinnen.

In der treuen Verbundenheit zu Gott fand Maria Ward die Stärke, all das zu ertragen.

Sie wusste nicht, wie sie und ihre Gefährtinnen solche Aufgaben und Anforderungen vollbringen sollten, wie die Idee der Gemeinschaft aufzeigte. Doch als sie Gott diese Frage stellte, erfuhr sie Antwort.

»Soweit ich es in Worte fassen kann, besteht das Glück dieses Standes [unserer Lebensweise] in einer besonderen Freiheit von aller Anhänglichkeit an irdische Dinge, verbunden mit voller Bereitschaft und Tauglichkeit zu allen guten Werken. Dabei entdeckte ich auch die Freiheit, die darin besteht, dass eine solche Seele alles auf Gott bezieht.«

»Nimm das Gleiche« – noch heute verstehen wir Gefährtinnen Maria Wards diese Worte als Aufforderung, unsere Gemeinschaft und unseren Einsatz nach den Regeln der Gesellschaft Jesu zu formen. Die Mädchenbildung war das Betätigungsfeld, auf dem sich die Gefährtinnen, die wegen des Schwedeneinfalls in München geblieben waren, ab 1635 als weltliche Lehrerinnen bewähren durften.

Seit 1978 halten wir die Konstitutionen des Ignatius von Loyola in Auszügen, seit 2004 endlich auch vollständig in den Händen. Wir haben Nachholbedarf, denn eine 400-jährige Tradition, in der uns nicht oder nur in kleinen Ausschnitten erlaubt war zu leben, was Maria Ward in ihren Visionen sah, kann sich nur langsam wandeln. *Gott hat für alles seine Zeit.* Maria Ward verstand, die Spannungen, die zwischen Gottes Zeit und Menschenzeit entstehen, auszuhalten. Sie tat das ihre. Wir bemühen uns heute, das unsrige zu tun, indem wir wie sie versuchen, alles auf Gott zu beziehen und von ihm her zu erfassen. So handelt Gott in der Geschichte.

LITERATUR

H. Peters, Mary Ward – Ihre Persönlichkeit und ihr Institut, Innsbruck 1991:

I. Wetter, Mary Ward, Aschaffenburg 1985;

I. Wetter, Schulungsbriefe – Annäherung an Maria Ward mit ausgewählten Quellentexten. Augsburg o. J.;

Gemaltes Leben (= GL). 50 Bildtafeln aus dem Leben Maria Wards, Institut Augsburg

CHRISTIAN FREVEL

Rosa von Lima

Lateinamerikas Fürsprecherin

** 1586 in Lima / Peru*
† 1617 in Lima
Mystikerin
23. August und 30. August (früherer, aber in Lateinamerika noch gebräuchlicher Jahrestag)

Eine Heilige, die kaum in die heutige Zeit passen würde: Rosa von Lima fastete ihr Leben lang streng, setzte ihren Körper immer wieder selbstkasteienden Qualen aus, trug eine Dornenkrone, die mit Rosen umwickelt war, schlief auf einem selbst gebauten Bett, in das sie Steine und Glassplitter eingefügt hatte. Ähnlich der heiligen Katharina von Siena, über die sie gelesen hatte, entwickelte Rosa eine auf Christus und die Eucharistie zentrierte Mystik und Lebensweise: Stellvertretend für die gesamte Menschheit zu leiden, damit die Sünden der anderen auf sich zu laden und für diese Erlösung zu erbitten, war ihr Leben.

Eine Heilige, bei der sich ihre Zeitgenossen einig waren, dass ihr Leben heiligmäßig war: Als Rosa von Lima am 24. August 1617 starb, verbreitete sich die Nachricht vom Tod der 31-Jährigen in Lima wie ein Lauffeuer. Die damalige Hauptstadt des Vizekönigreiches Neu-Kastilien, das wenig später zum Vizekönigreich Peru werden sollte, war keine kleine Stadt, sondern das Zentrum spanischer Herrschaft in Amerika. Tausende Menschen wollten den Leichnam sehen. Die Einwohner von Lima sahen in ihr eine Fürsprecherin vor Gott.

1664 schrieb der Dominikaner Leonard Hansen ihre Biographie, welche im gleichen Jahr in zweiter Auflage nachgedruckt und ins Spanische übersetzt wurde. 1669 war Rosa von Lima bereits zur Patronin ihres Heimatlandes und 1670 zur Patronin der »Neuen Welt«, also beider Amerikas, erklärt worden, noch bevor ihr Heiligsprechungsprozess – als erste Heilige des amerikanischen Kontinents – abgeschlossen war. Ein bis dahin einmaliges, ungewöhnliches Vorgehen der Päpste, das erst durch einen Blick auf die Geschichte der Zeit verständlich wird.

Isabel Herrera Flores de Oliva wurde am 30. April 1586 geboren und wuchs in Quives auf, einem kleinen Ort, rund 70 Kilometer von Lima entfernt, auf etwa 1000 Meter Höhe gelegen. Ihr Vater war Leiter eines Silberbergwerkes, die Eltern hatten 13 Kinder. Im Bergwerk arbeiteten Indianer als Leibeigene der Krone. Auch in der Familie Flores gab es indianische Dienstleute. Eine von ihnen verglich Isabels Gesicht mit einer Rose, ja, so versichert in den außerordentlich detaillierten Akten zum Seligsprechungsprozess ihre Mutter, die Indianerin habe beim Anblick des Gesichts des Kleinkinds sogar die Vision von einer Rose gehabt. Isabel wurde fortan Rosa gerufen. Als sie 1597 gefirmt wurde, nannte sie der Bischof bereits bei diesem Namen.

Ihre Mutter hatte für Rosa bereits die Ehe geplant; doch das junge Mädchen wehrte sich. Rosa war bereits 25 Jahre alt, als sie der Mutter letztmalig deutlich machte, dass sie ihre Pläne nicht akzeptieren werde: »Meine Mutter, von heute an wirst du mich nur noch Rosa de Santa María nennen.« Der Name Rosa allein war der Heiligen zu weltlich, zu sehr auf sie selbst gerichtet. Ihr Name sollte daher auf die Muttergottes deuten.

Den Bruch mit der Familie vollzog sie nicht, obwohl sie gerne in ein kontemplatives Kloster gegangen wäre – doch das gab es im damaligen Lima nicht. So verblieb sie im Elternhaus, schloss sich aber als Laiin der Dominikanischen Familie an – so wie ihr Vorbild Katharina von Siena wurde sie Dominikaner-Terziarin – und trug zu Hause das Ordenskleid. Einen Teil des Tages arbeitete sie im Garten und am Webstuhl, die übrige Zeit studierte sie, kontemplierte und sorgte sich um mittellose Kranke, die sie in einer Hütte im Garten des Elternhauses aufnahm.

In der Dominikanerkirche in Lima verweilte sie fast täglich lange im Gebet vor dem Bild der Muttergottes und des Jesuskindes. Ihre Buße sollte alle Menschen umfassen – auch die indianische Bevölkerung.

Rosa erlebte Zuspruch und Widerspruch. Sie musste sich vor der Inquisition verantworten und litt unter ihrem Körper, den sie selbst immer wieder durch Fasten und Kasteiungen schwächte. Rosa erlebte Glaubenskrisen und Gottverlassenheit, aber auch Stunden der religiösen Verzückung.

Dennoch war es besonders die kreolische, also weiße Bevölkerung, die sie nach ihrem Tod sofort als »ihre« Heilige ausrief. Es war die Zeit der Gegenreformation, und deutliche Positionen waren gefragt. Rosa von Lima, die asketische Mystikerin, war eine Gegenposition zur vermögenden Gesellschaft in der Hauptstadt, die von den enormen Erträgen der Silberminen ebenso wie der Hof in Spanien profitierte. Ihre schnelle Heiligsprechung entsprach dem Wunsch der »Neuen Welt« nach Vorbildern.

1623, sechs Jahre nach ihrem Tod, wurde in Lima das von Santa Rosa initiierte Katharinenkloster eröffnet, das erste kontemplative Kloster der Stadt. In ihm sollten nach dem Willen Rosas Frauen aller Schichten eine Heimat finden: Weiße, Schwarze, Indianer. Das Kloster besteht bis heute fort.

LITERATUR

L. Millones, Una Partecita del Cielo, Lima, 1993;

Mujíca Pinilla Ramón, Rosa limensis, Mística, política e iconografia en torno a la patrona de América, Lima, 2001;

Teodoro Hampe Martínez, Santidad e identidad criolla, Estudio del proceso de canonización de Santa Rosa, Cuzco, 1998

Marianne Sammer

Friedrich von Spee

Kämpfer gegen den Hexenwahn und Dichter

** 1591 in Kaiserswerth*
† 1636 in Trier
Jesuit, Jurist, Dichter

Pater Friedrich Spee hinterließ zwar nur wenige, aber hervorragende Denkmale seiner hohen Begabung. Er verfasste die Schrift ›Bedenken wegen der Hexenprozesse‹, die er nicht unter seinem Namen herauszubringen wagte; darin wies er sehr klar auf, wie töricht und arglistig vieles bei dieser Tätigkeit geschehe. Aber als etwas Göttliches erschien mir gar sehr dieses sein Büchlein, in deutscher Sprache geschrieben, dessen Titel lautet ›Gülden = tugend = Kleinod‹, das ich in den Händen aller Christenmenschen wünschte. Es werden viele für Autoren der mystischen Theologie gehalten, aber ob je jemand ein solch solides Andachtsbuch geschrieben hat, weiß ich nicht. Blühend schön ist hier der Gedankenfluss und gleichsam himmlischen Atem ausströmend, die Aussagen sind großartig, die Ausführungen einsichtig und natürlich, die Einfälle geistvoll und wohltuend. [...]« (Gottfried Wilhelm Leibniz, Elogium Patris Friderici Spee S. J., 1677)

Leibniz lüftete nicht nur das Geheimnis, wessen Name sich hinter der anonym erschienenen »Cautio Criminalis« verbarg, sondern begründete den Ruhm Spees als couragierten Juristen und Seelsorger, als katholischen und trotzdem deutsch dichtenden Poeten und als Erbauungsmystikers. Spee selbst wurden zu Lebzeiten derart hymnische Lobesfreuden nie zuteil: Zur »Cautio Criminalis« durfte er sich nicht öffentlich bekennen, und seine poetischen und mystischen Texte erschienen erst posthum, da ihn im Alter von nur 44 Jahren ein plötzlicher Tod aus dem Leben riss.

Biographisches

Spee wurde am 25. Februar 1591 als Sohn des kurkölnischen Burgvogts und Amtmanns Peter von Spee aus dem Haus Langenfeld geboren. Nach seinem Baccalaureat in Jura trat er 1610 in den Jesuitenorden ein. 1615 schloss er sein Philosophiestudium mit der Promotion in Würzburg ab; 1623, ein Jahr nach der Priesterweihe, das Theologiestudium in Mainz. Wir wissen, dass er bereits 1618 seinen Ordensoberen gebeten hatte, als Missionar nach Indien gehen zu dürfen, was ihm jedoch verweigert wurde, weil die Bekehrung von Ketzern – gemeint waren Protestanten – ebenfalls ein gottgefälliges Werk sei. Er wirkte nun als Philosophieprofessor in Paderborn (1623 bis 1626) und versuchte nebenbei, den dortigen Adel zu rekatholisieren und die aus seiner Sicht unbegründeten Attacken seines Rektors gegen ihn zu ertragen.

Der traurige Anblick verletzter, fremdländischer Soldaten im Heer der katholischen Liga habe ihn veranlasst, so Spee an seinen Ordensgeneral in Rom, die Bitte vorzutragen, in Norditalien Italienisch lernen zu dürfen, um als Kriegsseelsorger tätig werden zu können – ein Fluchtversuch aus Paderborn. Der General war willens, Spee das Studium in Mailand zu gestatten, bat den zuständigen Kölner Provinzial um seine Zustimmung und erhielt von ihm bittere Beschwerden, darunter über »offene Widerrede«, »fromme Flausen«, das Verfassen volkssprachlicher – statt würdiger lateinischer – Gedichte und Lieder, die auch noch (anonym) gedruckt wurden, außerdem Spees anziehende Wirkung auf Frauen.

So wurde Spee nicht nach Italien, sondern für ein Jahr nach Speyer versetzt, wo sich damals das Reichskammergericht und eine bestausgestattete juristische Bibliothek befanden. Es ist anzunehmen, dass sich Spee hier in die Kontroversen um die Praxis der Hexenprozesse einarbeitete. Danach zog er nach Köln, um an seinem ehemaligen Gymnasium vertretungsweise zu lehren. Wieder fiel er seinem Ordensprovinzial unangenehm auf, weil er »über die Armut im Orden und über andere Dinge abwegige Meinungen« hege. 1628 schickte man ihn nach Peine, das bereits 1520 protestantisch geworden war, um es zum katholischen Glauben zurückzuführen. Hier fiel Spee 1629 einem wohl religiös motivierten, lebensbedrohlichen Attentat zum Opfer, das ihn elf Wochen lang ans Krankenlager fesselte. Er kehrte nach Paderborn, diesmal als Professor für Moraltheologie, zurück, doch dauerte es nicht lange, bis sich der Rektor des Kollegs beim Ordensgeneral über Spees schlechten Einfluss auf die Studierenden beklagte. Diese Spannungen kosteten 1631 – dem Jahr des Erscheinens der »Cautio Criminalis« – Spee die Lehrerlaubnis.

Über die Gründe, warum der General und der Provinzial seines Ordens ihm trotz allen Ärgers die Unterstützung nicht entzogen, ja ihn sogar als Verfasser dieser in den Augen der Zeitgenossen skandalösen Schrift deckten, wurde viel spekuliert. Tatsache ist, dass Spee noch im selben Jahr eine Professur für Kasuistik (!) in Köln erhielt. Als jedoch 1632 seine »Cautio Criminalis« in einer überarbeiteten Zweitauflage erschien, drängte der Ordensgeneral darauf, Spee mit einer Abfindung aus dem Orden auszuschließen. Der Konflikt endete aber wieder versöhnlich. Spee durfte jetzt sogar die letzten Ordensgelübde ablegen und wurde als Professor für Moraltheologie nach Trier geschickt, was einer Beförderung gleichkam. 1634 übernahm er noch das Fach Bibelexegese. Er starb am 9. August 1635 an einer pestartigen Infektion, die er sich während der Eroberung der Stadt – der 30-jährige Krieg wütete seit 14 Jahren – beim Krankendienst zugezogen hatte, und wurde noch am selben Tag in der Gruft des Jesuitenkollegs begraben.

Die »Cautio Criminalis«

Die Veröffentlichung einer juristischen Schrift, die Verfahrensfehler bei den Hexenprozessen behauptete – nicht die Nichtexistenz von Hexen –, war gefährlich, zumal deren Zahl zur Erscheinungszeit der »Cautio Criminalis« sich im Bistum Paderborn auf einem historischen Höhepunkt bewegte. Im Orden war sofort klar, von wem die Schrift stammte. Bei Spees Behauptung, eines der unter Freunden zirkulierenden Handexemplare wäre ohne Wissen des Autors in Druck gegangen, handelt es sich um eine Notlüge, ebenso bei der Beteuerung, mit der überarbeiteten zweiten Auflage nichts zu tun zu haben. Der verärgerte Ordensgeneral schenkte Spee keinen Glauben und doch verhinderte er gleichzeitig die Zensur des Buches, das deshalb bis ins 18. Jahrhundert, übersetzt in mehrere Sprachen, weite Verbreitung finden konnte. Man weiß heute, dass die »Cautio Criminalis« mitnichten als Manuskript unter Freunden zirkulierte, ehe sie 1631 im Druck vorlag, sondern nicht vor 1630 begonnen worden sein kann.

Als Anlass die Schrift zu verfassen, gilt seine (von ihm im Sinne eines Erfahrungsbeweises behauptete [?], jedenfalls aber von Leibniz fälschlich für Würzburg unterstellte) Tätigkeit als Beichtvater von verurteilten »Hexen«, wofür ihn die Nachwelt als »Helden der Nächstenliebe und des christlichen Gewissens« bis heute feiert. Der biographische Nachweis fällt ex post jedoch schwer. Zu wenig wurde bislang gewürdigt, dass Spee hauptberuflich ein wissenschaftlich arbeitender Moraltheologe und Kasuist war, der mit seiner Schrift eine brandaktuelle Fachdebatte publik machen wollte, und dass von höchst angesehenen Theologen seines Ordens bereits Traktate publiziert worden waren, auf die er sich berufen konnte, so Adam Tanners SJ dritter Band der »Universalis Theologia scholastica, speculativa, practica« oder die dritte Auflage von Paul Laymanns SJ »Theologia moralis«. Dazu kamen noch früher erschienene, nicht minder kritische Werke.

Spee richtete sein Buch an Fürsten, Inquisitoren, Richter, Advokaten und Denunzianten, also an alle, »die es nicht lesen wollen«, weil sie sich im Recht fühlen, und gliederte es in 51 Fragen und Antworten. Da Hexerei in erster Linie den Abfall von Gott bezeichnete und somit den Charakter von Ketzerei trug, handelte es sich um ein Verbrechen gegen Gott, nicht aber gegen Menschen. Letztere waren Delikte, setzten einen wahrnehmbaren Schaden voraus und waren nach der Peinlichen Gerichtsordnung zu bestrafen. Erstere waren nicht wahrnehmbar und wurden deshalb mit Hilfe der Folter »ermittelt«, die den Delinquenten, so Spee, zum Opfer von Dummheit, Aberglauben und Missgunst mache, die Prozessführenden hingegen reich, weil es im Mahlwerk des Hexenprozesses auch für Unschuldige kein Entrinnen gäbe, selbst wenn sie trotz der Tortur ungeständig blieben. Der Hexenprozess als solcher sei dazu angelegt, die Hexen erst hervorzubringen und die Angst vor ihnen zu verbreiten.

Die »Cautio Criminalis« zeigte nur bei Johann Philipp von Schönborn (Würzburg und Mainz) und Königin Christine von Schweden Wirkung, die zwischen 1642 und 1649 Hexenprozesse in ihren Territorien verboten. 70 Jahre später, mit dem protestantischen Rechtsgelehrten Christian Thomasius, einem Frühaufklärer, der sich tief von der »Cautio Criminalis« beeindruckt zeigte und nach der Jahrhundertwende die Einstellung der Hexenprozesse forderte (z. B. in »Kurze Lehrsätze vom Laster der Zauberei mit dem Hexenprozesse«), war die Diskussion über die Zulässigkeit von deren Infragestellung kein Tabu mehr, doch wurden erst nach 1775 im Deutschen Reich keine Zauberer und Hexen mehr bestraft, und erst im 19. Jahrhundert die nach wie vor rechtskräftigen Gesetze reichsweit formell aufgehoben.

Der Dichter

Dichtung war für Spee ein Medium der Volksmission, die nach jesuitischer Auffassung Seelsorge und Katechese gleichermaßen umfassen musste. Er hatte seit 1620 begonnen, sozusagen als katholisches Pendant zu Luthers Vorbild, deutsche Kirchenlieder für die neuen geistlichen Liederbücher zu schreiben. Sie waren im ganzen Reich beliebt; einige stehen noch heute im »Gotteslob« (z. B. »O Heiland reiß den Himmel auf«, »Zu Bethlehem geboren«). Über hundert erschienen allein 1623 in den anonym »Auserlesene[n] Catholische[n] Geistliche [n] Kirchengesäng«. 1637 wurde eine Auswahl als »Geistliches Psälterlein« zusammengefasst. Sie sind, ebenso wie die Meditationstexte des »Tugendbuchs« (1649), als literarischer Reflex auf die tridentinischen Reformen zu sehen. Letzteres schrieb Spee für eine Frauengemeinschaft. Es erfüllte neben erbaulichen auch streng katechetische Zwecke. Leibniz war in Hinblick auf die eigenen Arbeiten am meisten von dem Teil über die Gottesliebe fasziniert. Für Clemens Brentano erfüllte das Buch noch 1829 die Ansprüche, die sein restaurativ gesinnter Freundeskreis an ein gutes katholisches Erbauungsbuch stellte, so dass er sich entschloss, eine überarbeitete Ausgabe zu edieren. Aus literaturgeschichtlicher Sicht jedoch hat sich Spee mit der »Trutz-Nachtigall« (1649) übertroffen, eine Sammlung geistlicher Gedichte, die, unabhängig von Opitz und seiner von Protestanten gepflegten Sprachreform, die Silbenzählung verwirft, die Verse natürlich akzentuiert und die Literaturfähigkeit des Deutschen gegenüber dem Lateinischen demonstriert. Spirituell wurzeln die Texte in der mittelalterlichen, auf der Hoheliedexegese fußenden Braut- und Leidensmystik. Etliche von ihnen gelangten in Brentanos und Achim von Arnims Liedersammlung »Des Knaben Wunderhorn«.

LITERATUR

F. Spee, Sämtliche Schriften. Historisch-kritische Ausgabe, Bd. 1 sq., Bern 1985;

D. Brockmann / P. Eicher (Hg.), Die politische Theologie Friedrich von Spees, München 1991;

M. Eicheldinger, Friedrich Spee – Seelsorger und poeta doctus, Tübingen 1991

Floridus Röhrig

Clemens Maria Hofbauer

Ein neuer Stil der Seelsorge

** 1751 in Taßwitz / Südmähren*
† 1820 in Wien
Ordensmann, Patron von Wien
Gedenktag: 15. März

Obwohl Clemens Maria Hofbauer nur die letzten zwölf Jahre seines Lebens in Wien tätig war, hat er das religiöse Leben dieser Stadt nachhaltig geprägt.

Wie viele Heilige war er zeitlebens in gewissem Sinn ein Außenseiter. Johannes Hofbauer wurde am 26. Dezember 1751 in Taßwitz (Südmähren) geboren und erlernte im nahen Znaim das Bäckerhandwerk. In dieser Zeit wanderte er dreimal zu Fuß nach Rom. 1771 lebte er einige Monate als Einsiedler in Tivoli. Damals nahm er den Namen Clemens an. Als er ausgelernt hatte, versuchte er auch in seiner Heimat das Einsiedlerleben, scheiterte aber damit. So ging er als Bäcker nach Wien. Das Priestertum, nach dem er sich sehnte, schien unerreichbar. In Wien ermöglichten ihm aber Wohltäter 1780 das Studium an der Universität. Der dort herrschende Geist des Josephinismus stieß ihn aber ab, und er beschloss 1784, das Theologiestudium in Rom fortzusetzen.

Der Josephinismus, benannt nach seinem Urheber Kaiser Joseph II., war nicht prinzipiell kirchenfeindlich. Einige Reformen des Kaisers, wie eine neue Diözeseeinteilung, die Errichtung neuer Pfarreien oder die Verbesserung des Unterrichtswesens, wirkten sich durchaus zum Vorteil der Kirche aus. Aber die Kirche sollte in völliger Abhängigkeit vom Staat existieren, die Priester sollten loyale Staatsbeamte sein, denen ihre Tätigkeit bis in Einzelheiten wie Predigtthemen, Altarschmuck und dergleichen vorgeschrieben wurde. Alle religiösen

Übungen wurden nur nach ihrer »Nützlichkeit« beurteilt. Für intensive Spiritualität, Ordenswesen und alte Volksbräuche hatte man kein Verständnis.

In Rom lernte Hofbauer den jungen, 1732 gegründeten Orden der Redemptoristen kennen, der sich eine zeitgemäße Seelsorge zum Ziel gesetzt hatte. 1874 trat er in diesen Orden ein und wurde 1785 zum Priester geweiht. Nun fügte er seinem Namen auch noch den Namen der Gottesmutter hinzu.

Seine erste Aufgabe als Priester und Missionar war die Seelsorge in Warschau. 1787 wurde ihm mit einem Mitbruder die deutsche Nationalkirche St. Benno anvertraut. Hier eröffnete sich ihnen ein weites Feld. Sie errichteten eine Armenschule und ein Waisenhaus und entfalteten eine rege karitative und Verkündigungstätigkeit. Die Besetzung Polens durch die Truppen Napoleons machte dieser fruchtbaren Arbeit ein Ende. 1808 wurden die mittlerweile 40 deutschen und polnischen Redemptoristen aus Polen vertrieben.

Nun kam P. Hofbauer wieder nach Wien und damit neuerlich in den Bannkreis des josephinischen Staatskirchentums. Er wurde Hausgeistlicher im Kloster der Ursulinen. Zu seinen Predigten in der Ursulinenkirche drängten sich Zuhörer aus allen Kreisen der Gesellschaft, vom hohen Adel bis zu den Arbeitern, vom Greis bis zu den Studenten. Dabei war er kein sprachgewaltiger Redner. Seinen böhmischen Akzent legte er nie ganz ab, seine Sprache und sein Gestus waren schlicht und ohne rhetorische Brillanz. Aber was er sagte, wirkte überzeugend. Man glaubte diesem schlichten Mann.

Und noch auf andere Weise verkündete er das Evangelium neu. Er erkannte den Wert von Multiplikatoren. In den zwölf Jahren, die ihm in Wien vergönnt waren, sammelte er einen Kreis von Freunden um sich, die jeweils in ihrem Milieu Hofbauers Idee in die Öffentlichkeit trugen. Das waren berühmte Literaten wie das Ehepaar Schlegel oder der Dramatiker Zacharias Werner, bekannte Gelehrte wie Adam Müller und Anton Günther, der Maler und Pädagoge Klinckowström, die späteren Kardinäle Schwarzenberg und Rauscher, und viele Priester, von denen nicht wenige zu Bischöfen wurden. Außerdem trafen sich in der bescheidenen Wohnung Hofbauers viele junge Leute, Studenten und Arbeiter, die er auch nach Kräften materiell unterstützte. So konnte er trotz der strengen Kontrolle der staatlichen Zensur seine karitativen Ziele unauffällig entfalten. Die Geistesrichtung der Romantik, die den Geist der Aufklärung und des Josephinismus überwand, empfing von P. Hofbauer entscheidende Impulse. Zur Zeit des Wiener Kongresses (1814–15) war Wien nicht nur politischer, sondern auch kultureller Höhepunkt Europas. Die vielen ausländischen Gäste kamen mit den Ideen Hofbauers und seines Romantikerkreises in Berührung und verbreiteten sie weiter. Daran konnten alle Überwachungen (ihnen verdanken wir zum großen Teil die Kenntnis der Predigten Hofbauers) und Schikanen der Polizeibehörden nichts ändern. Selbst geistliche Mitbrüder, die sich mit Hilfe der Staatsorgane den unbequemen Konkurrenten und »Schwärmer« vom Hals schaffen wollten, erreichten letzten Endes ihr Ziel nicht. Trotzdem mutet es fast wie ein Wunder an, dass Kaiser Franz ausgerechnet am Todestag Hofbauers, dem 15. März 1820, die Einführung der Redemptoristenkongregation in der ganzen Monarchie gestattete.

Das Leichenbegängnis Hofbauers gestaltete sich zu einer machtvollen Kundgebung des erstarkten Katholizismus. Obwohl keinerlei Propaganda gemacht wurde, nahmen nach den Berichten der Zeitgenossen große Menschenmengen aus allen Bevölkerungsschichten und Altersklassen an dem Leichenzug teil, der zum Friedhof von Maria Enzersdorf führte, wo er inmitten der verstorbenen Mitglieder seines Romantikerkreises begraben wurde. 1888 wurde Clemens Maria Hofbauer selig gesprochen, 1909 in die Liste der Heiligen aufgenommen und 1914 zum Stadtpatron von Wien erklärt. Zum Patron jener Stadt, in der er das Evangelium »ganz neu verkündet« hat und in der er hoffentlich auch in der heutigen Zeit seine Nachfolger finden wird.

LITERATUR

J. Hofer, Der hl. Clemens Maria Hofbauer, Freiburg [3]1923;

K. Fleischmann, Clemens Maria Hofbauer, sein Leben und seine Zeit, Graz 1988;

H. Mailer, Der Gesandte Gottes, Wien 1950

THOMAS WEIL

Anna Katharina Emmerich

Die Livereporterin Jesu

** 1774 in Flamschen / Coesfeld*
† 1824 in Dülmen
Ordensfrau, Mystikerin
Gedenktag: 9. Februar

Anfang der 90er Jahre steckte der Schauspieler und Regisseur Mel Gibson in einer tiefen Krise. Ausgerechnet da stieß er auf die Visionen einer Frau aus dem 19. Jh., die verborgen vor der Öffentlichkeit im westfälischen Dülmen lebte und behauptete, sie sehe das Leben Jesu vor sich – heute würde man sagen: »wie im Film«. Er roch die Qualität der Texte als Drehbuchvorlage und machte daraus den Film »Die Passion«.

Die Visionen der Katharina Emmerich lesen sich in der Tat wie eine Biographie Christi. Der Anspruch, mit dem Anna Katharina Emmerich ihre Visionen versah, ist ungeheuerlich: Tagtäglich wurde sie auf wunderbare innerliche Weise zurückgeholt in die Zeit Jesu; als eine Art mystische Zeitzeugin erlebte sie »live« mit, was mit Jesus geschah. Ihre »Reportagen« sind telegrammstilartig, ohne jede Interpretation. Sie hat das Gefühl, dass ihre Fähigkeit weit über sie hinausweist, ihre Erkenntnisse für die Zukunft wichtig sind. Deshalb nimmt sie es wie selbstverständlich hin, dass ihr als Sekretär einer der größten Schriftsteller seiner Zeit, Clemens Brentano, »geschickt« wird, um das Geschaute festzuhalten. Vormittags berichtete sie; er formulierte den Text und nachmittags wurde gemeinsam korrigiert. Nach 6 Jahren Diktat stirbt sie 1824.

Geboren 1774 bei Münster als fünftes Kind einer armen Familie, will sie mit 18 Jahren ins Kloster. Sie ist unbedeutend; kein Kloster nimmt die mittellose Magd und Wandernäherin an. Mit 28 Jahren schafft sie es doch; zehn Jahre später wird das Augustinerinnenkloster in den Wirren der Säkularisation aufgelöst. Ohne jeden Schutz – so etwas wie Rente gibt es nicht – wird sie, inzwischen bettlägerig, ins Leben hinausgeschickt. Ein kleines Zimmer wird ihre Welt. Sie ist inzwischen mehrfach stigmatisiert, sie trägt die Male der Dornenkrone und der Nägel sowie zwei Kreuze auf Brust und Bauch. Sie isst nicht (ihre Nahrungslosigkeit ist medizinisch dokumentiert), trinkt selten einen Schluck Wasser und schläft kaum. Vor allem nachts wird sie von den Visionen heimgesucht. Die von Christus Gezeichnete wird bewundert und angefeindet. 1818 wird Clemens von Brentano auf sie aufmerksam; er hält die Begegnung mit der Mystikerin für das wichtigste Ereignis seines Lebens. Er kommt, hört, bleibt und schreibt, will nicht mehr aufhören zu schreiben. Nur ein Bruchteil der 50 000 Brentano-Seiten ist publiziert. Der Rest harrt, von Skeptikern ob der tatsächlichen Authentizität in Frage gestellt, in den Archiven der Aufmerksamkeit einer neuen Generation. Mit dem, was ans Licht der Öffentlichkeit gelangt, wird sie die erfolgreichste spirituelle Autorin des 19. Jahrhunderts. Das aber hat sie nicht mehr erlebt.

Papst Johannes Paul II. hat sie im Jahr 2004 in den Kreis der Seligen aufgenommen. Das lässt aufhorchen und ist wie eine späte Genugtuung an einer Frau, die vom Volk verehrt und von der wissenschaftlichen Kritik verspottet wird. Was auffällt:

1. Ihre radikale Hingabe an Christus: Darin geht sie so weit, dass auch sie das Leid von Menschen auf sich nimmt, es mit trägt in der Leidensgemeinschaft mit ihrem Herrn.

2. Ihre Visionen: Ihre Tage und Nächte sind erfüllt davon. Sie sieht die Menschen ihrer Zeit eingeschrieben in die immerwährende Passion Jesu – ein einziges großes Drama.

3. Die Akribie und Detailtreue ihrer Schau: Über Jahre hinweg berichtet sie in Fortsetzungen so detailliert über das Leben Jesu, dass Archäologen in späterer Zeit biblische Stätten nach ihren Hinweisen ausgraben konnten (z. B. »Wohnhaus Mariens« in Ephesus).

4. Ihre Mittlerrolle: Äußerlich ein kraftloses Wrack, entfaltet sie immense Kraft für den Auftrag, Christus wieder in unsere Mitte zu stellen, sein Wort ernst zu nehmen.

5. Ihr Leben als Zeitreisende: Passend zur Geschichte Jesu sieht sie die Ereignisse der Testamente bis zurück zu Adam und Eva, berichtet über Heilige bis in die Neuzeit, wenn ihr Reliquien von ihnen gebracht werden, und sagt ihren Nächsten sowie der Menschheit ihre Zukunft voraus.

6. Ihr prophetischer Dienst: Sie weiß von der Wichtigkeit ihrer Schau für die Zukunft. Sie weiß, dass die Texte von Brentano erst in näherer und fernerer Zukunft veröffentlicht werden und sieht die kommende Geschichte im Licht Gottes.

Verwaltet werden die Dokumente im Freien Deutschen Hochstift (Frankfurt) von Brentano-Forschern. Sie haben inzwischen »Die letzten 24 Stunden«, die Hälfte der »Lehrjahre« und Brentanos Emmerich-Biographie in einer teuren wissenschaftlichen Edition herausgegeben, leider nichts für das Volk. So wartet das Hauptwerk »Die drei Lehrjahre Christi« immer noch auf Veröffentlichung.

Literatur

C. Brentano, Das Bittere Leiden unseres Herrn Jesu Christi, Bd. 5, Stein am Rhein (insgesamt 6 Bände);

C. Engling, Unbequem und ungewöhnlich. Anna-Katharina Emmerich, Würzburg 2005;

Frankfurter Brentano-Ausgabe, Lehrjahre Jesu, Bd. 24 Teil I u. II, Stuttgart 1983 bis 1985

Peter Hinsen

Vinzenz Pallotti

»Die Liebe Christi drängt uns«

** 1795 in Rom*
† 1850 in Rom
Ordensgründer
Gedenktag: 22. Januar

Wer in der ersten Hälfte des 19. Jahrhunderts in Rom nach einem lebenden Heiligen fragte, der wurde schnell auf den Priester Vincenzo Pallotti verwiesen. Genauso stellte man sich einen Heiligen vor: asketisch, demütig, von extremer Bußgesinnung und unermüdlichem Gebetseifer, der Welt schon weitgehend entrückt. Als Kind soll er zwar noch durch heftige Zornausbrüche, Rechthaberei und Geltungsdrang aufgefallen sein, doch – so wurde gesagt – das habe sich bald gelegt. Dafür sorgten die Eltern, eine bigotte Tante und die Großmutter. Sie sahen wie viele kirchlich orientierte Leute dieser Zeit die Wurzel allen Übels im Ungehorsam. Bei dem damaligen politischen, sozialen und moralischen Chaos war das nicht verwunderlich. Seit dem Einmarsch der Truppen der französischen Revolutionsregierung in Rom 1798 war niemand mehr vor Plünderungen, Erpressungen oder gar Erschießungen sicher. Selbst der achtzigjährige, schon vom nahen Tod gezeichnete Papst Pius VI. wurde verschleppt. Dann kam das Regime Napoleons, anschließend die Revolution der national-italienischen Einigungsbewegung. Innerhalb von 50 Jahren sahen sich die Päpste viermal gezwungen, die »ewige Stadt« zu verlassen. Verständlich, dass da von vielen die Unterwerfung unter die rechtmäßige Autorität – von der familiären bis zur kirchenhierarchischen – als »Moral aus der Geschichte«, sogar als absolutes göttliches Gebot begriffen wurde.

Brav und trotzdem sündig

Da war Vincenzo wirklich ein Vorbild, sehr zur Freude seiner Eltern. Magdalena und Paul liebten zwar auch ihre anderen Kinder (sie hatten immerhin zehn; fünf davon starben schon in jungen Jahren), doch »Cencetto (Vinzenzchen) war einfach immer brav!« Es hatte sich in ihm eine Selbstzensur entwickelt, die zuverlässig jeden Hauch von Lebensfreude auf Sündhaftigkeit hin überprüfte, jede Form von Selbstliebe als frevlerische Entfremdung von Gott verurteilte. Von vielen wurde dies als besonderes Zeichen der Tugendhaftigkeit bewundert, von etlichen aber auch mit Kopfschütteln beobachtet.

Als Beispiel eine kleine Szene: Als Sechsjähriger hatte Vincenzo durch Erzbischof Fenjana in dessen Privatkapelle das Sakrament der Firmung empfangen. Anschließend schenkte ihm sein Patenonkel ein Goldstück. Damit ließ sich durchaus mancher Bubenwunsch erfüllen. Doch bevor ein solcher in Vincenzo wach werden konnte, ging er ohne jede Regung von Freude zu seinem Onkel und fragte: »Was soll ich damit machen?« Verblüfft antwortete der Onkel in ironischem Ton: »Wirf es zum Kehricht!« Der Kleine tat, was ihm – wie er meinte – befohlen war, ohne Zögern oder gar Widerrede. Ein Raunen ging durch die Runde der Festgäste. Die einen rühmten diesen Gehorsam: »Er ist wirklich ein kleiner Heiliger.« Andere brachen unverhohlen in Gelächter aus. Grausam, was hier dieser Kinderseele angetan wurde!

Später beschlichen die Eltern doch gelegentlich Zweifel an der seelischen Gesundheit ihres Lieblings. Es erging ihnen wie vielen Eltern: »Wir haben unsere Kinder nach bestem Wissen und Gewissen erzogen, aber offensichtlich doch etwas falsch gemacht.« Sie schalteten Don Fazzini ein. Dieser erfahrene Seelsorger, den sich Vincenzo als Zwölfjähriger zu seinem ständigen Beichtvater erwählt hatte, war für ihn eine Autorität, der er blind gehorchte. Aber an den grausamen Selbstgeißelungen und dem extremen Fasten änderte sich nicht viel, wohl weil Don Fazzini selbst zwischen Bewunderung und Zweifel schwankte. Die üblichen Lebensbeschreibungen der kanonisierten Heiligen priesen doch genau diese Lebensweise als Weg zur Vollkommenheit. So verfestigte sich in Vincenzo immer mehr die Überzeugung, ein »großer Sünder« zu sein, der härteste Strafen verdient hat. Einmal bat er während eines Besuchs bei Verwandten in der Nähe von Frascati den Knecht eines ihm bekannten Weingutes, ihn kräftig mit der Rute zu züchtigen. Dieser empfand das so erschreckend abartig, dass er sich nicht nur weigerte, sondern es künftig auch mied, diesem seltsamen Jugendlichen zu begegnen. Trotzdem:

Nahezu überall, wo Vincenzo bekannt war, wurde vom »Santarello«, dem kleinen Heiligen, gesprochen. Er selbst aber sagte von sich: »Ich bin nichts und Sünde.«

Der unendlich liebende Gott

Aber es gab auch noch etwas anderes. Die Natur faszinierte ihn. Darum gehörten die Naturwissenschaften in der Schule zu seinen Lieblingsfächern. Was die Menschen nicht schafften, das eröffnete das Zwitschern der Vögel, die Blüte einer Blume oder ein einziger Regentropfen: eine ganz neue Gottesbegegnung. In seinen Tagebuchnotizen, die immer zugleich Gebete waren, beschäftigte ihn zeitlebens die Frage, warum Gott diese Schöpfung hervorgebracht hat. Noch 1849, also ein Jahr vor seinem Tod, schreibt er: »Mein Gott! Du bist seit aller Ewigkeit in dir selbst unendlich glücklich. Du brauchst niemanden. Warum also hast du Himmel und Erde erschaffen?« Und er gibt selbst die Antwort: »Du bist die unendliche Güte und als solche willst du dich unendlich verströmen. In deiner unendlichen Liebe hast du vor aller Ewigkeit das großartige Werk der Weltenschöpfung beschlossen, um dich selbst in deine Geschöpfe zu ergießen.« Das ist für ihn unbegreiflich: »Du, mein Gott, siehst doch seit Ewigkeit, dass nur wenige deine unendliche Liebe erkennen, dass viele sogar die Gaben benützen, um zu sündigen, und trotzdem … Mein Gott, vergib mir, wenn ich da nur sagen kann: Du bist der Narr der Liebe und des Erbarmens.«

Diese unendliche Liebe Gottes war für Pallotti der Rettungsanker. Immer wieder hat er mit der Schreibfeder in der Hand darüber meditiert und mit Gott gesprochen. Das änderte nichts an seiner Überzeugung: »Ich bin nichts und Sünde«, aber viel bestimmender war die Erfahrung: »Der unendlich große Gott liebt mich in absoluter Treue.« Alles, was er jemals über Gottes Strafgericht gehört hatte, konnte ihm nicht die an Sicherheit grenzende Hoffnung rauben, dass Gott ihn niemals ins Verderben stürzen ließe. Er spricht zu Gott: »In jedem Augenblick denkst du an mich und gießest über mich unendliche Ströme der Gnade, der Huld, der Gaben, der Barmherzigkeit …«

Das Denken und Fühlen in Antithesen lag damals irgendwie in der Luft der europäischen Geisteswelt, man denke nur an die beiden so unterschiedlichen Dialektiker Hegel (1770–1831) und Marx (1818–1883). Obwohl promovierter Philosoph, hat Pallotti deren Schriften wohl nicht gekannt. Trotzdem war auch für ihn eine Gegensätzlichkeit ständiges Thema: ich, der »unwürdigste Sünder«, und »Gott, die unendliche Liebe«. In der mystischen Berührung beider miteinander wurde der Depressive zum Optimisten, der Zauderer zum Abenteurer, der Kranke zum Geheilten, der Unwürdige zum Auserwählten, der Sünder zum Heiligen. Es hätte auch anders kommen können. Luigi, sein Bruder, in der gleichen von Sündenangst bestimmten Atmosphäre erzogen, hat sich in seiner Verzweiflung das Leben genommen. Kein Wunder, so sagten die Leute, er hat eben zu wenig gebetet und geopfert. Ein grausames Urteil.

Wer die Liebe Gottes entdeckt hat, darf nicht schweigen

Gerade weil Vincenzo schon als Kind die Liebe Gottes als so lebenswichtig erfahren hatte, war für ihn der Gedanke äußerst schmerzlich, dass so viele Menschen diese Liebe Gottes noch nicht entdeckt haben, obwohl sie genauso geliebt werden. Wie soll ein Mensch wirklich leben können, wenn er sich nicht geliebt weiß? Da gab es für Pallotti nur eine Konsequenz: Alle Möglichkeiten und Mittel müssen genützt werden, um auf die allgegenwärtige Liebe Gottes hinzuweisen. Manchmal wirkte er dabei wie ein Verrückter, seinem verehrten Vorbild Filippo Neri nicht unähnlich. Wenn unerwartet ein gewaltiger Gewitterguss vom Himmel prasselte und jemand etwas von »scheußlichem Wetter« brummelte, dann konnte er plötzlich mitten im Regen auf einem Platz stehen bleiben und eine kleine Predigt halten: »Haben Sie bedacht, dass jeder dieser Regentropfen vom Allmächtigen mit unendlicher Weisheit erschaffen worden ist, zu unserem Nutzen und zu unserem Wohl? Welcher gelehrte Chemiker könnte aus dem Nichts diese tropfenden Perlen, diese Diamanten hervorbringen, die uns der Herr in so großartiger Fülle herunterschüttet? Wir dürfen uns Gott vertrauensvoll überlassen, weil wir gewiss sein können, dass er uns liebt.« Dass er während dieser Belehrung völlig durchnässt wurde, schien er nicht zu spüren.

Pallotti wollte möglichst vielen die Augen für die Liebe Gottes öffnen, um sie dann zu ermutigen, diese selbst in je eigener Art zu bezeugen. Das gelang ihm auch. Viele waren so fasziniert, dass sie sich zu einer Vereinigung mit genau dieser Aufgabe zusammenschlossen. Da waren Prälaten und Kardinäle ebenso zu finden wie Handwerker oder Geschäftsleute, Soldaten genauso wie Ordensleute oder Kinder, sogar eine behinderte Stadtstreicherin war dabei. Für diesen ganz selbstverständlichen Dienst brauchte niemand eine besondere

Beauftragung vorzuweisen oder ein kirchliches Amt. Nicht einmal Taufe und Firmung galten als unabdingbare Voraussetzungen. Die wie auch immer geartete Erfahrung der Liebe Gottes genügte. Etliche in der vatikanischen Kurie bis hin zum Papst waren allerdings sehr irritiert, weil sich diese Vereinigung auf Anregung Pallottis hin »Katholisches Apostolat« nannte. Das entsprach nicht ihrem Sprachgebrauch. Pallotti verstand nämlich »katholisch« einfach im Sinn des Credos: »allumfassend«. Aus der Mitte dieser Vereinigung haben sich dann später die Gemeinschaften herausgebildet, die heute als Pallottiner und Pallottinerinnen bekannt sind.

Ein wichtiger Heiliger

Mit großer Konsequenz und einer geradezu unverständlichen Strenge gegen sich selbst versuchte Pallotti dem liebenden Gott zu dienen. Gleichzeitig begegnete er andern, selbst den größten Sündern mit äußerster Milde. Wenn er wirklich Abbild Gottes sein wollte, war anderes für ihn gar nicht möglich. Das kennzeichnet auch seinen Tod. Selbst schon gesundheitlich stark angeschlagen, schenkte er an einem frostigen Januartag im Beichtstuhl seinen Mantel einem Beichtenden. Dabei zog er sich eine Lungenentzündung zu, der er wenige Tage später, am 22. Januar 1850, erlag. Nur noch eine Hand voll enger Weggefährten stand um sein Sterbebett, denn vielen war das ständige Zusammenleben mit ihm einfach zu anstrengend geworden. Trotzdem zweifelte niemand daran: Dieser Priester, nur knapp 55 Jahre alt geworden, war ein Heiliger.

Es ehrt die Kirche, dass Papst Johannes XXIII. Vinzenz Pallotti 1963 in der Aula des II. Vatikanischen Konzils heilig gesprochen hat. Damit wird bezeugt: Weder körperliche noch psychische Gesundheit sind eine Voraussetzung für Heiligkeit. Wichtig ist, was Pallotti erlebt hat, was an ihm sichtbar und zum Antrieb seines Wirkens geworden ist: In der Begegnung mit der unendlichen Liebe Gottes liegt unser Heil. Davon gilt es Zeugnis zu geben. Solche Menschen braucht die Kirche.

LITERATUR

A. Holzbach, Vinzenz Pallotti – ein Lebensbild, Friedberg 1999;

Paul de Geslin; Vinzenz Pallotti – Mit den Augen eines Zeitgenossen (aus dem Französischen und Italienischen von Bruno Bayer), Friedberg 1998, 3. Aufl.;

Vinzenz Pallotti; Ausgewählte Schriften (Hg.: B. Bayer/J. Zweifel), Friedberg 1999, 3. Aufl.

Bertram Stubenrauch

Johannes Maria Vianney

Der Pfarrer von Ars

** 1786 in Dardilly / Frankreich*
† 1859 in Ars
Priester
Gedenktag: 4. August

Was mich an diesem Heiligen, seit ich von ihm gehört habe, immer schon fasziniert hat, ist der Tiefgang seiner einfachen Worte: Da ist nichts Gelehrtes, nichts Verschraubtes, sondern einfach nur verstandener Glaube – der konsequent gelebt wird und auf diese Weise zündet. Ich denke zum Beispiel an einen kurzen Satz über die göttliche Vorsehung, ein Thema, das schon den größten theologischen Geistern Kopfzerbrechen bereitet hat. Der Pfarrer von Ars sagt schlicht: »Ach, wenn wir unser ganzes Vertrauen auf Gott setzten und nicht nur auf unsere Arbeit, wie viel glücklicher wären wir!«

Glücklichsein als Gottesgeschenk

Es ist schon interessant: Ein Mann, der seinen langen Arbeitstag kaum einmal für eine Verschnaufpause unterbrach und sich zeitlebens strengsten Bußübungen unterzog, redet vom Glücklichsein – ohne Wenn und Aber, ohne Pathos, ohne Falsch. Gottes Vorsehung will also nur, dass der Mensch Freude hat; heutzutage hört das jeder gern, und Johannes Maria Vianney gönnt uns das. Aber wie wird man glücklich? Sicher nicht so, dass man einfach in den Tag hineinlebt und sich um nichts kümmert. Von der Arbeit rät der Pfarrer natürlich nicht ab, denn es geht schließlich um den Lebensunterhalt, der verdient sein will und ganze Kraft erfordert. In dem Dörfchen Ars nahe Lyon war das völlig klar gewesen; man lebte auf dem Land und musste Vieh und Boden Tag für Tag das Notwendige abringen. Der Pfarrer wäre der Letzte gewesen, der zum Müßiggang aufgefordert hätte. Aber Gott ist ganz und gar Geschenk, weiß der Heilige. Wer sich nichts schenken lässt, lernt die göttliche Größe nicht kennen; dann misstraut man seiner Vorsehung und wird griesgrämig. In Ars hat es solche Leute, wie berichtet wird, nach einiger Zeit nicht mehr gegeben. Der kleine, arme, unscheinbare Pfarrer hatte seine Gemeinde überzeugt. Und ich glaube, er hat es mit sehr viel Humor getan.

Humor, sagt man, besitzt jemand, der über sich selbst lachen kann, der sich nicht so wichtig nimmt, der demütig ist. Wieder ein wichtiges Thema beim Pfarrer von Ars: die Demut. Muss man sich ihretwegen zehnmal am Tag dafür entschuldigen, überhaupt zu atmen? Nicht, wenn man in die Schule des Pfarrers von Ars geht. Um ein bündiges Beispiel für das Vertrauen auf die göttliche Vorsehung zu geben, verweist er kurzerhand auf sich selbst: »Seht euren Pfarrer an und denkt vor Gott darüber nach. Oh, werdet ihr mir sagen, Ihnen wird ja gegeben. Aber ich antworte: Wer gibt mir denn, wenn nicht die Vorsehung des lieben Gottes? Seht, da sind meine Schätze, und nirgendwo anders.« Das Argument ist entwaffnend. Was für eine Persönlichkeit steht hinter ihm! Man ringt nach Worten: Lauterkeit? Echtheit? Unbefangenheit? Das mag alles sein. Aber am besten gefällt mir immer noch der Begriff Heiligkeit: Im Auftreten des spätberufenen Priesters Johannes Maria Vianney, der nur mit Not ein wenig Latein verstand und nach seiner Weihe nicht sofort die Beichte hören durfte, weil man ihn für theologisch unbedarft hielt, muss tatsächlich etwas von Gott selbst spürbar gewesen sein.

Das Neue Testament erzählt, dass der Herr vom Teufel in Versuchung geführt wurde und dass er Dämonen austrieb. Viele winken hier sehr schnell ab. Sie sehen ein heute nicht mehr akzeptables Weltbild am Werk, wonach jedes unerklärliche Phänomen – schwere seelische Erkrankungen etwa – auf das Konto böser Geister ging. Und wenn auch von Johannes Maria Vianney berichtet wird, dass ihm Teufel und Dämonen zugesetzt hätten, so müsse das erst recht ins Reich der unaufgeklärten Phantasie verwiesen werden.

Der Teufel und das Böse überhaupt

Ich kann diese Skepsis gut verstehen; die Zeiten von Höllenpredigten und Verdammungsdrohungen sind gottlob vorbei – und der Pfarrer von Ars hatte sich ihrer zunächst durchaus bedient. Zu seiner Zeit war das gängige, seelsorgerliche Praxis. Persönliche Widerfahrnisse verschwieg der Pfarrer allerdings, und als man trotzdem davon erfuhr, spielte er sie herab. Insofern hat er ähnlich empfunden wie wir heute. Es ist peinlich, vom Dämonischen zu reden, und auch irreführend. Denn Christinnen und Christen glauben an Gott, nicht an den Teufel. Und doch: Das Böse zieht eine Schneise der Verwüstung durch die Welt. So warnte Vianney mit offener Besorgnis vor dem großen Laster des Neides, und er hat offensichtlich gewusst, wovon er sprach. Was ist der Neid? Eine Weltmacht, ganz gewiss. Er sagt es wieder ganz einfach und deshalb bewundernswert treffend: »In einem Neider ist keine Liebe zu finden«. Und er fügt hinzu: »Ich bin sicher, dass unter tausend Neidern, wenn man sie genau ausfragt, auch nicht einer ist, der sich dazurechnet. Es gibt keine Sünde, die man so wenig erkennt wie diese.«

Da ist er also doch wieder, der Teufel: keine Liebe und die Stirn, diesen Mangel auch noch zu verstecken. Wenn ich mir anschaue, was in der Welt alles vorkommt, zweifle ich, dass das Böse allein von uns Menschen herrührt. Wir können an Gott glauben oder nicht an ihn glauben; aber das *Wissen*, dass es Gott gibt, ist uns verwehrt. Und wenn da nun Geschöpfe sind, die über dieses Wissen verfügen und die Gott trotzdem verleugnen und sich als Gegner seines Reiches aufspielen? Hass wider bessere Einsicht – ist das nicht wirklich teuflisch? So gesehen leuchtet mir die biblische Rede vom Dämonischen durchaus ein. Vianney hatte Glaubenstiefe genug, um auch die Grauzonen des Daseins zu durchschauen. In sie trägt er ein helles Licht hinein: Wenn das Böse, hinter dem *der* Böse steht, bewirkt, dass keine Liebe ist und dass man diesen Mangel kaum bemerkt, dann bedeutet umgekehrt das Gute, hinter dem *der* Gute steht, dass man aus ganzem Herzen liebt und diese Liebe auch spürbar macht. Wieder redet der Pfarrer von Ars entwaffnend einfach und nüchtern: »Worin besteht die Liebe, die wir zu unserem Nächsten haben müssen? 1. Allen Gutes wünschen. 2. Allen Gutes tun, sooft wir es können. 3. Die Fehler der anderen ertragen, entschuldigen und nicht an die große Glocke hängen.«

Der Seelsorger

Damit stehen wir vor dem Menschenkenner Johannes Maria Vianney. Der Heilige ist ja bekannt als der große ›Märtyrer des Beichtstuhls‹. Im Beichtstuhl begegneten ihm die Leute, wie sie nun einmal sind; er hat als Seelenführer unglaublich viel geleistet. Aber wie gesagt: Der Preis dafür war hoch. Nicht nur das Zuhören und Trösten an sich zehrte von seiner Substanz. Der Beichtstuhl in der Arser Dorfkirche bot absolut keinen Komfort: drückende Hitze im Sommer und beißender Frost, wenn die Nächte lang wurden. Der Heilige sitzt in seinem hölzernen Geviert manchmal bis zu siebzehn Stunden am Tag, das ganze Jahr über. Und er trägt die Unbill mit Humor. Ein besorgtes Beichtkind fragt ihn: »Wie können Sie das so lange aushalten bei dieser Kälte?« Und der Pfarrer: »Oh, mein Freund, das hat einen guten Grund: Von Allerheiligen bis Ostern fühle ich meine Füße überhaupt nicht.«

Dabei hatte ihn Gott nicht mit einer robusten Gesundheit gesegnet. Oder sagen wir es ehrlicher: Er hat auf seine Gesundheit nicht geachtet; er hat sie ruiniert. Hier schlägt ganz der Asket durch, wie man sich gemäß den Heiligenlegenden des neunzehnten Jahrhunderts einen echten Heiligen ausmalte, und Heiligenlegenden hat Johannes Maria für sein Leben gern gelesen. Der Raubbau an seiner Gesundheit ist freilich ein Zug, den man heute kaum noch versteht und der einfach befremdet. Er entspricht weder der Vorstellung Jesu noch dem Denken des frühen Christentums. Der Pfarrer hatte seinen Körper abschätzig den ›Kadaver‹ genannt.

Sicher: Heute gibt es das andere Extrem, einen wahren Körperkult, den man sich einiges kosten lässt und der vielen sogar die Religion ersetzt. Aber ein Kadaver? Hier tritt zutage, dass Heilige immer auch Kinder ihrer Zeit und mitunter ein Opfer engstirniger Erziehung sind. Besonders leibfreundlich dachte man damals in kirchlichen Kreisen nun einmal nicht, und ein Mann im Zuschnitt des Johannes Maria Vianney hätte sich geschämt, in dieser Hinsicht auf sich selbst zu achten. Wert legte er allerdings auf die Würde und Schönheit des Gotteshauses und auf kostbare liturgische Gewänder. Aber das war für Gott und zur Erbauung der Gemeinde bestimmt. Der Pfarrer selbst trug zerschlissene Soutanen und als er starb, wurde angegeben, die physische Erschöpfung habe ihn das Leben gekostet …

Die Liebe zur Liturgie

Apropos Kirchenraum und Gottesdienst: Die Feier der heiligen Messe ist dem Pfarrer von Ars zeitlebens eine Herzensangelegenheit gewesen. In ihr begegnete ihm Jesus uneingeschränkt; er war ihm Nahrung und Heimat. Pfarrer Vianney konnte es nicht verstehen, dass Gläubige in diesem Punkt nachlässig sein konnten. Die Eucharistie bedeutete dem Heiligen alles, und das in einer Zeit, in der Ideen der französischen Aufklärung auch beim einfachen Kirchenvolk das sakrale, mystische Moment am Christentum abzuwerten begannen. Johannes Maria wäre es nicht in den Sinn gekommen, die tätige Nächstenliebe gegen den Gottesdienst auszuspielen. Christus ist anwesend in den leidenden Brüdern und Schwestern, natürlich; er identifiziert sich mit ihnen. Aber *sich selbst* schenkt er im Brot des Lebens. »Hätte er Besseres, er würde es uns geben«, predigt der Pfarrer unermüdlich von der Kanzel, um dann an den Altar zu treten. Was er dort innerlich erlebt hat, blieb sein persönliches Geheimnis, aber dass er daraus seine ganze Kraft bezog, wusste man. Denn Priester zu sein und als berufener Diener des Herrn die Messe zu feiern, das hieß für Pfarrer Vianney, als einziges Privileg den Dienst am mystischen Christusleib, an der Gemeinschaft der Getauften in Anspruch zu nehmen. Und dabei kommt es wesentlich auf den vom Tod erweckten Gekreuzigten an, dessen Liebe der kirchliche Amtsträger niemals verstellen darf. Auch in diesem Punkt hört man in Ars klare Worte: »Der Priester ist nicht Priester für sich selbst. Er ist für euch da.« Standesdünkel kennt Johannes Maria nicht; mit klerikalen Würden kann er nichts anfangen. Als ihm der violette Umhang eines Ehrendomherrn überbracht wird, verkauft er ihn an einen armen Schlucker. Er ist eben ein Heiliger.

Und er ist ein moderner Heiliger. Wieso? Weil er sehr genau um die Verschiedenheit der Wege zu Gott gewusst hat und nicht alle Leute über denselben Kamm scherte. Das meint man ja oft: Heilige sind alle gleich – gleich langweilig? Johannes Maria Vianney, der Realist und Menschenkenner, lässt diesem Vorurteil keinen Raum: »Es gibt Heilige, die hätten mit anderen Heiligen nicht zusammenleben können.« Ein solches Wort tut gut, mir jedenfalls. Denn eigentlich ist die Persönlichkeit des Pfarrers von Ars geeignet, dass man sich selbst im Vergleich zu ihr ziemlich klein vorkommt. Er gehört, wie ich meine, zu den Großen der Welt. Aber diese Einschätzung hätte er nicht auf sich sitzen lassen. Und wenn doch, hätte er das Kompliment sofort zurückgegeben: »Nicht alle gehen denselben Weg. Jedoch erreichen alle dasselbe Ziel.« Danke, heiliger Pfarrer von Ars!

Literatur

W. Hünermann, Der Pfarrer von Ars, 13. Auflage, Innsbruck 2004;

W. Nigg, Große Heilige, Zürich (Neudruck) 1993, S. 445–484;

G. Rossé, Der Pfarrer von Ars. Lebensweg, Gedanken, Predigten, 2. Auflage, München/Zürich/Wien 2003

ALOIS SCHRÖDER

Adolph Kolping

Der leidenschaftliche Grenzgänger

** 1813 in Kerpen*
† 1865 in Köln
Priester, »Gesellenvater«
Gedenktag: 4. Dezember

»*E*rst will ich mich bestreben, Mensch zu sein, die hohe Bestimmung desselben begreifen lernen, zu der er geboren ward ... dann, nachdem ich erkannt habe die Wege, die zur Vollendung führen, dann will ich mit festem Fuße sie betreten, will die erkannte Wahrheit festhalten und sie verteidigen, mit freier, offener Stirn bekennen, was in meiner Seele vorgeht, der Wahrheit ein Zeuge, dem Mitmenschen ein Bruder sein.«

Diese Worte Adolph Kolpings, mit denen er als 23-Jähriger sein Tagebuch beginnt, sind wie eine Ouvertüre auf sein ganzes weiteres Leben. Es fasziniert mich an ihm, wie er mit dem »Erst will ich mich bestreben, Mensch zu sein« immer wieder Grenzen überschreitet, und das mit Leidenschaft!

Zu Hause in der Familie und in der Fremde

Adolph Kolping wird am 8. Dezember 1813 in Kerpen als viertes von fünf Kindern der Eheleute Peter und Anna Maria Kolping geboren. Sein Vater ist lohnabhängiger Gemeindeschäfer, der in der Geburtsurkunde für seinen Sohn Adolph erklärt, nicht schreiben zu können. Als Primaner schreibt er 1841 über seine Kindheit: »Meine Eltern waren stille ehrbare Leute, deren ganzes Vermögen in einer zahlreichen

Familie bestand, deren Unterhalt ihnen vollauf zu tun gab ... Worauf aber meine Eltern mit einziger Sorge Acht hatten, war die Erziehung ihrer Kinder; den Unterricht durften diese um keinen Preis versäumen.« Drei Erfahrungen aus seiner Kindheit und Jugendzeit werden für Adolph Kolping besonders bedeutsam sein: die religiöse und soziale Prägung in der Familie, die harte körperliche Arbeit und seine Lernbereitschaft.

Sodann kommt es im Leben Adolph Kolpings zu einem ersten entscheidenden Schritt. Da die Familie nicht das Schulgeld aufbringen kann, bleibt ihm zunächst der Zugang zu einer höheren Bildung versperrt. Notgedrungen beginnt er nach der Volksschule mit fast 13 Jahren eine Lehre als Schuhmacher. »Ich entschloss mich also, wenn auch mit schwerem Herzen, das Schuhmacher-Handwerk zu erlernen.« Im Rückblick auf seine 10-jährige Lehr- und Gesellenzeit schreibt Adolph Kolping: »Ich bin mit 13 Jahren (als ein unerfahrenes Kind) ans Handwerk gekommen und habe mich auf den Schuhmacherstuhl gesetzt, habe bis zum dreiundzwanzigsten Jahre da fortgesessen, bin von Werkstätte zu Werkstätte gewandert und habe allerlei Leute, schreckliche Gestalten neben mir gehabt; alle Fluten des Bösen sind um mich geschlagen.«

»Der nicht bei seinen Leisten blieb«

Es drängt Adolph Kolping, aus dem Gesellendasein auszusteigen. »Unter dieser Volkshefe konnte ich nicht länger sitzen bleiben.« Schließlich tauscht er die Werkbank mit der Schulbank. Ein riskanter Schritt. Ein weiterer Schritt in eine neue Welt. Sein Heimatpfarrer rät ihm: »Schuster, bleib bei deinen Leisten!« Kolping aber geht seinen Weg, von seinem Vater unterstützt in dem Wunsch nach höherer Bildung.

Adolph Kolping besucht ab Herbst 1837 als fast 24-Jähriger das Marzellen-Gymnasium in Köln, drückt neben 13-Jährigen die Schulbank. Nach 3 ½ Jahren macht er 1841 das Abitur und schafft damit einen wichtigen Schritt auf seinem Weg zum Priesterberuf. So eröffnet sich ihm auch der Ausweg aus dem leidvoll erlebten Dilemma der Gesellenzeit, verbunden mit einem sozialen Aufstieg. Adolph Kolping studiert in Bonn, München und Köln Theologie. Am 13. April 1845 empfängt er in der Minoritenkirche zu Köln die Priesterweihe. Er stellt seine Primizpredigt unter das Wort Jesu an Matthäus: »Du folge mir nach!« (Mt 9,9). Was das konkret bedeutet, sollte er ab

Ostern 1845 als Kaplan und Religionslehrer in Elberfeld im Tal der Wupper herausfinden.

Als Volksprofessor ganz in seinem Element

In der Pfarrei St. Laurentius in Elberfeld kommt es für Adolph Kolping bald zu einer »Bekehrung« besonderer Art. War er dem sozialen und moralischen Elend des Handwerkerstandes entronnen, so sieht er sich von neuem damit konfrontiert. Angesichts der unmenschlichen Lebensbedingungen der Arbeiter in Elberfeld, einem der größten industriellen Zentren in Deutschland, schreibt er an seinen ehemaligen Professor Ignaz Döllinger: »Die untere Schicht des Volkes ist schrecklich unwissend, schrecklich verkommen, vernachlässigt an Leib und Seele, elend durch und durch ...«

Von dem massenhaften Elend der Fortschrittsverlierer seiner Zeit zutiefst angerührt, verzichtet Adolph Kolping auf eine wissenschaftliche Karriere und widmet sich neben seiner Tätigkeit als Kaplan und Religionslehrer nun mit aller Energie dem Dienst an den jungen Handwerksgesellen. Seit 1847 engagiert sich Adolph Kolping als Präses in dem ein Jahr zuvor vom Hauptlehrer Johann Gregor Breuer gegründeten katholischen Gesellenverein. Für diese Tätigkeit investiert er seine Freizeit, da nach Meinung seines Pfarrers und seiner Mitbrüder diese Arbeit nicht zum offiziellen Auftrag eines Priesters gehöre. Adolph Kolping selbst sollte in diesem Dienst seine eigentliche Lebensaufgabe finden. Er fühle sich als »Volksprofessor ganz in seinem Elemente«, schreibt er an Ignaz Döllinger.

Nicht nur in Kirche und in Betkammern

Adolph Kolping ist unbestritten ein Mann der Kirche; ein treuer Diener Gottes; konservativ in dogmatischen und moralischen Fragen; auffällig als ultramontaner Streiter für Papst und Kirche. Wenn es aber um Fehler und Defizite im kirchlichen Leben und in der pastoralen Praxis geht, scheut er nicht vor deutlicher Kritik zurück. Er brandmarkt die Trennung von religiösem und irdisch-sozialem Leben als die »große, allgemeine Versündigung an der Gesellschaft, und diese hat uns das große soziale Elend bereitet«.

Der Kirche und den Christen seiner Zeit wirft Adolph Kolping mangelnden Einsatz für die sozial und gesellschaftlich Benachteiligten vor. Er selbst ergreift die Option für die Armen seiner Zeit, angesichts des Vorwurfs von Karl Marx, die Kirche mache Religion zum Opium des Volkes. »Der unchristliche Kommunismus wäre gar nicht auf die Welt gekommen, wenn der christliche in rechter Weise wäre überall ausgeübt worden.«

Adolph Kolping lässt sich Ostern 1849 nach Köln versetzen. Als Domvikar sieht er genügend Freiraum, um den Auf- und Ausbau des katholischen Gesellenvereins konsequent zu betreiben; mit dem Ziel, diesen Verein in ganz Deutschland und darüber hinaus zu verbreiten. Am Ende seines Lebens wird es 420 Gesellenvereine mit ca. 60 000 Mitgliedern geben. Als Priester macht er das wahr, was er mit den Worten meint: »Das Christentum ist nicht bloß für die Kirche und für die Betkammern, sondern für das ganze Leben.« Adolph Kolping darf als einer der Vorbereiter der ersten Sozialenzyklika der Kirche, »Rerum novarum« von Papst Leo XIII. (1891), bezeichnet werden.

Wenn es ein großes Thema im Leben und Wirken Adolph Kolpings gibt, dann ist es die Bildung. Leselust und Wissensdrang begleiten ihn von Jugend auf, auch und gerade in den Jahren der Lehr- und Gesellenzeit. Die einzigen Verweise seines Lehrmeisters habe er nur wegen seiner Leselust erhalten, der er auch während der Arbeitszeit nicht habe widerstehen können.

Adolph Kolping baut den Gesellenverein zu einer »Akademie im Volkston« aus. Eine »wahre Volksschule« soll er sein, in dem die Handwerksgesellen Grundkenntnisse wie Lesen, Rechnen und Schreiben erwerben können, dazu Fachlichkeit im Beruf. Doch Kopfbildung allein genügt ihm nicht: »... Man kann ungeheuer viel wissen und ein grundschlechtes Möbel im Haushalt Gottes sein; man kann sehr, fast unmenschlich gelehrt sein und zugleich eine wahre Fratze, ein lebendiger Hohn auf das ewige Urbild, auf Gott ...«

Herzensbildung, ganzheitliche Bildung hat bei Adolph Kolping Vorrang; letztlich orientiert an Jesus Christus, dem »Ideal und Muster« jeder wahren Bildung. Das Ziel ist der »tüchtige Christ«.

Eingeladen, nicht vorgeladen

Adolph Kolping will die jungen Handwerksgesellen begleiten und befähigen, dass sie »tüchtig« werden im Leben wie im Glauben. Es fasziniert mich, mit welcher Engels- oder auch Eselsgeduld er seine religionspädagogische Arbeit betrieben hat. In einer Rede auf der 6. Generalversammlung der Katholischen Vereine Deutschlands am

22. 9. 1852 in Münster sagt er zum Selbstverständnis der Gesellenvereine: »... Man muss mit praktischen Wohltaten, die die Hände fühlen, entgegenkommen. Wir konnten nicht mit der Kirche zuerst kommen, sondern mussten erst von der Straße aus einen gesellschaftlichen Halt geben ... Wir führen die Leute in die Kirche, ziehen sie langsam hinein; man darf doch nicht einen zum Laufen antreiben, wenn er noch nicht gehen kann ... Wir laden sie ein ...«

Und was zudem überraschen sollte, ist die ökumenische Offenheit Adolph Kolpings. Auch hier überschreitet er Grenzen. In einer Zeit kirchlichen und konfessionellen Gettodenkens praktiziert er eine konkrete Ökumene, indem er auch Protestanten als Mitglieder in den katholischen Gesellenverein aufnimmt.

»... Ja, der Katholische Gesellenverein soll Mitglieder anderer Konfessionen, die sich vertrauensvoll ihm angeschlossen, zu allem zulassen, was der Verein bietet, ohne auch nur im mindesten zu kränken oder zu beleidigen. Wer dem Religionsunterrichte nicht beiwohnen will, kann sich ja sonst beschäftigen. Wir haben seit Jahren Protestanten in unserer Mitte und trotzdem, dass wir katholisch lehren und üben, nie Zank und Streit darum gehabt.«

Kanzel und Katheder für das Volk

Adolph Kolping – ein leidenschaftlicher Grenzgänger; einer, der als Priester ganz neue Wege in der Seelsorge geht, etwa durch sein lebenslanges Engagement im Gesellenverein. Und, was weniger bekannt ist, durch seine Tätigkeit als Publizist und Volksschriftsteller. Er entdeckt in der Presselandschaft, was katholische Produkte angeht, eine deutliche Marktlücke.

Seit 1849 gibt Adolph Kolping jährlich den katholischen Volkskalender in einer Auflage von ca. 14 000 Exemplaren heraus. In Geschichten und Erzählungen bietet er auf volkstümliche Weise religiöse, soziale und handwerksbezogene Inhalte an, eine »gesunde, brauchbare Hausmannskost«. Es geht ihm um die Vermittlung des katholischen Glaubens und um die Stärkung der christlichen Familie. Seit 1854 engagiert er sich als Verleger, Schriftleiter und Redakteur der »Rheinischen Volksblätter«. Mit 16 Seiten für über 6000 Abonnenten ist er wöchentlich auf Sendung. In der Herausgabe des Volkskalenders und der Rheinischen Volksblätter sieht er eine Form von Kanzel und Lehrstuhl für das Volk. »Ich meine ... das öffentliche Leben hätte nie nötiger gehabt, auf die Predigt des göttlichen Evangeliums zu hören, als in unseren Tagen.«

Und doch wird ihm das Schreiben mehr und mehr zur Qual: »Oft wird's mir auch wie grün und blau vor den Augen und – poltern möcht' ich nach Herzenslust, die Feder wegschmeißen und auf's Land gehen und Frühmessner werden oder doch so was. Aber dann winkt einer mit erhobenem Finger, dem ich wieder nicht zu widersprechen wage und – so gut ich's kann, geht's weiter ...«

Am 4. Dezember 1865 ging sein Weg zu Ende. Eingelöst waren seine Worte: »Erst will ich mich bestreben, Mensch zu sein ... der Wahrheit ein Zeuge, dem Mitmenschen ein Bruder sein.«

LITERATUR

H.-J. Kracht, Adolph Kolping, Priester, Pädagoge, Publizist im Dienst christlicher Sozialreform, Freiburg 1993;

P. Steinke, Leitbild für die Kirche: Adolph Kolping, Paderborn 1991;

Adolph-Kolping-Schriften, Kolping-Verlag, Köln o. J.

KARL BOPP

Don Bosco

Der fröhliche Jugendapostel

** 1815 in Becchi / Italien*
† 1888 in Turin
Ordensgründer
Gedenktag: 31. Januar

Don Bosco – ein lebensfroher Heiliger trotz »winterlicher« Zeiten

Giovanni Bosco (1815–1888), der bekannte Jugendapostel aus Turin, gilt als lebensfroher Heiliger, dem die Herzen der Jugendlichen zuflogen und der nach dem sympathischen Motto lebte: »Fröhlich sein, Gutes tun und die Spatzen pfeifen lassen!« Sein jährlicher Gedenktag fällt auf den 31. Januar (sein Todestag) – und damit mitten hinein in die Winterzeit. Auf den ersten Blick passt diese jahreszeitliche Platzierung ganz und gar nicht zur Person des Heiligen; denn Don Bosco, ein liebenswürdiger Mensch, dessen Wirken so reiche Früchte brachte und dessen Persönlichkeit so viel menschliche Wärme ausstrahlte, war sicher kein »winterlicher« Mensch! Und doch kennt auch sein Leben »winterliche« Zeiten, es war alles andere als einfach und unbeschwert.

Am 16. August 1815 in dem kleinen Weiler Becchi bei Morialdo, ca. 30 km östlich von Turin, geboren, gerät sein Leben mitten hinein in den schwierigen Prozess der politischen Neuordnung Europas nach den Wirren der napoleonischen Kriege. Die Heimat Don Boscos, das norditalienische Königreich Piemont-Sardinien, ist damals neben dem Kirchenstaat in der Mitte und dem Königreich Neapel-Sizilien im Süden die bedeutendste politische Macht auf der italienischen Halbinsel. Aber die Lage ist keineswegs ruhig; denn gerade Piemont-Sardinien wird immer mehr zum Mittelpunkt des so genannten »Risorgimento«, der nationalen Bewegung zur Schaffung eines politisch vereinten Italiens. Unter dem klugen Ministerpräsidenten Cavour kommt die nationale Sache gut voran, und bereits im Jahr 1861 kann Viktor Emanuel II. zum König von Italien ausgerufen werden.

Aber der vollen staatlichen Einigung steht noch der Kirchenstaat im Weg; dieser war bis 1870 noch ein großflächiger, eigenständiger Staat im Zentrum der italienischen Halbinsel mit Rom als Hauptstadt. Der damals residierende und anfangs liberal eingeschätzte Papst Pius IX. stellte sich aber seit den revolutionären Unruhen im Jahr 1848 immer deutlicher der nationalen Einigung entgegen und verschärfte so das gespannte Verhältnis zwischen dem jungen italienischen Staat und der katholischen Kirchenleitung in Rom. Das im Dezember 1869 einberufene I. Vatikanische Konzil muss bereits im Juli 1870 vorzeitig abgebrochen werden; denn italienische Truppen unter der Führung Garibaldis bedrohen Rom. Und schon im September desselben Jahres wird Rom von italienischen Truppen eingenommen und der Papst verliert die politische Herrschaft über den Kirchenstaat. Resigniert und verbittert zieht er sich in das verbliebene kleine Viertel um den Petersdom, den heutigen Vatikanstaat, zurück und erklärt sich zum »Gefangenen des Vatikans«.

In diesen schwierigen Zeiten lebte Don Bosco; und auch seine Lebensgeschichte begann nicht gerade Erfolg versprechend. Abgesehen von den äußerst ärmlichen Verhältnissen, aus denen er stammte, und dem frühen Tod seines Vaters im Jahr 1817, musste Don Bosco im Lauf seines Lebens mit zahllosen Problemen fertig werden. Schon der Weg zur Priesterweihe am 15. Juni 1841 war mit großen Hindernissen gespickt; denn infolge der Armut seiner Familie kann er erst relativ spät und nur unter großen Mühen die nötigen Schulen besuchen und das Studium der Theologie absolvieren. Und kaum hat er seine Lebensaufgabe gefunden, nämlich das Apostolat unter der ärmeren Jugend, da tauchen neue Schwierigkeiten auf. Erst nach langem Suchen gelingt es ihm, einen geeigneten Ort für seine Jugendlichen im Turiner Stadtviertel Valdocco zu finden. Und kaum blüht sein Werk auf, schon kommen – neben chronischem Geldmangel – Widerstände von Staat und Kirche auf ihn zu. Seine menschlich-liebevolle Art im Umgang mit den Jugendlichen und seine ungewöhnlichen pädagogischen Methoden machen ihn nicht nur bei den staatlichen Behörden, sondern auch innerkirchlich verdächtig. Pfarrer befürchten, dass er die Jugendlichen von den Pfarreien entfremde, und in manchen kirchlichen Kreisen gilt er aufgrund seiner engen Kontakte mit verwahrlosten Jugendlichen schlichtweg als verrückt. Und so muss er viele Jahre um die Anerkennung seines Jugendwerkes gerade auch innerhalb der Kirche kämpfen; denn hohe kirchliche Würdenträger, wie etwa der Turiner Erzbischof Gastaldi, hatten seine Jugendarbeit in Schreiben an die päpstliche Kurie als chaotisch und ohne kirchlichen Geist denunziert.

Der Lebenstraum, die große Vision Don Boscos

Aber trotz solcher »winterlicher« Erfahrungen geht Don Bosco seinen Weg, ohne Verbitterung, sondern mit Zuversicht und Hoffnung; denn eine unerschütterliche Vision leitet ihn. Auf Anraten seines Beichtvaters Don Cafasso hatte Don Bosco nach seiner Priesterweihe regelmäßig das Jugendgefängnis der aufstrebenden Industriestadt Turin besucht. Und der Anblick dieser verwahrlosten Jugendlichen erschüttert ihn zutiefst; er kann sich nicht damit abfinden, dass viele dieser Jugendlichen nur deswegen immer wieder im Gefängnis landen, weil sie draußen niemanden haben, der ihnen hilft, auf anständige Weise den Lebensunterhalt zu verdienen. Aus diesen Erfahrungen heraus entsteht seine Lebensberufung: Don Bosco will die Liebe und Menschenfreundlichkeit Gottes auch für diese armen Jugendlichen erfahrbar machen.

Dieser Lebenstraum, der in den ersten Priesterjahren dann konkrete Formen annimmt, war aber offensichtlich schon in seiner Kindheit keimhaft vorhanden – wohl vor allem dank der einfühlsam-religiösen Erziehung seiner Mutter Margarita. In seinen Lebenserinnerungen, die Don Bosco im Auftrag von Papst Pius IX. ab 1873 verfasste, schildert er einen seltsamen Traum, den er im Alter von neun Jahren gehabt habe:

»In diesem Alter hatte ich einen Traum, der mir mein ganzes Leben lang tief in Erinnerung blieb. Im Traum schien es mir, als sei ich in der Nähe unseres Hauses auf einem recht weiträumigen Platz, auf dem eine Menge Jungen beisammen waren, welche sich die Zeit vertrieben. Einige lachten, andere spielten, nicht wenige fluchten. Als ich das Fluchen hörte, stürzte ich mich sofort mitten unter sie, um sie mit Faustschlägen und Geschrei zum Schweigen zu bringen. In diesem Moment erschien ein Ehrfurcht gebietender Mann im besten Alter und vornehm gekleidet. Ein weißer Mantel bedeckte seine ganze Gestalt; aber sein Gesicht war derart leuchtend, dass ich ihn nicht anschauen konnte. Er rief mich beim Namen, trug mir auf, mich an die Spitze der Jungen zu stellen, und sagte: ›Nicht mit Schlägen, sondern mit Milde und mit Liebe sollst du sie zu Freunden gewinnen.‹

Am Morgen erzählte ich den Traum sofort, zuerst meinen Brüdern, die darüber lachten, dann meiner Mutter und der Großmutter. Jeder gab dazu seine Deutung. … Aber meine Großmutter, die zwar genug Ahnung hatte in Glaubensdingen, aber nicht lesen und schreiben konnte, sprach das Schlusswort: ›Um Träume muß man sich nicht kümmern.‹« (Johannes Bosco, Erinnerungen an das Oratorium)

Wie auch immer man diesen Traum verstehen mag, er nimmt zentrale Inhalte der Pädagogik Don Boscos vorweg und offenbart die Grundformen seiner Spiritualität. Seine spätere Arbeit mit jungen Menschen ist jedenfalls ganz und gar von dem Motto beseelt: »Nicht mit Schlägen, sondern mit Milde und mit Liebe sollst du sie zu Freunden gewinnen.«

Die Sorge um junge Menschen im Geist Jesu, des »guten Hirten«

Bewegt von der Not und Verlassenheit junger Menschen beginnt Don Bosco zwischen 1841 und 1847 sein großes Jugendwerk. Motiviert von der Liebe Jesu zu den Armen und Kleinen, gilt seine ganze Sorge den benachteiligten und gefährdeten Jugendlichen. Mit ihnen solidarisiert er sich, mit ihnen verbringt er seine Freizeit, für sie besorgt er, wo nötig, Unterkunft, Arbeitsplätze und Ausbildungsmöglichkeiten. Um aus ihnen »ehrenwerte Bürger und gute Christen« zu machen, gibt er ihnen Katechismusunterricht, führt sie in die christliche Lebenspraxis ein und gründet Abend- und Berufsschulen und Lehrwerkstätten. So schafft er für sie grundlegende Voraussetzungen für eine menschenwürdige Lebensgestaltung. Er scheut aber auch keine Konflikte mit kirchlichen oder staatlichen Behörden, wenn es darum geht, die legitimen Bedürfnisse und Rechte seiner Jugendlichen zu verteidigen. In seinem Umgang mit ihnen ist für ihn die Erfahrung von Liebe und Vertrauen das Wichtigste und so begründet er einen neuen pädagogischen Stil, der ganz auf die Mittel der Religion, Vernunft und Liebe setzt, Gewalt und entwürdigende Strafen aber ausschließt.

In seinem Oratorium, wie er seine Jugendeinrichtung in Turin nennt, bietet Don Bosco seinen Jugendlichen einen alternativen Lebensraum, den er nach den humanen Bedürfnissen der Jugendlichen und nach den Vorgaben des Evangeliums gestaltet. Charakteristische Merkmale dieses Lebensraums sind vor allem folgende Elemente:

- Nicht durch entwürdigende Strafen und gewaltsame Züchtigung, sondern durch die Mittel der Vernunft, der Liebe und der Religion wird das gemeinsame Leben geregelt.
- Anstatt autoritär die Einhaltung von Regeln zu überwachen, versucht Don Bosco, die Jugendlichen zu seinen Freunden zu machen und ihre Liebe zu gewinnen. Personale Beziehungsarbeit ist ihm wichtiger als religiöse Indoktrination und moralische Strenge.
- Don Bosco lässt seinen Jugendlichen einen möglichst großen Freiheitsspielraum. »Macht alles, was ihr wollt«, so zitiert er den heiligen Philipp Neri, »mir genügt es, wenn ihre keine Sünde begeht.« Don Bosco versteht sein Oratorium als Raum, wo man nach Herzenslust spielen, singen und auch lärmen darf.
- Don Bosco legt großen Wert auf eine religiöse Lebenspraxis, aber er übt keinen Zwang in religiösen Dingen aus, sondern setzt mehr auf das gute Vorbild und die wachsende Einsicht. Er sagt z. B. einmal: »Man soll die Jugendlichen nicht zum Empfang der Sakramente nötigen, sondern sie nur dazu ermuntern und bequeme Gelegenheit zum Empfang bieten.«
- Gegen Einsamkeit, Verwahrlosung, Armut, Arbeitslosigkeit und Kriminalität setzt Don Bosco auf folgende Hilfen: Er bietet einen Platz zur sinnvollen Freizeitgestaltung; wo notwendig stellt er auch einen Platz zum Wohnen und Schlafen zur Verfügung; er organisiert religiöse, soziale und berufliche Bildungsangebote; er kümmert sich um menschenwürdige Arbeitsplätze; und, was wohl am wichtigsten ist, er gibt den Jugendlichen ihre oft verlorene Selbstachtung und Würde zurück.

Maßgebliche Qualitätskriterien Don Boscos – auch für heute

In den Nöten armer und verwahrloster Jugendlicher entdeckte Don Bosco für sich die konkrete Herausforderung des Evangeliums. Seine Antwort auf diese Herausforderung war die Entwicklung einer neuen Erziehungsmethode, des so genannten Präventivsystems, um die Liebe Gottes erfahrbar zu machen. Die Maßgaben dieses Erziehungssystems lassen sich heute mit folgenden pädagogisch-pastoralen Qualitäts-Kriterien beschreiben:

a) Das Kriterium der empathischen Wahrnehmung menschlicher Not am konkreten Lebensort; denn hier wird die Wahrheit des Evangeliums entdeckt oder eben verleugnet!

b) Das Kriterium der erfahrenen, nicht der behaupteten Liebe; nur wo in der Pädagogik und Pastoral Liebe und Barmherzigkeit konkret erfahren werden, da ist auch die Wahrheit des Evangeliums im Spiel.
c) Das Kriterium der Freiheit und Würde der Betroffenen; als Ebenbilder Gottes haben alle Menschen, auch Kinder und Jugendliche, ein Grundrecht auf ein Leben in Freiheit und menschenwürdigen Lebensverhältnissen. Und gerade darin liegt heute angesichts der weltweiten Not und Armut vieler Kinder und Jugendlicher wohl die größte Herausforderung für Kirche und Gesellschaft.

Literatur

P. Braido, Junge Menschen ganzheitlich begleiten. Das pädagogische Anliegen Don Boscos, übersetzt von Reinhard Helbing, München 1999;

P. Stella, Don Bosco. Leben und Werk, übersetzt von Karl Pichler, München / Zürich / Wien 2000;

J. Bosco, Erinnerungen an das Oratorium des hl. Franz von Sales von 1815 bis 1855, übersetzt von Rainer Korte, München 2001

Konrad Baumgartner

Konrad von Parzham

Ein Leben in der Gegenwart Gottes

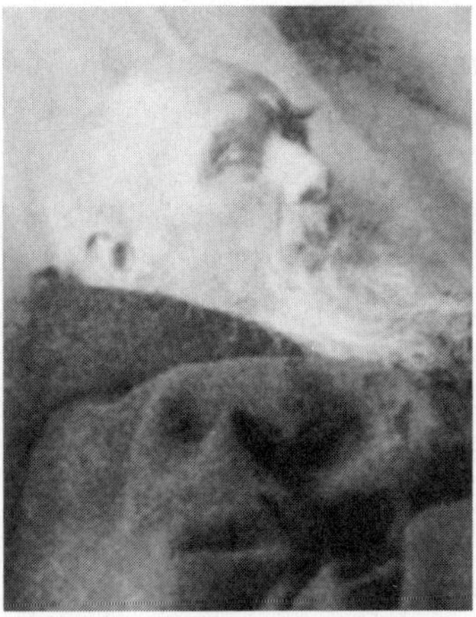

** 1818 in Parzham / Bayern*
† 1894 in Altötting
Ordensmann
Gedenktag: 21. April

Wer wie ich in Altötting geboren und aufgewachsen ist, und wer noch dazu den Vornamen Konrad trägt, der hat zum heiligen Bruder Konrad, seinem Namenspatron, eine besondere Beziehung. Hat doch dieser Heilige in Altötting als Kapuzinerbruder gelebt und 41 Jahre lang an der Klosterpforte gewirkt. Dort ist er am 21. April 1894 gestorben; dort werden die Reliquien dieses Heiligen verehrt; dort beten Tag für Tag Hunderte, ja Tausende von Pilgern vor dem Sarkophag dieses Heiligen in der Kirche des Klosters St. Anna. Dort hat Papst Johannes Paul II. bei seinem Pilgerbesuch in Altötting am 18. und 19. November 1980 gewohnt, übernachtet und gebetet.

Schon als Kind bin ich den Spuren meines Namenspatrons in staunender Ehrfurcht nachgegangen: in den verschiedenen Räumen des Klosters, wo der Heilige gelebt, gearbeitet und gebetet hat, in der Pforte, wo sich nach wie vor die Pilger mit den verschiedensten Anliegen unablässig einfinden. Ich kenne das Türchen vor dem Wandschrank, aus dem der Bruder Pförtner noch heute wie damals Bruder Konrad hungrigen Armen ein Stück Brot austeilt – in der Zeit nach dem II. Weltkrieg habe ich mich selbst in die Schlange der bettelnden Kinder eingereiht; ich bin zusammen mit den sozial Schwachen und den durchziehenden Handwerksburschen im selben Speiseraum gesessen, in dem schon damals die Bettler die Armensuppe erhalten haben, von denen einer dem Bruder Konrad die Suppe ins Gesicht geschüttet hat, um seine schon zu Lebzeiten gerühmte Heiligkeit auf die Probe zu stellen. Ich kniete vor der engen Alexius-Zelle unter der Klosterstiege hinauf zum ersten Stock, in der Bruder Konrad ungezählte Stunden im Gebet und in der Andacht vor dem Tabernakel zugebracht hat, auf den man noch heute durch ein Fenster dieser Zelle hinblicken kann. Oft und oft bin ich hinaufgegangen zur Muttergottes-Zelle im ersten Stock, wo Bruder Konrad die letzten Stunden seines Lebens zugebracht hat und wo er gestorben ist. Ich bin hinabgestiegen in die Gruft unter der Kirche, wo in einem der Kolumbarien Bruder Konrad zur vorläufigen letzten Ruhe gebettet wurde, ehe seine Reliquien am 14. Oktober 1912 in die Kirche des Klosters übertragen worden sind im Zusammenhang des beginnenden Seligsprechungsprozesses.

Oft und oft bin ich dort vor dem Schrein gekniet, wo seine Gebeine in eine den Kapuzinerhabit tragende Wachsfigur eingelassen worden sind, ehe in den 60er Jahren des 20. Jahrhunderts diese beeindruckende Plastik gegen eine kühl und fremd anmutende Metallfigur ausgetauscht worden ist. Die frühere Figur unter dem Altar hat mich als Kind offenbar schon so beeindruckt, dass ich im Kindergarten am liebsten den Bruder-Konrad-Schrein unter dem Altar mit brennenden Kerzen darauf gemalt habe.

Verwurzelt in der Frömmigkeit Niederbayerns

In der alten Klosterkirche sind noch heute die farbigen Glasfenster zu bewundern, die den Weg des späteren Heiligen von seiner Kindheit in Parzham über sein Leben und Sterben in Altötting bis hin zu seiner Vollendung in der himmlischen Glorie und als Fürbitter am Gnadenort darstellen. Eines dieser Farbfenster zeigt den jungen Johannes Birndorfer, wie er als Schulbub seinen Mitschülern den Rosenkranz betend voranschreitet. Betend arbeiten und arbeitend beten, das kann als Überschrift gelten über die 23 Jahre seines Lebens daheim im niederbayerischen Rottal, wo er auf dem Venus-Hof der kleinen Ortschaft Parzham am 22. Dezember 1818 als neuntes von zehn lebend geborenen Kindern zur Welt gekommen ist. Von dort aus ist er nach Weng zur Schule und nach St. Wolfgang in die Kirche zum Gottesdienst gegangen, dort ist er als Bauernsohn aufgewachsen; von dort aus hat er seine intensive Frömmigkeit entfaltet – hin nach Griesbach und Birnbach sowie zu den Wallfahrtsorten der näheren und weiteren Umgebung; von dort aus ist er zur Volksmission in Ering 1838 aufgebrochen, wo er die ersten Berufungsimpulse zu einer noch entschiedeneren Nachfolge Jesu erhalten hat. Sein geistlicher Begleiter, Benefiziat Franz Xaver Dullinger in Aigen am Inn, hat diese konkretisiert mit der Empfehlung des Eintritts in das Kapuzinerkloster zu Altötting im September 1849. Altötting: der berühmte marianische Gnadenort mit seiner geistlichen Strahlkraft sollte nun für den neuen Kapuzinerbruder eine zusätzliche Quelle der Kraft und der Formgebung seines heiligmäßigen Lebens werden.

So nahm er Abschied von Haus und Hof, von Hab und Gut »um des Himmelreiches willen«, bereit zur »Karriere nach unten«. Sein Leben und Streben war durchströmt vom ständigen Ringen um ein Leben in der Gegenwart Gottes – durch Stille und Gebet, durch die Mitfeier der Gottesdienste, durch den Empfang der Sakramente, durch Übungen der Andacht und Aszese, durch das Aufsuchen von heiligen Orten.

Johannes Birndorfer, der spätere Bruder Konrad, ist auch im Kontext der gesellschaftlichen, politischen und kirchlichen Entwicklungen zu seinen Lebzeiten zu sehen: des Abschieds von den Ideen der Aufklärung und der Hinwendung zu einer neuen Innerlichkeit in der Romantik, des Einbruchs der Säkularisation mit dem Niedergang der bisherigen Kirchenordnung und dem Wiederaufblühen des »Geistlich-Seins«, des schmerzlichen Priestermangels und der Schließung der Klöster wie auch des monastischen Frühlings in Bayern unter König Ludwig I., einem Schüler des großen Theologen und Bischofs Johann Michael Sailer. Es ist zu denken an die verheerenden Verwüstungen des Landes, gerade in Niederbayern, durch die Napoleonischen Kriege und das Wiederaufblühen des Landes nach den Hungerjahren; die beginnende Industrialisierung brachte nicht nur Arbeit, sondern auch eine andere Moralität ins Land. Das Vordringen der Eisenbahn bis in die entferntesten Dörfer des Landes hatte kirchlich gesehen immerhin den Vorteil, dass 1892, zwei Jahre vor dem Tod des Bruder Konrad, nach heftigem politischem Kampf auch eine Eisenbahnlinie von Mühldorf über Altötting nach Burghausen führte, die »Cypriansbahn«, genannt nach ihrem Vorkämpfer P. Cyprian Fröhlich, einem zeitgenössischen Kapuziner unseres Heiligen.

Nachfolge und Selbsthingabe

Viele Zeugenaussagen haben wir über die insgesamt 44 Jahre des monastischen Lebens von Bruder Konrad. Das Lebensbild von P. Joseph Anton rühmt ihn als »Vater der Armen«, »Freund der Kinder und

Handwerksburschen«, beschreibt sein nicht immer spannungsfreies Verhältnis zu den Mitbrüdern, seine eher spärlichen Kontakte mit seiner Heimatfamilie, seine betende Hingabe beim Gottesdienst und beim Empfang der heiligen Sakramente, besonders seine Liebe zu Jesus im Altarssakrament, dem göttlichen Herzen Jesu, seine kindliche Liebe zur Gottesmutter, an deren Altar in der Heiligen Kapelle er täglich ministrieren durfte. Wir begegnen in diesem Lebensbild einem vielbeschäftigten Mann an der Klosterpforte, der aber mitten im Ansturm der Besucher die Gebetshaltung der Innerlichkeit und das Ruhen in Gott bewahrte; auf seinen spärlichen Wegen außerhalb des Klosters sehen wir einen zurückhaltenden, demütigen und doch freundlich-aufmerksamen Ordensmann. Und immer wieder erleben wir einen Helfer in leiblichen und seelischen Nöten, der über sich hinaus immer auf die Hilfe durch Gott verwiesen hat. Es ist ein gläubig-frommer Mitchrist, der die Nachfolge Jesu in der täglichen, ja stündlichen Hingabe des Lebens an Gott und die Menschen verwirklichte.

Aus den Zeugnissen über seine wenigen geistlichen Kontakte erfahren wir etwas über das Seelenleben von Bruder Konrad. So heißt es in einem der Briefe: *»Meine Lebensweise besteht nun meistens darin: lieben und leiden, im Staunen und Anbeten, und bewundern die namenlose Liebe zu uns armen Geschöpfen. In dieser Liebe meines Gottes komme ich an kein Ende. Da hindert nichts, da bin ich immer mit meinem lieben Gott auf das Innigste vereinigt. Auch bei meinen vielen Geschäften bin ich oft umso inniger mit ihm vereinigt. Ich rede da ganz vertraulich wie ein Kind mit seinem Vater ... das Mittel, das ich gebrauche, mich in der Demut und Sanftmut zu üben, ist kein anderes als das Kreuz. Dies ist mein Buch. Nur ein Blick auf das Kreuz lehrt mich in jeder Gelegenheit, wie ich mich zu verhalten habe ...«* (P. Joseph Anton 92 f.).

Wenn wir uns fragen, was dieser Heilige uns heute sagen könnte, so lautet eine Antwort: »In Gott verwurzelt, den Menschen verpflichtet«. Das ist die bleibende Botschaft auch für uns, bei aller Andersartigkeit seiner Zeit, seiner Frömmigkeit, seiner Aszese: mitten in den Beanspruchungen des Lebens und durch sie in Gott verwurzelt zu sein und zu bleiben.

Der Fürsprecher

Am Abend des 21. April 1994, genau am 100. Jahrestag des Todes von Bruder Konrad, ja, genau in seiner Sterbestunde, habe ich beim

Läuten der Hofglocke des Bauernhofes in Parzham mit Hunderten von Pilgern den Gedenkgottesdienst gefeiert. In der Predigt habe ich dabei u. a. gesagt: Jeder Heilige ist wie ein Kristall, in dem sich das Licht Gottes widerspiegelt, ein Kristall, durch den Gott für unsere menschlichen Augen anschaulich wird. Der leuchtende Kristall Bruder Konrad macht uns aufmerksam auf:

- sein Leben in der ständigen Gegenwart Gottes. Er hat damit das Wort der Heiligen Schrift eingelöst: »Betet ohne Unterlass!« (1 Thess 5,17);
- seine Liebe zum gekreuzigten und auferstandenen Herrn. »Das Kreuz ist mein Buch«, so hat er oft gesagt und geschrieben;
- seine Grundhaltung, in der er den Mitmenschen begegnete. Der Apostel Paulus legt sie uns nahe: »In Demut schätze einer den anderen höher ein als sich selbst« (Phil 2,3).

Bruder Konrad wird als Helfer in jeder Not verehrt und als Kapuzinerbruder mit Kreuz (und an Kinder Brot austeilend) dargestellt; er möge auch Fürsprecher sein für Berufungen zum Priester- und Ordensleben. Und für alle Christen gilt:

Bruder Konrad

Das Kreuz war sein Buch.
Und fließend las er
auch jene dunklen Stellen,
bei denen wir uns
trotz Mittlerer Reife und Abitur
wie Analphabeten
gebärden.

Rupert Schützbach

LITERATUR

J. A. Keßler, Im Dienste Gottes und der Menschen, München 1928;

A. Winklhofer, Der heilige Bruder Konrad von Parzham, Regensburg 1979;

H. W. Wurster (Hg.), In Gott verwurzelt, den Menschen verpflichtet, Passau 1994

Ralf Birkenhaier

Damian De Veuster

Der Heilige der Aussätzigen

** 1840 in Tremoloo / Belgien*
† 1889 in Molokai
Missionar; Ordensmann
Gedenktag: 15. April

Also, wagemutig war ich schon, damals im Sommer 1980, beim Katholikentag im geteilten Berlin: Ich, vom Dorf, inmitten einer Weltstadt. Auf meinem Programm stand u. a. Fronleichnamsmesse vor der Hedwigskathedrale mit Mutter Teresa. Und um diese Frau ging es mir. Ich wollte sie sehen und ihr die Hand geben. Aber vor den Erfolg haben die Götter den Schweiß gesetzt. Und den bekam ich zu spüren: Ostberlin und Mauer, Leibesvisitation, Verhör durch einen Offizier, Zwangsumtausch, Stacheldraht und scharfe Hunde ... Und vor der Kathedrale, das hat mir gerade noch gefehlt: Absperrungen. Also: Flugs da drüber, an schimpfenden Polizisten vorbei – doch hatte ich nicht mit Gottes irdischem Personal gerechnet. Ein gut genährter Prälat bremste meinen Erfolgslauf kurz vor dem Ziel, Mensch! Während man mich wegzerrte, rief ich laut: »Mutter Teresa, ich gehöre zur selben Ordensgemeinschaft wie P. Damian!« Das war's! Sie schaute auf, streckte mir die Hände entgegen, und ich durfte kurz zu ihr. Also doch! Trotz des Prälaten, aber wegen P. Damian! Der Apostel der Aussätzigen ebnete mir den Weg zum Engel von Kalkutta, wie das Leben manchmal spielt.

»Die Liebe Christi ist stärker« – Motto dieses Katholikentages – und roter Faden im Leben von Heiligen. Mutter Teresa und P. Damian stehen dafür, schlicht und ergreifend.

Nun gehört hierhin die berühmt gewordene Aussage von Mahatma Gandhi über P. Damian: »Woher schöpfte er die Kraft, um das zu tun? Es lohnt sich, nach den Quellen eines solchen Lebens zu suchen.«

Der Anruf Gottes

Der Weg Jozef de Veusters »zur Ehre der Altäre« begann in dem kleinen belgischen Dorf Tremoloo, nahe Löwen. Dort wurde er am 3. April 1840 in einer kinderreichen Bauernfamilie geboren. Mit 18 Jahren folgte er seinem Bruder in die »Ordensgemeinschaft von den Heiligsten Herzen« – auch als »Picpus« bekannt, und erhielt den Ordensnamen Damian. Als Missionare für die Südsee gesucht wurden, sprang Damian für seinen dafür vorgesehenen, aber nun erkrankten Bruder ein. »Der Herr sprach zu Abram: Zieh weg aus deinem Land, von deiner Verwandtschaft und aus deinem Vaterhaus in das Land, das ich dir zeigen werde. Ein Segen sollst du sein« (Gen 12,1 f.). Hoch zu Ross, mit Bibel und Kelch im Gepäck, durchkreuzte er zunächst die Insel Hawaii, um die Güte und Menschenfreundlichkeit Gottes zu verkünden, denn »die Kirche ist kein Selbstzweck; sie ist da, damit Gott gesehen wird« (Kardinal Ratzinger), um vor Ort, fern der Heimat, zum Segen zu werden. Was aber bekommen die Aussätzigen zu sehen, die zunehmend in der Inselwelt Hawaiis zu finden sind? Ablehnung, Ausgrenzung, der Würde beraubt, auf die Insel Molokai verbannt. »Die schlimmste Krankheit ist nicht die Lepra, sondern das Gefühl, von niemandem angesehen zu werden, ungeliebt zu sein, verlassen von jedermann« (Mutter Teresa). Damian springt erneut ein. Ich würde mich nicht wundern, wenn er gesagt hätte: »So nicht, das ist ein Schlag ins Gesicht Gottes, der doch den Menschen als sein Ebenbild, als seine Ikone, erschaffen hat!«.

Am 10. Mai 1873 kommt der 33-Jährige auf Molokai an, in das Gefängnis der besonderen Art, die Höhle des Todes, die er in einen Ort des Lebens verwandelte. Er kam, um zu bleiben und das Schicksal der Aussätzigen zu teilen. Dass ihm dies gelang, dass er aushalten konnte bis zum eigenen Lepratod, war ihm, so in einem seiner Briefe, nur möglich, weil er den Freund im Tabernakel wusste, vor dem er sein Herz ausschütten und sein Versagen bekennen konnte. Der Tabernakel: Kraftquelle, die gegen jeden Angriff schützt und immer wieder mutig ans Werk gehen lässt, der erfahrbaren Hölle zum Trotz.

»Der Diakon geht in die Häuser der Kranken und besucht sie. Er pflegt die Kranken, kümmert sich um die Fremden, ist der Helfer der Witwen. Väterlich nimmt er sich der Waisen an, und er geht in den Häusern der

Armen ein und aus, um festzustellen, ob es niemanden gibt, der in Angst, Krankheit oder Not geraten ist. Er nimmt sich derer an, die ihre Heimat verlassen haben oder aus ihr vertrieben wurden. Er wird in allem wie das Auge der Kirche sein ...«

Vermutlich hat P. Damian diese syrische Kirchenordnung aus dem 6. Jahrhundert nicht gekannt, dafür hat er sie aber gelebt, bis er 1884 inmitten der Kranken selbst ein Kranker wurde und mit seinen Aussätzigen den Kelch bis zur bitteren Neige austrank. Am 15. April 1889 verstarb er an Lepra. Sein Leichnam wurde 1936 nach Löwen überführt und ruht dort in der Krypta der St.-Josephs-Kirche. Gefeiert als der Held von Molokai, wurde er am 4. Juni 1995 zum Seligen erklärt. Bei dieser Feier sah ich Mutter Teresa erneut – von weitem, aber doch sehr nah. Sie soll für diesen Tag gekämpft haben, denn sie war der Meinung, dass die Welt und erst recht die Kirche einen solchen Seligen brauchen. Papst Johannes Paul II. war wenige Jahre später der Überzeugung, dass die Welt und die Kirche auch Mutter Teresa dafür brauchen. »Santo subito« erschallte es unmittelbar nach dem Tod dieses Papstes. Wen wundert's.

Auf der Insel Molokai

Doch zurück auf die Insel Molokai. In oben genannter Kirchenordnung ist vom Diakon die Rede. Das war ja der priesterliche Dienst Damians, Diakon sein. Das hat nichts mit Hierarchie und Weihe zu tun: mit dem Elend der Menschen vertraut zu werden und ohne Berührungsängste dem Elend entgegenzutreten. Nächstenliebe, Caritas, ist inneres Moment der Verkündigung, gespeist und entzündet durch die Eucharistie. So wird anschaubar und hautnah, wer Gott wirklich ist: »Jesus kam nach Nazaret und ging, wie gewohnt, am Sabbat in die Synagoge. Als er aufstand, um aus der Schrift vorzulesen, reichte man ihm das Buch des Propheten Jesaja. Er schlug das Buch auf und fand die Stelle, wo es heißt: Der Geist des Herrn ruht auf mir; denn der Herr hat mich gesalbt. Er hat mich gesandt, damit ich den Armen eine gute Nachricht bringe; damit ich den Gefangenen die Entlassung verkünde und den Blinden das Augenlicht; damit ich die Zerschlagenen in Freiheit setze und ein Gnadenjahr des Herrn ausrufe. Dann schloss er das Buch und setzte sich. Die Augen aller in der Synagoge waren auf ihn gerichtet. Da begann er, ihnen darzulegen: Heute hat sich das Schriftwort, das ihr eben gehört habt, erfüllt« (Lk 4,14 ff.).

Auf Molokai, der Insel der Toten, wurde diese Jesajaverheißung zum Heute – ohne fromme Hintergedanken, ohne Strategie, allein aus der Liebe, die aus Gott stammt. Damian versuchte als Erstes das Schicksal der Schwerstkranken zu lindern: Er kriecht in ihre stinkenden Schilfhütten, entfernt die verfaulten Fleischreste an ihren Körpern, wäscht und verbindet. Dann geht's richtig ran: Blockhäuser gegen die Regenzeit werden gebaut, über 300 entstehen. Hilfe von außen gibt es nicht. Eine Wasserleitung ist vonnöten, damit alle gesundes Trinkwasser erhalten; ein Krankenhaus entsteht, eine Kapelle und schließlich sogar ein kleines Waisenhaus. Dass Damian auch noch eine Blaskapelle gründet, versteht sich von selbst. Die Todgeweihten fassen neue Hoffnung und packen mit an. »Tu Gutes und erzähl davon«, Damian schreibt Briefe in alle Welt, um auf dieses Elend aufmerksam zu machen. Und man wird aufmerksam und hilft. Die Regierung will ihn zum Gouverneur machen, doch Damian lehnt ab: »Sie bieten mir 10 000 Dollar dafür. Nehmen Sie zur Kenntnis, dass ich für dieses Geld keine 5 Minuten bleiben würde.«

Vor Jahren bekam Mutter Teresa von einem Reporter zu hören: »Für kein Geld der Welt würde ich Ihren Dienst tun« – und Mutter Teresa: »Ich auch nicht!« Heilige ähneln sich nun mal.

Ob auf Molokai oder in den Straßen Kalkuttas: Ein solcher Dienst ist unrentabel, aber er ist eine Epiphanie, Erscheinung unseres Gottes mitten in unserer Welt, gerade dort, wo scheinbar die Hölle beginnt:

»Wie könnte ich dich preisgeben, wie dich aufgeben, Israel? Mein Herz wendet sich gegen mich, mein Mitleid lodert auf. Denn ich bin Gott, nicht ein Mensch, der Heilige in deiner Mitte« (Hos 11,8 f.).

Bei diesem Dienst gilt es nicht zu missionieren, dort geht es allein um die Würde: »Der Mensch ist nicht Wert, er hat Würde«, so Bischof Kamphaus, denn alle sind Gottes Eigentum und in seiner unfassbaren Güte geborgen:

»Du liebst alles, was ist, und verabscheust nichts von allem, was du gemacht hast; denn hättest du etwas gehasst, so hättest du es nicht geschaffen« (Weish 11,24).

Dafür stehen die Heiligen gerade. Bei ihnen wird offenbar, wer Gott ist. Dass Sterbende lächeln dürfen, ist ein Widerschein Seines Lichtes. Dieser Dienst ist Gottesdienst, Offenbarung der Güte Gottes im Dunkel unserer und jeder Zeit, ja, Sakrament des Lebens mitten im Tod. Wie kann es würdevoller und authentischer sein als in der Hölle von Molokai oder Auschwitz oder …?

»Der Weg der Kirche ist der Mensch«, so Johannes Paul II., »denn er ist das Ziel aller Wege Gottes«, der »*für* uns Menschen und um unseres Heiles willen« Mensch wurde, so steht es im Zentrum unseres Credos. Wer sich gerade dem elenden Menschen stellt, der besitzt göttliche Autorität: »Der Herr sprach: Ich habe das Elend meines Volkes in Ägypten gesehen, und ihre laute Klage über ihre Antreiber habe ich gehört. Ich kenne ihr Leid« (Ex 3,7).

Und das hat Konsequenzen: Wenn Gott schon hört und sieht und handeln will, dann doch wohl auch diejenigen, die sagen, sie wären sein Volk. Eine Kirche, die sich nur mit sich selbst beschäftigt, hat ihre Berufung verfehlt. »Eine Kirche, die nicht dient, dient zu nichts«, so Bischof Gaillot. Und nur wenn sie dient, dann sieht sie auch und ihre Augen sind offen, nicht verblendet. Und wenn sie gar schielt, erblindet? Dann treten Frauen und Männer nach dem Vorbild eines P. Damian auf, irgendwo, nicht selten in den vom Menschen selbst geschaffenen Höllen, um »die Fesseln des Unrechts zu lösen, die Stricke des Jochs zu entfernen, die Versklavten freizulassen, an die Hungrigen dein Brot auszuteilen, die obdachlosen Armen ins Haus aufzunehmen, wenn du einen Nackten siehst, ihn zu bekleiden … Dann wird dein Licht hervorbrechen wie die Morgenröte, und deine Wunden werden schnell vernarben. Deine Gerechtigkeit geht dir voran, die Herrlichkeit des Herrn folgt dir nach.

Wenn du dann rufst, wird der Herr dir Antwort geben, und wenn du um Hilfe schreist, wird er sagen: Hier bin ich. Wenn du der Unterdrückung bei dir ein Ende machst, auf keinen mit dem Finger zeigst und niemand verleumdest … dann geht im Dunkel dein Licht auf, und deine Finsternis wird hell wie der Mittag« (Jes 58,6–10).

Unser Vorbild

In einem Brief schrieb P. Damian: »Ich finde mein größtes Glück darin, dem Herrn in seinen armen und kranken Kindern zu dienen, die von den anderen Menschen verstoßen wurden!«

Heilige überwinden selbst gemachte Höllen:

Die blutflüssige Frau, der Aussätzige auf Molokai, Straßenkinder in Rio, das aidskranke Mädchen in Durban … alle Grenzfälle, die es unter Menschen gibt und geben kann – haben Wohnrecht in der Kirche. Das ist nicht in unser Belieben gestellt, das ist Gottes Wille. Und dafür ist die Kirche da. Und Gottes Barmherzigkeit weiter zu tun, das ist wahre Mission:

Und dann werden die Armen – und in ihnen Christus – nicht übersehen, nicht nur um nicht in Verlegenheit bei Matthäus am Letzten zu geraten: »Herr, wann haben wir dich ... und dir nicht geholfen?«

P. Damian ist ein gutes Vorbild – solche Menschen brauchen wir! Mutter Teresa hatte Recht und bekam Recht. Gut, dass ich damals über die Absperrungen bin. Hoffentlich gelingt mir das immer wieder, wenigstens durfte ich einmal, dank P. Damian, einer Seligen die Hand reichen ...

Mich wundert's nicht mehr!

Literatur

G. Daws, Damian De Veuster. Den Aussätzigen ein Aussätziger geworden, Freiburg 1988;

D. de Veuster: Beten Sie für uns Aussätzige. Die Briefe der letzten Jahre, Nettetal 1990;

G. Kardinal Danneels: Damian. Ein Porträt, Wien 1995

REINHARD KÜRZINGER

Bernadette Soubirous

Das Wunder von Lourdes

** 1844 in Lourdes*
† 1879 im Kloster Nevers / Frankreich
Ordensfrau, Visionärin
Gedenktage: 16. April, 18. Februar

Was tut man mit einem Besen?«

»Welch eine komische Frage! Man braucht ihn zum Kehren!«

»Und nachher?«

»Dann stellt man ihn wieder an seinen Platz.«

»Wo ist sein Platz?«

»In einer Ecke hinter der Türe.«

»Sehen Sie, das ist meine Geschichte. Die heilige Jungfrau hat sich meiner bedient; dann wurde ich in eine Ecke gestellt. Das ist mein Platz, da bin ich glücklich und da bleibe ich.«

Mit diesem Rede-und-Antwortspiel erklärte Bernadette Soubirous ihre Bestimmung, die ihr durch die Begegnung mit der Jungfrau Maria zuteil wurde. 1858 war der damals 14-Jährigen in einer Grotte nahe dem südfranzösischen Städtchen Lourdes am Fuße der Pyrenäen 18-mal die »weiße Dame« erschienen. Der Ursprung einer bedeutenden Wallfahrt.

Lourdes ist eines der größten Heiligtümer der Welt. Millionen von Pilgern suchen es jedes Jahr auf, darunter zehntausende Kranke und Behinderte. Hier wird »die unsichtbare Brücke sichtbar, die immer zwischen Endlichkeit und Ewigkeit, zwischen Erde und Himmel, zwischen Mensch und Gott besteht. Es gäbe nicht den Pilgerweg des Menschen zum Gnadenort, wenn es nicht zuvor den Abstieg Gottes zum Menschen gegeben hätte.«

Tragische Kindheit

Ein ausgeschilderter Weg in Lourdes wird »Auf den Spuren Bernadettes« bezeichnet und lädt den Pilger ein, Lebensstationen und Lebensbiographie des Seherkindes zu erkunden.

In der Mühle Boly wurde Bernadette Soubirous am 7. Januar 1844 geboren und am ersten Hochzeitstag der Eltern in der Pfarrkirche getauft. Mutter Louise versengte sich mit einer Kerze Bluse und Brust und konnte Bernadette nicht mehr stillen. Es blieb keine andere Wahl, als den elfmonatigen Säugling zu einer Amme nach Bartres zu bringen. Dem Vater François drang beim Schleifen des Mühlsteins ein Splitter ins Auge und machte ihn teilweise blind. Den Soubirous gelang es nicht, die Mühle wirtschaftlich zu betreiben. Der soziale Abstieg begann. Als Tagelöhner versuchten die Eltern die neun Kinder durchzubringen, von denen fünf im Kindesalter starben. Die 14-jährige Bernadette, die klein und schwächlich war und unter Asthma litt, musste zu Hause auf die Geschwister aufpassen oder ihrer Tante in der Schenke helfen. Völlig verarmt, blieb der Familie als Behausung nur noch ein »muffiges und finsteres Loch«, das Cachot, ein ehemaliges Gefängnis.

Die Erscheinung

Bernadette lief am Donnerstag, dem 11. Februar 1858, mit ihrer jüngeren Schwester und einem Nachbarskind hinaus zum ›alten Felsen‹, um Holz zu sammeln. Beim Durchwaten eines Baches dachte sie, einen Windstoß wahrzunehmen: »Ich erhob den Kopf zur Grotte und sah eine kleine Dame. Sie trug ein weißes Kleid, einen blauen Gürtel, einen ebenfalls weißen Schleier auf dem Kopf und eine gelbe Rose an jedem Fuß.« Verdutzt wandte sie sich an ihre Begleiterinnen; doch diesen war nichts aufgefallen. Zu Hause posaunten sie herum, was Bernadette ihnen anvertraut hatte. Das Gerücht über die Erscheinung in der Grotte war nun in die Welt gesetzt.

In die Grotte wurden sonst Schweine getrieben. Auf Geheiß der Dame rutschte Bernadette bei einer weiteren Erscheinung auf den Knien in das Innere und wühlte mit den Händen im Schlamm. Sie schöpfte das schmutzige Wasser mit einer Hand, wollte es trinken und schleuderte es angeekelt von sich. Doch dann nahm sie einen Schluck von der dreckigen Brühe und beschmierte sich das Gesicht. Sie schlang Kresse, die dort gedieh, gierig in sich hinein. Nun schritt ihre Tante ein, ohrfeigte Bernadette und säuberte sie hastig mit ihrem Taschentuch. Die Masse geriet in Aufruhr, Stimmen wurden laut: »Sie ist verrückt geworden!« Bernadette, darauf angesprochen, antwortete nur: »Das ist für die Sünder!«

Am Fest der Verkündigung des Herrn, am 25. März 1858, nannte die »weiße Dame« Bernadette ihren Namen: »Sie erhob die Augen zum Himmel, faltete zum Zeichen des Gebets ihre Hände, die sie ausgestreckt zur Erde gehalten hatte, und sagte zu mir im Dialekt dieser Gegend: ›Que soy era Immaculada Councepciou!‹ – Ich bin die Unbefleckte Empfängnis.«

Bernadette eilte zu Pfarrer Peyramale und wiederholte unablässig diese Worte Mariens, um sie ja nicht zu vergessen. Es ist fraglich, ob Bernadette diesen Glaubenssatz vorher schon gehört hat. Die damit verbundene theologische Aussage, wonach »die Muttergottes wegen ihrer besonderen Rolle im Erlösungswerk Christi von Anfang an ohne Sünde gewesen ist«, begriff sie sicher nicht. Dagegen war der anfangs skeptische Peyramale plötzlich überzeugt, dass es kein Spuk sei, sondern der Himmel das 1854 verkündete Dogma bestätigte.

Jahre nach den Erscheinungen kritzelte Bernadette auf Drängen eines Geistlichen kurz gefasst »Die Worte der Heiligen Jungfrau« auf die Rückseite eines Heiligenbildchens, ohne näher auf das Erlebte einzugehen:

»Wollen Sie mir die Freude machen, vierzehn Tage zu kommen?
Sagen Sie den Priestern, sie sollen hier eine Kapelle bauen lassen.
Gehen Sie zur Quelle und waschen Sie sich dort.
Bitten Sie Gott für die Sünder.
Ich bin die Unbefleckte Empfängnis.
Essen Sie das Gras, das Sie dort finden werden.
Ich verspreche Ihnen nicht, Sie in dieser Welt glücklich zu machen, aber in der anderen.«

In Verhören durch staatliche und kirchliche Vertreter wurde Bernadette ausführlich zu den Vorkommnissen befragt. Die offizielle Anerkennung der Marienerscheinungen durch den zuständigen Bischof Laurence erfolgte 1862.

»Um wie viel Uhr findet die Erscheinung statt?«, fragten Fremde ungeduldig. Doch diese »andere Welt« erschloss sich nur dem Seherkind. Den Umstehenden blieben Lichtgestalt und Wortwechsel verborgen.

»Bernadette Soubirous' Gesicht ist nicht mehr das Gesicht von Bernadette Soubirous: Die rundliche Form ist zwar dieselbe, doch ein überaus fremdes Wesen starrt aus unersättlichen Augen zur Grotte empor. Diese Augen haben den Lidschlag vergessen, um das Bild, das sie erblicken, auch nicht für das geringste Zeitteilchen zu verfinstern.«

So kleidete der Dichter Franz Werfel in seinem 1948 erschienenen Roman »Das Lied von Bernadette« das Unfassbare in Worte. Keine andere Heiligenbiographie im 20. Jahrhundert ist auf so viel Resonanz gestoßen.

Pilger bedrängten Bernadette mit allen möglichen Wünschen und hielten ihr Gegenstände zum Segnen entgegen: »Berührt sie doch selber, dann sind sie geradeso gut.« Bernadette lehnte es ab, so in den Mittelpunkt gestellt zu werden. »Man meint, dass ich eine Heilige bin, aber das stimmt nicht.«

Bernadette war dem Strom von Besuchern hilflos ausgesetzt und wurde regelrecht vorgeführt. »... lassen Sie mich weg von hier, Sie stellen mich zur Schau wie ein exotisches Tier.« Deshalb beschlossen Pfarrer Peyramale und der Bürgermeister, Bernadette in die Obhut der Schwestern in Lourdes zu geben. Dort sollte sie Lesen und Schreiben lernen, Katechismusunterricht nehmen und sich auf die Erstkommunion vorbereiten. Lernen aber fiel ihr schwer.

Bernadettes innere Berufung

In Bernadette reifte der Entschluss, sich dieser Ordensgemeinschaft anzuschließen und so kam sie als Novizin in das Mutterhaus nach Nevers. Ein Abschied von Lourdes für immer.

Die Ordensleitung entschied sich für ein Stillschweigen über die Ereignisse innerhalb der Schwesterngemeinschaft. Bernadette zeigte Verständnis: »Ich bin hierher gekommen, um mich zu verbergen.«

Am 29. Juli 1866 wurde Bernadette mit dem Gewand der Schwestern der Barmherzigkeit eingekleidet und erhielt den Ordensnamen Marie-Bernarde. Ihr schlechter Gesundheitszustand hatte fast ihren Eintritt ins Kloster verhindert. Auch nach Ablegen der Gelübde galt sie nach Einschätzung der Oberen als »unnütz«. Nur in der Krankenabteilung konnte man sie zum Putzen und Teekochen gebrauchen. Trotz mangelnder Ausbildung zeigte Bernadette als Hilfspflegerin großes Geschick im Umgang mit Kranken.

Bernadette gab Pilgern, die sie im Kloster Nevers besuchten und sich auf dem Weg nach Lourdes befanden, die Bitte mit auf den Weg, dass sie bei der Grotte an sie denken und viel für sie beten sollten. Sie litt lange unter Heimweh nach Lourdes, denn »die Grotte war ihr

Himmel«. Einmal sagte sie: »Wenn ich doch ein Vöglein wäre, dann könnte ich dorthin fliegen, ohne dass mich jemand sähe.«

Ihrem »Geistlichen Tagebuch« vertraute Bernadette an: »Ich muss mich sehr oft eigenwillig nennen lassen.« Einsichtig bekannte sich Bernadette zu ihrem »Stolz« und ihrer »Empfindlichkeit«. Deprimiert hielt sie das Eingeständnis fest: »Ich schäme mich darüber und trotzdem bessere ich mich nicht.« Die größte Schwierigkeit im Heiligsprechungsprozess stellte allerdings ihre Schalkhaftigkeit dar, die sich für ein Seherkind nach Meinung kirchlicher Autoritäten nicht schickte.

Bernadette war lange Zeit bettlägerig und konnte die Krankenstation kaum verlassen. Sie haderte mit ihrem Schicksal und Leidensweg, denn sie hätte gern einen Beruf ausgeübt: »Immer auf der Krankenstation, immer ein Taugenichts.« Auf dem Krankenlager verrichtete sie kleine Handarbeiten oder wehrte die neugierigen Fragen von hohen Besuchern zu den Ereignissen an der Grotte genervt ab. Ihr Krankenlager, das große Bett mit dem Vorhang, nannte Bernadette tiefsinnig ihre »weiße Kapelle«. Seufzend fügte sie an: »Ich kann nur beten und leiden.«

Bernadette hatte von den Krankenheilungen in Lourdes gehört, für sie kam das nicht in Frage: »Um meine Heilung bitten, nur das nicht!« Allerdings hat sie Lourdeswasser bei den ihr anvertrauten Kranken benutzt und dabei die Jungfrau angerufen, das Leid zu lindern.

Selig- und Heiligsprechung

Bernadette starb am 16. April 1879 im Alter von erst 35 Jahren. Im Rahmen des Seligsprechungsprozesses wurde ihr Leichnam exhumiert und zur Überraschung aller festgestellt, dass ihre leibliche Hülle fast unversehrt geblieben ist. Deshalb hat man Hände und Gesicht mit einer dünnen Wachsschicht überzogen und ihren toten Leib, eingehüllt vom Ordensgewand, in der Klosterkirche in einem Glassarkophag aufgebahrt. Um die 500 000 Pilger im Jahr beten an Bernadettes Reliquienschrein in Nevers. Auch in der Krypta von Lourdes wird eine Reliquie von Bernadette aufbewahrt.

Im Dekret zur Seligsprechung am 14. Juni 1925 steht über ihren Lebensweg:

»Bernadette erfüllte treu ihre Sendung, sie war demütig in den Tagen des Ruhmes und stark zur Zeit der Prüfung.«

Am 8. Dezember 1933, dem Fest der Unbefleckten Empfängnis,

wurde Bernadette heilig gesprochen. Spontan erklang im Petersdom aus der Menge das »Ave Maria« von Lourdes.

Bernadette hätte hierzu gesagt: »Ich wollte, man würde über die Fehler der Heiligen sprechen und darüber, was sie getan haben, um sich zu bessern. Das würde weit mehr helfen als ihre Wunder und Ekstasen.«

Schwester Denise vom Kloster in Nevers sagte in einem Interview: »Bernadette gehörte der Welt der kleinen Leute an. Der Welt derer, die am Rande der Gesellschaft leben. Da ich mich mit vom Leben gezeichneten Menschen beschäftigt habe, weiß ich, dass sie sich im Leben der Hl. Bernadette wiedererkennen.«

67 Heilungen hat die Kirche offiziell als Wunder anerkannt. Ungezählte Wunder geschehen in den Herzen der Pilger, die neuen Lebensmut schöpfen und wieder Lebensfreude finden.

Bei den Feierlichkeiten zur Seligsprechung Bernadettes in Rom wurde ein Bild enthüllt, das das Seherkind zeigt, wie es von Engeln zu Maria getragen wird. Und die empfängt Bernadette mit offenen Armen …

LITERATUR

W. Radspieler, Lourdes. Gebet- und Erinnerungsbüchlein für die Pilger zur Gnadenstätte, Bamberg, 13. überarbeitete Auflage 2001;

Thematisches Heft »Bernadette. 66 Fragen und Antworten für ihre Wiederentdeckung«, in: Lourdes Magazine Nr. 129 (September-Oktober 2004);

P. Dodelinger, Die Visionen der Bernadette Soubirous und der Beginn der Wunderheilungen in Lourdes, Regensburg 2003

GISBERT GRESHAKE

Charles de Foucauld

Der Abenteurer Gottes

** 1855 in Straßburg*
† 1916 in Tamanrasset / Algerien
Ordensmann, Missionar, Märtyrer
Gedenktag: 1. Dezember

Wer war dieser Mann? Abenteurer, Forscher, Nachrichtenoffizier, Mönch, Missionar, Entwicklungshelfer? Mit alldem wurde er schon etikettiert. Doch dürfte gerade die Einheit dieser verschiedenen Bestimmungen *ein* Spezifikum dieses »spannenden« Lebens sein.

In Straßburg geboren, verlor Charles schon als 5-Jähriger seine Eltern und wuchs beim Großvater mütterlicherseits auf. Den Glauben warf er bald über Bord. Nach der Schulzeit absolvierte er die Militärakademie Saint-Cyr, in der er als 87. von 87 Kadetten gerade noch die Schlussprüfung bestand. Durch sein liederliches Leben büßte er den Kontakt mit seiner Familie ein. Aber was machte das schon? Er, der bei seinen Freunden damals »Schweinchen« hieß und den man heute »Playboy« nennen würde, wollte die Welt in vollen Zügen genießen.

Als sein Regiment nach Algerien verlegt wurde, nahm er eine Mätresse unter dem Titel seiner Ehefrau mit und wurde deshalb »in Unehren« entlassen. Als aber seine Kameraden in Kämpfe verwickelt wurden, suchte er um Wiederaufnahme in die Armee an und kämpfte mit großem Mut und Einsatz gegen unbefriedete Sahara-Stämme. Dies gab ihm nicht nur neue Anerkennung in Heer und Familie, es motivierte ihn auch dazu, seine bisherige Dolce Vita aufzugeben.

Die Sehnsucht nach der Wüste

1883 unternimmt er, als armenischer Jude verkleidet, eine mehrmonatige Forschungsreise in das Europäern verschlossene Marokko. Das Land und seine Wüsten faszinieren ihn ungeheuer; zeitlebens sehnt er sich danach zurück. Für seine Forschungen erhält er die Goldmedaille der Societé de Géographie von Paris. Dort setzt er auch die Arbeit an den Ergebnissen seiner Reise fort und bereitet weitere Reisen vor.

Doch die Frage nach Gott, die nicht zuletzt durch die Begegnung mit dem Islam neu wachgerufen war, lässt ihn nicht los. »Mein Gott, wenn es dich gibt, lass mich dich erkennen!«, betet er. Über seine Kusine lernt er Abbé Huvelin kennen, einen angesehenen Seelsorger, bei dem er neu und radikal zum Glauben findet. »Sobald ich an Gott glaubte, wusste ich, dass ich nichts anderes mehr tun könne, als für Gott zu leben. Meine Ordensberufung beginnt mit meinem neugewonnenen Glauben.« Er tritt bei den Trappisten von Notre-Dame des Neiges ein, fasziniert von deren Armut und getragen von einem Satz Huvelins, der ihn sein Leben lang begleitet: »Christus hat so sehr den letzten Platz eingenommen, dass dieser ihm von niemandem je streitig gemacht werden kann.« Foucaulds geistliches Leben ist von nun an bestimmt von der Nachfolge jenes Gottes, der sich in ein armseliges menschliches Leben erniedrigte und schließlich am Kreuz endete.

Der Aufenthalt in Notre-Dame ist nicht von langer Dauer. Er wechselt in das ärmere Priorat Akbès in Syrien über. Doch auch hier wird sein Durst nach radikaler Christusnachfolge nicht gestillt. Er möchte so wie Jesus in Nazaret leben: verborgen, niedrig, arm. Diese spirituelle Grundidee, »Nazaret leben«, wird ihn nie wieder verlassen, auch wenn sie später wesentliche Umformungen erfährt.

Nach dem Studium in Rom erlaubt man ihm, die Trappisten zu verlassen, um seiner Berufung, Nazaret zu leben, nachzukommen. Sogleich bricht er nach Nazaret auf, wird hier Hausbursche der Klarissen und tut in erbärmlicher Kleidung niedrigste Dienste. Die freie Zeit verharrt er im Gebet. Nazaret verwirklicht sich in dieser 1. Phase in einem rein kontemplativen, armen Nachleben des verborgenen Lebens Jesu. Doch die Klarissen motivieren ihn dazu, Priester zu werden. Er sieht ein: Nazaret kann man überall leben, man soll es dort tun, »wo es für den Nächsten am nützlichsten ist«. So kehrt er zur Priesterweihe nach Frankreich zurück. Während der Vorbereitung reift in ihm der Plan, das Nazaret-Ideal in der von ihm so geliebten Sahara zu verwirklichen.

In Beni-Abbès, einer kleinen Garnisonstadt am Rande der Wüste, errichtet er eine Eremitage; sie ist weitläufig, da er eine Gemeinschaft ins Leben rufen möchte, um zusammen mit Brüdern (die er nie fand) Nazaret zu leben. Da er den dortigen französischen Militärs die Feier der Sakramente anbietet und den Nichtglaubenden das Evangelium nahe zu bringen sucht, erhält das ursprüngliche Nazaret-Ideal »wie von selbst« eine neue Gestalt: Zwar ist sein Leben noch immer von langen Gebetszeiten geprägt, in denen er, vor dem Allerheiligsten kniend, sich in die Lebenshingabe Jesu *für die Welt* hineinversenkt. Aber gerade dies drängt ihn auch selbst zum radikalen Dasein für die anderen. »Ich sehe mich mit Staunen vom kontemplativen zum seelsorgerlichen Leben übergehen. Und zwar gegen meine Absicht, nur weil die Leute es brauchen.« Deshalb heißt Nazaret leben jetzt so viel wie: in vertrautem Gebet mit Jesus stehen *und zugleich* für die anderen dienend da zu sein. Er wird zum »frère universel«, zum »Bruder aller Menschen«, die sich bei ihm einfinden: Reisende, Oasenbewohner, Soldaten der Garnison. Vorbild für seine Einsiedelei sind ihm die »Zaouias«, islamische Zentren der Gastfreundschaft, die jedem, der anklopft, Unterkunft und Beistand gewähren.

Bei den Tuareg

Wüstenreisen führen ihn weiter gen Süden. Überall sucht er Kontakt, um den Menschen »Gutes zu tun«, wie es oft in seinen Tagebüchern und Briefen heißt. Unterwegs trifft er auch auf Tuareg, die noch gar nicht vom Evangelium erreicht wurden. Auf Einladung eines früheren Kameraden lässt er sich deshalb 1905 in Tamanrasset, einer damals winzigen Tuareg-Oase in der Zentralsahara, nieder; später erbaut er 80 km davon entfernt im Hoggar-Gebirge, wohin die Herden im Sommer getrieben werden, eine weitere kleine Eremitage.

Bei den Tuareg nimmt das Nazaret-Ideal nochmals eine neue Gestalt an: Zwar bleibt der kontemplative Grundzug erhalten – viele Stunden verbringt er weiterhin im eucharistischen Gebet, um zu tieferer Freundschaft mit Jesus zu gelangen und die Menschen seiner Umgebung stellvertretend vor Gott hinzutragen. Das bisherige Nazaret-Ideal wird also nicht dementiert. Ein Leben lang sehnt sich Bruder Karl danach, fern aller äußeren Unruhen allein mit Gott zu sein. »Ich bin *Mönch*, nicht *Missionar*, für das Schweigen, nicht für das Wort gemacht«, schreibt er. Aber dann modifiziert er: »Ich bleibe Mönch – Mönch im Missionsland – missionarischer Mönch, aber nicht Missionar.«

»Missionarischer Mönch«

»Missionarischer Mönch«! In diesen 2 Worten steckt die Grundspannung seines geistlichen Lebens: Persönlich sehnt er sich nach dem Mönchsein, doch der Ruf Gottes, den er den äußeren Umständen entnimmt, drängt ihn auf das Missionarsein hin. So wird er zum Freund der Tuareg und Berater des Amenokal (Stammeschefs). Er sucht die Moral dieses Volkes zu heben, engagiert sich für neue, der Entwicklung der Sahara nützliche Techniken (Eisenbahn, Autotrassen, Telegrafie), gibt Ratschläge für Landwirtschaft und medizinische Betreuung, lehrt die Tuareg-Frauen stricken und häkeln. Ebenso wird er zur Kontaktstelle für Soldaten, Wissenschaftler und Techniker der Kolonialmacht. Von den über 6000 erhaltenen Briefen richten sich ca. 500 an Militärs, in denen er sich in kolonialpolitische Angelegenheiten »einmischt«. Er protestiert gegen ungerechte Konfiszierung und Rechtsprechung und informiert über Fakten und Faktoren, die das Eingreifen der Besatzung erforderlich machen. Von hier aus könnte man meinen, er sei im Grunde doch so etwas wie ein Nachrichtenoffizier geblieben. Aber für Bruder Karl stand all dies im Dienst der ihm anvertrauten Menschen, für die er kein »stummer Hund« sein durfte.

So wird er immer mehr das, was heute Entwicklungshelfer genannt wird. Vor allem lernt er die Sprache (Tamaschek), sammelt deren literarische Tradition (allein über 5000 Gedichtverse!) und arbeitet bis zur Erschöpfung an 4 Bänden eines erst posthum veröffentlichten, bis heute unübertroffenen, 2000 Seiten starken Wörterbuchs. Gegen Ende seines Lebens treten all diese Aufgaben so in den Vordergrund, dass in der Selbstbezeichnung »missionarischer Mönch« eher das »Missionarische«, besser noch das »Diakonische« zu unterstreichen ist. Doch bleibt all das auf das eine große Ziel ausgerichtet, den Menschen das Evangelium zu bringen. Allerdings ist für ihn die Stunde der Sahara-Missionierung jetzt noch nicht gekommen. Ihr muss eine »Präevangelisierung« vorausgehen, eine heute geläufige Idee, die er als Erster formuliert hat: Es gilt, »die Evangelisierung vorzubereiten: nämlich Vertrauen zu wecken, Freundschaft zu schließen, Zutraulichkeit zu erreichen, einander Bruder zu sein«. Deshalb sucht er auch Laien dafür zu gewinnen, sich als Landwirte,

Kaufleute, Handwerker bei den Tuareg niederzulassen. »Sie sollen durch ihr Beispiel, ihre Güte, ihre Kontaktfreudigkeit den Ungläubigen den christlichen Glauben anziehend machen« und »durch ihr Beispiel eine lebendige Predigt sein: Der Unterschied zwischen ihrem Leben und dem der Nichtchristen muss Aufsehen erregen. ... Sie sollen ein lebendiges Evangelium sein: Die Menschen, die Jesus fern sind, ... sollen ohne Bücher und ohne Worte durch den Anblick ihres Lebens das Evangelium kennenlernen.« Auch dies: das Evangelium verkünden ohne Worte, allein durch die Weise des Lebens, ist eine der damals neuen Einsichten von Bruder Karl.

Leiden und lieben

Während des 1. Weltkriegs suchen aufgehetzte Stämme von Libyen her in die durch Frankreich kolonialisierten Gebiete Unruhe zu bringen. Jetzt zeigt Bruder Karl, dass er das als Offizier Gelernte nicht vergessen hat: Zum Schutz der Bevölkerung errichtet er in Tamanrasset nach allen Regeln der Militärkunst ein Fort. Am 1. 12. 1916 wird dieses von Plünderern umstellt und er selbst durch eine List nach außen gelockt und gefesselt. Als zufällig zwei französische Soldaten vorbeikommen, entsteht Panik, und die blutjunge Wache erschießt ihn, wohl ohne Absicht und Plan.

In seiner Rocktasche findet man einen gerade geschriebenen Brief, der sein geistliches Vermächtnis enthält: »Unser tiefstes Kleinwerden ist das wirksamste Mittel, über das wir verfügen, uns mit Jesus zu vereinen und den Seelen Gutes zu tun. ... Kann man leiden und lieben, so kann man viel, so kann man das Höchste, was man auf dieser Welt vermag: Man fühlt, dass man leidet, man fühlt nicht immer, dass man liebt, und das ist ein großer Schmerz mehr! Man weiß jedoch, dass man lieben möchte, und lieben wollen ist lieben. Man findet, dass man nicht genug liebt. Wie wahr! Man wird nie genug lieben. Aber der liebe Gott, der weiß, aus welchem Staub er uns gebildet hat, und der uns viel mehr liebt als eine Mutter ihr Kind lieben kann ..., hat uns gesagt, Er werde den, der zu ihm kommt, nicht zurückweisen.« Bruder Karl stirbt allein. Auf seinem Grab in der Wüste stehen die Worte: »Ich will das Evangelium durch mein ganzes Leben hinausschreien!«

Das Vermächtnis

Bruder Karl ist ein typischer Heiliger der Neuzeit, da er deren Spannungen und Brüche am eigenen Leibe erfuhr und austrug: Er wollte ganz für Gott da sein, aber auch ganz für die Menschen, deren Leben in so unterschiedlichen Bereichen wie Politik, Wirtschaft, Entwicklung, Technik, Kultur usw. verläuft, alles Bereiche, die Bruder Karl selbst mit seinem geistlichen Leben zu vermitteln hatte. Und weiter: Dadurch dass er

- für die Noch-nicht-Glaubenden als »Stellvertreter« einstand und diese in seinem persönlichen eucharistischen Gebet mit vor Gott stellte,
- als besonderen Ort der Nachfolge Jesu »Nazaret«, d. h. den »grauen Alltag«, entdeckte,
- für die Notwendigkeit einer »Präevangelisierung« eintrat,
- gegen die moderne »Wort-Diarrhö« die Verkündigung des Evangeliums in der Lebens*praxis* der Glaubenden verankerte,

ist er zu einer der maßgeblichen geistlichen Gestalten für die heute geworden.

Literatur

G. Greshake, Spiritualität der Wüste, Innsbruck / Wien 2002;

J. Rintelen, Der das Leben suchte, Würzburg 2005;

J.-F. Six, Charles de Foucauld, Freiburg i. Br. 2005

Anton Schmid

Therese von Lisieux

»Nur die Liebe zählt«

** 1873 in Alençon*
† 1897 in Lisieux
Ordensfrau, Mystikerin, Kirchenlehrerin
Gedenktag: 1. Oktober, 30. September

Ein erster Blick auf ihr Leben und ihre Bedeutung

Das Leben der hl. Therese von Lisieux war kurz, interessant und von Gott reich begnadet. In 24 Jahren ist sie ohne große sichtbare Leistungen zur »größten Heiligen der Neuzeit« herangereift, wie sie der hl. Papst Pius X. genannt hat. Ein lebendiger Glaube und eine intensive Liebe zu Gott und den Menschen ließen sie unter Führung des Hl. Geistes in kurzer Zeit zur christlichen Vollkommenheit gelangen. Man muss ihr Leben und ihre Spiritualität kennen, um sie zu schätzen und nicht leichtfertig als fromme Nonne abzutun. Ihre Aktualität für die moderne Zeit geht daraus hervor, dass der verstorbene Papst Johannes Paul II. sie im Jahre 1997 zur Kirchenlehrerin erhoben hat. Von allen 33 Kirchenlehrern, darunter drei Frauen, ist sie die jüngste und neueste.

Ihre Heimatstadt Lisieux in der Normandie ist nach Lourdes der zweitgrößte Wallfahrtsort in Frankreich geworden. Ca. 1 Million Pilger aus aller Welt besuchen jährlich ihre Gedenkstätten und bezeugen ihre Beliebtheit und das Vertrauen in ihre Fürbitte. Papst Pius XI., der sie am 29. April 1923 selig und am 17. Mai 1925 heilig gesprochen hatte, bezeichnete sie als Stern über seinem Pontifikat und nannte sie »ein Wort Gottes für die heutige Zeit«. Am 14. Dezember 1927 hat er sie zur Patronin aller Missionare und Missionsstationen neben dem hl. Franz Xaver erklärt.

Ihre Selbstbiographie »Geschichte einer Seele« ist in über 60 Sprachen übersetzt worden und steht nach der Hl. Schrift und der »Nachfolge Christi« von Thomas von Kempen an dritter Stelle, was die Verbreitung der katholischen Literatur angeht. Wir wissen sehr viel über sie, weil sie in unserer Zeit, am Ende des 19. Jahrhunderts, gelebt und zahlreiche Schriften verfasst hat: neben ihrer Selbstbiographie 57 Gedichte, 266 erhaltene Briefe, acht Theaterstücke und weitere, kleinere Schriftstücke. Auch die zwei Bände von ihrer Selig- und Heiligsprechung, in welcher die Zeitzeugen zu Wort kommen, geben wertvolle Aufschlüsse über ihre Frömmigkeit und ihr Leben. Fast unüberschaubar sind die Bücher, die in vielen Ländern über sie geschrieben oder übersetzt wurden. So viel als erster Blick auf eine große Heilige unserer Zeit.

Ihre Kindheit

Thérèse Martin, wie sie mit ihrem bürgerlichen Namen hieß, wurde am 2. Januar 1873 in Alençon, einer Provinzhauptstadt der Normandie, geboren. Sie war das jüngste von neun Kindern, von denen vier schon im zarten Kindesalter verstarben. Später gingen alle fünf verbleibenden Töchter in ein Kloster, vier von ihnen zu den Karmelitinnen von Lisieux, die fünfte zu den Schwestern »Von der Heimsuchung Mariens« in Caen. Ihre Eltern waren tief gläubig und hatten vor ihrer Heirat selbst an einen Klostereintritt gedacht. Ihren Kindern waren sie ein Vorbild christlich gelebten Glaubens und schenkten ihnen viel Liebe und Geborgenheit. Papst Johannes Paul II. hat sie 1994 zu »Dienern Gottes« erklärt und ihnen den Grad der heroischen Tugend zugesprochen, so dass in naher Zukunft ihre gemeinsame Seligsprechung erwartet werden darf. Viele Eheleute und Eltern beten schon in familiären Anliegen um ihre Fürsprache.

Therese war ein zartes und fröhliches Kind und spielte unbeschwert mit ihresgleichen. Ihre Mutter berichtet in Briefen von ihrem Liebreiz, aber auch von ihrem Trotzkopf und heftigem Temperament. Wenn etwas nicht nach ihrem Kopf ging, konnte sie sich auf den Boden werfen und mit den Füßen strampeln. Sie war noch keine fünf Jahre alt, da verstarb ihre Mutter an Krebs und hinterließ neben ihrem Mann fünf unmündige Töchter. Der selige Heimgang ihrer Mutter veränderte den Charakter von Therese, sie wurde nachdenklicher, empfindsamer und weinerlich. Es brauchte zehn Jahre, bis sie durch eine besondere Gnade Gottes ihre Seelenstärke zurückerhielt.

Auf Einladung ihres Onkels Isidore Guérin, der im 90 km entfernten Lisieux eine Apotheke führte, zog die Restfamilie dorthin und verbrachte dort die weiteren Jahre. Der Onkel und seine Frau Zélie hatten eine schöne Villa mitten in einem kleinen Park, »Buissonnets« genannt, für sie gefunden und standen ihnen mit Rat und Tat zur Seite. Da der Vater von Beruf Uhrmacher und Juwelier gewesen war und die Mutter einen kleinen Betrieb zur Anfertigung von kunstvollen Spitzen geführt hatte, konnte der Vater vom ersparten Geld ohne Mühe den Pachtzins bezahlen.

In Lisieux erlebte Therese ihre weitere Kindheit und Jugendzeit, empfing sie die heiligen Sakramente der Beichte, Erstkommunion und Firmung. Besonders gut ist ihr die Erstkommunion im Gedächtnis, auf welche sie sich mit ihrer Schwester Céline seit vier Jahren vorbereitet hatte: »Wie wohltuend war der erste Kuss Jesu in meiner Seele! Es war ein Kuss der Liebe, ich fühlte mich geliebt, und auch ich sprach: ›Ich liebe dich und schenke mich dir für immer.‹« Es gab keine Forderungen, keine Kämpfe und Opfer; seit langem hatten sich Jesus und die kleine Therese angeschaut und verstanden. An diesem Tag war es nicht mehr ein Blick, sondern ein Aufgehen ineinander; sie waren nicht mehr zwei, Therese war verschwunden, wie der Wassertropfen im weiten Meer sich verliert. »Jesus allein blieb, er war der Herr, der König.« Mit zunehmendem Alter wuchs und reifte diese gegenseitige Liebe, bis sie »zu einem Abgrund wurde, den niemand mehr ausloten konnte«.

Ein weiteres tiefes Erlebnis bezeugt ihre Liebe zu Maria, die sie nach dem Tod ihrer leiblichen Mutter zur geistigen Mutter erwählt hatte. Vermutlich durch den Klostereintritt ihrer zweitältesten Schwester Pauline, die für sie Muttterersatz war, befiel sie eine rätselhafte Krankheit, die kein Arzt heilen konnte. Heute würden wir von einer psychosomatischen Krankheit sprechen. Die Familie litt mit ihr und betete auf dem Höhepunkt der Krankheit, am 13. Mai 1883, vor einer Figur der Muttergottes in ihrem Schlafzimmer um Hilfe. In ihrer Selbstbiographie schreibt sie darüber: »Plötzlich erschien mir die Muttergottes so schön, dass ich nie Schöneres gesehen hatte. Ihr Antlitz atmete unaussprechliche Güte und Zärtlichkeit. Was mir aber bis ins Innerste der Seele drang, war das bezaubernde Lächeln der seligsten Jungfrau. Da zerstoben alle meine Leiden, zwei dicke Tränen entquollen meinen Augen und rollten lautlos über meine Wangen. O, dachte ich, die seligste Jungfrau hat mir zugelächelt, wie bin ich glücklich …« In wenigen Tagen war Therese gesund und lebte neu auf.

Ihre »Bekehrung«

Aber noch litt sie an ihrer Empfindlichkeit und Selbstbezogenheit, die vom Tod ihrer geliebten Mutter herrührten. Es brauchte ein neues Wunder, um sie davon zu befreien und ihr die Charakterstärke wiederzugeben. Dies geschah am heiligen Weihnachtsfest 1886. Hören wir sie selbst: »Wir kamen von der Mitternachtsmesse heim, wo ich das Glück hatte, den starken und mächtigen Gott zu empfangen. Als wir zu Hause ankamen, freute ich mich darauf, meine mit Geschenken gefüllten Schuhe aus dem Kamin zu holen; dieser Brauch hatte uns in der Kindheit so viel Freude bereitet, dass meine Schwester Céline damit fortfahren wollte, mich wie ein kleines Kind zu behandeln … Jesus aber ließ es zu, dass Papa, ermüdet von der Mitternachtsmesse, ärgerlich ausrief: ›Nun, gottlob ist es das letzte Jahr!‹ Ich stieg eben die Treppe hinauf, um meinen Hut abzulegen. Céline kannte meine Empfindlichkeit und verstand meinen Kummer; schon sah sie Tränen aus meinen Augen fließen. Aber Therese war nicht mehr die Gleiche. Jesus hatte ihr Herz umgewandelt. Ich drängte meine Tränen zurück und eilte die Treppe hinunter; fröhlich zog ich die Geschenke aus meinen Schuhen hervor, glücklich ausschauend wie eine Königin. Papa lachte, auch er war wieder fröhlich, und Céline glaubte zu träumen. Zum Glück aber war es süße Wirklichkeit, die kleine Therese hatte ihre Seelenstärke wieder gefunden, die sie im Alter von vier Jahren verloren hatte, und die sie nun für immer bewahren sollte. In dieser Nacht begann mein dritter Lebensabschnitt, der schönste von allen, der am reichsten von himmlischen Gnaden erfüllte. In einem Augenblick hatte Jesus vollbracht, was mir in zehnjähriger Anstrengung nicht gelungen war.«

Durch diese so genannte »Bekehrung« überwand Therese ihre Ich-Bezogenheit, und die Nächstenliebe zog in ihre Seele ein. »Er machte mich zum Seelenfischer, ich spürte ein großes Verlangen, an der Bekehrung der Sünder zu arbeiten, ein Verlangen, das ich vorher nicht so lebhaft empfunden hatte … Ja, ich fühlte die Liebe in mein Herz einziehen, das Bedürfnis, mich selbst zu vergessen, um anderen Freude zu machen, und von da an war ich glücklich.«

Bezeichnend für ihre neue innere Verfassung beschreibt sie im Anschluss weitere Erlebnisse, die sie tief geprägt haben. Nach einer Sonntagsmesse in der Kathedrale von Lisieux sah sie ein Bildchen aus ihrem Gebetbuch herausragen, auf dem sie eine gekreuzigte Hand Jesu sah, aus welcher Blut floss. Sie empfand einen tiefen Schmerz bei dem Gedanken, dass dieses Blut auf die Erde floss, ohne dass jemand herbeieilte, es aufzufangen. Sie beschloss, ihren Standort unter dem Kreuz zu wählen, um den göttlichen Tau aufzufangen und über die Seelen zu vergießen. Mit »Seelen« meinte sie die unsterblichen Menschenseelen, die sie vor dem ewigen Verderben retten wollte. Dazu hörte sie den Ruf Christi vom Kreuz: »Mich dürstet!« Diesen Ruf verstand sie als den Durst Jesu nach Menschen, die gerettet werden müssen. In ihrem Inneren empfand sie ein großes Verlangen, Sünder und schuldig gewordene Menschen vor dem ewigen Tod zu retten. Durch dieses kleine Erlebnis und eine innere Gnade war nun ihre apostolische Ausrichtung geboren; sie wollte nun durch ihre Gebete und ihre täglichen Opfer Menschen retten und Jesus bei seinem Erlösungswerk helfen.

Es dauerte nur wenige Tage, da kam für sie der Ernstfall. Aus der Zeitung hörte sie von einem Verbrecher namens Pranzini, der in Paris drei Menschen ermordet und beraubt hatte. Er wurde auf der Flucht verhaftet und zum Tode durch die Guillotine verurteilt, gestand aber seine Schuld nicht ein und gab kein Zeichen der Reue. Therese wollte ihn um jeden Preis davor bewahren, »der ewigen Verdammnis anheim zu fallen«, wie sie sich in ihrer Lebensbeschreibung ausdrückte. Sie wandte dafür alle erdenklichen Mittel an, opferte dem barmherzigen Gott die Verdienste Jesu Christi auf, ließ für ihn mehrere heilige Messen feiern, betete und brachte kleine Opfer für ihn. Ihre Gebete wurden augenfällig erhört. Der Schuldige hatte sich nicht bekehrt und schon das Schafott bestiegen; eben wollte er seinen Kopf unter das Fallbeil legen, da erhob er sich noch einmal, einer inneren Eingebung folgend, und küsste dreimal das Kreuz, das ihm von einem Priester hingehalten wurde. Dann wurde das Urteil vollstreckt und er fand das Erbarmen Gottes, der sich über einen einzigen Sünder, der Buße tut, mehr freut, als über 99 Gerechte.

Diese Erlebnisse bestärkten Therese in ihrer Berufung zur Karmelitin. Möglichst bald wollte sie in den Karmel von Lisieux eintreten, um noch mehr für die Sünder beten zu können. Den Mörder Pranzini bezeichnete sie als ihr »erstes Kind«, das sie für das ewige Leben geboren hatte. Viele andere sollten ihm folgen.

Kampf um den Eintritt in den Karmel

Da sie erst 14 Jahre alt war, musste sie viele Hindernisse überwinden, um dann endlich mit 15 Jahren in das strenge Kloster der Karmelitinnen eintreten zu dürfen. Ihre neue Seelenstärke, die sie an Weihnachten 1886 erhalten hatte, gab ihr die Kraft und den Mut dazu. Als sie mit Gebet und Tränen ihren Vater und ihren Onkel von ihrer Berufung überzeugt hatte, waren der Superior und die Mutter Priorin noch unüberwindliche Hindernisse. Dem Drang ihres Herzens folgend, wandte sie sich an den Bischof von Bayeux und trug ihm ihr Anliegen vor. Dabei entstand das schöne Foto der 14-Jährigen, auf welchem sie mit hochgesteckten Haaren abgebildet ist. Die neue Frisur sollte sie älter machen, was aber den Bischof wenig beeindruckt hat. Doch in einem Nebensatz gab er einen Hinweis auf den Papst in Rom, der allein die Erlaubnis geben konnte. Dies war nun ihre letzte Hoffnung, und sie entschloss sich, mit ihrem Vater und ihrer Schwester Céline sich einem Pilgerzug anzuschließen, der zu Ehren des 50. Priesterjubiläums von Papst Leo XIII. von Paris aus durchgeführt wurde. Sehr schön und mit hintergründigem Humor beschreibt sie diese Pilgerfahrt und die dortigen Erlebnisse in ihrer Biographie. Obwohl der Generalvikar von Bayeux die Pilger ersucht hatte, den Hl. Vater wegen seines hohen Alters und seiner Müdigkeit nicht anzusprechen, trug sie, vor dem Hl. Vater kniend, ihre Bitte vor: »Heiliger Vater, ich möchte Sie um eine große Gnade bitten. Erlauben Sie mir, zu Ehren Ihres Jubiläums mit 15 Jahren in den Karmel von Lisieux einzutreten!« Der Papst antwortete: »Tun Sie, was die Oberen bestimmen werden!« Doch Therese, die die Ablehnung der Oberen bereits kannte, gab nicht auf, legte ihre Hände auf die Knie des Papstes und machte einen letzten Versuch: »Heiliger Vater, wenn Sie ›Ja‹ sagten, wären alle einverstanden!« Darauf gab der Papst eine zweideutige Antwort: »Sie werden eintreten, wenn der liebe Gott es will«, legte huldvoll seine Hand auf ihren Kopf und segnete sie. Schon nahten zwei Soldaten der Schweizer Garde und führten sie mit sanfter Gewalt zum Ausgang. Therese vergoss wieder Tränen, weil sie ihr Ziel nicht erreicht hatte, aber nach ihrer Rückkehr nach Lisieux kam zu ihrem 15. Geburtstag am 2. Januar die Erlaubnis des Bischofs. Therese freute sich mit ihren Angehörigen über diesen Sieg, wenn auch die warnenden Stimmen nicht verstummten. Da die Fastenzeit im Karmel sehr streng ist, bestimmte die Mutter Priorin, dass sie nach Ostern, am 9. April 1888, in den Karmel eintreten sollte. Vor ihr waren bereits ihre ältesten Schwestern Pauline und Marie dort eingetreten. Nach dem Tod des Vaters wird auch ihre um vier Jahre ältere Schwester Céline zu ihnen stoßen.

Im Karmel

Der Schritt über die Schwelle des Klosters war für Therese ein kleiner und ein großer Schritt zugleich. Sie verließ die Welt, um ihr Leben freiwillig hinter Klostermauern zu verbringen; sie wechselte von einer gutbürgerlichen Wohnung in eine ärmliche Zelle, wo sie nur das Nötigste zum Leben vorfand. Aber nach ihren eigenen Worten erfuhr sie dort einen inneren Frieden, der sie niemals mehr verlassen hat. Der Freude des Eintritts folgten bald die kleinen und großen Opfer eines Klosterlebens, die aber Therese in ihrer Berufung nicht irre machen konnten. Sie hatte sich nie Illusionen über das Klosterleben gemacht, wie sie selbst sagte. Die Kreuze des Alltags nahm sie aus Liebe zu Gott an und opferte sie ihm auf für die Rettung von schuldig gewordenen Menschen. Die Liebe zu Jesus gab ihr die Kraft, alle Schwierigkeiten wie Trockenheit im Gebet, Sticheleien der Mitschwestern wegen ihrer Jugend, die verschiedenen Charaktere der Schwestern, Schmerzen der Krankheit und innere Nöte wie Glaubensprüfungen anzunehmen und sogar in Segen umzuwandeln.

»Der Kleine Weg« zur Heiligkeit

In der Verborgenheit des Klosters, die sie mit dem Leben in einer Wüste verglich, ging sie ihren »Kleinen Weg« der geistigen Kindheit, der Hingabe und des Vertrauens. Schon seit ihrer Kindheit wollte sie eine Heilige werden, doch sie fühlte täglich ihre Schwachheit und ihr Unvermögen. Doch immer deutlicher erkannte sie das Erbarmen Gottes und seine wunderbare Führung in ihrem Leben. Dies führte sie schließlich auf den so genannten »Kleinen Weg« der Heiligkeit, der jedem Christen offen steht.

In ihrer Selbstbiographie, die an die jeweilige Oberin adressiert ist, schrieb sie: »Sie wissen, meine Mutter, ich habe immer danach verlangt, eine Heilige zu werden; aber ach, wenn ich mich mit den Heiligen verglich, stellte ich stets fest, dass zwischen ihnen und mir derselbe Unterschied besteht wie zwischen einem Berg, dessen Gipfel sich in die Himmel verliert, und dem unscheinbaren Sandkorn, über das die Füße der Leute achtlos hinwegschreiten; statt zu verzagen, sagte ich mir: Der liebe Gott flößt keine unerfüllbaren Wünsche ein, ich darf also trotz meiner Kleinheit nach der Heiligkeit streben; mich größer machen ist unmöglich; ich muss mich ertragen, wie ich bin, mit all meinen Unvollkommenheiten; aber ich will das Mittel suchen, in den Himmel zu kommen, auf einem kleinen Weg, einem recht geraden, recht kurzen, einem ganz neuen kleinen Weg … Ich möchte einen Aufzug finden, der mich zu Jesus emporhebt, denn ich bin zu klein, um die beschwerliche Treppe der Vollkommenheit emporzusteigen. Ich suchte daher in den Heiligen Büchern nach einem Hinweis auf den Fahrstuhl, den ich begehrte, und ich stieß auf die Worte der Ewigen Weisheit: ›Ist jemand ganz klein, so komme er zu mir‹ (Spr 9,4). Da ich wissen wollte, was du, mein Gott, mit den Kleinen tust, setzte ich meine Erkundungen fort, und schauen Sie, was ich fand: ›Wie eine Mutter ihr Kind liebkost, so will ich euch trösten; an meiner Brust will ich euch tragen und auf meinen Knien euch wiegen‹ (Jes 66,13.12). Ach, niemals sind zärtlichere Worte in meine Seele gedrungen; der Fahrstuhl, der mich zum Himmel emporheben soll, deine Arme sind es, o Jesus. Dazu brauche ich nicht zu wachsen, im Gegenteil, ich muss klein bleiben, ja mehr und mehr es werden. Mein Gott, du hast meine Erwartungen übertroffen, und ich will deine Erbarmungen besingen.«

In ihrem »Kleinen Weg« zur Heiligkeit geht es vor allem darum, die eigenen Grenzen zu erkennen und auf das Erbarmen Gottes zu vertrauen. Gott neigt sich zu den Kleinen herab, wie eine Mutter zu ihren kleinen Kindern, und erweist ihnen seine Hilfe und Zärtlichkeit. Leider hindert der Stolz viele Mitmenschen daran, die eigene Armut und Begrenztheit anzuerkennen und Gottes Erbarmen zu erbitten. Dies hat zur Folge, dass ihnen der kürzeste Weg zu Gott verborgen bleibt.

An uns liegt es, Gottes Liebe und Erbarmen anzunehmen und zu erwidern. Da Therese ihre Liebe nicht mit großen Werken erzeigen konnte, nimmt sie die kleinen Dinge des Alltags und verwirklicht sie aus Liebe zu Gott und den Menschen. Wie der hl. Paulus weiß sie, dass erst die Liebe unser Tun in den Augen Gottes wertvoll und fruchtbar macht (1 Kor 13,1–3). Die immer gleichen Arbeiten im Alltag, kleine Opfer und Überwindungen waren für sie wie Blumen, die sie ihrem geliebten Herrn schenkte.

Der Höhepunkt ihrer Liebesbeziehung zu Gott war ihre Weihe an die erbarmende Liebe Gottes am Dreifaltigkeitsfest des Jahres 1895. Gott hat ihr dieses Gebet, das wesentliche Gedanken ihrer Spiritualität enthält, nach der hl. Kommunion eingegeben. Zwei Tage später betete sie es noch einmal mit ihrer Schwester Céline vor einer Marienfigur. Durch die Hände Mariens wollten sie sich Gott schenken. Es war ihr Wunsch, dass noch viele dieses Gebet mit ihr beten. Es beginnt mit folgenden Worten: »O mein Gott, glückselige Dreifaltigkeit! Ich verlange danach, dich zu lieben und dahin zu wirken, dass du geliebt wirst …«

Körperliche und seelische Leiden

Ihre Liebe zu Gott wurde hart geprüft, als am Karfreitag des Jahres 1896 ihre Todeskrankheit zum Ausbruch kam. Als sie von der Anbetung des Gründonnerstags in ihre Zelle zurückkam und sich zum Schlafen legte, spürte sie einen warmen Strom, der aus ihrer Brust zum Munde kam. In ihrem Taschentuch sah sie, dass es Blut war, und wusste sofort, dass dies der Anfang vom Ende ihres Lebens sei. Aber nicht ein Gefühl der Panik befiel sie, sondern eher ein Gefühl der Freude, weil sich ihr himmlischer Bräutigam angemeldet hat. Voll Vertrauen und Hingabe an den Willen Gottes ging sie ihm entgegen, und es dauerte noch 18 Monate, bis sie mit ihm in den himmlischen Hochzeitssaal eintreten durfte. Die Leiden der Tuberkulose, die damals noch nicht heilbar war, ertrug sie tapfer und aus Liebe zu ihrem Herrn, dessen blutüberströmtes Antlitz sie besonders verehrte.

Zu ihren körperlichen Leiden wie Bluthusten, Erstickungsanfälle, Fieber und Appetitlosigkeit traten noch seelische Leiden durch die Verdunkelung ihres Glaubens. Besonders die Frage, ob es den Himmel tatsächlich gibt und dieser nicht ein Wunschtraum von ihr war, setzte sich in ihrem Kopfe fest und ließ sie bis zu ihrem Tode nicht mehr los. Nach ihrer Meinung war es der Teufel, der sie versuchen durfte und wie ein Löwe sie umkreiste, um sie zu verschlingen. Sie fühlte sich oft in einer Reihe mit den Ungläubigen ihrer Zeit und hatte nun mehr Verständnis für sie. Für diese nahm sie die seelischen Leiden bewusst an und machte sie dadurch zu einer Quelle des Heiles für sie. Am Schluss siegte die Liebe. Sie starb nach zweitägigem Todeskampf mit den Worten: »Mein Gott, ich liebe dich.« Es war Donnerstag, der 30. September 1897, abends gegen 19.20 Uhr. Am Tag zuvor hatte sie noch mit leiser Stimme den bekannten Satz gesprochen: »Nur die Liebe zählt.« Diese letzten Worte sind bezeichnend für ihr ganzes Leben.

Ihr Siegeszug

Durch die Veröffentlichung ihrer Manuskripte mit dem Titel »Geschichte einer Seele« und die Übersetzung in über 60 Sprachen wurde sie bald in vielen Ländern Europas und darüber hinaus bekannt. Dazu kamen die ungezählten Gebetserhörungen wie Krankenheilungen, Bekehrungen, Hilfen in Nöten und Kriegsgefahren. Ihre Hilfe durch ihre Fürbitte bei Gott hatte sie noch zu Lebzeiten versprochen: »Ich werde den Himmel damit verbringen, auf Erden Gutes zu tun. Ich werde Rosen regnen lassen.« So wird sie auch symbolisch mit Kreuz und Rosen dargestellt. Obwohl sie außerhalb ihres Klosters in Lisieux nur wenigen bekannt war und ein verborgenes Leben geführt hat, ist sie zu Beginn des 20. Jahrhunderts in wenigen Jahrzehnten in der ganzen Welt bekannt und beliebt geworden. Zu ihren Verehrern zählen auch große Theologen wie Yves Congar und Hans Urs von Balthasar, große Philosophen wie Bergson und Guiton, bedeutende Schriftsteller wie Claudel, Bernanos und Daniel Rotz sowie Heilige und Selige, wie die selige Elisabeth von der hl. Dreifaltigkeit, Maximilian Kolbe, Edith Stein und Mutter Teresa von Kalkutta.

Literatur

Selbstbiographie, Einsiedeln, 15. Auflage 2003;

»Ich gehe ins Leben ein« – Letzte Gespräche der Heiligen von Lisieux, Leutesdorf am Rhein, 5. Auflage 1998;

Theresienwerk Augsburg e. V. (Hg.), Die Prozesse der Selig- und Heiligsprechung der hl. Theresia vom Kinde Jesus und vom Heiligsten Antlitz, Karlsruhe, 1993

Rita Haub

Rupert Mayer

Der Wahrheit verpflichtet

** 1876 in Stuttgart*
† 1945 in München
Ordensmann, Widerstandskämpfer
Gedenktag: 3. November

Pater Rupert Mayer war ein außergewöhnlicher Mann. Was für andere unmöglich war, hat er in erfinderischer Liebe zustande gebracht. Pater Rupert Mayer war wie ein Prophet. Was für viele in seiner Zeit undurchsichtig und zweideutig blieb, hat er früh durchschaut. Pater Rupert Mayer war der Mann einer großen Liebe. Seine Liebe war entschieden und ließ nicht locker. Sein Mut war streitbar und ließ das Politische nicht aus. Sein Gespür für Unrecht war unbestechlich und verbot ihm zu schweigen. Er war ein tatkräftiger Helfer der Armen, ihr Freund, der erklärte Gegner jeden Unrechts. Vor allem der kritische und mutige Zeuge des Glaubens in einer Zeit zwischen den beiden Weltkriegen zeigt die prophetische Gestalt, die immer eine Herausforderung ist (Peter-Hans Kolvenbach SJ, Generaloberer der Gesellschaft Jesu in einem Brief an alle Jesuiten aus Anlass der Seligsprechung Rupert Mayers 1987).

Kindheit und Jugend

Rupert Mayer war das zweite Kind in der Familie Mayer und kam an einem Sonntag, dem 23. Januar 1876, in Stuttgart zur Welt. Die Eltern konnten ihren sechs Kindern viel ermöglichen. So wurde der Reitsport des jungen Rupert von seinem Vater, ebenfalls ein begeisterter Reiter, sehr gefördert. Auch erhielten die Kinder eine gute

Ausbildung, sprachen zu Hause mit den Erzieherinnen französisch und englisch und erlernten ein Musikinstrument. Die Eltern Mayer vertraten die Auffassung: Wir lassen euch alles lernen, was ihr wollt, aber ihr müsst auf eigene Füße kommen. Ihr müsst euer Vermögen in euch tragen; denn Geld und alles andere könnt ihr leicht verlieren. Damit erklärt sich auch Rupert Mayers Aussage: Wenn wir auch nur Mayer heißen, sind wir doch auf unsere Familie stolz.

Die Volksschulzeit und die erste Hälfte des Gymnasiums verbrachte der sportlich und musisch begabte Rupert in seiner überwiegend evangelischen Geburtsstadt Stuttgart. Teils aus gesundheitlichen Gründen, teils aufgrund konfessioneller Spannungen mit Lehrern und Schülern besuchte er die Oberstufe des Gymnasiums dann in Ravensburg, wo er am 6. Juli 1894 mit gutem Erfolg sein Abitur bestand. Dort lernte er auch Schüler aus dem Jesuitenkolleg »Stella Matutina« in Feldkirch kennen, die aus bildungspolitischen Gründen für einige Zeit das deutsche Gymnasium besuchen mussten. Durch sie kam er zum ersten Mal in Kontakt mit Jesuiten.

Priester und Jesuit

Rupert Mayer wollte unmittelbar nach dem Abitur in den Jesuitenorden eintreten, wurde jedoch auf Wunsch des Vaters zunächst Weltpriester. Am 2. Mai 1899 empfing er in Rottenburg die Priesterweihe. Der Primizprediger in St. Eberhard in Stuttgart sagte, er hoffe, dass Rupert Mayer am Ende seines Lebens sagen könne: Ich habe mich der Armen und Verlassenen in besonderer Liebe angenommen. Ich habe nie geschwiegen, wo ich reden sollte. Ich habe nie geredet, wo ich schweigen sollte. – Ein prophetisches Wort im Hinblick auf das bewegte Leben Pater Rupert Mayers.

Nachdem Rupert Mayer ein Jahr in seiner Heimatdiözese tätig war, bat er um seine Entlassung und trat am 1. Oktober 1900 in den Jesuitenorden ein, wo er die einzelnen Ausbildungsstationen eines Jesuiten durchlief: Noviziat, Studien, Tertiat. Danach zog er als Volksmissionar durch die Schweiz, die Niederlande, Deutschland und Vorarlberg. – Am 8. Januar 1912 traf er am »Tatort« seines Lebens ein: in München, der Stadt der Künste und der Literatur. Sie war eine geistig lebendige Stadt, die mit ihren 620 000 Einwohnern dennoch die Not der vielen Zugereisten eher übersah als sie zu lindern suchte – eine Herausforderung für einen wachen Geistlichen wie Pater Mayer. Er ging dabei auf drei Arbeitsfeldern strategisch voran: Erstens kümmerte er sich bei Hausbesuchen um die sozialen Nöte der Arbeiter und ermunterte sie immer wieder zu einem christlich geprägten Leben, was für ihn am besten durch die Mitgliedschaft in einem katholischen Arbeiterverein gesichert war. Zweitens entwickelte sich der Aufbau der Gemeinschaft der »Schwestern von der hl. Familie« seit 1913 Schritt um Schritt. Diese Schwestern wollten sich in Heimen für ledige Frauen der jungen Mädchen vom Land annehmen, damit sie nicht Opfer der Großstadt und ihrer Unsitten würden. Pater Mayer betreute diese Gemeinschaft zusammen mit zwei weiteren Geistlichen vor allem in ihrer religiösen Bildung. Das dritte Arbeitsfeld war die Auseinandersetzung mit den modernen Ideen und Bewegungen. Um immer wieder Widerspruch gegen Irrtümer und Lügen zu erheben, besuchte Mayer die öffentlichen Vorträge und Versammlungen – der Rechten wie der Linken – und wurde dabei allmählich zur Stimme der Katholiken in München.

Der »Nothelfer« Münchens

Mit dem Kriegsbeginn im August 1914 wurde der Großstadtseelsorger Mayer Feldgeistlicher im 1. Bayerischen Armeekorps und wirkte seelsorglich im Feldlazarett. Beim Überqueren einer Brücke im Sulta-Tal in Rumänien wurde er am 30. Dezember 1916 durch eine Granate schwer verletzt. Das linke Bein musste oberhalb des Knies amputiert werden. Ende März 1917 kam Pater Mayer wieder in München an. Er hatte sich inzwischen an die Krücken gewöhnt. So beschwerlich alles für ihn war, stürzte er sich wieder in die Seelsorgsarbeit. – Am ersten Adventssonntag 1921 übernahmen die Jesuiten wieder die seelsorgliche Betreuung der St. Michaelskirche in München. Nun zog auch Rupert Mayer im Januar 1922 in das Jesuitenhaus hinter der Kirche, wo er bis zu seinem Tod wohnte. Mit diesem Neubeginn fand er ein zentrales Wirkungsfeld in der Öffentlichkeit Münchens. Regelmäßig verkündete er von der Kanzel die großen Wahrheiten des christlichen Glaubens: überzeugend, zu Herzen gehend, praktisch, für ein alltägliches Leben. Und er setzte alles selbst in die Tat um, indem er sich für die Beseitigung von Not und Elend einsetzte. Durch seine unermüdlichen sozialen Aktivitäten wurde er zum »15. Nothelfer der Münchner«. Zum karitativen Tun kam seine pastorale Begleitung im Beichtstuhl und in unzähligen Gesprächen in den Sprechzimmern des Jesuitenhauses von St. Michael hinzu. Und er wurde 1921 von Kardinal Faulhaber zum Präses der »Marianischen

Männerkongregation« ernannt, einer Vereinigung engagierter Katholiken, die bald 8000 Mitglieder umfasste und von Pater Mayer spirituell geformt wurde.

Pater Mayer hatte seine Hand am Puls der Zeit. Als er feststellte, dass viele Münchner an Sonn- und Feiertagen in die Berge oder das Münchner Umland aufbrachen, organisierte er im Münchner Bahnhof den Bahnhofsgottesdienst, denn die Katholiken sollten nicht vor der falschen Alternative stehen: entweder Erholung oder Gottesdienst. Er selbst übernahm die erste Messe um 3.20 Uhr, um zu zeigen, dass ihm der Dienst an einem christlichen und sakramentalen Leben anderer über alles ging.

Wer so in der kirchlichen Öffentlichkeit stand, wurde zum Adressaten vieler Bitten, denn die Not einer Großstadt ist vielfältig. Pater Mayer half, wo er nur konnte, und war dabei sehr erfinderisch: So ließ er zum Verteilen in der Hungersnot eineinhalbtausend Zentner Kraut in den Innenhof von St. Michael schaffen. Und er schrieb unzählige Briefe an Behörden und Institutionen. Und er konnte bei alldem sehr hartnäckig sein.

Im Konflikt mit dem NS-Regime

Pater Mayer änderte nach der Machtergreifung Hitlers seine Seelsorge nicht, sondern kritisierte in seinen Predigten vor allem drei Entwicklungen im Dritten Reich: Erstens bauten die Nationalsozialisten die 1933 im Reichskonkordat der katholischen Kirche zugesicherte Bekenntnisschule in München nun mit psychologischem Druck ab. Zweitens bedaure er die in der Debatte um die so genannten Devisen- und Sittlichkeitsprozesse gegen Ordensleute vorgebrachten Vorfälle, die das Ansehen aller Ordensleute herabsetzten, aber sie – die Nationalsozialisten – sollten vor ihrer eigenen Türe kehren. Drittens bezeichnete er die nationalsozialistische Presse als das Schlimmste, was er je in seinem Leben gelesen habe.

Im Januar 1936 musste sich Pater Mayer erstmals im Gestapo-Hauptquartier in München wegen seiner Predigten rechtfertigen und erhielt am 7. April 1937 wegen seiner *staatsschädigenden* Reden ein Redeverbot für das ganze Deutsche Reich. Da er sich nicht daran hielt, wurde er am 5. Juni 1937 von der Gestapo verhaftet und am 23. Juli 1937 vom Sondergericht zu sechs Monaten Haft wegen Kanzelmissbrauchs und Verstoßes gegen das »Heimtückegesetz« vom 20. Dezember 1934 verurteilt. Nach seinen Predigten am zweiten Weihnachtsfeiertag 1937 und am 1. und 2. Januar 1938 in St. Michael wurde er erneut verhaftet und ins Gefängnis Landsberg eingeliefert als Strafgefangener Nummer 9469. Da er nach seiner Entlassung aufgrund seelsorglicher Verschwiegenheit eine Aussage verweigerte, wurde er am 3. November 1939 das dritte Mal verhaftet und am 23. Dezember 1939 in das KZ Sachsenhausen-Oranienburg gebracht. Da die Gestapo nach einiger Zeit wegen seiner schwachen Gesundheit um sein Leben fürchtete und ein Märtyrer Mayer keinesfalls in ihr Konzept passte, wurde er ohne Angabe eines Zieles am 6. August 1940 aus dem KZ abtransportiert und über Berlin und München nach Kloster Ettal gebracht. Obwohl er am liebsten davongelaufen wäre, blieb er in diesem »goldenen Käfig«, umsorgt von den Benediktinern, um der Abtei und dem Jesuitenorden keine Schwierigkeiten zu bereiten.

Als am 6. Mai 1945 die amerikanischen Truppen in Ettal einzogen, war auch Pater Mayer frei. Heimgekehrt nach München, fuhr er mit seiner Arbeit fort, als sei er nie weg gewesen: Er predigte, hörte Beichte, führte Gespräche. Er wurde wieder der Adressat vieler Bitten, gerade von Ausgebombten, Hungernden, Flüchtlingen, Kriegerwitwen und Waisen. Seine erste große Predigt hielt er am 27. Mai 1945 beim Hauptfest seiner Männerkongregation in St. Ludwig.

Der Heimgang

Am 1. November 1945, an Allerheiligen, feierte Pater Mayer am Morgen in der Kreuzkapelle der St.-Michaels-Kirche die heilige Messe. Er predigte über die Bedeutung der Eucharistie im Leben der Heiligen, kam auf Jesus Christus zu sprechen und sagte: *Der Herr, der Herr –* da traf ihn ein Hirnschlag. Er verstummte und sank leicht nach hinten, blieb aber, gehalten durch seine Prothese, aufrecht am Altar stehen. Das große Zeichen seines Lebens: aufrecht zu verstummen. Die Münchner brachten es auf den Satz: *Pater Mayer ist selbst im Tod nicht umgefallen.*

Am 4. November 1945 wurde Pater Mayer auf dem Ordensfriedhof der Jesuiten in Pullach beigesetzt. Da der Ansturm der Beter und Hilfesuchenden an das Grab nicht abnahm, wurde der Sarg am Dreifaltigkeitssonntag, dem 23. Mai 1948, nach München in die Unterkirche des Bürgersaals gebracht. Seit diesem Tag riss die Schar der Beter am Grab Rupert Mayers nicht ab. Tausende trugen täglich ihre Anliegen an die Grabstätte. Schriftlich abgegebene Gebetserhörungen bezeugen: *Pater Rupert Mayer hat geholfen!*

Am 26. Juni 1951 eröffnete Kardinal Faulhaber den Seligsprechungsprozess. Am 3. Mai 1987 war es endlich so weit: Papst Johannes Paul II. sprach im vollbesetzten Olympiastadion in München den Jesuitenpater Rupert Mayer selig. Der »Apostel Münchens« ist damit – nach dem heiligen Petrus Canisius, dem Kirchenlehrer und »Zweiten Apostel der Deutschen« – der zweite deutschsprachige Jesuit, der in den Kanon der Seligen und Heiligen aufgenommen wurde.

Literatur

R. Haub, Rupert Mayer – Der Wahrheit verpflichtet, Kevelaer 2004;

R. Bleistein, Rupert Mayer – Der verstummte Prophet, Frankfurt am Main 1993;

R. Bleistein, Pater Rupert Mayer – Leben im Widerstand. Autobiographische Texte, Prozess vor dem Sondergericht, Reden und Briefe, Frankfurt am Main 1991

Werner Hülsbusch

Clemens August Graf von Galen

Der Löwe von Münster

** 1878 in Dinklage*
† 1946 in Münster
Kardinal, Regimegegner
Gedenktag: 22. März

Als Pfarrer der Münsteraner Innenstadtgemeinde St. Martini denke ich häufig daran, dass es einer meiner Amtsvorgänger war, der 1929 Graf von Galen in sein Pfarramt an St. Lamberti in Münster eingeführt hatte. In Münster gibt es noch eine Reihe von Zeitzeugen, die etwas beizutragen hatten, als es ernst wurde mit der Seligsprechung des »Löwen von Münster«. Am 5. Oktober 2005 sprach die Kirche den legendären deutschen Kämpfer gegen den Nationalsozialismus selig und wies ihm den 22. März als Gedenktag zu.

Die Annäherung an Galens Lebenszeugnis durch Biographie und historische Forschung

Der äußere Gang seines Lebens in wenigen Daten: Am 16. 3. 1878 als elftes von dreizehn Kindern des Erbkämmerers und Reichstagsabgeordneten Ferdinand von Galen (1851–1906) und seiner Frau Elisabeth geb. Reichsgräfin von Spee (1842–1920) geboren, erhält er Elementarunterricht im oldenburgischen Heimatschloss Dinklage. Mit seinem, ihm zeitlebens verbundenen Bruder Franz besucht er das Jesuitengymnasium Feldkirch und legt im oldenburgischen Vechta sein Abitur ab, weil der bei den Jesuiten erworbene Abschluss in Deutschland infolge des Kulturkampfes nicht anerkannt wird. Zur Erweiterung seines Horizonts und um französische Sprachkenntnisse zu erwerben, studiert er in Fribourg Geschichte, Philosophie und Literatur. Entschlossen, Priester zu werden, beginnt er ein Theologiestudium in Innsbruck. Am 28. 5. 1904 wird er in Münster und für die Diözese Münster zum Priester geweiht. Bis 1906 wirkt er als Domvikar im Dienste seines Onkels, des Weihbischofs Maximilian Gereon von Galen. 1906 beginnt seine Seelsorgearbeit in Berlin, zunächst als Kaplan in der von Münster personell betreuten Matthiasgemeinde, dann als Kurat in St. Clemens Hofbauer (1911) und 1919 als Pfarrer von St. Matthias. 1929 wird er Pfarrer in der Stadt- und Marktkirche St. Lamberti zu Münster. Am 29. 10. 1933 wird er zum Bischof von Münster geweiht, am 18. 2. 1946 von Pius XII. in Rom zum Kardinal erhoben. Schon einige Tage nach seiner Rückkehr in seine Bischofsstadt (16. 3. 1946) stirbt er, betrauert weit über die Grenzen seines Bistums hinaus, am 22. 3. 1946.

Wer dieser Mann war – darüber gibt es Urteile und Vorurteile. Manche haben ihn voreilig in den Himmel erhoben. Bei einigen katholischen Historikern meint man allerdings, eine etwas merkwürdige »captatio malevolentiae« feststellen zu müssen, als würde es ihnen im Zeichen wissenschaftlicher Objektivität darum gehen, eine möglichst dunkle Grundierung anzulegen, bevor man anfängt, seine Verdienste zu zeichnen. In FAZ und DIE WELT gab es im Vorfeld der Seligsprechung eine richtige Kontroverse um Graf von Galen.

Die respektablen Forschungen – vor allem ist hier P. Löffler zu nennen – lassen die entscheidenden Prägungen hervortreten: Kardinal von Galen kann man nicht verstehen ohne seine adelige Herkunft aus tieffrommem Elternhaus. Ebenso wenig – manche wird das überraschen – wird man ihn verstehen, stellt man nicht seine von der katholischen Soziallehre geprägte soziale Einstellung in Rechnung; in seinem Berliner Arbeitszimmer hing das Bild seines Großonkels Wilhelm Emmanuel von Ketteler. Sein Patriotismus aus kulturkampfbedingter Loyalität ließ ihn, gestärkt durch die Erfahrungen in Berlin 1906 bis 1929, wohl den Versailler Vertrag als ungerecht ablehnen, aber auch die Notwendigkeit einer legitimen staatlichen Autorität schätzen. Er erlebte bewusst die blutige bolschewistische Revolution 1917, deren Spartakusfolgen in Berlin und den 1936 beginnenden prekären spanischen Bürgerkrieg mit den brennenden Kirchen und hingeschlachteten Priestern und Nonnen.

Zeit seines Lebens wird er beide Totalitarismen, den nationalen und den internationalen, immer wieder als verschwistert entlarven und den bolschewistischen für gefährlicher halten als den primitiven rassistischen Nazismus mit seiner todbringenden Brutalität. Sein geistiges Raster rührt ebenso von seinem Moralstudium bei den Jesuiten in Innsbruck (Noldin) her, wie es bestimmt wird von konkreten Erfahrungen: Der münstersche Bischof kämpft um das Kreuz in Oldenburg; er tritt ein für die Konfessionalität der Schulen und die Rechte der Kirche auf der Rechtsgrundlage der von ihm ständig zitierten Konkordatsregelungen. Auch in äußerster Bedrohung, auf der Höhe verbrecherischer Machterfolge der Naziherrschaft 1941, hatte er die Kraft und geradezu tollkühne Tapferkeit, laut und fest zu protestieren gegen den Klostersturm der Nazis, gegen die verbrecherische Staatsmaßnahme der Euthanasie und gegen die rechtlosen Einlieferungen in die Konzentrationslager. Seinen Lieblingsbruder Franz hat man – so dokumentiert es P. Löffler – am 21. 11. 1944 verhaftet und ins Lager Sachsenhausen eingeliefert.

Nimmt man seine Trauer über den Bombenkrieg dazu, über die Zerstörung vieler Kirchen seines Bistums, über die schlimmeren Kriegsopfer auch unter den Priestern und Ordensleuten und den Bombenopfern in den Städten, über die Zerstörung des Domes und seiner Residenz, später das Kriegsende mit der Besatzungsproblematik und der Kriegsgefangenschaft vieler, besonders in Russland, dann mögen diese Andeutungen doch etwas von den Verletzungen, Belastungen und Nöten eines Lebens skizzieren, die wohl nicht ganz eingeholt werden durch seine Berufung ins Kardinalat, durch seine triumphale Romfahrt, durch seinen Empfang in seiner Bischofsstadt, aber gewiss durch seinen Heimgang unmittelbar danach und seiner Krönung in der ewigen Heimat.

Aber, so muss gefragt werden, wie stand es mit seiner Haltung zum Judentum und zum verbrecherischen Antisemitismus der Nazis? Er muss doch schon dem Pfarrer in Berlin bekannt gewesen sein, als er ihn latent bei einigen Studentenverbindungen, in nationaldemokratischen Kreisen des Berliner Milieus erfuhr! Konnte er das Verbrechen aller Verbrechen nicht schon angedeutet finden in »Mein Kampf«? Hat Galen das Buch je in der Hand gehabt? Dass er von Anfang seiner bischöflichen Verantwortung an den antisemitischen Rassismus bekämpfte, ist nachweisbar. Schon kurz nach seiner Konsekration rügt er den Nazischulrat Glowsky für dessen rassistische Anordnungen zum Religionsunterricht an Allerseelen 1933. Mit dem Zitat von 2 Tim 4,1–5 *(»... Denn es wird eine Zeit kommen, in der man die gesunde Lehre nicht erträgt«)* beginnt sein erster Osterhirtenbrief vom 26. 3. 1934, den sogar der damals noch unerleuchtete Theologe Michael Schmaus lobt. Man muss diesen Hirtenbrief gegen das »Neuheidentum« zitieren: »Das tun aber jene, die von der Sittlichkeit erklären, sie gelte nur insofern für ein Volk, als sie die Rasse fördere. Offenbar wird dadurch die Rasse über die Sittlichkeit gestellt, das Blut über das Gesetz. Eben diese Irrlehre behauptet, es seien die zehn Gebote nur der Ausdruck der Sittlichkeit des jüdischen Volkes gewesen und sie müssten anders lauten für andere Völker mit anderem Blut.« Und etwas weiter: »Dieser Angriff gegen das Christentum, wie wir ihn in der heutigen Zeit in unserem Volke erleben, übertrifft an vernichtender Gewalt alles das, was wir von den früheren Zeiten her wissen ... Man verwirft die Gottesoffenbarung des Alten Testamentes, das doch nach Gottes Willen eine Vorbereitung des Neuen und ein Führer zu Christus sein sollte.«

Der damalige Gauleiter Röver von Weser-Ems schickt diesen ersten Osterhirtenbrief Galens am 6.4.1934 an die Reichskanzlei, weil er unvergleichlich schärfer als Hirtenbriefe anderer Bischöfe »gegen alle Grundsätze des Nationalsozialismus« argumentiert und Gedanken und Vorstellungen der bolschewistischen Gottlosenbewegung unter nationalen Vorzeichen erkennt. Hier wird nur der Anfang der heftigen Kritik des Bischofs am nazistischen antisemitischen Rassismus beschrieben, die sich im Aufsehen erregenden Kampf gegen Rosenbergs »Mythos« fortsetzt und in den folgenden Jahren verstärkend wiederholt wird, dass dem Bischof schließlich »prosemitischer Bolschewismus« unterstellt wird; die Nazis spielen dabei auf seine »jesuitisch-jüdische Erziehung« und auf die Gratulationen führender Juden zu seiner Bischofsweihe an. Er halte noch jetzt, so berichtet ein Gestaposachbearbeiter, die Juden für das auserwählte Volk.

Ist aber nicht später, nach der Kristallnacht, eine gewisse Passivität Galens zu konstatieren? Nach der Zerstörung der jüdischen Synagoge in Münster hätten jüdische Mitbürger durch einen wichtigen Mitarbeiter des Bischofs diesen um Hilfe gebeten, die er sofort für die Predigt am nächsten Sonntag zugesagt habe, falls die Bitte direkt und schriftlich käme, denn er fürchte neue, schlimmere Repressalien für die Juden (später geschah Schlimmes beim Einsatz der Bischöfe Hollands für die dortigen Juden). In Münster hätten die Juden dann doch lieber auf die Hilfe des Bischofs verzichtet. Das mag das Schweigen Galens nach der Kristallnacht vielleicht erklären, nicht aber sein Schweigen zum Holocaust. Von dessen ganzem Ausmaß hat er vielleicht wirklich erst nach dem Krieg erfahren. Doch konnte ihm der Abtransport der Juden nach dem Osten nicht unbekannt geblieben sein. Hätte es den sonst todesmutigen Bischof nicht zum lauten Protest veranlassen müssen? Da entlastet nicht das Beileidsschreiben des Landesverbandes der jüdischen Gemeinden der Nord-Rhein-Provinz nach dem Tod des Kardinals vom 27. 3. 1946, das den Verstorbenen als »einen der wenigen pflichtbewussten Männer« bezeichnet, »der den Kampf gegen den Rassenwahn in schwerster Zeit geführt hat«. Eher zieht man schon die Angabe des führenden Galenkenners Kuropka (in FAZ 8. 10. 2005) in Betracht, Galen habe sich »später schwere Vorwürfe« gemacht, »dass er nicht ausdrücklich für die Juden gepredigt habe« .

Dürfen wir Kardinal von Galen als einen Menschen verstehen, der Würde hatte und Unerschrockenheit, aber auch Schwäche – als einen sehr ernsten, hoheitsvollen, ständig vom Tod bedrohten Kirchenfürsten? Faktisch hatte ihn Goebbels für den Tod durch Erhängen nach dem Endsieg vorgesehen. Mir erscheint es in diesem Zusammenhang wichtig, auf den Menschen zu schauen, den Pius XI. einmal einen »gigas corpore, sed non tantum corpore«, groß an Leib und Seele, nannte. Das Anekdotische bewahrt ihn vor unechter Glorifizierung.

Da wird erzählt, der Pfarrer von Lamberti, der schon wusste, dass er designierter Bischof war, habe im Religionsunterricht die Kinder gefragt, ob einer wie er wohl auch Bischof werden könne. Er habe dann lächelnd die Antwort eines Kindes akzeptiert, das sei unmöglich, dazu müsse man predigen können. Sein erster Kaplan, Hermann Eising, plauderte über die Rubrikentreue des Bischofs, die Eising einmal dadurch provozierte, dass er dem Bischof erzählte, er kenne Priester, die die Liturgie der Ostervigil in der Osternacht feierten, damals noch verboten. Er würde dem Bischof die Namen der Delinquenten aber nicht nennen. Der Bischof, der vorher noch gesagt hatte, er müsse solche Priester bestrafen, nahm's hin. Einmal sollte der Bischof einen älteren Pfarrer auf seine Pflicht zu Hausbesuchen hinweisen und ihn wegen seiner Nachlässigkeit rügen. Der Bischof antwortete, das könne er nicht. Schön ist auch, dass Clemens August bei Beginn der Fastenzeiten immer den Vorsatz fasste, auf seine geliebte lange Pfeife zu verzichten, nach kurzer Zeit aber bekennen musste, dass er den Verzicht nicht schaffe: Gott müsse ihn schon mit langer Pfeife »verschleißen«.

Humor hatte Clemens August auch. Es gab da eine Predigt des Bischofs zum Thema Familie; Clemens August sprach über den Wert der Elternschaft und die Liebe zu Kindern. Einer der von der Partei beauftragten Mitschreiber rief ihm laut zu, ein unverheirateter und kinderloser Mann habe zu diesem Thema gefälligst zu schweigen. Der schlagfertige Bischof antwortete, eine solche Kritik am Führer und Reichskanzler könne in einem kirchlichen Raum nicht geduldet werden. Einem Pfarrer verhedderten sich bei einem Empfang die Ketten des Weihrauchfasses, so dass die Inzensierung des Bischofs misslang, worauf der Bischof – selbstverständlich in vollem Ornat – den errötenden Pfarrer inzensierte.

Eine Petitesse, die ich selber erlebte und die den Hass der Nazis auf den Bischof nach dessen großen Predigten 1941 verdeutlicht, darf ich »in Klammern« berichten. Wegen nazifeindlicher Umtriebe der Schüler meiner Gymnasialklasse und ihrer Lehrer wurde 1943 die »christlich verseuchte Schule« von der Gestapo geschlossen; fünf Lehrkräfte kamen ins KZ Dachau (nur drei überlebten); und die Schülerschaft kam in ein Naziumschulungslager. Dort mussten wir einem Esel, der den Namen Clemens August trug und als Gepäckträger bei Nachtmärschen eingesetzt wurde, Missachtung erweisen. Nach der wirkungslosen Umerziehung wurde ich als Klassensprecher der »Verbrecherklasse« meines Wissens als Einziger aus Westfalen und Rheinland ausgewiesen, eine Strafe, die ungleich härter bei der Ausweisung der Mitarbeiter des Bischofs Vorwerk und Echelmeyer verhängt wurde und die Clemens August zu scharfen Protesten und vielen Eingaben veranlasste. Geschichten dieser Art waren es, die von Mund zu Mund gingen und den Bischof volkstümlich machten – und die Nazis zur Weißglut brachten.

Die theologisch-hagiographische Annäherung an Galens Lebenszeugnis. Seine Prophetie

Wenn die Heiligen und Seligen der Kirche so etwas sind wie die facettenreiche existenzielle Exegese Jesu (H. Ball, Byzantinisches Christentum), dann wissen wir, wonach wir auch beim Kardinal aus Münster fragen müssen: Welchen Zug des Lebens, des Sterbens und der Auferstehung Jesu Christi bringt Bischof Galen »ans Licht«? Vielleicht ist es *das Prophetische* an Jesus, das in Galen neu aufschien. So sieht es auch Bischof Lettmann, der vierte Nachfolger des münsterschen Kardinals in der Reihe der Bischöfe seit Liudger.

Die Prophetenrolle des »Löwen von Münster« haben die Christen seiner Zeit überdeutlich wahrgenommen. Die Presse war gleichgeschaltet, vor der Kirchentür standen oft Herren in den schwarzen Ledermänteln. Wer den Mund aufmachte, konnte über Nacht verschwinden. Da gab es diesen Bischof in Münster, der sich nicht einschüchtern ließ. Man muss sie einfach als fanalartiges Zeichen wahrnehmen, die berühmte Prophetie des Bischofs von Münster 1941 auf der Höhe der Nazisiege, die um die Welt ging! Nicht anders die Predigten in Lamberti und Überwasser-Liebfrauen zu Münster gegen den Klostersturm mit der rechtswidrigen Vertreibung der Ordensfrauen und -männer! Ganz zu schweigen von der noch weitaus gefährlicheren, kühnen Anklage gegen den Mord an den Geisteskranken, deren Kühnheit eigentlich nur ein Zeitgenosse beurteilen kann! Diese Prophetie führte zum Beschluss der Naziherrscher, diesen Mann nach dem Endsieg als Ersten öffentlich aufzuhängen. Seine Kanzelverkündigung von 1941, die buchstäblich schon im Krieg weltbekannt wurde und vor und nach der Seligsprechung vielfach publiziert ist, müsste hier eigentlich wörtlich zitiert werden. Die Zeitgenossen kopierten seine Predigten heimlich, vervielfältigten sie manuell; sie gingen von Hand zu Hand. Das allein war überaus wichtig, was man wohl nur beurteilen kann, wenn man es erlebt und selbst gesehen hat, welche Kräfte des Widerstands es in anderen freisetzte. Die prophetische Dimension des Kampfes, den der Bischof von Münster gegen das Neuheidentum führte, erkennt man auch, wenn man sie im Licht der Relativismusdebatte betrachtet, die gerade von Papst Benedikt XVI. mit Kraft und Klugheit angestoßen wurde.

Die Kritik jener, die heute den Bischof von Münster »verkleinern« möchten, muss sich fragen lassen: Wer von denen, die es heute besser wissen, hätte auch nur ein Gran des Mutes besessen, hätte sie eine Fügung des Schicksals an die Stelle des Bischofs von Münster gesetzt? Kardinal von Galen war ein ganz Großer, wenn auch nicht in jeder Hinsicht. Das ist nicht nur menschlich richtig; es stimmt auch theologisch. Kein Heiliger ist ein perfekter Nachfolger Jesu. Er bricht immer nur eine Facette aus dem Ganzen seiner Hingabe heraus, um in Schwachheit sein Bestes zu geben.

Neben der öffentlichen Prophetenrolle gibt es ein prophetisches Wirken des Kardinals in die Kirche hinein, das nicht nur am Rand erwähnt werden darf, sondern die eigentliche theologische Bedeutung des Bischofs ausmacht über seine zeitgebundene Prophetie hinaus. Clemens August provoziert durch sein Glaubenswissen um die erbsündliche Gebrochenheit des Menschen und seine Erlösungsbedürftigkeit. Schon den Ersten Weltkrieg begreift er als Folge der Eigenmächtigkeit der Menschen (1916: Brief an seine Kolpingsöhne), ebenso die Berliner Wirren (6.8.1926: Brief an Kaplan Holstein). Er kritisiert das Selbstmächtigkeitssyndrom der Nazis (1934: Osterhirtenbrief), das nach seiner späteren oft geäußerten Meinung zum zweiten Krieg und zur Niederlage führt.

Wie würde er in einer Zeit, in der das Abendland »seiner eigenen

Kultur müde« in seinem »verschlossenen Rationalismus« glaubt, der Mensch sei »von sich selbst her konstruierbar« (Benedikt XVI.), das innerkirchliche Verschweigen der Erbsündelehre beklagen, die Entleerung der Kreuzestheologie und den Verlust des Sakramentalen, besonders der Beichte. Er würde den Heiligen Geist anrufen, die Welt zu lehren, was Sünde, Gerechtigkeit und Gericht bedeuten (Joh 16,8).

Clemens August provoziert durch seine *eucharistische Frömmigkeit*. Als einen seiner ersten Erlasse nach seiner Bischofsweihe verfügte er die Umwidmung der für die Pfarrseelsorge nicht mehr notwendigen uralten Servatiikirche in seiner Bischofsstadt zu einer Kirche der Ewigen Anbetung der Eucharistie. Ganz sicher war es der theologische Instinkt des münsterschen Bischofs, dem man oft fehlende theologische Gelehrsamkeit vorwirft, wenn er die Kirchen und Kirchenräume nicht nur als profanisierbare Versammlungsräume zählbarer Christengemeinden verstand, sondern als Orte der Anbetung, der Feier und Verehrung der Eucharistie. Ob er die Verflachung der Eucharistieverehrung heutzutage erahnte?

Clemens August provoziert durch sein *Verständnis der hierarchischen Verfasstheit der Kirche*. Sie war für ihn durch den Stiftungswillen ihres Gründers so grundlegend, dass er einen Laizismus ohne hierarchische Bindung als »Pest« bezeichnete. Die Bindung an das kirchliche Amt war ihm von seinem Glauben aufgegeben, aber auch von seiner adeligen autoritätsbejahenden Herkunft vertraut; aber sie war auch stimuliert von der im Kulturkampf erprobten Loyalität zum Papst. Sein Briefwechsel mit dem Papst, seine Besuche bei Pius XI., seine Initiative zur päpstlichen Enzyklika »Mit brennender Sorge«, mehr noch die spätere außergewöhnliche Ehrung von Pius XII. durch die Verleihung des Kardinalats zeigen die innere Verbundenheit mit Rom. Sein Respekt galt allen hierarchischen Weiheämtern. Das eigene Amt verstand er als unverdiente Würde – eine Würde, die ihn im Gewissen zutiefst verpflichtete. Aus keiner anderen Quelle speiste sich die innere Legitimation zum Kampf gegen die antikirchlichen Mächte und Gewalten seiner Zeit.

Wieder kann man nur fragen und vermuten, wie der selige Clemens August auf Erscheinungen in der heutigen Kirche eingegangen wäre und hoffentlich fürbittend eingeht: auf die Amtskritik bei uns bis in die höchsten Laiengremien hinein, auf die Bewegung »Kirche von unten«, auf die Forderungen nach Aufhebung des Zölibats, nach Zulassung der Frauen zum Priestertum, nach eucharistischer Zulassung aller Getauften.

Clemens August – auch das muss genannt werden – war auch eine prophetische Provokation für den *deutschen Episkopat*. Sein prophetischer Frei-Mut vor dem Verbrecherstaat traf auf eine gewisse innerkirchliche Isolierung innerhalb der damaligen Gemeinschaft der Bischöfe in Deutschland. Im Wesentlichen gestützt auf das Konkordat und auf sein Gewissen – nicht auf die Kollegialität der Mitbischöfe – hat von Galen die Rechtsbrüche und Angriffe auf die Kirche gebrandmarkt. P. Löffler hat die Briefe an andere Bischöfe, aber auch an höchste Regierungsstellen dokumentiert. Sie ergeben ein eindrucksvolles Bild. Dennoch muss Antonia Leugers auch noch für die Zeit von 1941 bis 1945 von einer »Mauer bischöflichen Schweigens« sprechen.

Hubert Wolf (FAZ 26. 2. 2005) betrachtet Galens Brief an Bischof Berning vom 26. Mai 1941 als einen Wendepunkt. Clemens August durchbricht kurz danach in seinen drei berühmten Predigten diese Isolierung, die ihn bis dahin durch seinen Respekt vor der größeren Erfahrung der zögerlich taktierenden Bischofskollegen, besonders vor deren Vorsitzenden Kardinal Bertram, gefangen hielt. Dieser Brief an Berning mag hier in Auszügen zitiert werden: »Als katholische Bischöfe haben wir nicht nur die göttlichen Offenbarungswahrheiten zu verkündigen und zu verteidigen, sondern auch die Pflicht, der Kirche ihre Freiheit und Rechte zu erhalten ... Auch ich habe dieses, wie vieles andere, bisher ohne öffentlichen Protest hingehen lassen. Ich habe mein Gewissen immer wieder damit zur Ruhe gebracht, dass ich mir sagte: Wenn der Kardinal Bertram und so viele andere Bischöfe, die an Alter, Erfahrung und Tugend mir überlegen sind, bei alldem ruhig bleiben und sich mit dem papiernen und wirkungslosen, der Öffentlichkeit unbekannten Protesten des Vorsitzenden der Fuldaer Bischofskonferenz begnügen, dann wäre es anmaßend und für die anderen hochwürdigsten Herren ehrenkränkend, vielleicht auch töricht und verkehrt, wenn ich durch eine ›Flucht in die Öffentlichkeit‹ mich vordrängen und möglicherweise sogar noch brutalere Maßnahmen gegen die Kirche provozieren würde. Aber ich kann mein Gewissen mit solchen Argumenten ›ex autoritate‹ bald nicht mehr zur Ruhe bringen.«

Am Schluss unserer Überlegungen möchte ich mit Hugo Ball fragen, welchen »Zug des Lebens, Leidens und Sterbens Jesu«, welche »Episode seines Lebens, seines Wortes, seiner Versuchungen, Gebete und Kämpfe« Clemens August in seiner Christusnachfolge und in seinem prophetischen Lebenszeugnis »ans Licht« brachte. Ich sehe den Bekennerbischof in der Nachfolge des Herrn, der am Abend vor seiner Kreuzigung im Hohen Rat dem Hohepriester auf dessen Frage: Bist du Christus und der Sohn Gottes?, antwortete: »Ja, ich bin es!« (Mk 14,61 f.) und der irdischen Gewalt der Römer ebenso mutig: »Ja, ich bin ein König« (Joh 18,37 f.), entgegnete.

Als ich vor einigen Jahren in Yad Vashem in der erschütternden Holocausthalle des Mahnmals für die Millionen Opfer des Naziregimes stumm, voller Trauer und als Deutscher voller Scham stand, stellte ich mir plötzlich vor, Kardinal Clemens August stünde neben mir, und seine Trauer und seine Scham überträfen meine stumme Verzweiflung bei weitem.

Literatur

H. Portmann, Dokumente um den Bischof von Münster, Münster 1948;

J. Kuropka, Clemens August von Galen, Münster 1995;

H. Wolf, Clemens August Graf von Galen. Gehorsam und Gewissen, Freiburg 2006

Thomas Maria Rimmel

Pater Pio

Wunder des Glaubens

** 1887 in Pietrelcina / Italien*
† 1968 in San Giovanni Rotondo
Ordensmann, Mystiker
Gedenktag: 23. September

*D*eine Schmerzen sind nichts im Vergleich zu denen, die du eines Tages ertragen musst, wenn deine weiße Soutane von Blut befleckt wird. An diesem Tag wirst du sehen, was es heißt zu leiden. Nur dein Glaube wird dich retten.« Mit diesen Worten begrüßte der hl. Pater Pio 1947 einen jungen polnischen Priester namens Karol Wojtyla, der sich im nahe gelegenen Gargano-Gebirge einen Knöchel verstaucht hatte und als Pilger nach San Giovanni Rotondo gekommen war. Indem P. Pio von der »weißen Soutane« sprach, prophezeite er Wojtyla, dass er eines Tages Papst sein werde. Tatsächlich wurde aus Karol Wojtyla am 16. Oktober 1978 Papst Johannes Paul II., der am 13. Mai 1981 ein Attentat auf dem Petersplatz nur knapp überlebte.

Jugendjahre

P. Pio wird am 25. Mai 1887 in Pietrelcina im Großraum von Neapel als Sohn von Grazio Forgione und Maria Giuseppa Di Nunzio geboren und am nachfolgenden Tag auf den Namen Francesco getauft. Mit vier Geschwistern wächst er in einer armen, aber tiefgläubigen Kleinbauern-Familie auf. Francesco ist ein gehorsames Kind. Alsbald fühlt er sich zum Gebet hingezogen und praktiziert Bußübungen. Die Mutter wird Zeuge, wie sich der Knabe geißelt. »Ganz außergewöhnlich aber ist die Tatsache, dass das Kind schon sehr früh, vom vierten Lebensjahr an, mit himmlischen Visionen ausgezeichnet wurde. Gleichzeitig erfährt er Stärkung und Tröstung durch seine »unsichtbaren Freunde«, den Schutzengel, die Muttergottes, Jesus und auch den himmlischen Vater. In der Meinung, dies sei bei allen Menschen so, spricht er nicht darüber.

Eines Tages beeindruckt ihn ein Almosen sammelnder Kapuziner aus dem nahe gelegenen Kloster Morcone. Von da an will er Priester werden und stellt sich im nächsten Kapuzinerkloster vor. Dort macht man Francesco auf die fehlende Schulausbildung aufmerksam. Zur Finanzierung eines Privatlehrers wandern der Vater und der ältere Bruder zeitweise nach Übersee aus. Kurz vor dem Klostereintritt leidet Francesco unter qualvollen inneren Kämpfen. Wegweisend werden zwei Visionen. Einerseits wird ihm »eine sehr große Sendung« übertragen, wobei er Einzelheiten nie mitteilen will, andererseits sieht er sich im Kampf gegen einen Riesen.

Unerklärbare Phänomene

Am 6. Januar 1903 tritt der fünfzehnjährige Francesco in den Orden der Kapuzinerminoriten von Morcone ein und vernimmt die Stimme: »Heilige dich und heilige.« Bei der Einkleidung am 22. Januar erhält er den Ordensnamen Pio. Von Anfang an führt er ein strenges Büßerleben mit exzessivem Fasten. Wer seine Zelle betritt, findet ihn beim Gebet. Später bezeugen die Mitbrüder, dass er beim Abfragen die Lektionen zwar gut kennt, doch keiner sieht ihn jemals studieren. Kaum hat er ein Buch geöffnet, versinkt er im Gebet.

Papst Paul VI. hat ihn einen »Mann des Gebets und des Leidens« genannt. Schon in jungen Jahren ist er stets kränklich. Die Ärzte wissen sich keinen Rat und schicken ihn nach Hause. Von 1909 bis 1916 bleibt er in Pietrelcina. Dort bietet er sich als »Opfer für die Sünder und für die armen Seelen im Fegfeuer« an. Am 10. August 1910 wird er in Benevent zum Priester geweiht. Alle Versuche, ihn in einem Kloster unterzubringen, schlagen fehl. Nur daheim lassen die unerklärlichen, von einem steten Brechreiz begleiteten Magenschmerzen nach. Die sieben Jahre in Pietrelcina sind eine Zeit des ständigen Gebets, geprägt vom Kampf mit den Dämonen und den Tröstungen durch innere Erleuchtungen und Visionen. Verstärkt werden seine Leiden durch zunächst unsichtbare Stigmata, die er 1910 beim Gebet unter einer Ulme erhält.

In seinem Elternhaus entwickelt er die besondere Form von geistlicher Führung durch Briefe, zumal ihm die Beichtbefugnis analog zum hl. Pfarrer von Ars erst spät erteilt wird. Bekanntlich sollten beide einmal zu den bedeutendsten Beichtvätern ihres Jahrhunderts zählen. Unter anderem korrespondiert P. Pio mit einer älteren sterbenskranken Frau aus Foggia, die ihn angesichts ihres Todes um Beistand bittet. Er reist zu ihr. Während seines Aufenthalts im dortigen Kapuzinerkloster klingen die Symptome seiner mysteriösen Krankheit plötzlich ab. Um der Hitze zu entgehen, folgt er einer Einladung ins höher gelegene Kloster San Giovanni Rotondo. Am 28. Juli 1916 ist zunächst nur ein Ausflug in dieses Kloster geplant. Dort bleibt er jedoch bis zu seinem Tod: 52 Jahre verbringt er in einer kleinen Kirche eines kleinen Klosters zwischen Altar und Beichtstuhl, zwischen Chor und Zelle – keine Reisen, kein Urlaub, keine Predigten, keine besonderen Funktionen oder Vertrauensämter.

Es wütet der Erste Weltkrieg. Auch P. Pio wird eingezogen. Doch sein skurriles Fieber – einmal zeigt das Badethermometer unglaubliche 48 Grad an – sorgt dafür, dass die Ärzte kapitulieren. Zudem erkrankt P. Pio an der spanischen Grippe, die im Kloster außer ihm nur der Superior und ein Bettelmönch überleben.

Zurück im Kloster, durchlebt er am 5. August 1918 das mystische Phänomen der Durchbohrung des Herzens. Ähnliches berichtet er vom 12. August: »Ich verweilte in der Kirche, um die Danksagung für die heilige Messe zu verrichten, als ich auf einmal spürte, wie mein Herz verwundet wurde von einem feurigen Pfeil, der so stark und glühend eindrang, dass ich daran zu sterben glaubte.« Am 20. September 1918, dem Jahrestag der Stigmatisierung des hl. Franziskus, erhält P. Pio schließlich die sichtbaren Wundmale. Und wäre es nach ihm gegangen, dann hätte auch niemand jemals etwas davon erfahren. Nur aus Gehorsam gegenüber seinem Oberen fasste er das Geschehen vor dem Kruzifix in Worte: »Ich befand mich am Morgen des 20. des vergangenen Monats nach der Feier der heiligen Messe im Chor, als ich in einen Zustand der Ruhe verfiel, ähnlich einem süßen Schlummer (...) und wie in einem Blitz fand ich mich einer geheimnisvollen Persönlichkeit gegenüber, ähnlich jener, die ich am Abend des 5. August gesehen hatte, die sich von ihr nur dadurch unterschied, dass ihre Hände und Füße und ihre Seite von Blut trieften.« In diesem Augenblick empfängt P. Pio selbst die Wundmale. Auf Händen und Füßen kriecht er schmerzerfüllt bis zu seiner Zelle. Zunächst verbirgt er die Wundmale. Als er eines Tages krank wird und ein Mitbruder ihm die Füße wäscht, sieht dieser die Wundmale. Bald wird alles publik. Um P. Pio erhebt sich eine Bewegung der Liebe und der Ablehnung, »welche sein Kalvaria sein wird und ihn bis zu seinem Tode zum Zeichen des Widerspruches machen wird«. Außer den Wundmalen zeichnen ihn noch andere übernatürliche Gaben aus: Duft, Herzensschau, Prophetie, Heilungen, Ekstasen und Bilokationen. So wird P. Pio am 29. April 1923 während der Seligsprechung der hl. Theresia von Lisieux leibhaftig im Petersdom gesehen, obwohl er zur selben Zeit in San Giovanni Rotondo weilt.

Es beginnen kirchliche und ordensinterne Sanktionen. P. Pio wird regelrecht bekämpft. Am 31. Mai 1931 wird ihm sowohl das Beichtehören als auch die öffentliche Messfeier untersagt. Niemand teilt ihm die Gründe mit, er kann sich nicht rechtfertigen. In den 60er Jahren wird ihm vorgeschrieben, die Messe dürfe nur dreißig, höchstens vierzig Minuten dauern. Auch soll er das von ihm gegründete »Haus der Linderung der Schmerzen«, das heute zu den modernsten Krankenhäusern Europas zählt, nicht mehr betreten. P. Pio leidet unsäglich, nimmt alles im Gehorsam an und verteidigt sogar die kirchlichen Amtsträger. Nach drei langen Jahren wird er rehabilitiert. Oft sind die Verantwortlichen bewusst falsch informiert worden, wie das Zeugnis des sel. Johannes XXIII. deutlich macht. In den letzten Tagen seines Lebens äußert der Papst wiederholt: »Über P. Pio hat man mich getäuscht.«

Die Feier der heiligen Messe kann als Höhepunkt des apostolischen Wirkens von P. Pio bezeichnet werden. Sein ganzes Leben ist auf das Geheimnis der Eucharistie ausgerichtet. Er ist derart ergriffen von der Anwesenheit des Herrn im Sakrament, dass sich sein Gesicht schon an den Stufen des Altars verklärt. Spätestens beim Aussprechen der Wandlungsworte erleben die Pilger, wie stark der stigmatisierte Priester die Passion Christi selbst durchleidet.

Seelsorger und Fürsprecher

Täglich hört er 16 Stunden Beichte. »Was macht eigentlich P. Pio?«, fragt Papst Pius XII. den zuständigen Bischof Cesarano von Manfredonia. Die Antwort: »Eure Heiligkeit, er nimmt die Sünden der Welt hinweg.« Einmonatige Wartezeiten sind nicht ungewöhnlich. P. Pio legt den Beichtenden oft eine wochen- oder monatelange Probezeit auf, bevor er die Absolution erteilt. Schlechte Vorbereitung und Unbußfertigkeit lassen den Heiligen energisch werden. »Geh fort, heirate die Frau, mit der du zusammenlebst, und dann komm wieder«, sagt er einem jungen Mann. »Ich behandle die Seelen so, wie Gott sie mich sehen lässt«, erklärt P. Pio. Selber leidet er am stärksten: »Wenn man wüsste, wie viel eine Seele kostet!«

Zwei Jahre vor seinem Tod kündigt er sein Sterben an. In einem testamentarischen Brief vom 12. September 1968 an Papst Paul VI. ermutigt er ihn hinsichtlich der katholischen Ehelehre und bietet dafür sein Lebensopfer an. Am 20. September begeht er den 50. Jahrestag seiner Stigmatisation. Am 23. September beichtet er noch in aller Frühe, erneuert die Ordensgelübde und entschläft um halb drei Uhr sanft. So wie die Stigmata plötzlich erschienen sind, war beim Leichnam nicht einmal mehr das kleinste Anzeichen einer Vernarbung zu sehen. »Die Kirche sieht nicht so sehr die Stigmata als Beweis an für Heiligkeit, vielmehr wird sie die Heiligkeit als Beweis für die Stigmata erachten«.

Bis heute vertrauen zahllose Menschen auf seine Fürsprache. Auch Karol Wojtyla wendet sich 1962, inzwischen Weihbischof von Krakau, schriftlich an den weltberühmten Kapuziner. »Oh, den können wir nicht zurückweisen«, meint P. Pio. Das Gebetsanliegen gilt einer Professorin, Wanda Poltwaska: »Ich bitte Sie, für eine 40-jährige Mutter von vier Kindern in Krakau, Polen, zu beten, die von schwerer Krankheit bedroht ist und möglicherweise an Krebs sterben wird. Möge Gott seine Gnade auf diese Frau und ihre Familie richten, in Gegenwart der Allerseligsten Jungfrau. In Christus verbunden, Karol Wojtyla.« Tatsächlich wird die Frau auf wunderbare Weise von ihrem Krebs geheilt. »Ein Geschenk Gottes, das P. Pio für mich erwirkt hat«, bezeugt sie nach der Heiligsprechung.

»Im Mai 1981, als Karol Wojtyla längst Papst Johannes Paul II. ist und nach dem Attentat auf dem Petersplatz im Krankenhaus liegt, lässt er sich eine Reliquie von P. Pio bringen und hütet sie unter seinem Kopfkissen. 1987, zum 40. Jahrestag seiner ersten Begegnung mit dem Kapuzinerpater, pilgert er zu dessen Grab. In seiner Begleitung ist Wanda Poltwaska, die mittlerweile mit ihrer Familie in Rom lebt und Vorlesungen an der päpstlichen Lateran-Universität hält«.

P. Pio, der »Vater von Millionen«, zählt zu den größten Volksheiligen aller Zeiten. Belege sind weltweite Gebetsgruppen und ein Pilgerstrom, der immer weiter wächst.

LITERATUR

G. Amorth, Pater Pio, Lebensgeschichte eines Heiligen, Stein am Rhein 2003;

A. Decorte, Pater Pio aus Pietrelcina. Erinnerungen an einen bevorzugten Zeugen Christi, Hauteville 2001;

B .Harder, Pater Pio und die Wunder des Glaubens, München 2003

WALTRAUD HERBSTRITH

Edith Stein

Prophetin aus dem Judentum

** 1891 in Breslau*
† 1942 in Auschwitz - Birkenau
Philosophin, Ordensfrau;
Opfer in der Shoah
Gedenktag: 9. August

Prophetische Menschen haben von Gott eine besondere Aufgabe empfangen: Sie müssen sprechen, wenn andere schweigen, sie deuten die Zeichen der Zeit, wenn andere an ihnen vorübergehen. In der Bibel gab es Prophetinnen wie Deborah, Hulda, Mirjam u. a. In der Kirche sprachen Frauen wie Hildegard von Bingen, Katharina von Siena, Teresa von Avila, Birgitta von Schweden, u. a. prophetisch. Durch Wort und Beispiel, durch Reformpläne brachten sie die Kirche in ihrer Zeit ein Stück weiter in ihrer Entwicklung. Auch in unserer Zeit gibt es prophetische Stimmen wie Roger Schutz, Edith Stein, Dag Hammarskjöld, Bernhard Lichtenberg, Dietrich Bonhoeffer, Oscar Romero, Janusz Korczak, Sophie Scholl, Chiara Lubich u. a. Edith Steins prophetische Stimme wurde erst spät entdeckt. Sie gehört zu den Opfern unseres Jahrhunderts, deren Leben gewaltsam ausgelöscht wurde.

Familie und Bildungsgang

Edith Stein liebte ihr jüdisches Volk und sie liebte die Kirche, in der sie dankbar als Jüngerin Jesu leben durfte. Aber der Wahn des nationalistischen Antisemitismus und Antijudaismus machte auch vor der Kirche nicht Halt, so dass zu wenig getan wurde, um sie in Sicherheit zu bringen. Edith Stein floh nach den Novemberpogromen gegen die Juden 1938 ins Ausland, da sie ihre Lage in Deutschland realistisch einschätzte. Aber ohne Hilfe von außen musste auch sie von Holland aus den Todesweg mit den ungezählten namenlosen jüdischen Brüdern und Schwestern antreten.

Edith Stein hat zu vielen Fragen in ihrer Zeit ein prophetisches Wort gesprochen: zur Rolle der Frau, die im Beruf, in Politik und im Einsatz für die Kirche ihren eigenständigen Weg finden soll. Sie ermahnte kirchliche Amtsträger und auch Papst Pius XI., sich der bedrohten Juden anzunehmen und den theologischen Judaismus abzubauen.

Wer war Edith Stein? Das Biographische ist schnell umrissen. Sie war die Jüngste von elf Kindern einer schlesischen Holzhändlerfamilie jüdischer Herkunft. Als eine der ersten Frauen konnte sie 1911 ein akademisches Studium an der Universität Breslau beginnen, das sie 1913 bei dem Phänomenologen Edmund Husserl in Göttingen fortsetzte. In Göttingen legte sie 1915 das Staatsexamen in Germanistik und Geschichte ab, in Freiburg im Breisgau promovierte sie 1916 summa cum laude über das Thema »Einfühlung«. Sie war Assistentin bei Husserl, konnte aber als Frau in den Nachkriegsjahren keine Professur an einer Universität erhalten. 1922 nahm sie die christliche Überzeugung in der katholischen Kirche an, gab ihre wissenschaftliche Karriere auf und war jahrelang Lehrerin bei den Dominikanerinnen in Speyer. 1926 kehrte sie mit ihrer Thomasübersetzung zur wissenschaftlichen Arbeit zurück, bald danach wurde sie in Deutschland, Österreich und der Schweiz bekannt durch Vorträge über die Integration der Frau in die moderne Gesellschaft. Nach erneuten Fehlschlägen, sich an einer Universität zu habilitieren, wurde sie 1932 Dozentin am Deutschen Institut für Wissenschaftliche Pädagogik in Münster in Westfalen. Nach einjähriger fruchtbarer Tätigkeit musste sie auf Grund der Nichtariergesetze ihre Tätigkeit aufgeben. Ein Angebot aus Südamerika lehnte sie ab und trat 1933 in den Kölner Karmel ein.

Über dem Leben Edith Steins könnte ein Wort Karl Jaspers' stehen: »Die Größe eines Menschen bemisst sich nicht vorrangig an seinen Leistungen, seiner Virtuosität oder seiner Intelligenz. Groß ist ein Mensch, wenn von ihm eine reinigende Wirkung ausgeht, wenn er eine Kraft ausstrahlt, die uns wachsen lässt.« Ohne für sich selbst weltliche Macht zu beanspruchen, ohne den Zauber von Demagogen hat Edith Stein dazu beigetragen, dass andere wachsen konnten. Um andere geistig zu fördern, war sie bereit, selbst auf vieles zu verzichten. Sie war ein Mensch, der niemanden herabsetzte oder kleinhielt, um selber groß dazustehen.

Wenn wir uns dem Einfluss von Edith Steins geistiger, spiritueller und emotionaler Kraft nähern, können wir als Menschen und Christen wachsen und reif werden.

Edith Stein hat für das Leben der Kirche Impulse gegeben, die bis heute nicht eingeholt sind. In ihrer Zeit war sie Pionierin, Vordenkerin, darauf bedacht, dass die Kirche ein dynamisches, nicht ein statisches Gebilde sein soll. »Fortschrittlicher, als es bis dahin geschehen war«, schreibt Elisabeth Gössmann, »hat Edith Stein aus betont christlicher Sicht über die Frau in Familie, Kirche und Öffentlichkeit geschrieben und gesprochen. Ihr Menschenbild beruht auf dem geistigen Elan der zwanziger Jahre, dem Erlebnis der Konversion, einer neuen Entdeckung der menschlichen Werte. Gegen die Zersetzungen und Zerfallserscheinungen der Zeit wird die Kirche als das Bollwerk betrachtet, das in geistigen wie praktischen Nöten der menschlichen Person Bergung und Zuversicht geben kann. So spricht aus dem Menschenbild Edith Steins das gleiche Vertrauen wie aus dem religiös orientierten Philosophieren Peter Wusts und Max Schelers in seiner mittleren Epoche. Aber die Unerschütterlichkeit der Kirche und ihr Auftrag, das ›Ewige im Menschen‹ zu wahren, wurde dennoch nicht als Unwandelbarkeit der konkreten Verhältnisse missverstanden, sondern geradezu als eine unvergleichliche Elastizität, sich den jeweiligen Zeitverhältnissen anzupassen.«

Edith Stein und die »Frauenfrage«

Auf einer Vortragsreise in der Schweiz warnte Edith Stein die Akademikerinnen in Zürich 1932, sich allzu sehr auf ihre passive Rolle in der Kirche zu beschränken und nur Ausnahmen wie Teresa von Ávila, Hildegard von Bingen und Katharina von Siena den Einsatz für die Kirche zu überlassen.

Sie erregte sich über die Machenschaften neuer politischer Stoßtruppen, sprich Nationalsozialisten, die das Frauenstudium und andere Errungenschaften der Frauenbewegung für die Befreiung der Frau aus traditionellen Zwängen zunichte machen wollten. 1931 hatte sie gesagt: »Die geschichtliche Epoche, in der in reinlicher Scheidung die häuslichen Pflichten der Frau, der Daseinskampf außer dem Hause dem Mann zufielen, ist nach der Entwicklung der letzten Jahre und Jahrzehnte offenbar als abgeschlossen anzusehen. Wie die Entwicklung sich tatsächlich vollzogen hat, ist heute für uns gar zu schwer zu durchschauen. Die Triumphe der Naturwissenschaft und Technik, die fortschreitend menschliche Arbeit durch Maschinenarbeit ablösten, brachten eine große Entlastung der Frauen und ein Verlangen nach anderweitiger Betätigung der frei werdenden Kräfte.«

Edith Stein betonte, dass Mann und Frau ganzheitlich gesehen werden müssen, dass beide in Einheit für die Kirche wirken, dass tradierte Verhaltensmuster geprüft werden müssen an den Anforderungen der jeweiligen Zeit. »Wie stellt sich die Kirche zu den Frauen?«, fragte sie. »Hier ist die Unterscheidung zu machen zwischen der Haltung, die das Dogma, das Kirchenrecht, die menschlichen Vertreter der Kirche, und die der Herr selbst einnimmt. Ein ex cathedra ausgesprochenes Dogma über die Bestimmung der Frau und ihre Stellung in der Kirche haben wir nicht, wohl aber eine traditionelle Lehrmeinung ... im heutigen Kirchenrecht kann zweifellos von einer Gleichstellung der Frau und des Mannes nicht die Rede sein, da sie von allen geweihten Ämtern der Kirche ausgeschlossen ist.«

»Wie ich schon erwähnte«, führt Edith Stein aus, »hat man, als die interkonfessionelle Frauenbewegung einsetzte, eine katholische für unmöglich gehalten. Wie mir scheint, auf Grund einer falschen Auffassung, die annimmt, dass in der Kirche alles für alle Zeiten unabänderlich festgelegt sei. Es wird naiv übersehen, dass die Kirche eine Geschichte hat, dass sie, ihrer menschlichen Seite nach, wie alles Menschliche von vornherein auf Entwicklung angelegt war, und dass diese Entwicklung sich häufig auch in der Form von Kämpfen abspielt. Die meisten dogmatischen Definitionen sind abschließende Ergebnisse vorausgehender, oft jahrzehnte- und jahrhundertelanger Geisteskämpfe. Ähnliches gilt für die kirchenrechtlichen Bestimmungen, die liturgischen Formen, überhaupt alle objektiven Gebilde, in denen sich das geistige Leben niederschlägt.«

Auch diese kämpferische, rationale, sachliche Edith Stein ist die heilig gesprochene Edith Stein. Man kann diese Sachlichkeit und Offenheit der Stein'schen Analysen nicht von ihrer Frömmigkeit trennen.

Politische Visionen

Gestalten wie Edith Stein, die sich schon vor Jahrzehnten als Europäerin gefühlt hat, können uns heute helfen auf unserem steinigen Weg zur Einheit in Europa. Der Europagedanke ist nicht billig zu haben, weder politisch noch kirchlich. Europäisch denken heißt, nicht rivalisierend denken, sondern verstehend, annehmend. Einheit in der Vielfalt der europäischen Völker kann nur gelingen, wenn wir uns einfühlen in andere Kulturen, in andere Geistesart. Gewaltlosigkeit kann nur Wirklichkeit werden, wenn wir nationale Feindbilder ablegen. Das ist ein schwerer Prozess bei unseren kulturellen und religiösen Vorurteilen.

An einen Freund, den polnischen Philosophen Roman Ingarden, schrieb Edith Stein Anfang 1917, noch mitten im 1. Weltkrieg: »Meinen Glauben an die Zukunft kennen Sie ja. Und wenn ich auch manchmal todmüde bin und den Druck der gegenwärtigen Verhältnisse kaum noch erträglich finde, so lasse ich mich doch durch solche Stimmungen nicht beirren und hoffe, dass bessere Zeiten mir auch meine alten Lebensenergien wiedergeben werden.« Durch den polnischen Freund war Edith Stein herausgefordert, sich mit polnischer Kultur und Geschichte zu beschäftigen. Einen Monat später schreibt sie, sie wolle Polnisch lernen, um die Kultur seiner Heimat besser verstehen zu können. Über die »Brüder Karamasoff« sagt sie, »ich brauche nur in diesem Buch zu lesen, um mich von neuem zu überzeugen, dass Russland jetzt nicht untergehen kann, sondern noch eine große Zukunft vor sich hat. Trotz des undurchdringlichen Chaos, das dort jetzt herrschen mag, oder vielleicht gerade deswegen. Denn in diesem Chaos stecken unermessliche, nicht nur physische, sondern vor allem seelische Kräfte, die nach Gestaltung ringen und sicherlich nicht vergehen werden, bevor sie ihre Form gefunden haben und für den Menschen fruchtbar geworden sind.« Welch eine Hoffnungskraft dem Freund gegenüber, der als Pole in den damaligen politischen Konstellationen nicht sehr positiv von Russland dachte. Ihr europäisches Denken formte Edith Stein am politischen Handeln Walter Rathenaus, dessen Ermordung durch Rechtsextremisten sie 1922 erleben musste.

Ihre Konversion zum Christentum im gleichen Jahr machte sie nicht eng, sondern weit in ihrem europäischen Horizont. Als Philosophin Husserl'scher Prägung setzte sie sich jetzt mit Thomas von Aquin, mit John Henry Newman und Augustinus auseinander. Ihr philosophisches Denken sollte ein Brückenschlag sein zwischen verschiedenen Denkrichtungen und Geisteshaltungen. Edith Stein hatte Ehrfurcht vor den verschiedenen Wegen der Menschen. Ihre jüdischen und evangelischen Freundinnen und Freunde berichten, dass sie nicht versuchte, die andern zu ihrem, dem katholischen Glauben zu bekehren. Gerade durch diese ökumenische Haltung hatten viele zu ihr Vertrauen.

Edith Stein war der Auffassung, ein gesundes, politisch stabiles Europa kann nur heranwachsen, wenn die Frau ihre neue Aufgabe erkennt und partnerschaftlich mit den Männern aktiv in Politik und Kirche mitarbeitet. Seit 1928 wurde sie zu Vortragsreisen eingeladen in Deutschland, Österreich und in der Schweiz. Sie liebte besonders Prag, war durch ihre philosophischen Kontakte in Paris, war befreundet mit Jacques Maritain, Alexandre Koyré, lebte zuletzt in Holland und war von ihrer Herkunft her Breslauerin bzw. Schlesierin.

Alle diese Kontakte und Aufgaben öffneten Edith Steins Blick über die Grenzen des eigenen Volkes hinaus. Ihr sehnlichster Wunsch war, dass »ein neues Deutschland« erwache, aber nicht im Sinne Adolf Hitlers. Sie schätzte die stille und verantwortungsbewusste Arbeit der Politiker und Politikerinnen in der Weimarer Republik, und sie sah klar die Gefahr des Personenkultes bei den sich formierenden Nationalsozialisten und ihre destruktiven, den Menschen missachtenden Tendenzen.

Zu den Frauen sagte sie: »Die Nachkriegsjahre haben mit steigender Deutlichkeit gezeigt, dass nicht nur Privatleben und Staatsleben auf Gedeih und Verderb miteinander verkettet sind, sondern auch das Leben des einzelnen Volkes und Staates mit dem der anderen.«

Ohne aktiven Einsatz der Frau in Kirche, Gesellschaft und Politik gibt es für Edith Stein keine wahre Friedensordnung.

Über 70 Jahre sind seit der Friedensinitiative der Frauen in Genf verstrichen, und wie viel Unfriede, wie viel patriarchales Besserwissen, wie viel irrationaler Rassenhass, wie viel Ausländerfeindlichkeit haben die Züge Europas verwüstet. Menschen des Friedens wie Janusz Korczak, Dietrich Bonhoeffer, Edith Stein, Dag Hammarskjöld, Martin Luther King, Bischof Romero und zahllose andere wurden Opfer sinnloser Aggression. Möge die Erinnerung an diese Schicksale in uns zum Samenkorn werden für eine bessere Zukunft.

Von Europa heute sprechen heißt die Wunden und Leiden im Antlitz des zertretenen Europas schauen, das Schicksal der Opfer nicht vergessen, es immer neu in der Erinnerung aufleben lassen, damit die Toten zu Zeitgenossinnen und Zeitgenossen werden. Ihre Lebensspuren und Entscheidungen können unsere heutigen tragen.

Das Gedenken an die prophetische Sendung Edith Steins soll uns nicht vergessen lassen, dass sie nur *ein* Opfer unter Millionen unschuldiger Menschen war. »Erinnere dich, vergiss es nicht«, heißt es in der jüdischen Gedenkhalle Yad Vashem in Jerusalem. Hier wird aller Opfer der Shoah gedacht, die durch deutsche Handlanger ihr Leben verloren. Edith Stein ist nur *eine* von ihnen. Aber gerade ihr

Schicksal unter und mit den vielen kann uns zeigen, dass wir nicht vergessen, nicht verdrängen dürfen.

Edith Stein: Philosophin, Theologin, Pädagogin, leidenschaftliche Beterin, das ist sie alles in einem. Sie kann durch ihre Sachlichkeit, ihre geistige Weite und Unbefangenheit für Männer und Frauen in den Problemen und Anforderungen unserer Weltsituation Mahnerin und Vorbild sein.

Wenn wir Edith Stein fragen könnten, aus welcher Grundhaltung sie ihr reiches Lebensprogramm bis zum Tod entfaltet hat, würde sie wohl als Erstes ihre Suche nach Wahrheit, nach dem Sinn des Lebens nennen. Als sie als junger Mensch den Glauben an einen die Welt transzendierenden Gott verlor, bemühte sie sich wahrhaftig, selbstlos und sozial zu leben.

Philosophische Prägung

Und doch fehlte der Studentin etwas Wesentliches. Sie war bescheiden, aber auch sehr selbstsicher; hilfsbereit, aber auch gewohnt, dass man zu ihr aufschaute. Sie war innerlich einsam und hungerte nach einem Lebenssinn. Dass ihr dieser fehlte, ging ihr erschreckend auf beim Studium der Psychologie in Breslau 1911. Die Psychologie jener Zeit war für Edith Stein eine »Psychologie ohne Seele«. Sie überließ es dem Einzelnen, ob er sich hinter den Sinneswahrnehmungen eine geistige Einheit, eine Seele vorstellen wollte oder nicht. In ihrer Not stieß Edith Stein auf die Schriften Edmund Husserls. Husserl bemühte sich um die Wiederentdeckung des Geistes. Er forschte nach innerer Wesenserkenntnis, nach dem phänomenologischen Sein der Dinge. Dadurch erzog er seine Schülerinnen und Schüler zur Ehrfurcht vor objektiven Werten, zur Vorurteilslosigkeit. 1913 ging Edith Stein nach Göttingen, um bei Husserl zu lernen. Nach einem Einsatz als Rotekreuzschwester im 1.Weltkrieg und nach dem Staatsexamen folgte Edith Stein 1916 Edmund Husserl nach Freiburg i. Br. Dort legte sie ihre Doktorprüfung mit Auszeichnung ab und wurde Husserls Assistentin. 1917 wurde sie gebeten, den Nachlass des Philosophen Adolf Reinachs in Göttingen zu ordnen. Sie hatte davor Angst, da sie als Ungläubige für die Witwe des Gefallenen keinen Trost wusste. Wie erstaunt war sie aber, als Frau Reinach kraft ihres Glaubens fähig war, sie, die Zweifelnde und Verzweifelte, zu trösten. Beim Anblick dieser von Hoffnung erfüllten evangelischen Christin brachen Edith Steins rationalistische Vorurteile zusammen.

»Es war«, erinnert sich P. Hirschmann SJ, »die Art und Weise, wie die ihr befreundete Frau Reinach in der Kraft des Kreuzgeheimnisses das Opfer brachte, das ihr durch den Tod ihres Mannes an der Front des 1.Weltkrieges auferlegt war.« Gott selbst hatte das Innere der Ungläubigen angerührt. Die Erfahrung war so unmittelbar, dass keine Vorstellung der Vernunft sie hinwegleugnen konnte. Aber der menschliche Geist besteht nicht nur aus Vernunft, sondern auch aus Willen. Dieser kann alles, was die Vernunft ihm nahe legt, ablehnen. Dieses Geheimnis der Willensfreiheit fasste Edith Stein in die Worte: »Ein überzeugter Atheist wird in einem religiösen Erlebnis der Existenz Gottes inne. Dem Glauben kann er sich nicht entziehen, aber er stellt sich nicht auf seinen Boden, er lässt ihn nicht in sich wirksam werden, er bleibt unbeirrbar bei seiner wissenschaftlichen Weltanschauung, die durch den Glauben über den Haufen geworfen würde.« Mit psychologischer Schärfe beschreibt sie eine seelische Verfassung, die auch oft die unsere ist. Wir stellen uns nicht ehrlich den Konsequenzen, die sich für uns aus den Erfahrungen, die wir mit Gott machen, ergeben. Wir handeln, als gäbe es diese Erfahrungen nicht.

Vier Jahre lang rang Edith Stein mit diesem zwiespältigen Zustand, den sie mit einem »Todesschatten« verglich. Sie begann, das Neue Testament zu lesen, aber auch die hebräische Bibel, aber sie war unfähig, sich zu entscheiden. Die Lektüre der Autobiographie Teresas von Ávila gab unerwartet den Anstoß zur Wende. Als sie nach einer durchwachten Nacht das Buch schloss, sagte sie sich: Das ist die Wahrheit. Teresa von Avila, die Paul VI. 1970 als erste Frau zur Kirchenlehrerin ernannte, zeigte Edith Stein, dass wir weder Gott noch uns selbst treu sein können, wenn wir die Erfahrung, die wir mit Gott machen, nicht mit unserem ganzen Wesen erwidern. Gott ruft uns nicht, damit wir schlafen, sondern damit wir – vom Ewigen Wort als sprechende Wesen erschaffen – wach werden und Ant-Wort geben. Glauben ist nach Teresa nicht ein Fürwahrhalten der Existenz Gottes oder kirchlicher Glaubensartikel. Glauben ist für sie eine personale Beziehung zwischen Mensch und Gott, der ein Liebender ist und der von uns im Gott-Menschen Jesus Christus ganz eingefordert hat, dieser Liebe zu begegnen.

Konversion und Ordenseintritt

Am 1. Januar 1922 empfing Edith Stein in Bad Bergzeilen die Taufe, brach mit ihrer wissenschaftlichen Karriere und beabsichtigte, Jesus im Orden Teresas nachzufolgen. Ihre geistlichen Berater waren jedoch anderer Ansicht. Sie drängten sie, sich ihren Gaben gemäß beruflich zu engagieren. Als Lehrerin in Speyer übersetzte sie Thomas von Aquin und wurde seit 1927 immer häufiger gebeten, im In- und Ausland zu Fragen der Frau und ihrer Integration in die moderne Gesellschaft Stellung zu nehmen. In zehn arbeitsreichen Jahren lernte Edith Stein, was es heißt, ja zu sagen zur Erfahrung mit Gott und sich dennoch ausgeschlossen zu fühlen vom eigentlichen Berufsziel. Sie war sehr sparsam in Worten über das, was sie im Glaubensleben erfuhr. Schüler und Schülerinnen und Freunde spürten ihre geistliche Ausstrahlung und bewunderten ihr radikales Ernstmachen mit der Botschaft Jesu. In einem ihrer Vorträge sagte sie: »Es ist ein weiter Weg von der Selbstzufriedenheit eines guten Katholiken, der seine Pflicht erfüllt, eine gute Zeitung liest, richtig wählt, im Übrigen aber tut, was ihm beliebt, bis zu einem Leben an Gottes Hand, in der Einfalt des Kindes und der Demut des Zöllners. Aber wer ihn einmal gegangen ist, wird ihn nicht wieder zurückgehen.«

1930 riet man Edith Stein, sich in Breslau oder Freiburg i. Br. zu habilitieren. Da ihr dies als Jüdin und Frau nicht gelang, nahm sie 1932 eine Dozentur am Deutschen Institut für wissenschaftliche Pädagogik in Münster an. Nur ein Jahr sollte ihr eine fruchtbare Tätigkeit beschieden sein. Die 1933 erlassenen Nichtariergesetze machten sie berufslos. Plötzlich sah sie sich frei, ihrem innersten Wunsch, im Karmel Teresas von Ávila zu leben, zu folgen. Ein Angebot nach Südamerika lehnte sie ab und trat im Herbst 1933 in den Kölner Karmel ein. Trotz der nationalsozialistischen Judenverfolgung begriffen auch jetzt viele ihrer Freunde – geschweige denn ihre eigene Familie – nicht, wie eine so begabte, vielseitig gebildete Frau einen solchen Weg gehen konnte.

Edith Stein flüchtete nicht aus der Welt. Vielmehr wollte sie der Welt beistehen durch die Kraft des Betens. Sie sah, dass alle Aktivität den Leiden, die auf Deutschland und Europa zukamen, im Letzten nicht helfen konnte. Sie glaubte, dass alles Böse, das sich Menschen gegenseitig antun, nur erlöst werden kann durch die Kraft verzeihender Liebe …

Edith Stein fehlte im Karmel nichts. Sie hatte in Gott alles gefunden und war bereit, wenn es sein sollte, ein ähnliches Schicksal wie Jesus auf sich zu nehmen. Die Worte, die sie bei ihrer Aufnahme gesprochen hatte: »Nicht die menschliche Tätigkeit kann uns helfen, sondern das Leiden Christi, daran Anteil zu haben, ist mein Verlangen«, sollten sich an ihr bewahrheiten.

Schicksalsgemeinschaft in Auschwitz

Nach den Ausschreitungen gegen die Juden in den Novemberpogromen 1938, wollte Edith Stein ihr Kölner Kloster nicht länger gefährden und floh nach Holland. Sie wusste, dass sie auch im Karmel in Echt nicht sicher war, und sah den Bemühungen der Schwestern, sie nach dem Einmarsch der Deutschen in Holland in die Schweiz zu retten, gelassen zu. Sie musste erleben, wie einige ihrer Geschwister aus Breslau deportiert wurden, andere nach Amerika auswanderten. Man gab ihr den Rat, sich zu verstecken, aber sie wollte es nicht.

Holland schien zunächst geschützt. Als die holländischen Bischöfe jedoch nicht länger zu den Verbrechen der Nationalsozialisten schweigen konnten, wurden die holländischen Katholiken jüdischer Herkunft als Racheakt gegen die kirchliche Intervention am 2. August 1942 plötzlich verhaftet. Die Gestapo erschien auch im Karmel zu Echt und zwang die Schwestern unter Drohungen, Edith und Rosa Stein, die an der Pforte arbeitete, im Überfallauto mit ihnen ziehen zu lassen. Die vor der Klosterpforte versammelten empörten Holländer hörten, wie Edith Stein zur SS sagte: »Wenden Sie sich sofort an das Schweizer Konsulat. Wir werden von dort angefordert und erwarten täglich die Einreiseerlaubnis.« In Westerbork tröstete sie verzweifelte Mütter, nahm sich der verwahrlosten Kinder an und setzte die Beamten durch ihr heiteres und gelassenes Benehmen in Erstaunen. »Konnte bisher herrlich beten«, schrieb sie in einem ihrer letzten Briefe. In der Kraft dieses Betens, dieser Schicksalsgemeinschaft mit den gequälten jüdischen Brüdern und Schwestern bestieg sie mit den anderen Unglücklichen den Todeszug nach Auschwitz am 7. August 1942. Mit größter Wahrscheinlichkeit wurde Edith Stein nach der Ankunft in Auschwitz-Birkenau am 9. August 1942 vergast.

Literatur

W. Herbstrith, Edith Stein, Jüdin und Christin; München / Zürich / Wien, 4. Aufl. 2004;

W. Herbstrith, Edith Stein: Ihr wahres Gesicht? Jüdisches Selbstverständnis – Christliches Engagement – Opfer der Shoah. Neuausgabe, Münster 2006;

W. Herbstrith, Edith Stein. Ein Opfer unserer Zeit; Edition du Signe, 3 Aufl., Strassbourg u. a., 2005

Victor Conzemius

Johannes XXIII.

Auf ihn berufen sich alle

** 1881 in Sotto il Monte / Italien*
† 1963 in Rom
Papst
Gedenktag: 3. Juni

In den frühen Morgenstunden des 9. Oktober 1958 starb in der päpstlichen Sommerresidenz Castel Gandolfo Papst Pius XII. Eugenio Pacelli, wie er mit bürgerlichem Namen hieß, war ein herrscherlicher Aristokrat, der die Kirche autoritär regierte. Das Schiff Petri hatte er durch die Schrecken des 2. Weltkrieges gesteuert. Internationales Prestige war ihm in hohem Maße zuteil geworden. Die Menschen fragten sich: Wie geht es ohne ihn weiter?

Am 28. Oktober 1958 wurde nach kurzem Konklave der Patriarch von Venedig, Angelo Roncalli, zum Papst gewählt. Er nahm den Namen Johannes XXIII. an. Die Reaktionen waren kühl bis frostig. Sein Alter (77 Jahre), seine füllig-gutmütige Figur und sein relatives Unbekanntsein – all das trug zu dieser Enttäuschung bei. Ganz ungeniert nannten die Italiener ihn einen »papa di passagio«, einen Übergangspapst.

Der »Übergangspapst«

Fünf Jahre später, als Johannes XXIII. am 3. Juni 1963 die Augen schloss, waren die Reaktionen ganz anders. Es war, als ob auf der Welt die Lichter ausgegangen wären. Für viele war es wie der Verlust eines Familienangehörigen. Legende und Mythos bemächtigten sich des toten Papstes. Der so genannte Übergangspapst, der aus Verlegenheit gewählt wurde, weil man einem hochpolitischen Papst wie Pius XII. einen unpolitischen Nachfolger geben wollte, wurde innerhalb weniger Jahre zum Idealpapst des Jahrhunderts. Seine Vorgänger und seine Nachfolger wurden an ihm gemessen und vielfach zu leicht befunden.

Doch in der Deutung seiner Persönlichkeit schieden sich die Geister. A prima vista erschien der neue Papst entwaffnend naiv. Er verkörperte Bonhomie und Gutmütigkeit, scheinbar ohne jede Tiefe. Für viele war er ein altmodischer Katholik, der sein Seelengärtlein pflegte nach den bewährten Werken einer verstaubten Spiritualität. Johannes der Gute wurde er genannt, manchmal mit leicht spöttischem Unterton. Wer ihn freundlicher beurteilte, sagte, er war der Mann, der die Welt des 20. Jahrhunderts lehren wollte, wie klein der Hass und wie groß die Liebe ist.

Doch zu hell leuchtete die Spur, die Johannes in seinem kurzen Pontifikat hinterlassen hatte. Er hatte einiges in Bewegung gesetzt, sowohl innerkirchlich wie auch nach außen. Deshalb konnte er kein gutmütiger, durch Zufall ins höchste kirchliche Amt katapultierter Don Camillo gewesen sein. Hinter der Fassade der Bonhomie und der Vielzahl von Anekdoten, die über ihn kursierten, steckte eine Persönlichkeit, die sich routinierter Plakatierung entzog.

Einiges erhellt seine Lebensgeschichte. Angelo Roncalli wird am 25. November 1881 im Bergdorf Sotto il Monte im Bergamasker-Land, östlich des Comer Sees geboren. Seine Eltern sind Bauern, weder arm noch reich. Angelo Roncalli hat Gott erfahren als Schöpfer und Erhalter in einer Welt, in der die Natur Abbild ist für die Botschaft Jesu vom Weizenkorn, das sterben muss, um Frucht zu tragen. Er wird zu einer Lebenshaltung erzogen, die sich mit wenigem bescheiden kann, ohne deswegen unglücklich zu sein. Über seine Jugend erzählt Angelo: »Wir waren arm, aber zufrieden mit unserer Lage und voll Vertrauen auf die Hilfe der Vorsehung. Auf unserem Tisch gab es nie Brot, nur Polenta; keinen Wein für Kinder und Jugendliche, selten Fleisch, höchstens zu Weihnachten und Ostern ein Stücklein hausgemachten Kuchens. Die Kleidung und das Schuhwerk für den Kirchgang mussten für viele Jahre herhalten. Und doch gab es, wenn ein Bettler sich an der Türe unserer Küche zeigte, wo die Kinder, an die 20, ungeduldig auf ihren Teller Suppe warteten, immer noch einen Platz. Meine Mutter beeilte sich, jenen Unbekannten neben uns zum Sitzen einzuladen.«

Nach der Dorfschule besucht Angelo 1892–1900 das bischöfliche Knabenseminar in Bergamo. Der Weg zum Priestertum ist dem Bauernjungen vorgezeichnet. In seinen Tagebüchern schlägt sich das Ringen mit seinem Temperament nieder. Bis ins kleinste Detail ist sein geistliches Fitnessprogramm geregelt. Stolz und Geltungssucht meint er bei sich als Hauptfehler zu erkennen. Im Rückblick urteilt er gelassener: »Ich war ein braver Junge, unschuldig und ein wenig schüchtern.«

Der brave und schüchterne Junge beeindruckt seine geistlichen Lehrer durch seinen soliden Fleiß. Sie schicken ihn 1901 zum Weiterstudium nach Rom an das Kolleg Apollinare. Hier im römischen Zentrum lernt er die Welt der Kleriker kennen. Er schließt Freundschaft mit jungen Leuten, denen er später auf den verschiedenen Stationen seines Lebens im Kirchendienst wieder begegnen wird.

Klerikale »Musterkarriere«

Am 10. August 1904 wird er in Rom zum Priester geweiht. Mit Doktorhüten beladen kehrt er in seine Heimatdiözese zurück. Auf eine passende Anstellung braucht er nicht lange zu warten. Graf Radini-Tedeschi, der neue Bischof von Bergamo, braucht einen Sekretär. Zugleich wird Angelo Professor am Priesterseminar, Dozent für Kirchengeschichte, Fundamentaltheologie und Patrologie. Es fällt auf, dass er den allgemein üblichen Weg als Vikar oder Pfarrer nicht beschritten hat. Schnurstracks wird er gewissermaßen von der Schulbank auf einen verantwortungsvollen Posten kirchlicher Administration berufen. Erst mit 72 Jahren, als Patriarch und Erzbischof von Venedig, wird ihm direkte seelsorgerische Verantwortung übertragen. Dennoch wäre es abwegig zu behaupten, dass er sich vor der Mühsal der Alltagsseelsorge gedrückt habe. Im Gegenteil, Roncalli war Seelsorger durch und durch auf allen Stationen seines Lebens.

Die Jahre in Bergamo von 1905–1914 sind entscheidend für sein menschliches Reifen. Sein Bischof ist keineswegs ein bloßer Verwalter der Diözese. Er ist eine der nicht so zahlreichen innovativen Gestalten im italienischen Episkopat seiner Zeit.

Der hellhörige Aristokrat und der strebsame Bauernsohn, das ist kein schlechtes Gespann. In seiner Verbindung von intellektueller Sensibilität und sozialer Aufgeschlossenheit wird der Bischof für den jungen Priester zum Polarstern seines Lebens. Roncalli hat aber noch einen anderen Lehrmeister: die Geschichte und ihr Erfahrungspotential. Als Geschichtslehrer am Seminar begeistert er sich für die großen Gestalten der Katholischen Reform Italiens im 16. Jahrhundert. Vor allem der Mailänder Erzbischof Carlo Borromeo, der ideale Typ des Reformbischofs, hat es ihm angetan. Dieser bischöfliche Hirte scheute keine Mühe, bis in die entlegensten Bergdörfer seiner Diözese nach dem Rechten zu schauen, und führte darüber genau Protokoll. Roncalli hat diese Berichte mit gelehrten Anmerkungen versehen und in umfangreichen Bänden publiziert.

Wenige Wochen nach Ausbruch des 1. Weltkrieges stirbt Bischof Radini-Tedeschi. Sein Sekretär wird zum Militär einberufen. Als Sanitäter und als Feldkaplan leistet er seinen Dienst. 1920 wird er mit einer nationalen Aufgabe betraut. Er wird Leiter der päpstlichen Missionswerke in Italien. Seine Aufgabe besteht darin, die diözesanen Hilfswerke für die Mission zu koordinieren.

Wie war die Berufung nach Rom zustande gekommen? Ganz »zufällig« war sie nicht. Roncalli hatte Papst Benedikt XV. ein Widmungsexemplar der Biographie des Bischofs Radini-Tedeschi zukommen lassen, die er als engster Mitarbeiter des Bischofs in kurzer Zeit verfasst hatte. So war der Papst auf den jungen Prälaten aufmerksam geworden. Ebenso »zufällig« vollzieht sich Jahre später über eine persönliche Bekanntschaft mit Papst Pius XI. sein Einstieg in die päpstliche Demokratie. Pius XI., der Benedikt XV. 1922 nachfolgte, kannte Roncalli von seinen historischen Forschungen in der ambrosianischen Bibliothek in Mailand. Er hält ihn für fähig, die päpstliche Vertretung in Bulgarien zu übernehmen als Einstieg in die kirchliche Diplomatie. Es gab in Bulgarien etwa 50 000 Katholiken, ohne nennenswerten Einfluss im Lande. In einer delikaten Situation gelingt es ihm, Spannungen zwischen dem Vatikan und dem Königshaus zu beheben.

Neun Jahre später wird der 1925 zum Bischof Geweihte päpstlicher Delegat in der Türkei und in Griechenland. Auch das sind Länder, in denen die Katholiken eine winzige Minderheit sind. Für den künftigen Papst sind es wichtige Lehrjahre. Bei den Bulgaren hat er eine nicht-römische christliche Kirche kennen gelernt; in Istanbul erlebt er zum ersten Mal eine nicht-christliche Kultur, die sich unter Kemal Atatürk kulturell und technisch dem Westen öffnet. Der kulturelle und religiöse Pluralismus, den er hier vorfindet, befähigt ihn, später mit offenen Armen auf Menschen anderer Zivilisationen und Religionen zuzugehen. Die bulgarischen und türkischen Bauern, gleichen sie nicht denjenigen, die sich im Bergamasker-Land auf den Feldern abrackern? Hinter konfessionellen und kulturellen Besonderheiten spürt er die Gemeinsamkeit menschlicher Probleme.

Selber hat er allerdings darunter gelitten, von der Heimat abgeschnitten zu sein. Jeweils in den Ferien kehrt er nach Sotto il Monte zurück, um neue Kräfte zu schöpfen und die Bindung an die Familie zu bewahren. Doch beschäftigt ihn mitunter der Gedanke, seine Vorgesetzten in Rom hätten ihn vergessen.

Völlig unvorhergesehen wertet der Zweite Weltkrieg die Stellung des »vergessenen« Vatikandiplomaten auf. Zwischen den Blöcken vermag er humanitäre Hilfe zu leisten. Roncalli lässt seine guten Beziehungen zum deutschen Botschafter Franz von Papen und zum deutschen Befehlshaber in Griechenland spielen, um griechische Patrioten vor der Hinrichtung zu bewahren. Vor allem aber nimmt er sich der rassisch Verfolgten an, die an die Türen der Nuntiatur klopfen. Dafür besitzt er die volle Unterstützung des Vatikans. Dem deutschen Botschafter von Papen schenkt er wohl etwas viel Vertrauen und berichtet über dessen Friedensvorschläge nach Rom. Papst Pius XII., der in diesen Fragen den besseren Überblick hat, liest die Berichte seines Delegaten in Istanbul manchmal mit Zustimmung, manchmal mit Kopfschütteln.

Ende 1944 muss die Nuntiatur in Paris neu bestellt werden. Heißsporne der Résistance in Frankreich verlangen die Absetzung von 30 Bischöfen, denen ungenügendes patriotisches Verhalten während der deutschen Besetzung vorgeworfen wird. Nach einigen Monaten kühlt dieser Eifer sich ab. Durch geschickt zuwartendes Verhalten hat Roncalli zu einer glimpflichen Lösung beigetragen. Schlussendlich mussten nur drei Bischöfe zurücktreten.

Längst hat der ehedem schüchterne Theologiestudent von Bergamo seine Schüchternheit abgelegt. Sein Mutterwitz bringt steife Diplomaten zum Schmunzeln. Dem Vertreter des Vatikans ist »politische Korrektheit« unbekannt. Ausgerechnet am Tag der deutschen Kapitulation, am 8. Mai 1945, besucht er ein Kriegsgefangenenlager bei Chartres, in dem viele deutsche Theologiestudenten sich befinden. Er unterstützt den tapferen Abbé Stock, der sein Leben während der deutschen Besetzung für zum Tod verurteilte Franzosen eingesetzt hat und jetzt Anwalt der deutschen Kriegsgefangenen geworden ist. Stock bemüht sich, Theologieunterricht für die jungen Leute zu organisieren. Der Nuntius sucht auch Verbindung ins andere politische Lager. Mit dem französischen Präsidenten Vincent Auriol, einem Sozialisten und Agnostiker, freundet er sich an. Auriol wird ihm später den Kardinalshut überreichen, nach alten Privilegien so genannter katholischer Länder.

Bei den französischen Katholiken war seine Aufnahme geteilt. Selber verfolgte der Nuntius mit großer Anteilnahme das Experiment der Arbeiterpriester. Die »Heiligen, die in die Hölle gingen«, wie man sie nannte, waren Priester, die in Fabriken arbeiteten und sich gewerkschaftlich mit den Arbeitern solidarisierten. Als 1953 der Nachfolger Roncallis in Paris den französischen Bischöfen auf Geheiß von Rom befahl, das Experiment abzubrechen, kam auch Roncalli ins Gerede. Man argwöhnte, er habe durch seine Berichte nach Rom die Arbeiterpriester denunziert und römische Kongregationen zum Einschreiten bewogen. Einer seiner Mitarbeiter, der spätere Nuntius Bruno Heim, stellt die Angelegenheit richtig: Weder in der Sache der Arbeiterpriester noch in irgendeiner anderen Angelegenheit hat Roncalli nach Rom denunziert. Das Denunzieren besorgen in der Regel die eigenen Landsleute, die eifrig Briefe nach Rom schreiben.

Zu Beginn des Jahres 1953 wird der 72-jährige Nuntius in Paris Patriarch von Venedig und Kardinal. Er, der nie Pfarrer oder Diözesanbischof gewesen ist, erhält eine völlig neue Aufgabe. Sie erschreckt ihn nicht, weil er in allen Ämtern, die er übernommen hatte, der Seelsorge den Primat eingeräumt hatte. In sein Tagebuch vermerkt er: »Es ist interessant, dass die göttliche Vorsehung mich dorthin zurückgeführt hat, wo meine priesterliche Berufung ausging: zur Seelsorge. Nun stehe ich direkt und unmittelbar in der seelsorglichen Verantwortung von Menschen. Im Grunde bin ich immer der Auffassung gewesen, dass für einen Priester die so genannte Diplomatie von pastoralem Geiste durchdrungen sein muss; andernfalls ist sie nichts wert und setzt eine heilige Aufgabe dem Gespött aus. Jetzt stehe ich im Zentrum der wahren Kirche, deren Aufgabe darin besteht, Menschen zu retten, sie zu Christus zu führen. Das genügt mir und ich danke deswegen dem Herrn.«

Der Patriarch von Venedig ist ein großer Herr. Etwas vom Prestige der früheren Dogen ist auf ihn übergegangen. Bei allem äußeren Glanz des Amtes schmerzen ihn die Vielfalt der Nöte und die geringen Mittel, die ihm zur Verfügung stehen. Er versucht, neue pastorale Akzente zu setzen. Gleich zweimal lädt er den russischen Komponisten Igor Strawinsky ein, seine Werke in Sankt Markus aufzuführen. Über Italien hinaus erregt er Aufsehen, als er den Kongress der italienischen Sozialisten in Venedig begrüßt, die nicht an so viel Freundlichkeit von Prälatenseite gewöhnt sind.

1955. als er die Feiern für das 500-jährige Bestehen des Patriarchats vorbereitet, befallen ihn Todesahnungen. Doch sollte auf ihn noch jenes Amt warten, das er nicht gesucht, am wenigsten angestrebt hat: die Nachfolge Petri. Am 28. Oktober 1958 wird er nach einem dreitägigen Konklave zum Papst gewählt. Zunächst war die Enttäuschung groß, schlug aber nach einigen Wochen in helle Begeisterung um. Die Wahl des Papstnamens Giovanni bedeutete, dass er die Linie der Pius-Päpste nicht fortführen würde. Welche Akzente würde er selber setzen? Kurze Zeit nach seiner Wahl traf er Entscheidungen, die sich vom autoritären Regierungsstil seines Vorgängers Pius XII. abhoben. Er setzte die von seinem Vorgänger weitgehend ausgeschaltete Kurie in ihren Funktionen wieder ein und gedachte, dem an kurzer Leine gehaltenen italienischen Episkopat eine größere Eigenständigkeit einzuräumen. Eine Hochschätzung des Pastoralcharakters des Bischofsamtes scheint bei ihm bereits in den ersten Wochen seines Pontifikates durch. Hatten seine letzten Vorgänger kaum Schritte außerhalb des Vatikans getan, so besuchte er Pfarreien, Spitäler und Gefängnisse.

Das Konzil – Öffnung zur Welt

Von allen Maßnahmen, die der neue Papst traf, war die öffentliche Ankündigung eines Ökumenischen Konzils am 25. Januar 1959 in der römischen Hauptkirche St. Paul vor den Mauern (Sao Paolo fuori le mura) die bedeutsamste. Sie riss den zum Übergangspapst deklarierten Pontifex aus dem Tief der Einschätzung, die ihm unmittelbar nach seiner Wahl in Kirche und Welt entgegengebracht worden war. Sein Bild in der Öffentlichkeit wurde nun vollständig umgedeutet. In Anbetracht seines Alters hatte der Papst, der das Konzil noch erleben wollte, es eilig. Mit der Vorbereitung wurde das Staatssekretariat beauftragt. So blieb das kommende Konzil fest in römischer Hand. Skeptiker meinten, damit sei alles bereits gelaufen, wenn Rom die Themen diktierte und fertige Diskussionsvorlagen lieferte. Ernsthafte Innovationen seien deshalb vom Konzil nicht zu erwarten.

Doch die Skeptiker sollten diesmal nicht Recht behalten. Am 29. Juni 1959 definierte Johannes als Ziel des Konzils: innere Erneuerung der Kirche und Aggiornamento (notwendige Anpassung) ihrer äußeren Ordnungen an die veränderten Bedingungen der Zeit.

Vorbehalte waren bei den kurialen Instanzen besonders ausgeprägt, weil diese daran gewöhnt waren, ihre eigenen Vorstellungen als den Willen des Hl. Vaters, gar als den Willen Gottes auszugeben. Zwischen diesen Kreisen und dem Weltepiskopat, der seine Anliegen in seiner eigenen Sprache formulierte, gelang es dem Papst einen Kurs zu steuern, der das Selbstbestimmungsrecht des Konzils sicherte. Mochten auch Eingleisige das als Zickzackkurs bezeichnen: die

Freiheit des Konzils war so gerettet. So griff der Papst nicht ein, als zu Beginn des Konzils (Oktober 1962) die Bischöfe durchsetzten, die einzelnen Konzilskommissionen mit frei gewählten Mitgliedern zu besetzen. Sie zerzausten die in Rom ausgearbeiteten Vorlagen oder wiesen sie gar zurück.

Die größte Sensation für Kirche und Weltöffentlichkeit war, dass Theologen der von Rom getrennten Kirchen als Beobachter zum Konzil eingeladen wurden. Jenseits aller Illusionen, die diese Einladung hier und dort weckte, war der direkte Ertrag dieser Initiative, dass Theologen dieser Kirchen inoffiziell an den Konzilsdokumenten mitarbeiteten. Einen bleibenden Stützpunkt erhielten diese Kirchen im Einheitssekretariat, das Johannes auf Anregung des Paderborner Erzbischofs Kardinal Jaeger 1959 ins Leben rief.

Hatten sich anfänglich viele gefragt, wie der Roncalli-Papst gegenüber der juristisch-formelhaften Sprache seines Vorgängers seinen eigenen Stil finden wird, so war diese Sorge unbegründet. Johannes XXIII. formuliert weniger lehrmäßig als Pius XII., Gebote und Verbote einschärfend, sondern appelliert unmittelbar an das Verantwortungsbewusstsein von Gläubigen und Außerkirchlichen. In der Enzyklika »Mater et Magistra« (1961) führt er die Tradition der päpstlichen Soziallehre in eine neue Zeit hinüber. Im Rundschreiben »Friede auf Erden« (März 1962) spricht er alle Menschen guten Willens an und ächtet den Krieg. Zugleich unterstreicht er die Verantwortung der Industrienationen für die Länder der so genannten Dritten Welt.

Es sind diese Akzentuierungen, die auch in den Ostblockstaaten hinter dem Eisernen Vorhang Menschen aufhorchen lassen. Noch reicht die Lebensspanne, um im März 1963 Alexis Adschubej, dem Schwiegersohn des russischen Diktators Chruschtschow, »einen kleinen Segen« mit nach Moskau zu geben. Doch für ihn selber wird die Zeit knapp. Bereits in seinem 80. Lebensjahr hatte er in sein Tagebuch notiert: »Ich spüre in meinem Körper Anzeichen gewisser Störungen, die bei einem alten Mann natürlich sein sollen. Ich trage sie in Frieden, auch wenn sie mir bisweilen ein wenig unangenehm sind und wenn ich auch befürchten muss, dass sie sich verschlimmern. Es ist nicht gut, darüber viel nachzudenken.« In sein Testament schrieb er: »Gelassen und ruhig erwarte ich den Bruder Tod.«

Bruder Tod holte ihn ab am Pfingstmontag, den 3. Juni 1963. Eine ganze Welt trauerte um ihn. Kardinal Giovanni Battista Montini, der als Paul VI. sein Nachfolger werden sollte und das Konzil zu einem guten Abschluss brachte, formulierte in einer Gedenkrede im Mailänder Dom: »Wenn wir einen Blick werfen wollen auf sein nunmehr geschlossenes Grab, so müssten wir auch von seinem Erbe sprechen, das kein Grab einschließen kann; vom Geist, den er unserer Zeit vermittelt hat und den der Tod nicht auslöschen kann.«

Auf sein Erbe beriefen sich alle: Gläubige und Ungläubige, Skeptiker und Enthusiasten, Marxisten und Pietisten. Ein heftiger Streit entbrannte vor allem unter Katholiken wegen des »Geistes« Johannes' XXIII. und damit des Konzils. Die einen nahmen Johannes als Patron ihrer kirchlichen Reformideen in Anspruch; andere waren der Auffassung, dass dieser Geist von übereilten Reformern verraten wurde.

Besonders »fortschrittliche« Katholiken bemühten sich, den in die Zukunft weisenden Johannes in die Toga der Fortschrittlichkeit zu drapieren. Doch Johannes lässt sich nicht in ein lineares Schema hineinpressen. Näher an den wahren Roncalli-Papst führt der reformierte Schweizer Kirchenhistoriker Andreas Lindt. In einem Nachruf auf den verstorbenen Pontifex führte er aus, dass nur wer ihn mit seinen historischen Bedingtheiten, mit seinen menschlichen Eigenheiten und Schranken seiner Persönlichkeit zu setzen und zu verstehen versucht, seine wahre geschichtliche Bedeutung erkennen kann:

»Johannes XXIII. hat tatsächlich in seinem kurzen Pontifikat für die katholische Kirche eine neue Epoche eröffnet. Er war zugleich aber zutiefst verwurzelt in den festen alten Traditionen katholischer Frömmigkeit und Kirchlichkeit. Seine Initiativen haben für die nähere und weitere Zukunft Grenzpfähle ganz neu gesetzt, haben unabsehbare Perspektiven eröffnet. Und doch war dieser Papst in seinem ganzen geistlichen und denkerischen Habitus durchaus kein ›Progressiver‹, sondern in seiner Frömmigkeit, in seinem Kirchenverständnis und seinem Weltbild zunächst ausgesprochen konservativ.«

Johannes selber wäre es nicht in den Sinn gekommen, sich dieses konservativen Geisteshabitus zu schämen. Sich selber sah er jenseits aller Parteien und des Richtungsgezänks in der unglaublichen Dimension des Glaubens: »Mir scheint, ich sei ein leerer Sack, den der Heilige Geist unversehens mit Kraft füllt.«

Literatur

Johannes XXIII., Geistliches Tagebuch, Freiburg i. Br. 1964, als Herder Taschenbuch 1968, mit einem Nachwort von Hannah Arendt: Der christliche Papst;

P. Hebblethwaite, Johannes XXIII. Das Leben des Angelo Roncalli. Zürich / Einsiedeln / Köln 1986;

G. Kranz, Papst Johannes XXIII. als literarische Figur, in: Geschichtsverein für das Bistum Aachen e. V. (Hg.), Geschichte im Bistum Aachen. Von Pius XII. bis Johannes XXIII. Beiheft 2, 2001/2002, Neustadt an der Aisch 2002, S. 217–241

Andreas-Pazifikus Alkofer

Maximilian Kolbe

Der Märtyrer von Auschwitz

** 1894 in Zdunska Wola / Polen*
† 1941 im Konzentrationslager Auschwitz-Birkenau
Märtyrer; Ordensmann
Gedenktag: 14. August

Auf Maximilian Kolbe stieß ich früh. Viel früher, als zu ahnen war, dass ich einmal selbst seiner Ordensgemeinschaft angehören, ja, in einem Kloster leben würde, das er besucht hat, um vor Ort bei der lokalen Industrie perfekte Druck- und Rotationsmaschinen zu besichtigen. Erst Schritt für Schritt erschließt sich dann manches (und manches auch nicht, das sei zugegeben).

Wie geht es an mit »Nr. 16770«?

P. Maximilian M. Kolbe ist am Anfang seines Lebens »ein Pole ohne Land«. Drei Kaiserreiche haben sich einmal mehr das Land »dazwischen« geteilt, die Kaiser in Berlin, Wien und Moskau diktieren 1894.

Am Ende seines Lebens ist Kolbe wieder »ein Pole ohne Land«. Zwei Diktatoren – ein »brauner«, ein »roter« – haben es 1939 unter sich aufgeteilt. Am Ende ist Kolbe zudem eine Nummer: »16770«. Das ist seine Häftlingsnummer im KZ. Als Nummer wird er sterben, wie zu viele, anders als viele bleibt er aber nicht namens- und gesichtslos.

Raimund Kolbe (so sein Taufname) kommt als Sohn des deutschstämmigen Webers Julius Kolbe und seiner Frau Maria, geb. Dabrowska, zur Welt. Er wächst mit seinen vier Geschwistern (zwei von ihnen sterben früh) in einfachen Verhältnissen bei Lodz auf, wo er erste Kontakte zu Volksmissionaren der Franziskaner-Konventualen erhält. Zusammen mit seinem Bruder Franz tritt Raimund 1907 in das Seminar des Ordens in Lemberg ein. Dort erhält er am 4. 9. 1910 als Novize den Namen Maximilian.

In Krakau nimmt er dann bei den Mitbrüdern seine philosophischen Studien auf. Sehr schnell führt ihn dann der Weg ins Weite, nach Rom. Von 1912–1915 studiert er Philosophie an der Gregoriana, dann von 1915–1919 Theologie am internationalen, ordenseigenen »Collegium Seraphicum«. Beide Fächer schließt er mit dem Doktorat ab. Am 1. 11. 1914 legt er unter Hinzufügung des Namens Maria die feierlichen Gelübde ab. Die Priesterweihe empfängt er am 24. 4. 1918. – Das alles klingt rasant, bleibt erstaunlich genug. Steht eine Ordens-, eine Theologenkarriere bevor? Halten wir uns vor Augen: Von Kolbe selbst wissen wir, dass er, hätte er in dieser Zeit nach Polen zurückgekonnt, den Orden verlassen hätte, Soldat geworden wäre. Genau in diesen Jahren zerreißt der 1. Weltkrieg Europa.

Herausforderungen und Rotationen

Doch Soldat? In Rom begegnet der junge Maximilian Kolbe erstmals kirchenfeindlichen Bestrebungen. Besonders in Erregung und Rotation versetzen ihn antikatholische Demonstrationen italienischer Freimaurer. Die Antwort Kolbes ist unmittelbar. Mit einigen Mitbrüdern gründet er am 16. 10. 1917 die »Militia Immaculatae«, den »Kreuzzug der Immaculata«. Das Ziel heißt, »allen Sündern, ... überhaupt allen Menschen die Hand zu reichen, sie zu Gott zurückzuführen und zu heiligen«. Kolbe will aus der Defensive, missionieren und werben. Greifbar wird hier auch die besondere marianische Spiritualität Kolbes. Sie hat naturwüchsige Gründe in seiner polnischen Herkunft.

Diese anfangs ganz kleine Initiative wird zu erstaunlicher Größe aufblühen und P. Maximilian in »weltweite« Rotation bringen. Aber noch ist es nicht so weit. Der Reihe nach also. Als Kolbe im Juli 1919 nach Polen – unterdessen ja ein eigener Staat – zurückkehrt, wird er von seinen Oberen, aber entgegen seinen Wünschen zum Professor für Philosophie und Kirchengeschichte an das Studium der Konventualen in Krakau berufen. Kolbe gehorcht, aber weder er noch seine Studenten scheinen sehr begeistert. Und schon bald wird diese Zwischenetappe ein Ende finden. Kolbe erkrankt schwer an Lungentuberkulose. Ein Kuraufenthalt in Zakopane bringt etwas Abhilfe. Die gesundheitliche Anfälligkeit wird ihm jedoch bleiben.

Ständig unter Druck – und weitere Drucksachen

Nach der Kur geht es dann mit Hochdruck und Energie an das eigentliche Lebenswerk, für das sich Kolbe berufen sieht: Presseapostolat und Mission. 1921 startet er in Krakau die Herausgabe der Monatszeitschrift mit dem programmatischen Titel »Rycerz Niepokalanej« (Ritter der Unbefleckten). Die Beiträge schreibt er zunächst meist selbst. Der Erfolg ist verblüffend. Schon 1922 zieht Kolbe in das Kloster nach Grodno um: Redaktion und Druckerei brauchen mehr Platz. Der reicht aber nach kurzem auch schon nicht mehr aus. Erst die großzügige Schenkung eines ausgedehnten Grundbesitzes durch den Fürsten Jan Drucki-Lubecki in Teresin (40 km westlich von Warschau) schafft für Kolbe die Grundlage dafür, dass er 1927 sein Missionswerk jetzt in großem Stil in Angriff nehmen kann. Und »groß« ist hier wirklich keine Übertreibung! Innerhalb weniger Jahre entsteht auf dem Gelände eine regelrechte, aber sehr »eigenartige« Stadt: »Niepokalanów« (Stadt Mariens, wörtlich »der Unbefleckten«) heißt sie. Es finden sich dort ein enormes Zentralkloster (Ende der 30er Jahre leben dort über 600 Mitbrüder; vermutlich einer der größten Konvente weltweit), ein Pressezentrum mit Druckereien, Konferenz- und Tagungsgebäuden, ein Missionszentrum. Später kommen ein Rundfunksender, ein kleiner Flugplatz und sogar eine eigene Klosterfeuerwehr der Brüder hinzu. Auch der Verlag wächst bis 1939 massiv. Flaggschiffe sind drei Monatszeitschriften. Sie erreichen zusammen eine Auflage von 1,2 Millionen Exemplaren. Die Zahl der Mitglieder und Anhänger der Militia wächst auf 700 000.

Bewegte Zeiten

1936 kehrt Kolbe nach einer intensiven Missionstätigkeit im Fernen Osten nach Polen zurück. Er wird zum Guardian (eigentlich: Wächter, eher aber »Begleiter«, der gebräuchliche Titel für einen Hausoberen in franziskanischen Konventen) von Niepokalanów gewählt. Selbstverständlich, würde man fast sagen. Diese Jahre von 1936 bis 1939 sind sicherlich ein Höhepunkt. Niepokalanów erlebt seine größte Blüte. P. Maximilian kann sich nach Kräften dem Ausbau seines Presseapostolats widmen.

Kolbe reist wieder, schaut sich um, sucht Förderung. Eine der Reisen führt ihn 1937 nach Rom. Die Mitbrüder in der Generalleitung kennen ihn natürlich, schätzen sein missionarisches Engagement. Doch es gibt auch Fragen. Nicht nur, weil Kolbe seine Anliegen durchaus »impertinent« (man verzeihe den Ausdruck) vertreten kann. Manche machen sich auch Sorgen, wie die Dynamik seiner Initiativen eingebunden werden kann.

Kurz nach seiner letzten Reise nach Lettland 1939 beginnt für Kolbe ein letzter Lebensabschnitt. Höhepunkte, Tiefpunkte, Nullpunkte und Heroisches – all das auf einmal. Ende der Träume und Anfang einer Ewigkeit?

Der nächste Weltkrieg beginnt. Die deutsche Wehrmacht fällt in Polen ein. Niepokalanów wird schon am 13. 9. 1939 besetzt, ein paar Tage nach Kriegsbeginn. P. Maximilian wird am 19. 9. 1939 zusammen mit 40 Mitbrüdern verhaftet. In der Logik der Nazis nur folgerichtig. Die polnische Intelligenz soll – wie von den Braunen geplant – ausgerottet werden. Dazu werden programmatisch auch die Kleriker gerechnet. Und dann muss natürlich auch ein Presseapparat zum Verstummen gebracht werden. Gegenstimmen gegen die Nazis in der Öffentlichkeit? Unmöglich.

Erstaunlicherweise wird Kolbe schon am 8. 12. 1939 wieder entlassen. Die Gestapo verhaftet Kolbe am 17. 2. 1941 ein weiteres und letztes Mal. P. Maximilian wird in das Warschauer Gefängnis Pawiak überstellt, dort schwer gefoltert.

Dann folgt der Abtransport in das KZ Auschwitz am 28. 5. 1941. Häftling Nr. 16770 wird gequält und geschunden, seine Tuberkulose bricht wieder aus – und doch behält er Aufmerksamkeit für seine Mitgefangenen, spendet Trost, gibt Beistand. So schildern ihn Überlebende. Nächstenliebe am extremsten Ort der Nächstenvernichtung, Gottesliebe am extremsten Ort der Gottesferne.

Dem Ende zu …

Ende Juli 1941 gelingt einem Häftling aus dem KZ-Block 14 die Flucht. Das nicht nur angedrohte KZ-Ritual verlangt zehn Gefangene, die zum Tod im Hungerbunker – zynischer Ausgleich ist die Dezimierung – verurteilt werden sollen. Zum Appell angetreten, werden die zehn bestimmt. Einer von ihnen ist Franciszek Gajowniczek, ein Familienvater. Der klagt, bittet um Schonung (als hätte das eine Chance). P. Maximilian, in Reih und Glied der Häftlinge des Blocks stehend, meldet sich, bietet sich als Ersatz an. Kurze Verwirrung beim Blockführer, dann Zustimmung. P. Maximilian geht in den Hungerbunker. Am 31. 7. 1941, mit den neun anderen. Aus der unterirdischen Zelle werden in den nächsten Tagen Kirchenlieder und Gebete zu hören sein … – bis eine Stimme nach der anderen verstummt. Am 14. 8. 1941 leben (»leben«?) noch vier, darunter P. Maximilian. Die Zelle wird wieder »gebraucht«. Die vier werden mit Phenolspritzen ermordet, die Leichen im Krematorium verbrannt.

Ein Leben geht durch den Kamin in die Luft. Wie schmerzlich immer noch die Zeile aus Paul Celans berühmtem Gedicht »Todesfuge«: *»Wir schaufeln ein Grab in den Lüften da liegt man nicht eng …«* Und die bohrende, unbeantwortbare Frage: Wie lange sind zwei Wochen? 31. 7.–14. 8.?

Nachhall, leise und verwundert

Wie abschließen nach diesen Schilderungen? Annäherungen »vom Ende her«. Aber was für ein Ende! Annäherungen, die schweigen machen. Und doch die leise Frage, was den Bruder treibt, was ihn aushalten, durchhalten lässt. Ein Leben unter Druck, ein interkontinentales – ein solches Ende.

Seine (Nach-)Wirkungen sind vielfältig und dauerhaft, im eigenen Orden, in der mühsamen Versöhnungsarbeit zwischen Polen und Deutschen, aber auch zwischen Juden und Christen nach dem 2. Weltkrieg.

Die Radikalität, mit der sich Kolbe auf die Modernität der Medien und ihr technisches Instrumentarium einlässt (um eines *exakten* Zieles willen, der Verkündigung nämlich), und die Radikalität, mit der einfachstes franziskanisch-brüderliches Gemeinschaftsleben und -arbeiten wiederentdeckt und wiedergelebt wird – sie bestürzen, erstaunen und motivieren. Eine Lebensleistung, eine Glaubensgnade (das Wort »Glaubensleistung« möchte ich gerne vermeiden).

»Vom Ende her«: Was trägt ihn, lässt ihn aushalten in den vielen Ländern, in den zu vielen Kriegen, in den Rotationen durch die Welt, im Druck der Aufgaben, der Krankheiten?

Es gibt bei diesem sperrigen Heiligen mindestens eines, das zu den Kraftquellen und zugleich zu den Irritationsquellen gehört. Seine Marienverehrung. Wie sie sich in seinen Texten zeigt, wie sie in Photos mit Marienstatue, mit Rosenkranz und »wunderbarer Medaille« dokumentiert ist, wird der Zugang zu diesem Heiligen bestimmt nicht für alle Nachgeborenen leicht nachvollziehbar sein und er eher fremd bleiben.

Könnte in Kolbes Artikeln, Kommentaren, Briefen nicht auch etwas mehr von Jesus die Rede sein? Ich wage kein Urteil und bleibe an mancher Stelle irritiert (Heiligenbildchen ohne Risse, Sperrig- und Menschlichkeiten irritieren mich ja auch). Diese Frömmigkeit reicht in ein unerreichbares Geheimnis (manches ist »erklärbar«, auch dabei), in das Geheimnis des Glaubens – einer Person, eines Menschen.

Ein »Vorwort« zum Schluss

André Frossard betitelt sein Buch über den Märtyrer Maximilian Maria Kolbe »N'oubliez pas l'amour«, »Vergesst die Liebe nicht«. Die Liebe zum Nächsten, zu Maria, zu Jesus Christus, zu Gott. Was sonst? Aber immer wieder die Frage: Wie? Wie ist das zu leben und zu sterben? Wie?

P. Maximilian wird am 17. 10. 1971 von Papst Paul VI. seliggesprochen, am 10. 10. 1982 von Papst Johannes Paul II. heiliggesprochen. Viele Gläubige sind bei den Liturgien in Rom anwesend. Aus Deutschland und Polen und sonstwo. Einer ist auch anwesend: Franciszek Gajowniczek, der Mann, für den Kolbe in den Bunker ging. Noch Fragen über die Nachwirkung?

Seltsam auch und »verwunderlich«: Der Dramatiker Rolf Hochhuth, beileibe kein Liebhaber der katholischen Kirche, widmet sein viel gerühmtes, viel zerrissenes Theaterstück »Der Stellvertreter« … wem? Maximilian Kolbe.

LITERATUR

F. X. Lesch/M. Sehi, Pater Maximilian Kolbe – Leben, Wirken, Selig- und Heiligsprechung, Würzburg 1982;

W. Nigg, Maximilian Kolbe – Der Märtyrer von Auschwitz, Freiburg 1982;

H. Walter, Der Pelikan. Roman vom Leben und Sterben des Pater Maximilian Kolbe, Gütersloh 1987

Professor Andreas-Pazifikus Alkofer OSM Conr. ist am 7. Juni 2006 im Alter von 43 Jahren überraschend verstorben. R. I. P.

Renate Wind

Dietrich Bonhoeffer

In der Diesseitigkeit des Lebens glauben lernen

** 1906 in Breslau*
† 1945 im Konzentrationslager Flossenbürg
Ev. Theologe, Widerstandskämpfer
Gedenktag: 9. April

Am 9. April 1945 wurde Dietrich Bonhoeffer, evangelischer Theologe und Pfarrer der Bekennenden Kirche, von einem SS-Sondergericht wegen Hochverrat zum Tode verurteilt und wenige Stunden später im Konzentrationslager Flossenbürg erhängt. Er war einer von Millionen, die der nationalsozialistischen Gewaltherrschaft zum Opfer fielen, einer jedoch, der sich bewusst an die Seite der Opfer gestellt hatte und bereit war, ihr Schicksal zu teilen. Er hätte es anders haben können. Die Lebensgeschichte des Dietrich Bonhoeffer erscheint im Nachhinein als ein konsequenter Weg aus einer privilegierten Welt in die Gefährdung einer solidarischen Existenz, ein Prozess, der für Bonhoeffer als einzig möglicher Weg der Nachfolge Christi unausweichlich wurde. Es war der Weg einer fortwährenden Selbstentsicherung und Grenzüberschreitung, der ihn in Gefahr und Tod und doch auch in eine große Weite und Freiheit geführt hat. In einer von tiefen Krisen und Erschütterungen durchzogenen Welt ist er in der weltweiten Ökumene zu einem »modernen Heiligen« für alle geworden, die wie er in der Nachfolge Christi »die großen Ereignisse der Weltgeschichte von unten« zu sehen bereit sind. Für Bonhoeffer war es ein weiter, doch unumkehrbarer Weg.

Einen Platz in der Welt haben

Einen Platz in der Welt wollte er haben, etwas Besonderes sein. Dietrich Bonhoeffer, am 4. Februar 1906 als sechstes von acht Kindern des anerkannten Psychiaters Karl Bonhoeffer und seiner Frau Paula in Breslau geboren, beschäftigt sich früh mit der Frage, welches seine eigene, besondere Stellung in seiner Familie und seiner Lebenswelt sein könnte. Aufgewachsen in der großbürgerlichen und weltoffenen Atmosphäre des Berliner Professorenviertels in Berlin-Grunewald, ist seine Kinderwelt eine heile Welt, und seine Kinderjahre fallen in eine Epoche, die man später »die gute alte Zeit« nennt. Die Familie, in der Dietrich Bonhoeffer aufwächst, gehört zur Bildungselite des Deutschen Reiches. Später wird er sagen, sein Elternhaus habe ihn lange Zeit von den Schattenseiten des Lebens ferngehalten. Aber er wird auch festhalten, was er seinen Wurzeln verdankt: das Wissen, einen Platz in der Welt zu haben, das Vertrauen in die eigenen Fähigkeiten und die Wahrnehmung der Verantwortung für das, was in der Welt geschieht.

Als Dietrich acht Jahre alt ist, beginnt der Erste Weltkrieg, mit dem die scheinbar heile Welt aus den Fugen gerät. Dietrich, der als sensibles und intensives Kind geschildert wird, beschäftigt sich zum ersten Mal mit dem Tod. Mit Begeisterung liest er Geschichten von Menschen, die für eine gute Sache ihr Leben hingeben, und ist fasziniert von der Frage, wie der Tod zu bestehen sei. Er erinnert sich später: »Er wäre gern und früh gestorben, einen schönen, frommen Tod. Sie sollten es alle sehen und wissen, dass Sterben nicht hart, sondern herrlich ist für den, der an Gott glaubt.« Aber der Traum vom schönen frommen Tod hat auch seine Tücken. Eine zutiefst sinnliche Lebensbejahung steht der Todessehnsucht entgegen. Zeit seines Lebens wird Dietrich beides in sich zu vereinen suchen, freiwilligen Verzicht und Lebensgenuss, die Bereitschaft zum Wagnis und den Wunsch nach Ordnung und Harmonie. Der kindliche Traum vom schönen frommen Tod jedenfalls endet, als das wirkliche Leben vom wirklichen Tod bedroht wird. Der Tod des älteren Bruders Walter, der 1918 in Frankreich fällt, mag mit dazu beigetragen haben, dass sich Dietrich Bonhoeffer nach Beendigung seiner Schulzeit für das Studium der Theologie entscheidet. Das ist auch in seinem Abiturzeugnis vermerkt, das er 1923 mit den besten Noten – Ausnahme: Handschrift nicht genügend! – erhält.

Verstehen, was Kirche ist

In der aufgeklärten Berliner Gelehrtenfamilie ist man nicht sehr glücklich über den Studienwunsch des jüngsten und besonders begabten Sohnes. Die Bonhoeffers halten Distanz zu einer Kirche, die zu Beginn der zwanziger Jahre noch tief im Wilhelminischen Zeitalter steckt und sich den Gedanken der Aufklärung und der Bürgerrechte verschließt. Und auch der Theologiestudent findet in ihr nicht das, was er sucht, eine lebendige Gemeinschaft, in der das Evangelium eine neue soziale Gestalt erhält. Diese Kirche findet er erst, als er beginnt, Grenzen zu überschreiten, konfessionelle, soziale und nationale Grenzen, in denen die Kirche seiner Herkunft gefangen ist.

Die erste von vielen weiteren Grenzüberschreitungen führt den Studenten der Theologie nach Rom. Dietrich Bonhoeffer ist fasziniert von der Sinnlichkeit katholischer Frömmigkeit und der Universalität der katholischen Kirche. »Ich beginne zu verstehen, was Kirche ist«, schreibt er nach Hause. Die Frage, was Kirche in spiritueller und sozialer Hinsicht zur Kirche macht, wird ihn nicht mehr loslassen. Die 1927 fertig gestellte Doktorarbeit trägt den Titel »Sanctorum Communio« – eine dogmatische Untersuchung zur Soziologie der Kirche. Auf der Suche nach einer tragfähigen Gemeinschaft und einer überzeugenden Glaubenspraxis für sich selbst, getrieben von der Notwendigkeit, eine glaubhafte Identität als Theologe und zugleich als ein dem Erbe der Aufklärung verpflichteter Wissenschaftler zu finden, definiert Bonhoeffer hier die »Gemeinschaft der Heiligen« mit der Formel »Christus als Gemeinde existierend«.

Die Zeit von 1930 bis 1931 verbringt der inzwischen promovierte und habilitierte Pfarrer und Wissenschaftler am Union Theological Seminary in New York. Die Erfahrungen und Begegnungen, mit denen er dort konfrontiert wird, werden ihn von Grund auf verändern. Zunächst schreckt ihn die bürgerliche Kirchlichkeit des konservativen weißen Amerika ab. In den Basisgemeinden des »anderen Amerika« aber kommt er der Kirche, die er sucht, auf die Spur. In den Ladenkirchen und Selbsthilfezentren von Harlem, in der ökumenischen und kosmopolitischen Atmosphäre des Seminars, in den Anfängen der amerikanischen Bürgerrechtsbewegung und in der Begegnung mit den Vertretern des »social gospel«, die die Gebote Christi in soziale und politische Kategorien umzusetzen versuchen, findet Bonhoeffer einen neuen Ansatz von weltlich gelebtem Christentum. In den Kirchen der schwarzen Ghettos und den Basisgemeinden in den Armenvierteln wird ihm klar, wie sehr die »Sanctorum Communio«

in seinem Kopf immer noch die Kirche seiner eigenen bürgerlichen Herkunft ist. Lebensentscheidend aber wird die Begegnung mit Jean Lasserre, einem Mitstudenten aus Frankreich, der ihm die Friedensethik der Bergpredigt nahe bringt. In dem Dialog mit dem »Erbfeind« wird ihm deutlich, dass die »Sanctorum Communio«, die »Christus« ist, die Spaltung der Gemeinde in Nationen, Rassen und Klassen verbietet.

Mit diesem neuen Bewusstsein kehrt Bonhoeffer 1931 nach Deutschland zurück. Dort hatte gerade die NSDAP nach einem erdrutschartigen Wahlsieg 107 Sitze im Reichstag gewonnen, und ein Ende der wirtschaftlichen und politischen Krise der Weimarer Republik war nicht abzusehen. Dietrich, der in seinen Studienjahren ein eher unpolitischer Mensch gewesen war, wird sich nun aktiv in die gesellschaftlichen Auseinandersetzungen einmischen und Position beziehen. An der Theologischen Fakultät der Berliner Universität, an der er als Privatdozent Vorlesungen hält, ist er bald als Pazifist und Sozialist verschrien. Neue Formen sozialen Lernens, am Union Theological Seminary erprobt, ziehen an sozialen Fragen interessierte Theologiestudenten und besonders auch die wenigen Theologiestudentinnen an. Der studentische »Bonhoefferkreis« engagiert sich an sozialen Brennpunkten, Bonhoeffer selbst übernimmt eine Konfirmandengruppe im Arbeiterviertel Prenzlauer Berg. Er zieht aus der Grunewaldvilla aus und mietet sich nördlich vom Alexanderplatz ein. Die Konfirmanden lernen die Bibel kennen, aber auch Schachspielen und Englisch. Der Pfarrer macht mit ihnen Ausflüge und imponiert als Fußballer. Der Konfirmationsgottesdienst wird gemeinsam vorbereitet, und die Predigt enthält Bilder aus den roten Arbeiterliedern: »Keiner soll euch je den Glauben nehmen, dass Gott auch für euch einen Tag und eine Sonne und eine Morgenröte bereitet hat, und dass er uns das gelobte Land sehen lassen will, in dem Gerechtigkeit und Liebe und Frieden herrschen, weil Christus herrscht.« Gleichzeitig wird Bonhoeffer in der ökumenischen Bewegung aktiv. In Cambridge wird er 1931 auf der Jahrestagung des Weltbundes für Freundschaftsarbeit der Kirchen zu einem der europäischen Jugendsekretäre gewählt.

Dem Rad in die Speichen fallen

Am 30. Januar 1933 wird Hitler die Macht übertragen, am 23. Juli 1933 finden in der deutschen evangelischen Kirche Kirchenwahlen statt. Zum ersten Mal kandidiert die 1932 gegründete Gruppe der »Deutschen Christen«, die für die Deutschen ein »artgemäßes Christentum« fordert, das »deutschem Luthergeist und heldischer Frömmigkeit« entspricht. Dieses so genannte Christentum enthält alle Elemente der Nazi-Ideologie und ein Programm zur Gleichschaltung der deutschen evangelischen Kirche im Sinne des NS-Staates. Obwohl es eine Gegenliste »Evangelium und Kirche« gibt, erhalten die »Deutschen Christen« über 70% der Wählerstimmen und besetzen damit fast alle kirchlichen Schlüsselpositionen. Der Predigt, die Bonhoeffer daraufhin hält, ist die Erregung dieser Tage deutlich anzumerken. Der sonst eher spröde Prediger ruft der Gemeinde zu: »Es heißt Entscheidung, es heißt Scheidung der Geister. Kommt ihr Alleingelassenen, die ihr die Kirche verloren habt, wir wollen wieder zurück zur Heiligen Schrift, wir wollen zusammen die Kirche suchen gehen. Kirche bleibe Kirche! Bekenne, bekenne, bekenne!«

Unter dem Motto »Bekenntnis« werden sich bald immer mehr evangelische Christinnen und Christen zusammenfinden, die sich nun doch gegen den Reichsbischof von Hitlers Gnaden und die Gleichschaltung der Kirche zu wehren beginnen. Als erst die preußische und dann auch die Nationalsynode der evangelischen Kirche die Einführung des Arierparagraphen und damit die Ausgrenzung getaufter Juden aus der Kirche beschließt, entwickelt sich aus einer ersten Protestbewegung die »Bekennende Kirche«, die auf ihrer Bekenntnissynode in Wuppertal-Barmen im Mai 1934 mit der »Barmer Theologischen Erklärung« ein deutliches Wort des Widerstandes gegen die Irrlehren der »Deutschen Christen« und die rigiden Gleichschaltungsmaßnahmen des NS-Staates formuliert. Jedoch auch das »Barmer Bekenntnis« enthält kein einziges Wort des Protestes gegen die Menschenrechtsverletzungen im nationalsozialistischen Deutschland. Stattdessen betonen Vertreter der »Bekennenden Kirche« immer wieder ihre politische Loyalität: es gehe im Kampf der Bekennenden Kirche allein um die Verteidigung und Erhaltung der Kirche und des Evangeliums.

Dietrich Bonhoeffer ist tief enttäuscht über diese Haltung: »Es muss endlich mit der theologisch begründeten Zurückhaltung gegenüber dem Tun des Staates gebrochen werden«, schreibt er an einen Freund, »es ist ja doch alles nur Angst. ›Tu deinen Mund auf für die Stummen‹ – wer weiß denn das heute noch in unserer Kirche, dass dies die mindeste Forderung der Bibel in diesen Zeiten ist.« Und in seinem Vortrag »Die Kirche vor der Judenfrage« fordert er bereits im April 1933 die Kirche auf, angesichts der terroristischen Übergriffe auf Juden und Andersdenkende »nicht nur die Opfer unter dem Rad zu verbinden, sondern dem Rad selbst in die Speichen zu fallen.«

Bekennende Kirche

Als Bonhoeffer Anfang 1935 durch die »Bekennende Kirche« von einem Londonaufenthalt nach Deutschland zurückgerufen wird, haben sich dort auch die Fronten im Kirchenkampf geklärt. Bei einer zweiten Bekenntnissynode in Berlin-Dahlem war die Einrichtung eines Notkirchenregiments und damit der organisatorische Aufbau einer Oppositionskirche beschlossen worden. Sie wird in den kommenden Jahren den harten Kern, die bekennende »Bekennende Kirche« bilden, im Gegensatz zu dem größeren kompromissbereiten Flügel, der sich auf ein »Befriedungskonzept« der Reichsregierung einlässt und mit gemäßigten »Deutschen Christen« in »Reichskirchenausschüssen« zusammenarbeitet. Dieser Widerstandskirche steht der »Bruderrat« vor, der mit der Einrichtung eigener Predigerseminare beginnt. Die Leitung des Predigerseminars in Finkenwalde wird Dietrich Bonhoeffer übernehmen, der damit zu einer zentralen und umstrittenen Gestalt im Kirchenkampf wird. In dieser Zeit fängt für ihn zugleich eine Lebensphase an, in der er den Versuch macht, so etwas wie ein heiliges Leben zu führen. Neu ist dieser Gedanke nicht; die »Gemeinschaft der Heiligen« muss nun aber neu definiert und konkretisiert werden. Denn die herkömmliche Existenzform der Gemeinde, die Kirche, ist dort, wo er lebt, zerschlagen, und er soll helfen, neue Formen zu finden und aufzubauen. Wie aber soll das gehen, ohne dass die, die diese neue Kirche wollen, sie selbst verkörpern, sie mit ihrer ganzen menschlichen Existenz sichtbar machen? Das wird Bonhoeffer nicht nur von den angehenden Pfarrern der Widerstandskirche erwarten, sondern vor allem auch von sich selbst. Er wird ein außergewöhnlicher Seminardirektor, der gemeinsames Lernen und Feiern, Kampf und Kontemplation probt, der einen alternativen Lebensstil zu entwickeln versucht, um sich und die jungen Theologen auf die Unsicherheit eines Lebens in der Untergrundkirche vorzubereiten. In dieser Zeit entsteht Bonhoeffers bekanntestes Buch, »Nachfolge«, eine Aktualisierung der Bergpredigt: »Christus hat sein Leben auf dieser Erde noch nicht zu Ende gebracht. Er lebt es weiter im Leben seiner Nachfolger.« In dieser Nachfolge fordert Bonhoeffer kompromissloses Eintreten für Frieden und Gerechtigkeit. Entsprechend beginnt das erste Kapitel mit einer radikalen Absage an eine lutherische Position, die der Kirche die Verkündigung des »reinen Evangeliums« von der Gnade Gottes verordnet und die Welt ihrer »Eigengesetzlichkeit« überlässt: »Billige Gnade ist der Todfeind unserer Kirche. In dieser Kirche findet die Welt billige Bedeckung ihrer Sünden, die sie nicht bereut und von denen frei zu werden sie erst recht nicht wünscht.« Leben nach der Bergpredigt, Nachfolge Jesu und »Gemeinschaft der Heiligen« bedeutet also nicht Rückzug in eine private Frömmigkeit, sondern Grundsatzprogramm einer Kirche, die der Welt nicht erlaubt, zu tun, was sie will. An dieser Stelle beginnt der Konflikt, den Bonhoeffer immer bewusster aufnehmen und austragen wird. Bald wird die Bruderratskirche ins Kreuzfeuer staatlicher Repression geraten. 1937 werden die Predigerseminare von der Gestapo geschlossen, Männer und Frauen aus den Reihen der Oppositionskirche verhaftet. In dieser Situation versuchen amerikanische Freunde, den mehrfach gefährdeten Bonhoeffer noch einmal aus Deutschland herauszuholen. Sie verschaffen ihm ein Visum für die Vereinigten Staaten und einen Lehrauftrag für das Union Theological Seminary. Noch einmal ist er in New York und verbringt dort die wohl schwierigsten und quälendsten Wochen seines Lebens, bevor er drei Wochen nach seiner Ankunft mit einem der letzten Schiffe vor Kriegsausbruch nach Deutschland zurückkehrt, um an der Seite seiner Freunde »teilzunehmen am Schicksal Deutschlands«. Er hinterlässt Berge von Zigarettenkippen, Notizen und ein Reisetagebuch, das Aufschluss gibt über die Beweggründe des Dietrich Bonhoeffer, nach Deutschland zurückzukehren: »Wir sollen uns nur finden lassen, wo Er, Christus, ist. Wir können ja nirgends anders mehr sein, als wo Er ist. Oder bin ich doch dem Ort ausgewichen, an dem Er ist? An dem Er für mich ist?« Am 26. Juni 1939 lautet die Tageslosung: »Komme noch vor dem Winter!« Diese Bitte des Apostels an einen Mitarbeiter erkennt Bonhoeffer als einen Anruf Christi an ihn selbst. Er findet es nicht unchristlich, wenn man der Verfolgung entgehen will. Er merkt nur, dass er es nicht schafft. In New York ist er in Sicherheit, aber er verliert alles, was sein Leben ausmacht. Das Leben ist manchmal da, wo man es verliert.

Die Maskerade des Bösen

Zurück in Deutschland, wird Bonhoeffer mit einer weiteren schweren Entscheidung konfrontiert. Sein Schwager Hans von Dohnanyi, Jurist in der politischen Sektion der »Abwehr«, dem Amt für Spionage und Gegenspionage im Oberkommando der Wehrmacht, bittet ihn, sich als Kurier der »Abwehr« einstellen zu lassen, um die Arbeit der Widerstandsgruppe in der »Abwehr« zu unterstützen. Er soll seine ökumenischen Kontakte nutzen, dem westlichen Ausland Informationen über Pläne und Ziele der deutschen Widerstandsbewegung zuzuspielen, und damit den Umsturz vorbereiten helfen. Dem bis dahin kompromisslosen Bonhoeffer fällt diese Rolle nicht leicht. Das heilige Leben, das er führen wollte, ist das nicht. Lange Zeit hatte er in einem »Widerstehen bis aufs Blut«, gewaltlos, nach der Methode Mahatma Gandhis, den er verehrt und mit dem er von London aus korrespondiert hat, die ihm adäquate Form des Widerstands gesehen. Nun aber kommt alles ganz anders: Der Bekenner wird zum Verschwörer, der in seinem letzten, fragmentarisch gebliebenen Buch »Ethik« seine neue Rolle und Situation durchdenkt. Nachfolge Jesu, so stellt er fest, kann auch heißen: aus Nächstenliebe schuldig werden. »Weil es Jesus nicht um die Verwirklichung neuer ethischer Ideale, also auch nicht um sein eigenes Gutsein, sondern allein um die Liebe zum wirklichen Menschen geht, darum kann er in die Gemeinschaft ihrer Schuld eintreten. Wer sich in der Verantwortung der Schuld entziehen will, löst sich aus dem erlösenden Geheimnis des sündlosen Schuldtragens Jesu Christi. Er stellt seine persönliche Unschuld über die Verantwortung für die Menschen, und er ist blind für die heillosere Schuld, die er gerade damit auf sich lädt.« Bonhoeffer lässt keinen Zweifel daran, dass jede Anwendung von Gewalt Schuld ist und bleibt. Aber er besteht darauf, dass es Situationen geben kann, in denen ein Christ aus Liebe zum Nächsten schuldig werden muss.

Mit diesem Problem setzen sich viele Christinnen und Christen auseinander, die sich im Widerstand gegen Hitler befinden. Für sie alle denkt Bonhoeffer stellvertretend über die Frage der Schuldübernahme im politischen Grenzfall nach, und für seine Mitverschwörer wird er zum geistlichen Berater und Beichtvater. Ende 1942 schreibt er eine Art Rechenschaftsbericht für sich und seine Freunde: »Die große Maskerade des Bösen hat alle ethischen Begriffe durcheinander gewirbelt. Wer hält stand? Allein der, dem nicht seine Vernunft, sein Prinzip, sein Gewissen, seine Freiheit, seine Tugend der letzte Maßstab ist, sondern der dies alles zu opfern bereit ist, wenn er im Glauben und in alleiniger Bindung an Gott zu gehorsamer und verantwortlicher Tat gerufen ist.« Die Bereitschaft, Verantwortung und Schuld auf sich zu nehmen, wird Bonhoeffer zu einer weiteren Grenzüberschreitung zwingen, zum Verzicht auf das heilige Leben. Aus dem »heiligen« Dietrich Bonhoeffer, dem Finkenwalder »Abt ohne Krummstab und Mitra«, wird allmählich ein ganz normaler Mann. Er, der in seiner heiligen Lebensphase bewusst auf die Ehe verzichtete und eine langjährige Beziehung löste, verliebt sich in eine junge Frau, die mutig und emanzipiert genug ist, sich auf eine Beziehung mit einem achtzehn Jahre älteren Mann einzulassen, der zu dieser Zeit alles andere als eine gute Partie ist. Die Beziehung zwischen Dietrich Bonhoeffer und Maria von Wedemeyer wird sich fast ausschließlich in Briefen abspielen, und ihre Lebenswege werden sich nur kurz berühren. Aber diese bittersüße Liebesgeschichte wird auch Theologiegeschichte schreiben. Denn die bis heute so bedeutende »Theologie der Gefängnisbriefe«, die zu den aufregendsten Zeugnissen theologischen Denkens des 20. Jahrhunderts gehört, hat mit dieser Geschichte zu tun. Vieles, was in diesen Texten an Gedanken über ein weltlich gelebtes Christentum zur Sprache kommt, hat seinen Grund auch in jener Rückkehr ins Leben, die Bonhoeffer in der Beziehung zu Maria von Wedemeyer erlebt hat. Auch in der Theologie ist die entscheidende Produktivkraft die Liebe.

Im Angesicht des Kreuzes

Am 5. April 1943 wird Dietrich Bonhoeffer verhaftet. Wochenlange Isolationshaft und Verhöre folgen, ohne dass die Verhörspezialisten nennenswertes Anklagematerial zusammenbekommen. Erst der Fund geheimer Akten nach dem gescheiterten Attentat vom 20. Juli 1944 wird das Schicksal der Angeklagten aus der »Abwehr« besiegeln. Bonhoeffer wird jedoch die beiden letzten Jahre seines Lebens im Gefängnis verbringen. In den Monaten vorübergehender Hafterleichterung wird ein freundlicher Wachmann Briefe an der Zensur vorbei aus dem Gefängnis schmuggeln. Sie sind vor allem an Maria von Wedemeyer und den Freund und Vertrauten Eberhard Bethge gerichtet. In ihnen wird Bonhoeffer noch einmal neu fragen, wo Christus ist in einer Welt, die sich mehr und mehr von den traditionellen religiösen Institutionen emanzipiert. Christus ruft nicht zu einer neuen Religion auf, sondern zum Leben, und dieser Ruf gilt allen Menschen in einer Welt, in der man nur noch gemeinsam leben und überleben kann. Doch wo Leben bedroht und gefährdet ist, da ist Christus, der Gekreuzigte, solidarisch mit den Leidenden. Der Ort, an dem Christus am Ende für Bonhoeffer ist, ist die politische Konspiration, die ungesicherte Glaubenspraxis in der freiwilligen Schuldübernahme, die Begegnung mit den von aller Welt verlassenen Mitmenschen im

Tegeler Gefängnis und in der Hölle des Konzentrations- und Vernichtungslagers. Hier entsteht die letzte und tiefste Gemeinschaft der Heiligen. In dem Gedicht »Nächtliche Stimmen in Tegel« beschreibt Bonhoeffer die Ängste und Hoffnungen einer Nacht, die damit endet, dass der Mitgefangene aus der Nachbarzelle in den frühen Morgenstunden zur Hinrichtung abgeholt wird: »Ich gehe mit dir, Bruder, an jenen Ort, / und ich höre dein letztes Wort: / Bruder, wenn mir die Sonne verblich, / lebe du für mich.« Der Bruder, von dem hier die Rede ist, ist nicht mehr allein der christliche Bruder, sondern der Bruder in gemeinsamen Leiden und gemeinsamer Hoffnung, der atheistische, sozialistische, jüdische Bruder. Am Ende seines Lebens ist Bonhoeffers Verständnis von Christusnachfolge weltlich, religionslos, solidarisch. Der Glaubensakt wird ein Lebensakt im »Beten und Tun des Gerechten unter den Menschen«.

Am 8. Oktober 1944 wird Bonhoeffer, durch die Akten aus der Abwehr überführt, aus dem Militärgefängnis in Tegel abtransportiert. Es wird ein Weg in den Tod. Dietrich Bonhoeffer wird in dem Augenblick ein Heiliger, in dem er gar keiner mehr sein will. Am Tag nach dem Scheitern des Umsturzes hatte er an Eberhard Bethge geschrieben: »Ich habe in den letzten Jahren mehr und mehr die tiefe Diesseitigkeit des Christentums kennen und verstehen gelernt. Nicht ein Homo religiosus, sondern ein Mensch schlechthin ist der Christ, wie Jesus Mensch war. Ich dachte, ich könnte glauben lernen, indem ich so etwas wie ein heiliges Leben zu führen versuchte. Später erfuhr ich, und ich erfahre es bis zur Stunde, dass man erst in der vollen Diesseitigkeit des Lebens glauben lernt.«

Literatur

D. Bonhoeffer, Widerstand und Ergebung, Briefe und Aufzeichnungen aus der Haft, DBW 8, Gütersloh 1998;

Ch. Feldmann, Wir hätten schreien müssen, Das Leben des Dietrich Bonhoeffer, Freiburg 1998;

R. Wind, Dem Rad in die Speichen fallen, Die Lebensgeschichte des Dietrich Bonhoeffer, Weinheim & Basel 1990

Walter Rupp

Alfred Delp

Der Mut, Geschichte zu machen

** 1907 in Mannheim*
† 1945 in Berlin-Plötzensee
Ordensmann, Widerstandskämpfer
Gedenktag: 2. Februar

Der Jesuit Alfred Delp schrieb am 11. 1. 1945, kurz vor seiner Hinrichtung, im Rückblick auf sein kurzes Leben von nur 38 Jahren: »*Ich hatte nicht daran gedacht, dass dies mein Leben sein könnte. Alle meine Segel wollten steif vor dem Wind stehen; mein Schiff wollte auf große Ausfahrt, die Fahnen und Wimpel sollten stolz in allen Stürmen gehisst bleiben. Aber vielleicht wären es die falschen Fahnen geworden oder die falsche Richtung oder für das Schiff die falsche Fracht und unechte Beute.*« Er beugte sich der Tatsache, dass er ein anderes Leben, als er es wollte, zu leben gezwungen war.

Für Delps Lebensgeschichte sind die vielen abrupten und unerwarteten Entscheidungen charakteristisch, die er oft selbst traf oder die später über ihn getroffen wurden. Schon während seiner Volksschulzeit konnte er kurz entschlossen handeln. So weigerte er sich, weil ihn sein Pastor während einer Auseinandersetzung geohrfeigt hatte, weiter am Konfirmandenunterricht teilzunehmen, und ließ sich von da an auf die Firmung vorbereiten. Während seiner Gymnasialzeit in Dieburg übersprang er fünf Klassen und blieb doch immer Primus. Und 1926 fasste er nach seinem Abitur, obwohl schon alles für ein Studium in Rom eingefädelt war, den Entschluss, in den Jesuitenorden einzutreten. Auch während seiner Ausbildungszeit im Orden handelte er gern eigenständig: Er beschäftigte sich neben dem Studium schon bald mit der Sozialwissenschaft und mit Heideggers Philosophie und lieh sich in den Ferien aus der Staatsbibliothek bis zu

200 Bücher aus, die er durcharbeitete. Er arbeitete besessen, als hätte er geahnt, dass ihm nur eine kurze Lebenszeit beschieden ist.

Schon bald nachdem Delp 1937 Redakteur an den »Stimmen der Zeit« geworden war, setzte er sich mit der Nazi-Ideologie auseinander und kritisierte – vorsichtig, aber deutlich – »die Rolle von Führern«, *das* »goldene Zeitalter tausendjähriger Zukunft«, *die* »arteigene Gotteserfahrung«, *den* »biologischen, rassisch begrenzten Pantheismus« und die »nationale Selbstvergötzung«. Damit lenkte er die Aufmerksamkeit der Geheimen Staatspolizei auf sich, die es für erforderlich hielt, ihn beobachten zu lassen. Wie sehr man ihm misstraute, bekam er bald zu spüren: Seine Immatrikulation 1939 an der philosophischen Fakultät der Universität München wurde ohne Begründung mit der Bemerkung abgelehnt: »Die Zulassung des Angehörigen des Jesuitenordens Alfred Delp zur Doktorprüfung an der philosophischen oder in der staatswissenschaftlichen Fakultät kann nicht genehmigt werden.« Und als er sich als Kriegspfarrer zur Verfügung stellen wollte, erhielt er ebenfalls einen ablehnenden Bescheid.

1941, als die Jesuitenzeitschrift »Stimmen der Zeit« verboten wurde und seine Tätigkeit als Redakteur nicht mehr möglich war, musste sich Delp erneut umstellen und das Amt des Kirchenrektors an der St. Georgskirche in München/Bogenhausen übernehmen. Er verstand es, sich sofort auf seine neue Aufgabe einzustellen, und zeigte auch für die pastoralen Aufgaben, die man jetzt von ihm erwartete, ein Talent: Er regte Familienkreise an, engagierte sich für verfolgte Juden (etwa 10–12), versorgte sie mit Lebensmitteln und versteckte sie. Seine Predigten: *»Kirche in der Zeitenwende«*, *»Christ und Gegenwart«* und seine *Adventspredigten* fanden außerordentlichen Anklang. Er machte darin auf die christentumsfeindlichen Tendenzen in der nationalsozialistischen Weltanschauung aufmerksam. Sie wurden gerade deshalb zahlreich und gern besucht, mitstenographiert und dann vervielfältigt.

1942 stand Alfred Delp schon wieder vor einer wichtigen Entscheidung. Sein Provinzial, Pater Rösch, gab ihm auf Bitten von Graf Moltke den Auftrag, als Experte für soziale Fragen regelmäßig an den Beratungen des Kreisauer Kreises teilzunehmen. Graf Moltke hatte den Kreisauer Kreis – er bestand aus Männern verschiedener Schichten und Berufe – ins Leben gerufen, um sich mit kompetenten Fachleuten regelmäßig konstruktive Gedanken für den Tag X zu machen und die Weichen für ein Nachkriegsdeutschland zu stellen. Man befasste sich mit den Grundordnungen einer neuen deutschen Gesellschaft, mit dem Ausbau der Selbstverwaltung und Dezentralisation in einem Bundesstaat, mit der Außenpolitik der Nachkriegszeit, den intereuropäischen wirtschaftlichen Beziehungen, der Bestrafung der Kriegsverbrecher und den Weisungen an die Landesverweser in der Nach-Hitler-Zeit. Im Widerstand gab es keine Vorbehalte gegen andere Stände, andere Konfessionen und andere politische Richtungen. Der Kampf gegen die Tyrannei überwand alles Trennende. Mit Pater Delp wollte man die Sozialenzykliken der Päpste und *»vor allem die Arbeiterfrage und die Frage der Wiederverchristlichung der deutschen Arbeiterwelt besprechen«*. Man diskutierte zwar die Erlaubtheit oder Unerlaubtheit des Tyrannenmordes, aber eine gewaltsame Beseitigung des Regimes plante man nicht. Delp hätte einem Attentat auch nicht zugestimmt. Er war der Überzeugung, dass das mit der christlichen Ethik nicht vereinbar sei, und dass man geistige Erscheinungen wie den Nationalsozialismus nicht mit physischen Mitteln bekämpfen kann.

Als Pater Delp seine Mitarbeit zusagte, war ihm klar, was er riskierte: dass dieses Planen für eine *›Zeit danach‹* gleichbedeutend mit dem Zweifel an der Ewigkeit des 3. Reiches war und – wenn es aufkommen sollte – als Hochverrat ausgelegt würde. Als man dann nach dem Attentat Stauffenbergs 1944 überall nach Verschwörern suchte und dabei die Gelegenheit nützte, auch die, die schon einmal als Regimegegner aufgefallen waren, zu verhaften, und deshalb Pater Delp zum Untertauchen drängte, lehnte er mit der Begründung ab, er habe mit dem Attentat nichts zu tun und würde sich durch Untertauchen nur verdächtig machen. Am 28. Juli 1944 geschah, was immer zu befürchten war: Die Geheime Staatspolizei griff zu und ließ Pater Delp verhaften, der kurz zuvor Stauffenberg besucht hatte, weil er erfahren wollte, ob und welche Pläne bestehen, mit den vom Wehrdienst ausgeschlossenen Jesuiten zu verfahren. Man hatte seinen Namen in einem Notizbuch Stauffenbergs gefunden und war nun bemüht, ihn mit dessen Attentat in Verbindung zu bringen.

Die Zeit der Haft

Mit seiner Haftzeit begann der Abschnitt seines Lebens, der ihn zur radikalsten Umstellung zwang: die Freiheit gegen das harte Los des Gefangenendaseins einzutauschen. Man brachte ihn nach Berlin-Lehrterstraße, dann überstellte man ihn nach Tegel, und schließlich am 31. Januar nach Plötzensee. Er war nun Häftling Nr. 1442 mit besonderen Haftverschärfungen und – weil er zu den Gefangenen des 20. Juli zählte – Tag und Nacht gefesselt. Er dachte viel über sein früheres Leben nach. *»Wie habe ich doch früher die Worte von der Hoff-*

nung und vom Vertrauen im Munde geführt«, notiert er am 28. 12. 1944 in seine Aufzeichnungen. *»Jetzt aber weiß ich aus Erfahrung, dass ich so dumm und töricht war wie ein Kind. Um wie viel Kraft und Tiefgang habe ich mein Leben, um wie viel Fruchtbarkeit meine Tätigkeit und um wie viel Segen meine Mitmenschen betrogen.«* Manchmal träumt er von der Freiheit draußen, außerhalb der Mauern: *»Wenn ich mir vorstelle, es könnte wieder ein Tag kommen, an dem man seine Hände frei bewegen kann oder nur hinausgehen oder sich rasieren, wenn es nötig ist, oder ein Stück Brot holen: was sind das so seltene Köstlichkeiten geworden. Und jede Woche werden wir weniger. Der Vernichtungswille ist hart und eindeutig«* (Mitte November 1944).

Die Situation, in die er geraten war, war grausam. Seit seiner Inhaftierung war er von der Welt und von den Menschen mehr abgeschnitten als ein Eremit. Er musste die Erfahrung machen, dass es kein Kloster gibt mit dieser unerbittlich strengen Tagesordnung, die jeden Gefangenen um 6 Uhr morgens aufscheucht und um 21 Uhr zum Niederlegen zwingt; mit dieser Askese, die man ihm hier abverlangte. In der Neujahrsnacht verfügte er nicht einmal über ein Stück Brot. Über gar nichts. Als einziges Geschenk hatte der Wachmann die Fessel so nachlässig geschlossen, dass er mit einer Hand herausschlüpfen und wenigstens schreiben konnte. Aber er musste immer ein Ohr zur Tür hinaushängen, damit man ihn nicht erwischte. Vor allem litt er darunter, dass er in einer Zelle leben musste, die nur drei Schritte zu gehen erlaubte, ja, dass er – wie in keinem Kloster – so viel Zeit zum Gebet hatte, aber sie nicht nützen konnte, weil sich immer der Gedanke an den Prozess oder an den Galgen dazwischendrängte.

Am 1. Oktober konnte er das erste Mal geheim die heilige Messe im Gefängnis lesen. Sooft es die Situation erlaubte und der Justizbeamte einmal – aus Nachlässigkeit oder Entgegenkommen – seine Handschellen nicht so fest zusammenzog, feierte er Eucharistie, allerdings in einer Liturgie, die noch karger war als die der frühen Christen in den Katakomben: auf einem nicht konsekrierten Tisch, ohne Kerzen und ohne Blumenschmuck, mit einem winzigen Glaskelch und mit den Hostien und dem Wein, den der evangelische Pfarrer Harald Pölchau und treue Helferinnen mit der Wäsche in seine Zelle schmuggeln konnten.

Im Gerichtsgefängnis Tegel durfte Pater Delp am 8. Dezember in die Hände von Pater von Tattenbach die Letzten Gelübde ablegen. Obwohl er Tag und Nacht Handschellen tragen musste, verfasste er zahlreiche Schriften, dazu an die 100 Kassiber, die durch Gefängnisbeamte, Mithäftlinge oder den Gefängnispfarrer herausgeschmuggelt werden konnten. Um nicht dem Trübsinn zu verfallen, beschäftigte er sich mit anspruchsvoller Literatur: mit Goethe, Spinoza, Leonardo da Vinci, Langbehn und Ekkehard. *»Ich wollte so gerne etwas Zusammenhängendes schreiben«*, bedauert er, *»aber die Lektüre und alles ist so zufällig.«*

Die Misshandlungen, denen er bei seinen Verhören ausgesetzt war, waren brutal. Wie sehr er darunter litt, geht aus einem Brief hervor, aus dem nahezu Verzweiflung spricht: *»In einer Nacht, es war bald nach dem 15. August, bin ich beinahe verzweifelt. Ich wurde wüst verprügelt in das Gefängnis zurückgefahren, abends spät. Die begleitenden SS-Männer lieferten mich ab mit den Worten: So, schlafen können Sie heute Nacht nicht. Sie werden beten und es wird kein Herrgott kommen und kein Engel, Sie herauszuholen. Wir aber werden gut schlafen und morgen früh Sie mit frischen Kräften weiterverhauen. Ich war wie erlöst, als Alarm kam, und erwartete die tötende oder die die Flucht ermöglichende Bombe«* (Nov. 1944). Er wurde von diesen Quälereien nicht erlöst und musste in dieser Nacht erkennen: *»Gott hat mich gestellt. Nun heißt es, dem gewachsen zu sein«.*

Am 16. Dezember überbrachte der Anwalt dem Untersuchungsgefangenen Alfred Delp die Anklageschrift. Sie bezeichnete seine Mitarbeit im Kreisauer Kreis als Hochverrat und unterstellte, er habe von Stauffenbergs Attentat, von Goerdelers und Moltkes Putschversuch gewusst. Delp nannte die Anklage *»hanebüchen«*, *»lügenhaft, unscharf und verwirrt«*. Auf das Angebot, man lasse ihn frei, wenn er aus dem Jesuitenorden austrete, ging er nicht ein. Am 9./10. Januar 1945 wurden er und die Kreisauer vor den Volksgerichtshof gestellt, vor ein Gericht, das gewöhnlich zehn Todesurteile täglich aussprach und errichtet worden war, um »eine neue Art volksgebundener Rechtsfindung einzuführen«. Die Richter waren nach Anweisungen Hitlers ausgewählt, der vor Beginn des Prozesses dem Volksgerichtshof persönlich die Anordnung gegeben hatte: *»Diese Verbrecher dürfen gar nicht groß zu Wort kommen. Innerhalb von zwei Stunden nach der Verkündigung des Urteils muss es sofort vollstreckt werden. Die müssen sofort hängen, ohne jedes Erbarmen.«*

Der Präsident des Volksgerichtshofs, Roland Freisler, war ein schizophrener Intellektueller, ein nüchterner Verstandesmensch und Fanatiker zugleich. Er besaß die deutschen Tugenden: Fleiß, Ordnungsliebe und Disziplin, und die brutalen Eigenschaften des neuen Herrenmenschen: Rücksichtslosigkeit, Eitelkeit, Anmaßung und Menschenverachtung. Er bestand darauf, dass auf den Einzelnen keine schwächlichen Rücksichten genommen werden. Nach der Beschreibung Delps ist der Mann (Freisler) *»gescheit, nervös, eitel und an-*

maßend. Er spielt Theater und der Gegenspieler muss unterlegen sein. Wo dies im Dialog geschieht, kommt die Überlegenheit des Gnädigen zu Geltung und Wirkung.« Und er bemerkt über den Prozessverlauf: *»Das Publikum hat durchschnittlich den Typ des ›einen‹ Deutschland. Das ›andere‹ Deutschland ist nicht vertreten oder wird zum Tode verurteilt.«* Und er fährt fort: *»Eigentlich fehlte noch eine Ouvertüre zu Beginn und ein Finale zu Ende oder zumindest Fanfaren … Die Verhandlung selbst war geschickt und raffiniert gestellt. So raffiniert, dass keiner mit dem zu Wort kommen konnte, was den anderen entlastete oder ihm selbst von Vorteil war.«* Da Freisler den Standpunkt vertrat, dass es gegen den Rechtsbrecher, den Staatsfeind und Feind der Volksgemeinschaft in Strafmaß und Strafvollzug nur eine kraftvolle Strenge und erforderlichenfalls völlige Vernichtung geben soll, ja, dass es nicht Aufgabe des Richters ist, Recht zu sprechen, sondern die Gegner des Nationalsozialismus zu vernichten, war von vornherein klar, dass dieses Tribunal keine Rechtsprechung ausüben wird. Was war schon von einem solchen Richter zu erwarten, der an den Führer in hündischer Ergebenheit geschrieben hatte: *»Der Volksgerichtshof wird sich stets bemühen, so zu urteilen, wie er glaubt, dass Sie, mein Führer, den Fall selbst beurteilen würden«* (Archiv für Zeitgeschichte München, NG-176). Es war klar, wie Hitler dachte. Sein Urteil stand schon vor Beginn des Prozesses fest: *»Sie sollen gehängt werden wie Schlachtvieh!«*

Der Prozess

Am 9./10. Januar 1945 begann die Gerichtsverhandlung vor dem Volksgerichtshof unter Dr. Roland Freisler gegen die Kreisauer. Delp gab sich keinen Illusionen hin. Wie klar er sah, geht aus einem Brief hervor, den er an seine Mitbrüder schrieb: *»Ich spürte bei der ersten Frage die Vernichtungsabsicht. Es war alles fertig, als es anfing. Unser eigentliches Vergehen und Verbrechen ist unsere Ketzerei gegen das Dogma: NSDAP – 3. Reich – Deutsches Volk: leben gleich lang. Wer es wagt, diese Drei-Einigkeit anzuzweifeln, ist ein Ketzer und die früheren Ketzergerichte sind Spielereien gegen die Raffinesse und tödliche Akribie dieser jetzigen … Keiner kommt mit dem zu Wort, was den anderen oder ihn entlasten könnte. Es wird nur das gefragt und zur Aussage zugelassen, was nach der gerade gültigen These zum Verurteilen ausreicht«* (Im Angesicht des Todes).

Über Freislers Verhandlungsstil war auch die Parteiführung nicht sehr glücklich. Die Kaltenbrunner Berichte heben zwar hervor, dass *»in weiten Kreisen die scharfe, teilweise ironische und äußerst schlagfertige*

Art des Vorsitzenden mit Freude und Genugtuung zur Kenntnis genommen wurde«, stellen aber kritisch fest: *»Wir mussten dem Präsidenten mitteilen, dass er den Angeklagten gegenüber zu laut geschrien habe, so dass es dem Tonmeister nicht möglich war, den Ausgleich zwischen der schreienden und der leisen Stimme des Angeklagten herzustellen.«* Auch in Kreisen der Intelligenz und Rechtsverwahrer fehlte es nicht an Kritik: dass *»die billige Art«*, in der der Vorsitzende die Angeklagten beschimpft und lächerlich gemacht habe, *»nicht ganz der Würde des höchsten deutschen Gerichtshofes entspreche«* und viele an *»frühere sowjetische Schauprozesse erinnere«* (Opposition gegen Hitler und der Staatsstreich vom 20. Juli 1944).

Die Anklage gegen mich, schreibt Alfred Delp in einem seiner Briefe, konzentriert sich jetzt auf drei Punkte: *»Dass ich an eine deutsche Zukunft nach einer möglichen Niederlage dachte, wird mir als Hochverrat angelastet und meine Überlegungen zur »Rechristianisierung« als ein »Anschlag gegen Deutschland«, weil Christentum und Nationalsozialismus unvereinbar sind. Schließlich bin ich als Jesuit ein Schuft und grundsätzlich ein Feind Deutschlands, und vor allem ein Feind der NSDAP.«* Freisler beharrte in allen seinen Äußerungen auf dem Standpunkt, dass nur das NS-Regime das Recht hat, über den Staat zu bestimmen, und sonst niemand. Er schrie Delp an: »Sie gehören zu denen, die behaupten, das Reich Ihrer Kirche sei von jener Welt. Das hindert Sie aber nicht, sich mit lauter Nichtnationalsozialisten, darunter offenkundigen Staatsfeinden, in konspirative Gespräche und Planungen einzulassen … Was haben Sie bei einem Bischof zu suchen? Ihre Befehlsstelle ist der Führer und die NSDAP! Für Sie so gut wie für jeden anderen Deutschen, und wer sich seine Befehle in so getarnter Form bei den Hütern des Jenseits holt, der holt sie sich beim Feind und wird so behandelt werden!« Freisler, der es nicht unterlassen konnte, seine Opfer zu demütigen, fuhr fort: »Sie Jämmerling! Sie pfäffisches Würstchen – und so was erdreistet sich, unserem geliebten Führer ans Leben zu wollen … Eine Ratte austreten, zertreten sollte man so was … Jetzt sagen Sie mal, was Sie als Priester dazu gebracht hat, die Kanzel zu verlassen und sich mit einem Umstürzler wie dem Grafen Moltke in die deutsche Politik einzumischen?«

Delp gab darauf ruhig und selbstbewusst zur Antwort: *»Ich kann predigen, soviel ich will, und Menschen geschickt oder ungeschickt behandeln oder wieder aufrichten, solange ich will. So lange der Mensch menschenunwürdig und unmenschlich leben muss, solange wird der Durchschnitt den Verhältnissen erliegen. Es braucht die gründliche Änderung der Zustände.«* Als Freisler die Frage stellte: »Wollen Sie damit sagen, dass der Staat geändert werden soll, damit Sie anfangen können, Zustände zu ändern, die das Volk aus den Kirchen fernhalten?« antwortete Delp klar und lapidar: *»Ja, das will ich damit sagen.«*

Da sich alle konkreten Vorwürfe in der Verhandlung als unhaltbar erwiesen, wurde der Prozess mehr und mehr zu einer weltanschaulichen Auseinandersetzung. Es ging letztlich um die alte Frage, was Gottes und was des Kaisers ist, wie gehorsam man dem Staat gegenüber sein muss? Beim Strafantrag wurden eigens die Intelligenz und Tatkraft eines Jesuiten als erschwerend hervorgehoben. Delp bezeichnet die Gerichtsverhandlung als *»ein großes Theater«*, als *»Orgie des Hasses«*, die nichts anderes als das Todesurteil erwarten ließ, und er bemerkt dazu: Sie *»strotzte von Beschimpfungen von Kirche und ihren Einrichtungen. Sachlich konnte ich sagen, was ich wollte: einem Jesuiten glaubt man nicht, da er grundsätzlich ein Reichsfeind und vor allem ein Feind der NSDAP ist.«* Delp sah es klar voraus, dass er bald am Galgen enden werde. Manchmal wünschte er das Ende herbei. Am 11. 1. 1945 entschied das Gericht, wie er erwartet hatte und verkündete folgendes Urteil:

»Im Namen des Deutschen Volkes:

Der Jesuitenpater Alfred Delp arbeitete sehr eng und intensiv mit Helmuth Graf von Moltke zusammen ... Sicher gehört Alfred Delp zu denen, die immer wieder behaupten, das Reich ihrer Kirche sei von jener Welt. Das hinderte ihn aber nicht, sich mit lauter Nichtnationalsozialisten, darunter offenkundigen Staatsfeinden, in derartige konspirative Gespräche und Planungen mitten im Krieg einzulassen, sie selbst aktiv vorwärts zu treiben und dabei seine Wohnung sogar als Schlupfwinkel für die Verschwörerbesprechungen zur Verfügung zu stellen. Er tritt mit dem Anspruch auf, ein gebildeter Mann zu sein! ... Wenn er trotzdem im Kriege dieses Verrats sich schuldig gemacht hat, so bezeugt das seine vollkommene Ehrlosigkeit und erzwingt zum Schutze des Reiches das Todesurteil gegen ihn.

Delp, der davon überzeugt war, dass man ihn verurteilte, weil er Jesuit ist und es bleiben wollte, schrieb nach seiner Verurteilung seinen Freunden: *»So lebt denn wohl. Mein Verbrechen ist, dass ich an Deutschland glaubte auch über eine mögliche Not- und Nachtstunde hinaus. Dass ich an jene simple und anmaßende Drei-Einigkeit des Stolzes und der Gewalt nicht glaubte. Und dass ich dies tat als katholischer Christ und als Jesuit. Das sind die Werte, für die ich hier stehe am äußersten Rande und auf den warten muss, der mich hinunterstößt.«* Es fiel ihm schwer, in Geduld abwarten zu müssen, was weiter geschieht, so äußert er: *»Gestern und heut sind schwere Tage. Helmuth und alle anderen sind weg. Nur ich bin noch da als der Einzige und Letzte. Mit den anderen gehen wäre* *wahrscheinlich leichter gewesen als dieses Übrigbleiben ... Wenn man doch der Weltgeschichte Beine machen könnte.«*

Der letzte Abschnitt seines Lebens wurde für Delp eine Zeit des Reifens: *»Da brannte vieles aus, was nicht würdig und wertig war«*, steht in seinen Tagebuchfragmenten, in denen er scharfsinnig und nüchtern dieses eigenartige Leben schildert: *»Man gewöhnt sich so schnell und muss sich das Todesurteil ab und zu gewaltsam in das Bewusstsein zurückrufen. Das ist ja das Besondere bei diesem Tode, dass der Lebenswille ungebrochen und jeder Nerv lebendig ist, bis die feindliche Gewalt alles überwältigt. So dass die gewöhnlichen Vorzeichen und Mahnboten des Todes hier ausbleiben. Eines Tages wird eben die Tür aufgehen und der gute Wachtmeister wird sagen: Einpacken, in einer halben Stunde kommt das Auto. Wie wir es so oft gehört haben.«*

Am 2. Februar 1945 war es dann so weit. Er zeigte sich gefasst und äußerte auf dem Weg zur Hinrichtungsstätte Berlin-Plötzensee dem Gefängnispfarrer Buchholz gegenüber, der ihn auf seinem letzten Weg begleitete: *»In einer halben Stunde weiß ich mehr als Sie.«* – Seine Asche wurde, wie ein Führerbefehl angeordnet hatte, auf den Rieselfeldern Berlins verstreut. Im Auftrag Hitlers drehte man einen Film, der den gesamten Prozess in all seinen Phasen ausführlich und in allen Einzelheiten zeigen sollte, von der Verhandlung vor dem Volksgerichtshof bis zu den letzten Zuckungen der Opfer am Galgen. Sein Richter Roland Freisler überlebte ihn nur einen Tag. Er wurde am 3. Februar 1945 bei einem Bombenangriff von einstürzenden Trümmern erschlagen.

Delp hatte lange wider alle Hoffnung gehofft. Er hatte seine aussichtlose Lage klar erkannt und glaubte doch insgeheim, dass vielleicht noch eine Wende eintritt und er, wie die drei Jünglinge nach ihrer Läuterung im Feuerofen, eine neue Sendung erhält: *»Ich würde gerne noch weiterleben und gern und jetzt erst recht weiterschaffen und viele neue Worte und Werte verkünden, die ich erst jetzt entdeckt habe.«* Da er das Leben, das er gerne gelebt hätte, nicht leben durfte, fand er sich damit ab, dass »der Sinn, den er seinem Leben setzte, besser, der ihm gesetzt wurde«, darin bestand: *»die Rühmung und Anbetung Gottes zu vermehren und zu helfen, dass die Menschen nach Gottes Ordnung und in Gottes Freiheit leben.«*

Literatur

P. Bolkovac, »Im Angesicht des Todes«, Frankfurt a. M, 1947;

R. Bleistein, Alfred Delp, Frankfurt a. M, 1989;

R. Bleistein (Hg.), Dossier: Kreisauer Kreis, Frankfurt a. M, 1987

MANFRED EDER

Franz Jägerstätter

Gott mehr gehorchen als den Menschen

** 1907 in St. Radegund*
† 1943 im Zuchthaus Brandenburg
Widerstandskämpfer
Gedenktag: 9. August

Am 6. Juli 1943 wurde ein österreichischer Bauer durch das Reichskriegsgericht in Berlin wegen »Zersetzung der Wehrkraft« zum Tode verurteilt. Er war kein Saboteur und kein Anführer einer Untergrundbewegung, kein Mitglied einer militärischen Widerstandsgruppe oder Mitwisser einer Verschwörung. Er hatte sich nur aus Gewissensgründen geweigert, in Hitlers Heer zu dienen. Wer war dieser Mann und wie kam er zu dieser Haltung, an der sich bis heute die Geister scheiden?

Geboren am 20. Mai 1907 als uneheliches Kind einer Bauernmagd, wuchs Franz zunächst in sehr ärmlichen Verhältnissen bei seiner Großmutter auf, ehe seine Mutter 1917 in einen Bauernhof einheiraten konnte und ihr Ehemann Heinrich Jägerstätter ihn adoptierte.

Der junge Jägerstätter – erster Motorradfahrer im Dorf, oft im Wirtshaus und auf dem Tanzboden anzutreffen und Vater einer unehelichen Tochter – war ein lebenslustiger Mann. Aber schon sein kurzfristiges Vorhaben, als Laienbruder in ein Kloster einzutreten, ließ einen Sinneswandel erkennen, der sich nach seiner Heirat 1936 unter dem Einfluss seiner tiefgläubigen Ehefrau fortsetzte. Erstaunt nahm man in St. Radegund zur Kenntnis, dass Jägerstätter jetzt täglich die Messe besuchte, wiederholt nach Altötting pilgerte und 1941 den Mesnerdienst übernahm.

Im Januar 1938 hatte der Hoferbe, der die Entwicklung im benachbarten Deutschland seit der Machtergreifung Hitlers voller Sorge mitverfolgte und viel las, einen Traum, in dem ein vollbesetzter Zug um einen Berg fuhr. »Dann sagte mir auf einmal eine Stimme: ›Dieser Zug fährt in die Hölle.‹ [...] Somit glaub ich, hat mir Gott es durch diesen Traum [...] klar genug gezeigt und ins Herz gelegt, mich zu entscheiden, ob Nationalsozialist – oder Katholik!« Daher stimmte Jägerstätter nach dem Einmarsch der Deutschen in Österreich 1938 als Einziger im Ort gegen den Anschluss seines Heimatlandes an das Deutsche Reich. In der Folgezeit zog sich der von manchen bald als Sonderling betrachtete Landwirt immer mehr aus der Öffentlichkeit zurück und registrierte aufmerksam die Verhaftung regimekritischer Priester des Dekanats durch die Gestapo sowie die Kunde von der Ermordung Geisteskranker.

Zunächst zweimal nur kurzzeitig zum Militär einberufen, machte er kein Hehl aus seinem festen Entschluss, kein drittes Mal einzurücken. Jägerstätter war also kein radikaler Pazifist, der jeglichen Kriegsdienst abgelehnt hätte; aber als Soldat dabei mitzuhelfen, dass der »Führer« durch einen Angriffskrieg die Weltherrschaft erringt, erachtete er als persönliche Schuld und schwere Sünde, die er nicht auf sich nehmen mochte. Es war klar, dass Jägerstätter bei einer Kriegsdienstverweigerung in Lebensgefahr war. Alle ihm Nahestehenden sowie diverse Priester und der Linzer Oberhirte Joseph Fließer, bei denen er Rat suchte, wollten ihn daher umstimmen, nicht zuletzt durch Appelle an sein soziales Verantwortungsgefühl. Doch Jägerstätter dachte in anderen Kategorien: »Immer wieder möchte man einem das Gewissen erschweren betreffs Gattin und Kinder. Sollte die Tat, die man begeht, vielleicht dadurch besser sein, weil man verheiratet ist und Kinder hat? Oder ist deswegen eine Tat besser oder schlechter, weil es tausend andere Katholiken auch tun?« Und mit Bitterkeit fügte er hinzu: »Was wäre es für ein Unterschied, wenn nicht ein Gotteshaus mehr geöffnet wäre, wenn die Kirche ohnehin zu allem schweigt, was geschieht?«

So trat das zu Befürchtende ein: Der Verweigerung bei seiner nächsten Einberufung am 1. März 1943 folgten Haft und Verurteilung. Am Morgen des 9. August 1943 brachte man ihn in das Zuchthaus Brandenburg, wo der dortige Pfarrer ein langes Gespräch mit dem ruhigen und gefassten Todeskandidaten führte. Er nannte ihn danach den einzigen Heiligen, dem er in seinem Leben begegnet sei. Um 16 Uhr senkte sich dann das Fallbeil.

Haben die einsame Gewissensentscheidung und das Lebensopfer Franz Jägerstätters etwas bewirkt? Sicher nicht in einem unmittelbaren Sinn, denn Krieg und Völkermord gingen unvermindert weiter. Aber die Frucht des sterbenden Weizenkorns, das allein und verloren schien, ist doch seither bei vielen Menschen aufgegangen, die die von Jägerstätter auch vor Gericht geäußerte Überzeugung teil(t)en: »Es gibt Momente, in denen man Gott mehr gehorchen muss als den Menschen.«

Literatur

V. Conzemius, Franz Jägerstätter. Der Aufstand des Gewissens, in: Ders., Propheten und Vorläufer. Wegbereiter des neuzeitlichen Katholizismus, Zürich u. a. 1972, 251–262;

E. Putz, Franz Jägerstätter. Gefängnisbriefe und Aufzeichnungen, Linz/Passau 1987;

F. Jägerstätter. Zur Erinnerung seines Zeugnisses. Eine Handreichung (= Schriftenreihe der Abteilung Gerechtigkeit – Friede – Schöpfung / Pastoralamt der Diözese Linz 1), hg. v. Pax Christi Oberösterreich, Linz 2000

Stefanie Koebernik

Mutter Teresa

Einladung zum Lächeln

** 1910 in Skopje / Albanien*
† 1997 in Kalkutta
Ordensgründerin, Friedensnobelpreisträgerin
Gedenktag: 5. September

Lächelt einander an«, pflegte Mutter Teresa zu sagen. Denn die Ordensfrau im weißblauen Sari war überzeugt: Ein Lächeln kann die Welt verändern. Als junges Mädchen zog sie aus ihrer makedonischen Heimat fort, um der Welt ihr Lächeln zu schenken. Sie zeigte es jedem: Armen, Verlassenen, Kranken, ganz gleich welcher Hautfarbe und Religion.

Der Sonnenschein von Skopje

So auch der älteren Frau mit dem Namen File. Damals, in Skopje, der heutigen Hauptstadt von Makedonien, wo Mutter Teresa am 27. August 1910 zur Welt kam. Mutter Teresa heißt mit Mädchennamen Agnes Ganxhe Bojaxhiu, geht zur Schule und in den Kirchenchor, trifft sich mit ihren Freundinnen und ist eine richtige Leseratte. In ihrer Nachbarschaft wohnt File. Die grauhaarige Frau lebt allein und kann nicht mehr aufhören zu trinken. File ist alkoholkrank. Zweimal täglich spürt sie so etwas wie Freude: Wenn es an ihrer Haustür klopft. Wenn Agnes Bojaxhiu und ihre Mutter Drana vorbeischauen, um ihr einen warmen Eintopf zu bringen. Manchmal steht Agnes auch alleine vor Files Haustür, denn Drana Bojaxhiu hat alle Hände voll zu tun, sich und ihre drei Kinder durchzubringen. Ihr Mann Kole, ein erfolgreicher Kaufmann, starb früh. Agnes wurde mit acht Jahren Halbwaise. Während die Mutter als Näherin arbeitet, weiß sie ihr »Nesthäkchen« Agnes an vielen Nachmittagen in der Kirchengemeinde von Skopje gut aufgehoben.

Oft ruft Ortspfarrer Jambrecovic seine Gemeinde dazu auf, für die Brüder und Schwestern in den Missionen zu beten. Er erzählt von Jungen und Mädchen, die in dunklen Hütten Teppiche knüpfen, anstatt die Schule zu besuchen. Agnes sieht die Bilder vor sich, hängt an seinen Lippen. Und plötzlich ist da dieses helle, wärmende Gefühl. Ein Gedanke, der mehr und mehr Besitz von ihrem Herzen ergreift: der Wunsch, selber für Gott in die Welt hinauszuziehen.

Mit 18 bewirbt sich die junge Frau bei den Loreto-Schwestern. Dieser Orden hat seine Wurzeln in Irland und eine wachsende Anzahl von Niederlassungen in Indien.

Lebe wohl, geliebtes Skopje

Agnes ist sich ihrer Berufung sicher und dennoch tut der Abschied von Skopje weh. Sie liebt die Vlaska-Straße, in der sie zu Hause ist, ihre Schule und die Herz-Jesu-Kirche. Vor allem liebt Agnes die Menschen von Skopje: ihre Familie, ihre Freundinnen und Freunde. Und natürlich bedürftige Menschen wie File, die Agnes ungezählte Male besucht hat. Sie alle stehen am 25. September 1928 am Bahnhof von Skopje, um Abschied zu nehmen. Ihre Kindheit lässt sie nun endgültig mit ihrem Mädchennamen hinter sich: Aus Agnes Ganxhe Bojaxhiu wird am 29. November 1928 Maria Teresa vom Kinde Jesu.

Am 1. Dezember schaukelt die »Marcha« im Hafen von Dublin. Kalte Winterluft lässt die eintreffenden Passagiere rasch Schutz unter Deck suchen. Sie alle haben ein Ziel vor Augen: Nach einigen Wochen auf hoher See wollen sie den indischen Subkontinent erreichen. Unter den Passagieren ist auch die angehende Novizin Maria Teresa. 26 Tage dauert die Überfahrt, beinahe den ganzen Monat Dezember lang. Einen Tag nach Weihnachten geht die »Marcha« in Colombo vor Anker.

Mit Beginn ihres Noviziats in Darjeeling wird Schwester Teresa Lehrerin. Wann kamen die ersten Engländer nach Indien? Warum ist der Gipfel des Himalajas bitterkalt und mit Schnee bedeckt? Schwester Teresa erklärt es ihren Schützlingen, vorwiegend Schülerinnen aus gutem Hause. »Ich liebe es über alles zu unterrichten.«

Gleichzeitig hilft sie in einer kleinen Krankenstation aus. Vier Jahre lebt Schwester Teresa in Darjeeling. Beten, lesen und unterrichten, beten, trösten und heilen, beten, essen und ruhen ... Teresa ist

25 Jahre alt, als sie nach Kalkutta versetzt wird. Im dortigen Anwesen des Loreto-Ordens soll sie ihre Arbeit fortsetzen.

Kalkutta: Wer kann, macht einen Bogen drum

Kalkutta ist anders als Darjeeling. Übler Geruch dringt durch die Klostermauern des Loreto-Ordens. Benachbarte Gerbereien blasen ihren beißenden Atem in den Bezirk Etally. Müllhalden ziehen Ratten und Ungeziefer an. Und dazwischen leben Menschen. Kinder, Frauen und Männer, deren Zuhause die Slums von Kalkutta sind. Auch wenn die Loreto-Schwestern die Luft der Armen atmen, trennt sie die hohe Klostermauer von deren Leben. Sie haben ihre eigene kleine Welt in Etally. Eine heile Welt.

Trotzdem unterrichtet Teresa auch »draußen« in den Armenvierteln. Mit 27 Jahren, im Mai 1937, legt sie ihre ewigen Gelübde ab. Gleichzeitig avanciert Teresa zur Direktorin der Klosterschule. Kalkutta ist ihr Zuhause geworden, die Schwestern ihre Familie, Indien ihre zweite Heimat. 1942 nimmt Teresa die indische Staatsbürgerschaft an.

Entscheidung auf dem Weg nach Darjeeling

Hin und wieder fährt Teresa nach Darjeeling: Luftveränderung, um Kräfte zu tanken, Exerzitien, um die Seele baumeln zu lassen. So auch am 10. September 1946. Rhythmisch rattert der Zug über die Bahnschwellen. Teresa kennt die Strecke gut. Aber heute fühlt sie sich anders als sonst. Ihre Hand hält den Rosenkranz, Teresa konzentriert sich ganz auf ihr Gebet. Und plötzlich hört sie Ihn: Schwester Teresa nimmt ganz deutlich Gottes Stimme wahr, hört »den Ruf, alles aufzugeben und Ihm in die Slums zu folgen, um Ihm unter den Ärmsten der Armen zu dienen«.

Erst zwei Jahre später erteilt ihr der Papst den Segen: Teresa darf den Orden verlassen und ist nun direkt dem Erzbischof von Kalkutta unterstellt. Sie verändert sich auch äußerlich. Die schwere europäische Ordenstracht tauscht sie gegen einen leichten Sari aus weißer Baumwolle. Nur eines unterscheidet sie in diesem Habit noch von den Bewohnerinnen der Armenviertel: ein kleines Kreuz, das sich Teresa an die linke Schulter steckt. »Herr, bewirke durch Deine Gnade, dass die Armen, wenn sie mich sehen, sich zu Christus hingezogen fühlen, dass sie ihn einladen, in ihre Häuser und in ihr Leben einzutreten.«

Die Mission beginnt

Am 21. Dezember 1948 begibt sich die zierliche Frau im weißen Sari auf die Straßen Kalkuttas. Ihr Ziel: Der Slum Moti Jheel. Sie kann den Menschen dort keine materielle Hilfe geben, denn sie besitzt selber nichts. »Aber ich gehe hin, um sie glücklich zu machen«, so ihre tiefe Überzeugung. Es dauert nicht lange, da beginnen die Ersten sie »Ma« zu rufen. »Mataji« bedeutet Mutter.

Mit einem Stab malt Teresa Buchstaben auf den staubigen Boden. Die Kinder sollen lesen und schreiben lernen. Sie sollen es besser haben als ihre Eltern und Großeltern. Teresa schläft kaum. Es gibt Nächte, in denen sie auf der Matte eines Kranken ausharrt. Eine knochige Hand in der ihren, Fieberschweiß von der glänzenden Stirn tupfend. Sie geht erst, wenn das matte Licht des anbrechenden Tages seine Todesangst vertreiben kann.

»Gott will, dass ich eine einsame Ordensfrau bin«, macht sich Teresa Mut. In den Straßen des überfüllten Kalkutta, in den Hütten der Elendsviertel und in ihrer kleinen Schule ist Teresa ja nicht alleine. Aber sie fühlt sich einsam bei dem, was sie tut. Allein mit Gott. Ihre »zweite Familie« ließ Teresa in Loreto-Etally hinter sich, und mitunter ist die Versuchung zurückzukehren groß: »Ich lief und lief, um eine Bleibe zu finden. Völlig übermüdet wollte ich ins Kloster der Loreto-Schwestern zurückkehren, aber dann dachte ich an die Verlassenen auf der Straße, an die Kranken, die Hungernden und ich schämte mich.«

Im März 1949 aber kommt Subashini Das, eine ehemalige Schülerin Teresas, in die Slums, um der Schwester zur Hand zu gehen. Subashini bleibt für immer. Sie nennt sich Schwester Agnes – nach dem Mädchennamen Teresas. Zwei Monate später sind sie schon zu viert, bald zu fünft und zu sechst. Sie ziehen durch die Hütten, kochen und putzen, heilen, trösten und unterrichten. Am 7. Oktober erkennt Papst Pius XII. die »Missionarinnen der Nächstenliebe« als neue Kongregation an.

Willkommen im Mutterhaus

Andere nennen es Glück, Teresa weiß, dass ihre Gebete Gehör fanden: Dringend brauchten die Frauen ein geeignetes Quartier. Und nun überlässt ihnen dieser stenggläubige Muslim für wenige Rupien sein Haus: »Ich habe das Haus von Gott bekommen«, wendet dieser sich an seine christlichen Besucher. »Ich gebe es ihm wieder zurück.« Die Missionarinnen der Nächstenliebe haben nun endlich ein eigenes Mutterhaus. Willkommen in der Lower Circular Road Nr. 54 A.

Wer die Glocke am Empfang zieht, hört das metallene Geräusch von Eisenriegeln, die zurückgeschoben werden. Im Hof des Mutterhauses herrscht geschäftiges Treiben. Stimmen, Lachen und Gesang erfüllen die Luft mit Leben.

Von hier gehen die Schwestern täglich in die engen Gassen Kalkuttas hinaus, wie »ein Tropfen im Ozean. Aber ohne diesen Tropfen wäre der Ozean ein bisschen kleiner.« Ohne die Frauen im weißen Sari wären die Gassen von Kalkutta ein wenig dunkler und die Armut in Howrah größer. Bahnhof Howrah. Endstation für Hunderte. Hier stranden Leute aus den Dörfern des Umlandes. Dort, wo der Hunger am größten ist. Wie jene alte Frau, der Mutter Teresa einen Teller Reis anbietet. »Ganz in sich versunken, betrachtet sie ihn nur.« Teresa ist erschüttert: »Sie konnte nicht mehr essen.«

Liebe auf der letzten Reise

Ungezählte Male ist Mutter Teresa allein mit ihm: Mit dem Tod, der in armselige Hütten schleicht, in denen schon lange niemand mehr Beistand leisten will. »In meinem Herzen bewahre ich die letzten Blicke der Sterbenden. Ich tue alles, was ich kann, damit sie sich in diesem wichtigen Augenblick geliebt fühlen.«

Wieder hat Teresa eine Nacht hinter sich, in der sie eine sterbenskranke Frau auf ihre Schubkarre hievte. So schwankte sie von einem Krankenhaus zum nächsten. Niemand wollte sich der Todgeweihten annehmen. Die Missionarinnen der Nächstenliebe brauchten dringend eine Unterkunft, in der sie sich um Kranke und Sterbende kümmern konnten. Noch aufgewühlt von den Erlebnissen der Nacht, trägt Mutter Teresa ihr Anliegen im Gesundheitsamt von Kalkutta vor.

Überraschenderweise führt sie der zuständige Mitarbeiter in ein ehemaliges hinduistisches Pilgerhaus. Am Ufer eines heiligen Flusses gelegen, kommen ungezählte arme Inder zum Sterben her. Im Labyrinth enger Gassen gibt es viele Ghats – Plätze an Ufertreppen, auf denen die Toten verbrannt werden. Kali, die mächtige indische Göttin, der inmitten des Straßen-Labyrinths ein Tempel geweiht ist, gibt diesem Bezirk seinen Namen. Die Pilgerherberge im Schatten des Tempels ist verwahrlost und schmutzig. Gewalt und Brutalität lassen keinen Platz mehr für die Güte der Göttin Kali.

Das sollte sich nun ändern: In ihrem neu benannten »Nirmal Hriday«, zu Deutsch »Ort des reinen Herzens«, heißen die Schwestern jeden willkommen. Ganz gleich ob Hindu, Moslem, Sikh oder Christ – »wir fragen niemanden nach seiner Religion und respektieren alle«, verspricht Teresa. »Die Religion der anderen zu respektieren ist eine Grundbedingung für den Frieden.«

Nacht für Nacht durchkämmen die Schwestern Kalkutta. An jenem Abend bringen sie fünf ausgemergelte Körper nach Nirmal Hriday, befreien ihre Wunden von Maden und Ungeziefer, waschen und kleiden sie vorsichtig. »Danke«, greift eine kleine Frau nach der Hand Mutter Teresas, lächelt und stirbt. »Sie gab mir viel mehr, als ich ihr gegeben hatte.«

»Wir haben heute Arzneien gegen Lepra, und Aussätzige können geheilt werden. Es gibt Arzneien gegen TB, und Schwindsüchtige können geheilt werden«, weiß Mutter Teresa aus Erfahrung. »Die einzige Krankheit, die nicht geheilt werden kann, ist die, sich nicht geliebt zu fühlen.« Und diese Krankheit verschont auch die Allerjüngsten nicht. Fast täglich finden die Missionarinnen der Nächstenliebe Babys in versteckten Winkeln und Mülltonnen. Winzig und zerbrechlich, manche zu schwach, um zu schreien. Wenn die Schwestern so ein kleines Bündel Mensch auflesen, bringen sie es nach »Nirmala Shishu Bhavan«.

Ein Nest für kleine Engel

Das Kinderheim der Teresa-Schwestern öffnet 1952 seine Pforten. Shishu Bhavan, das zweistöckige Gebäude, ist von einer hohen Mauer umgeben: geschützt wie ein Ungeborenes im Mutterleib. So klein und schwach sie anfangs auch in ihren Bettchen liegen, entwickeln viele Babys dennoch einen unbezwingbaren Willen zu überleben, unbedingt. Die Schwestern in Shishu Bhavan werden ihre Mütter, die anderen Jungen und Mädchen ihre Geschwister. Sie besuchen eine Schule, gehen in die Lehre und heiraten. Irgendwann wird Mutter Teresa zum ersten Mal stolze »Großmutter«.

Nicht allen Kindern gelingt es ihren Schmerz zu überwinden. Kinder, die zusammengekauert dasitzen, den Blick ins Leere gerichtet. Kinder, deren Namen nie jemand erfahren wird. Kinder, die ihre Sprache verloren haben. Manche von ihnen können nicht einmal mehr weinen. Dennoch: In Shishu Bhavan haben schon etliche Knirpse wieder sprechen gelernt und viele, viele ihr Lachen wiedergefunden. In dieses warme Nest zu kommen ist das beste, was ihnen passieren konnte. Sie tummeln sich überall hinter der schützenden Mauer von Shishu Bhavan. Hier sind kleine Engel gut aufgehoben.

Vielleicht ist es genau diese Sehnsucht, die auch Erwachsene nach Shishu Bhavan zieht. Vielleicht ist es der pure Hunger, der sie an die kleine grüne Pforte treibt, vor der Frauen und Männer Schlange stehen. Sie wissen, hier werden hungrige Mäuler gestopft, egal welchen Alters, welcher Hautfarbe und Religion. Shishu Bhavan ist das Arbeitszentrum der Missionarinnen. In der Küche rühren die Schwestern in Töpfen, so groß wie Regentonnen. Schier unerschöpflich scheint der Lebensmittelvorrat. Und die Ordensfrauen machen ungezählte Male am Tag die gleiche Bewegung: Sie beugen sich über diese Riesentöpfe, füllen eine Blechtasse mit Suppe und leeren sie in die Gefäße der Armen. Dankbare Blicke, ein Lächeln. Neben einem kleinen Büro für die Organisation des Ganzen gibt es eine Ambulanz, in der Kranke versorgt werden.

Ein Heim für Aussätzige

Eines Tages stehen fünf Aussätzige vor der Tür. Mit ihnen beginnt die Erfolgsgeschichte im Kampf gegen Lepra. Mutter Teresa kratzt alle Spenden zusammen und lässt einen Lieferwagen zu einem mobilen Hospital umbauen. Sie weiß, dass die Kranken eine gute Chance auf Heilung haben, wenn sie sich nur rechtzeitig zu erkennen geben. Sie dürfen nicht davonlaufen. Im Notfall wird Mutter Teresa die »Unreinen« in den Gassen Kalkuttas suchen. Und so kommt es dann auch. Überall, wo der hellblaue Lieferwagen mit der Aufschrift »Missionaries of Charity« auftaucht, ist er Brennpunkt des Interesses. »Nein, nicht für tausend Dollar würde ich einen Leprösen berühren«, pflegt Mutter Teresa zu sagen. »Aber für die Liebe Gottes versuche ich freiwillig ihn zu heilen.« Die kleine Frau beeindruckt im Umgang mit der Krankheit. Sie imponiert dem Arbeitgeber, der erst kürzlich wieder einen »Unreinen« entlassen hat. Sie gibt der Frau zu denken, die ihrem leprösen Neffen Einlass verwehrt. Und sie beschämt den jungen Mann, der nicht zu seiner eigenen Hochzeit erschienen war, nachdem seine Familie von der Erkrankung seiner Zukünftigen erfahren hatte. Damit leistet die kleine Frau im weißen Sari revolutionäre Öffentlichkeitsarbeit. Und eines Tages traut Mutter Teresa ihren Augen nicht: »Berühre einen Leprakranken mit deinem Mitgefühl«, liest sie in dicken Lettern auf Plakaten überall in den Straßen Kalkuttas.

Die Wunder von Shanti Nagar

Höhepunkt dieser Erfolgsgeschichte ist vielleicht die Entstehung von Shanti Nagar, dem »Ort des Friedens«. Das Rehabilitationszentrum für Leprakranke liegt rund vier Eisenbahnstunden von Kalkutta entfernt. Die weite Zufahrt säumen saftig grüne Bäume, ihre farbenfrohen Blüten räkeln sich in der Sonne. Kleine Wunder der Natur, Zeugnisse, dass in müde Glieder immer wieder neues Leben kehrt. Wer hier lebt, hat gelernt, an Wunder zu glauben. Nicht alle Kranken werden geheilt, das nicht. Aber viele, die sich von Gott und der Welt verlassen fühlten, finden hier eine Gemeinschaft. Liebe und Zuwendung, Respekt und Selbstachtung.

Die täglichen »Wunder« der Schwestern ziehen ihre Kreise. Erst im Slum Moti Jheel und im Bahnhof Howrah, bald in anderen Teilen Kalkuttas und in ganz Indien. Zwölf Jahre nachdem sie das Kloster verlassen hatte, erhält Mutter Teresa im April 1962 den Padma-Preis, eine bedeutende Auszeichnung in Indien. Lange zuvor schon hatte die Regierung ihr einen Freifahrtschein für die Eisenbahn geschenkt: »Flügel« für den Engel Indiens. 1963 treten die ersten Brüder der Nächstenliebe in ihre Fußstapfen. Zwei Jahre später kommt der positive Bescheid aus Rom, dass die Missionarinnen der Nächstenliebe Niederlassungen in anderen Ländern und Kontinenten gründen dürfen: Bald sieht man Schwestern in weißen Saris auch in den Elendsvierteln von Venezuela und Tansania. Würdigungen und Belobigungen Mutter Teresas in aller Welt folgen.

Die Mächtigen der Welt verneigen sich

Am 10. Dezember 1979, die kleine Ordensfrau ist mittlerweile 69 Jahre alt, wird sie nach Norwegen eingeladen. Wie immer reist sie mit dem Nötigsten. Ihre Habseligkeiten passen in eine Plastiktüte, zusammen mit ein paar billigen Rosenkränzen zum Weiterverschenken. Zeit ihres Lebens hatte Mutter Teresa die Fluggesellschaften zu überreden versucht, ihr ein Freiticket zu überlassen. Ohne Erfolg. Sie würde ihre Flugscheine auch gerne als Stewardess abarbeiten. Nein, das sei wirklich nicht machbar, so die Antwort. Wie dem auch sei, am 10. Dezember 1979 wird ihr das Flugticket von anderer Quelle spendiert: von allerhöchster Stelle, dem Friedensnobelpreis-Komitee in Oslo. Feierliche Stimmung in der Aula der Universität: Hier sind sie alle versammelt, die Mächtigen dieser Welt, wichtige Köpfe aus Politik und Gesellschaft. Mutter Teresa tritt vor sie wie immer, in ihrem billigen weißen Sari. Und plötzlich, unter dem Beifall und Jubel für diese kleine Frau, scheinen Maßstäbe zurechtgerückt. Weder Geld noch Macht entscheiden über wahrhafte Größe.

»So beten Sie mit mir«, fordert Mutter Teresa die anwesenden Präsidenten und Prinzen, Journalisten und Gäste auf. »Mach uns würdig, Herr, unseren Mitmenschen in der ganzen Welt zu dienen, die in Armut und Hunger leben und sterben. Gib ihnen durch unsere Hände heute ihr tägliches Brot, durch unsere verstehende Liebe Frieden und Freude. Herr, mach mich zu einem Boten deines Friedens; dass ich dort, wo Hass ist, Liebe bringe; wo Unrecht herrscht, den Geist des Verzeihens; wo Uneinigkeit ist, Einigkeit; wo Verzweiflung ist, Hoffnung; wo Schatten sind, Licht; wo Traurigkeit ist, Freude. Herr, gewähre, dass ich suche, eher zu trösten, als getröstet zu werden; zu verstehen, als verstanden zu werden; zu lieben, als geliebt zu werden; denn durch Selbstvergessen findet man; durch Verzeihen erlangt man Verzeihung; durch Sterben erwacht man zum ewigen Leben. Amen.«

Dieses Gebet des heiligen Franz von Assisi gehört zu Teresas täglichen Gebeten. Überhaupt spricht sie zu den Gästen der Friedensnobelpreis-Verleihung wie zu Freunden, einfach und klar. Sie erzählt aus ihrem Alltag, und der hat die Welt schon lange überzeugt.

Ein Urgestein mit festen Prinzipien

Das Festbankett anlässlich der Friedensnobelpreis-Verleihung fällt aus. Wie immer, wenn zu Ehren Mutter Teresas aufgetischt werden soll. Was bedeutet schon ein fünfgängiges Menü für ein Staatsoberhaupt? Was aber heißt es für einen Armen, eine dampfende Schale Reis vor sich zu haben? Für das eingesparte Festbankett können 15 000 einfache Mahlzeiten gekocht werden. Nach dem Heimflug »Oslo–Delhi«

geht Mutter Teresa mit einer großen Tüte von Bord. Es ist ihre Gewohnheit geworden, die Stewardessen um das zurückgegebene Essen zu bitten. Die Nobelpreisträgerin hat ihre Prinzipien.

An jenem Abend ist es schon spät, ungefähr zehn Uhr, als im Mutterhaus in der Lower Circular Road die Klingel läutet. Teresa geht hinunter zur Tür und trifft einen Mann, der vor Kälte zittert. »Mutter Teresa, ich habe gehört, dass man Ihnen einen bedeutenden Preis verliehen hat. Als ich das hörte, dachte ich, ich will Ihnen auch etwas geben. Hier ist es: das, was ich den ganzen Tag zusammengebettelt habe.« »Es war wenig genug, aber für ihn war es alles«, erinnert sich Mutter Teresa tief gerührt. »Ich versichere euch, es hat mich mehr ergriffen als der Nobelpreis.«

Von diesen kleinen Begegnungen im Alltag Mutter Teresas erfährt die Welt selten. Wenn die Großen sie besuchen, ist die Ordensfrau Brennpunkt des öffentlichen Interesses: mit Jimmy Carter oder Lady Diana. Begegnungen, die sicher auch im Leben Teresas Meilensteine sind. Aber ihren wahren Lebensweg kennzeichnen die Etappen dazwischen. Die ungezählten Morgen, an denen sie übermüdet noch am Bett eines Kranken ausharrt. Die Mittage, an denen sie ein Aids-Kind in den Armen hält. Die Abende, an denen sie die Todesangst aus Nirmala Hriday vertreibt. Sie verscheucht die Furcht mit ihren Händen: indem sie berührt und streichelt. Mit ihrer Stimme: indem sie tröstet und betet. Wenn es sein muss, die ganze Nacht hindurch.

Plötzlich muss sie zurückstecken

Irgendwann kann Mutter Teresa nicht mehr so, wie sie will: Weit in den Achtzigern spielt ihr Herz nicht mehr mit. Erst spürt sie es dann und wann, wenn ihr Lebenswandel zu anstrengend ist. Bald kommt das Stechen und Rasen in der linken Brustseite häufiger. Eines Nachts liegt Teresa in ihrem Bett und träumt. Sie sieht die Himmelspforte vor sich und bittet um Einlass, aber Petrus schüttelt den Kopf und sagt: »Gehen Sie wieder zurück, Sie sind noch zu früh dran.« Am 5. September 1997 schließlich, im Alter von 87 Jahren, kehrt Mutter Teresa nicht wieder um.

Acht Tage später wird die Ordensfrau beigesetzt. Beileidsbriefe kommen aus allen Teilen der Erde, von Angehörigen unterschiedlicher Nationalitäten und Religionen. »Sie war eine unglaubliche Person«, würdigt sie etwa US-Präsident Bill Clinton, »eine von den Giganten unserer Zeit.« Sechs Jahre nach ihrem Tod spricht Papst

Johannes Paul II. sie am 19. Oktober 2003 selig. Eine unglaubliche Person mit einer unglaublichen Geschichte: das Leben einer Frau, die auszieht, um die Welt zu verändern. Rund 4600 Missionarinnen der Nächstenliebe sind heute in mehr als einhundert Ländern unterwegs. »Fotografiert sie«, pflegte Mutter Teresa hartnäckige Kameraleute von sich selbst abzulenken. »Das bin ich.«

Niemals aufhören, die Welt zu bewegen

In ihren Mitschwestern lebt Teresas Geist fort. Und in all denen, die sich mit ihrem Werk vertraut gemacht haben. Wie etwa die Gruppe amerikanischer Professoren, die das Heim für Sterbende in Kalkutta besuchte: Bevor die Herren es wieder verließen, bat einer von ihnen Mutter Teresa, etwas zu sagen, was sie als »Andenken« an ihren Besuch mitnehmen könnten. »Lächeln Sie einander zu«, empfahl die kleine Ordensfrau. Mit einem Lächeln hatte ihr Werk schließlich in der kleinen makedonischen Stadt Skopje begonnen. Mit einem Lächeln und einer warmen Mahlzeit, die sie ihrer Nachbarin File brachte. File, die sich von Gott und der Welt verlassen fühlte. Die nicht mehr aufhören konnte zu trinken. »Jemandem, der traurig ist, zulächeln; jemanden, der einsam ist, besuchen und sei es nur für ein paar Minuten; jemandem, der im Regen steht, unseren Regenschirm anbieten; jemandem, der blind ist, etwas vorlesen.« Das sind die kleinen Dinge, die die Welt bewegen.

LITERATUR

C. Zippert (Hg.), Dienen in Freude, Wuppertal/Gütersloh 1994;

J. L. González-Balado, Das Gebetbuch der Mutter Teresa, Freiburg i. Breisgau 1999;

K.-H. Melters, Toni Görtz, Ingelore Haepp: Danke, Mutter Teresa, Augsburg 1995

Marcus C. Leitschuh

Karl Leisner

»Und doch strebt alles in mir zur Heiligkeit«

** 1915 in Rees am Niederrhein*
† 1945 in Planegg bei München
Priester, Regimegegner,
Gedenktag: 12. August

Ein unspektakuläres Wort wird Karl Leisner zum Verhängnis. »Schade!«

November 1939. Sankt Blasien im Schwarzwald. Karl ist zur Kur im Lungensanatorium. Am 9. November hört er in den 7-Uhr-Radionachrichten von Georg Elsners gescheitertem Attentat auf Adolf Hitler. »Schade!«, kommentiert Leisner einem Mitpatienten gegenüber. »Schade, dass er nicht dabei gewesen ist.« Die Enttäuschung Leisners macht die Runde, ein Mitpatient zeigt ihn an. Noch am selben Tag wird Karl in Soutane verhaftet und ins Gefängnis gebracht.

»Schutzhaft« nennen die Nationalsozialisten die Inhaftierung des jungen Diakons. Karl Leisner ist mit seinem »Schade!« zu einer Gefahr für den Staat geworden.

Karl Leisner wird am 28.2.1915 in Rees am Niederrhein geboren. 1921 beginnt seine Schulzeit an der katholische Volksschule. 1925 feiert Karl in der Stiftskirche zu Kleve seine Erstkommunion. Geprägt durch seinen Religionslehrer ist Karl schnell vom Glauben begeistert.

1934 – die Nationalsozialisten haben mittlerweile die Macht übernommen und beginnen damit, religiöse Gruppen zu beobachten – tritt Leisner zum Theologiestudium ins »Collegium Borromaeum« ein. Auch hier wird sein Talent in der Jugendarbeit erkannt und er wird zum Diözesanjungscharführer in der Diözese Münster befördert.

In Freiburg setzt er ab 1936 sein Theologiestudium fort. Hier lernt er auch Elisabeth Ruby kennen, seine große Liebe. »Ich weiß nicht, das Mädel hat etwas Großes in meinem Leben zu bedeuten«, schrieb er 1938 über die Tochter seines Vermieters. Doch schriftlich flattert Elisabeth die Trennung ins Haus: »Kannst Du mir verzeihen? Halte Dich frei von mir.«

Furchtbare Mattigkeit und die Frage nach dem Lebenssinn plagen ihn. Der Zweifel blieb ihm zeitlebens. »Mir ist so, als wüsst ich selbst nicht mehr, was in mir vorgeht. Ein Tosen und Toben, ein glückhaft wenig Frühlingsschäumen in Leib und Blut und Geist und Seele. Und doch, ach was ists schwer, sich für eine Bahn im Leben zu entscheiden. Ist Opfer alles, kann ich auf ein großes wunderbares Geschlecht verzichten? Auf all die Freuden und Kämpfe eines heiligen Bundes mit einem lieben Menschen? ... Und doch strebt alles in mir zur Heiligkeit und restloser Hingabe an den Herrn.« Schließlich fragt er sich sogar, warum es die katholische Kirche nicht hielte wie die Unierten, also das Heiraten der Priester erlaube.

Ebenfalls für die Zeit ungewöhnlich ist seine ökumenische Einstellung, wie der Blick ins Tagebuch verrät. »Jawohl, es gibt gute Christen in beiden Kirchen (leider auch schlechte!).« Er träumt gar, ein »rassiges« evangelisches »Mädel« im Hörsaal näher kennen zu lernen, »eng zueinander« zu kommen. Als er aufwacht, notiert er zu seinem Traum: »interessant«.

Am 29.10.1937 beschlagnahmt die Gestapo seine Tagebücher. Die darin enthaltenen Sätze sind deutlich: »Aber wie soll ich mich zu Hitler und den Nazis stellen? Soll ich mitlaufen, mitschreiben, mitziehen? Nein, das tu ich nicht ...« (2. Mai 1933). »Die Hauptarbeit ist noch zu tun gegen die gottlose Bewegung ... Gottlosigkeit im Namen nationaler Gedanken« (7. April 1933).

Bischof Clemens August Graf von Galen, der sich immer wieder klar gegen die Nationalsozialisten ausspricht, spendet ihm am 25.3.1939 die Diakonenweihe. Doch sein »Schade!« nach dem Hitlerattentat zerstört alle Träume.

Er wird in das KZ Dachau eingeliefert. Wo er am 3. Adventssonntag 1944 um 8.15 Uhr vom Mithäftling Bischof Piquet von Clérmont-Ferrand in der zur Kapelle umgebauten Stube 1 des Blocks 26 zum Priester geweiht wird. Ein kleines Wunder inmitten der Qualen. Der im KZ geschnitzte Bischofsstab trägt die Aufschrift »Victor in vinculis – Sieger in Fesseln«.

Die Befreiung durch die Amerikaner im April 1945 überlebt der Häftling »22356« wegen seiner Krankheit nur um wenige Monate.

Den ersten Eintrag ins letzte Tagebuch schließt Karl mit dem Choral »Befiehl du deine Wege« aus dem evangelischen Gesangbuch. Als die Amerikaner eintreffen, schreibt er: »Der Tag für Freiheit und Brot bricht an.«

Er, der den Nationalsozialismus hasste wie wenige, der fürchterlich unter Entwürdigung und Freiheitsberaubung gelitten hat, beschließt sein Leben mit dem Gebet für seine Mörder: »Segne, Höchster, auch meine Feinde.«

Bischof von Galen schreibt am 4. September 1945 an die Eltern: »Zum Tode Ihres Sohnes möchte ich Ihnen meine herzliche Teilnahme aussprechen, – oder eigentlich meinen Glückwunsch: denn ich glaube sicher, Sie haben dem Himmel einen Heiligen geschenkt!«

Am 30. August 1966 werden die Gebeine Leisners auf dem Friedhof in Kleve exhumiert und am 3. September in der Krypta des Domes zu Xanten beigesetzt.

Karl Leisner wurde am 23. Juni 1996 von Papst Johannes Paul II. in Berlin selig gesprochen. Sein Gedenktag ist an seinem Todestag, dem 12. August.

Literatur

J. Schmiedl, Karl Leisner: Leben für die Jugend, Vallendar-Schönstatt 1996;

H.-K. Seeger, G. Latzel (Hg.), Karl Leisner, Priesterweihe und Primiz im KZ Dachau, Münster 2004;

H.-K. Seeger, Karl Leisner. Visionär eines geeinten Europas. Kevelaer 2005

Jakob Paula und Carl Schnetzer

Frère Roger

Eine Ikone der Versöhnung

**1915 in Provence / Schweiz*
† 2005 in Taizé
Ordensgründer
Gedenktag: 16. August

Als ich, Jakob, während eines der jährlichen, von der Communauté de Taizé vorbereiteten Europäischen Jugendtreffen 1981/82 in Rom Frère Roger zum ersten Mal sah, war er bereits über 65 Jahre alt. Seit dieser ersten Begegnung hatte ich nahezu jedes Jahr Gelegenheit, ihn meist aus größerer Entfernung, manchmal auch aus der Nähe, wieder zu sehen. Das faltenübersäte Gesicht eines Mannes, der vom Alter her mein Großvater hätte sein können, hat sich mir unauslöschlich eingeprägt: Falten des Wohlwollens um die Mundwinkel, Falten der Güte um die Augen, Falten der inneren Kämpfe und gewiss auch des Leidens an Widerständen und Missverständnissen auf der Stirn. Ein Gesicht der Vielfalt im eigentlichen Sinn des Wortes und zugleich ein Gesicht der Versöhnung – wie die Landkarte eines Erdteils mit bewegter Geschichte.

Zu Hause am Kaminfeuer

In den vielen Jahren der Freundschaft mit den Brüdern von Taizé bin auch ich, Carl, oft mit Frère Roger zusammengekommen. Meistens waren es kurze Begegnungen, die aber unvergessliche Eindrücke hinterlassen haben. Ohne dass er viele Worte gemacht hätte, habe ich bei ihm Wesentliches gelernt. Das Stärkste, was ich durch ihn mit auf den Weg bekommen habe, ist ganz gewiss die Liebe zur Kirche.

Ich erinnere mich an eine Reihe wunderbarer Abende im Winter des Jahres 1985, als ich Mitarbeiter in Taizé war. Nach dem Abendgebet hat Frère Roger uns gerne ins Haus der Brüder eingeladen, wo er mit uns eine Weile vor dem Kaminfeuer verbrachte. Wir wärmten unsere Hände an den großen Keramikschalen, die mit heißer Schokolade gefüllt waren. Frère Roger schnitt Brot und strich für uns Butterbrote, was er mit sichtlichem Vergnügen tat. Und dann wurden Neuigkeiten ausgetauscht. Frère Roger erzählte, was er erfahren hatte von Brüdern, die gerade in fernen Ländern unterwegs waren, oder was er gelesen hatte, oder was ihn bewegte bei den Vorbereitungen des nächsten Jugendtreffens. Auch Einzelne von uns erzählten von ihren Herkunftsländern. Manche waren gerade aus Städten zurückgekehrt, in denen sich Jugendliche auf die Reise zum nächsten Europäischen Jugendtreffen vorbereiteten, und erzählten davon.

Dieser Austausch am Kaminfeuer dauerte nie sehr lange, und was erzählt wurde, war so einfach wie die Butterbrote, die wir verzehrten. Aber an jenen Winterabenden erfüllte uns eine Verbundenheit, die ich als Geschenk dieser unkomplizierten Gastfreundschaft empfand. An diesem Kaminfeuer fühlten wir uns daheim und gleichzeitig bewegten uns die Weite der Kirche und die Nachrichten aus aller Welt. Es kam Hoffnungsvolles zur Sprache, aber auch die Nöte in den armen wie in den reichen Ländern. Ich lernte damals im Kreis um Frère Roger, was ich auch schon in den gemeinsamen Gebeten mit allen in der Kirche der Versöhnung erfahren hatte, dass ich nämlich teilhaben darf an etwas ganz Großem, an der Gemeinschaft der weltweiten Kirche. Ich lernte auch, dass mir selbst durch mein einfaches Mitwirken mehr anvertraut ist, als ich fassen kann. Was aber ist eigentlich der Grund dafür, dass mir jene Abende so unvergesslich geblieben sind? Ich spürte in alldem die Liebe zur Kirche, oder wie es Frère Roger manchmal sagte, die Liebe zu Christus, der in seinem Leib, in der Kirche, lebendig ist. Diese Liebe hat er zeit seines Lebens gesucht; er wusste, dass sie auch den Namen Versöhnung trägt.

Die Gründung Taizés

Tief berührt von der Erfahrung seiner Großmutter mütterlicherseits, die während des Ersten Weltkriegs nahe dem Frontverlauf ihr Haus für Schutz suchende Menschen öffnete und später als evangelische Christin die katholische Kirche besuchte, ohne sich dabei von ihrer Herkunft abzuschneiden, stellte sich auch Roger, Jahrgang 1915, als junger Erwachsener am Ende seines Studiums die Frage, wie er sein Leben in den Dienst der Versöhnung zwischen den Völkern Europas und innerhalb der einen, universalen Kirche stellen könne: »Warum dieses gegenseitige Sichbekämpfen unter den Menschen und selbst unter den Christen? Warum diese Verurteilungen, ohne Einspruch zuzulassen? Und ich fragte mich: Gibt es auf unserer Erde einen Weg, der so weit führt, alles vom Anderen zu verstehen? … Ich sagte mir, wenn es diesen Weg gibt, beginne bei dir selbst und engagiere dich selbst; du selbst, um alles von jedem Menschen zu verstehen. An diesem Tag hatte ich die Gewissheit, dass dieser Entschluss endgültig sei und bis zum Tod gelten würde« (Tagebuch).

Diese Grundentscheidung konkretisierte sich in der Wahl des Wohnorts und in der Wahl der Lebensform. Die Entscheidung fiel für Taizé, weil ein Leben, das der Versöhnung dienen will, dorthin gezogen wird, wo Trennlinien verlaufen, die nach Überwindung rufen. Taizé lag von 1940 an nahe bei der Linie, die den von den Nationalsozialisten besetzten Teil Frankreichs vom nicht besetzten trennte. Ein Ort, der für manche Flüchtlinge lebensrettende Bedeutung erlangte. Frère Rogers Haus in Taizé wurde zu einem Schutzraum für Menschen in Not und Gefahr. Dabei geriet er selbst in Bedrängnis. »Ich kann einen Sommerabend im Jahr 1942 nicht vergessen«, erinnerte er sich, »als ich in Taizé noch allein war. Ich saß damals an einem kleinen Tisch und schrieb. Es herrschte Krieg. Ich wusste mich in Gefahr wegen der Flüchtlinge, die ich im Haus beherbergte. Unter ihnen waren Juden. Schwer hing die Drohung einer Verhaftung und Verschleppung über mir. Häufig kam eine Zivilstreife vorbei und verhörte mich.« Was er hinzufügte, klingt heute, nach seinem gewaltsamen Tod während des gemeinsamen Gebets an einem Augustabend im Jahr 2005, wie ein frühes Vermächtnis: »An jenem Abend, als die Angst mein Herz zusammenschnürte, war in mir ein vertrauensvolles Gebet, das ich zu Gott sprach: Selbst wenn man mir das Leben nimmt, weiß ich, dass du, lebendiger Gott, weiterführen wirst, was hier begonnen hat, die Grundlegung einer Communauté« (Gott kann nur lieben). Nach dem Krieg wurden im selben Haus deutsche Kriegsgefangene aus nahe gelegenen Lagern für Stunden des Aufatmens eingeladen.

In einer Gegend sich niederzulassen, die von Verlassenheit gekennzeichnet ist, durch die eine Trennlinie der Gewalt verläuft und später eine andere der Rache, wenn man in einer solchen Gegend ein Haus für Gastfreundschaft öffnet, liegt es nahe, nicht auf Dauer allein zu bleiben. Zunächst mit Freunden aus der Studienzeit, die zu Frère Roger nach Taizé kommen, aber im Lauf der Jahre und Jahrzehnte mit Männern aus vielen verschiedenen Ländern und kirchlichen Herkünften bildet sich nach und nach eine Form klösterlichen Lebens von bis dahin unbekannter Art, für die es keine schönere Bezeichnung gibt als die vom »Gleichnis der Gemeinschaft«. In den Jahrzehnten der zweiten Hälfte des 20. Jahrhunderts, in denen in Europa der Individualismus im Sinne eines Lebensstils autonomer Selbstverwirklichung und zugleich Beziehungsschwäche und Bindungsängste zunehmen, ist auch diese Wahl der Lebensform eines gemeinsamen Lebens ein bewusstes Wagnis und eine klare Option.

In den »Quellen von Taizé«, der von Frère Roger Anfang der fünfziger Jahre verfassten Regel der Brüder, wird der Prior »Diener der Gemeinschaft« genannt. Über ihn heißt es dort: »Der Diener der Gemeinschaft steht mitten in der Communauté und setzt sich dafür ein, dass seine Brüder darauf bedacht sind, alle zusammen ein Gleichnis der Gemeinschaft zu verwirklichen. Mit seinen Brüdern soll er den Willen Gottes, der Liebe ist, zu erfassen suchen. Für ihn wie für die Brüder sind Unterscheidungsvermögen, der Geist der Barmherzigkeit und eine unerschöpfliche Herzensgüte unersetzliche Gaben.« Und so gibt wie früher Frère Roger heute der aus Deutschland stammende Frère Alois jedem Bruder, der sein Lebensengagement ablegt, unter anderem die Worte mit: »Der Herr Jesus Christus hat dich in seinem Erbarmen und in seiner Liebe zu dir dazu berufen, in der Kirche ein Zeichen brüderlicher Liebe zu sein. Er ruft dich auf, mit deinen Brüdern das Gleichnis des gemeinsamen Lebens zu verwirklichen. Gib es fortan auf zurückzuschauen und, freudig aus unendlicher Dankbarkeit, scheue dich nie, der Morgenröte vorauszueilen, um zu loben und zu preisen und zu rühmen Christus, deinen Herrn.«

Das »Gleichnis der Gemeinschaft«

Frère Rogers Falten sind die eines Mannes, der nicht nur den Seinen, sondern allen Menschen auf der Erde Bruder sein wollte. Als in den Sechzigerjahren in Taizé die Zahl der Besucher zunahm, reichte die kleine Dorfkirche nicht mehr aus. Die Communauté konnte mit Hilfe der deutschen »Aktion Sühnezeichen« eine größere Kirche bauen, die den Namen »Kirche der Versöhnung« erhielt. Ihre Fassade wurde 1971 eingerissen, große Zelte wurden davor gebaut, weil auch sie zu klein geworden war. Nach dem Fall der Berliner Mauer 1989 musste diese Kirche wiederum durch noch größere, etwas festere Vorbauten erweitert werden, damit auch die vielen Besucher aus Osteuropa Platz fanden. Das war die »Dynamik des Vorläufigen«, an der Frère Roger so viel lag. Die Gebäude hatten sich den Menschen anzupassen und nicht umgekehrt. Seit bald einem halben Jahrhundert versammeln sich mittlerweile um das »Gleichnis der Gemeinschaft« in Taizé Jahr für Jahr Zehntausende junger Menschen und erweitern es Woche für Woche. In unzähligen Gesprächen und Blickkontakten, im gemeinsamen Beten und Schweigen in der Kirche lernen junge Menschen aus unterschiedlichen kulturellen, sprachlichen und nationalen Ursprüngen einander mehr und mehr zu verstehen, lernen die Verschiedenheit als Reichtum zu schätzen und nicht als Grund für Abneigung oder Bedrohung zu instrumentalisieren.

Der Tagesrhythmus in Taizé wird durch das Morgen-, Mittags-, und Abendgebet bestimmt. Wenn die Glocken zum Gebet rufen, legen alle ihre Tätigkeiten nieder und begeben sich in die Kirche. Wenn die Kirche sich nach und nach mit den Brüdern und mit den vielen Gästen füllt, und wenn dann alle einstimmen in den gemeinsamen Gesang, wird die Kraft des Gotteslobes spürbar. Frère Roger wurde nicht müde zu erzählen, dass im Haus seiner kinderreichen Familie auf drei Klavieren gespielt wurde und dass später die Brüder in den ersten Jahren ganze Abende damit verbrachten, gemeinsam im Haus die mehrstimmigen Choräle zu singen, mit denen sie in ihren Kirchen und Freikirchen aufgewachsen waren.

Das Psalmengebet ist einerseits das Gebet der Klöster, es ist anderseits aber auch das grundlegende, ökumenische Gebet, das tief in der Heiligen Schrift verwurzelt ist. Wenn ab und zu ein Choral erklingt, erinnert er an die Kirchen der Reformation. Die lange Stille nach der Schriftlesung weist auf mystische Traditionen hin, genauso wie auch die kurzen Verse, die singend und betend lange wiederholt werden. Auf diese Weise leuchtet ein reicher Schatz von Glaubenstraditionen auf und der Glaube wird als etwas Schönes, Poetisches erfahren. Daran war Frère Roger so viel gelegen. Er war immer in Sorge, der Gottesdienst könnte vom Geheimnis des Glaubens ablenken, die Liturgie könnte durch Lieblosigkeit oder mangelnde Schönheit die Menschen eher von Gott fernhalten.

Die kurzen Schriftlesungen werden in vielen Sprachen gelesen, so dass alle die Worte der Heiligen Schrift verstehen können. Aber auch in den Gesängen treten die verschiedenen Sprachen auf. Der eine Glaube in vielen Sprachen ausgedrückt, das ist das Bild einer Kirche, die die Völker verbindet, ohne jedoch ihre Eigenheiten einzuebnen. So erfahren viele Jugendliche in den Gebeten von Taizé eine Art Hei-

Heimat und Geborgenheit, die weder einengend noch exklusiv ist. Je älter er wurde, desto mehr lag Frère Roger daran, dass während der gemeinsamen Gebete nur das Nötigste gesprochen wird. Er war außerdem überzeugt, dass in einem Gottesdienst eher Worte am Platz sind, die sich unmittelbar an Gott richten. Das schloss für ihn nicht aus, dass sie gleichzeitig den Anwesenden etwas zu sagen haben. Im Laufe seines langen Lebens wurden die Gebete, die er täglich mittags und abends sprach, immer knapper. Sie geronnen zu Kurzpredigten, die er Gott, Christus, dem Heiligen Geist anheim gab. Hundert von ihnen stellte er wenige Wochen vor seinem Tod zu einem Buch zusammen, in dem er schreibt: »Das persönliche Gebet bleibt immer einfach. Meinen wir, dass es im Gebet viele Worte braucht? Nein, bisweilen genügen einige, manchmal unbeholfene Worte, um Gott alles anzuvertrauen, unsere Ängste wie unsere Hoffnungen. Wenn wir uns dem Heiligen Geist überlassen, finden wir auf den Weg, der von der Unruhe zum Vertrauen führt. Im Gebet können wir ahnen, dass wir nie allein sind: Der Heilige Geist stärkt unsere Gemeinschaft mit Gott, nicht nur für einen Augenblick, sondern bis in das Leben, das kein Ende kennt. Ja, der Heilige Geist entzündet in uns ein Licht. Scheint es auch nur schwach – es weckt in unserem Herzen die Sehnsucht nach Gott. Und allein die Sehnsucht nach Gott ist schon Gebet. Das Gebet rückt die Sorgen der Welt nicht in weite Ferne. Im Gegenteil, nichts ist verantwortungsbewusster, als zu beten: Je einfacher und bescheidener man betet, desto stärker sieht man sich veranlasst, zu lieben und es mit dem eigenen Leben zum Ausdruck zu bringen« (Aus der Stille des Herzens).

Leben und Glauben mit dem Wort Gottes

»In deinem Tag empfangen Arbeit und Ruhe vom Wort Gottes ihr Leben.« Dieser Satz hat Frère Roger schon ganz zu Anfang in Taizé begleitet. Er schrieb ihn in die später »Quellen von Taizé« genannte Regel, und dort hat er die vielen oft stark veränderten Neuauflagen überdauert. Denn vor seinen einmal veröffentlichten Texten hatte Frère Roger wenig Respekt. Auch hier sah er das Vorläufige, und mit unbestechlicher Selbstkritik brachte er sie immer wieder auf die Höhe der Zeit. Täglich kommen Brüder in die Gästegruppen und geben eine Einführung in einen Bibeltext. Anschließend sitzen die Besucher in kleinen Gruppen zusammen, lesen die Bibelstelle nochmals und tauschen sich im Gespräch über das Gehörte aus. In diesen

Gruppen geht es nicht um eine analytische Auseinandersetzung mit den Bibeltexten und auch nicht um das Anlernen einer Glaubenstheorie. Jugendliche fragen sehr schnell: »Was hat das mit meinem Leben zu tun? Wie kann ich mein Leben aus dem Glauben heraus gestalten?« Die Resonanz der biblischen Glaubenszeugnisse ist bei einem Altenpfleger aus Deutschland eine andere als bei einer Reiseleiterin aus Tschechien oder einem Journalisten aus Südamerika.

Darum hört man in Taizé einander zu und nähert sich im Zuhören miteinander der Mitte der Schrift, Christus, dem menschgewordenen Wort. Frère Roger pflegte über seinen Umgang mit dem Wort Gottes zu sagen: »Beim Aufschlagen des Evangeliums kann einem der Gedanke kommen: Die Worte Jesu gleichen einem uralten Brief, der mir in einer unbekannten Sprache geschrieben wurde. Da ihn jemand an mich richtet, der mich liebt, versuche ich den Sinn zu verstehen; und ich werde das Wenige, das ich begreife, in die Tat umsetzen« (In allem ein innerer Friede). Das heißt aber auch, dass das Wort des Glaubens im Leben des einzelnen Menschen konkret werden will. Daher gehen die Gespräche wie von alleine über in den Austausch von Ideen für ein Leben, welches sich engagiert für Gerechtigkeit, Solidarität und Behutsamkeit gegenüber der Schöpfung. Aus einem gestärkten Glauben heraus entscheiden sich viele Jugendliche, ein konkretes Engagement zu Hause einzugehen, zum Beispiel in der Schülermitverwaltung, in einer Gruppe für verantwortbares Wirtschaften oder in einem Betreuungskreis für Menschen mit einer Behinderung.

In diesen Gesprächsgruppen wird von niemandem irgendeine Glaubensleistung erwartet. Alle sind willkommen, auch jene, die meinen, nicht glauben zu können; auch jene, die das religiöse Vokabular nicht kennen. Diese unbefangene Freiheit, verbunden mit einer ernsthaften Suche nach dem, was das Leben kostbar macht, gibt den bunt zusammengewürfelten Gruppen einen Schwung, der fröhlich macht. Viele erwachsene Verantwortungsträger entdecken bei den Jugendlichen in Taizé, dass ein Handeln, das dem Glauben entspringt, von Freude getragen ist. Wie sehr braucht man dieses Wissen, wenn gut gemeinte, professionelle und effiziente Handlungsprogramme auch in den Kirchen oft unglaublich verbissen daherkommen.

Frère Roger schrieb in einem der Jahresbriefe, die er an die Jugendlichen richtete: »Der christliche Glaube ist zunächst Leben, nicht Theorie.« Wer nach Taizé kommt, begegnet tatsächlich dem Leben. Die vielen Menschen bringen ihre Schicksale, ihre Hoffnungen, ihre Zweifel, ihre Verletzungen und ihre Fragen aus ihrem Leben mit.

Gäste empfangen heißt für die Brüder, all die Menschen mit ihren Belastungen, aber auch mit ihren Begabungen in feinem Respekt aufzunehmen. »Seit gut vierzig Jahren sind wir Brüder voll Staunen: Warum kommen Jugendliche nach Taizé, und wie kommt es, dass die Jugendtreffen weiter zunehmen?«, fragte sich Frère Roger noch im Jahr vor seinem Tod. »Wenn wir auf unserem Hügel die vielen jungen Gesichter sehen, nicht nur aus West- und Osteuropa, sondern mehr und mehr auch von den anderen Erdteilen, begreifen wir, dass sie mit lebensentscheidenden Fragen kommen, unter anderem mit der Frage: Wo findet mein Leben einen Sinn? Und manche fragen sich: Welchen Ruf richtet Gott an mich?« (Gott kann nur lieben)

Frère Roger sprach oft davon, wie zart und zerbrechlich der Glaube ist. Auch die Glaubensnacht gehört zum Glauben. Solche Einsichten wirken tröstend und machen Mut, das Herz wieder zu öffnen, im Glauben immer wieder einen Neuanfang zu wagen. Niemals wird in Taizé jemandem der Glaube aufgedrängt. Nein, heißt es, der Weg zum Glauben führt über das geduldige Warten, bis »der Morgenstern aufgeht im eigenen Herzen«, ein Bibelwort, das Frère Roger gern zitierte. Diese Atmosphäre der Geduld, des Respekts und der Freiheit spiegelt sich im Vertrauen wider, das unter den Besuchern entsteht, obwohl oder gerade weil in den Gruppengesprächen immer mehrere Sprachen vertreten sind und übersetzt werden muss. Dass fremde Menschen einander lieb und vertraut werden können, ist ein ständiges Wunder in Taizé.

Die Kirche glauben

Begeistert stellen Jugendliche in Taizé fest, dass Kirche nicht eine schwerfällige Institution, sondern gemeinsames Leben aus den Quellen des Glaubens ist. In Taizé kann man entdecken, dass man »die Kirche glauben« (Glaubensbekenntnis), dass man Vertrauen haben kann in jene Kirche, der die Quellen des Glaubens anvertraut sind. Dass die Kirche eine einzigartige Gemeinschaft ist, die in ihrem Schoß ein tiefes Geheimnis trägt, wird in Taizé erfahrbar. In diesem Sinne ist Taizé als Ort des Glaubens nichts anderes als ein Stück Kirche. In Brüssel und Straßburg kann das äußere Erscheinungsbild Europas organisiert und strukturiert werden, an Orten wie Taizé und durch Menschen wie Frère Roger und seine Brüdergemeinschaft wird die innere Verbundenheit der jungen Europäer entdeckt und gestärkt. Die äußere Zerrissenheit, die die Landkarte Europas bis 1945 und dann bis 1989 geprägt hat, ist gegenwärtig bei vielen jungen Menschen ins Innere eingezogen. Das Zerbrechen der familiären Beziehungen reißt bei vielen tiefe Wunden ins Herz. In der Aufmerksamkeit für die jungen Menschen, die gezeichnet sind von inneren Rissen, setzt sich der Dienst der Versöhnung, den Frère Roger begonnen hat, fort. Den im Inneren verwundeten jungen Menschen hat er sich nie entzogen; er hat sich ihnen ausgesetzt, bis zuletzt.

In einem seiner letzten Bücher schreibt er: »Unzählige Menschen haben Sehnsucht nach einer Versöhnung, die an den Grund der Seele rührt. Sie ersehnen jene grenzenlose Freude: nur eine Liebe, nur ein Herz, ein und dieselbe Gemeinschaft. Ja, die Gemeinschaft ist der Prüfstein. Sie kommt zunächst tief im Herzen eines jeden Christen zur Welt, in Stille und Liebe. Sie beginnt im Unmittelbaren, im Innern des Menschen. Es gibt Christen, die schlicht und einfach schon vor Ort ohne Aufschub als Versöhnte leben. Durch ihr Leben möchten sie Christus für viele andere gegenwärtig machen. Sie wissen, dass die Kirche nicht für sich selbst da ist, sondern für die Welt, dafür, einen Sauerteig des Friedens einzubringen. ›Gemeinschaft‹ ist einer der schönsten Namen der Kirche. In ihr kann es kein hartes Gegeneinander geben, sondern nur Lauterkeit, Herzensgüte, Erbarmen ... In der einzigartigen Gemeinschaft, die die Kirche ist, schenkt Gott alles, um zu den Quellen zu gehen: das Evangelium, die Eucharistie, den Frieden der Vergebung ... und die Heiligkeit Christi ist nicht mehr etwas Unerreichbares, sie ist da, sie ist ganz nahe« (Eine Ahnung von Glück).

Zeuge des Vertrauens werden

Zu schildern, wie sehr Frère Roger mit Taizé verwachsen ist und den Ort weiterhin grundlegend prägt, charakterisiert sein Leben weit mehr, als wenn wir im Einzelnen ausgeführt hätten, dass er ein gesuchter Gesprächspartner auf dem Zweiten Vatikanischen Konzil wie auch bei Versammlungen des Weltkirchenrates war, wie viele hohe Verantwortliche in Gesellschaft und Kirche er aufsuchte oder zu Gast hatte, in wie viele Länder auf allen Erdteilen ihn seine zahlreichen Reisen oft in Begleitung Jugendlicher führten und welche Preise und andere Ehrungen ihm, manchmal nach langem Sträuben seinerseits, verliehen wurden. Er hat im Vorläufigen etwas Bleibendes gefunden und gestaltet, vielleicht gerade, weil er nüchtern sah, was vorläufig ist und sein muss, und weil er das Bleibende unbeirrbar anderswo suchte: »Finde dich niemals ab mit dem Skandal der Spaltung unter den Christen (...). Habe die Leidenschaft für die Einheit des Leibes Christi!« (Die Regel von Taizé).

Wir schlossen das eingangs geschilderte abendliche Beisammensein bei Frère Roger jeweils mit einem Lied ab. Bevor wir aus dem Zimmer hinausgingen, gab er jedem die Hand. Mit manchen sprach er noch ein paar Worte, sagte ein kurzes Gebet oder segnete uns. Einmal drückte mir, Carl, beim Hinausgehen einer der Brüder einen kleinen Zettel in die Hand. In der unverwechselbaren Handschrift von Frère Roger las ich darauf die Worte eines Gebetes: »Jesus, unsere Hoffnung, ohne noch mit Klarheit zu sehen, und sogar in der Dunkelheit, lässt du uns durch den Glauben vorankommen. Und ohne dich zu sehen, lieben wir dich ... Jesus, unsere Hoffnung, dein Evangelium gibt uns eine gute Nachricht zu verstehen: niemand, kein Mensch ist von deiner Liebe und deinem Verzeihen ausgeschlossen. In seiner Gemeinschaft, Ihr Frère Roger.« Dieser Notizzettel mit den Gebetsworten hängt heute noch in meiner Wohnung an einer Ansteckwand zwischen vielen Fotos und Postkarten. Er ist für mich ein kleiner, kostbarer Gruß, der mich erinnert an eine Liebe, die ich durch Frère Roger erfahren und selber erlernt habe. Heute, zwanzig Jahre später, wünschen wir uns als Pfarrer nichts so sehr, als dass wir davon etwas weitergeben können.

In der Sakristei meiner – Jakobs – Kirche hängt zusammen mit den Bildern der Apostel von Dürer, einem Bild des heiligen Franziskus und der heiligen Klara, dem Foto des Papstes und meines Bischofs auch ein kleines Foto, das Mutter Teresa mit Frère Roger zeigt; darunter ist zu lesen: »Brauchen wir nicht zu allererst ›lebende Ikonen‹, Zeugen des Vertrauens aus dem Glauben, damit wir die Mutlosigkeit abstreifen und neue Hoffnung schöpfen können?« (Frère Roger)

Für uns war der Anblick des faltenübersäten Gesichtes von Frère Roger stets der einer »lebenden Ikone«, und sein abrupter Hinübergang in die ewige Liebe bei Gott hat diesen Anblick nicht getrübt, sondern in einen neuen, weiten Horizont gestellt. Durch Frère Roger haben wir gelernt und durch ihn werden wir immer wieder daran erinnert, dass jeder gerufen ist, eine »lebende Ikone« zu sein, transparent für den Einen, der sich allen schenkt und alles in allem versöhnt, in Europa und der ganzen Welt.

Literatur

Frère Roger, »Die Quellen von Taizé«, Freiburg 2004;
Frère Roger, »Gott kann nur lieben«, Freiburg 2004;
Frère Roger, »Aus der Stille des Herzens«, Freiburg 2005

Norbert Mette

Oscar Arnulfo Romero

Stimme der Entrechteten

** 1917 in Ciudad Barrios / El Salvador*
† 1980 in San Salvador
Erzbischof, Märtyrer
Gedenktag: 24. März

Ich weiß, dass viele an dem, was ich sage, Anstoß nehmen und sich beklagen, ich würde nicht mehr das Evangelium predigen und lasse mich unberufen in Politik ein. Ich nehme diese Beschuldigung nicht an. Nein, ich bemühe mich darum, dass wir, was das Zweite Vatikanische Konzil und die Versammlungen in Medellin und Puebla in uns fördern wollten, nicht nur auf dem Papier besitzen oder in der Theorie studieren, sondern leben und in dieser konfliktgeladenen Wirklichkeit interpretieren; dass wir das Evangelium predigen, wie es unserem Volk gepredigt werden muss. Ich bitte den Herrn die Woche über, während ich die Schreie und den Schmerz des Volkes aus so vielen Verbrechen sammle, die Niederträchtigkeit von so viel Gewalt in mich aufnehme, er möge mich das rechte Wort des Trostes, das rechte Wort der Anklage und des Aufrufs zur Reue finden lassen. Und sollte ich auch weiterhin eine Stimme in der Wüste sein, so weiß ich doch, dass die Kirche sich bemüht, ihren Auftrag zu erfüllen.« Obwohl ihm seit einiger Zeit die Möglichkeit eines gewaltsamen Todes vor Augen stand, hielt der Erzbischof von San Salvador, Oscar Arnulfo Romero, mutig daran fest, in seinen Predigten die katastrophale Situation seines Landes mit seiner abgrundtiefen Spaltung zwischen einer reichen Minderheit und einer in Armut und Elend zu leben gezwungenen Mehrheit, die zudem unter Ausbeutung und Gewalt zu leiden hatte, offen zu benennen und seine Stimme im Sinne des Evangeliums für die arm Gemachten und Entrechteten zu erheben. Die klaren Analysen, die er in seinen per Rundfunk verbreiteten Predigten vornahm, und die deutlichen Forderungen, die er erhob, fanden eine ungeheure Resonanz im ganzen Land, Zustimmung bei den Armen, die sich von diesem Bischof verstanden fühlten, Ablehnung und Unwillen bei den Reichen, weil die Anklagen, die Romero gegen sie richtete, an Deutlichkeit nicht zu überbieten waren. Es sollte seine Predigt am 23. März 1980, dem Passionssonntag, sein, die für ihn zum Todesurteil wurde. Aus ihr ist der oben zitierte Abschnitt entnommen. Im Weiteren hat Romero sich direkt an die Soldaten der Armee gewandt und ihnen ins Gewissen geredet: »Kein Soldat ist dazu gezwungen, einem Befehl zu gehorchen, der dem göttlichen Gesetz widerspricht.« Die Predigt endete mit dem leidenschaftlichen Appell: »Im Namen Gottes und im Namen dieses leidenden Volkes, dessen Klagen Tag für Tag ungestümer zum Himmel steigen, bitte ich euch, flehe ich euch an, befehle ich euch im Namen Gottes: Hört auf mit der Unterdrückung!«

Diesen Aufruf bezeichnete am folgenden Tag der Sprecher des Generalstabes des Heeres als Verbrechen, das Romero an den Rand des Gesetzes des Militärs bringe. Am Abend desselben Tages wurde der Erzbischof während der Messfeier, die er zum Gedenken der Mutter eines Freundes hielt, am Altar stehend erschossen. Kurz zuvor hatte er in seiner Predigt zu Joh 12,23–26 gesagt: »Ihr habt soeben im Evangelium Christi vernommen, dass man sich selbst nicht so sehr lieben soll, dass man darüber vergisst, sich in die Gefahren des Lebens zu begeben, welche die Geschichte uns auferlegt, und dass jene, die diesen Gefahren zu entgehen suchen, ihr Leben verlieren werden.«

Biographische Notizen

Geboren wurde Oscar Arnulfo Romero y Galdámez am 15. August 1917 in Ciudad Barrios, einer kleinen und entlegenen Gebirgsstadt, die im östlichen Teil von El Salvador nahe an der Grenze zu Honduras liegt. Er war Sohn eines Fernmeldearbeiters und Posthalters und wuchs als Zweitgeborener mit sechs Brüdern in ärmlichen Verhältnissen auf. Mit 13 Jahren trat er als Internatsschüler in das Seminar von San Miguel, der nahe gelegenen Bezirksstadt, ein. Es folgte ab 1937 das Studium der Philosophie und Theologie, das er am Priesterseminar in San Salvador begann und auf Geheiß seines Bischofs an der Gregoriana in Rom fortsetzte. Dort erlangte er 1941 das Lizentiat der Theologie. Am 4. April 1942 wurde er zum Priester geweiht. Vor Abschluss seiner Doktorarbeit kehrte Romero Ende 1943 in seine Heimatdiözese zurück und wurde vom Bischof als Pfarrer in die Stadt Anamorós (La Unión) geschickt. Einige Monate später rief der Bischof ihn nach San Miguel zurück und setzte ihn als seinen Sekretär ein. Er war dabei auch als Pfarrer der Kathedralpfarrei tätig und arbeitete in der Redaktion der Bistumszeitschrift mit. 1967 wurde er zum Generalsekretär der Nationalen Bischofskonferenz berufen, was für Romero einen Wohnortswechsel nach San Salvador mit sich brachte; zusätzlich war er dort ab Mai 1968 mit dem Posten des geschäftsführenden Sekretärs des Zentralamerikanischen Bischofssekretariats beauftragt. Auf Wunsch des dortigen Erzbischofs wurde er von Papst Paul VI. zum Weihbischof ernannt und erhielt am 21. Juni 1970 die Bischofsweihe. Den Posten des Generalsekretärs behielt er bei; zusätzlich arbeitete er als Redakteur bei der Bistumszeitung »Orientación« und fungierte zeitweilig als Direktor des Priesterseminars in San Salvador. Am 15. Oktober 1974 wurde Romero, während er an der Bischofssynode in Rom teilnahm, zum Bischof von Santiago de María ernannt, einer überwiegend ländlich strukturierten Diözese, die sich von Honduras bis zum Pazifischen Ozean erstreckt. Am 22. Februar 1977 wurde er schließlich zum Erzbischof von San Salvador ernannt, gegen das Votum des diözesanen Klerus, der den sozial aufgeschlosseneren Weihbischof und Nachfolgers Romeros, Arturo Rivera y Damas, bevorzugt hatte. Romero galt als Kandidat der sog. »14 Familien«, die El Salvador zu der Zeit beherrschten.

Die ungeheuer rasche innerkirchliche Karriere hatte Romero wohl nicht nur der Tatsache zu verdanken, dass er als überaus eifriger Arbeiter bekannt war, sondern auch dass er als mit dem überkommenen kirchlichen System hoch identifiziert galt. Das 2. Vatikanische Konzil hatte er eher reserviert verfolgt. Der Befreiungstheologie und -pastoral stand er misstrauisch bis ablehnend gegenüber. Mit seiner moralistischen Einstellung tat er den herrschenden Kräften seines Landes nicht weh. Alles in allem war von Romero also als Repräsentanten der katholischen Kirche in El Salvador ein gutes Einvernehmen mit der Regierung zu erwarten.

Die Wende

Genau das sollte dann jedoch nicht eintreffen. Zu Beginn seiner Tätigkeit als Erzbischof häuften sich Vorkommnisse, die ihn völlig umkrempelten: Im Februar 1977 bekam er als Augenzeuge mit, wie Soldaten und Sicherheitskräfte eine Großdemonstration gegen Wahlbetrügereien bei den Präsidentschaftswahlen auf dem Plaza Libertad in San Salvador mit einem blutigen Massaker beendeten. Am 12. März 1977 wurde sein Freund, der Jesuitenpater und Befreiungstheologe Rutilio Grande zusammen mit zwei Begleitern erschossen. Diese Ereignisse festigten Romero in seiner Überzeugung, was sein weiterer Weg in der Nachfolge Jesu zu sein habe. Begonnen hatte diese seine Bekehrung bei seinen Begegnungen mit konkreter Armut und Ungerechtigkeit während seiner Zeit in Santiago de María. In einem Gespräch mit P. César Jerez hat Romero das wie folgt beschrieben: »Ich bin in einer sehr armen Familie geboren. Ich habe Hunger gelitten, ich weiß, was es heißt, von klein auf zu arbeiten ... Als ich ins Seminar eintrat und meine Studien begann und man mir sagte, ich solle sie in Rom beenden, habe ich Jahr um Jahr zwischen Büchern verbracht und meine Herkunft vergessen ... Ich habe mir eine andere Welt geschaffen. Danach bin ich nach El Salvador zurückgekommen, und man hat mich zum Sekretär des Bischofs von San Miguel gemacht. 23 Jahre lang war ich Pfarrer dort und wieder in Papierkram versunken. Und als ich Weihbischof von San Salvador wurde, fiel ich dem Opus Dei in die Hände! Und da war ich nun ... Dann schickten sie mich nach Santiago de María, und dort stieß ich wieder auf das Elend. Bei den Kindern, die allein schon an dem Wasser sterben, das sie getrunken haben, bei den Campesinos, die sich bei der Ernte zugrunde richten ... Sie wissen ja, Padre, Kohle, die einmal Glut gewesen ist, fängt beim kleinsten Windhauch wieder Feuer. Und es war ja nicht gerade wenig, was da in der Sache mit Padre Grande passiert ist. Sie wissen, dass ich ihn gern gemocht habe. Als ich den toten Rutilio ansah, dachte ich: Wenn sie ihn für das umgebracht haben, was er getan hat, muss ich denselben Weg gehen wie er ... Ich habe mich geändert, ja, aber ich bin auch zurückgekehrt.«

Schon immer hatte Romero den ihm begegnenden Armen geholfen. Ab nun aber teilte er ihr Leid und ihre Hoffnung; er wurde ihnen zum Freund und Bruder. Immer entschiedener setzte er sich für die Menschenrechte und gegen die Gewalt und Ungerechtigkeit ein, dafür, dass alle Menschen, vorrangig die Armen und Bedrängten, in der ihnen von Gott verliehenen Würde auch wirklich leben können. Sein Amt und sein internationaler Ruf halfen ihm dabei, für sie, die Namen- und Stimmlosen, zum Sprachrohr zu werden und die Weltöffentlichkeit auf die wahre Situation in seinem Land aufmerksam zu machen. Den Präsidenten der USA, Jimmy Carter, forderte er wenige Wochen vor seinem Tod in einem offenen Brief auf, von dem Vorhaben, die Regierungsjunta militärisch und ökonomisch zu unterstützen, abzusehen. Manches musste er dafür in Kauf nehmen, Verleumdungen, Anfeindungen, Verfolgungen – auch aus den eigenen Reihen. Selbst beim Papst stieß er auf Unverständnis. Von der Georgetown University (1978) und der Universität Löwen (1980) bekam er die Ehrendoktorwürde verliehen.

Die Ehre Gottes ist der Arme

Seine Rede anlässlich der Verleihung der Ehrendoktorwürde in Löwen am 2. Februar 1980 schloss er wie folgt: »Ich habe versucht, Ihnen das eigentlich theologische und geschichtliche Kriterium kirchlichen Handelns vor Augen zu stellen: die Welt der Armen. Je nachdem, ob es den Armen nützt, wird die Kirche dieses oder jenes politische Vorhaben unterstützen. Wir glauben, dass die Kirche nur so ihre Identität und Transzendenz behalten kann, indem sie sich am soziopolitischen Prozess in unserem Land beteiligt und ihn von den Armen aus beurteilt, indem sie allen Befreiungsbewegungen, die Gerechtigkeit und Frieden für die Massen bringen, Impulse gibt … Die ersten Christen sagten: Gloria Dei, vivens homo. Wir könnten konkreter sagen: Gloria Dei, vivens pauper – die Ehre Gottes ist der Arme, der lebt. Wir glauben, dass wir – von der Transzendenz des Evangeliums her – sagen können, was wirkliches Leben für die Armen ist, und wir glauben auch, dass wir wissen werden, was die ewige Wahrheit des Evangeliums ist, wenn wir an der Seite der Armen stehen und versuchen, ihnen Leben zu ermöglichen. Die politische Dimension des Glaubens entdeckt man (nur) im praktischen und konkreten Dienst an den Armen.«

Mit dem Tag seiner Begräbnisfeier nicht einmal zwei Monate später, an der etwa eine Million Menschen teilnahm und bei der 40 Menschen durch ein Massaker umkamen, begann der zwölf Jahre andauernde Bürgerkrieg in El Salvador mit mehr als 75 000 Toten, der Krieg, den Romero mit allen seinen Kräften noch zu verhindern versucht hatte.

Wer für die Ermordung von Romero verantwortlich ist, wurde durch den Bericht der »Wahrheitskommission« für El Salvador im Jahr 1993 bekannt; es war der damalige Geheimdienstchef Roberto D'Aubuisson. Vor Gericht gestellt wurden er und seine Täter nicht.

Für Oscar Romero, dessen Grab sich in der Kathedrale von San

Salvador befindet, ist 1990 ein Seligsprechungsverfahren eingeleitet worden; es wird allerdings von denen, die dies eigentlich zu verhindern versucht hatten, andauernd hintertrieben. Aber das arme Volk in El Salvador, dessen Lebensbedingungen sich seit Romeros Tod nicht verbessert, sondern verschlechtert haben, und viele Gläubige in aller Welt brauchen diese römische Approbation gar nicht. Sie verehren ihn schon längst als ihren Heiligen: San Romero de América – presente (Heiliger Romero von Amerika – du bist gegenwärtig).

LITERATUR

J. R. Brockmann, Oscar Romero. Eine Biographie, Freiburg / Schw. 1990;
M. L. Vigil, Oscar Romero. Ein Porträt in tausend Bildern, Luzern 1999;
M. Maier, Oscar Romero. Meister der Spiritualität, Freiburg i. Br. 2001

GEORG MEUSEL

Martin Luther King

Träumer und schöpferischer Extremist

** 1929 in Atlanta, Georgia / USA*
† 1968 in Memphis Tennessee / USA
Baptistenpfarrer, Bürgerrechtler
Gedenktag: 15. Januar

Das Tonband hätte jedes Jahr einmal umgespult werden müssen, damit sich die Magnetschichten nicht gegenseitig löschen. Lebensdauer rund zwanzig Jahre. Dann könne es noch zweimal abgespielt werden, bevor es zerfällt. Ich rechne und komme auf ein Alter unseres Glücksfundes von 39 Jahren. Der Tontechniker Falk Menke schiebt mir einen Stuhl ran und setzt sich auf einen Drehhocker vor sein Studiogerät. Aus den Lautsprechern kommt ein Rauschen. Es brummt aus den Boxen. Und knackt. Dann, nach 39 Jahren, aus dem Rauschen heraus leise die Stimme von der Kanzel von St. Marien in Ostberlin vom 13. September 1964.

»Zu beiden Seiten der Mauer«, sagt Martin Luther King, *»leben Kinder Gottes, und keine von Menschenhand errichtete Grenze kann diese Tatsache auslöschen ... Durch die Kraft und Gewalt des lebendigen Gottes sind wir in diesem Glauben unterwegs. In diesem Glauben haben wir immer einen Weg gefunden, wo kein Weg zu sein schien. Mit diesem Glauben können wir aus dem Fels der Verzweiflung einen Stein der Hoffnung hauen.«*

Der Mann, der durch die Mauer ging

Zwischen Papstaudienz und der Verleihung des Friedensnobelpreises in Oslo weilte der 35-jährige Martin Luther King im September 1964 in Westberlin. Er sprach vor 22 000 Zuhörern in der Waldbühne. Der

Verwalter des Bischofsamtes in Ostberlin, Günter Jacob, lud den afroamerikanischen Bürgerrechtler zu einem Besuch in der Hauptstadt der DDR ein.

Martin Luther Kings Predigt am Abend dieses Tages in der Ostberliner Marienkirche war nirgendwo öffentlich angekündigt worden. King berichtete im überfüllten Gotteshaus über den von der Näherin Rosa Parks 1955 ausgelösten Busboykott von Montgomery/Alabama, von der Philosophie und den Methoden Gandhis, die dem gewaltfreien Kampf der Afroamerikaner zum Vorbild gedient hätten. Unbefangen und stolz nannte er sie und sich noch »Schwarze« und »Neger«, die das *»Gewissen der Nation«* seien. Er würdigte die Studentenbewegung der 1960er Jahre, die mit ihren »Sit-ins« und Freiheitsfahrten mit Überlandbussen, bereit, *»lieber mit Würde ins Gefängnis zu gehen, als mit der Erniedrigung ohne Gleichheit zu leben«*, die Rassentrennung in vielen Bereichen überwunden hatten.

»Ich komme aus einem Land mit einem Kampf, einem großen sozialen Kampf um Gerechtigkeit und Freiheit für fast 20 Millionen Menschen. Auf Grund christlicher Leitfäden spielen Gewaltfreiheit und Liebe eine so große Rolle in unserem Kampf.«

Atemlos hörten die 1500 Gottesdienstbesucher zu. Martin Luther King schloss seine Predigt in der Ostberliner Marienkirche, während noch einmal so viele Menschen in der Sophienkirche schon auf ihn warteten, mit den Worten:

»Das ist der Glaube, den ich euch anbefehle, ihr Christen hier in Berlin, ein lebendiger, aktiver, großer, öffentlicher Glaube, der uns den Sieg Jesu Christi in der Welt bringt und bezeugt, ob es eine östliche Welt oder eine westliche Welt sei ... In diesem Glauben werden wir miteinander arbeiten, miteinander beten, miteinander für die Freiheit aufstehen in der Gewissheit, dass wir eines Tages frei sein werden.«

Die Bürgerrechtsbewegung

»Mit der Geschwindigkeit eines Düsenflugzeuges erreichen Nationen in Afrika und Asien ihre Unabhängigkeit. Wir aber kriechen noch immer im Tempo der Postkutsche auf das Recht zu, an einer Imbissstube eine Tasse Kaffee zu bekommen.«

So charakterisierte der 1929 in Atlanta/Georgia geborene junge Pfarrer 1955 in Montgomery/Alabama die Situation der Afroamerikaner 100 Jahre nach Abschaffung der Sklaverei in den USA. Während seiner Studienzeit hatte ihn das Gedankengut der gewaltfreien

Direktaktion und des zivilen Ungehorsams von Mahatma Gandhi aus der indischen Unabhängigkeitsbewegung und des amerikanischen Gesellschaftskritikers Henry David Thoreau fasziniert. King verflocht dieses mit der Lehre Jesu von der Feindesliebe und den Seligpreisungen aus der Bergpredigt wie »Glücklich sind, die auf Gewalt verzichten, denn ihnen wird das Erdreich gehören«. Als Neuling in Montgomery, der dort noch nicht Freunde und Feinde hatte, wurde ihm die Leitung des Busboykotts übertragen. Verhaftungen, Drohanrufe und ein Bombenanschlag auf sein Haus waren die hasserfüllten Reaktionen. *»Wir müssen unsere weißen Brüder lieben, gleichgültig, was sie uns antun«*, beschwor er die aufgebrachte bewaffnete Menge vor der zerfetzten Veranda seines Hauses, nachdem seine Frau Coretta mit der kleinen Tochter Yolanda knapp dem Anschlag entgangen waren. Nach mehr als einem Jahr wurde der beharrliche Kampf der Afroamerikaner durch ein Urteil des Obersten Gerichts, wonach die Rassentrennung in den Öffentlichen Verkehrsmitteln verfassungswidrig sei, von Erfolg gekrönt.

Vor allem die Studentenbewegung nahm diesen Impuls auf. Mit »Sit-ins« in Gaststätten, Bibliotheken, Parks und anderen Einrichtungen, wo Rassentrennung und -diskriminierung herrschten, wurde dieser integriert. Es wurden »Freiheitsfahrten« in Überlandbussen und Demonstrationen organisiert. Trotz Gefängnis und unsäglicher Mühen kämpften Afroamerikaner darum, ihr verbrieftes Wahlrecht durch Eintragung in die Wählerlisten auch ausüben zu können.

Im August 1963 fand der »Marsch auf Washington« statt. Eine viertel Million Menschen – die bis dahin größte Demonstration in den USA – Farbige und sympathisierende Weiße aus allen Bundesstaaten zogen in die Hauptstadt und versammelten sich vor dem Abraham-Lincoln-Memorial. Hier hielt Martin Luther King seine Rede *»I have a dream«. »Ich habe einen Traum, dass eines Tages auf den roten Hügeln von Georgia die Söhne früherer Sklaven und die Söhne früherer Sklavenhalter miteinander am Tisch der Brüderlichkeit sitzen können ... Ich träume noch immer davon, dass wir mit diesem Glauben imstande sein werden, den Rat der Hoffnungslosigkeit zu vertagen und neues Licht in die Dunkelkammer des Pessimismus zu bringen.«*

In Albany und in Chicago gab es Gewaltausbrüche und schwere Rückschläge. Präsident John F. Kennedy hatte sich mehrfach für King eingesetzt, aber keine grundlegenden Verbesserungen für die diskriminierte Minderheit auf den Weg gebracht. Erst unter Präsident Lyndon B. Johnson wurde im Juli 1964 ein Bürgerrechtsgesetz unterzeichnet, das die verfassungsmäßige Gleichheit aller Bürger nochmals bestätigte, insbesondere in Schulen, öffentlichen Einrichtungen und bei Wahlen. Soziale und wirtschaftliche Benachteiligungen wurden damit längst nicht beseitigt.

Einsatz für den Frieden und grundlegende Gesellschaftsveränderungen

Im Dezember 1964 erhielt Martin Luther King den Friedens-Nobelpreis. Wenige Tage darauf saß er schon wieder im Gefängnis. Mehr und mehr widmete er sich auch dem Thema der gewaltfreien Konfliktlösung in den zwischenstaatlichen Beziehungen. Der Washington-Korrespondent der sowjetischen Zeitung »Iswestija« S. N. Kondraschow schrieb über King: »Seine Meinung war, dass in den internationalen Beziehungen des Kernzeitalters die wahre Alternative nicht zwischen Gewalt und Gewaltlosigkeit liege, sondern zwischen Gewaltlosigkeit und Nichtsein.«

King war der erste prominente Amerikaner, der sich schon 1965 gegen den Vietnamkrieg artikulierte. Im April 1967 sagte er in der Riverside-Kirche in New York:

»Ich wusste, dass ich nie mehr meine Stimme gegen die Gewalttätigkeit der Unterdrückten in den Negervierteln erheben konnte, wenn ich nicht zuerst klipp und klar mit dem größten Gewaltlieferanten der gegenwärtigen Welt redete, mit meiner eigenen Regierung.«

Auch reifte in dem Bürgerrechtler die Erkenntnis, dass die Bewegung erst grundlegende Änderungen für alle Unterprivilegierten, nicht nur die Schwarzen, herbeizuführen vermag, wenn der gewaltfreie Protest eine neue Stufe des »bürgerlichen Massenungehorsams« bekam. Die Bevölkerung sollte Aktionen durchführen, die Verkehrsmagistralen, Wirtschaftszentren und die seelenlose Bürokratie widerwilliger Behörden lahmlegen kann. Der Hass auf King nahm zu. Präsident Johnson ging auf Distanz. Das FBI stieß Drohungen aus und forderte den Pfarrer zum Selbstmord auf.

»Ich weiß, dass sie auf mich zielen – aber wie wollen sie meinen Traum treffen?«

Anfang April 1968 reiste Martin Luther King zur Unterstützung eines Müllarbeiterstreiks nach Memphis/Tennessee. In seiner Predigt am Abend des 3. April in der Mason-Temple-Kirche sagte er zum Schluss: *»Ich habe auf dem Berggipfel gestanden. Ich mache mir keine Sorgen. Wie jeder von uns würde auch ich gerne ein langes Leben leben .... Aber darum mache ich mir jetzt keine Gedanken. Ich möchte nur Gottes*

Willen tun. Und er hat mir erlaubt, auf den Berg zu steigen .... Und ich habe das verheißene Land gesehen. Vielleicht werde ich nicht mit euch dorthin kommen. Aber ich möchte es euch heute Abend wissen lassen, dass wir als ein Volk das verheißene Land erreichen werden. Deshalb bin ich glücklich heute Abend, ich bedaure nichts, ich fürchte niemanden, meine Augen haben die Ankunft der Herrlichkeit des Herrn gesehen!«

Am 4. April traf den 39-Jährigen auf dem Balkon des Lorraine Motels eine tödliche Kugel. Das Land versank in Trauer und ohnmächtig-verzweifelten Aufruhr. In allen Teilen der Welt wurde daran Anteil genommen, dass der Apostel der Gewaltfreiheit, der »Mose«, der seine Rassenschwestern und -brüder »ins Gelobte Land führen« wollte, ein Prediger der Feindesliebe, zu einem Opfer des Hasses geworden war. Längst ist erwiesen und auch gerichtlich bestätigt, dass der Kleinkriminelle James Earl Ray, den man der Öffentlichkeit als Täter präsentierte, nicht der Mörder war. Der vollständige Hintergrund des Mordkomplotts des FBI wird sich erst erhellen lassen, wenn die Geheimdienstarchive einmal geöffnet werden dürfen.

»Keine Gewalt« – Die friedliche Revolution in der DDR

Martin Luther Kings Besuch in Ostberlin 1964 sollte sein einziger in einem sozialistischen Staat überhaupt bleiben. In Friedens- und Menschenrechtsgruppen sowie Kirchengemeinden in der DDR wurde das Gedankengut gewaltfreier Konfliktlösung in den Jahren bis zur friedlichen Revolution verinnerlicht. Am 4. Oktober 1989 die »Schlacht« um den Dresdner Hauptbahnhof. Am 7. Oktober in Plauen/Vogtland die Wende zur Gewaltfreiheit zwischen 20 000 Demonstranten und den bewaffneten Organen. Am 9. Oktober 70 000 Demonstranten in Leipzig. Die »Sechs von Leipzig« erreichen nach dem Plauener Modell, dass ein Blutbad wie in Peking oder in Rumänien verhindert wird. Kaum eine Rede in den Kirchen und auf den Kundgebungen, in der Martin Luther King nicht zitiert wird. *»Wir waren auf alles vorbereitet«*, erklärt im Nachhinein SED-Politbüromitglied Horst Sindermann, *»nur nicht auf Gebete und Kerzen«*.

Menschlicher Heiliger

An einem Tiefpunkt des 381 Tage währenden Busboykotts von Montgomery, als King eines Abends sich am Ende seiner Kräfte gefühlt hatte, hörte er unter Blitzen und Donner die Stimme Christi: »Martin Luther, steh auf für Recht, Gerechtigkeit und Wahrheit. Und ich werde bei dir sein bis ans Ende der Welt.« Ein Mann, der von sich ein unmittelbares Gotteserlebnis berichtet. Aber auch ein Mann, der, die Ermahnungen seines besten Freundes Pfarrer Ralph Abernathy in den Wind schlagend, dem Reiz schöner Frauen erliegen konnte. Ein Mann, dem Massen zujubelten und der tiefe Depressionen kannte. Martin Luther King – ein sehr menschlicher Heiliger.

LITERATUR

M. Luther King, Aufruf zum Zivilen Ungehorsam, Düsseldorf / Wien 1993;

C. Scott King, Mein Leben mit Martin Luther King, Stuttgart 1970;

S. B. Oates, Martin Luther King – Kämpfer für Gewaltlosigkeit, Hamburg 1984

Joachim Kardinal Meisner

Johannes Paul II.

Der große Papst

** 1920 in Wadowice / Polen*
† 2005 in Rom
Papst

Dort oben ist mein Geheimdienst

Die Weggefährtenschaft mit Papst Johannes Paul II. gehört zu den ganz besonderen Geschenken Gottes, die ich in meinem Leben empfangen durfte. Im September 1975 begegneten wir uns zum ersten Mal bei der Herbstwallfahrt der thüringischen Katholiken zum Erfurter Dom. Von diesem Gottesdienst an ist das passiert, was man so geläufig mit »Wir hatten uns gesucht und gefunden« beschreibt. Noch nach Jahren erinnerte mich der Papst immer wieder an die damalige Wallfahrtspredigt; er wusste noch meine drei Gliederungspunkte von damals. Ich selbst hatte im Papst einen Bischof gefunden, mit dem ich nicht nur die gleiche theologische Wellenlänge hatte, sondern ich fand meine eigenen spirituellen Wegschritte bei ihm voll entfaltet und ausgereift. Bevor Erzbischof Kardinal Wojtyła Papst wurde, sind wir uns sporadisch in seiner polnischen Heimat begegnet.

Die Wurzeln seines Glaubens

Ich definiere den Papst gern als einen Mann, der gescheit war wie ein Dutzend Professoren, dabei aber so fromm wie ein Erstkommunionkind. Die Wurzel dieser Haltung liegt begründet im Mysterium der Inkarnation: Gott wurde Mensch. Das ist der Schlüssel. Aus dieser Wirklichkeit erklärt sich der Lebensweg, das charakterliche

Profil und – wenn wir so wollen – seine große Lebensleistung. Dass Gott in Jesus Christus Mensch geworden ist, und zwar aus dem ganz konkreten Menschen Maria von Nazaret, war die tiefste Motivation für die Marienverehrung von Karol Wojtyła. Sie war nicht eine polnische Sondervariante des Evangeliums, sie war und ist vielmehr das Prinzip christlichen Daseins. Wenn Gott Mensch wird, dann sind »Mensch« und »Welt« eine einzigartige Begegnungsmöglichkeit mit Gott selbst.

Das berühmte Wort des Papstes bei seiner Einführungsansprache: »Habt keine Angst! Öffnet die Türen für Christus!«, ist das Echo von Nazaret, als der Engel zu Maria sagt: »Fürchte dich nicht, Maria, denn du hast bei Gott Gnade gefunden« (Lk 1,30). Darum hatte er ihr sein Leben anvertraut, wie es sein Wahlspruch »Totus tuus« zum Ausdruck brachte: Wenn Gott Mensch wurde, können wir aus ihm nicht mehr herausfallen. Dafür ist Maria die Garantie. Es sind ja gerade die Kirchen des Ostens, in denen das Mysterium der Menschwerdung Gottes ganz lebendig geblieben ist, weil sie nie Maria aus dem Blick verloren haben und deswegen so widerstandsfähig waren in der 70-jährigen kommunistischen Verfolgung. Der Papst war in seinem theologischen Denken durch und durch davon erfüllt. So entwarf er auch eine marianische Geographie: In Tschenstochau war Maria den Polen eine Polin, in Guadalupe den Südamerikanern eine Südamerikanerin, in Altötting den Deutschen eine Deutsche, in Mariazell den Österreichern eine Österreicherin, in Lourdes den Franzosen eine Französin. Diese marianische Geographie ist gleichsam ein Beweis dafür, dass die Menschwerdung Gottes überall real existiert.

Sein Leben lang hat der Papst den Rosenkranz gebetet und ist jeden Tag den Kreuzweg gegangen. Er ist in einer Kirche oder in einer Kapelle die vierzehn Stationen des Leidens Jesu abgeschritten. Das alles brachte ihn in Gleichzeitigkeit mit Jesus Christus. Darum war sein Leben das Nachleben Jesu Christi oder das Mitleben mit dem Leben Jesu. Das ließ aus dem Papst einen Mann Gottes werden. Das äußere Tun des Papstes war abgedeckt durch sein inneres verborgenes Leben mit Christus in Gott. Er war so überzeugend, weil er sagte, was er tat. Der Papst war wirklich ein Meister des Gebetes.

Es wird uns berichtet, dass er sich als Erzbischof von Krakau nach der Eucharistie am frühen Morgen und dem Frühstück drei Stunden in seine Hauskapelle begab, dort vor dem Allerheiligsten Sakrament niederkniete und dabei seine Predigten, Vorträge, Meditationen und seine Vorlesungen als Professor in Lublin entwarf. Sein Betschemel hatte einen kleinen Klapptisch. Wenn er sich nach drei Stunden erhob, war der Altarraum ganz mit Manuskriptseiten erfüllt. Er schrieb wirklich eine kniende Theologie.

Karol Wojtyła war ein Mann, den die Liebe zur Natur mit seiner heimatlichen Umgebung verband. In ihr begegnete ihm der Schöpfer selbst. Er war ein ausgewiesener Bergsteiger; die Berge der heimatlichen Tatra kannte er nicht nur vom Sehen, sondern im Sommer vom Bergsteigen und im Winter vom Skifahren. Dabei ist es bezeichnend, dass er nie als Single durch die Natur wanderte, sondern immer einen Freundeskreis, meistens Ehepaare oder Jugendliche, um sich hatte, die mit ihm durch Verkündigung und Leben in der Kirche eng verbunden waren. Das Gleiche gilt für die masurische Seenplatte. Hier paddelte der spätere Papst im Sommer, wobei er immer wieder mit Gruppen junger Menschen Sport und Glauben überzeugend verband.

Der Kampf in Polen

Die charismatische Führergestalt der polnischen Kirche war der Kardinalprimas von Warschau, Kardinal Wyszinski. Hinter dessen breitem Rücken stand Kardinal Wojtyła in uneingeschränkter Loyalität. Die Kommunisten versuchten oft, beide polnische Kardinäle auseinander zu dividieren. Bei einem Staatsbesuch des französischen Präsidenten Charles de Gaulle war auch ein Besuch bei Primas Wyszinski in Warschau vorgesehen. Die Regierung veränderte das kurzfristig in einen Besuch beim Erzbischof von Krakau, Kardinal Wojtyła. Als die hohe Besuchsdelegation vor dem Erzbischöflichen Haus in Krakau erschien, öffnete der Portier die Tür und ließ die Wartenden wissen, der Erzbischof sei leider unterwegs in einem Dorf in der Hohen Tatra, um dort Kindern das Sakrament der Firmung zu spenden – eine Lektion, die den Verantwortlichen der Regierung zu verstehen gab: Zwischen ihn und den Primas passte kein Blatt.

In all den Jahren als Erzbischof von Krakau war Kardinal Wojtyła immer noch als ordentlicher Professor an der Katholischen Universität in Lublin tätig. Seine Vorlesungen waren für die Hörer nicht ganz leicht zu verstehen, da er keine konventionelle Schultheologie las. Thema Nummer eins neben Gott war der Mensch: »Der Mensch ist der Weg Gottes durch die Geschichte.« Durch die Menschwerdung Gottes war der Mensch zu einem Thema geworden, das ohne Gott gar nicht sachgemäß behandelt werden kann.

Der Beter und Seelsorger

Karol Wojtyła suchte immer, wo es ihm möglich war, die Einsamkeit, um mit dem Herrn im Gebet allein zu sein. Wenn Erzbischof Wojtyła auf Besuch war, hörte man schon früh um fünf seine Schritte, die den Weg zur Kapelle suchten, um dann zwei Stunden bis zur Messfeier zu beten. Aber auch als Papst bei den großen liturgischen Feiern konnte man sehen, dass er den Rosenkranz in der Hand hatte und inmitten von Chören und Prozessionen tief im Gebet versunken war. Das Gleiche erlebte man, wenn man eingeladen war, mit ihm am frühen Morgen die heilige Eucharistie zu feiern. Der Papst saß dann immer schon auf seinem Betstuhl oder kniete auf seinem Schemel und war tief ins Gebet versunken. Mitunter hörte man dabei ein tiefes Seufzen. Man musste ihn förmlich aus dem Gebet holen, wenn die Zeit zur Zelebration der heiligen Messe gekommen war. Und auch hier waren die Zeiten der Stille und Betrachtung bezeichnend, so etwa zu Beginn der heiligen Messe, wenn der Zelebrant uns zur Gewissenserforschung vor dem Bußakt aufforderte. Nach dem Evangelium legte der Papst wiederum eine fünfminütige Stille zur Betrachtung der heiligen Texte ein. Die Danksagung nach der heiligen Kommunion wollte oft kein Ende nehmen, und wenn man Termine hatte, schielte man schon immer ein wenig unruhig auf die Armbanduhr.

Weil er ein so intensiver Beter war, wurde er ein gesuchter Seelsorger. Als die Jünger Jesus beten sahen, sprachen sie ganz spontan zu ihm: »Herr, lehre uns beten!« (Lk 11,1). Die Jünger sind nicht durch Reflexion und Belehrung zum Gebet gekommen, sondern durch den Vorbeter, der ihnen Jesus war. Ebenso ist es bei Johannes Paul II. gewesen. Ich habe ihn gefragt, wie man richtig betet. Und er sagte: »Wie ein Kind. Gott schaut mich an, und ich schaue ihn an und halte ihm dabei mein Herz voller Sorgen und Anliegen hin. Mehr ist eigentlich nicht nötig.« Er meinte auch, dass man zum Beten einfacher kommen könne als zu einem Gespräch mit dem Papst. Um den sprechen zu können, müsse man sich zuerst lange in seinem Sekretariat anmelden. Dann würde ein Termin festgemacht und man müsse erst nach Rom kommen. Beim Gebet braucht man keinen Termin, man braucht vorher kein Sekretariat anzugehen, man braucht auch keine lange Flugreise. Gott ist immer zu sprechen, ohne Voranmeldung, ohne Sekretariat, ohne Vorzimmer. Er ist für uns immer da.

Leben aus der Eucharistie

Die tägliche Eucharistiefeier war der Höhepunkt seines Tages. Ich weiß nicht, ob es einen Tag ohne sie in seinem Leben gab. Selbst von seinem Krankenhausaufenthalt nach dem Attentat wird berichtet, dass er am nächsten Tag schon wieder im Bett konzelebrierte, während sein Sekretär im Krankenzimmer die heilige Messe feierte. Als im Jahr 1974 der Märtyrerkardinal Stephan Trochta in Leitmeritz in der damaligen ČSSR beerdigt wurde, durften die Kardinäle und Bischöfe aus dem Ausland nicht konzelebrieren. Nachdem Kardinal Wojtyła auf seiner Rückfahrt am Spätnachmittag die tschechisch-polnische Grenze passiert hatte, hielt er im nächsten Ort vor der Kirche an, um dort die heilige Messe zu feiern. Ich durfte oft mit dem Heiligen Vater konzelebrieren. Dabei hatte ich nie den Eindruck, dass es ihm zur Routine wurde. Als er schon sehr schlecht gehen und sich nur schwer bewegen konnte, zwang er sich bei der Eucharistiefeier immer wieder auf die Knie zur Anbetung vor dem Leib und Blut Christi. Er konnte stundenlang vor dem Herrn in der Eucharistie im Tabernakel beten.

In der Eucharistie ist er wirklich in die Gleichzeitigkeit wie in die Gleichörtlichkeit mit Jesus Christus gelangt. Indem Jesus über Brot und Wein sprach: »Das ist mein Leib. Das ist mein Blut«, war das Sakrament der Eucharistie eingesetzt. Und indem er den zwölf um den Tisch Versammelten den Auftrag gab: »Tut dies zu meinem Gedächtnis!«, war das Priestertum geboren worden. Darum wurde der Papst nicht müde, über die Schönheit und Größe des Priestertums zu sprechen und zu schreiben.

Der weltweite Priestermangel in der Kirche gehört zu den traurigsten Erfahrungen, die er als Papst machen musste. Bei einem Gespräch anlässlich des Ad-Limina-Besuches fragte er mich, welches meine größten Sorgen seien. Ich antwortete ihm: »Heiliger Vater, die wenigen Priesterberufungen.« Und er nickte mir zustimmend zu, indem er sagte: »Das kann ich wirklich verstehen. Darin muss die größte Sorge eines Bischofs liegen, wenn sein Priesterseminar nicht mehr gefüllt ist. Das ist aber wie ein Indikator für eine tiefer liegende Krise, die man in den Blick nehmen muss: der tiefe Zusammenhang von Priestertum und Ehe und Familie.«

Leidenschaft für Ehe und Familie

Der Papst sagte mir einmal in einem sehr tiefen Gespräch, dass auf den ostkirchlichen Deesis-Ikonen immer Christus in der Mitte sichtbar ist und rechts davon Maria und links davon Johannes der Täufer. Damit möchte die Kirche zum Ausdruck bringen, dass Christus bei seiner Menschwerdung auf alles verzichtet hat, nur nicht auf eine Mutter und auf einen Taufpriester. Wo die Frau und Mutter nichts mehr gilt, dort hat auch der Priester keine Chance mehr. Muttersein und Priestertum gehören miteinander zusammen. Und hier liegt auch der Grund, dass der Papst neben seiner tiefen spirituellen und theologischen Erkenntnis des Priestertums auch so ein theologischer Fachmann für Ehe und Familie war. Das vollkommenste Abbild des dreifaltigen Gottes ist die christliche Familie: Vater, Mutter und Kind. Wo dieser Zusammenhang nicht mehr gesehen wird, fällt die Ehe auseinander, und damit zerfällt auch die Familie. Wie Recht der Papst damit gehabt hat, zeigt ein Blick in die Gegenwart. In Sachen Ehe und Familie war der Papst oft der einsame Rufer in der Wüste. Aber er wusste, dass ihm diese Botschaft von Gott aufgetragen ist, weil dort, wo der Mensch verkannt wird, auch Gott nicht mehr gesehen wird.

Angriff aus der Nacht

Ich bin zutiefst überzeugt, dass solche Hirten ganz besonders den Angriffen des Teufels ausgesetzt sind. Hier sehe ich im Attentat auf den Heiligen Vater am 13. Mai 1981 gleichsam den Großangriff der Hölle gegen diesen Diener Gottes. Gerade das Attentat zeigte wiederum die Verflochtenheit seines Lebens mit der Menschwerdung Gottes. Der 13. Mai ist der erste Erscheinungstag der Muttergottes von Fatima. Er wird jedes Jahr hochfeierlich in Fatima an dem darauf folgenden jeweils Dreizehnten eines Monats bis zum Oktober begangen, also zu den Erscheinungstagen der Muttergottes vor den Hirtenkindern. Sie hatte ihnen damals die Botschaft überbracht, dass sich Russland von der Gottlosigkeit wieder bekehren werde, und forderte die Kinder zum Gebet in diesem Anliegen auf. Die erste Erscheinung am 13. Mai 1917 geschah ein halbes Jahr vor der Oktoberrevolution in Sankt Petersburg. Bevor das Licht des Glaubens im Osten ausging, hatte Maria im äußersten Westen Europas das Licht des Glaubens für den Osten schon angezündet. Und gerade an einem solchen Erscheinungstag wird auf den Papst das Attentat verübt, der im Begriff war, die Welt und die Christen vom kommunistischen Druck zu befreien. Wer hier keinen unmittelbaren Zusammenhang sieht, ist blind. Der Attentäter Ali Agca konnte nicht fassen, dass sein Schuss nicht tödlich war. Die Ärzte erkannten, dass nur ein Millimeter genügt hätte, um den Papst zu töten. Der Heilige Vater war zutiefst überzeugt, dass hier die Muttergottes die Hand im Spiel hatte. Und wie die letzte Seherin, Schwester Lucia, bestätigte, war mit der Vision von 1917 der Papst gemeint, als die Seherkinder zu Protokoll gaben, dass ein Mann in weißer Kleidung am Ende oder vor der Wende niedergeschossen werden wird.

Der Papst und die Wende

Als ich 1980 Bischof von Berlin wurde, war die Stadt getrennt in Ost und West. In Berlin war alles gespalten, selbst die evangelische Gemeinschaft. Nur die katholische Kirche behielt ihre Einheit mit einem Bischof über die Mauer hinweg aufrecht. Papst Paul VI. wollte, dass ein Vertrag oder ein Abkommen zwischen der katholischen Kirche und der DDR einschließlich Ostberlin geschlossen werde, um die provisorischen kirchlichen Organisationen an die tatsächlichen politischen Verhältnisse anzupassen und damit das kommunistische System, sprich die DDR, anzuerkennen. Das hätte auch die Einheit des Bistums Berlin tangiert. Es ist wohl nur dem Tod des Papstes zuzuschreiben, dass seine Pläne nicht zum Ziel kamen. Als ich im Jahr 1980 das Bischofsamt in Berlin übernahm, war Johannes Paul II. schon eineinhalb Jahre Papst. Als ehemaliger Bischof im Kommunismus wusste er genau, dass geschriebene Vereinbarungen mit dem Kommunismus immer zu Lasten der Kirche gingen. Nach dem Gesetz des Klassenkampfes galt Vertragstreue als sittlich schlecht, wenn sie den Klassenkampf behinderte, so dass man *verpflichtet* war, die Vertragstreue zu brechen, um den Klassenkampf voranzubringen. Darum hatte ich nie Schwierigkeiten dieser Art mit Papst Johannes Paul II. Er sagte immer: »Bewahrt und behaltet den erkämpften ›Modus vivendi‹, und von allem anderen lassen wir die Finger.«

Als ich den Heiligen Vater in diesen Berliner Jahren einmal besuchte, sagte er mir etwas humorvoll: »Dein rechter Arm ist kapitalistisch, dein linker Arm kommunistisch, aber dein Herz – Gott sei Dank! – ist katholisch.« Er stärkte meine Position und machte mir immer wieder Mut zum Durchhalten. So durfte ich beim ersten großen überdiözesanen Katholikentreffen in Dresden, bei dem über 150 000 Gläubige dabei gewesen sein sollen, die Predigt halten. Dabei versuchte ich, den Gläubigen zu sagen, dass unser Land zwischen Oder und Neiße im Osten und Werra im Westen nicht Produkt des Sozialismus, sondern ein Stück Schöpfung Gottes ist. Uns ist es gegeben, das Wort des Propheten nachzusprechen: Auf dieses herrliche Land ist unser Los gefallen (vgl. Ps 16,6). Wir bleiben als Christen hier vor Ort, aber wir wollen dabei keinem anderen Stern folgen als dem Stern von Betlehem. Die vieltausendköpfige Versammlung antwortete mit spontanem Beifall, denn jeder wusste, was damit gemeint ist. War doch auf jedem öffentlichen Gebäude, ob Schule, Fabrik oder Rathaus, ein großer Sowjetstern montiert, der dann nachts auch noch hell leuchtete.

Umso mehr bestürzte mich die Nachricht, die mich sechs Wochen danach erreichte, dass der Heilige Vater beabsichtigte, mir den inzwischen verwaisten Bischofsstuhl von Köln anzuvertrauen. Ich sagte dem Papst: Wenn ich nun wegginge, würde ich meine Botschaft beim Dresdner Katholikentreffen Lügen strafen. Der Vorsitzende der Bischofskonferenz mahnt zum Bleiben – und ist der Erste, der geht. Der Papst hörte sich das in aller Ruhe an und sagte, ich sollte mir diesbezüglich keine Gedanken machen, denn ich werde der erste Ostdeutsche sein, der nach Westdeutschland geht. Danach würden mir viele folgen. Und viele Westdeutsche würden nach Ostdeutschland gehen, das System kippe gerade. Ich sagte darauf dem Heiligen Vater freimütig, ich könne das einfach nicht glauben – schließlich habe er auch nicht »ex cathedra« gesprochen. Der Papst entgegnete mir darauf, dass seine Aussage natürlich nicht »unfehlbar« wäre, aber *Recht* hätte er doch. Als ich ihn fragte, ob er Hinweise von Geheimdiensten hätte, zeigte er zum Himmel und sagte: »Dort oben ist mein Geheimdienst«.

Ich verließ den Papst niedergeschlagen und traurig. Immer war ich davon überzeugt, dass der Kommunismus eines Tages unterginge, aber ich meinte: … vielleicht in 100 Jahren! Wir hatten doch 1953 in der DDR, 1956 in Ungarn und 1968 in der Tschechoslowakei vor Augen. Und in der Sowjetunion lagerten Atombomben, die jederzeit einsatzbereit waren. Aber es stellte sich heraus: Der Papst hatte Recht! Ja, wir müssen heute sagen, dass der waffenlose Untergang des Kommunismus wesentlich seinem Wirken mit zu verdanken ist. Er hat nicht aufgerufen, auf die Barrikaden zu gehen, die Waffen zu ergreifen, um die Diktatoren aus ihren Regierungspalästen wegzutreiben. Er verkündete nur mit aller inneren Konsequenz die Botschaft von der Gottebenbildlichkeit des Menschen, der von Geburt an Rechte hat, die nicht erst der Bestätigung durch die Gesellschaft bedürfen und die niemand ihm vorenthalten darf. Mit dieser Botschaft zog der Papst dem Kommunismus den Boden unter seinen Füßen weg. Es hat kaum in der Weltgeschichte einen Papst gegeben, der intensiver Geschichte schrieb als er.

Die Botschaft des Leidens

Der Papst war weit davon entfernt, zu meinen, dass nun ein Paradies auf Erden entstehen würde. Er wusste um die Brüchigkeit des menschlichen Daseins, zumal er das in seiner eigenen Existenz zu spüren bekam. Hat er auch das Attentat überwinden können, so blieben doch die Folgen in seiner körperlichen Verfassung spürbar, und es stellte sich mit zunehmendem Alter eine schwere Parkinsonerkrankung ein. Das hinderte den Papst nicht, seine äußerst extensive Wirksamkeit fortzuführen. Ganz im Gegenteil, die Krankheit verband ihn tiefer mit Christus. Er versteckte seine Krankheit nicht, sondern tat als ein von Krankheit und Leid Gezeichneter seinen Dienst ungebrochen weiter in der Welt und für die Welt. Damit wurde er zu einem Tatzeugen des hohen Wertes von Krankheit und Leid der Menschen für die Welt.

Beim Papst bekamen die Kranken und Leidenden immer einen Ehrenplatz. Ihnen fühlte er sich besonders verbunden, ihnen wollte er helfen, Krankheit und Leiden anzunehmen, weil sie dem leidenden Christus ähnlich sind und damit fruchtbar werden für die Welt mit ihren Menschen. Die letzten Jahre zeigten einen Papst, der sich an seinem Kreuzstab festhalten musste, dass er fast mit seiner Person zu einer Figur verwachsen war.

Der Papst wusste, dass das Kreuz das zum Plus gewordene Minus der Welt war durch den Einsatz Gottes. Darum ist er der große Plusmensch geworden, der die Welt zum Positiven verändern durfte. Vielleicht war die Botschaft vom Kreuz eines seiner größten Vermächtnisse an die Welt, so dass er gleichsam in den Armen der Kirche in aller Öffentlichkeit gelitten hat und so auch gestorben ist. Das wird ihm wohl die Menschheit nie mehr vergessen können.

Geburtstag in Fatima

Zur ersten Fatimafeier nach dem Sturz des Kommunismus am 13. Mai 1990 entsandte mich der Heilige Vater nach Portugal, um der großen Eucharistiefeier vorzustehen. Er meinte, ich sei der einzige Kardinal im freien Westen, der intensive und lange Kommunismuserfahrungen habe. Ich hatte mich gut vorbereitet, weil mir Fatima vorher ziemlich fremd gewesen war. Der Gottesdienst mit über einer Million Pilgern auf dem Wallfahrtsplatz in Fatima wird mir für immer unvergesslich bleiben. Ich durfte dort im Auftrag des Papstes den Portugiesen dafür danken, dass sie die Botschaft von Fatima und damit die Zuversicht für Osteuropa angenommen hatten, noch bevor die Sonne des Glaubens in Russland und Osteuropa untergegangen war. Ich werde heute noch von Portugiesen darauf angesprochen, dass ich ihnen damals gesagt habe: »Selig bist du, Portugal, weil du geglaubt hast zugunsten der anderen!« Dieses kleine Volk am äußersten Rand im Westen Europas hat damit eine weltgeschichtliche Mission erfüllt.

Als dann der Heilige Vater im Jahre 1991, am 13. Mai, dem 10. Jahrestag seines Attentats, selbst nach Fatima kam, um zu danken, da war das ein Ereignis für die gesamte Weltkirche. Das Schicksal der Welt und damit unser aller Schicksal wäre anders – und zwar zum Negativen hin – verlaufen, hätte Maria nicht die Kugel so gelenk, dass der Heilige Vater gerettet wurde. Als er uns Kardinäle in der Erscheinungsgrotte begrüßte, sagte ich ihm: »Heiliger Vater, herzlichen Glückwunsch zum Geburtstag!« Der Heilige Vater ging darauf ein wenig verständnislos blickend zum Nächsten, kam aber dann zurück und sagte: »Herr Kardinal, Sie haben Recht, ich habe heute wieder Geburtstag. Das erste Leben hat mir Gott *gegeben* in meiner Heimat in Wadowice. Das zweite Leben auf dem Petersplatz in Rom hat er mir *geschenkt*.« Ich war erstaunt, wie er als Pole mit unserer deutschen Sprache umgehen konnte: Das erste Leben gegeben, das zweite Leben geschenkt! Und das ganze versammelte Volk Gottes dankte Gott für die Errettung des Heiligen Vaters.

Im Jahr 2000, also im heiligen Jubiläumsjahr, sollten dann die beiden verstorbenen Seherkinder seliggesprochen werden. Die Mitarbeiter des Heiligen Vaters an der römischen Kurie hatten beschlossen, dass der Heilige Vater im Jubiläumsjahr keine Auslandsreisen übernehmen sollte, damit Rom wirklich das Zentrum und das Ziel der Pilger aus aller Welt sein könnte. Darum wurde in der Osterwoche 2000 die Seligsprechungsfeier der beiden Seherkinder Jacinta und Francesco von Fatima vorgesehen. Die Enttäuschung, ja fast das Entsetzen in Fatima war groß: Bei der Seligsprechungsfeier in Rom könnten höchstens zwei- bis dreitausend Portugiesen in die Ewige Stadt kommen, während in Fatima das ganze Volk an dieser Feier hätte teilnehmen können. Der berühmte Motor von Fatima, der ungarische Pater Luis Kondor, der sein ganzes Leben der Botschaft von Fatima gewidmet hatte, kam damals zu mir und bat mich, ob ich den Heiligen Vater nicht bitten könnte, dass er für Fatima eine Ausnahme mache. Ich habe es ihm daraufhin versprochen, aber mit der Bemerkung, dass ich auch nicht alles könne, aber er solle einmal kräftig beten.

Danach hatte ich die Gelegenheit, mit dem Heiligen Vater zu sprechen, und ich wies ihn darauf hin, wie sehr man in Fatima auf ihn warte. Weil das Lebensgeheimnis des Papstes das Lebensgeheimnis von Fatima ist, müsse der Heilige Vater wohl die Seligsprechung in Fatima selbst vornehmen. Der Heilige Vater hörte mir schweigend zu. Aber an seinem Blick merkte ich, dass ich Erfolg hatte. Tatsächlich: Kurze Zeit später ging die Botschaft durch die Welt: Ein einziges Mal wird der Heilige Vater Rom verlassen, um in Fatima die Seligsprechung der beiden Seherkinder vorzunehmen. Die Freude in Fatima war unaussprechlich. Beim gemeinsamen Mittagessen nach den Feierlichkeiten sagte der Sekretär des Heiligen Vaters, der jetzige Erzbischof von Krakau, Stanislaw Kardinal Dziwicz, etwas provozierend zu den Mitarbeitern der römischen Kurie: »Cardinale Meisner ha vinto.« Der Kardinal verbesserte: »No! La Madonna ha vinto« – »Nicht Kardinal Meisner hat gesiegt, sondern die Muttergottes hat gesiegt.«

Unvergesslich bleibt die Begegnung des Heiligen Vaters mit den vielen Pilgern am Vorabend der Seligsprechung. Der Papst wurde mit ungeheurem Jubel begrüßt. Als er die Erscheinungskapelle betrat, gab der Bischof von Fatima ein Zeichen, die Gläubigen mögen nun still werden, denn der Heilige Vater wolle beten. Dann ging der Papst zur Madonna und legte etwas nieder. Der Bischof von Fatima erklärte das den wartenden Gläubigen: »Der Heilige Vater bekam am 16. Oktober 1978 im Konklave, als seine Wahl feststand, von Kardinal Wyszinski einen kostbaren Ring, wobei dieser sagte: ›Heiliger Vater, dir wird Gott die Aufgabe zugedacht haben, die Kirche ins neue Jahrtausend zu führen. Als äußeres Zeichen, dass er dir dabei beisteht, gebe ich dir jetzt meinen kostbaren Ring.‹ Diesen Ring hat der Heilige Vater jetzt zu Füßen der Muttergottes von Fatima niedergelegt, denn er hat diesen Auftrag erfüllt. Er hat die Kirche mit dem Beistand Gottes und der Fürsprache der Muttergottes ins dritte Jahrtausend geführt.« Ein unbeschreiblicher Beifall aus der Hunderttausende zählenden Menschenmenge brach auf.

Der Papst und die jungen Leute

Der Papst hatte immer ein Herz für die Jugend. Daher sind die Weltjugendtage von ihm initiiert worden. Der Papst wusste, dass junge Menschen einen kürzeren Draht zu Gott haben als die ältere Generation. Deshalb ist ihr Drang nach Sinnsuche viel intensiver als bei älteren Menschen. Wenn sie niemand haben, der sie zu Gott führt, dann kann die Tragik im Leben eines jungen Menschen sehr groß werden. Der Papst war überzeugt: Wer jungen Menschen weniger gibt als Gott, gibt ihnen immer zu wenig. Weil heute Eltern, Familie, Verwandtschaft, Nachbarschaft, Schule und Öffentlichkeit weithin den suchenden Jugendlichen kaum noch Gott geben, war er der Überzeugung, dass er für diese Jugendlichen weltweit etwas tun musste. Denn die Jugendlichen waren oft wie metaphysische Asylanten, die nicht mehr wussten, wo sie hingehören. Er wollte ihnen Gott zeigen und ihnen damit ein festes Fundament für ihr Leben mitgeben. Bei den Weltjugendtagen hörte der Papst eigentlich mehr den jungen Leuten zu, als dass er zu ihnen sprach. Und das hat er auch immer wieder zum Ausdruck gebracht: Er wollte auf die Sehnsüchte und Erwartungen der jungen Menschen hören, um ihnen wirksam Orientierung und Hilfe schenken zu können. Das haben die Jugendlichen gespürt.

Nach dem Weltjugendtag 2000 in Rom schrieb ein junger Franzose, dass er vom Weltjugendtag als ein anderer Mensch zurückgekehrt sei. Skeptisch und frustriert sei er nach Rom gekommen und habe dort den Wert seines Lebens in einer Weise erfahren, dass er zum ersten Mal Gott dafür dankte, ihn ins Dasein gerufen zu haben. Er hatte zum ersten Mal erlebt, dass er einem anderen Menschen so wichtig und wertvoll war, dass er um ihn Tränen vergoss. Der Mensch, der um ihn weinte, war der Papst. Bei einer Katechese erzählte Johannes Paul, dass er selbst eine sehr schwere Jugendzeit gehabt habe. Seine Jugend sei überschattet gewesen durch die Okkupation der Nazis und dann später durch die Kommunisten. Aber – so fügte der Papst hinzu – die Welt, in die er die Jugendlichen bald wieder zurückschicken müsse, sei noch schwieriger als seine Welt damals. Das erfüllte ihn mit so viel Mitleid, dass ihm die Tränen kamen. Der junge Franzose war tief ergriffen: Was muss ich für einen Wert haben, dass der große Papst um mich, um uns, Tränen vergießt?

Dabei redete der Papst den Jugendlichen nicht nach dem Mund – er redete Gott nach dem Mund, um der Jugendlichen willen, und das spürten sie. Auch wenn er ihnen Dinge sagen musste, die für sie schmerzlich waren, hörten sie dem Papst zu und bemühten sich, seinen Wegweisungen zu folgen.

Das Friedenszeichen

Am Ende des Weltjugendtages in Paris im Jahre 1997 rief mich der Heilige Vater an die Seite und sagte mir: »Können wir den nächsten Weltjugendtag 1999 in Köln feiern? Ich möchte zum ersten Mal mit einem Weltjugendtag in den deutschsprachigen Raum, und dabei wäre mir Köln sehr lieb, zumal wir uns schon lange kennen und ich weiß, dass Sie hinter meinen Intentionen stehen?« Ich selbst war sehr überrascht und sagte: »Heiliger Vater, ich kann mir jetzt noch gar nicht denken, wie das bei uns gehen sollte. Aber wenn Sie das wollen, sage ich jetzt schon ›Ja‹, und wir werden dann auch schon einen Weg finden.« Darauf drückte mir der Heilige Vater froh die Hand. Aber ich fragte nochmals: »Warum wollen Sie denn jetzt mit dem Weltjugendtag nach Deutschland kommen?« Er gab mir die erschütternde Antwort: »Von dem sympathischen deutschen Volk gingen in diesem Jahrhundert zwei große Weltkatastrophen aus. Ich möchte, dass am Ende dieses Jahrhunderts von Deutschland eine Positivbewegung nach Europa und in die Welt hinausgeht. Darum möchte ich den Weltjugendtag 1999, den letzten im 20. Jahrhundert, in Köln feiern.« Diese Begründung hat mich tief ergriffen. Im Nazideutschland hat man sich zum »Herrenvolk« hochstilisiert und alle anderen Völker, namentlich das polnische Volk, zu »Untermenschen« erklärt. Und nun kommt ein Vertreter der so genannten »Untermenschen« zu einem Mitglied der damaligen »Herrenmenschen« und sagt: »Ich möchte, dass am Ende dieses Jahrhunderts vom deutschen Volk eine Positivbewegung nach Europa und in die ganze Welt ausgeht.« Das nennt man »Feindesliebe«.

Bei allen kommenden Begegnungen fragte mich der Heilige Vater immer nach dem Stand der Vorbereitungen zum Weltjugendtag. Dabei erzählte ich ihm einmal von den dramatischen Umständen meiner Ernennung zum Bischof im März 1975 durch Papst Paul VI. Durch die damaligen Umstände erschwert, erreichte mich die Nachricht von der beabsichtigten Bischofsernennung so spät am Abend, dass mir nur noch die Nacht über Zeit blieb, zu überlegen, ob ich die Ernennung annehmen könnte oder nicht. Ich nahm daraufhin das Neue Testament zur Hand und bat den Heiligen Geist, er solle mir einen Hinweis geben. Ich schlug die Bibel blind auf und traf auf die Stelle in Joh 6 von der wunderbaren Brotvermehrung. Ich erkannte mich in der rührenden Randgestalt des kleinen Jungen wieder, der als Einziger 5 kleine Brote und 2 Fische in der Tasche trug, während die anderen 5000 Erwachsenen mit leeren Taschen dem Herrn gefolgt waren. Der Herr ruft ihn vom Rand in die Mitte. Der Junge gibt nun alles, was er hat, weg, so dass er genau solch ein Hungerleider wird wie alle anderen auch. Aber er gibt die Brote und Fische an die wichtigste Stelle der Welt, nämlich in die Hände des Herrn. Und dort wird aus dem Mangel die Fülle. Alle fünftausend werden satt, und der Überfluss wird noch in 12 großen Körben eingesammelt. Der Papst sagte darauf sofort: »Verstehst du jetzt, warum ich die Jugend brauche? Wie damals die Erwachsenen vom Vorrat des Jugendlichen gelebt haben, so brauche ich den Glauben der jungen Menschen, um ihre Eltern und Verwandten und die vielen Erwachsenen vor dem Unglauben zu bewahren. Ich brauche die Jugendlichen zur Evangelisierung Europas und der Welt. Darum ist mir der Weltjugendtag so wichtig!«

Acht lange Jahre musste ich auf dieses Ereignis warten, denn das Jahr 1999 war aus verschiedenen Gründen nicht zu realisieren. Das ging an meinem Nervenkostüm nicht ganz spurlos vorüber. Die Sorge um die Gesundheit des Heiligen Vaters wurde immer größer: Wird er noch dabei sein oder nicht? Der Heilige Vater ließ mich vier Wochen vor seinem Tod in die Gemelli-Klinik kommen. Dort erlebte ich ihn als schwer kranken Patienten, und er fragte mich, ob wir denn noch in Köln zum Weltjugendtag auf ihn warten? Ich sagte darauf: »Heiliger Vater, mit ungebrochener Zuversicht erwarten wir Sie bei uns. Und Sie brauchen auch kein Wort zu sprechen. Ihre Präsenz spricht lauter als Ihre Worte.« Als ich mich von ihm verabschiedete, fasste ich ihn an beiden Händen und sagte: »Heiliger Vater, ich lasse Sie jetzt erst los, wenn Sie mir versprechen, dass Sie kommen!«. Er lächelte ein wenig und sagte: »Ich komme! Aber das ›Wie‹ meines Kommens bestimmt Gott im Himmel.« Er bestimmte es anders, als wir uns das gedacht haben.

Vor seinem Totenbett kam ich mir wirklich wie am Boden zerstört vor. »Wie soll das nun weitergehen?« – »Heiliger Vater«, habe ich ihm gesagt, »wir haben acht Jahre darauf gewartet und geplant.

Ich habe Sie immer informiert. Und jetzt?« Ich kann noch genau Tag und Stunde angeben, wie er mir von der Bahre aus deutlich zu verstehen gab: Ich werde dabei sein von oben her und werde euch mit dem kommenden Papst von unten her einen Weltjugendtag bereiten, an den ihr noch lange denken werdet! – Und das ist in der Tat so geschehen. Über Gottes Herz bleiben wir in lebendiger Kommunikation mit den Verstorbenen. Darum konnte Johannes Paul II. so sehr beim Weltjugendtag präsent sein. Sein gläubiges Leiden und Sterben war die intensivste Vorbereitung der Jugend der Welt auf die gesegneten Kölner Tage.

Danke, Heiliger Vater, für alles, was du mir in den dreißig Jahren unserer Weggefährtenschaft geschenkt hast. Sie ist noch nicht am Ende. Mein Weg geht weiter. Ich bin sicher, du bleibst dabei, aber nun vielleicht noch wirksamer!

LITERATUR

L. Ring-Eifel, Weltmacht Vatikan. Päpste machen Politik, München 2004;

L. Ring-Eifel, Johannes Paul II. Der Mensch – der Papst – das Vermächtnis, Freiburg 2005;

A. Englisch, Johannes Paul II. Das Geheimnis des Karol Wojtyla, Berlin 2005

Verzeichnis der Mitarbeiterinnen und Mitarbeiter

Ahl, Ruth, geb. 1927, freie Publizistin, Erwachsenenbildnerin, Bonn

Alkofer, Andreas-Pazifikus, OFMConv, Dr. theol. habil., 1962–2006, Professor für Theologische Ethik in Chur (CH)

Arens, Herbert, Dr. theol., geb. 1931, Referent für liturgische Projekte im Bistum Aachen

Arlt-Herberts, Ulrike, geb. 1966, Pastoralreferentin in Backnang

Badde, Paul, geb. 1948, Historiker und Journalist, Rom

Batlogg, Andreas R., SJ, Dr. theol., geb. 1962, stellvertretender Chefredakteur der »Stimmen der Zeit« in München

Baumgartner, Konrad, Dr. theol., geb. 1940, Prälat, em. Professor für Pastoraltheologie an der Universität Regensburg

Bichler, Albert, Dr. phil, geb. 1935, Buchautor, Germering

Birkenheier, Ralf, SSCC, geb. 1956, Superior in Werne

Bopp, Karl, SDB, Dr. theol. habil., geb. 1953, Professor für Pastoraltheologie an der Philosophisch-Theologischen Hochschule der Salesianer Don Boscos in Benediktbeuern

Brändle, Rudolf, Dr. theol., geb. 1939, Professor für Neues Testament und Alte Kirchengeschichte an der Theologischen Fakultät der Universität Basel

Buchinger, Apollonia, O.Ss.S, geb. 1954, Professschwester im Birgittenkloster Altomünster

Conzemius Victor, Dr. phil., geb. 1929, em. Professor für Kirchengeschichte an der Universität Luzern

Cremer, Barbara, geb. 1962, Hausfrau, Bornheim-Sechtem

Denzler, Georg, Dr. theol. habil., geb. 1930, em. Professor für Kirchengeschichte an der Universität Bamberg

Dormeyer, Detlev, Dr. theol., geb. 1942, Professor für Neues Testament an der Universität Dortmund

Durst, Michael, Dr. theol., geb. 1953, Professor für Kirchengeschichte und Patrologie an der Theologischen Hochschule Chur

Eberts, Gerhard, MSF, geb. 1938, Chefredakteur für die Ordenszeitschrift »Sendbote«, Pressesprecher der Katholischen Akademie in Bayern, Augsburg

Eder, Manfred, Dr. theol. habil., geb. 1958, Professor für Kirchengeschichte an der Universität Osnabrück

Faust, Ulrich, OSB, Dr. theol., Dr. phil., geb. 1935, ao. Prof. für Kirchengeschichte an der Universität Graz, Archivar und Bibliothekar der Abtei Ottobeuren

Findl-Ludescher, Anna, Dr. theol., geb. 1965, Assistenzprofessorin am Institut für Praktische Theologie in Innsbruck

Fischer, Irmtraud, Dr. theol., geb. 1957, Professorin für alttestamentliche Bibelwissenschaft an der Karl-Franzens-Universität Graz

Frevel, Christian, geb. 1960, Abteilungsleiter Öffentlichkeitsarbeit/Bildung bei der Bischöflichen Aktion Adveniat, Essen

Freyer, Johannes Baptist, OFM, Dr. theol., geb. 1953, Universitätsprofessor und Rektor der päpstlichen Universität Antonianum, Rom

Greshake, Gisbert, Dr. theol. Lic. phil., geb. 1933, em. Professor für Dogmatik an der Universität Freiburg, Gastprofessor an der Gregoriana in Rom

Gutierrez, Gustavo, OP, Dr. med., Dr. theol., geb. 1928, em. Professor für Systematische Theologie an der Katholischen Universität Lima, Peru

Haneklaus, Hermann, geb. 1941, Pfarrer in Neumünster und Domkapitular des Erzbistums Hamburg

Haub, Rita, Dr. phil., geb. 1955, Historikerin, München

Heereman, Michaela Freifrau, Dipl. Theol., geb. 1949, Hausfrau und Publizistin, Meerbusch

Heid, Stefan, Dr. theol., geb. 1961, Professor am Päpstlichen Institut für christliche Archäologie, Rom

Henckel-Donnersmarck, Gregor Ulrich, OCist., Mag. theol., Dipl. Kfm., geb. 1943, Abt von Heiligenkreuz

Herbstrith, Waltraud, OCD, geb. 1929, Schriftstellerin, Mitbegründerin des Edith-Stein-Karmels Tübingen

Hieke, Thomas, Dr. theol., geb. 1968, Privatdozent für Biblische Theologie, Exegese und Hermeneutik des Alten Testaments an der Universität Regensburg

Hinsen, Peter, SAC, geb. 1944, Publizist, Rektor des Pallotti-Hauses in Freising

Höller, Karl R., Dr. rer. pol. h.c., geb. 1937, Verleger und Publizist, Aachen

Holzbach, Alexander, SAC, geb. 1954, Dipl. Theol., Chefredakteur »KA+das zeichen«, Limburg

Horstkötter, Ludger, OPraem, Dr. theol., geb. 1939, Prämonstratenser von Duisburg-Hamborn

Hülsbusch, Werner, Dr. theol., geb. 1929, Pfarrer in Münster, Journalist

Imhof, Paul, Dr. phil., Dr. theol., geb. 1949, Professor für Religionsphilosophie und Spiritualität an der Deutschen Universität in Armenien

Jooß, Erich, Dr. phil., geb. 1946, Direktor des Sankt Michaelsbundes, München

Kiesner, Cosima, CJ, geb. 1962, Germanistin und Theologin, Provinzassistentin in der Congregatio Jesu, München

Koebernik, Stefanie, geb. 1967, Journalistin, Netphen

Kreidler-Kos, Martina, Dr. theol., geb. 1967, Autorin und Erwachsenenbildnerin, Bramsche

Kremer, Jacob, Dr. theol., geb. 1924, em. Professor für Neues Testament an der Universität Wien

Kürzinger, Reinhard, Dr. theol., geb. 1955, Domvikar der Diözese Eichstätt, Leiter des diözesanen Pilgerbüros

Lang, P. Justin, OFM, Dr. theol., geb. 1934, Seelsorger und Exerzitienmeister in Ulm

Langer, Michael, Dr. phil., Dr. theol. habil., geb.1960, apl. Professor für Religionspädagogik und Kerygmatik an der Universität Regensburg

Lechner, Odilo, OSB, Dr. phil, Dr. theol. h. c., geb. 1931, Altabt der Benediktinerabtei St. Bonifaz, München-Andechs

Lehmann, Karl, Kardinal, Dr. theol., Dr. phil., Dr. h. c. mult., geb. 1936, Bischof von Mainz, Vorsitzender der Deutschen Bischofskonferenz

Leimgruber, Stefan, Dr. theol. habil., geb. 1948, Professor für Religionspädagogik und Didaktik des Religionsunterrichtes an der Ludwig-Maximilians-Universität München

Leitschuh, Marcus C., geb. 1972, Religionslehrer, Kassel

Lohmann, Martin, geb. 1957, Journalist, Publizist und Buchautor, Bonn

Lütticken, Johannes, OSB, Lic. theol., geb. 1938, Mönch von St. Matthias, Trier

Lutterbach, Hubertus, Dr. theol., geb. 1961, Professor für Christentums- und Kulturgeschichte im Fach Katholische Theologie an der Universität Essen

Maier, Hans, Dr. phil., Dr. h.c. mult., geb. 1931, Bayer. Staatsminister a. D., em. Professor für christliche Weltanschauung, Religions- und Kulturtheorie der Ludwig-Maximilians-Universität München

Marschall, Werner, Dr. theol., geb. 1927, Prälat, em. Professor für Kirchengeschichte an der Universität Freiburg

Mayer-Haas, Andrea, Dr. theol., geb. 1968, Religionslehrerin in Nürtingen

Meisner, Joachim, Kardinal, Dr. theol., Dr. h. c. mult., geb. 1933, Erzbischof von Köln

Mensing, Roman, geb. 1930, Monsignore, Oberstudiendirektor i. R., Priester des Erzbistums Paderborn

Mette, Norbert, Dr. theol., Dr. theol. h.c., geb. 1946, Professor für Religionspädagogik/Praktische Theologie an der Universität Dortmund

Meusel, Georg, geb. 1942, Journalist, Vorsitzender des Martin-Luther-King-Zentrums für Gewaltfreiheit und Zivilcourage Werdau

Müller, Christof, Dr. phil., Dr. theol. habil., geb. 1961, Mitherausgeber am Augustinus-Lexikon, Würzburg

Nicklas, Tobias, Dr. theol., geb. 1967, Professor für Neues Testament an der Radboud Universität Nijmegen

Nikolaou, Theodor, Dr. phil., Dr .theol., DDr. h.c., geb. 1942, em. Professor für Orthodoxe Theologie an der Ludwig-Maximilians-Universität München

Oswald, Julius, SJ, Dr. phil., geb. 1943, Bibliotheksdirektor, München

Paula, Jakob, geb. 1961, Diözesanpriester in München

Pesch, Otto-Hermann, Dr. theol., Dr. h.c., geb. 1931, em. Professor für Systematische Theologie an der Universität Hamburg

Radlbeck-Ossmann, Regina, Dr. theol. habil., geb. 1958, Professorin für Systematische Theologie/Dogmatik am Institut für Katholische Theologie der Martin-Luther-Universität Halle / Wittenberg

Raible, Wolfgang, Dr. theol., geb. 1950, Klinikpfarrer am Marienhospital, Stuttgart

Reinders, Angela, geb. 1962, Journalistin, Aachen

Renz, Andreas, Dr. theol., M.A. phil., geb. 1970, Referent und Dozent im Bistum Hildesheim

Rethmann, Albert-Peter, Dr.theol. habil., geb. 1960, Professor für theologische Ethik an der Karls-Universität Prag

Rimmel, Thomas Maria, geb. 1964, Direktor der Gebetsstätte Wigratzbad

Röhrig, Floridus, Can.Reg., Dr. theol., Dr. phil., geb. 1927, ao. Professor für Kirchengeschichte an der Universität Wien; Archivar, Bibliothekar und Kustos des Stiftes Klosterneuburg

Rosen, Judith K.; geb. 1965, Autorin, Meckenheim
Rupp Walter, SJ, geb. 1926, Schriftsteller, München
Sammer, Marianne, Dr. phil. habil., geb. 1966, Professorin für Kirchengeschichte an der Philosophisch-Teologischen Hochschule St. Pölten
Schenkl, Maria Assumpta, OCist, geb. 1924, Priorin des Klosters »St. Maria zu Helfta«
Schick, Ludwig, Dr. iur. can., geb. 1949, Erzbischof von Bamberg
Schley, Beate, geb. 1960, Journalistin und Übersetzerin, München
Schmid, Anton, Monsignore, geb. 1938, Leiter des Theresienwerks e.V., Augsburg
Schmuttermayr, Georg, Dr. theol., geb. 1932, Prälat, em. Professor für Biblische Theologie an der Universität Regensburg
Schneider-Ferber, Karin, M.A., geb. 1965, Publizistin in Berlin
Schnetzer, Carl, geb. 1955, evangelisch-reformierter Pfarrer im Kanton Zürich
Schröder, Alois, geb. 1942, Monsignore, Bundespräses des Kolpingwerkes Deutschland
Schütz, Christian, OSB, Dr. theol., geb. 1938, Abt der Benediktinerabtei Schweiklberg
Schuler, Euchar, OCarm, Dr. theol, geb. 1933, Leiter der Johannes-Akademie in Erlangen
Söding, Thomas, Dr. theol., geb. 1956, Professor für Biblische Theologie an der Bergischen Universität Wuppertal
Stubenrauch, Bertram, Dr. theol., geb. 1961, Professor für Dogmatik an der Ludwig-Maximilians-Universität München
Taxacher, Gregor, Dr. theol., geb. 1963, freier Journalist in Köln
Termolen, Rosel, geb. 1932, Schriftstellerin, München
Verburg, Winfried, Dr. theol., geb. 1958, Leiter der Abteilung Schulen und Hochschulen im Bischöflichen Generalvikariat Osnabrück
Vogt, Hermann-Josef, Dr. theol., geb. 1932, em. Professor für Alte Kirchengeschichte an der Katholisch-Theologischen Fakultät der Universität Tübingen
Vollrath, Hanna, Dr. phil., geb. 1939, em. Professorin für Mittelalterliche Geschichte an der Universität Bochum
Vorgrimler, Herbert, Dr. theol., geb. 1929, em. Professor für Dogmatik und Dogmengeschichte an der Universität Münster
Weil, Thomas, Dipl.-Ing, geb. 1944, Künstler und Architekt, Friedberg
Weitlauff, Manfred, Dr. theol., geb. 1936, em. Professor für Kirchengeschichte des Mittelalters und der Neuzeit an der Ludwig-Maximilians-Universität München
Wind, Renate, Dr. theol., geb. 1950, Professorin für Biblische Theologie an der Ev. Fachhochschule Nürnberg
Winklehner, Herbert, OSFS, Mag. theol., geb. 1963, Leiter des Franz von Sales-Verlages, Eichstätt, Chefredakteur der salesianischen Zeitschrift LICHT
Zasche, Gregor, Dr. theol., geb. 1938, Abt der Benediktinerabtei Schäftlarn
Zoche, Hermann-Josef, Dr. phil,. Dr. theol., geb. 1958, Pfarrer in Waldkirch bei Waldshut